やわらかアカデミズム・〈わかる〉シリーズ

よくわかる
心理学

無藤 隆・森 敏昭・池上知子・福丸由佳編

ミネルヴァ書房

はしがき

■よくわかる心理学

　本書は心理学の入門のための本です。何より「よくわかる」という趣旨を生かし，分かりやすい記述に努めました。

　その特徴は次のものです。

　第一に，心理学の領域を大きく，認知心理学，社会心理学，発達心理学，性格心理学，臨床心理学などに分けています。さらに心理学の歴史，感情や動機づけの心理学，教育心理学などを含めています。心理学の基礎としてほぼ全体をカバーできています。

　第二に，それぞれの領域の柱となる基本的知識を問い掛けの項目として整理し，それに対する回答という形で解説を述べました。それらの項目は相互につながっていて，その領域の概要を示すように出来ています。

　第三に，各々の解説では研究例や事例を挙げるようにして，具体的に理解できるようにしました。図表を多く入れ，また不足するところは注釈で補い，本文と組み合わせて学ぶことが出来ます。参考文献も注に挙げておきましたから，専門的な勉学としてさらに先に進んでいけます。

　したがって，心理学入門の授業のテキストとして使用できるのみならず，始めて心理学に触れる学生の自学にも使えます。大学院に向けての勉強でも足りないところをかなり補えると思います。中身は初学者向けに分かりやすく書いていますが，心理学の基本となる概念や考え方を押さえた上で，最近の研究成果につなげるようにしてあります。全体の分量も類書を超えるページ数ですので，たっぷりと学ぶ材料が用意されています。前から順番に読んでもいけますが，興味を持った所から読み進めることも出来ます。目次や索引を用いて，事典代わりに使うことも出来るでしょう。

　各々の項目の執筆は第一線の研究者の方々が書いています。それが的確に入門として必要な知識の解説となるように，編者と緊密に連絡を取りながら，執筆してきました。またミネルヴァ書房の編集部の方々に読みやすくするための様々な配慮を頂きました。改めて感謝致します。

　　　　　　　　　　　　　　　　　　　　　　　　　　　無藤　隆

もくじ

■よくわかる心理学

I 心理学の理論と方法

1. 心理学の誕生　ヴントの心理学 ……2
2. ゲシュタルト心理学の主張
   心は要素の足し算ではない …………4
3. 行動主義の主張　心理学は行動を
   研究対象にするべきである …………6
4. 無意識の世界を探る
   精神分析学の原理 …………8
5. 心の個人差を測る　ビネーの知能検査
   ……………………10
6. 心と脳の関係を探る
   脳科学と生理・神経心理学 …………12
7. 心をどう測るのか
   測定の妥当性と信頼性 …………14
8. 心理学の実験　因果分析の方法 …16
9. 心理学の調査　相関分析の方法 …18
10. 統計的研究法と事例研究法の違い
    量的データと質的データ …………20

II 感覚と知覚

1. ものを感じる仕組み　絶対閾・
   弁別閾値, フェヒナーの法則 …………22
2. 視覚系の仕組み …………24
3. 聴覚系の仕組み …………26
4. 形を知覚する …………28
5. 奥行きと大きさを知覚する ………30
6. 運動と時間を知覚する …………32
7. 音の知覚 …………34
8. 知覚に及ぼす注意の影響 …………36

III 記憶と学習

1. 感覚記憶・短期記憶・長期記憶
   の違い …………38
2. エピソード記憶と意味記憶の違い …40
3. 潜在記憶と顕在記憶の違い ………42
4. 自伝的記憶とは …………44
5. 展望的記憶とは …………46
6. 記憶と脳の関係 …………48
7. 学習の理論　連合理論、認知理論、
   状況的学習理論 …………50
8. 「古典的条件づけ」と
   「オペラント条件づけ」…………52
9. 知識の獲得 …………54
10. 運動技能の習得 …………56
11. 社会的学習 …………58
12. 学習の転移の仕組み　熟達 ………60

IV 言語と思考

1. 単語を認知する …………62

2	文の意味を理解する　統語解析 …64
3	文章の意味を理解する …………66
4	文章を産出する ………………68
5	言語と脳の関係 ………………70
6	問題解決のための思考 …………72
7	演繹的推論 ……………………74
8	帰納的推論 ……………………76
9	確率的推論 ……………………78
10	創造的思考 ……………………80

V　社会的認知

1	人の印象形成 …………………82
2	対人判断に影響する要因　暗黙裡の人格観とステレオタイプ …………84
3	予断がもたらすもの　期待確証バイアス …………………86
4	迷信と偏見はいかにして生まれるのか　推論の誤り ………88
5	人は人の心をどのように理解するのか　マインド・リーディング ………90
6	人が態度を変えるとき　認知的不協和と態度変容 ………………………92
7	説得のパラドクス　ブーメラン効果とスリーパー効果 ………………94
8	無意識の心のはたらき　サブリミナル効果 …………………96
9	感情を生起させるもの　情動の二要因説 …………………98
10	人は自分をどう見ているか　ポジティブ・イルージョン …………100

VI　対人関係

1	対人魅力を決めるもの　類似説と相補説 …………………102
2	自尊心と感情の関係 …………104
3	愛とは何か　愛の三角理論と恋愛の色彩理論 …………………106
4	愛・恋愛の個人差　成人の愛着理論 …108
5	人が心を開くとき　自己開示 ……110
6	自己演出の心理を探る　自己呈示 …112
7	表情としぐさが語るもの　ノンバーバル・コミュニケーション …114
8	空間行動にみる対人心理　パーソナルスペース ……………116
9	社会的交換理論からみた対人関係　投資モデルと衡平モデル …………118
10	対人ストレスと向き合う　ソーシャルサポート ………………120

VII　集団と個人

1	他者の存在がもたらすもの　社会的促進と社会的抑制 …………122
2	共同作業の心理　社会的手抜き …124
3	集団討議の功罪　集団浅慮 ……126
4	よきリーダーの条件　リーダーシップと集団生産性 ……………………128
5	人はなぜ同調するのか　同調行動の心理機制 ………………130

もくじ

6 集団規範とは何か
その生成メカニズムと機能 ………… *132*

7 少数派が多数派に打ち勝つとき
マイノリティ・インフルエンス ………… *134*

8 集団間の争いはなぜ起きるのか
集団間葛藤と集団エゴイズム ………… *136*

9 内集団ひいきの背景を探る
社会的アイデンティティ理論 ………… *138*

10 人が群集心理に陥るとき　没個性化
………………………… *140*

VIII 社会と人間

1 差別なき社会は実現可能か
社会的偏見と差別 ………… *142*

2 人は人をどこまで信頼できるか
社会的ジレンマ ………… *144*

3 集団主義文化と個人主義文化を
比較する ………… *146*

4 都市的環境と人の幸福 ………… *148*

5 グローバリゼーションは
何をもたらすか ………… *150*

6 うわさと流行の心理　社会的伝播 … *152*

7 人と人はいかにしてつながるか
ソーシャルネットワーク ………… *154*

8 マスメディアのもつ力を知る
報道と世論 ………… *156*

9 ゲームのもたらす影響
ゲーム社会の世界観 ………… *158*

10 インターネットがもたらすもの
コミュニケーション・人間関係への影響… *160*

IX 発達

1 赤ちゃんの能力 ………… *162*

2 親と子の愛情 ………… *164*

3 子どもの性格の違い　子どもの気質
………………………… *166*

4 幼児の物事の認識は大人と違うのか
子どもの素朴理論 ………… *168*

5 幼児の友達関係は成り立つのか　*170*

6 性の成熟が思春期の子どもに
与える影響 ………… *172*

7 青年にとって親しい友人の存在とは… *174*

8 青年のアイデンティティの成り立ち… *176*

9 成人期の危機 ………… *178*

10 高齢者を支える人間関係 ………… *180*

11 家族のライフサイクルを考える …… *182*

X 教育心理

1 科学的な概念の獲得 ………… *184*

2 教師の指導の基本 ………… *186*

3 学級での指導の基本 ………… *188*

4 子ども同士の人間関係 ………… *190*

5 適性処遇交互作用　教育に王道なし
………………………… *192*

6 小学校と中学校の指導の違い … *194*

7 学力の低い子どもが抱える問題 …… *196*

8 いじめを防ぐには ………… *198*

9　不登校の問題への理解と対応 …200
10　学力テストは何を測るのか ……202

XI　感情

1　基本的な感情とは ……………204
2　感情は知的な働きに関与する …206
3　感情の制御はどのように発達するか…208
4　情動の理解はどのように発達するか…210
5　感情の元となる神経伝達物質の働き…212
6　感情とストレス ………………214
7　感情を表す表情 ………………216
8　感情は記憶をどう支えるか …218
9　対人的な感情とは ……………220
10　共感する ………………………222

XII　動機づけ

1　生得的な欲求に基づく動機づけ　224
2　内発的動機づけの基本となる有能感 …………………226
3　内発的動機づけと外発的動機づけ …………………228
4　自己決定感と自律的動機づけ …230
5　達成目標に向かう動機づけ ……232
6　学習性無力感 …………………234
7　達成動機づけ …………………236
8　自己効力感 ……………………238

9　統制の位置からとらえた動機づけ …240
10　期待と価値からとらえた動機づけ ……………………………242

XIII　性格

1　類型論の考え方 ………………244
2　特性論の考え方 ………………246
3　ビッグ・ファイブとは ………248
4　性格への遺伝の影響 …………250
5　行動を決めるのは性格か、状況か …252
6　自尊感情は何によって支えられるのか ………………254
7　抑うつの発生要因 ……………256
8　人と会うのが苦手な人 ………258
9　性格は一生涯変わらないか
　　成人期の安定性 ………………260
10　血液型は性格と関連するか ……262

XIV　臨床心理学　臨床心理学の構造とアセスメントの実際

1　臨床心理学の誕生 ……………264
2　臨床心理の専門性 ……………266
3　臨床心理の実践活動 …………268
4　心理アセスメント　定義や診断との違い、その種類 …………270
5　面接法 …………………………272
6　観察法 …………………………274

7 検　査　法 …………274

8 パーソナリティ検査の特徴と限界
　質問紙法、投影法 ……………276

9 信用できる心理検査とは
　信頼性・妥当性 ………………278

10 知能検査でわかること …………280

XV 臨床心理学の理論的モデルと介入の技法

1 フロイトは心をどのようにとらえたか
　……………………………284

2 ユングの考えた心の基本的機能とは
　……………………………286

3 ロジャーズのクライエント中心療法
　……………………………288

4 認知行動療法の基本的な発想 …290

5 家族療法に共通する考え方 ……292

6 もの語る意味　ナラティヴ・セラピー …294

7 アサーション・トレーニングが
　目指すのは ……………………296

8 日本独自の心理療法 ……………298

9 子どもの心理療法 ………………300

10 人と出会う、自分と出会う
　エンカウンターグループ ……………302

11 危機介入とは ……………………304

XVI 発達の障害・精神の障害

1 DSMによる分類 ………………306

2 知的障害（知的能力障害）の概念 …308

3 自閉性障害と脳の機能の関連 …310

4 ADHDの子どもへの対応 ………312

5 虐待を受けた子どもたち ………314

6 統合失調症の理解と援助 ………316

7 気分障害の理解と援助 …………318

8 不安症（不安障害）の理解と援助
　……………………………320

9 人格性障害（パーソナリティ障害）
　の理解と援助 …………………322

10 摂食障害の理解と援助 …………324

XVII 心理臨床の実践の場

1 医療現場における臨床心理士の役割 …326

2 学校現場における心理臨床の特徴 …328

3 福祉の領域における
　心理臨床家の活動 ……………330

4 職場における心理臨床家の役割 …332

5 非行臨床の現場における
　心理臨床家の役割 ……………334

6 子育て支援における
　心理臨床家の役割 ……………336

7 発達障害を持つ人の家族支援 …338

8 精神障害を持つ人の家族支援 …340

9 臨床心理実践での連携 …………342

10 心理教育的アプローチを活かす　344

11 臨床心理学の研究と実践 ………346

さ く い ん …………………348

やわらかアカデミズム・〈わかる〉シリーズ

よくわかる
心　理　学

Ⅰ　心理学の理論と方法

 心理学の誕生
ヴントの心理学

図1　W. ヴント（1832-1920）

出所：大山正（編著）2007　実験心理学――心と行動の科学の基礎　サイエンス社

一般に「心の科学」としての心理学の創始者はヴント（Wundt, W.）だとみなされています（図1）。それは，ヴントが世界で最初に心理学の実験室を設け，心に関する科学的な研究を始めたからです。では，心理学が誕生する以前には，人間の「心」は誰がどのように研究していたのでしょうか。

1　心理学はどのような背景で誕生したのか

古代から中世・近世にかけての長い期間，人間の「心」の問題は哲学者たちによって研究されていました。そして，近世の哲学の主要な研究テーマの一つは，「認識論」，つまり「人間はいかにして正しい認識に到達するのか」を解明することでした。この認識論の系譜の一つはフランスのデカルト（Descartes, R.）に代表されるヨーロッパ大陸の「合理論」で，人間は生まれつき備わっている理性の働きによって正しい認識に到達できるのだと考えました。一方，イギリスでは「経験論」が起こり，心は白紙のようなもので，人間は生後の経験の積み重ねによって認識に必要な知識を獲得するのだと考えました。しかし，これらはすべて哲学者たちが書斎の肘掛け椅子に座って考えた思弁的なものだったので，「肘掛け椅子の心理学」と呼ばれていました。

ところが，18世紀から19世紀にかけて自然科学がめざましい発展を遂げました。特に19世紀に入ると生理学や物理学が発展し，実験的手法によって新しい事実が次々に発見され，それが背景となって，生理学や物理学の実験的手法を用いて「心を科学的に研究しよう」という機運が次第に高まりました。

ちょうどその頃（1870年頃）ドイツのライプチヒ大学の哲学教授ヴントの下に，人間の心を科学的な方法によって研究しようと考える若い科学者や哲学者が集まっていました。そうした清新な雰囲気のなかで，ヴントは「精神内容を観察・分析することによって新しい心の科学を構成できる」という考えを実行に移し，1879年に世界で最初の心理学の実験室を創設しました。このとき，「心の科学」としての心理学が誕生したのです。では，ヴントが創設した心理学の実験室では，どのような研究が行われていたのでしょうか。

2　ヴントの実験心理学はどのようなものだったのか

ヴントは人間を外側から研究するのが生理学で，内側から研究するのが直接

経験の科学としての心理学なのだと考えました。つまり，心理学の研究対象は直接経験としての「意識」で，意識は「**内観法**」という心理学特有の方法によって研究することができると考えたのです。そして，内観法によって意識を観察・分析することによって，心の要素は「純粋感覚」と「単純感情」だとし，これらの要素が複合する仕組みを明らかにしようとしました。

ヴントが行った「注意と感情に関する実験」を例にあげて，ヴントの心理学実験の方法を具体的に紹介してみることにしましょう。

ヴントはメトロノームの音を実験参加者に聞かせ，それがどのように音のまとまりとして聞こえるかを詳しく報告させました。この実験ではヴント自身も，自分自身の内観を次のように報告しています。

「あるリズムをもった連続音は，適当なまとまりの印象を与える。そして，特定のリズムのパターンは，別のリズムのパターンよりも楽しく快く感じられる。また，メトロノームの音に期待をもって耳を傾けると，かすかに緊張感が生じ，期待通りのメトロノームの音が聞こえると，開放感を感じる。さらに，メトロノームの速度が速くなると，わずかながら興奮を覚え，逆に速度を次第に遅くすると，落ち着いた感じになる。」

ヴントは，このようにしてメトロノームの速度を変化させ，その音についての主観的体験（自分自身の感覚や感情）を注意深く観察しました。そして，人間の感情は「快―不快」「緊張―弛緩」「興奮―沈静」という3つの次元で構成されているとする感情の三次元説を唱えました（図2）。

3 ヴントの功績と限界は何か

ヴントの最大の功績は，実証科学としての心理学という新しい学問の船出をさせたことといえるでしょう。ヴントの下には世界各国から多くの門下生が集まり，ヴントの指導を受けた後に，それぞれの国に帰り，心理学の実験室を設立しました。

しかし，ヴントの心理学が世界中に広まるにつれて，さまざまな角度からの批判が生じました。たとえばアメリカでは行動主義の心理学が興り，内観法のような主観的な方法を用いたのでは心理学は客観的な学問になり得ないと批判しました。また，ドイツではゲシュタルト心理学が興り，意識を心の要素の複合ととらえるヴントの構成主義を批判しました。さらに，オーストリアではフロイトが精神分析を興し，無意識の重要性を主張しました。このようにしてヴントの心理学を批判するさまざまな学派・学説が次々に現れ，心理学という新しい学問の骨格が形作られていったのです。

（森　敏昭）

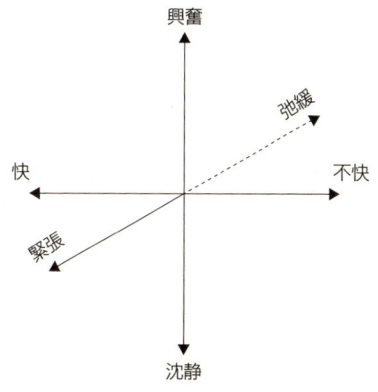

図2　ヴントの感情の3次元説

出所：Miller, J. A. 1962 Psychology. New York: Harper & Row.（戸田壹子・新田倫義（訳）1967 心理学の認識：ミラーの心理学入門　白揚社）

▷1　内観法
人格陶冶，精神修養，人生上の悩みの解決のための心理療法として吉本伊信が開発した方法も内観法と呼ばれているが，ヴントの内観法とは目的が異なっている。

▷2　日本の心理学の創始者は元良（もとら）勇次郎である。彼はヴントに直接指導を受けた米国のホール（Hall, G. S.）の下に留学して心理学を学び，帰国直後の1888年に帝国大学文科大学（現東京大学文学部）で「精神物理学」という科目を担当した。

I　心理学の理論と方法

 ゲシュタルト心理学の主張
心は要素の足し算ではない

 ゲシュタルト心理学はどのような背景で成立したのか

　ヴントは，意識の構成要素は純粋感覚と単純感情であり，その複合体として意識の成り立ちを説明できるとする構成主義（structuralism）の立場をとりました。これに対しゲシュタルト心理学は，ヴントの構成主義を批判し，「心理現象は要素に還元するべきではなく，一つのまとまりとしての全体をそのまま研究するべきだ」と主張しました。この「全体としてのまとまり」を重視するゲシュタルト心理学の主張の先駆けとなったのは，エーレンフェルス（Ehrenfels, C.）の「**ゲシュタルト性質**」です。エーレンフェルスはメロディーを例にあげて，「ゲシュタルト性質」の特徴を次のように説明しました。
　「ヴントの構成主義によれば，純粋感覚や単純感情などの要素が意識を構成する基本単位である。したがって意識の要素が同一であれば同一の意識体験が生じるはずであり，逆に要素が異なれば同一の意識体験が生じるはずはない。ところが，あるメロディーを構成する個々の音をすべて上げるか下げるかして移調すると，メロディーの構成要素はすべて変わってしまったにもかかわらず，全体としてのメロディーは変わらない。」
　これがエーレンフェルスのいう「ゲシュタルト性質」で，人間が物事を認識する際の基本的な特徴といえます。たとえば，「2対3」の関係は，これを「4対6」に置き換えても同様に保持されます。これがすなわち，エーレンフェルスのいう「ゲシュタルト性質」に他なりません。
　さて，1910年にゲシュタルト心理学の創始者の一人であるウェルトハイマー（Weltheimer, M.）が，フランクフルト大学に着任しました。それと前後してケーラー（Köhler, W.）とコフカ（Koffka, K.）が加わり，3人は緊密な連携のもとに，それぞれに独創的な研究を開始しました。このときゲシュタルト心理学が成立したのです。その後3人がベルリン大学に移ると，さらにレヴィン（Lewin, K.）がグループに加わりました。かくしてゲシュタルト学派の精鋭たちがベルリン大学に集い，強力な研究グループが形成されたのです。

 ゲシュタルト学派の研究はどのようなものだったのか

　次に，ゲシュタルト学派の代表的な研究を紹介することにしましょう。

▷1　ゲシュタルト性質
ゲシュタルト性質のゲシュタルトは，「形態」という意味のドイツ語の単語である「Gestalt」に由来している。

◯ 仮現運動の実験

ウェルトハイマーは、「全体は要素の足し算ではない」というゲシュタルト心理学の主張を実証するために、次のような実験を行いました。たとえば図3のような光の線分aとbをそれぞれの位置に固定し、一方の線分を点滅させた後に、適切な時間間隔（約60 msec）をとって他方の線分を点滅

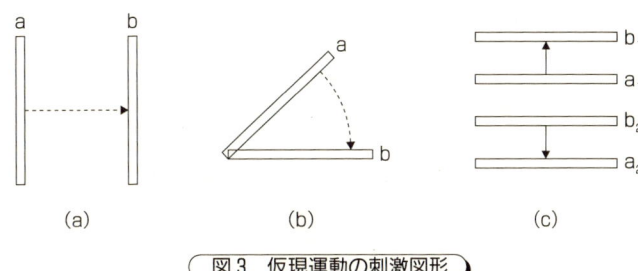

図3　仮現運動の刺激図形

出所：大山正（編著）2007　実験心理学——心と行動の科学の基礎　サイエンス社

させると、矢印の方向への光の運動が知覚されます。この場合、光の線分は実際には動いていません。それにもかかわらず、光の線分の運動が知覚され、しかも最適の時間間隔で線分aと線分bを点滅させると、静止した線分aも線分bも見えないで、ただ一方の線分から他方の線分への運動だけが見えるのです。この仮現運動と呼ばれる現象は、全体は要素の複合体だと考えるヴントの構成主義では説明できません。なぜなら、もし「全体は要素の足し算」なら、静止した線分aと線分bの要素感覚は存在しない（＝0）ので、全体（運動の知覚≠0）＝要素a（＝0）＋要素b（＝0）という等式が成立することを説明できないからです。

◯ 洞察による問題解決

次節で説明する行動主義の心理学では、学習の基本的単位は条件づけによって形成される刺激（S）と反応（R）の連合で、人間が行う高度な学習も、この刺激と反応の連合という要素に分析できると考えていました。ケーラーは、次のような興味深い研究結果を根拠にして、このS－R連合理論を真っ向から批判しました。彼はチンパンジーを檻の中に入れ、手の届かないところに餌（果物）を置きました（図4参照）。チンパンジーは、素手では餌が取れないので、何か道具を使う必要があります。しかし、檻の中にあるのは短い棒だけで、それでは餌まで届きません。さて、チンパンジーは、どうやってこの難問を解決したのでしょうか？　ケーラーの観察によると、チンパンジーは短い棒で檻の外の長い棒をたぐり寄せ、それを使って餌を取ることができました。しかも、試行錯誤によってではなく、瞬間的な洞察（ひらめき）によって問題を解決したのです。ケーラーは、このような観察データを根拠にして、学習にとって重要なのは、練習の反復によって刺激（S）と反応（R）の連合を強めることではなく、問題場面の全体的構造の洞察や理解といった能動的な認知過程であると主張したのです。　　　　（森　敏昭）

▷ 2　Wertheimer, M. 1912 Experimentelle Studien über das Sehen von Bewegung. *Zeitschrift für Psychologie.* **61**, 161-265.

▷ 3　Köhler, W. 1921 *Intelligenzprüfungen an Menschenaffen.* Berlin: Springer.（宮孝一（訳）1962　類人猿の知恵試験　岩波書店）

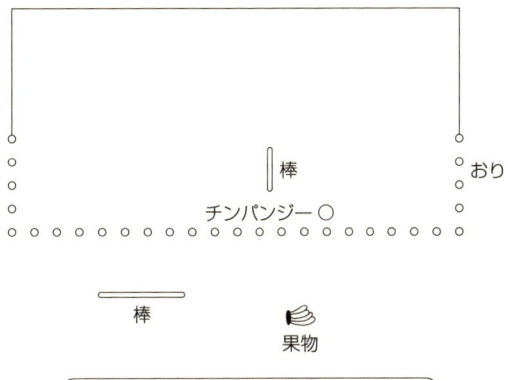

図4　チンパンジーの洞察による学習

出所：Köhler, W. 1921 *Intelligenzprüfungen an Menschenaffen.* Berlin: Springer.（宮孝一（訳）1962　類人猿の知恵試験　岩波書店）

I 心理学の理論と方法

3 行動主義の主張
心理学は行動を研究対象にするべきである

1 行動主義の研究はどのようなものだったのか

アメリカの心理学者ワトソンは，心理学が科学になるためには「意識」ではなく，外部から客観的に観察することのできる「行動」を研究対象にするべきだ，と主張しました。そして，あらゆる学習の基本は条件づけ（III-8 参照）だと考え，条件づけの原理に基づく行動療法（XV-4 参照）の先駆けとなる実験を行いました。それは生後11カ月のアルバート坊やを対象に行った，次のような恐怖の条件づけの実験です。

この実験を始める前のアルバート坊やは，白ネズミ，白ウサギ，毛皮，サンタクロースのお面などには恐怖を示しませんでした（図5の1）。そのアルバート坊やに，白ネズミを見せると同時に大きな金属音を聞かせるという条件づけを繰り返しました（図5の2）。するとアルバート坊やは，白ネズミを見せると逃げまどうようになっただけでなく，白ウサギを見せても逃げまどうようになりました（図5の3）。また，アルバート坊やは毛皮やサンタクロースのお面に対しても恐怖反応を示すようになりました（図5の4）。

▷1 Watson, J. B. 1925 *Behaviorism*. Chicago: University of Chicago Press.

2 なぜ新行動主義が出現したのか

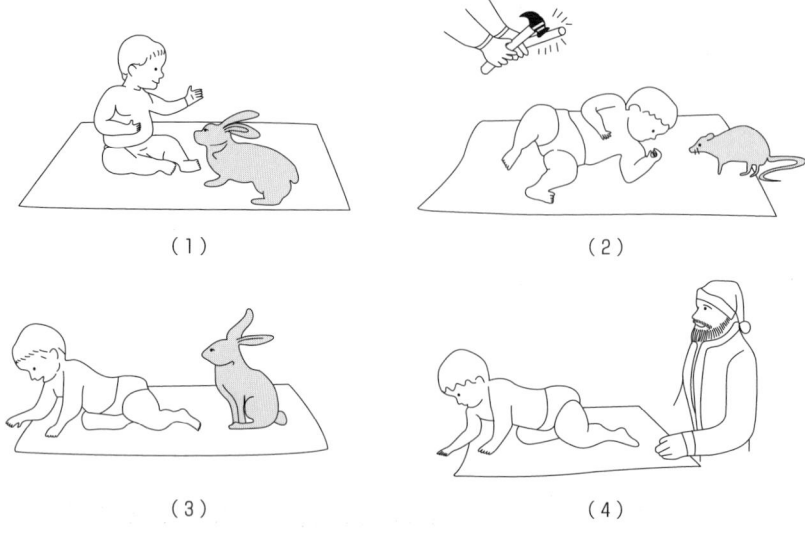

図5 アルバート坊やの恐怖の条件づけ

出所：Munn, N. L. 1956 *Psychology* (4 th Ed.). Boston, Mass: Houghton Mifflin.

ワトソンの主張するように研究対象を「行動」に限定するということは，それまで心理学が研究対象としていた「意識」を捨てることを意味しています。そのため行動主義の下では，たとえば「餌を与える回数を変化させるとネズミがレバーを押す回数はどう変わるか」というような条件づけの仕組みを明らかにすることが主要な研究テーマとなりました。つまり，人間の

あらゆる高度な精神活動も，すべて単純な刺激（Stimulus）と反応（Response）の連合という単位の集合に過ぎないと考えたのです。行動主義の理論がS－R連合理論と呼ばれるのはこのためです。しかし，そのようにして心理学の研究対象が低次で単純な行動に限定されたことによって，記憶，知識，理解，思考，言語などの人間に固有の高次な精神活動が，心理学の研究対象からすべて除外されてしまいました。そのため，行動主義の心理学に対しては「心（魂）なき心理学」との批判が生じました。

そのような批判を受けて，行動主義の内部にも偏狭な行動主義への反省が生まれ，1930年代から1950年代にかけて，新行動主義が出現しました。そして新行動主義の研究者たちは，刺激と反応の間を媒介する生体の条件にも目を向けました。たとえばトールマン（Tolman, E. C.）は，刺激と反応の間に期待や動因などの仲介変数を仮定することを提唱しました。また，ハル（Hull, C. L.）のように，生体の内部で生じているプロセスの仮説的な数理モデルを構築する行動主義者も出現しました。さらにスキナー（Skinner, B. F.）は，ワトソンの古典的条件づけとは別に，生活体が能動的に学習する点に着目し，オペラント条件づけの理論を提唱しました。このように，新行動主義の立場は研究者によって異なりますが，次の2つの共通点があります。

①行動を筋や腺の反応のような分子的行動ではなく，より総体的で心理学的なレベルでとらえる。

②機械論的なS－Rという枠組みではなく，S－O－R図式に基づく理論が主流になり，生活体（O）の能動的・主体的な側面を強調する。

3 その後の行動主義はどうなったのか

新行動主義の出現によって，行動主義の心理学の研究領域が，記憶，学習，思考など人間の高度な認知過程へと広がりました。それに伴い，人間の高度で複雑な認知過程を「刺激と反応の連合」という単純な図式で説明するのは難しいことが次第に認識されるようになり，人間の高度な認知過程を研究するための新しいパラダイムが模索され始めました。そのような時代の要請を受け，1950年代の半ばに，人間を一種の精巧なコンピュータとみなし，知覚，記憶，学習，言語，思考，推理などからなる多様な認知過程を包括的に記述・説明することを目指す，認知心理学という新しいパラダイムが出現しました。

この認知心理学の急速な発展に伴って，1960年代以降，行動主義の勢力は次第に衰えました。しかし，その影響力がまったく失われてしまったわけではありません。その証拠に，たとえば臨床心理学の分野では，行動主義の理論に依拠する行動療法や認知行動療法が発展しています。また，認知科学の分野で注目されている**並列分散処理**モデルは，S－R連合理論を脳の神経回路を模して表現したものといえるでしょう。

（森　敏昭）

▷2　並列分散処理
脳の神経回路（ニューラルネット）における情報処理の様式。すなわち神経細胞（ニューロン）の興奮は逐次ではなく並列的に伝播し，また，情報の表現は局所表現ではなく分散表現をとる。すなわち，分散表現では局所表現とは異なり，複数個のニューロンの活性度分布の違いによって複数個の概念の違いを表現する。

Ⅰ　心理学の理論と方法

 無意識の世界を探る
精神分析学の原理

アンナの症例とはどのようなものか

　ウィーンの精神科医であったフロイト（Freud, S.）は、人間の精神生活において重要な役割を果たしているのは「無意識」なので、ヴントのように内観法によって「意識」を分析するだけでは人間の心を深く理解することはできないと考え、自由連想や夢分析などの方法によって無意識の世界を探るための精神分析学を創始しました。そこでまず、フロイトが精神分析学を構想するヒントの一つになったことで有名な、アンナの症例を紹介することにしましょう。

《アンナの症例》

> 　アンナは語学が堪能なユダヤ系の女子学生で、病気の父を献身的に看病していた。ところが、父の死がきっかけとなってヒステリーの症状が起こった。アンナの母語はドイツ語であったにもかかわらず、英語しか話せなくなってしまった。また、意識が途絶えたり、水が飲めなくなったりといった奇妙な症状も現れた。ところが、フロイトの共同研究者であったブロイアーが催眠治療を施しているときに、アンナは自己催眠状態に陥り、それまで忘れていた過去の記憶についてしゃべり始め、しゃべり終わると、飲めなくなっていた水を飲むことができるようになっていた。そしてアンナは、自分自身のこの不思議な体験を「煙突掃除」と名づけた。

② フロイトの心のモデルはどのようなものか

　フロイトはアンナがヒステリーになった原因を次のように解釈しました。

《アンナの症例のフロイトの解釈》

> 　人間の心は心のエネルギーが流れる煙突のようなもので（フロイトは、この心のエネルギーのことをリビドーと呼びました）、煙突に煤がたまると煙が流れなくなるように、人はリビドーの流れが滞るとヒステリーなどの神経症になってしまう。しかし、その原因を自分では意識することができない。また、リビドーの流れを滞らせる原因は、子どもの頃の不快な出来事やコンプレックスである。コンプレックスとは、何らかの願望を抱きながら同時にそれを抑圧するという相反する力が心のなかで作用し合うことを指す。アンナの場

合は，幼い頃に体験した「水を飲む犬のイメージ」「その犬をかわいがる女性の家庭教師」「父親に色目を使う家庭教師に対する願望と嫌悪感」が複雑なコンプレックスを形成していた。アンナはそのコンプレックスを抑圧していたので普段は思い出すことができなかったが，自己催眠状態で抑圧の力が弱まり思い出すことができた。このようにして滞っていたリビドーが流れるようになり，ヒステリーの症状が軽くなった（なお，アンナのいう「煙突掃除」のことをフロイトは「浄化（カタルシス）」と呼びました）。

　アンナの症例にヒントを得て，フロイトは「エス」「自我」「超自我」という3つの層からなる心のモデルを考えました。最下層のエスは，心のエネルギーであるリビドーが渦巻く層です。エスには時間や空間の観念も，合理性も秩序もなく，ひたすらリビドーの満足を得ようとする「快楽原則」に従って作動します。また，心の中心である自我は，知覚，記憶，思考，言語などの知的機能を働かせ，外界の状況に即した「現実原則」を適用することによって，外界に噴出しようとするエスのリビドーを抑制します。そして，第3の層である超自我は，エスのリビドーや自我の働きを監視して，人を「現実原則」，つまり社会の規範やルールに従わせようとします（詳しくは XV-1 参照）。

③ フロイトの夢分析とはどのようなものか

　フロイトは，物忘れや言い間違いにも原因があり，人はそのことに気づかないだけなのだと考えました。さらにフロイトは，この考えを夢にも適用し，人が夢を見る目的は，現実世界では果たすことができなかった願望を充足することなのだと考えました。たとえば，「昼間に美味しいお菓子を食べることができなかった子どもは，夜に夢のなかでお菓子を食べる」というわけです。しかし，大人が見る夢はもう少し複雑です。なぜなら大人の心には超自我が形成されているので，夢の中でも検閲が行われるからです。そのためフロイトは，大人の夢の場合には願望がストレートに表現されずに，別のイメージに置き換えられ，象徴的に表現されると考えました。たとえば小箱や宝石箱などは女性の性器の象徴で，階段の手すりを滑り降りたり，部屋の中に入ったりすることは性交の象徴だと解釈したのです。つまり，象徴的に表現された夢を解釈することによってクライエントの抑圧された願望やコンプレックスを分析することがヒステリーや神経症の効果的な治療法になると考えたのです。

　以上のような精神分析の理論と方法は，あまりにも奇抜であったため，当時の精神医学界では非科学的な解釈学だとして，あまり受け入れられませんでした。しかし，次第にフロイトの考えに賛同する研究者が増えていき，現在ではフロイトが創始した精神分析の理論と方法は世界中に広まり，特に性格心理学や臨床心理学の分野では重要な位置を占めています。

（森　敏昭）

I　心理学の理論と方法

心の個人差を測る
ビネーの知能検査

　心の科学である心理学の目標の一つは，世界中の誰にも当てはまる心の一般法則を明らかにすることです。たとえば，ゲシュタルト心理学者のウェルトハイマーが見出した仮現運動（ I-2 ）は，世界中の誰にも当てはまる知覚の一般法則です。しかし，十人十色という言葉があるように，人間は個性的な存在でもあります。したがって，臨床現場や教育現場などでは，多様な個人差に応じて適切な介入や指導を行うことが大切になります。そのため，心理学のもう一つの目標は，多様な個人差を科学的な方法で適切に診断することといえます。そこで，ここでは知能検査を例にあげて，個人差の診断法について解説することにします。なお，性格の診断法については第XIII章で詳説します。

知能検査はどのように開発されたのか

　知能検査を最初に作成したのは，フランスの心理学者ビネー（Binet, A.）です。彼は，医者のシモン（Simon, T.）の協力を得て，1905年に30項目からなる世界で最初の知能検査を作成し，1911年には3歳から15歳までの子どもの知能を測ることができる56項目からなる改訂版を発表しました。
　ビネー式の知能検査の特徴としては，次の3点をあげることができます。
　(1)　検査項目が難易度の順に並べられ尺度を構成しており，子どもは易しい問題から順番に解いていく。つまり，問題の難易度の階段をどこまで昇れるかによって，子どもの知的発達の段階を診断する設計になっている。
　(2)　知能の発達を総合的に診断するための検査であるため，たとえば記憶力や推理力といった知能の因子ごとの診断をすることはできない。
　(3)　検査は熟練した検査者によって個人別に実施するように設計されており，検査の手続きや課題を説明する際の言葉づかいが厳密に規定されている。
　なお，知能検査の結果は表1に示されている知能指数（IQ）または知能偏差値を用いて表し，ビネー式の知能検査では知能指数が，ウェクスラー・ベルビュー法では知能偏差値が用いられます。
　ビネーの死後，知能検査の開発はアメリカの心理学者ターマン（Terman, L. M.）らに引き継がれ，スタンフォード・ビネー法やウェクスラー・ベルビュー法などの知能検査が開発されました。わが国においても，ビネー法の改訂版の鈴木ビネー法，スタンフォード・ビネー法の改訂版の田中ビネー法（図6参照），ウェクスラー・ベルビュー法の改訂版のWAIS（成人用）やWISC（児童

用）などが広く使用されています。以上の知能検査は，いずれも個人用の知能検査ですが，アメリカの陸軍が1917年に集団用知能検査を開発しました。これには言語式検査の（Ａ）式と非言語式検査の（Ｂ）式があります。

❷ 知能の理論はその後どのように発展したのか

知能検査の開発・普及に伴って，知能の理論的研究も次第に発展しました。その端緒を開いたのは，スピアマン（Spearman, C. E.）の２因子説です。スピアマンは，すべての検査項目に共通する一般因子と，それぞれの検査項目に固有の特殊因子があると主張しました。これに対しサーストン（Thurstone, L. J.）は，数，言語，語の流暢さ，記憶，推理，空間，知覚という７因子からなる多因子説を唱えました。また，最近では認知心理学の影響の下で，より柔軟でダイナミックな知能の理論が発展しています。たとえば，スターンバーグ（Sternberg, R. J.）は，知能の三本柱（鼎）理論を提唱しています。この理論は，流動性知能（帰納・演繹推理）と結晶性知能（知識獲得・言語理解能力）からなるコンポーネント理論，新しい環境や状況に対処する能力に関わる経験理論，社会的文化的影響に関する文脈理論の三本柱からなる階層的理論体系です。さらに，ガードナー（Gardner, H.）は，個々に独立した①言語的知能，②論理・数学的知能，③音楽的知能，④身体・運動的知能，⑤空間的知能，⑥対人的知能，⑦内省的知能からなる多重知能理論を提唱しています。この多重知能理論は，音楽やスポーツなど芸術・表現領域の知能を含めている点，自己と他者の理解という対人的知能の重要性を指摘している点で，従来の知能の理論を発展させたものといえます（表2）。

（森　敏昭）

表1　知能検査の結果の表示法

知能指数　$IQ = \dfrac{精神年齢（MA）}{生活年齢（CA）} \times 100$

知能偏差値　$SS = \dfrac{15（個人得点−集団平均点）}{集団の標準偏差} + 100$

図6　田中ビネー式知能検査の問題例「絵の不合理」
出所：田中寛一　1954　田中ビネー式知能検査法　日本文化科学社

▷1　Gardner, H. 1999 *Intelligence Reframed: Multiple Intelligence for the 21st Century*. Basic Books.（松村暢隆（訳）2001　MI――個性を生かす多重知能の理論　新曜社）

表2　ガードナーの多重知能理論

- 言語的知能……話し言葉，書き言葉への感受性，言語を学ぶ能力，およびある目的のために言語を用いる能力。弁護士，演説家，作家，詩人など。
- 論理・数学的知能……問題を論理的に分析したり，数学的な操作を実行したり，問題を科学的に究明するのに関係する。数学者や論理学者，科学者など。
- 音楽的知能……音楽的パターンの演奏や作曲，鑑賞のスキルを伴う。
- 身体・運動的知能……問題を解決したり何かを作り出すために，体全体や身体部位（口や手）を使う能力。ダンサー，俳優，スポーツ選手，工芸家，機械工など。
- 空間的知能……広い空間パターン（航海士，パイロット）や限定された範囲（彫刻家，外科，建築家など）などのパターンについての能力。
- 対人的知能……他者の意図や動機づけ，欲求を理解して，その結果，他者とうまくやっていく能力。
- 内省的知能……自分自身を理解する能力。自己の効果的な作業モデルをもち，そのような情報を自分の生活を統制するために効果的に用いる能力に関係する。

出所：松村（訳）　2001　pp. 58-60より作成。

Ⅰ 心理学の理論と方法

6 心と脳の関係を探る
脳科学と生理・神経心理学

脳科学の進歩によって，心の中枢は大脳であり，心と大脳は密接不可分の関係にあることが明らかになっています。では，心を支える大脳の構造と機能はどうなっているのでしょうか。

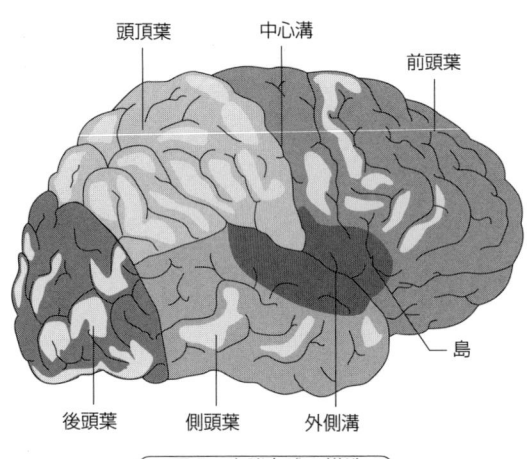

図7　大脳半球の構造

出所：Atkinson, R. L., Atkinson, R. C., Smith, E. E., Bem, D. J. & Nolen-Hoeksema, S. (Eds.) 2000 *Hilgard's Introduction to Psychology*, 13th ed. Harcourt College.（内田一成（監訳）2002 ヒルガードの心理学　ブレーン出版）

大脳半球の構造と機能はどのようになっているのか

大脳半球はほぼ左右対称で，左右の半球は大脳縦裂の底にある脳梁によってつながれています。また，大脳半球の表面には多数の溝があり，溝のなかでも特に深いものを目印にして，大脳皮質を前頭葉，頭頂葉，側頭葉，後頭葉に分けることができます（図7）。

2 大脳半球の機能地図はどのようになっているのか

最近の脳科学の進歩によって，大脳皮質は全体として一様に機能しているのではなく，部位によって機能が異なることが明らかにされています。以下に，大脳皮質のどの部位がどのような精神活動を司っているのかを説明することにしましょう（図8参照）。

①運動野：中心溝の前側の中心前回と呼ばれる部位に位置している運動野は，随意運動を制御しています。

②体性感覚野：頭頂葉の中心溝によって運動野から隔てられている部位に位置している体性感覚野は，温度の感覚，皮膚感覚，痛みの感覚，体の運動感覚などを司っています。

③視覚野：視覚情報を処理する視覚野は後頭葉に位置していて，左眼の左視野および右眼の左視野内の視覚刺激は，右半球の視覚野に投射されます。他方，左眼の右視野および右眼の右視野内の領域は，左半球の視覚野に投射されます。

④聴覚野：聴覚情報を処理する聴覚野は，左右の半

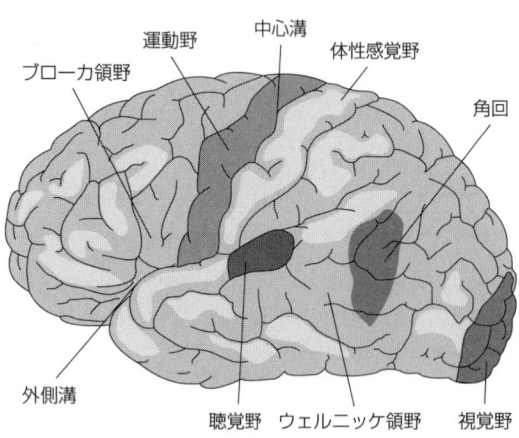

図8　大脳半球の機能地図

出所：Atkinson, R. L., Atkinson, R. C., Smith, E. E., Bem, D. J. & Nolen-Hoeksema, S. (Eds.) 2000 *Hilgard's Introduction to Psychology*, 13th ed. Harcourt College.（内田一成（監訳）2002 ヒルガードの心理学　ブレーン出版）

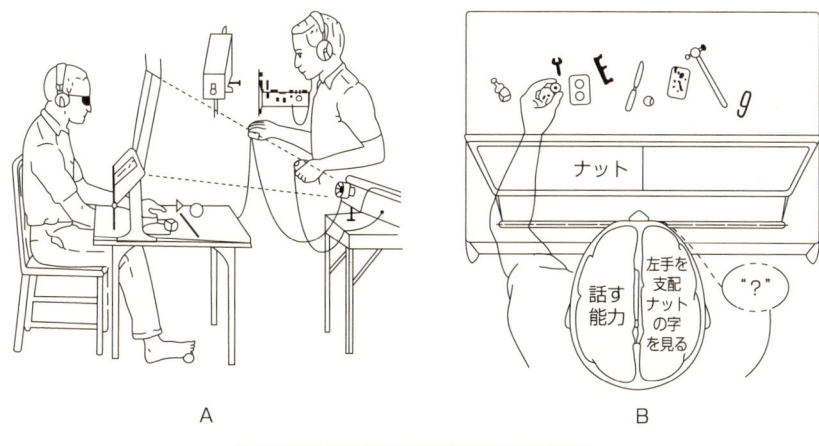

図9　スペリーの分離脳患者の実験

出所：石田潤・岡直樹・桐木建始・富永大介・道田泰司　1995　ダイアグラム心理学　北大路書房

球の側頭葉に位置していて，時系列的に変化する音声パターンの処理を司っています。また，左右の耳から同じ側の大脳半球に至る神経伝達路の方が，交叉経路を経て反対側の大脳半球に至る神経伝達路よりも著しく少ないことがわかっています。

⑤連合野：感覚や運動と直接的に関係していない大脳皮質の領域は連合野と呼ばれ，人間の脳の場合には大脳皮質の約3分の2以上が連合野です。この連合野も部位によって機能の分化がみられます。たとえば，前頭葉の前方に位置する前頭連合野は，思考や問題解決などの高次な知的活動を司っています。

3　大脳半球の非対称性を示す実験はどのようなものか

　大脳半球はほぼ左右対称ですが，大脳半球の機能は左右対称ではありません。そのことは次のような**分離脳**の患者の研究によって明らかにされています。
　ノーベル賞受賞者のスペリーは，左右の半球をつないでいる脳梁の切断手術を受けた患者を対象に次のような実験を行いました。
　タキストスコープによって分離脳の患者の左視野に「ナット」という文字を0.1秒間呈示すると，その情報は右脳の視覚野を経由して，最終的には右脳の運動野に伝達されます。この右脳の運動野は左手の運動を制御しています。このため患者は，スクリーンの下から左手を伸ばして，そこにおいてある種々の事物のなかから触覚だけを頼りに正しく「ナット」を選び取ることができます。ところが，このとき患者に今していることについて質問すると，患者は自分が何をしているのかを全く答えることができません。つまり，患者の左半球は，右半球で起こっている出来事を認識することができないのです。反対に文字を右視野に呈示すると，患者は自分の行った行為をすべて言語報告することができます。このことは大脳の左半球が言語と発話の機能を分担していることを明瞭に示しています（図9）。

（森　敏昭）

▷1　分離脳
脳梁（大脳縦裂の底にあって左右の半球をつないでいる厚い白質板）の切断手術を受けた脳。このため左右の半球間での情報の伝達がなされない。

▷2　Sperry, R. W. 1968 Hemisphere connection and unity in concious awareness. *American Psychologist*, **23**, 723-733.

▷3　タキストスコープ
文字や図をごく短時間呈示する装置。

I 心理学の理論と方法

心をどう測るのか
測定の妥当性と信頼性

1 測定の妥当性とはどのようなものか

　実証科学である心理学の研究では，実験，調査，検査，観察などの方法を用いてデータの収集を行います。そしてデータとは測定値の集まりなので，データを得るためには測定という操作が不可欠です。そのため心理学では，たとえば再生法や再認法によって記憶量を測定したり（Ⅲ-1 参照），クレペリン検査（ⅩⅤ-7 参照）によって人の性格を測定したりします。

　ところで，心理学の研究では，研究対象である心理現象（心理量）を直接的に測定することができません。なぜなら，心理現象は目に見えない現象なので，それを直接的に測定するための物差し（尺度）を構成することができないからです。そのため心理学では，心理現象（心理量）を反映していると考えられる何らかの物理量（たとえば記憶実験の場合なら再生量や再認量，クレペリン検査の場合なら計算作業の成績や作業曲線）を測定することによって，間接的に心理量の測定を行います。なお，物理量の尺度は表面尺度，心理量の尺度は元型尺度と呼ぶこともあります。

　このように，心理測定では心理量の尺度（元型尺度）と物理量の尺度（表面尺度）が同一ではないので，両者がうまく対応しない場合が生じます。その場合には測ろうとしているもの（心理量）と実際に測っているもの（物理量）とが食い違うことになり，そのような場合の測定は「妥当性がない」ことになります（ⅩⅤ-9 参照）。たとえば，恋人の「愛情」という心理量を「プレゼントの金額」という物理量で測定した人がいたとしましょう。そして，その人が恋人に裏切られてしまった場合，その人の心理測定には妥当性がなかったのです。同様に心理学の研究の場合も，データに裏切られないためには，常に測定の妥当性を高めるための工夫をすることが大切なのです。

2 測定の信頼性とはどのようなものか

　心理測定では，測定の妥当性を高めるための工夫だけでなく，測定の信頼性を高めるための工夫も重要です。なぜなら測定の信頼性を高めることは，研究そのものの信頼性を高めることにつながる重要な問題だからです。では，信頼性の高い測定とはどのような測定なのでしょうか（ⅩⅤ-9 参照）。

　測定には必ず誤差が伴います。たとえば，10人の計測者が，ある短距離走者

の100メートル走の記録をそれぞれ独立してストップ・ウォッチで計測（測定）したとしましょう。この場合，同一の記録を計測（測定）しているのですから，もし測定の誤差がなければ，10個のストップ・ウォッチの計測値は同一になるはずです。ところが，実際には測定誤差のために，10個の計測値は同一にはなりません。心理測定の場合も，これと同様に測定の誤差が伴います。たとえば同じ子どもに知能検査を1週間の間隔をおいて2回実施した場合，1週間の間に知能が変化するとは考えられないにもかかわらず，2回の検査結果は完全には一致しないでしょう。

このように，あらゆる測定には必ず誤差が伴うので，測定値の集合であるデータのなかにも，必ず誤差が混入してしまいます。そして，データのなかに混入してくる誤差が多くなれば，それだけデータの信頼性が低下してしまいます。したがって，データの信頼性を高めるためには，測定に伴う誤差を減らすための工夫が必要になるのです。

③ 確率誤差と系統誤差の違いは何か

では，どうすれば測定に伴う誤差を減らすことができるのでしょうか。それを説明するためには，確率誤差と系統誤差という2種類の誤差について触れておく必要があります。

たとえば，サイコロを振ったときにどの目が出るかはまったくの偶然なので，いかさまをやらない限り，出る目をコントロールすることはできません。これと同様に，確率誤差は偶然による測定値の不規則な変動（バラツキ）なので，研究者がそれをコントロールするのは不可能です。たとえば，同一の計測者が10秒フラットの時間をストップ・ウォッチで10回計測した場合，同一の記録を計測（測定）しているにもかかわらず，10回の計測値は同一にはならないでしょう。なぜなら，サイコロの出る目がランダムに変動するのと同様に，10回の計測値も10秒の前後でランダムに変動するからです。つまり，この場合の10回の計測値の変動は確率誤差なのです。

これに対し，系統誤差とは規則的な測定値の変動です。たとえば，10人の計測者が10秒フラットの時間をストップ・ウォッチで1回ずつ計測した場合と，1人の計測者が10回計測した場合とを比較してみると，どちらの場合も10個の測定値（データ）が得られたことになります。しかし，前者のデータの方が後者のデータよりも変動（バラツキ）が大きくなるはずです。なぜなら，前者のデータには後者のデータに混入する確率誤差に加えて，計測者の個人差による変動が混入するからです。この個人差による変動も系統誤差の一種です。

この系統誤差は規則的な測定値の変動なので，その原因が明らかになれば，それをコントロールすることが可能です。すなわち，条件統制によって系統誤差を減らす工夫をすれば，データの信頼性は高められます。　　　　（森　敏昭）

I 心理学の理論と方法

 心理学の実験
因果分析の方法

　一般に心理学の実験では，心理現象の成立に関与していると思われる要因を組織的に変化させ，その上で実験参加者の反応（行動）を観察・測定します。そして，研究者が組織的に変化させる（操作する）要因を独立変数と呼び，研究者が観察・測定する変数を従属変数と呼びます。これらの言葉を用いて表現すれば，心理学実験の基本原理は，独立変数が従属変数にどのような影響を及ぼすかを調べ，その影響を生じさせている心理現象の仕組みを明らかにすることといえます。

1 実験法の長所と短所は何か

　実験法の最大の長所は，独立変数と従属変数の間の因果関係について検討できることです。たとえばBGMが作業成績にどのような影響を及ぼすかを調べるための実験では，BGMの有無（あるいはBGMの種類）が独立変数となります。つまり，BGMが異なる複数の条件を設定し（独立変数の操作），それぞれの条件の下で実験参加者の作業成績（従属変数）を測定するのです。そして，もし複数の条件間で作業成績に違いが生じれば，その原因はBGMに関する条件差だと原因を特定することができます。なぜなら，複数の条件の違いはBGM（すなわち独立変数の操作）の違いだけで，その他の条件はコントロールされているからです。

　しかしながら，その反面，実験法には生態学的妥当性に欠けるデータが得られやすいという短所があります。つまり実験法は，実験室で得られたデータが日常世界での心理現象を正しく反映しているという大前提の上に成り立っているので，もしこの前提が崩れれば，実験室で得られたデータに基づいて構築された理論や仮説を，実験室の外の日常世界にまで一般化することができず，日常世界から遊離した生態学的妥当性に欠けるデータを蓄積しているに過ぎないことになってしまいます。したがって，実験法を用いる際には，その危険性に十分配慮し，条件をコントロールすることによって日常世界の心理現象の本質を損なうことがないように細心の注意を払う必要があります。

2 なぜ剰余変数のコントロールが大切なのか

　従属変数（作業成績）に組織的な効果を及ぼすのは独立変数（上述の例の場合はBGMの有無またはBGMの種類）だけではありません。たとえば，照明，室

温，湿度，課題の難易度，実験参加者の動機づけや能力差などの要因も従属変数に組織的な影響を及ぼすはずです。しかし，これらの要因の効果を調べることが，この実験の目的ではありません。つまり，これらの変数は実験の邪魔になる変数なのです。そのため，これらの変数は剰余変数と呼ばれます。

　剰余変数は従属変数に規則的変動をもたらす独立変数以外の変数です。つまり，剰余変数は系統誤差をもたらす変数に他なりません。したがって，剰余変数をうまくコントロールすれば，データのなかに混入してくる系統誤差を減らすことが可能になります。

③ 独立変数と剰余変数の交絡とは何か

　剰余変数をコントロールする上で注意しなければならない重要なポイントは，独立変数と剰余変数が交絡しないようにすることです。

　交絡の意味を説明するための例として，新薬の効果を確かめる薬理学の実験を取り上げてみましょう。たとえば，風邪をひいた患者を実験群と統制群に分け，新薬を投与した実験群と投与しなかった統制群の治癒率を比較したところ，実験群のほうが統制群よりも治癒率が高かったとしましょう。

　さて，この実験で新薬の効果が検証されたことになるでしょうか？　答えは否です。なぜなら，この実験計画では，実験群と統制群に治癒率の差が生じたのは，新薬を投与したことによる実験者の期待効果や，新薬を投与されたことによる患者の暗示効果などの心理効果が原因である可能性があるからです。つまり，この実験では本来の検討対象である薬そのものの効果（独立変数の効果）と，薬を投与した（投与された）という認知に伴う心理効果（剰余変数の効果）とが交絡している（心理効果が実験群にだけ治癒率を高める方向で偏って影響している）のです。

　そのため，この種の薬理検査では，独立変数と剰余変数が交絡しないように，統制群にも新薬と同じ効果があると称して偽薬（プラセボ）を投与し，さらに，自分が本物の薬を投与している（投与されている）のか偽薬を投与している（投与されている）のかが医師にも患者にもわからないようにしなければなりません（このことをダブルブラインド検査と呼びます）。

　同様に心理学の実験の場合も，常に独立変数と剰余変数が交絡する危険性が伴います。たとえば，前述のBGMが作業成績にどのような影響を及ぼすかを調べるための実験で，2つの学級の生徒の一方を実験群（BGMあり），他方を統制群（BGMなし）に割り当てて実験を行うと，独立変数（BGMの有無）と剰余変数（作業能力の個人差）の交絡が生じる危険性があります。なぜなら，両群の作業能力が異なっている可能性があるからです。そのため，実験群のほうが統制群よりも成績がよかったとしても，その原因を独立変数（BGMの「効果」）に帰属することができないのです。

〈森　敏昭〉

I 心理学の理論と方法

 ## 心理学の調査
相関分析の方法

調査法の長所と短所は何か

　調査法の長所は，生態学的妥当性の高いデータが得られやすいことです。つまり，調査法では実験法のように条件統制を行わずに，ありのままの自然な事態において被調査者の行動（反応）を測定するので，調査で得られたデータは現実のありのままの心理現象をとらえたものといえます。このため調査で得られたデータに基づいて構築された理論や仮説は，そのまま現実の心理現象に当てはめることができるのです。

　しかしながら，調査法では条件のコントロールを行わないので，研究者が検討の対象としている要因以外のさまざまな要因の効果がデータのなかに混入する可能性が高くなります。そのため，調査法で明らかにすることができるのは変数間の相関関係で，変数間の因果関係を検討することはできません。つまり，2つの変数の間に相関関係があることがわかっても，それだけでは一方の変数が他方の変数の原因であるとはいい切れないのです。そのことは，仮にカエルの鳴く量と降雨量の間に相関関係があったとしても，カエルが鳴くことが「原因」となって雨が降るわけではないことを考えてみれば明らかでしょう。

相関係数はどのように調べるのか

　2つの変数の相関関係を調べるための代表的な方法は相関係数（r）を算出することです。この相関係数は$-1 \leq r \leq 1$の値をとり，一方の変数（x）が大きいほど他方の変数（y）も大きくなる傾向があるときには値がプラスになり，逆にxが大きいほどyが小さくなる傾向があるときにはマイナスになります。そのため，前者の場合には2つの変数間に正の相関関係があるといい，後者の場合には負の相関関係があるといいます（図10参照）。また，2つの変数間に完全な相関があるとき（散布図上で，すべての点が右上がりの一直線に並ぶとき）

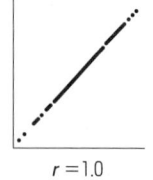 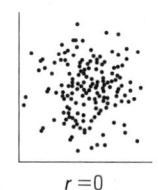 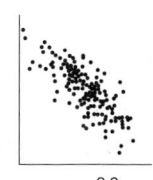

$r=1.0$　　　　$r=0.7$　　　　$r=0$　　　　$r=-0.8$

図10　散布図と相関係数

出所：南風原朝和　2002　心理統計学の基礎――統合的理解のために　有斐閣

1になり，完全な負の相関があるとき（散布図上で，すべての点が右下がりの一直線に並ぶとき）−1になります。そして，2つの変数間に相関関係が全くない場合には0になります。つまり，相関係数の正負の符号は正の相関関係か負の相関関係かを示し，相関係数の絶対値は相関関係の強さを示すのです。なお，3つ以上の変数間の相関関係を総合的に分析するときには多変量解析と呼ばれる方法が用いられます。

3 疑似相関と疑似無相関とはどのようなものか

変数間の相関関係を分析するときには，疑似相関や疑似無相関に注意する必要があります。たとえば，ある小学校で3年生から6年生までの全校児童を対象にして身体検査を行い，身長と計算力の相関係数を算出すると，$r=0.80$という強い正の相関係数が得られたとしましょう（図11）。しかし，この相関係数は疑似相関である可能性が高いと考えられます。疑似相関とは，2つの変数 x と y の間には本当は相関関係がないにもかかわらず，第3の変数 z に媒介されて現れる，見かけ上の相関係数のことを指します。この例の場合，身長（x）も計算力（y）も，ともに年齢（z）との間に強い正の相関関係があると考えられます。このため，身長と計算力の間には相関関係がなくても，疑似相関が現れてしまうのです。逆に，x と y の間には本当は相関関係があるにもかかわらず，第3の変数に媒介されて，見かけ上，無相関になることがあります。たとえば，ある高校で数学の成績と英語の成績の間の相関を算出したところ，有意な相関関係がみられなかったとしましょう。しかし，たとえば数学の成績は男子の方が女子よりもよく，英語の成績は女子の方が男子よりもよいというような関係があったとします。そのような場合，数学の成績と英語の成績の間には本当は正の相関があるにもかかわらず，男女差という第三の変数に撹乱されて，見かけ上の無相関（疑似無相関）が現れてしまう可能性があるのです（図11）。

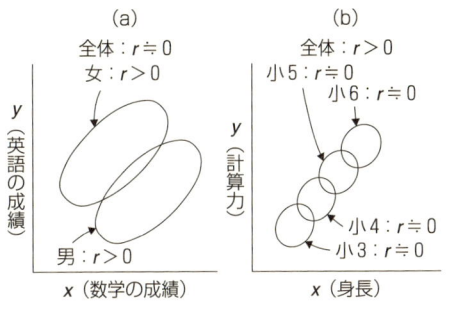

図11 疑似相関と疑似無相関

出所：森敏昭・吉田寿夫（編著）　1990　心理学のためのデータ解析テクニカルブック　北大路書房

こうした疑似相関や疑似無相関を暴くための方法の一つは，分割相関（層別相関）を求めることです。すなわち，身長と計算力の間の正の相関が疑似相関であるかどうかを調べる場合には，学年ごとに別々に相関係数を算出するのです。もし，各学年ごとに調べると有意な相関関係が消失してしまえば，そのことは全学年のデータでみられた有意な相関は疑似相関であることを意味します。同様に数学の成績と英語の成績の間の相関が疑似無相関であるかどうかを調べる場合には，男女ごとに別々に相関係数を算出します。もし数学と英語の成績間の相関が疑似無相関であるのなら，今度は有意な相関が現れるでしょう（図11参照）。

（森　敏昭）

Ⅰ 心理学の理論と方法

統計的研究法と事例研究法の違い
量的データと質的データ

　心理学の研究は，統計的研究と事例研究とに大別することができます。そして，一般に統計的研究では，たとえば「対処不可能な脅威にさらされると人間は無力感に陥る」というような，人間なら誰にも当てはまる一般法則の解明を目指して，特定の集団（標本）から得られた量的データの統計的解析がなされます。これに対し事例研究では，単一の（または少数の）事例の観察・調査で得られた質的データの詳細な記述・分析を通して，統計的解析ではとらえきれない人間の心理の本質を読み解くことを目指しています。以下に，両タイプの研究の実例を示しておくことにします。

統計的研究とはどのようなものか

　一例として，キーワード法の有効性を調べた研究を紹介してみましょう。キーワード法とは外国語の単語の記銘方略の一種で，この研究では日本の大学生がスペイン語の単語を学習する際にもキーワード法が有効かどうかの検討がなされました。学習材料は，キーワードを連想しやすい高連想語10語（ballena；クジラ），低連想語10語（cortina；カーテン），合計20語のスペイン語単語でした。実験に参加したのは39名の大学生で，イメージ化群（キーワードと反応語をイメージによって媒介する条件），文章化群（キーワードと反応語を文章によって媒介する条件），統制群（自由に学習する条件）のいずれかに分かれて，3試行の習得試行の後，1週間後に保持テスト（スペイン語から日本語を答える順方向再生テストと，日本語からスペイン語を答える逆方向再生テストの2種類）を受けました。実験の結果は表3のとおりで，統計的検定の結果，習得試行では3群間に差がなく，保持テストではイメージ化群と文章化群はどちらも統制群よりも成績がよいことがわかりました。

　この種の研究の結果は，平均値や標準偏差などの記述統計の測度を用いて記述され，さらに推測統計の方法を用いて，標本のデータの分析に基づいて「一般に日本の大学生にはキーワード法が有効である」という母集団全体にまで一般化した結論を下せるかどうかの検討がなされます。このためこの種の研究は，統計的研究に分類されるのです。

表3　キーワード法の有効性

各群の習得試行の成績

条件	習得試行1 高連想語	1 低連想語	2 高連想語	2 低連想語	3 高連想語	3 低連想語
イメージ化群	6.92	5.88	9.75	9.42	9.92	9.83
文章化群	5.93	4.82	9.86	9.50	9.93	10.00
統制群	4.62	6.02	9.23	9.54	9.85	9.85

各群の順方向再生テストの成績

条件	高連想語	低連想語
イメージ化群	9.58	9.58
文章化群	9.36	9.64
統制群	8.00	8.77

各群の逆方向再生テストの成績

条件	高連想語	低連想語
イメージ化群	5.41	2.81
文章化群	4.68	3.55
統制群	2.27	1.67

出所：森敏昭・田頭穂積　1981　キーワード法によるスペイン語単語の習得　教育心理学研究, 29, 252-255.

2 事例研究とはどのようなものか

事例研究の例として，認知カウンセリングの実践研究を紹介してみましょう。

認知カウンセリングとは，学習上の問題を抱えている子どもたちに対する個別面接による学習支援法で，その特徴の一つは，個別面接の場面で学習者に自分の概念や思考過程を語ってもらい，それを診断の糸口にするところにあります。また，この特徴は，発話思考法で得られたデータのプロトコル分析を行う認知心理学の手法と，カウンセリングで採用されている傾聴の姿勢を重ね合わせたものといえます。

具体的には，学習者に概念，意味，性質，手続きなどについての言語的記述を促し，それを学校での学習活動でも学習方略として用いるように支援します。そのことの教育的な意義は，学習者の理解の診断や理解の深化に役立つことです。認知カウンセリングで用いられる方法の一つに「仮想的教示」がありますが，これは他者に教える立場になったつもりで，ある事柄を説明させてみる方法です。たとえば，他者に「関数とは何か」を説明するつもりで言語化させるのです。そうすることによって，カウンセラーにとっては学習者の理解状態の診断に役立ち，学習者にとっては理解の自己診断に役立ちます。つまり，うまく説明できないところはまだよくわかっていないところなのだということが学習者自身にもわかり，「わかっているのか，わかっていないのかがわからない」状態から脱し，他者に説明することを通して理解状態の明確化が図れるのです。

表4に，学習相談場面でのクライエント（cl）とカウンセラー（co）の会話の逐語記録の一部が示されています。このケースのクライエント（学習者）は中学3年の女子生徒（D子）で，数学や理科の成績が思わしくないという理由で学習相談室を訪れ，夏休みの間に，1回約90分の相談・指導が計8回行われました。カウンセリングの終了後に行われたアンケート調査の回答のなかで，D子は「教科書をどう読むかなど，勉強の方法が変わった」「習ったこと一つひとつについて深く考えるようになった」などの感想を述べています。この感想から，認知カウンセリングを受けた経験の効果が，日常の学習場面での理解を重視する学習態度となって現れていることがうかがえます。

事例研究では逐語記録のような質的データを多く用います。その意味で，数値のもつ淡麗辛口のキレを重視するのが統計的研究だとすれば，言葉のもつ濃醇甘口のコクを重視するのが事例研究だといえるでしょう。　（森　敏昭）

表4　認知カウンセリングの逐語記録

場面4：1次関数のグラフの特徴

彼女の方から問題意識として上がってきた事項を取り上げた場面である。1年生の比例，反比例の復習をしたあと，最近の定期テストの出題範囲であった1次関数のグラフに戻ってきた。

cl：関数の式をグラフから求めるという問題が，よくわからなかったんですけど。
co：式とグラフの関係がよくわかってないってことかな？
cl：そうだと思います。
co：簡単な比例の場合からいこうか。（比例：$y=ax$ のグラフはどんな形か？）
cl：（座標軸と，右上がりの直線を書く。）
co：いつも右上がりになるのかな？
cl：a がマイナスだと右下がりになりますよね。（右下がりの直線を書き入れる）
co：このグラフを言葉では何といったらいいだろう？
cl：原点を通る直線，かな。
co：もうちょっと詳しく，こう言ってみよう。《原点を通り，傾き a の直線》「傾き a」というのは，どういう意味だろう？
cl：……

出所：市川伸一　2000　概念, 図式, 手続きの言語的記述を促す学習指導——認知カウンセリングの事例を通しての提案と考察　教育心理学研究, 48, 361-371.

II 感覚と知覚

 ## ものを感じる仕組み
絶対閾・弁別閾値, フェヒナーの法則

 感覚は心的世界と外的環境をつなぐ

感覚は私たちの存在にとって欠かせない重要な働きを担っています。たとえば，ふだんは意識していなくても，急に停電で何も見えなくなったときは，私たちがいかに視覚に大きく頼っているかに気づくでしょう。同時に，音も聞こえず，触った感覚もなく，匂いや味もわからなくなってしまった状態を想像してみてください。それは周囲の世界が全く存在しないことと何ら変わりありません。いいかえると，周囲からの情報を受け取るための感覚器は，私たち個人の心的世界と外の環境とをつなぐ窓口であるといえます。したがって，感覚の仕組みを理解することは，心を支える基礎を理解することでもあります。

私たちのもつ感覚には2種類あります。一つは特殊感覚と呼ばれ，特殊な場所（たとえば眼球の網膜，鼻粘膜嗅部，口粘膜，内耳のコルチ器，前庭・三半規管）からもたらされるものです。もう一つは一般感覚と呼ばれ，身体の広い範囲でもたらされるもの（外部感覚，内部感覚，固有感覚）です。外部感覚とは皮膚に受ける触・圧覚，温度感覚，痛覚を指します。内部感覚とは内臓の感覚です。固有感覚とは手足の位置や運動などを知る感覚です。

感覚は，大まかにいうと，物理的刺激→生理学的応答→感覚経験という段階を経て生じます。外界からの刺激がそれをとらえる細胞に到達し，細胞膜の内外でイオン濃度の変化を起こします。そして，その細胞で活動電位が発生します。すなわち，外界からの刺激が到達したというサインが電気信号に置き換わります。ここまでが感覚器内部で起こることです。実際のプロセスをよく見ると，次のような非常に精巧なカラクリがあることがわかります。たとえば，半規管内にある，平衡感覚を知るための有毛細胞を考えてみます（図12）。半規管は内リンパ液に満たされたチューブであり，有毛細胞はその内壁にくっついて，液に毛を浸しています。いまここで，あなたが頭を右に回転させたとします。すると，3つの半規管は頭の回転につれて動きますが，内リンパ液は摩擦がないため止まっています。これはちょうど，バ

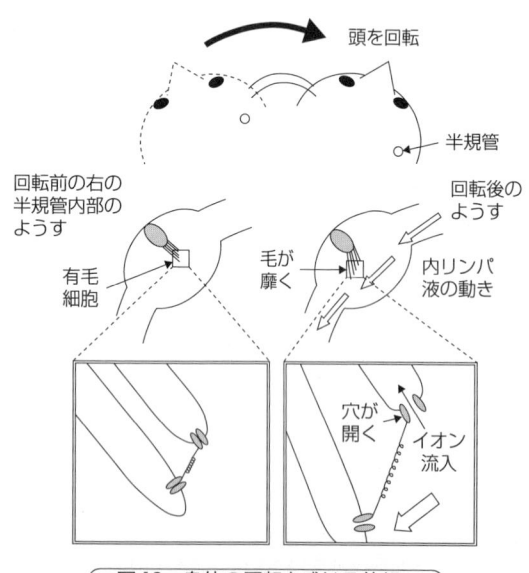

図12 身体の回転を感じる仕組み

ケツに水を入れて回転させることに似ています。有毛細胞の毛の部分は停止している内リンパ液に押されて，回転方向に傾きます。何本もある毛の部分は細かい繊維で結ばれており，その繊維は細胞表面にある，イオンの出入りを調節する一種の穴（イオンチャンネル）にもつながっています。毛が傾くと，繊維がこの穴の入り口を引っ張るため，穴は大きく開いて，有毛細胞内に流入するイオン濃度が一気に変わります。こうして有毛細胞は活動します。この細胞活動が回転の感覚経験につながります。

たいていの感覚器は，特定のタイプの刺激をとらえます。たとえば，視覚を生じる視細胞は光をとらえますし，聴覚を生じるコルチ器の有毛細胞は音をとらえます。このような場合，光は視覚神経系の，音は聴覚神経系の適刺激といいます。しかし，適刺激がなくても，視覚神経系のどこかで神経活動が起これば，感覚が生じてしまう場合があります。たとえば，目や頭を打ったときは，視覚神経が押されるなどして活動してしまうために光のようなものが感じられます。このような感覚を起こす刺激を不適刺激といいます。

2 精神物理学への道

私たちの感覚神経系は物理的な刺激を受けて応答します。外界からの物理的な刺激量が少なければ感覚は生じないかもしれませんが，刺激量が多ければ感覚は生じるでしょう。このように，刺激の物理量（たとえば光の強さ）を操作して，それに対応する心理量（光が見えたか否かなど）を測ることを心理物理学的測定または精神物理学的測定といいます。刺激の量を微妙に調節すると，感覚が生じるか生じないかのぎりぎりの値を知ることができます。この値を，その感覚の絶対閾と呼びます。別のいい方をすれば，絶対閾とは，ある感覚が生じるための最低刺激強度です。これに対して，2つの刺激の違いが区別できる最低限の差のことを弁別閾といいます。私たちが眼鏡やコンタクトレンズを作るときにする視力検査も，一種の閾値（最小可読閾）を測っています。

心理物理学では，刺激の強度と弁別力との関係を調べてきました。ウェーバー（Weber, E. H.）は，弁別閾は刺激の絶対的な強度にほぼ比例すると述べました（ウェーバーの法則）。たとえば，1 kgと2 kgの石があったとき，これらの重さの違いを区別することは簡単でしょう。しかし，同じ1 kgの差であっても，60 kgと61 kgの違いを区別することは容易ではありません。のちにフェヒナー（Fechner, G.）はこの法則を修正して，感覚の強さは刺激強度の対数に比例する（フェヒナーの法則）と主張しました。しかし，これらの法則も成立しない場合がある等の問題点から，スティーブンス（Stevens, S. S.）は別のアプローチをとり，感覚の強さ（I）は刺激の強さ（S）のベキ関数 $I=K(S-S_0)^n$ で示されることを見出しました（スティーブンスのベキ法則，ベキ指数 n は感覚ごとに異なる値，S_0 はその感覚での刺激閾，K は定数）。　　（河原純一郎）

II 感覚と知覚

2 視覚系のしくみ

▷ 1 Tessier‐Lavigne, M. 2000 Visual processing by the retina. In E. R. Kandel, J. H. Schwartz, T. M. Jessell (Eds.) *Principles of neural science* New York: McGraw-Hill pp. 507-522.

　私たちは，10円玉程度の直径をもつ2つの球体である眼を使って光をとらえます。眼に入ってきた光は角膜，水晶体，硝子体を通して網膜に届きます。網膜の奥深くにある視覚受容器（視細胞）は，波長約380～780 nmの範囲の電磁波（可視光）に応答し，光エネルギーを電気信号に変換します。やがてこの信号は視覚神経を経て脳に伝わり，"見えた"という感覚が生まれます。

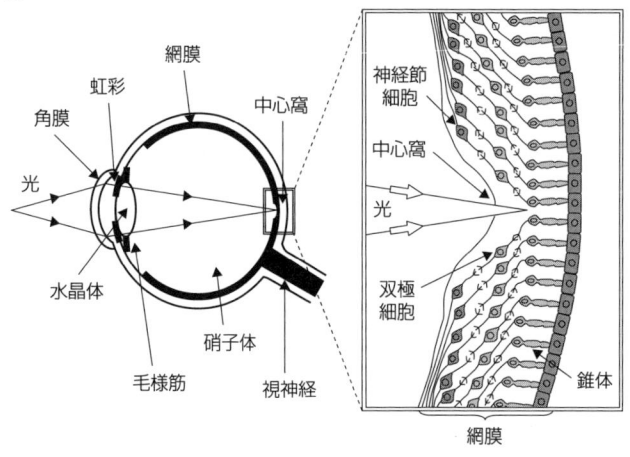

図13 眼球と網膜の構造
◁1
出所：Tessier-Lavigne 2000に基づく。

　網膜には桿体細胞，錐体細胞という2種類の視細胞があります。桿体細胞は暗いところで弱い光を敏感に感じ取る働きがあります。錐体細胞は明るいところで強い光を受けたときに応答します。さらに，錐体細胞には短波長（青色），中間波長（緑色），長波長（赤色）の光によく応答するものの3種類があります。視細胞内には，光センサーとして働くタンパク粒子（桿体細胞ではロドプシンという）があります。光が当たるとこれらが連鎖的に化学反応を起こし，結果的に視細胞の電気的活動を引き起こします。こうして生じた視細胞の活動はいくつかの細胞に中継され，大脳の視覚皮質などに伝えられます。

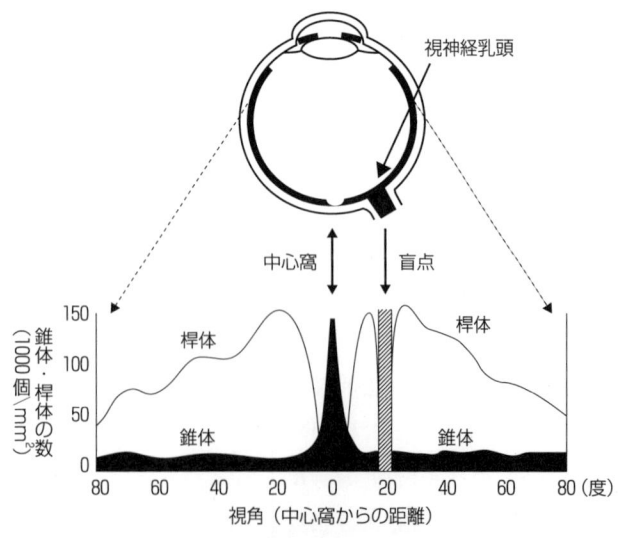

図14 桿体・錐体の分布

　桿体細胞と錐体細胞の網膜上の分布は非常に偏っています。網膜の中心部分には，色覚や詳細な視覚を生む錐体細胞が密集しています（図13）。錐体細胞の密度は中心から少し離れるとすぐに低下します（図14）。逆に，桿体細胞は中心窩にはありませんが，中心の脇に最も多く分布します。そして，周辺ではその密度は低くなっています。このページの二行目にある"晶"という字を見つめてみて下さい。そして，眼を動かさずに，左右何文字まで読むことが

できますか？　おそらく，行端の文字はほとんどわからず，視野の周辺に見えるものの色はほとんどわからないでしょう。これは上に述べた錐体細胞の分布に対応しており，網膜上の錐体細胞がほとんどない位置に映る文字は細かい違いや色が見分けられないためです。

センサーに相当する視細胞は網膜の一番深いところにあります。そして，情報を伝えるケーブルに相当する視神経線維は網膜上層部を走って，視神経乳頭と呼ばれる部分に集まります。ここは視神経線維（片眼で約100万本）や血管を眼球から外へ出すための，いわばケーブル出口であるため，この部分には視細胞がありません（図14の斜線部分）。したがって，視野内でこの部分に相当するところは見ることができず，盲点と呼ばれます。

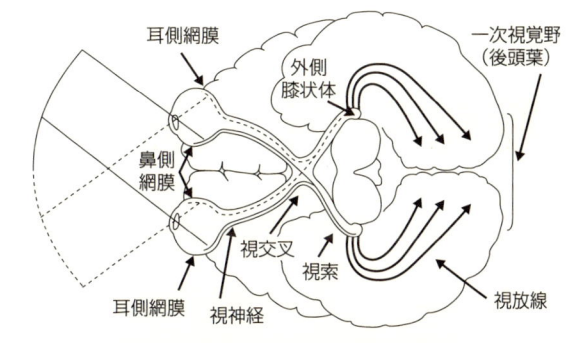

図15　眼から一次視覚皮質への連絡

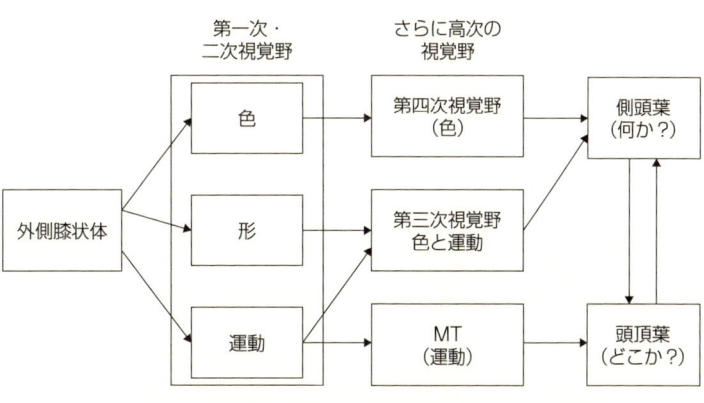

図16　視覚情報が高次の脳部位へ伝達される経路

網膜を出た視神経線維のほとんどは，視交差を経て視床の一部（外側膝状体）に入って中継され，情報は視放線を通って大脳皮質（後頭葉にある第一次視覚野）に伝えられます。図15にあるように，左視野の物体はそれぞれの網膜の右側に映ります。そして，網膜の右側からの情報は最終的に，右側の大脳半球に入ります。視野の左右だけでなく上下についても，網膜上に映る位置と，大脳皮質で情報を受け取る位置には規則的な対応があります。また，位置の情報に加えて，情報の種類（色，形，動きなど）によってもそれを送る専用の経路が分かれています（図16）。外側膝状体から大脳の一次視覚野に入るとき，すでに形や色を伝える経路と，運動を伝える経路が分かれています。色や形の情報は側頭連合野に伝えられ，物体が何であるかについての判断に貢献します。一方，運動に関する情報は頭頂連合野に伝えられ，物体がどこにあるのかについての判断に使われます。

一般に，一次視覚野を病気などで失うと，意識的な視覚はできなくなりますが，光の検出や物をつかむことができる場合があります（盲視）。これは上述の外側膝状体を通る経路の他に，網膜から中脳の一部を通って高次視覚野につながる神経連絡があり，その働きを反映しているためといわれています。

（河原純一郎）

II 感覚と知覚

3 聴覚系のしくみ

　音は空気や水を通して伝わる振動です。耳はこの振動をとらえ，電気信号に置き換えて，最終的に脳に伝えています。私たちの耳は触覚の一種から進化した器官であるといわれています。触覚では，腕などに生えた毛で接触を感知します。一方，聴覚ではある頻度（周波数）の振動を特殊な毛（コルチ器の有毛細胞，図17）で感じとります。耳はこのプロセスを外耳，中耳，内耳の連携によって実現しています。

　耳介で集められ，外耳道を通して入ってきた音は，機械的に内耳まで伝えられます。具体的には，音は外耳道の突き当たりにある直径約 9 mm のぴんと張った膜（鼓膜）に当たり，それを振動させます。ここから先は中耳です。鼓膜の振動はその内側にある耳小骨（つち骨，きぬた骨，あぶみ骨）を介して内耳に伝わります。このとき，耳小骨はテコの作用を利用しているため，外耳からの入力を約22倍に増幅する働きをもっています。

　内耳に至るまでに機械的に増幅された振動は，蝸牛で電気信号に置き換えられます。蝸牛はその名のとおり，カタツムリの殻に似た 3 巻き足らずの筒です。蝸牛の内部には前庭階，鼓室階，蝸牛管という 3 つの管があります。前庭階と鼓室階は蝸牛の先端でつながっています。あぶみ骨からの振動は蝸牛にある窓

▷1　山内昭雄・鮎川武二　2001　感覚の地図帳　講談社　p. 41.

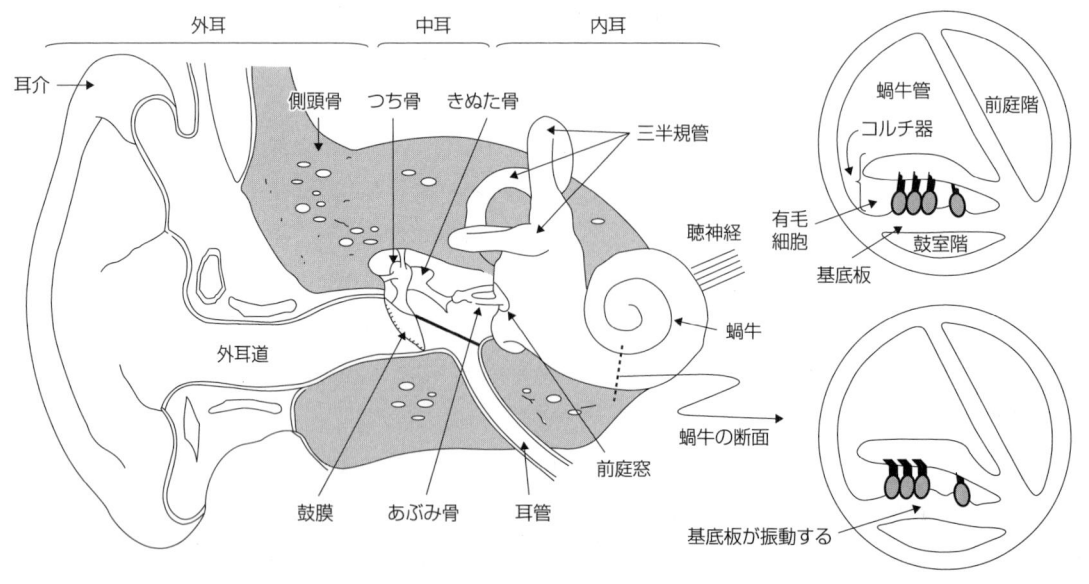

図17　左：聴覚系の構造，右上：蝸牛の断面，右下：基底板が振動しているときの有毛細胞のようす

II-3 聴覚系のしくみ

（前庭窓）を押し，前庭階と鼓室階内のリンパ液もそれに伴って振動します。この振動につれて蝸牛管も振動し，その中にある基底板も震えます。図18は，蝸牛をまっすぐに伸ばしたと仮定した模式図で，気体振動である音が中耳で固体振動として伝わり，内耳で液体振動に置き換えられるようすを示しています。基底板は根本ほど幅が狭く分厚く，先端ほど幅が広く薄くなっています。音は基底板を波のように揺らしながら進みます。特に，高い音は基底板の根本部分を最も大きく振動させます。これに対して，低い音は先端部分を最も大きく振動させます。すなわち，基底板のどの位置が最も振動するかによって，どの高さの音だったかがわかる仕組みになっています。図19はこの様子を示したものです。複合音（さまざまな周波数の組み合わせから成る音）の場合は複数の箇所で基底板が振動します。自然な環境にある音のほとんどは複合音です。

　基底板の上にはコルチ器があります。コルチ器の内部には有毛細胞が並んでいます。基底板が振動すると，有毛細胞の毛が倒れて振動，すなわち音を検出します。基底板上の有毛細胞は，1節で学んだ回転覚の知覚と同様に機械的な仕組みで働き，毛が倒れると，細胞内のイオン濃度が急変化し，細胞は電気活動を生じます。この細胞活動は聴神経から中脳などを経由して，大脳皮質（側頭葉の一次聴覚野）に到達します。その後，第二次聴覚野に情報が送られます。　　　（河原純一郎）

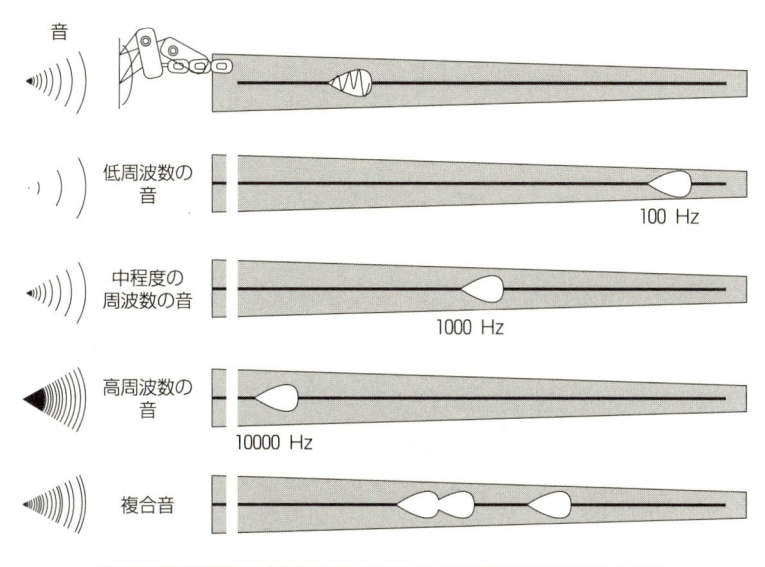

▷2 Hudspeth 2000 Hearing. In E. R. Kandel, J. H. Schwartz, T. M. Jessell（Eds.）*Principles of Neural Science* New York: McGraw-Hill. pp. 590-613.

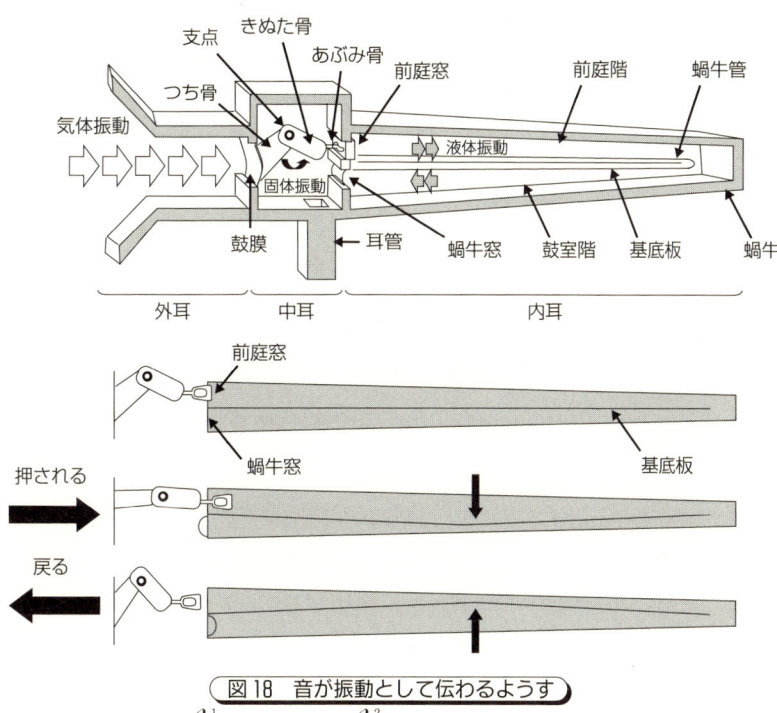

図18　音が振動として伝わるようす

出所：上：山内・鮎川　2001，下：Hudspeth　2000に基づく。

図19　基底板が最も振動する位置は音の高さに応じて異なる

出所：Hudspeth　2000に基づく。

27

II 感覚と知覚

4 形を知覚する

　視覚システムは，単純な光点の有無や波長の違いを検出するだけではなく，室内の家具や窓の外の木々といった物体の形についての判断も可能にしています。どのような仕組みで私たちは，網膜に映った画像から物体の形や輪郭を取り出しているのでしょうか？　視覚システムは，物体のもつ特定の特徴だけに反応する，特徴検出器を利用して形の判断をしています。

1 特徴検出器と文字の認識

　電気生理学的実験では，麻酔をした実験動物の視覚システムの一部に電極を置き，その動物に視覚刺激を見せたときの神経活動を測定し，さまざまなタイプの特徴検出器があることがわかってきました（ヒューベル（Hubel, D.）とウィーゼル（Wiesel, T.））。単純細胞と呼ばれるものは，たとえば視野内のある位置に出た，右斜め45度に傾いた線分に特に強く応答します。別の単純細胞はその刺激にはほとんど応答せず，別の位置にある水平の線分に強く応答します。すなわち，細胞ごとに最もよく活動する刺激の傾きと視野内の領域が異なっています（この領域を受容野と呼びます）。複雑細胞は，特定の傾きをもつ線分に応答しますが，それが視野内のどこに出ても応答します。そのため，その線分を視野内で動かしても応答し続けます。さらに，特定の傾きと長さの線分や，曲がった線分のみに応答する超複雑細胞というタイプもあります。このようにして，視野全体をいくつもの異なる種類の細胞がカバーしていれば，どこにどのような向きの線分があっても検出が可能になります（図20）。

　このような方法で網膜像から取り出された形の情報は，記憶と照合されて認識に至ります。たとえば，文字の照合のためには，図21のような，神経連絡を模したモデル（ニューラルネットワークモデル）が考えられています。第1層は線分や半円といった，検出器から抽出された特徴を表しています。第2層は文字の記憶です。これらをつなぐ矢印は，その方向に興奮性の連絡があることを意味しています。たとえば，Rという文字が呈示されると，特徴検出器によって縦線と半円，鋭角，左上がりの斜線が検出されます。その結果は，上の層である文字の記憶を活性化します。

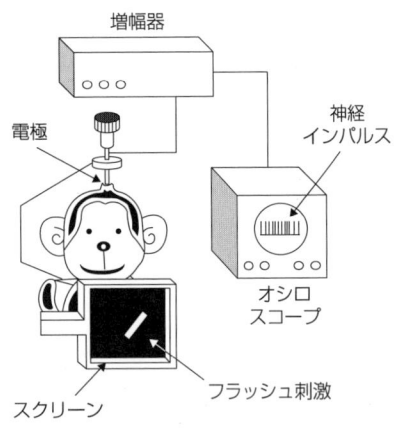

図20　サルの特徴検出器の活動記録

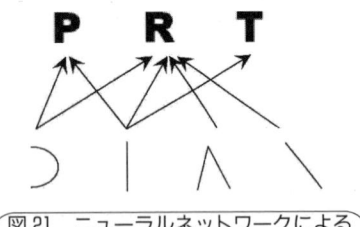

図21　ニューラルネットワークによる文字認識のモデル

図22　文字の認識は文脈に影響される

Pという形の記憶ユニットは2つ，Tのユニットは1つの入力を受け取りますが，Rという文字の記憶ユニットはすべての特徴からの入力を受け取って最も強く活性化するため，これが最適解として選択されます。すなわち，Rという文字が呈示されたと認識できるわけです。

この方法を用いれば，比較的少ない特徴の組み合わせによって，非常に多くの形を認識することが可能になります。このようなモデルのうち初期に考えられたものは，活性化が単純な特徴検出器から複雑なものへという一方向に限られていました。そのような情報の流れはボトムアップ方式と呼ばれます。しかし，実際はもう少し複雑であるようです。たとえば，図22のように，同じ視覚情報が入力されても，文脈によって一方をR，もう一方を12と認識できます。したがって，私たちの知覚システムはボトムアップ方式だけでは完全に説明しきれません。そのため，文脈や知識という要素を組み入れた，トップダウン方式のパターン認識モデルも提案されています。

❷ 知覚的体制化

私たちの視覚システムは，複数の物体が視野内にあっても，その一部をまとめる（体制化する）ことができます。ゲシュタルト心理学者たちは，このときのいくつかの原則をあげています。図23左上は近接の要因を示しており，お互いに近くにあるものは1つにまとまって見えます。図23左下は類同の要因の例で，お互いに類似しているものはまとまって知覚される傾向にあります。図23右上はよい連続の要因の例です。曲線は一続きに見え，右側のような組み合わせがちょうど交点で接しているようには見えないでしょう。こうした原則に当てはまるものは一つの領域としてまとめられ（体制化され），背景から切り分けられます。逆に，擬態をとる昆虫や，迷彩服を着た兵士はこの原則を逆手にとっているため，背景にとけ込んで分凝しにくいのです。　　　（河原純一郎）

図23　ゲシュタルト法則に基づく知覚的体制化の例

II 感覚と知覚

5 奥行きと大きさを知覚する

　私たちを取り巻く視覚環境は3次元的広がりをもっています。しかし，この視覚環境から眼の中に入ってきた光は曲面である網膜上に投射されます。そのため，視覚システムは1次元少ない2次元の光パターン情報を受け取って，そこからもとの3次元空間を再構成しなければなりません。このとき，視覚システムはいくつもの奥行き手がかりを使っています。奥行き手がかりには，両眼性および単眼性の2種類があります。

1 両眼性の奥行き手がかり

　両眼性の奥行き手がかりは，さらに2種類に分けられます。その一つが両眼視差（両眼非対応）です。私たちの眼は約6 cm離れて2つ並んでいるため，同じものを見ても両眼から見える像にはわずかなずれがあります。このずれを両眼視差と呼びます。いま実際に片眼ずつで観察してみてください。近くにあるものほど左右の眼で見える部分は異なっていることがわかるでしょう（図24）。遠くにあるものほど左右の眼の像に違いは少なくなっています。そのため，両眼視差は距離を知覚する手がかりとして使うことができます。また，左右眼の網膜像が適度にずれていれば奥行き知覚が生じることを利用して，実際には存在しない奥行き平面を作り出すことが可能です。映画やビデオゲームのなかには，この仕組みと左右それぞれの眼用の画像のみを通す特殊な眼鏡を組み合わせて，立体感を強調するものもあります。

　輻輳はもう一つの両眼性の奥行き手がかりです。遠くにあるものを見るときに比べて，近くのものを見るときのほうが眼球は内側に回転し，眼が寄った状態になります。視覚システムはこの回転の程度を，眼球を動かすための6つの筋肉のうち，外直筋と内直筋の収縮状態から検出し，奥行き手がかりとしています。

2 単眼性の奥行き手がかり

　奥行き知覚は，両眼で見ているときだけでなく片眼だけで見ている場合にも生じます。単眼性の奥行き手がかりのなかで，絵画や写真からも奥行き感を得ることができるものを絵画的奥行き手がかりと呼びます。表5は，絵画的奥行き手がかりの例です。この他，運動視差と調節も単眼性の奥行き手がかりです。たとえば，あなたが上体を右に倒したとき，近くのもの（前の席に座る人の頭

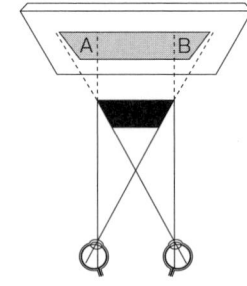

Aは左眼からは見えるが右眼からは見えない。一方，Bは右眼からは見えるが左眼からは見えない。

図24　両眼視差

30

は左に動いて見えますが，やや遠くにあるもの（もう少し前に座る人の頭）は右に動いて見えるでしょう。さらに遠くのもの（黒板）は動きによる変化はもっと小さくなります。このように，距離に応じて運動によるずれの大きさが異なります。このずれが運動視差であり，重要な奥行き手がかりの一つです。調節は眼球のレンズである水晶体についている毛様体筋の伸縮に基づいています。わたしたちは眼球にある水晶体の厚さを調節して網膜像が明確になるようにしています。水晶体は弾力をもったレンズであり，ふだんは厚い状態なのですが，これを毛様体筋で強く引っ張れば薄くなります。このときの毛様体筋の伸縮の程度を奥行きを知る手がかりとします。

③ 大きさの恒常性

図26の手前の人が向こう側へ歩いていった場合，網膜像はその距離に対応して小さくなります。眼からの距離が3倍になったときは図26右のようになります。じつに，網膜像が3分の1になってしまうにもかかわらず，私たちはこの人が縮んでしまったとは知覚しません。このように，移動によって物体の網膜上の大きさが変化しても，その物体の実際の大きさが変わらないと知覚する能力を大きさの恒常性といいます。

（河原純一郎）

表5　絵画的奥行き手がかり

遮蔽：手前にあるものはその背後にあるものを遮蔽します。
線遠近法：平行な線が遠くまで伸びているとき，それらは交わるように見えます。
地平（水平）線に対する位置：地平（水平）線に近いものほど遠くにあるように見えます。
大気遠近法：遠くにあるものほどぼやけて見えます。
テクスチャ（肌理）の勾配：テクスチャは近くほど粗く，遠くほど細かく見えます。
相対的大きさ：既知の物体の大きさについての知識は距離の判断に役立ちます。私たちは人間は山よりも小さいことを知っているので，図25では山が人よりも遠くにあることがわかります。
陰影：物体に光が当たると影ができます。影のかかり方から，光源の位置を推測し，どちらの物体が手前にあるかがわかります。

図25　絵画的手がかりによる奥行きの表現例

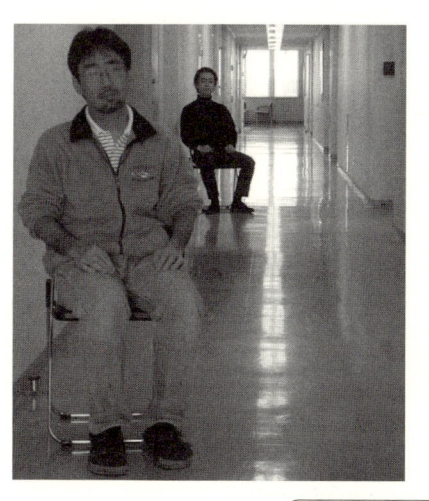

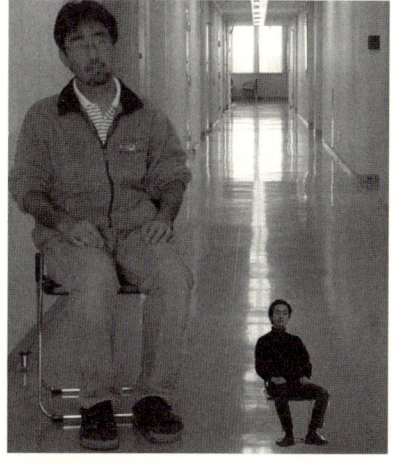

図26　大きさの恒常性

II 感覚と知覚

6 運動と時間を知覚する

1 運動の知覚

床を転がるボールを見るときのように，物体の網膜像が連続して動いたり（実際運動），映画やTVの映像のように，網膜像が適切なタイミングで断続して位置が変化するとき（仮現運動），わたしたちは運動を知覚します。

視覚システムには，特定の方向への運動に対してのみ応答する神経細胞があります。図27は特定の方向への運動をとらえる仕組みを模式的に示したものです。たとえば，物体が上から下へ動くとき，2つ並んだ光受容器AとB（それぞれが II-3 で学んだ単純細胞に相当します）を活動させます。これらの受容器からの信号は比較器に相当する細胞Mに送られますが，受容器Aからの信号はやや遅れて届くようになっています。物体が動きながらAとBを活動させるタイミングには時間のずれがあるため，結果としてMにはAとBからほぼ同時に2つの信号が届きます。Mは同時に入力があったときに最もさかんに活動し，運動する刺激があったことを検出できます。一方，物体が下から上へ動くとき，2つの光受容器からの信号は時間的に大きくずれて比較器へ届きます。光受容器Bからの信号はすぐに比較器に届きますが，Aからの信号は物体が移動する時間に加えて，遅延がさらにかかるためです。その結果，比較器はほとんど活動せず，運動は知覚されません。このような光受容器と比較器の組み合わせは下方向への運動を取り出す検出器として働きます。

▶ 1 Reichardt, W. 1961 Autocorrelation: A principle for the evaluation of sensory information by the central nervous system. In W. A. Rosenblith（Ed.）*Principles of Sensory Communication.* New York: Wiley. pp. 303-317.

こうした運動のセンサーに相当する細胞は，ヒトでは第一次視覚野と，側頭葉の一部に多く存在します。特に，後者はMT野，MST野と呼ばれ，運動の知覚に特化した領域であるといわれています。これらの領域を含む，両側の側頭葉に脳損傷を受けたある女性は，運動知覚ができなくなったという報告があり

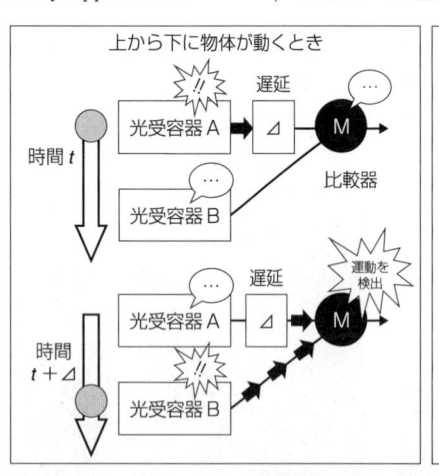

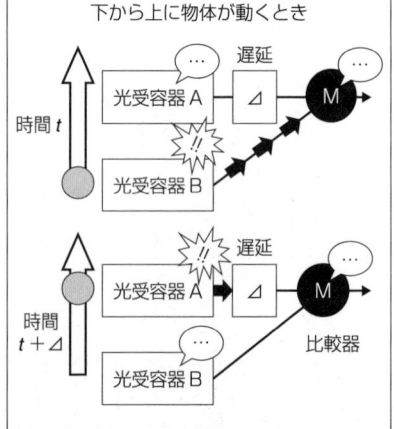

図27 運動検出器のモデル

出所：Reichardt 1961に基づく。

ます。彼女は車を認識することはできるのですが，走っている車の速度を判断することができませんでした。

2　滝の運動錯視

　ある方向に動き続けるもの（たとえば滝やエスカレータなど）を近くで１分間程度固視し続けた後，目を動かないもの（脇の壁面）に逸らしてみて下さい。すると，ほんの少しの間ですが，静止しているはずの光景が歪んで見え，固視し続けた運動とは逆の方向へ光景が動いて見えることもあるでしょう。これを運動残効と呼びます。この現象は，特定の方向への運動に応答する検出器が疲労するためであると考えられます。拮抗する方向（たとえば上と下方向）の運動に対する検出器の組み合わせを仮定すると，滝を見続けることで，下方向の運動検出器の応答が弱まり，相対的に上方向の運動検出器が自発的に出す信号の方が強くなり，見ていたのとは逆の方向への運動残効が生じます。

3　時間の知覚

　光刺激は視細胞で感じることができますが，時間経過を直接感じる感覚器官がありません。ひとえに時間の感覚といっても，季節の移り変わりのような長期のものから，秒単位の短期のものまで幅広いのですが，私たちはいくつかのメカニズムを利用して時間の感覚を得ていると考えられています。

　概日性リズムは比較的長い時間の感覚を得る手がかりの一つです。ヒトはほぼ24時間のサイクルで寝起きしたり，食事をとったりしています。また，体温や血圧なども１日のなかで規則的に変動します。海外旅行での時差ぼけは，このような"体内時計"と旅行先の時間がずれる典型例で，視床下部の一部の神経核や，松果体から分泌されるメラトニンというホルモンが関与しています。

　主観的に感じる時間の長さは，身体の状態に応じて変わります。たとえば，体温が高いときは，１分を数えたつもりでも，実際には40秒程度に感じ，逆に体温が低いときは，１分を数えたと思っても実際には70秒経過していることがあります。また，認知的な負荷も時間を知る手がかりとして使われます。認知的な負荷が高いときは，それが低いときに比べて時間を長く感じます。たとえば，呈示時間が同じでも，複雑な刺激は単純な刺激に比べて長い時間出ていたように知覚されます。

　さらに短い時間については，視覚や聴覚で逐次呈示する２つの刺激が約30〜150ミリ秒（１ミリ秒は1/1000秒）離れていれば，それらは別々の事象として知覚できます。逆に，刺激の呈示間隔がこれよりも短いと，実際には２つの刺激が呈示されても１つにまとまって知覚されます。したがって，この間隔は，視覚や聴覚に関わる内的な時計が刻む最小の幅を反映しているといえます。

（河原純一郎）

▷ 2　Zihl, J., von Cramon, D. & Mai, N. 1983 *Selective disturbance of movement vision after bilateral brain damage.* Brain. pp. 106, 313-340.

▷ 3　Hoagland, H. 1993 The physiological control of judgment of duration: Evidence for a chemical clock. *Journal of General Psychology,* **9**, 267-287.

▷ 4　Baddeley, A. D. 1966 Time estimation at reduced body temperature. American *Journal of Psychology,* **79**, 475-479.

II 感覚と知覚

7 音の知覚

1 音の検出

　カーラジオの音量が絞られているときはなんとなく音楽らしいものが聞こえているにすぎなかったけれど，音量を大にしたら，さまざまな楽器によるオーケストラの演奏が聞こえてきた……。この例からわかるように，音圧量によっては一部の周波数は聞き取れないことがあります。主観的な音の大きさは，同じ音圧量であっても音の種類や周波数によって異なります。図28は，音の強さと周波数の関係について調べたものです。横軸は周波数 Hz で，小さいほど低い音に対応します。縦軸は音圧レベル dB で，数値が大きいほど強い刺激であることを意味します。下の曲線は最小可聴値で，聞き取ることができる最小の音の強さを表します。この図に基づけば，3000～4000 Hz の付近の音は非常に小さい音圧レベルでも聞き取ることが可能であることがわかります。ヒト，特に女性の叫び声はこの周波数にあたります。これより低い音や高い音を聞き取るには，もう少し音圧レベルを大にする必要があります。この上にある曲線は，異なる周波数の純音が，標準音（1000 Hz）と同じ大きさに聞こえる音圧レベルを表しています（等感曲線）。もし異なる周波数の音が等しい大きさで聞こえたなら，これは水平な線を描くはずですが，実際はそうではなく，図のような曲線を描き，1000～5000 Hz の音はそれ以外の音よりも大きく聞こえることがわかります。物理的に20 dB で1000 Hz 音を呈示したときの主観的な音の大きさを20 phon（フォン）といいます。同様に，100 dB で1000 Hz 音を呈示したときは100 phon です。

2 音の定位

　駐車場で自分の車をどこに駐めたかわからなくなったとき，リモートコントロールキーのボタンを押すと，車が軽く音を立てて位置を知らせてくれる機能があります。この機能は，私たちの聴覚システムが音を定位する能力を利用しています。耳は頭の左右の離れた位置にあるため，頭の真正面（真後ろ）から離れた位置から発せられる音ほど，左右の耳に届く時間に差ができます。聴覚システムはこの差をもとに，先に音が届いた側に音源を定位します。このとき，左右の耳に届く時間差が数ミリ秒と非常に短くても，どちらの側に先に届いたかを判断することができます。また，左右の耳に届く時間差に加えて，相対的

な大きさも音源の位置を知る手がかりとして使われます。たとえば，音源が自分の右側にある場合，頭が障害物となるため，左の耳に直接入る音は限られます。高周波の音は頭に遮蔽されやすいため，結果として，この例では右耳は左耳に比べて特に高周波の音が大きく聞こえ，音源位置が判断

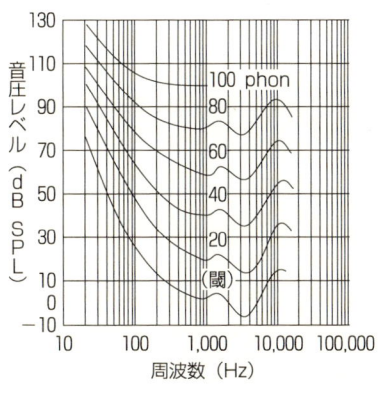

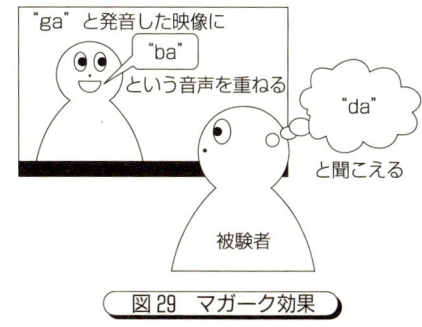

図28　音の大きさの等感曲線
出所：ISO 226: 2003に基づく。

図29　マガーク効果

できます。頭の正面や真後ろ，あるいは真上や真下に音源があるときは位置判断が困難です。私たちは首を回したり傾けて，左右の耳に届く音の時間や大きさの差を広げます。このような動作は時間がかかるため，狩りをする野生動物には深刻な問題です。フクロウのある種では外耳道が左右非対称な高さについており，首を傾けなくても音源定位が容易にできるようになっています。

③ 聴覚による情景分析

日常場面では，私たちの耳にはいろいろな位置からさまざまな種類の音が同時に聞こえてきます。聴覚システムは聴覚的グルーピングや経験を使って，入り交じった音刺激を分離し，個別の表象にまとめる作業をしています。聴覚的グルーピングは素早く，意識的な処理を必要とせずに起こります。このとき，視覚と同様（4節）のゲシュタルト法則があてはまる場合があります。たとえば，音楽では，音高が近いもの（近接の要因），音色が似ているもの（類同の要因）は主観的にまとまって知覚される傾向にあります。

④ 聴覚に及ぼす視覚の影響

聴覚情報の処理は，脳内では視覚処理とは異なる経路で進みますが，完全に独立ではなく，視覚の影響を受けることがあります。その逆もあります。腹話術はその例で，聴覚的音源定位が視覚情報に影響されるため，あたかも人形が喋っているように聞こえます。さらに，聞く内容が視覚に影響される場合もあります[1]。たとえば，実験者は"ga"という音声を発話し，そのときの顔を録画します（図29）。そして，この動画の音声を"ba"という音声に入れ替えたものを被験者に見せ，何と聞こえるかを答えてもらいます。すなわち，被験者は"ga"と発音するときの口の動きを見つつ，"ba"という音声を聞きます。すると，被験者は"da"という音声を知覚してしまいます。これをマガーク効果といいます。

（河原純一郎）

▷ 1 McGurk, H. & MacDonald, J. 1976 Hearing lips and seeing voices. *Nature*, **264**, 746-748.

II 感覚と知覚

8 知覚に及ぼす注意の影響

　感覚器官は常に外界の情報を取り込み続けています。いまあなたがこの本を読んでいるとき，眼からの視覚入力があるだけでなく，耳からは空調機のノイズ，指からは本の頁のざらつき，足や背中からは体が椅子に当たっているようすを知ることができます。しかし，これらすべてが常に同時に意識に上るわけではありません。ほとんどの場合，一度に意識に上るのは１つの感覚入力や事象に限られます。このとき，私たちは注意という機能を使って，情報を取捨選択しています。

1 選択的注意

　情報を選択する一つの方法は，知覚的な構えをとることです。たとえば，大勢の人が歓談している場面では，目の前にいる友人の声に注意を向けておけば，周囲が騒がしくても友人との会話を続けることができます（カクテルパーティ現象）。知覚的な構えをとることはすなわち，特定の刺激属性のみを通すフィルタをつくるようなものです。このフィルタは必ずしも不要な情報をすべて濾して捨てているわけではありません。たとえば，上の例のように雑音を無視して友人と会話しているとき，別の場所で誰かがあなたの名前を出して噂をしていたならば，あなたはその声にすぐに気づくでしょう。したがって，無視している情報に対しても，ある程度の処理が行われていると考えられます。

2 注意のスポットライト

▷1 Posner, M. I. 1980 Orienting of attention. *Quarterly Journal of Experimental Psychology*, **32**, 3-25.

　視覚でも同様に，必要な位置に注意を向けることができます。ポズナーは眼球が動かない状態でも，先行情報を与えることで注意をスポットライトのように別の場所に移動させることができることを示しました。実験では，被験者は中央の凝視点（＋印）を見つめたまま，左右いずれかの側に標的（図30では白い円）が呈示されたらすぐに反応ボタンを押すように告げられました。半数の試行では，先行情報は与えられず，標的は凝視点の左右どちらかに等しい確率で出現しました。残りの半数の試行では，標的が呈示される少し前に，どちら側に標的が呈示されるかの先行情報が矢印で与えられました。矢印の出る試行のうち80％は，先行情報と標的位置が一致していました。すなわち，矢印の指す側に標的が呈示されました。一方，残りの20％では，先行情報と標的位置が不一致でした。すなわち，矢印の指すのとは反対の側に標的が呈示されました。

実験の結果、標的が呈示されてから反応ボタンを押すまでの時間（反応時間）は、先行情報がないときに比べて先行情報と標的位置が一致しているときのほうが速くなりました。また、不一致のときは反応時間は最も遅くなりました。この実験では被験者は眼球を動かしていないため、先行情報を使って注意のみを移動させることができることをこの結果は示しています。

注意は意図した対象に向けられるだけでなく、強い刺激に対しては意図にかかわらず、自動的に向いてしまうこともあります。ポズナーとコーエンは別の実験で、四角い枠を横に3つ並べて呈示しました。被験者は中央の枠を見つめたまま、眼を動かさずに左右の枠どちらかに標的（光点）が呈示されたらすぐに反応ボタンを押すように告げられました。このとき、標的が呈示される少し前に、左右の枠のいずれかが明るく一瞬光りました。先ほどの実験と違い、どの枠が光るか、その後、どの枠の中に標的が呈示されるかはでたらめになっていました。このような条件下では、光った枠は標的位置を知る助けにならないため、そこに注意を意図的に向けても役に立ちません。それにもかかわらず、実験の結果、光った枠と標的位置が一致していたときは、不一致のときに比べて反応時間は短いことがわかりました。この結果は、意図的に注意を向けようとしていなくても、直前に目立つ刺激が呈示されること（この場合は枠の明滅）によって、その位置に自動的に注意が引きつけられることを示しています。

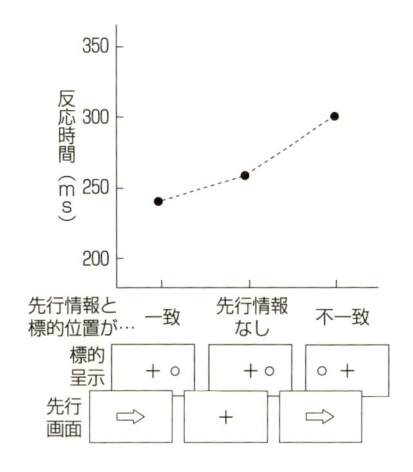

図30 ポズナーによる先行手がかりの効果の例：先行画面の種類と標的の関係と反応時間

出所：Posner, M. 1980

▷ 2　Posner, M. I. & Cohen, Y. 1984 Components of visual attention. In H. Bouma & D. G. Bouhuis（Eds.）*Attention and Performance X*. Hillsdale, NJ: Erlbaum. pp. 531-556.

3　注意の分割

電話での会話や自動車の運転のように、それぞれが慣れていて簡単にできることでも、これらを同時に実行することが困難で危険であることは、運転中の携帯電話操作や通話が道路交通法で禁止されていることからもわかるでしょう。これは注意する能力の限界を示しています。一般に、2つの課題に同時に注意を分割しなければならないときは、遂行成績はそれぞれの課題を単独で行うときよりも低下します。特に、記憶の符号化や想起、意思決定や反応選択が関わる課題を同時に行うときの成績は大きく低下します。運転も通話も、記憶を想起し、次にどう反応するかを能動的に決めなければなりません。こうした心的操作をするときは、中央実行系と呼ばれる情報処理の中枢部分を使います。しかし、心的操作は一度に1つしかできないという特性をもつため、同時に2つの課題をしようとしても、一方が終わるまで、もう一方の作業開始は待たされてしまいます。このような遅れは心理的不応期と呼ばれています。この遅れがあるため、いったん会話の内容に向けられた注意はすぐには運転場面に戻らず、見落しが増えたり、ブレーキを踏むのが遅れると考えられます。（河原純一郎）

III 記憶と学習

1 感覚記憶・短期記憶・長期記憶の違い

1 記憶はどのような過程からなるのか

「先週の授業で先生が出されたレポートの締め切りは明日だったな。」「今日はお昼にラーメンを食べたから夜はカレーにしよう。」私たちが生活する上で，記憶の働きはなくてはならないものです。一口に記憶といっても，その過程は，覚える（符号化）―覚えておく（貯蔵）―思い出す（検索）という3つの段階に分けられます。この記憶の過程はよく，ビデオ撮影の過程にたとえられます。つまり，外からの情報を入力して覚える段階はビデオを撮影する段階であり，覚えておく段階は撮影したビデオテープをどこかにしまっておく段階，思い出す段階はビデオテープを再生する段階といえます。ところで，私たちにとって大切なこの記憶はどのような仕組みで働いているのでしょうか。これについてはさまざまな理論がありますが，そのなかの代表的な理論として，人間が複数の記憶の貯蔵庫をもっていると考える多重貯蔵庫モデルがあります（図31）。[1]

▷1 Atkinson, R. C. & Shiffrin, R. M. 1971 The control of short-term memory. *Scientific American,* **225**, 82-90.

2 感覚記憶・短期記憶・長期記憶とは

多重貯蔵庫モデルでは，外から視覚，聴覚，触覚といった感覚器官を通して入力された情報は，まず，感覚記憶と呼ばれる貯蔵庫に入ると考えます。ここでの情報の保持時間は，視覚情報で約1/4秒，聴覚情報で約1秒ときわめて短く，それは記憶というより知覚と呼んだ方がわかりやすいような記憶です。それらの情報は注意を向けなければ意識されることもなく，忘れ去られてしまうような記憶ですが，ここで注意が向けられた情報は，次の短期記憶へと転送されます。このような意識することすら難しいはかない感覚記憶を実験的に扱うことは大変難しいことですが，瞬間呈示した数字文字列の一部だけを思い出させる部分報告法という画期的な方法により，その保持時間や保持量が実験によって推定できるようになりました。[2]

▷2 Sperling, G. 1960 The information available in brief visual presentations. *Psychological Monographs,* **74** (Whole No. 498).

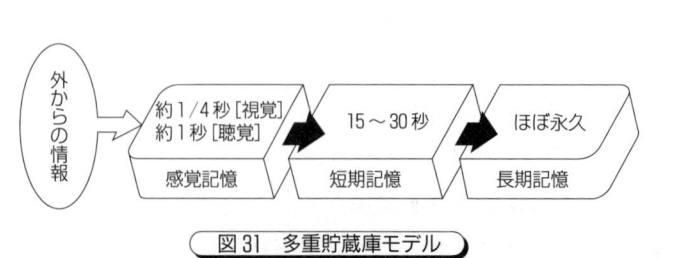

感覚記憶から転送された情報は次に，短期記憶と呼ばれる貯蔵庫に入ります。たとえば，友だちに電話をかける間は覚えていた電話番号を，電話をかけ終わった後にはすっかり忘れてしまっているような記憶を短期記憶と考えます。ピーターソンとピー

図31 多重貯蔵庫モデル

ターソンは，子音3文字（例：XTR）を聴覚呈示し，3秒から18秒間引き算をさせた後に再生を求めるという実験を行いましたが，たった3文字を18秒後にはほとんど思い出すことができず，これは短期記憶の存在を示すものと考えられています。

この短期記憶で保持される情報量については，いくつかの文字や数字を呈示し，呈示直後に呈示された順番どおりに思い出すように求めると，正再生数が5から9までになる被験者が多いことから，7±2という数が示されています。ためしに，友だちに「4－6－2－7－3－8－5－9－6－4－3－8」という数字列を1つの数字につき1秒くらいの速さで読んで聞かせ，直後に呈示した順序どおりに思い出してもらってみてください。順序どおりに正確に思い出せるのは，最初から5～9個になる人が多いと思います。

この短期記憶に転送された情報も，覚えるという努力をしなければそのまま忘れられてしまいますが，長く覚える努力，すなわちリハーサルをしてやると短期記憶にとどめておいたり，長期記憶に転送することができます。長期記憶に転送された情報は，数時間から数年，あるいは一生保持することが可能です。

3　短期記憶と長期記憶についての実験

上にあげた短期記憶，長期記憶の存在は，さまざまな実験結果によって示されていますが，最もよく取り上げられるのは，系列位置効果という現象です（図32）。たとえば，単語を12個聴覚呈示し，呈示終了直後に呈示された順序にこだわらずできるだけたくさん思い出すように求めると（自由再生），12個の単語のうち，最初の方に呈示した単語と，終わりの方で呈示した単語の再生率が高く，中間に呈示した単語の再生率が最も低くなるという系列位置効果がみられます。

最初の方の単語の再生率が高いことを初頭効果，終わりの方の単語の再生率が高いことを新近効果と呼びますが，それぞれの再生率の高さには別の原因が関わっていると考えられます。単語が呈示され始めたときには短期記憶の貯蔵庫は空の状態であり，被験者はそこに入ってきた単語の情報を余裕をもってリハーサルすることができるため，それらの情報は長期記憶に転送される可能性が高く，後になっても思い出しやすいのです。

一方，終わりの方で呈示された単語は，中間部分に呈示された単語と同様，十分にリハーサルする余裕がなくなっているため長期記憶に転送されにくいのですが，中間部分で呈示された単語と違い，まだ短期記憶にとどまっているうちに思い出すようにいわれるため，思い出しやすいのです。

このように，系列位置効果を説明するためには，短期記憶と長期記憶という2つの貯蔵庫の存在を仮定する必要があるのです。
　　　　　　　　　　　　　　　　　　　　　　　　　　　　（池田智子）

▷3　Peterson, K. R. & Peterson, M. J. 1959 Short-term retention of individual verbal items. *Journal of Experimental Psychology,* **58**, 193-198.

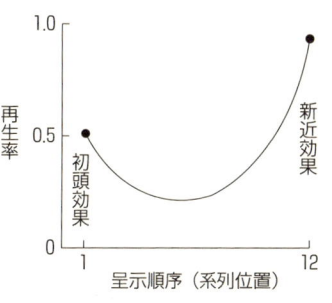

図32　自由再生における系列位置効果

III 記憶と学習

2 エピソード記憶と意味記憶の違い

▷ 1 Godden, D. R. & Baddeley, A. D. 1975 Context-dependent memory in two natural environments: On land and underwater. *British Journal of Psychology,* **66**, 325-331.
▷ 2 Goodwin, D. W., Powell, B., Bremer, D., Hoine, H. & Stern, J. 1969 Alcohol and recall: State dependent effects. *Science,* **163**, 1358-1360.
▷ 3 Eich, J. E. & Metcalfe, J. 1989 Mood-dependent memory for internal versus external

1 いろいろな長期記憶

長期記憶は，図33に示すように，自転車の乗り方など技能の記憶である手続き的記憶と，出来事や事実，概念に関する記憶である宣言的記憶に分けられます。さらに宣言的記憶は，エピソード記憶と意味記憶に分けられます。エピソード記憶とはいつ，どこで，誰がといった出来事に関する記憶であり，意味記憶は，私たちが通常知識と呼んでいるような記憶です。たとえば，「小学1年生のときの遠足は近くの動物園に行った」というのはエピソード記憶であり，「野球のチームは9人である」というのは意味記憶なのです。

2 エピソード記憶とはどんな記憶か

エピソード記憶は出来事の記憶ですから，覚えたとき，あるいは思い出すときの文脈（context）が大きく影響します。たとえば，ダイビングクラブに所属する大学生を被験者にした実験があります[1]。被験者は陸上，あるいは水中で単語のリストを覚えて学習し，陸上あるいは水中で単語リストを思い出すという再生テストを受けました。つまり，①陸上で覚え，陸上で再生するグループ　②陸上で覚え，水中で再生するグループ　③水中で覚え，水中で再生するグループ　④水中で覚え，陸上で再生するグループの4つのグループの再生成績を比較したのです。その結果，覚えたときの文脈（陸上あるいは水中）と思い出すときの文脈（陸上あるいは水中）が一致していた方が再生成績がよかったのです（図34）。

また，こういった文脈の効果は，陸上，水中といった物理的文脈だけでなく，被験者内部の文脈についても認められています。たとえば，少量のアルコールを飲んだときに覚えたことは，同じく少量のアルコールを飲んだときに思い出しやすく[2]，明るい音楽を聞いて明るい気分のときに覚えたことは，明るい音楽を聞いて明るい気分になったときに思い出した方が思い出しやすいのです[3]。覚えたことをうまく思い出すには，覚えるときと思い出すときのさまざまな文脈をできるだけ一致させる工夫を

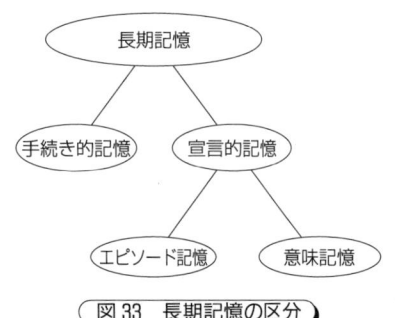

図33 長期記憶の区分

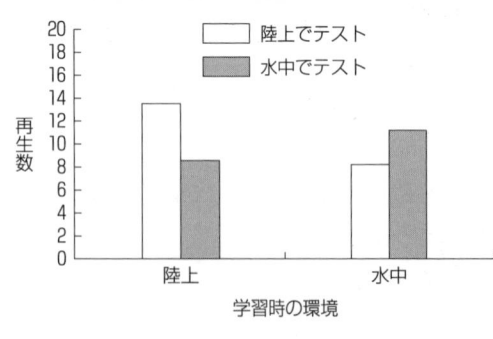

図34 水中と陸上での再生成績

出所：篠原彰一　1998　学習心理学への招待　学習・記憶のしくみを探る　サイエンス社

した方がよさそうです。

③ 意味記憶とはどんな記憶か

　エピソード記憶と異なり，特定の時間や場所に関係しない一般的な情報の記憶，つまり私たちが知識といっている意味記憶は，どんな形で私たちのなかに貯えられ，使われているのでしょうか。これについてもさまざまな考えがありますが，ここでは意味ネットワークモデルの考えを紹介します。このモデルでは図35に示すように，「鳥」「動く」といった一つひとつの概念はノード（node）として表され，この概念同士の関係はリンクで表されます。このリンクには，「has」「isa」といったラベルがつけられています。そして，関連性の高い概念同士（たとえば，「鳥」「翼」）は短いリンクで結ばれています。そして，ある概念が呈示されると，その刺激によって活性化がネットワークに沿って別の概念へと拡散していくと考えます。

　この意味ネットワークモデルに関する実験では，プライミング課題と呼ばれる課題がよく使われます。この課題の一般的な手続きでは，2つの単語を連続して呈示し，それぞれの単語が意味のある単語かどうかという語彙判断を求め，その判断に要する時間を反応時間として測ります（図36）。その結果，2つの単語に意味的関連がある場合（例：bread-butter）には，ない場合（例：nurse-butter）よりも，2番目に呈示された単語（例：butter）に対する語彙判断が速くなりました。つまり，「bread-butter」は，「nurse-butter」よりも関連性が高く，意味ネットワークの中で近くに位置しているため，「bread」が呈示されることでその活性化が「butter」にまで拡散し，そこですでに活性化されている「butter」に対する語彙判断が速くできると考えられます。

　こうしたエピソード記憶と意味記憶ですが，その違いは明白なものではないという考えもあります。つまり，意味記憶も最初は一つのエピソード記憶として記憶され，繰り返し記憶されているうちに，そのことに関わる特定の場所や時間の記憶が消失し，意味記憶となるという考えもあるのです。
　　　　　　　　　　　　　　　　（池田智子）

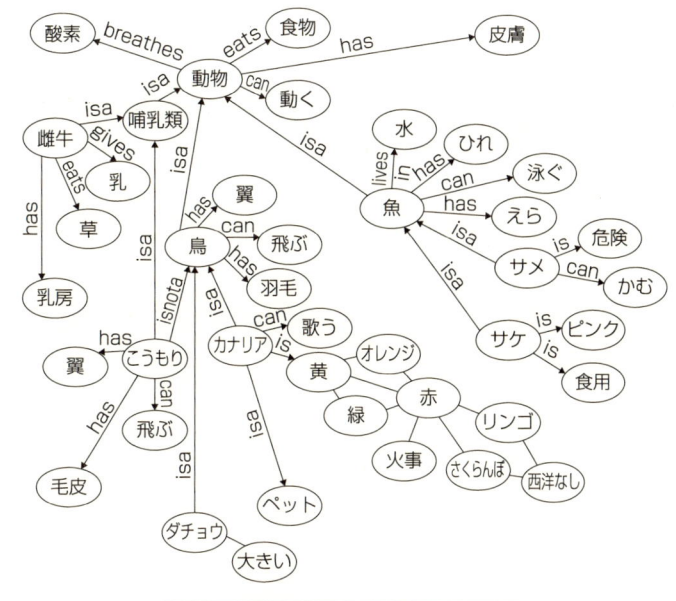

図35　意味記憶のネットワークモデル

出所：高野陽太郎（編）　1995　認知心理学2　記憶　東京大学出版会

events. *Journal of Experimental Psychology: Learning, Memory, and Cognition, 15*, 443-455.

▷ 4　Collins, A. M. & Loftus, E. F. 1975 A spreading activation theory of semantic processing. *Psychological Review. 82*, 407-428.

▷ 5　Meyer, D. E. & Schvaneveldt, R. W. 1971 Facilitation in recognizing pairs of words : Evidence of a dependence between retrieval operations. Journal of Experimental Psychology, 90, 227-234.

図36　プライミング課題の手続き

出所：森敏昭・井上毅・松井孝雄　1995　グラフィック認知心理学　サイエンス社

III 記憶と学習

3 潜在記憶と顕在記憶の違い

1 潜在記憶とはどんな記憶か

　誰にも，前の晩覚えた英語単語や数式を試験場で一生懸命思い出そうとした経験があると思います。こういった場面に関わっている記憶は意識的想起による顕在記憶です。私たちが日常，記憶という場合は，この顕在記憶を指すことが多いのです。一方，こういった意識的想起を含まない記憶の存在も認められています。たとえば，前の晩に読み終えた本の中に，「彼女はりんごを机に置いた」という一文があったとします。次の日の美術の授業で何でもいいから絵を描きなさいといわれて，何気なく「りんご」の絵を描いたとします。前の晩読んだ本の一文を思い出したわけではないのに，つい「りんご」の絵を描いたけれども，もし前の晩にその本を読まなければ「りんご」の絵を描かなかったとしたら，それは自分では意識しない本の中の「りんご」の記憶が影響した結果と考えられます。こういった記憶は潜在記憶と呼ばれています。フロイトの創始した精神分析の考えでは人のこころの無意識の働きを強調していますが，この無意識が関わっている記憶が潜在記憶なのです。

2 潜在記憶を調べるテスト

　この潜在記憶は，健忘症患者を対象とした研究をきっかけに始まったといわれています。健忘症患者は一般知能においては健常者群と違いがみられないにもかかわらず，発症後に起こった出来事を記憶することができないという顕在記憶における障害がみられます。しかし，この健忘症患者に意識的想起を求めない潜在記憶課題を与えると，健常者群と同等の成績を残すのです。

　健忘症患者群と健常者群に単語リストを呈示し，再認テストと語幹完成課題を与えた実験があります[1]。再認テストは，実際に呈示した単語と新規の単語を含むリストの中から実際に呈示された単語を選ぶことが求められます。つまり，顕在記憶を測るテストです。一方，語幹完成課題は，呈示された単語を含む複数の単語の最初の3文字が与えられ，単語を思い出すのではなく，自由に文字を付け加えて意味のある単語にすることが求められます。つまり，実際に呈示された単語の意識的想起を必要としない潜在記憶を測るテストです。実験の結果（図37），再認テストにおいては，健忘症患者は健常者群に比べて成績が低かったのですが，語幹完成課題では違いがみられなかったのです。

▷ 1　Warrington, E. K. & Weiskrantz, L. 1974 The effect of prior learning on subsequent retention in amnesic patients. *Neuropsychologia*, **12**, 419-428.

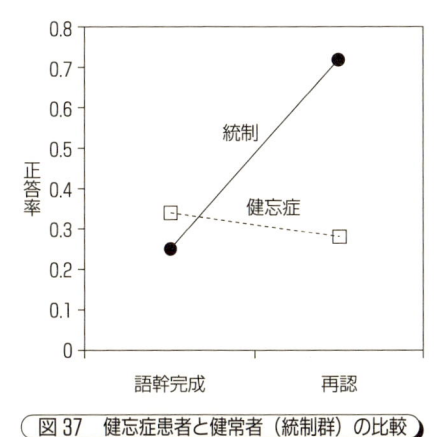

図37 健忘症患者と健常者（統制群）の比較
出所：太田信夫・多鹿秀継（編著） 2000 記憶研究の最前線 北大路書房

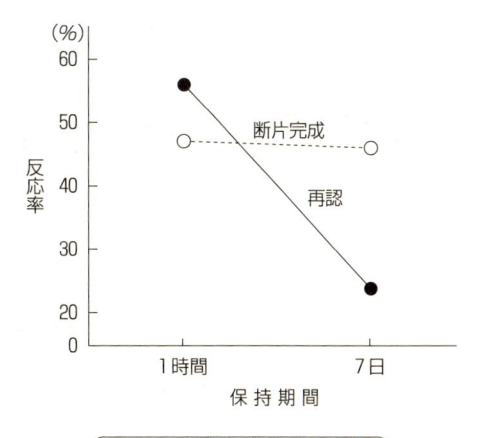

図38 時間経過による変化
出所：篠原彰一 1998 学習心理学への招待 学習・記憶のしくみを探る サイエンス社

また，被験者に単語を呈示し，1時間後と1週間後に再認テストと単語断片完成課題を与えた実験があります[2]。単語断片完成課題は，虫食いの単語の断片を呈示し，意味のある単語を完成させる潜在記憶を測るテストです。このテストには一般常識でも回答することができますが，前に実際に呈示された単語の断片から単語を完成する方が容易です。実験の結果（図38），顕在記憶を測る再認テストでは，1時間後と比べて1週間後に成績の低下がみられたのですが，潜在記憶を測る単語断片完成課題では時間による低下がみられませんでした。潜在記憶は顕在記憶に比べて，時間経過による影響を受けにくい記憶といえます。

3　潜在記憶と顕在記憶の違い

顕在記憶では，覚える段階，つまり符号化の段階で，単にその情報を見たり聞いたりするだけでなく，その情報をイメージ化したりなど，意味的に深い処理をすると後で思い出しやすいといういわゆる処理水準の効果がみられるのに対し，潜在記憶ではこういった効果は通常みられません。また，潜在記憶では，もともとの情報が視覚呈示されたか，聴覚呈示されたかといった，呈示時の感覚様相（モダリティ）をテスト時に変えない方が成績がよいというモダリティ効果がみられるのに対し，顕在記憶ではこういった効果は通常みられません。つまり，潜在記憶は，顕在記憶よりも刺激の表面的な特徴に影響を受けやすい記憶だと考えられます。

私たちは，どうしたら記憶力を高めることができるのだろうかといった顕在記憶に目を向けがちですが，これからは，時間経過やテスト不安[3]，加齢[4]などの影響を受けにくい潜在記憶の可能性にも注目し，それをうまく利用する方法についても考える必要がありそうです。

（池田智子）

▷ 2　Tulving, E., Schacter, D. L. & Stark, H. A. 1982 Priming effects in word-fragment completion are independent of recognition memory. *Journal of Experimental Psychology: Learning, Memory, and Cognition,* **8**, 336-342.

▷ 3　Mueller, J. H., Elser, M. J. & Rollack, D. N. 1993 Test anxiety and implicit memory. *Bulletin of the Psychonomic Society,* **31**, 531-533.

▷ 4　Light, L. L. & Singh, A. 1987 Implicit and explicit memory in young and older adults. *Journal of Experimental Psychology: Learning, Memory, and Cognition,* **13**, 531-541.

III 記憶と学習

4 自伝的記憶とは

▷ 1 Kotre, J. 1995 *White Gloves.* The Free Press.（石山鈴子（訳）1997 記憶は嘘をつく 講談社）

▷ 2 Linton, M. 1982 *Transformations of memory in everyday life.* In U. Neisser（Ed.）*Memory observed: Remembering in natural contexts.* San Francisco: W. H. Freeman. pp. 77-91.（富田達彦（訳）1988 観察された記憶――自然文脈での想起（上）誠信書房 pp. 94-111.）

▷ 3 Wagenaar, W. A. 1986 My memory: A study of autobiographical memory over-six years. *Cognitive Psychology*, 18, 225-252.

1 自伝的記憶とはどんな記憶か

「僕が覚えているのは，わが家があまり裕福でなかったころのクリスマスだ。クリスマスツリーがほしくてほしくてたまらなかった記憶がある。両親はツリーが買えなくて本当に心を痛めていた。そうしたら，帰宅した父さんが，大きなツリーを持って帰ってきたようなふりをしながら，ドアから入ってこようとしたんだ。本当はこんなちっぽけなツリーだったんだけど，みんなとってもうれしかった」。

長期記憶のなかでも自分の人生の出来事に関わる記憶は自伝的記憶と呼ばれています。リントンは6年間にわたって，毎日，その日にあった出来事を少なくとも2つずつカードに書いていきました。そして，毎月1回それらのなかから何枚かのカードを抜き出し，それぞれの出来事についての記憶のテストを自分自身に行ったのです。その結果，ある会議に定期的に出席するといった何度も起こる出来事は，次第に統合され，一般的知識となっていくこと，反復されないような出来事の一部はいつまでも記憶に残り続けることがわかりました。また，無意味つづりを用いたエビングハウスの記憶の実験では，完全に覚えてから1日もたつと，保持される情報は30％くらいになり，そのまま1ヵ月くらい変化しないという結果がみられましたが，自伝的記憶はきわめて長期間保持され，忘却も一定の割合で進むことが明らかになっています（図39）。つまり，自伝的記憶は，従来の実験室研究で扱われてきた記憶とは異なる働きをする記憶ということになります。

また，6年間，日々の出来事を，①誰が②何を③どこで④いつ，という点について記録していき，テストのときにはこれらのうちの一つを選んでその出来事を想起し，できなければ別の点を選んで，その点について出来事を想起するという手続きで実験を行ったところ，①何を②どこで③誰が④いつ，の順で，

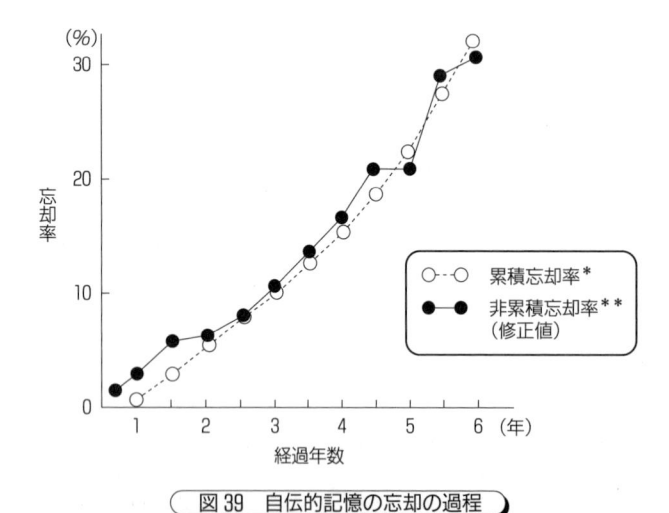

図39 自伝的記憶の忘却の過程

（注）＊：標的年に記録された総項目数に対する総忘却項目数の比。
＊＊：標的年に関してテストされた項目数に対する忘却項目数の比。

出所：太田信夫・多鹿秀継（編著）2000 記憶研究の最前線 北大路書房

出来事を想起しやすいことがわかりました。つまり，自伝的記憶は，何を，どこで，誰がといった内容によって構造化されており，時系列で構造化されていないことが示されたのです。

❷ 作りかえられる自伝的記憶

自伝的記憶については，過去の出来事の正確な再現ではなく，思い出された段階で再構成された部分が大きいといわれています。

これについてはこのような実験が行われています[4]。あらかじめ被験者の親の協力を得て，その被験者が6歳以下のときの実際の出来事を調べておき，実際はなかった架空の出来事もそのなかに混ぜて実際の出来事と偽り，それらの出来事を日をおいて3回思い出すように求めました。そのとき，一部の被験者には思い出す出来事のイメージをこころの中に思い浮かべるように求めました。

その結果，どの被験者も回を重ねるごとに偽りの出来事を思い出す人が多くなり，特にイメージを思い浮かべた被験者ではそのようなことを求められなかった被験者に比べて，偽りの出来事を思い出した人が多かったのです。出来事を何度も思い起こしたり，さらに思い出すときにイメージを思い浮かべることによって，間違った記憶がつくり出されてしまうのだと考えられます。

❸ 人生のどの時期のことをよく思い出すのか

自伝的記憶の分布についての検討も行われています。これらの研究では，ある単語（例：自転車）を与え，その単語を手がかりに過去の出来事を想起してもらうという方法がよくとられます。

この方法を用いて大学生を対象に実験を行ったところ[5]，大学生では最近の出来事について思い出すことが多く，過去に遡るにつれて思い出す事柄が少なくなるという結果が得られました。

しかし，比較的高齢の被験者に同様の方法で実験を行ったところ[6]，やはり，最近の出来事について思い出すことが多いものの，以前の記憶でも出来事をよく思い出す時期があることがわかったのです（図40）。つまり，長い人生の中には鮮やかな記憶を残す時期があるということです。

最近では，自伝的記憶そのものでなく，自伝的記憶と現在の適応や動機づけとの関係など，自伝的記憶と他の心理的状況との関係を調べた研究も多くみられます。過去についての記憶でありながら，現在の自分に大きな影響を与え続けている点で，自伝的記憶は私たちの興味を強くかき立てる記憶です。

（池田智子）

[4] Hyman, I. E. Jr. & Pentland, J. 1996 The role of mental imagery in the creation of false childhood memories. *Journal of Memory and Language*, **35**, 101-117.

[5] Crovitz, H. F. & Shiffman, H. 1974 Frequency of episodic memories as a function of their age. *Bulletin of the Psychonomic Society*, **4**, 517-518.

[6] Rubin, D. C., Wetzler, S. E. & Nebes, R. D. 1986 Autobiographical memory across the lifespan. In D. C. Rubin (Ed.) *Autobiographical Memory*. New York: Cambridge University Press. pp. 202-221.

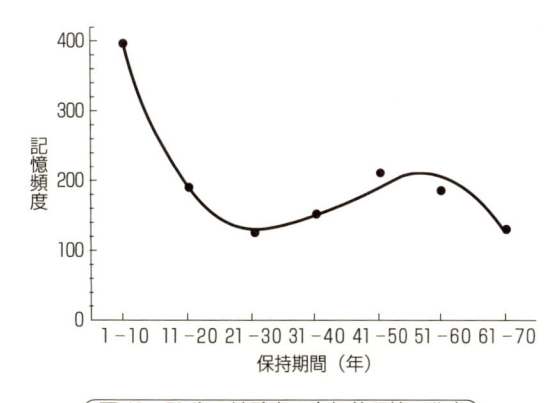

図40 50歳の被験者の自伝的記憶の分布

出所：太田信夫・多鹿秀継（編著） 2000 記憶研究の最前線 北大路書房

III 記憶と学習

5 展望的記憶とは

1 展望的記憶とはどんな記憶か

「今日の夕方6時に炊飯器のスイッチを押すようにお母さんに頼まれていたな。」「お昼ご飯の後，忘れないように必ずこの薬を飲まなくちゃ。」未来において自分がしようと思ったり，しなければならない記憶を展望的記憶と呼んでいます。どちらかというと記憶といえば過去についての記憶，つまり，回顧的記憶について話題にすることが多いのですが，このような未来についての記憶である展望的記憶も私たちの日常生活に非常に大きな役割を果たしています。

私たちは日常生活を送るなかで，何かをしわすれるという，展望的記憶の失敗経験をすることがありますが，その「しわすれ」について調べた研究によると，たとえば，「歯を磨く」といった習慣化された行動や，逆に「旅行へ行く」といった特別な行動はしわすれが少なく，「物を持っていく」「連絡する」などの，非習慣的で，しかも特別な行為でないことはしわすれやすいということがわかりました。また，そのしわすれに気づくのは，「それに関連したものを見て」など，外からの刺激がきっかけとなることが多く，ふいに突然思い出すといったことは，集中していた作業が終ってほっとしたときなどに起こりやすいこともわかりました（図41）。

2 展望的記憶についての実験

展望的記憶の研究には，厳密に統制された状況で行われる実験によって行われる研究もありますが，ここではより日常的な場面を用いた研究を紹介したいと思います。このような日常的場面を用いた実験では，記入した質問紙を実験者のところへ持ってくるとか，実験者宛に決められた日時にはがきや記入した質問紙を郵送するとか，決められた日時に実験者のところに電話をかけてくるといった状況が用いられます。たとえば小林・丸野は，大学生を対象に，講義の中で，2週間後の講義のときに以下の4つの物を持ってくるように指示しました。4つの物とは，①前学期に配布した資料，②当日の講義中に配布した資料，③当日配布した方眼紙，④三角定規でした。このうち②と③は当日配布されたので手元にありますが，①と④は家で探して持ってこなければならないので少々厄介です。2週間後の講義のときに，これら4つのものを持ってきたかが調べられ，以下の質問が与えられました。①そのものの重要性：それぞれの

▷1 小谷津孝明・鈴木栄幸・大村賢悟 1992 無意図的想起と行為のしわすれ現象 安西祐一郎・石崎俊・大津由起雄・波多野誼余夫・溝口文雄（編）認知科学ハンドブック 共立出版 pp. 225-237.

▷2 Brandimonte, M. A. & Passolunghi, M. C. 1994 The effect of cue-familiarity, cue-distinctiveness, and retention interval on prospective remembering. *The Quarterly Journal of Experimental Psychology,* **47**A, 565-587.

▷3 McDaniel, M. A. & Einstein, G. O. 1993 The importance of cue familiarity and cue distinctiveness in prospective memory. *Memory,* **1**, 23-41.

▷4 小林敬一・丸野俊一 1992 展望的記憶に影響する要因としてのメタ記憶知識の内容とその過程分析 教育心理学研究, **40**, 377-385.

物を持ってくることはどれくらい重要か，②記憶手段：それらを持ってくることを覚えておくために，何か工夫（たとえば，手帳に書くなど）をしたか，③会話：2週間の間に，それらの4つの物について誰かと会話をしたか，したとするとどの程度会話したか，④2週間の忙しさ，⑤想起頻度：2週間の間にそれらの4つの物をどれくらい思い出したか。実験の結果，持ってくるものによって事情が異なることがわかりました。たとえば，前学期に配られていた資料については，その資料を持っていくことを重要と考え，記憶手段を積極的に活用し，誰かとその資料について会話した学生ほど，その資料を忘れずに持ってきました。それに対し，当日配布された資料は，先ほどの資料と同様に，その資料を持っていくことを重要と考え，何らかの記憶手段を活用した人ほど忘れずに持ってきましたが，誰かと会話をしたことは影響しませんでした。これは，前学期の資料は，探したりする過程で友人に連絡したりするようなことが起きやすく，その会話をしたことが，その資料をもってくることにつながったと考えられます。資料を持っていくといった展望的記憶課題では，そのことを覚えていることの大切さや，それに関わって起こした行為が記憶成績に関わるようです。

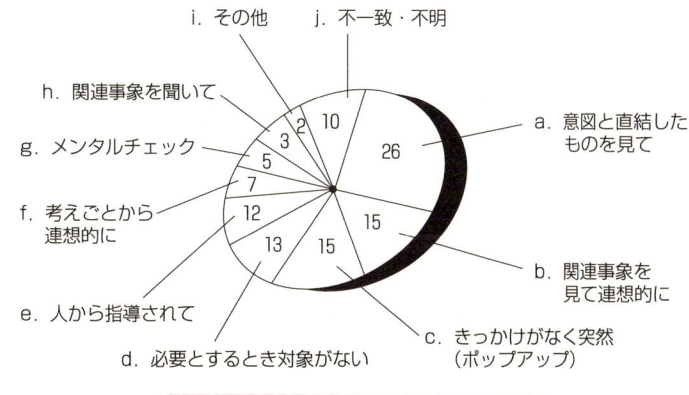

図41　しわすれたことに気づくきっかけ

a. 意図と直結したものを見て　26
b. 関連事象を見て連想的に　15
c. きっかけがなく突然（ポップアップ）　15
d. 必要とするとき対象がない　13
e. 人から指導されて　12
f. 考えごとから連想的に　7
g. メンタルチェック　5
h. 関連事象を聞いて　3
i. その他　2
j. 不一致・不明　10

（注）数値は事例数を示す。
出所：森敏昭・井上毅・松井孝雄　1995　グラフィック認知心理学　サイエンス社

3　展望的記憶と回顧的記憶の違い

　回顧的記憶課題の成績がよい人は展望的記憶課題の成績もよいでしょうか。このような実験があります[5]。被験者は実験室である課題を行った後，実験者から，次の部屋でさらに別の実験に参加するようにいわれます。そして，次の部屋に行ったら，その部屋の実験者に「Kandibadze」（わざと覚えにくい名前にしているのでしょう）という名前の人のデータについて聞いてくるように頼まれます。頼まれたとおりに別の人のデータについて尋ねることを覚えているかいないかは，展望的記憶に関わることです。一方，「Kandibadze」という覚えにくい人の名前を覚えているかいないかは回顧的記憶に関わることです。実験の結果，伝言を忘れない，つまり展望的記憶がよい人が「Kandibadze」という名前を正確に覚えている，つまり回顧的記憶が優れているというわけではなかったのです。つまり，展望的記憶課題の成績と回顧的記憶課題の成績には相関がなかったのです。このことからも，展望的記憶と回顧的記憶は別の働きをする記憶と考える必要がありそうです。

（池田智子）

▷ 5　Kvavilashvili, L. 1987 Remembering intention as a distinct form of memory. *British Journal of Psychology,* **78**, 507-518.

Ⅲ 記憶と学習

6 記憶と脳の関係

1 脳のどこの部位が記憶に関係しているのか

　私たちがこころの働きと考えている多くの機能には脳の働きが関わっていることがわかっています。こういった脳とこころの関係を探る分野が神経心理学です。神経心理学では脳に損傷のある患者で起こる障害を通して、脳とこころの関係を説明しようとしてきました。これまでの研究を通して、記憶に関係する脳の部位としては、図42に示すように、側頭葉、間脳（視床・視床下部を含む領域）、前脳基底部があげられています。

2 HMの症例にみられる記憶障害

　心理学を学ぶ者なら一度はその名前の頭文字を聞いたことがあるといってもよいほどに、いわゆるHMの症例はあまりに有名です。HMは7歳の頃に遭った交通事故が原因で、10歳の頃からてんかんの発作に悩まされるようになりました。そのてんかんの治療のために、脳外科医スコヴィル博士により、脳の側頭葉の一部である扁桃体、海馬などを切除する手術を受けました。その結果、てんかんの症状は大きく改善されたのですが、記憶に大きな障害が現れたのです。具体的には、前向性健忘（健忘症発症以後に経験したことが思い出せない）と逆向性健忘（健忘症発症以前に経験したことが思い出せない）という、いわば長期記憶の障害がみられました。前向性健忘の症状としては、自分がどこに住んでいるか、前の食事で何を食べたかを思い出すことができませんでした。彼は同じ雑誌を何度も繰り返して読み、叔父さんが亡くなったことを知らされて激しく取り乱しても、そのことをすぐに忘れてしまい、再度その死について聞くたびに同じように取り乱し、慣れるということがありませんでした。また、逆向性健忘の症状としては、手術の11年前よりさらに昔のことは憶えていましたが、それ以降の記憶を失っていました。それにもかかわらず、何回か受けた知能検査の結果は常に平均以上の結果（IQは最も高かったときで122）であり、言語能力についても問題はありませんでした。また、短期記憶の働きは正常であり、「3，8，5」といった3つの数字を聴覚的に呈示され、直後にそのとおりに繰り返すというようなことは難なくできたのです。このことは長期記憶と短期記憶は別の独立した存在であることを支持する証拠とも考えられています。

III-6 記憶と脳の関係

3 脳への電気刺激によって蘇る過去の出来事

　記憶には脳の側頭葉が関わっているということは，カナダの有名な脳外科医ペンフィールドの報告によっても示されています。ペンフィールドは重症のてんかん患者の脳手術の際に，大脳皮質のいろいろな部位に電気刺激を加えていると，側頭葉を刺激したときに，患者が過去のさまざまな記憶を蘇らせることを発見しました（図43）。手術は局所麻酔で行われており，手術中に患者は話をすることができたのでした。たとえば，ある女性患者の右半球の側頭葉に電気刺激を与えると，「おお，なつかしい記憶——どこかの事務所の中だわ，机が見える。」といい，別の部位に電気刺激を与えると，「なつかしい記憶——私がコートをかけた場所——私が仕事にゆく場所」といったのです。こういった電気刺激によって蘇った記憶は，かなりまとまった生き生きとした体験であったといわれています。

▷1　塚原仲晃　1989　脳の可塑性と記憶　紀伊國屋書店

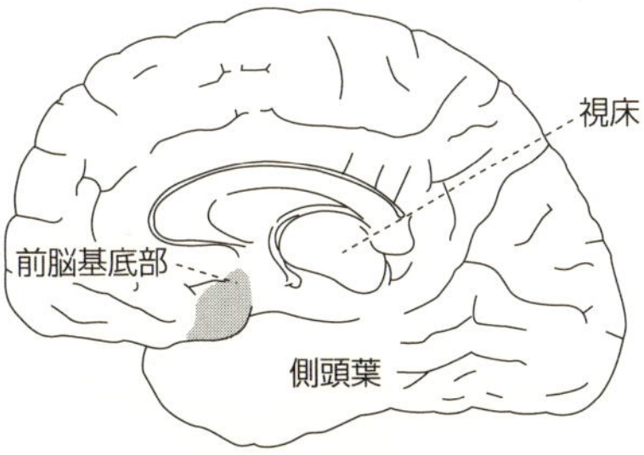

図42　記憶に関わる脳の部位

出所：高野陽太郎（編）　1995　認知心理学2　記憶　東京大学出版会

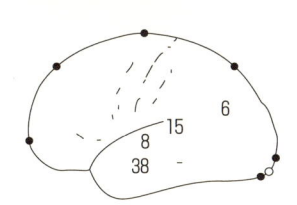

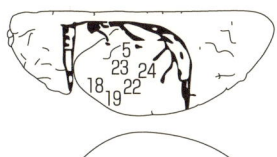

4 画像診断を通してみる脳のはたらき

　1990年代に入ると，PET（陽電子放射撮影法）やfMRI（機能的磁気共鳴影像法）といった，脳の活動を観察することのできる精密な装置が開発され，これらの装置によって，人間の脳と認知機能の関係を，脳障害患者など個別の事例によってではなく，健常者である多くの被験者によって調べることができるようになりました。このような装置を用いることにより，従来の記憶課題を用いた実験的研究や記憶障害をもつ患者の神経心理学的研究では扱えなかった，記憶の入力と出力の段階を分離して調べるというようなことができるようになりました。これは，まさに記憶研究にとって画期的なことといえます。

（池田智子）

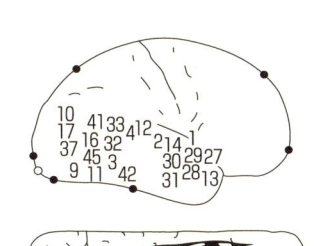

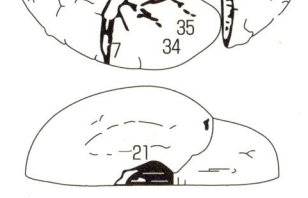

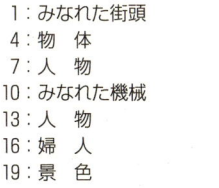

1：みなれた街頭	2：人　物	3：人　物
4：物　体	5：みなれた景色	6：絵の中の顔
7：人　物	8：棒をもった人	9：友　達
10：みなれた機械	11：親しい看護師	12：みなれた景色
13：人　物	14：景　色	15：けんかする人
16：婦　人	17：階段を人があがっている	18：人物と景色
19：景　色	20：景　色	21：みなれた部屋
22：人　物	23：人　物	24：タバコを吸う人
27：景　色	28：人　物	29：部屋にいる母と子
30：人　物	31：物　体	32：人　物
33：親しい人	34：物　体	35：家にいる彼の母
37：親しい人がおどかす姿	38：子供のころの彼女	41：銃をもった泥棒

図43　記憶を呼び起こす脳の部位

出所：塚原　1989による。

III 記憶と学習

7 学習の理論
連合理論，認知理論，状況的学習理論

1 連合理論とは

　ヴント（Wundt, 1832-1920）が1879年，世界初の心理学実験室をライプチッヒ大学に開いたことはあまりに有名ですが，これをもって近代心理学が出発したといわれています。ヴントの研究対象は人間の意識であり，内観法という方法を用いて実験を行いました。つまり，人が何かを知覚したときに自分の内に起こったことをできるだけ歪めずに報告するという方法です。しかし，ヴントの扱ったような目に見えない意識などというものは科学的研究の対象とすべきではないと考え，目に見える観察可能な人間の行動のみを心理学研究の対象にすべきだという宣言を行ったのが，アメリカの心理学者ワトソン（Watson, 1878-1958）でした。このような立場を行動主義（Behaviorism）といい，行動主義はその後の心理学界の大きな流れとなりました。行動主義では外に現れた反応（行動）と，その行動が起こることに直接関係した刺激（事象）の関係を明らかにすることを目標とし，その間にある人間の内部で起こることはブラックボックスとして考慮しないという立場をとります。刺激には，光，音，ことば，画像などさまざまなものが考えられますが，こうした目に見える刺激（stimulus）と反応（response）の関係を明らかにするという点で，こうした考えはＳ－Ｒ連合理論とも呼ばれています（図44）。この考えに基づけば，複雑な学習も，分析していけば単純な刺激―反応の連合となり，こういった学習観を連合理論と呼んでいます。この考えでは，学習において，学習者の内面で起こっていることはあまり問題にならず，環境がどのように学習を促進するかに重点が置かれます。ワトソンの有名なことばを紹介しましょう。「私に幾人かの健康な幼な子と，この子らを育てるためにうまくつくられ，そして私が考え出した世界を与えてください。そうすれば，私はその中から任意にひとりをとり出し，その子を訓練し，私が選んだどんな専門家にでもつくりあげてみせます。たとえば，医者，法律家，芸術家，貿易商，そしてそう，こじきやどろぼうにさえも。もちろん，その子の適性，性向，傾向，能力，祖先の職業や民族などはいっさい考慮する必要はありません」。

▷1　杉原一昭・海保博之（編著）2000　事例で学ぶ教育心理学　福村出版

2 認知理論とは

　その後，この行動主義に対して，刺激―反応を媒介するものを考慮に入れる

必要があると主張する人たちが出てきました。人間の行動を十分に理解するためには，ブラックボックスの中で起こっていること，つまり外から入ってきた情報を人がどのように処理し，貯えているのかを分析しなければならないと考えたのです。これが認知理論です。たとえば，ケーラーの実験で使われたチンパンジーのズルタンは，棒を使ってバナナを引き寄せるなどの課題を解く前にいつも長い静止時間があり，その後突然に解決が起こるという姿が観察されています。このことは，学習における洞察の大切さを示しています。学習を単純な刺激と反応の連合とみなす連合理論に対して，認知理論では，学習は，学習する者の洞察や理解といった，複雑で積極的な認知活動が大きな役割を果たすと考えます。つまり，連合理論が排除した，刺激と反応を媒介する人間の内なる認知過程に焦点を当てようとしたのです。

こうした流れのなかで出てきた認知心理学では，人間の認知過程を精巧なコンピュータとみなし，その認知過程を，情報の符号化―貯蔵―検索という一連の情報処理過程ととらえます。そして，学習に関わる記憶，推論，問題解決，理解などの認知過程を，情報処理モデルの用語を使って詳細に説明するようになりました。

図44 S-R連合理論の考え方

▷2 Kohler, W. 1927 Simple structural functions in the chimpanzee and the chicken. In W. D. Ellis (Ed.), *A source book of Gestalt Psychology*. Harcourt Brace.

③ 状況的学習理論とは

このように，連合理論と認知理論は対極をなすものですが，どちらも学習を，個人的に生じるものとしてとらえている点では共通しています。それに対し，1990年代に入ると，学習は個人のなかだけで生じるものではなく，個人と個人を取り巻く環境を含んだ状況のなかで生じるものととらえる状況的学習という視点が新たに生まれました。この状況的学習アプローチでは，学習は「状況に埋め込まれて（situated）」いて，個人のなかで独立して生じるものではないと考えます。ここでの学習は，実践の共同体へ参加することで始まり，その参加の度合いが深まることで進んでいくと考えます。この状況的学習の説明として，徒弟制や内弟子制，伝統芸能の世界などでみられる技術，技能伝達過程が例にあげられます。たとえば，西アフリカのヴァイ族やゴラ族の仕立て屋では，そこに入った弟子は長い間アイロンがけばかりやらされ，特別何かを直接教えてもらうということはないのですが，その間に折に触れて仕立ての全工程を観察します。そして徐々に，製品の仕上げ，縫製，裁断の順に生産に加わるようになります。こうして，だんだん新前が一人前の職人となっていき，遂には親方となり，今度は自分が弟子を取るようになるのです。

状況的学習アプローチは，これまで個人の変化ととらえられてきた学習に，社会的，文化的視点の大切さを取り入れた点が特徴的であり，実際の教育現場でのさまざまな試みにつながっています。

（池田智子）

▷3 Lave, J. & Wenger, E. 1991 Situated learning: *Legitimate peripheral participation*. Cambrige University Press.（佐伯胖（訳）1993 状況に埋め込まれた学習——正統的周辺参加　産業図書）

III 記憶と学習

8 「古典的条件づけ」と「オペラント条件づけ」

1 古典的条件づけとは

　自分の好きなタレントが出ている化粧品のCMを繰り返し見ているうちに，その化粧品そのものの印象がよくなる。あるいは，たまたま一生懸命勉強して準備した試験でよい点を取ると，その後も頑張って勉強するようになる。こういった私たちがよく経験する現象は，条件づけのメカニズムで説明できます。

　古典的条件づけは，ノーベル賞を受賞したロシアの生理学者パヴロフ（Pavlov）が初めて観察したメカニズムといわれています。その頃，実験用の犬に毎日エサを与える係の男性がいました。犬がそのエサを口に入れると当然唾液が出てきます。これを何回も経験していると，いつもエサをくれる男性の靴音がしただけでまだエサが口に入らないうちに，その犬は唾液を出すようになりました。これが古典的条件づけの成立です。この場合，エサを無条件刺激，エサに対して唾液を出すことを無条件反射，男性の靴音を条件刺激，靴音に対して唾液を出すことを条件反射と呼んでいます（図45）。先ほどの自分の好きなタレントが出ている化粧品のCMを見ているうちに，その化粧品そのものの印象がよくなるという例でいうと，自分の好きなタレントは無条件刺激，そのタレントに対する好意は無条件反応，そのタレントが出ているCMで扱っている化粧品は条件刺激，その商品に対して好印象をもつことは条件反応ということになります。古典的条件づけの場合，無条件刺激と条件刺激を対呈示することを強化といい，これが条件づけに重要な役割を果たしています。こういった古典的条件づけのメカニズムを利用して，アルコール依存症患者に，体に入ると吐き気を催すような物質を混ぜたアルコールを飲ませ，アルコールのにおいを嗅ぐだけで吐き気を催すようにさせるという嫌悪療法もあります。

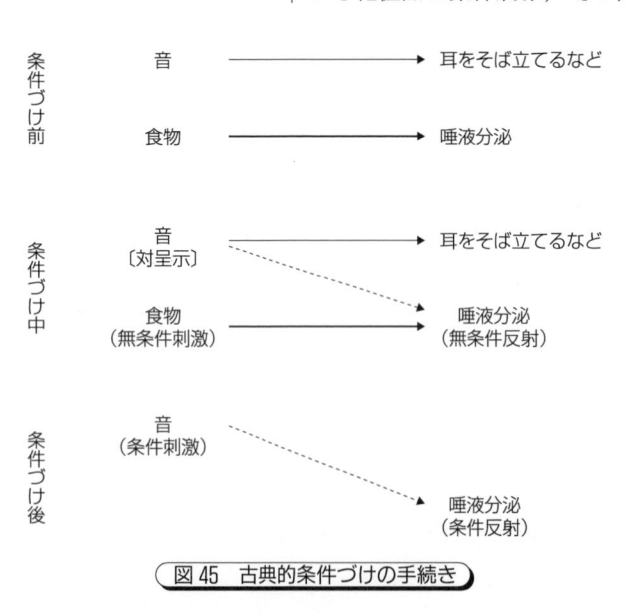

条件づけ前	音 → 耳をそば立てるなど 食物 → 唾液分泌
条件づけ中	音〔対呈示〕→ 耳をそば立てるなど 食物（無条件刺激）→ 唾液分泌（無条件反射）
条件づけ後	音（条件刺激）→ 唾液分泌（条件反射）

図45　古典的条件づけの手続き

2 オペラント条件づけとは

　オペラント条件づけについて精力的な研究を行ったスキナー（Skinner）の実験手続きを使

って、オペラント条件づけについて説明します（図46）。

スキナーボックスの中のハトは初めはいろいろな反応をしていますが、何かの拍子にくちばしがボックスの中のキーに触れるとキーの下からエサが出てきます。その後、何回かキーにくちばしが触れ、その結果エサが出てくるという経験を積んでいるうちに、そのハトは頻繁にキーをつつくようになります。これがオペラント条件づけの成立です。この場合、エサが出ることは強化、エサは正の強化子ということになります。先ほどの「たまたま一生懸命勉強して準備した試験でよい点を取ると、その後も頑張って勉強するようになる」という例でいうと、試験でよい点をとることが強化、よい点が強化子ということになります。

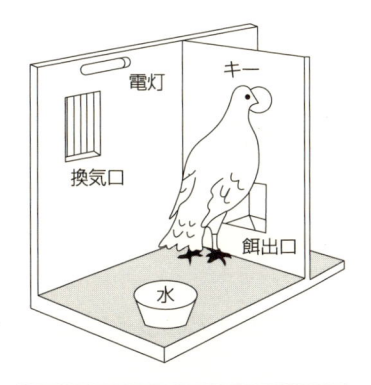

図46　スキナーボックスの中のハト

オペラント条件づけにおける、強化子を与えるスケジュールとして、反応すべてに強化を与える連続強化と、部分的に強化を与える部分強化がありますが、条件づけが成立した後、強化子が与えられなくなると、連続強化で条件づけられた場合には反応がすぐに起こらなくなるのに対し、部分強化ではなかなか反応が消えないという部分強化効果がみられます。それまで当たったり当たらなかったりしたくじが全く当たらなくなっても、今度こそはと思ってなかなか買うのを止められないのはこの効果です。

3　古典的条件づけとオペラント条件づけの違い

さて、古典的条件づけとオペラント条件づけの違いはどこにあるのでしょうか。その手続きをみていくとその違いがわかります。古典的条件づけでは、行動、反応に関わりなく条件刺激と無条件刺激が対になって呈示されるのに対し、オペラント条件づけでは、まず何らかの行動、反応があって、それに強化子が与えられるという違いです。つまり、古典的条件づけでは、刺激によって反応が誘発されるのに対し、オペラント条件づけでは、まず自発的に起こした行動、反応があり、その結果によってその行動の頻度が変化するという点に違いがあるといえます。

現実の日常生活においては、古典的条件づけに比べて、オペラント条件づけのメカニズムで説明できる現象が多いといわれますが、人間は、何らかの刺激によって誘発される行動よりも、自発的に自分から環境に関わっていこうとする行動を起こすことが多いのかもしれません。

（池田智子）

III 記憶と学習

9 知識の獲得

1 知識はどのように貯蔵されているのか

あなたは全くルールを知らないスポーツの試合を観戦したことがありますか。何についても、それについての知識がなければ楽しむことはできません。また、どんなに自由な発想を必要とするような創造的な作業であっても、その作業を支える基礎知識がなければ先に進むことはできません。この知識には宣言的知識と手続き的知識があるといわれています。

宣言的知識とは、「それは何である」というような知識をいい、手続き的知識とは、「もし、～なら、～する」というようなやり方、手続きについての知識をいいます。たとえば、「鳥は翼をもっている」というのは宣言的知識であり、自動車の運転の仕方などの知識は手続き的知識ということになります。宣言的知識は言語で表すことができますが、手続き的知識は言語で表すことが難しい知識です。たとえば、子どもに自転車の乗り方を口で説明してくれと頼まれて、うまく説明することができるでしょうか。しかし、この2つの知識は全く独立していて無関連なものではなく、宣言的知識が手続き的知識になったり、手続き的知識により宣言的知識がより明確になったりすることもあるのです。

ところで、この知識は、私たちのなかにどのような形で貯蔵されているのでしょうか。ここでは宣言的知識について考えてみたいと思います。これについてはさまざまな考えがあり、知識は視覚的なイメージとして貯蔵されているという考えや、言語の形で貯蔵されているとする考えなどがあ

図47 命題的知識のネットワーク

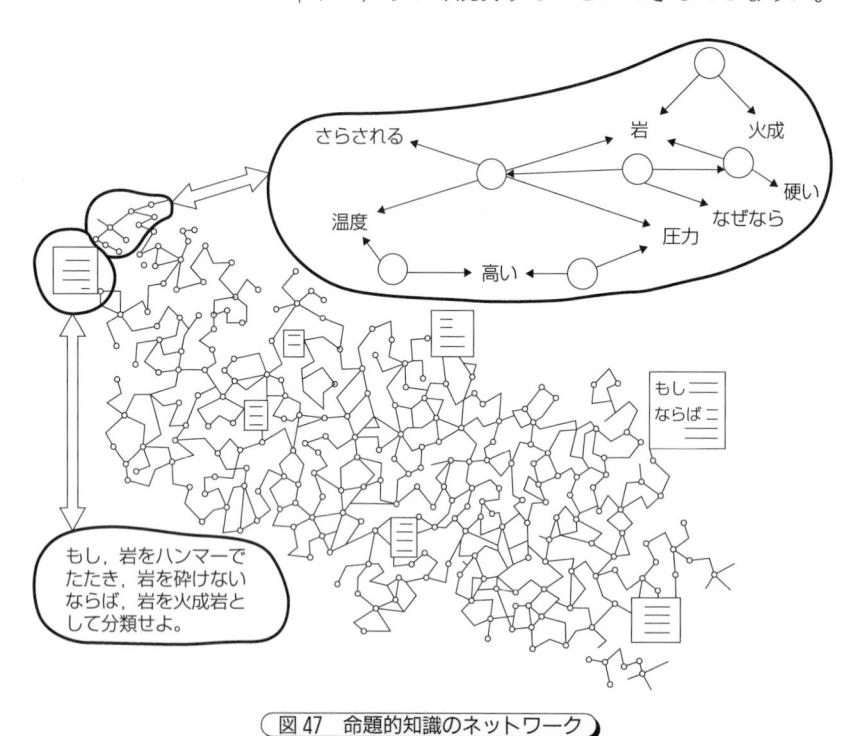

出所：北尾倫彦　1996　学習指導の心理学　有斐閣

りますが，図47は，命題のネットワークとして貯蔵されていると考える，ガニエの命題的知識のネットワークを図示したものです。

たとえば，理科で「もし，岩をハンマーでたたき，岩を砕けないならば，岩を火成岩として分類せよ」という知識を得たとします。それは一つの命題（proposition）としてこの知識のネットワークの一部となります。命題とは，真か偽かの答えが出るような最小の単位で，いくつかの概念（例：岩，温度など）が結びついたものと考えられます。そして，学習や問題解決を経験することにより，ある命題のネットワークが活性化され，時にその活性化はその命題とつながった別の命題へと広がっていくというように，このネットワークは次々にその形を変えていきます。必要なときに知識をうまく使うには，それぞれの命題ネットワークを活性化しやすい状態にしておくことが大切なのです。

❷ 知識をうまく獲得するには

さて，この知識をうまく獲得するにはどのような方法が効果的なのでしょうか。これまでの研究を通してさまざまな方法が示されていますが，ここでは精緻化という方法をご紹介しましょう。

精緻化とは，新しく入ってきた情報に，すでにもっている知識を使って新しい情報を付け加えて詳しくすることにより，知識のネットワークに取り込みやすい形にする方法です。たとえば，大学生を被験者にして，歴史上の有名な人物についての特徴を学習させるという実験が行われています。

実験では，「ニュートンは，子どものように情緒不安的になり，あぶなかしくなった」という特徴を学習させるのに，①「ニュートンが生まれたときに父が死に，母は再婚し……」という，その特徴の原因となる情報を与える原因条件，②「ニュートンは時にわけもなく偏執狂になり……」という，その特徴の結果起こる情報を与える結果条件，③「ニュートンはケンブリッジのトリニティ・カレッジへ行った……」という，無関連な情報を与える無関係条件，④何も他の情報を与えない単一条件を設け，1週間後に学習した人物の特徴を書かせるというテストを行いました。その結果（表6），その特徴の原因や結果を一緒に学習した方が，知識としてよく定着していたのです。このように，新しい情報だけを機械的に覚えようとするよりは，背景まで含んだ形で詳しくして取り込んだほうが知識として獲得しやすいのです。

新しい知識を取り込む際には，ここで述べた精緻化を初めとし，すでにもっている知識を十分に使い，知識のネットワークにはめ込みやすくすることが大切だといえます。

（池田智子）

▷1 Gagne, E. D. 1985 *The cognitive psychology of school learning.* Scott Foresman Company, Glenview, Illinois.（赤堀侃司・岸学（訳）1989 学習指導と認知心理学　パーソナルメディア社）

▷2 Bradshaw, G. L. & Anderson, J. R. 1982 Elaborative encoding as an explanation of level of processing. *Journal of Verbal Learning and Verbal Behavior,* **21**, 165-174.

表6　精緻化と記憶成績

原因条件	結果条件	無関係条件	単一条件
70	75	45	61

（％）

出所：Bradshaw & Anderson 1982

III 記憶と学習

10 運動技能の習得

▷1 Peterson, J. 1917 Experiments in ball tossing: The significance of learning curves. *Journal of Experimental Psychology, 2*, 178-224.

▷2 Bilodeau, E. A. & Bilodeau, I. M. & Schumsky, D. A. 1959 Some effects of introducing and withdrawing knowledge of results early and late in practice. *Journal of Experimental Psychology, 58*, 142-144.

▷3 Winstein, C. J. & Schmidt, R. A. 1990 Reduced frequency of knowledge of results enhances motor skill learning. *Journal of Experimental Psychology: Learning, Memory, and Cognition, 16*, 677-691.

1 運動技能の学習曲線

自転車の運転やピアノを弾くこと，鉄棒で逆上がりをすることなど，動作や行動の習得や向上は運動技能学習と呼ばれます。当然のことながら，このような技能は，練習すればするほどうまくなります。図48は，ボールをキャッチするという単純な運動技能の学習が，練習を積むにつれてどのように進むのかを，連続してキャッチできる回数と失敗の回数で示したものです。このように，練習の回数にしたがって起こる成績の変化を示したものを学習曲線といいます。図48にみられるように，学習の経過には，進歩が停滞するスランプの時期（高原現象）があったり，急速に上昇する時期があったりして，決して一定ではないことが多いのです。

2 結果の知識を与えることの効果

このように，運動技能学習では練習を重ねることが大事ですが，その他にも，練習を行った結果を確認すること，つまり，結果の知識（KR：knowledge of result）を外からフィードバック（feedback）されることも大切です。たとえば，バスケットボールのシュートの練習をするのに，目隠しと耳栓をし，それぞれのシュートが入ったかどうかわからない状態で練習しても，なかなか上達しないと思います。実際，決められた大きさの弧を描くという実験において，実際に描いた弧の，決められた大きさからの誤差を知らされない場合には，全く学習は進みませんでした。

しかし，結果の知識を得ることが負の効果をもつという報告もあります。たとえば，レバーをある決められたパターンで回転させるという課題を用いて，①毎回練習の結果を知らせるグループと，②2回に1回の割合で結果を知らせるグループを設け，練習が終って5分後と24時間後にテストを行った実験報告があります。その結果，24時間後のテストでは，毎回結果の知識を与えられたグループの方が誤りが多いということがわかりました。これはどうしてなのでしょうか。結果の知識を与えることには，学習者の誤りを修正し

図48 運動の学習曲線

出所：山内光哉・春木豊（編著）1998 学習心理学 行動と認知 サイエンス社

たり，動機づけを高めたりするといったプラスの効果とともに，そうした外的フィードバックを与え続けていると，学習者はそれに依存してしまい，自分のなかで生じる内的な結果のフィードバックを大事にしなくなるというマイナスの効果を生じるのではないかと思われます。結果の知識を与えることのプラスの効果とマイナスの効果を，ともに心にとめておく必要があると思われます。

また，結果の知識を与える時期について，目隠しをして3インチの線分を正確に引くという課題を用いた以下のような実験報告があります。実際に引いた線分が短かったり，長かったという結果の知識を，線分を引き終わって0秒後（直後），10秒後，20秒後，30秒後に与えるグループと，結果の知識を与えないグループの成績を比較すると（図49），結果の知識を直後に与えられたグループの成績が最も高いことがわかりました。つまり，すぐに結果の知識を与えるのが効果的ということになります。

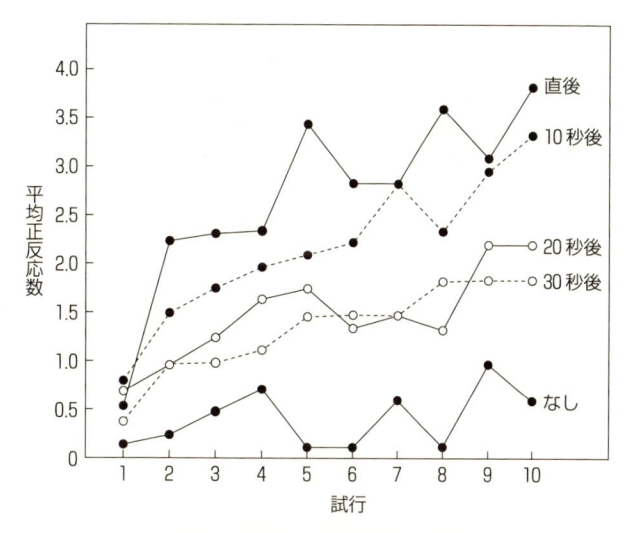

図49　結果の知識の遅延と学習

出所：山内光哉・春木豊（編著）1998　学習心理学　行動と認知　サイエンス社

③ 分散練習と集中練習はどちらが効果的か

ところで，練習を行うやり方には，休みを入れながら練習する分散練習と，休みを入れないで練習する集中練習があります。

これまでの研究から，特に運動技能の学習においては，分散練習の方が効果的であるという報告が多いです。

ムーアは競技スポーツにおいて，分散練習の方が集中練習よりも効果的であることを報告しています。これは分散効果と呼ばれていますが，この分散効果の説明には，反応禁止説が有力な説としてあげられています。つまり，練習するに従って反応禁止，いわば疲労のようなものが蓄積していきますが，分散練習では休み中にこの疲労が解消されるため，遂行を妨害しないですむというわけです。

しかし，場合によっては集中練習の方が効果的だという報告もあり，その効果はいろいろな条件によって左右されると考えられています。たとえば，課題が難しい場合や，身体的疲労が強い場合，あるいは学習者の技能が比較的低い場合には分散練習の方が効果的ですが，やる気が長く続く場合や，学習者の技能が高い場合には集中練習の方が効果的であると考えられます。それぞれの状況にあった練習方法を考える必要がありそうです。

（池田智子）

▷4　Greenspoon, J. & Foreman, S. 1956 Effect of delay of knowledge of results on learning a motor task. *Journal of Experimental Psychology,* **51**, 226-228.

▷5　Baddeley, A. D. & Longman, D. J. A. 1978 The influence of length and frequency on training sessions on the rate of learning to type. *Ergonomics,* **21**, 627-635.

▷6　Moore, J. W. 1970 *The psychology of athletic coaching.* Minneapolis: Burgess.（松田岩男（監訳）1973　スポーツコーチの心理学　大修館書店）

▷7　Hull, C. L. 1943 *The principles of behavior.* New York: Appleton-Century-Crofts.（能見義博・岡本栄一（訳）1960　行動の原理　誠信書房）

III 記憶と学習

11 社会的学習

1 社会的学習とは

　心理学では，経験による比較的永続的な行動の変容を学習と考えます。ですから，新入社員が仕事に慣れて，要領よく仕事がはかどるようになることも学習ですし，雪の日にころんで骨折して以来，雪が苦手になるのも学習といえます。この学習には，上にあげた例のように，個人が自分自身で直接経験したことに基づく学習だけでなく，他人の経験を見聞きすることを通して成立する学習があります。たとえば，自分ではお料理しないのに，お母さんのお料理しているところをそばで毎日見ていたら料理がうまくなったというように，他人の経験を見聞きするという代理経験によって生じる学習を社会的学習と呼んでいます。社会的学習における他者は，モデル（model）と呼ばれます。

　この社会的学習は2段階に分かれて起こると考えられています。1つ目はモデルを観察する段階，2つ目はモデルと同じ行動を実行し，その結果として起こる結果によって行動を修正する段階です。前者だけで学習が成立することもあり，この学習は観察学習と呼ばれています。そして，次の段階の実行まで含む学習は模倣学習と呼ばれています。

2 観察学習とは

　攻撃行動について精力的に研究を行ったバンデュラたちの実験では[1]，3～5歳の幼児を以下のような4グループに分けて実験を行っています。

　①大人の男性あるいは女性のモデルが人形を攻撃するのを観察する実物モデルグループ，②①のシーンを映画で見る映像モデルグループ，③映画の中で登場する黒猫が人形を攻撃するのを見るマンガモデルグループ，④モデルを観察しない統制グループの4つのグループです。

　その後モデルが攻撃した人形が置いてある部屋での子どもたちの行動を観察したところ，男の子も女の子も①②③のグループは④のグループの子どもより人形に攻撃行動を起こすことが多かったのです（図50）。つまり，どんな形であれ，攻撃行動を観察することで攻撃行動が学習されたということになります。また観察学習では，モデルの行動だけでなく，モデルの行動の結果も観察され，それが観察者の行動に影響を及ぼすことがあり，これを代理強化と呼んでいます。

[1] Bandura, A., Ross, D. & Ross, S. A. 1963 Imitation of film-mediated aggressive models. *Journal of Abnormal and Social Psychology,* **66**, 3-11.

[2] Bandura, A. 1965 Influence of models' reinforcement contingencies on the acquisition of imitative responses. *Journal of Personality and Social Psychology,* **1**, 589-595.

上で紹介したバンデュラは，乱暴なことをするモデルがごほうびをもらう映画を見るグループ（代理賞），叱られる映画を見るグループ（代理罰），モデルの攻撃行動の結果が示されていない映画を見るグループの子どもの，その後の乱暴な行動を観察して比較しています。

その結果（図51），自由に模倣させる場合には代理罰は効果があり，特に女児の場合攻撃行動が起こりにくくなりますが，モデルの行動を積極的に模倣，再現するように教示した場合には，代理罰を含むどのグループの子どももよく模倣することがわかりました。つまり，どの子どもも，攻撃行動をよく学習しており，代理強化は実際の行動を起こすか起こさないかに影響することがわかりました。

3 模倣学習とは

こういった観察学習に対して模倣学習は，モデルの行動を手がかりにして，モデルと同じ行動をとった結果，強化を受けることにより成立します。たとえば，子どもを被験者にした実験では，まずモデルが出発点から歩いて行き，部屋の中にある2つの箱のうちキャンディの入っている方の箱を選んで見せます。すると被験者の子どもはモデルと同じ箱を選び，その結果キャンディにありつきます（強化）。この後，その子どもはモデルと同じ箱を選ぶようになります。これは模倣学習です。しかし，この模倣学習はモデル自体を手がかりにしており，モデルがいないところでは成り立ちません。モデルがいないところでも模倣学習がおこるためには，モデルが行動の手がかりにしているものを学習する必要がありそうです。後にウィルソンは，黒い直方体の箱と赤い円筒形の箱のどちらかにキャンディを入れ，上記と同様の実験を行っています。実験の結果，モデルの行動だけでなく，モデルが選ぶ箱の形と色の手がかりも学習できたこの実験の被験者である子どもは，モデルがいないところでもキャンディの入っている箱を早く見つけることができたのです。つまり，モデルの行動そのものではなく，モデルが何を行動の手がかりにしているかを学習する模倣による学習も可能であり，このような模倣による学習こそ発展性のある模倣学習だと考えられます。

（池田智子）

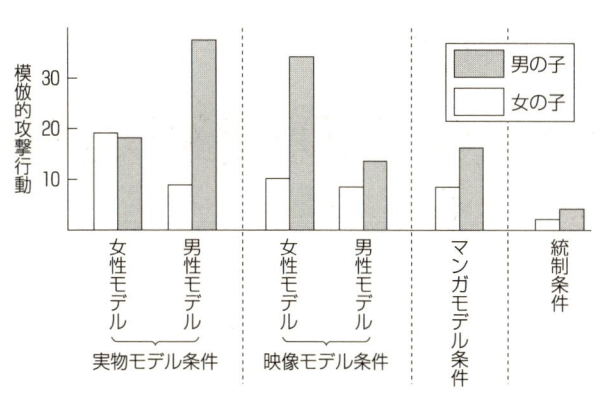

図50 モデルを観察することの効果

出所：金城辰夫　1996　学習心理学―学習過程の諸原理　放送大学教育振興会

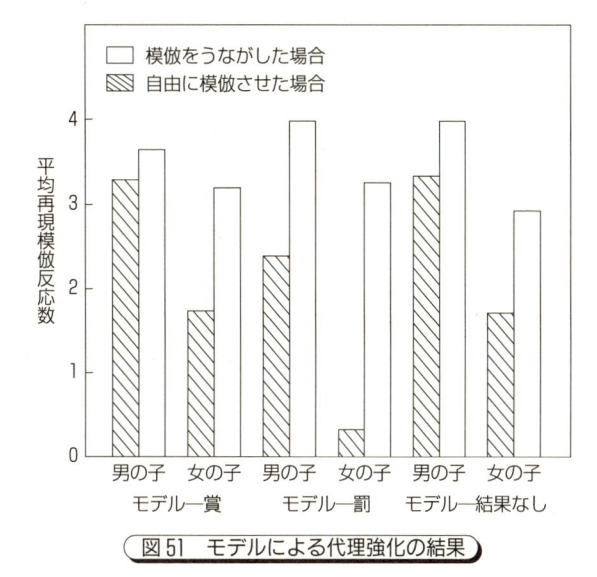

図51 モデルによる代理強化の結果

出所：山内光哉・春木豊（編著）　1998　学習心理学　行動と認知　サイエンス社

▷ 3　Miller, N. E. & Dollard, J. 1941 *Social learning and imitation.* New Haven, Conn.: Yale University Press.（山内光哉・祐宗省三・細田和雅（訳）1956　社会的学習と模倣　理想社）

▷ 4　Wilson, W. C. 1958 Imitation and the learning of incidental cues by preschool children. *Child Development*, 29, 393-397.

III 記憶と学習

12 学習の転移の仕組み
熟　達

1 正の転移と負の転移

こんなことを聞いたことはないでしょうか。「英語のできる人はフランス語の上達が早い。」「バイクに乗れる人は自動車の運転を早く覚える。」ある学習の効果が類似した他の学習に影響を及ぼすことを転移（transfer）と呼んでいます。転移には，ある学習が別の学習を促進するという正の転移と，逆に妨害するという負の転移があります。先にあげた2つの例は正の転移の例ですが，軟式テニスをやっていた人が硬式テニスをやり始めると，軟式テニスのくせが出て苦労するというのは負の転移ということになります。

2 転移の起こりやすい状況とは

こういった転移という現象は，元の課題（原課題）と後の課題（転移課題）が似ているほど起こりやすいことがわかっています。クラフツは，1〜9の数字が書かれたカード72枚を，同じ数字ごとに9つの箱に分類するという作業をし（原学習），①次からも箱の位置を変えずに分類作業をするグループ，②次は9つのうち3つの箱の位置を変えて分類作業をするグループ，③次は9つのうち6つの箱の位置を変えて分類作業をするグループ，④次は9つのうち全部の箱の位置を変えて分類作業をするグループの4グループの分類にかかる所要時間を比較しました。その結果（図52），原課題の1，2試行での所要時間と比べて，次の転移課題における所要時間は，②③グループで短くなり，④グループでは長くなることがわかりました。つまり，②③グループでは正の転移が，また，④グループでは負の転移が起こっていることがわかりました。原課題によく似た課題では正の転移が起こりやすく，似てない課題ではむしろ負の転移が起こるということになります。このことをさらに詳細に検討した実験もあります。この実験では，動いている標的を左右2つのハンドル操作により光で追跡するという課題を用いました。

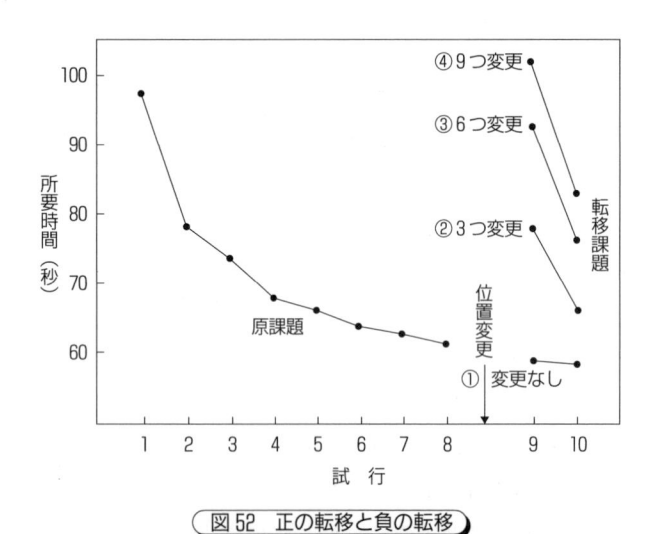

▷1　Crafts, L. W.　1935　Transfer as related to number to common elements. *Journal of General Psychology*, **13**, 147-158.

▷2　Lewis, D. & Shephard, A. H.　1950　Devices for studying associative interference in psychomotor performance: VI. The turret pursuit apparatus. *Journal of Psychology*, **29**, 173-182.

図52　正の転移と負の転移

出所：山内光哉・春木豊（編著）1998　学習心理学　行動と認知　サイエンス社

一つのハンドルを動かすと光は時計回りに動き，もう一つのハンドルを動かすと，光は垂直に動きました。しばらく練習するとうまくできるようになりましたが，その後で，この2つのハンドルの操作による光の動きを先ほどと真反対になるように変えると，今度は何回やってもうまくいかなかったのです。これは，前に学習したことがかえって後の学習を阻害するという負の転移だと考えられます。このように転移は，課題が同じで反応も同じならば正の転移が起こりやすく，課題が同じなのに反応が拮抗する場合には，逆に負の転移が起こりやすいと考えられます。

3 さまざまな形の転移

ところで，転移については，右手で練習すると，同じ課題での左手での学習が容易になるといった転移や，手で練習したことが足の学習に影響するといった転移の報告もされています。このうち，体の軸の左と右の間で起こる転移を両側性転移と呼んでいます。このことについてアンダーウッドは，鏡映描写課題と呼ばれる心理学実験でよく使われる課題を用いて実験をしています。この課題は，実物ではなく，鏡に映った，つまり実際とは左右逆転した図形を見ながら図形をたどるという難しい課題なのですが，最初右手で練習し，①3回目から何もしないグループ，②3回目からは左手で練習するグループ，③3回以降もさらに右手で練習を続けるグループに分け，最後に右手で図形をたどるテストをしました。その結果（図53），右手から左手に変えて練習した②グループは何もしなかった①グループに比べてテストでの所要時間が短く，左手の練習の効果が右手に転移したことを示しています。

さらに，言語を用いる課題から技能を用いる課題への転移も報告されています。上下2つずつの4つのランプの点灯に合わせて，それぞれのランプに対応する4つのボタンの1つを押すという技能課題において，最初に，それぞれの反応について言語訓練（たとえば，「上の赤ランプだったら右から1番目のボタン，上の緑のランプだったら右から2番目のボタン……」）をしておくと，言語訓練をしないグループより実際のボタン押しのときの誤りが少ないという結果が報告されています。

こうした転移は，問題解決学習においても大切な役割を果たしています。たとえば，異なる2つの教授法のうち，どちらの教授法により獲得した知識が後の新しい問題解決にうまく転移するかといったことについて研究が行われています。転移について考えることは，実際の教育場面においても非常に大切なことなのです。

（池田智子）

▷ 3 Underwood, B. J. 1949 *Experimental Psychology*. New York: Appleton.（苧阪良二（編）1973 心理学研究法3 実験Ⅱ 東京大学出版会）

▷ 4 Baker, K. E. & Wylie, R. C. 1950 Transfer of verbal training to a motor task. *Journal of Experimental Psychology*, **40**, 632-638.

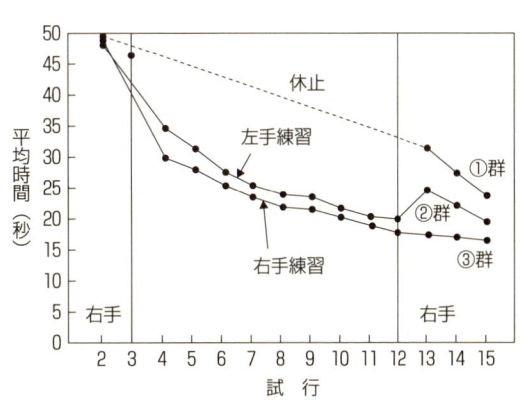

図53 右手から左手への両側性転移

出所：山内光哉・春木豊（編著）1998 学習心理学 行動と認知 サイエンス社

IV 言語と思考

1 単語を認知する

▷ 1 Morton, J. 1969 Interaction of information in word recognition, *Psychological Review,* **76**, 165-178.
▷ 2 McClelland, J. L. & Rumelhart, D. E. 1981 An interactive activation model of context effects in letter perception: Part 1. An account of basic findings. *Psychological Review,* **88**, 375-405.
▷ 3 モジュール性（modularity）
もともとこの言葉は「機能単位，交換可能な構成部分」という意味であるが，人間の認知処理機能も，それぞれ独立した機能をもつ

われわれは，毎日当たり前のように文字を見たり，言葉を聞いたりしながら過ごしています。日本語を使い，話す環境で過ごせば，当たり前のように文字を読み，言葉を聞いて，単語を認識しています。成人であれば，ふつう文庫本の1ページを1分程度で読めます。1ページの単語数はおよそ600字くらい，単語数は200〜300語くらいですから，1秒あたり3〜5語くらいという高速度で，しかもその過程をほとんど意識することなく読んでいます。

単語は音素や図的パターンとしての文字のような知覚的要素の組み合わせとして構成される意味の最も小さな単位の一つです。この単語に関する知識は，心的辞書（mental lexicon）と呼ばれ，単語の意味や表記，文法的知識などが含まれます。ちょうど，心の中に辞書があるようなものです。この心的辞書を引く仕組み，すなわち単語を認知する仕組みを考えてみましょう。

1 単語認知モデル（ロゴジェンモデル：logogen model）

これは，モートンが提案したモデルで，単語処理ユニットであるロゴジェン（logogen）の活性化（activation）という概念で単語認知プロセスを説明しています（図54）。ロゴジェンというのは「ことば」を示す"logo"と「生じるもの」という意味の語尾"gen"を組み合わせたモートンの造語です。このモデルでは，単語は心的過程において「音響的」「知覚的」「意味的」の3つの属性をもっていて，これらの情報がロゴジェンに蓄積され活性水準が上がり，それがある閾値を超えると，その単語の認知が成立すると説明しています。このロゴジェンモデルをもとに，コンピュータによる単語認識のシミュレーションを可能にしたマクレランドとラメルハートの相互活性化モデル（interactive activation model）など多くのモデルが提唱されています。

2 単語認知のモジュール性

以上のような単語認知モデルの基礎には，精神機能におけるモジュール性（modularity）があります。心ないし脳はなんでもかんでも一つの組織で処理していく汎用組織ではなく，

図54 ロゴジェンモデル
出所：McClelland & Rumelhart 1981

それぞれが独立した仕組みと機能をもって，特定の処理対象のための下位組織（モジュール）が多く集まることで動作しているとする考え方です。ストループ効果（Stroop effect）は単語のモジュール性を示す典型的な例です。「赤」，「青」「緑」「黄」などの色名単語を，漢字の意味とは別の色で書いたカードを用意します。色名単語に使われた色を速く正確に読むように求めると，たとえば全部黒色で書かれた色名単語を読むよりも言い間違いが増え，読みの時間が長くなります。単語の意味を考えないようにと強く意識してもできません。つまり，書かれている単語の色の意味処理モジュールだけが動作すればよいのに，単語の文字の意味処理モジュールも強制的に動作してしまって，2つの意味が異なり，干渉し合うために，読みの速さが遅くなったり，読み間違いが起きたりしてしまったと考えられます。

3 文脈の中の単語認知

ここまでは，単独に呈示された単語の認知を扱ってきましたが，われわれは単語を単独で認知することは少なく，前後に文脈を伴う形で理解する場合がほとんどです。そこで，次に文脈のなかでの単語認知について考えてみましょう。

単語を2つ続けて呈示して，先行刺激（プライム刺激）に続く，後続刺激（ターゲット刺激）への影響を観察することで，最も単純な文脈の効果をみることができます。このとき，意味的関連がある単語対を連続して呈示すると，意味的関連のない単語が後続刺激であった場合よりも，後続刺激の処理（語彙判断や音読）が速まることが知られています。たとえば，「リンゴ」という単語を呈示した後に，「あか」を呈示した場合の方が，「くろ」を呈示した場合よりも判断や音読が早くなります。これは意味的プライミング効果（semantic priming effect）と呼ばれる現象で，これを用いることで単語の意味の処理の状態を間接的に推測することができます。

たとえば曖昧語を用いたスウィニーの実験では，曖昧語の呈示直後では，文脈によらず複数の語義に対して同程度のプライミング効果が認められ，3音節後（約750ミリ秒後）には文脈に適合的な意味についてのみプライミング効果が認められました（図55）。つまり，意識化不可能な単語の初期認知では文脈から独立して，モジュール的に複数語義が活性化し，その後で文脈に依存した語義の選択が行われたのです。これは，単語処理の初期段階では，自動的に単語の処理モジュールが活性化していることを示すものと解釈されています。

（谷口　篤）

多くの下位システム（モジュール）から構成される，とする考え方のこと。

▷ 4 Fodor, J. 1983 *The Modularity of Mind.* Cambridge, Mass：MIT Press.

▷ 5 Stroop, J. R. 1935 Studies of interference in serial verbal reactions. *Journal of Experimental Psychology,* **12**, 643-662.

▷ 6 Meyer, D. E. & Schvaneveldt, R. W. 1971 Facilitation in recognizing pairs of words: Evidence of a dependence between retrieval operations. *Journal of Experimental Psychology,* **90**, 227-234.

▷ 7 Swinney, D. 1979 Lexical access during sentence comprehension: (re) consideration of context effects. *Journal of Verbal Learning and Verbal Behavior,* **14**, 645-660.

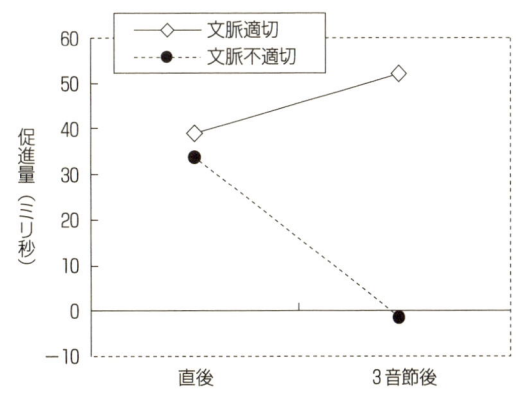

図55　曖昧語呈示とターゲット語呈示のあいだのずれと意味的プライミング効果

出所：Swinney 1979 の実験2より。

IV 言語と思考

2 文の意味を理解する
統語解析

▷1 統語論（Syntax）
文法を構成する3つの下位部門（音韻論，形態論，統語論）の一つで，文を構成する語の統合・配列規則（syn「統合」＋tax「配列」）や文構造の特性と規則性を扱う部門で，文構造はその単位と結合規則により定義される。

▷2 意味論
言語学では言語の意味的側面を研究する分野を指す。意味論では，世の中は全部が記号で，それを私達一人ひとりが解釈して，意味をつくり出していると考える。

▷3 語用論
「語用論」は言語使用者の立場から，言語使用者の行う選択，さまざまなやりとりの場で言語使用者が遭遇する制約や，言語使用がコミュニケーションの行為において他の参加者に与える効果について研究することである。

われわれは，文字や単語を認知するのと同様に，ほとんどの場合は，文を理解することに大きな努力を必要としません。この文理解のためには，まずは単語の辞書的知識が必要です。単語の意味がわからなければ，文を理解することは不可能です。しかし，単語の意味がわかるだけでは，文の意味はわかりません。文を理解するためには，単語の辞書的知識だけでなく，**統語論**的知識，**意味論**的知識，**語用論**的知識などが必要です。

文は，形式的には単語の羅列です。しかし，ただランダムに並んでいるのではありません。その並び方についてのそれぞれの理由があって並んだときに，文といえるものになります。この文における単語の並び方の規則を統語といいます。裏返していえば，文を理解するということは，単語の並びから統語構造を考え，意味を構成することになります。この節では，その統語をわれわれがどのように解析しているのかを取り上げみていきましょう。

1 文の単位と統語構造

文は文単位（sentence unit）と呼ばれる文や句から構成されています。この文単位は，一つずつ，それぞれ一つの命題（proposition）をもっています。つまり，われわれが文を理解するということは，文から文単位を抽出し，そこに含まれる命題を取り出すことなのです。

では，命題とはどのようなものでしょうか。命題は主部と述部に分けられます。たとえば，「イヌが走る。」という文は，一つの命題からできた文であり，その文はただ一つの文単位からできています。さらに，この命題は「イヌが」という主部と，「走る」という述部からできています。「彼は素早く隠れた。」ならば，「彼は」という主部と，「素早く隠れた」という述部でできています。このようにすべての文は句に分割され，それぞれの句は，命題の主部か，述部に分類されます。あるいは，一つの句が命題そのものに

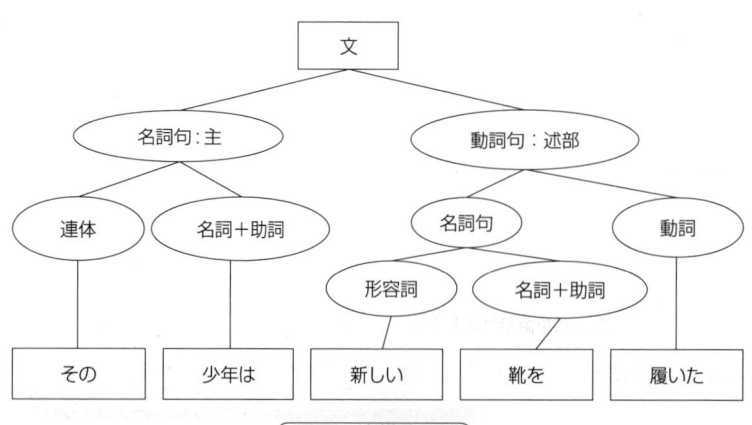

図56 文構造の例

なっていることもあります。

たとえば図56に示したように,「その少年は新しい靴を履いた」という文は,「その少年は」と「新しい靴を履いた」という2つの句に分かれます。第1の句は主部で,名詞が中心となる「名詞句」と呼ばれ,第2の句は「動詞句」で,命題の述部になります。さらにこの動詞句は「新しい靴を」という名詞句を含んでいます。

❷ 文理解におけるガーデンパス現象

このような文を名詞句や動詞句に解析し,さらにそれらを品詞という小さな単位に分割しながら,文全体の構造を理解することを統語解析といいます。こうした統語解析は文理解のときに,ほとんど無意識的に,大きな努力を払うことなく行われます。しかし,統語解析がうまくいかないような文を使うことで,この過程を意識化することができます。

たとえば,次のような文を考えてみましょう。

光男が課長に書類を渡した秘書を探した。

読み手はまずはじめに,「光男が課長に書類を渡した」と読んでしまいます。ところが,この続きを読むと,その解釈は正しくなく,課長に書類を渡したのは「秘書」であることに気づきます。このような曖昧文を読むときに,われわれは「秘書を」という単語を読んでいるときにそれまで作り上げてきた解釈の変更をしなくてはならず,ここで読み時間が長くなってしまいます。このような読みの過程における一次的な読みの誤りを「ガーデンパス現象」と呼びます。

フレイジャーらはこのような曖昧文の理解過程の分析から,統語解析は次のような単純な原理によって行われると考えました。

①語順に沿って単語を入力し,その統語的カテゴリ情報(名詞や動詞といった情報)から文の構造解析を行う。

②解析を進める過程で複数の統語構造が考えられる場合には,最も単純な構造を選択する。

しかし,統語解析は実際はそんなに単純ではありません。現実にわれわれは曖昧文を単独で読むことは少なく,その前にいくつかの文があるという文脈のなかで曖昧文を読むことが多いのです。そのような際にはガーデンパス現象が現れにくくなります。井上は,上記の曖昧文の前に「光男の課に社長秘書が書類を持ってきた。ところが課長がそれを読んでみると,別の課に持っていくはずの書類だった。それで……」という先行文脈を付加すると,「秘書を」のところを読む時間が,先行文脈がないときに較べて短くなることを示しました。つまり,統語的には曖昧であったとしても,文脈のなかで読むことで,その曖昧さが打ち消されてしまうこともあるのです。

(谷口　篤)

▷4　Frazier, L. & Rayner, K. 1982 Making and correcting errors during sentence comprehension: Eye movements in the analysis of structurally ambiguous sentences. *Cognitive Psychology,* **14**, 178-210.

▷5　井上雅勝　1993　構造的曖昧文の理解における文脈情報の効果——眼球運動データを指標として　日本教育心理学会総会発表論文集35　p.166.

Ⅳ 言語と思考

3 文章の意味を理解する

▷1 岸学 1994 文章理解力をはかる：認知心理学 浅井邦二（編著）心の測定法——心理学における測定の方法と課題 実務教育出版 pp. 84-105.

▷2 表象（representation）
物事や物に関して心理学的過程を経てイメージや言葉や概念となって抽出され、記憶に保存された情報の心的な表現形式である。

▷3 Kintsch, W. 1998.

▷4 ボトムアップ（bottom-up）処理
ボトムアップ処理とはデータ駆動処理ともいわれ、言語処理では、文字をもとに単語を同定し、単語をもとに構文を解析するように、段階をおって、より上位の概念や枠組みに組み込んでいく処理のことをいう。

▷5 トップダウン

われわれは文章を読むとき、どのような知識を使って、どのように文章の意味を記憶していくのでしょうか。もちろんそこに使われている単語や統語構造を理解しないと文章は理解できません。しかし一つひとつの文を理解しただけでは文章は理解できません。たとえば、同じ文章であっても、どのような読み手が何の目的でどのように読むのかによって、理解されたものや文章の解釈は違ってきます。図57に示されたような読み手のさまざまな性質や文章材料の特性、課題の方向づけ、課題の特徴などの要因が影響を与えています。

1 文章の記憶表象

文章の記憶表象とは、文章を読んだときに記憶内にできあがる情報の表現のことです。文章を理解するためには、まず文の統語構造を理解し、記憶しなくてはなりませんが、文章を読んでしばらくすると、文章中のことば遣いを正確に思い出せなくなっていきます。このような事実から、文章を読むときに、表層的表象（surface form）、テキストベース（textbase）、状況モデル（situational model）の3つの記憶表象が形成されると考えられています。

表層的表象とは、文章に使われている単語や統語構造などに関する表象です。この表層的表象は文の意味が処理され、理解されるまでのあいだ、短期記憶に保持されますが、その後減衰し、長期記憶に多くは残りません。文章理解によって長期記憶に残されるものは文章の意味や要約です。この文章の意味の表象がテキストベースです。

ところが、読み手が文章を理解して記憶した表象は、文章に完全に沿ったテキストベースと全く同じではありません。

文章の意味は個々人の知識と関係づけられることによって、読み手のそれぞれの記憶表象、つまり状況モデルを形成します。たとえば、キンチュは「赤ん坊が中隔欠損症をもっているとき、血液は肺を通して十分

図57 文章の理解を規定する要因の四面体モデル

出所：岸 1994

な二酸化炭素の除去ができない。そのため血液は黒ずんでいる。」という文章を使って図58のように示しました。図の上半分はこの文章から構成されるテキストベースです。この文章の「中隔欠損症」の知識がある読み手は図58(b)のような記憶表象を形成することができるだろうというのです。文章の理解とは，文章を読み進めるなかで，状況モデルを構成しつつそれを書きかえていく過程であると考えられています。

2 文章理解におけるトップダウンとボトムアップ処理

ここまでみてきたように，文章の理解には，文章に含まれる単語，統語構造などの解釈という**ボトムアップ処理**[4]と，文章に関わるさまざまな知識や読み手の意図の影響を受けた**トップダウン処理**[5]の2つの方向性をもって進んでいくことで，文章の理解表象が形成されていきます。

特にわれわれの知識がトップダウン処理に及ぼす影響としては，物語の構造に関する知識に当てはめて解釈していくとする「**物語文法**」[6]，われわれが何かをするときの一定の手続きに関する知識としての「**スクリプト**」[7]などが指摘されています。

○ 知識の活性化

知識があるだけでは不十分な場合もあります。その文章を読むときに必要な知識が適切に活性化していることも重要です。たとえば，ブランスフォードとジョンソン[8]は，具体的に何を示しているかわからないような文章に読み手のもっている知識を活性化するような「タイトル」を付加すると文章の理解や記憶が促進されることを示しています。

○ 先行オーガナイザ

オーズベル[9]は，読み手が文章を理解するのに必要な知識がない場合，文章の読解前に，先行オーガナイザという読み手の知識を形成する知識を与えることで文章の記憶がよくなることを示しています。トップダウン処理に影響する読み手の要因として，読み手が文章を読もうとするときの「構え」も指摘できます。グレッサーら[10]は，文章を素材として，読み手が状況モデルを能動的に構成していく過程の重要性を指摘しています。彼らは，①読み手の目的を果たすために文章の意味を解釈し，②一貫性のあると思うように意味を構成し，③文章のなかで言及される行為や出来事，状態について，記述された内容の説明をしようとしていることを指摘しています。

（谷口　篤）

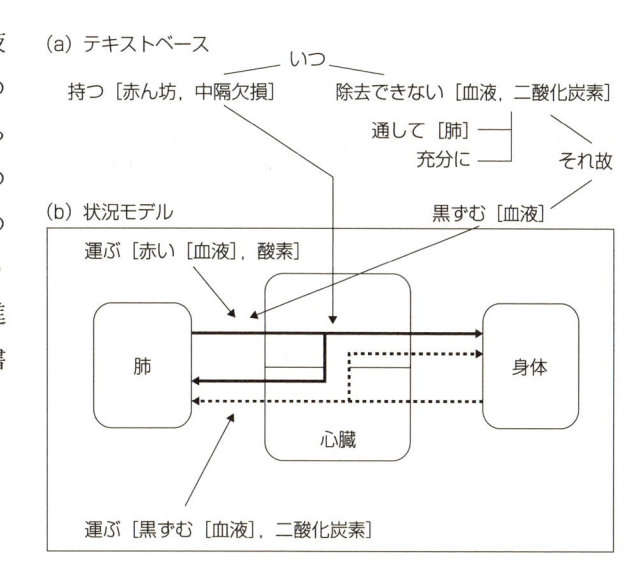

図58　テキストベースと状況モデル
出所：Kintsch 1998

(a) テキストベース
持つ［赤ん坊，中隔欠損］　　除去できない［血液，二酸化炭素］
いつ
通して［肺］
充分に　　　　　　　それ故

(b) 状況モデル
黒ずむ［血液］
運ぶ［赤い［血液］，酸素］
肺　　　　　身体
心臓
運ぶ［黒ずむ［血液］，二酸化炭素］

(top-down)処理
トップダウン処理とは概念駆動型処理とも呼ばれ，言語処理の過程では，読者が自身の知識をもとに，予測や仮説，期待をもって処理する過程をいう。

▷6　物語文法 (story grammer)
ソーンダイクによって提案されたもので，多くの物語文章は共通性の高い要素から構成され，その要素の構造と，関係とを記述した規則の集合として表現したものである。(Thorndyke, P. W. 1977)

▷7　スクリプト (script)
シャンクらが提唱した知識の表現形式の一つで，日常的に繰り返し体験される事象がその事象を成り立たせているつらなりとして表現される。(Schank. R. C. & Abelson, R. P. 1977)

▷8　Bransford, J. D. & Johnson, M. K. 1972
▷9　Ausubel, D. 1978.
▷10　Graesser, A. C., Singer, M. & Trabasso, T. 1994

IV 言語と思考

4 文章を産出する

われわれは，毎日文章を読むのと同じように，何かを書いたり，話したりしながら，言葉を産出しています。そのとき，自分の思うようには話せなかったり，書けなかったりして，歯がゆい思いをすることがしばしばあります。われわれが「考えていること」を言葉にするとき，どのようにしているのでしょうか。ここでは，話し言葉としての文章の産出と，書き言葉としての文章の産出について考えてみます。

1 話し言葉と文章を書くこと

われわれは考えていることを言葉にし，文章を産出するとき，話し言葉，または作文によって，それを行っています。フォーダーらはそのような言語の産出過程を以下の3段階に分けて考察しています。[1]

1. 構成（目標に応じて伝達しようとする意味を立てること）
2. 変形（統語規則を適用してその意味を言語メッセージに変形すること）
3. 実行（そのメッセージを何らかの物理的な形に変換すること）

さらに，これらの段階は，言語理解の3つの段階，つまり，「知覚（言語メッセージを分析してその諸単位，たとえば単語を同定する）」，「言語分析（統語規則と意味規則を適用して，分析されたメッセージから意味の表象を抽出する）」，「活用（目標に応じて意味の表象を処理する）」という3つの段階のちょうど逆の順序に対応していることを指摘しています。

言語の産出における「実行」の段階では，主に単語の発音や意味の知識が必要であり，「変形」の段階では，主に統語パターンの知識が重要となってきます。また「構成」の段階では，読者は書き手の知識を読者の理解構造のなかで再構成し，それに対応する理解の「活用」の段階では，書き手は読者がどんな知識をもっており，そこにどんな知識を付加しようとするのかを考えています。つまりこの両方の段階では，読み手の知識と書き手の知識が深く関係しています。

このように，言語の産出と言語の理解では，同じ種類の知識が使われています。しかし，文章の産出は，言語の理解とは全く逆の過程であるとはいえません。書きことばで文や文章を産出する過程は，より自覚的に，作文過程をモニターして，修正しながら進行しています。

▷ 1 Fodor, J. A., Bever, T. G. & Garrett, M. F. 1974 *The Psychology of Language: An Introduction to Psycholinguistics and Generative Grammar.* New York: McGraw-Hill Book Company. （岡部慶三ほか（訳）1982 心理言語学——生成文法の立場から 誠信書房）

2 文章の産出過程

ヘイズとフラワー[2]は大学生を対象に，作文を書きながら頭に浮かんだことをすべて外言化させる「発話思考法（think-aloud method）」を用いて，作文を書く過程で何をしているかを推定しようとしました。その結果，作文の産出中に書き手が行っている認知活動は，「プランニング」「翻訳」「推敲」の3種類が絶えず相互に関わり合いながら進むことを示しました（図59）。「プランニング」とは，「課題は何なのか」という課題をもとに，これから書こうとしている作文のアウトラインを構想する活動です。書き手はテーマと関係のありそうな内容を書き手の長期記憶（知識）のなかから検索しながら書く内容を決め（命題の生成），その内容を選択したり並べ替えたりすることによって効果的な作文の構成を考え（内容の体制化），「推敲」時に文章の質を評価するための評価基準を設定しています（目標の設定）。次の「翻訳」では，構想した作文のプランを紙上の文章に変換します。そして「推敲」では，実際に書いた文章と書こうと意図したものとを比較します。

これらの過程は一方向のものではなく，絶えずこれらの活動の間を行きつ，戻りつしています。これらの3つの処理過程のすべてに関係して，これらの過程が統一ある過程として機能するように，この過程の制御・調整を行うのが「モニタリング」です。つまり，個々の要素的処理過程が，決められた順序で進行することはありません。作文を書くという作業は，臨機応変の問題解決を必要とするきわめて高度な認知課題なのです。しかし，全ての書き手がこのような過程を行ってはいません。ベライターとスカーダマリア[3]によると，作文に習熟していない学習者はさまざまな推敲過程が充分ではなく，知っていることを書いているだけになっているのです。

（谷口　篤）

[2] Hayes, J. R. & Flower, L. S. 1980 Identifying the organization of writing processes. In Gregg, L. W. & Steinberg, E. R.（Eds.）*Cognitive Processes in Writing.* Hillsdale: Erlbaum pp. 3-30.

[3] Bereiter, C. & Scardamalia, M. 1987 *The psychology of written composition.* Erlbaum.

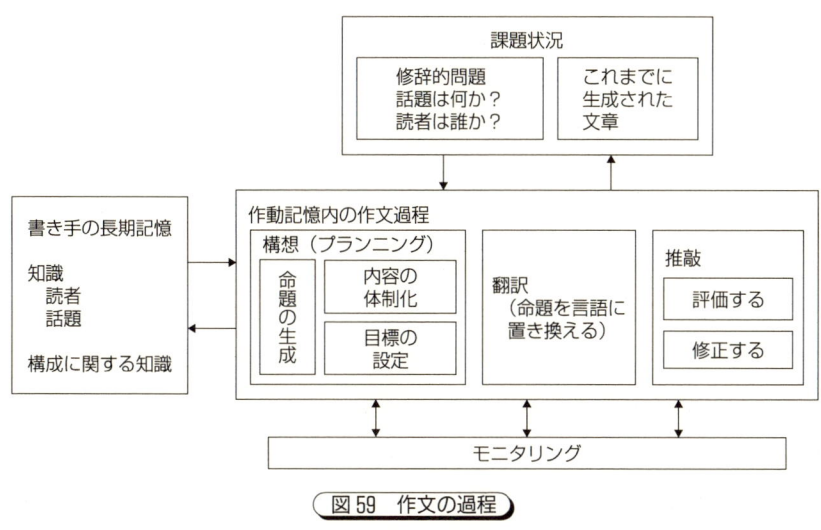

図59　作文の過程

出所：Hayes & Flower　1980

IV 言語と思考

5 言語と脳の関係

言語理解のような高次の認知機能は，知覚，記憶，思考，情動など多くの認知機能に関係しており，脳の広範な活動に支えられています。人間のさまざまな活動を支えている脳神経の機構は複雑であり，しかもまだわかっていないことが多くあります。

1 脳機能の研究法

脳機能の研究のなかで，歴史的にも理論的にも主要な位置を占めてきたのは，脳損傷患者にみられる機能障害と損傷部位の対応づけを通して，脳神経機構の解明を目指す方法です。たとえば，**失語症**[1]患者のなかには物を見て，その物の機能は知っていて，使えるのに，その物の名前が言葉に出せない患者がいます。その患者の脳のある部位に損傷が見出された場合，その部位に物の命名機能が局在していると推論されます。もちろん，実際の症例でみられる障害はさまざまです。また，複合的な症状のケースも多く，さらに損傷部位もクリアに限定されていないことも多くあり，一つひとつのケースのていねいな分析が必要となります。さらに，人間の患者を対象とするので，適用できる方法には制約があります。また，ヒトの脳は可塑性が高く，損傷した部位の機能を他の部位が肩代わりすることで非損傷部の動作が損傷の前後で変化することもあります。ですから，損傷部位と機能障害の対応が完全に一致しているのではないという問題もあります。

一方，健常者を対象として，さまざまに工夫された実験的な課題を用いて脳のパフォーマンスを調べたり，動物を対象として動物の神経の働きや脳の機能を調べたりする方法もあります。これは言語のような高次機能を直接的に明らかにはしていませんが，ヒトの脳についても多くのことを推測させてくれます。

近年，ポピュラーになっているものに，イメージング技法があります。代表的な手法として，**PET**[2] (Positron Emission Tomography：ポジトロン断層撮影法) と，**fMRI**[3] (fanctional Magnetic Resonance Imaging：機能的磁気共鳴影像法) があります。これらは，脳内の部位ごとの血流量の変化を測定ないし推定することで，その部位の活動水準を調べるものです。健常者を対象とすることができ，実験参加者に苦痛を与えることなく（**非侵襲的**[4]に），課題遂行中の脳の活動パタンに関するデータを得ることができます。ただし，特定部位における血流量の変化が，どの程度まで個々の心的活動と対応づけられるかについては，間接的

▷1 失語症
脳出血や脳梗塞などによる脳の損傷によって脳の言語中枢や中枢間の連絡線維などの病変により，一旦獲得した言語機能（「聞く」「話す」といった音声に関わる機能，「読む」「書く」といった文字に関わる機能）が障害された状態をいう。構音器官の麻痺などによって構音に障害が生じる構音障害とは異なる。また，声の出なくなる失声症などとも異なる。

▷2 PET
PET 検査とは，ポジトロン（陽電子）という放射性同位元素を含んだ放射性薬剤を注射し，そこから出る放射線を PET 装置で検出することによって薬の体内分布を画像化して病気を診断する検査法で，生体の機能を画像化する。

▷3 fMRI
fMRI とは，核磁気共鳴現象という物理現象を応用して，外部からの刺激や課題を行うことによって活動した脳の様子を脳血流量・脳酸素代謝率をもとに画像化することで脳活動が間接的に測定される。

▷4 非侵襲的
非侵襲的とは，診断，治療等のために機器や器具を，皮膚または身体開口部を通じ，挿入する必要のない方法のことをいう。侵襲的な方法と比較して，被験者の痛み，精神的苦痛等の負担が少なく，好ましいとされ

な証拠にすぎません。また，非侵襲的な方法とはいうものの，かなり特殊な状況での活動が対象となっているという問題点もあります。

❷ 言語優位としての大脳左半球

大脳の構造上の特徴として，ほぼ左右対称の形態をもつ領域に大きく分かれていることです。この左右半球は2億本もの神経線維からなる脳梁などの連絡路によって結ばれています。この左右の半球に機能差があることは，一般にも広く知られるようになっており，ラテラリティ（laterality: 側性化）と呼ばれています。言語機能は左半球が優位とされています。

表7は，大脳機能のラテラリティの主なものをまとめたものですが，左右のどちらで，どの程度言語機能が優位かには利き手の左右差が関係しています。言語機能において左半球が優位であるというのは，右利きについてはほぼ全員についていえます。これが左利きの場合には，60～70％が右利きと同じく左優位で，残りの30～40％で右優位ないし優位関係があいまいであるという比率になっています。

つまり，コスレッらが図60に示したように，大脳の左右差は単純に右か，左かという二分法的には判断できないのです。確かに，脳は部分部分で独立して機能しているのですが，それらが協調し合うことで言語理解という高次機能は成立しているのです。しかし，昨今の日本では，特に右脳願望が強く，左脳が否定的に語られることが見受けられます。言語に限らず，バランスのとれた活動のためには大脳半球の左右いずれもが必要であることはいうまでもありません。また，近年のラテラリティの研究では，左右の差異を強調するだけでなく，両者の協調的機能の解明に関心が向けられるようになっています。　　　　　　（谷口　篤）

表7　大脳機能のラテラリティ（右利きの場合）

機能	左半球	右半球
視覚システム	文字，単語	複雑な幾何学パタン，顔
聴覚システム	言語に関係する音	非言語的環境音，音楽
体性感覚		複雑なパタンの触覚的再認
運動	複雑な随意運動	空間的パタンを含む運動
記憶	言語的記憶	非言語的記憶
言語	発話・読み・書き，計算	プロソディ
空間処理		幾何学・方向感覚 図形の心的回転

出所：Kolb, B. & Whishaw, I. Q. 1996 *Fundamentals of human neuropsychology* (4th ed.). IVY: W. H. Freeman.

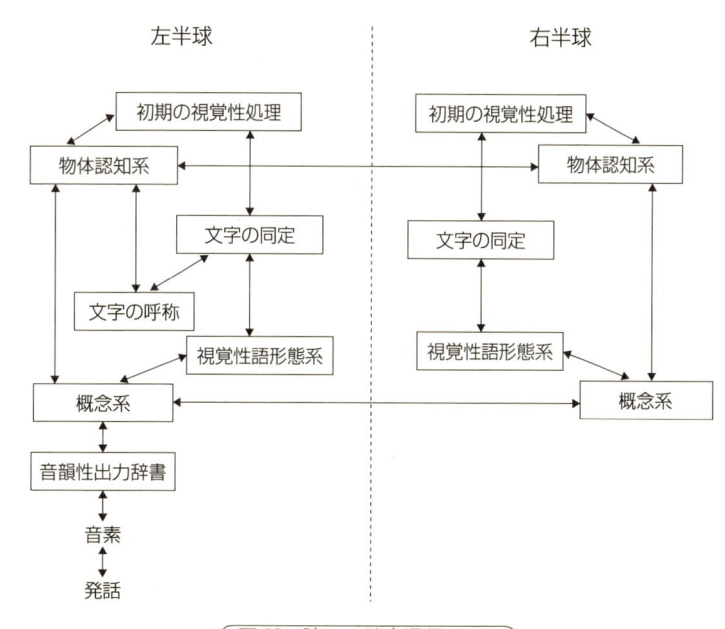

図60　読みの脳内過程モデル

出所：Coslett, H. B. & Saffran, E. M. 1994 Mechanism of implicit reading in alexia. In M. J. Farah & G. Ratcliff (Eds.) *The Neuropsychology of High-Level Vision.* Lawrence Eerlbaum Associates. pp. 299-334.

IV 言語と思考

6 問題解決のための思考

われわれは，日常生活の中でさまざまな問題を解決しなくてはなりません。たとえば，あなたは心理学の講義をとるかどうか考えたかもしれません。そのとき，「心理学の講義は面白いだろうか」とか，「心理学って，どんな内容なのだろうか」，「難しくないのだろうか」など，いろいろ考えたと思います。あるいは，もっと日常的には，学生食堂で今日のランチは何にしようかと考えることもあるでしょう。このように生活のなかで，われわれはさまざまな問題に直面し，その解決に向けて認知的な思考を行っています。

1 問題解決の目標とプロセス

問題解決では初期状態（いまある状態）を目標状態（こうなればよい状態）に近づけていこうと考えます。たとえば受講科目を決めるときには，「まだ何を受講しようか決めていない」という初期状態から，「どの科目を受講するかを決めた」という目標状態に向けて認知的な思考をしています。またランチを決めるときには，「お腹が空いた」という初期状態から，「お腹を満たす」という目標状態に向けて考えています。このようなときには，どう考えているかを意識はしていないかもしれませんが，いずれも到達すべき目標があり，問題の解決を試みているといえます。これらの問題を解決するには，目標をはっきりさせ，目標達成の条件や制約などを知る必要があります。

▷1 Newell, A. & H. A. Simon 1972 *Human problem solving*. Englewood Cliffs, NJ: Prentice Hall.

ニューウェルとサイモンは，問題解決には初期状態・目標状態・オペレーター・操作に関わる制約についての情報が必要であるとし，このような情報に基づき問題の基本的構造を明らかにすることを状態空間分析と呼んでいます。問題解決には，特にこの「オペレーター」が重要です。オペレーターとは，初期状態から目標状態に移行するための手段のことで，適切なオペレーターが見つかれば，問題は解決に向かうことができます。このような問題解決の手段には「試行錯誤」「アルゴリズム」「ヒューリスティクス」などがあります。

2 試行錯誤 (trial and error)

試行錯誤とは，問題を解決する方法がはっきりしていないとき，あれこれいろいろ試していく方法です。その際，思いついたやり方をいろいろ試してみたり，ある程度の計画的・系統的に試してみたりする場合があります。どのような方法をとったとしても，やってみないとわからないという面が試行錯誤には

あります。

③ アルゴリズム (algorithm)

ある目的を実現するために必要な作業の手順を思い浮かべて問題解決を図るときがあり，これがアルゴリズムです。この手順に従えば，誰でも全く同じ結果が得られるように詳しく述べられていなければなりません。たとえばランチを決めるときに，お腹の空き具合を把握し，昼食の費用と予算を決め，カロリーや栄養バランスも考え，自分の好みも加味して，どのメニューが一番自分の条件に合っているかを判断して決めているとしたら，この方法はアルゴリズムに近い方法といえます。しかし，日常的にはわれわれはアルゴリズムで判断していません。いつもすべてのことにアルゴリズムを立てて，すべての要素を考えて判断していたら，繁雑で実施が遅れてしまうことがあるからです。

④ ヒューリスティクス

われわれは限られた時間のなかで受け入れられる最小限の基準を満足するような「満足」基準を満たすように判断しています。これを，ヒューリスティクス（heuristics）といいます。ランチを決めるときは，手持ちのお金を見て，ざっとメニューを眺めて，これだなと思ったものを選択します。たいていはそれである程度満足できるランチが食べられます。日常場面での問題解決は，このようなヒューリスティクスを用いる場合が圧倒的に多いのです。

⑤ 孵化効果

問題を解こうとして，1つの考えにとらわれてしまって，なかなかその問題が解けないことがあります。そんなときは考えるのをいったん中断し，しばらくしてから再び同じ問題に取り組むと，意外と簡単に解決に至ることがあります。シルベイラは図61に示した材料を用いて，孵化効果に関する実験を行いました。この問題は安いネックレスの問題として知られているもので，3つのリングからなる4本のネックレスがあり，リングを開けるのには2セント，リングを閉めるのには3セントかかります。12個のリングをつないで1本のネックレスを15セント以内で作る方法を考えなさいという問題です。

30分間ずっと問題を解き続けた場合では，55％の被験者しか問題を解決することができませんでした。しかし，30分の休憩をとると，64％の被験者が正解に達することができたのです。さらに，休憩時間を4時間に延ばすと，85％もの被験者が問題を解決できました。休憩中に，問題を解決するのを妨害していた情報が頭の中から取り除かれたことに加え，新たな視点で問題に取り組むことが可能になったという孵化効果が，この結果を生んでいると考えられます。

（谷口　篤）

▶ 2 Silveira, J. 1971 Incubation: The effect of interruption timing and length on problemsolution and quality of problem processing. Unpublished doctoral dissertation, University of Oregon.

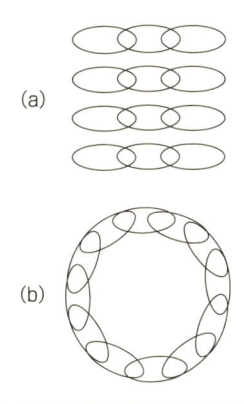

図61　安いネックレス問題

IV 言語と思考

7 演繹的推論

　問題解決など，われわれの認知処理の多くは推論に基づいています。推論とは「外界から与えられた事実に基づいて，新しい事柄を想起する過程」といえます。推論は2種に区別されます。結論に真か偽が付与される推論を演繹的推論といい，確からしさの度合い，つまり確証度が付与されるものを帰納的推論といいます。ここでは演繹的推論の典型である三段論法を中心に，どのようにして演繹推論が行われるのかをみていきます。

1　三段論法とそのエラー

　この演繹的推論の典型的なものに「三段論法（syllogism）」があります。この三段論法の歴史は古く，ギリシャ時代の哲学者アリストテレスによって整備されました。三段論法は，「大前提」「小前提」「結論」の三つの命題から成る推論規則です。「大前提」に法則的に導き出される一般的な原理を置き，「小前提」に目前の具体的な事実を置き，「結論」を導き出します。
　たとえば，典型的な三段論法である「定言的三段論法」の例をみてみましょう。

　　(1)　すべての女性は人間です。（大前提①）
　　(2)　聖子は女性です。（小前提①）
　　(3)　だから聖子は人間です。（結論①）

このような推論であれば，われわれは日常的に容易に可能です。ところが次のような三段論法命題はどうでしょうか。

　　(1)　すべてのフランス人はワインを飲む（大前提②）
　　(2)　いく人かのワインを飲む人はグルメである（小前提②）
　　(3)　だから，いく人かのフランス人はグルメである（結論②）

　あなたは，この結論は正しいと感じましたか。この小前提②が図62の(a)のようになっているならば，この結論は正しいといえます。しかし，この結論は妥当ではありません。なぜなら，図62(b)のように小前提②の「ワインを飲むグルメの人」の中にフランス人が入っていない可能性があるからです。
　「ワインが好きな人はグルメだ」とか「フランス人はグルメだ」という信念をもっているために，図62(a)のようになっていると思ってしまい，図62(b)の可能性を考えることに気がつかないことが

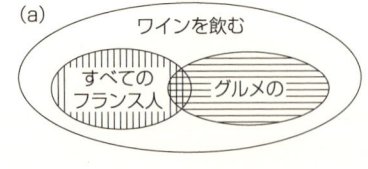

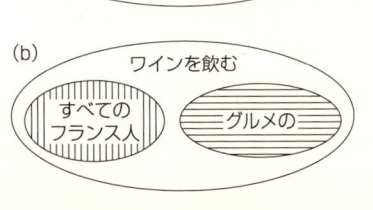

図62　三段論法の誤り

あるのです。つまり，三段論法から導かれる妥当な結論が，自分の信念に合わないものであったとき，自分が正しいと信じていることに基づいて，ある結論を受け入れたり棄却したりすることがあります。このような思考の傾向は信念バイアスと呼ばれています。

② 4枚カード問題（条件的三段論法）

この課題は，演繹推論におけるバイアス研究としてよく知られています。第1の前提に相当する「規則」と，結論命題を表すカードを提示し，それにどのような第2の前提を加えれば妥当な論証になるかを問うものです。この課題の創案者であるウェイソン[1]が行った典型的な4枚カード問題の例（図63(1)）を考えてみましょう。

▷1 Wason, P. C. 1968 Reasoning about a rule. *The Quarterly Journal of Experimental Psychology,* **20,** 273-281. Wason, P. C. & Johnson-Laird, P. N. 1972 Psychology of reasoning: Structure and content. London: Batsford.

```
(1) 4枚カード問題（Wason 1968）
    右の4枚のカードには片面にアルファベット，もう片面には    (A)   (B)   (C)   (D)
    数字が書かれています。これらのカードについて次の規則が     D     B     3     7
    あります。
    規則：もしカードの片面にDが記されているならば，そのカードのもう片方の面には3が記されています。規則
    が正しいかどうか確かめるために，めくるべきカードはどれでしょうか？

(2) 主題選択課題                                                  (a)   (b)   (c)   (d)
    任務遂行中の警察官だと想像してください。                     ビール コーラ  22    16
    あなたの任務は次の規則が守られているかを確認することです。
    20歳以下はアルコールを飲んではいけない。
    あなたの前のこれらのカードには，テーブルに着席している4人の人々の情報が記されています。カードの
    片面には各人の年齢，反対の面にはその人が飲んでいるものが記されています。4人の人々が規則を破って
    いないかどうか確認するのに，ぜひともめくるべきだと思うカードを選んでください。
```

図63　4枚カード問題

あなたは図63(1)に正しく(A)と(D)と答えたでしょうか。ウエイソンによると，この問に正しく答えられた大学生は18%にすぎませんでした。「7」をめくるということは，ルールに反するような証拠，すなわち反証を探してみるということです。つまりこの実験結果は，人間が反証をうまく利用できないことを示しているとも解釈できます。

いい換えれば，人間は確証ばかりに頼ろうとする傾向をもっているということになります。これが「確証バイアス」です。

ところで，この4枚カード問題が具体的な課題（図63(2)）になると，多くの人が正答（(a)と(d)）を答えられます。このように具体的課題で正答率が上昇することをウエイソンは[2]「主題化効果」と呼び，主題が具体的なので正答率が高くなると考えました。しかしその後，具体性というよりは，規則・反例の過去経験の想起，つまり飲酒に関する領域固有の知識が使われたためとの考え方も示されています[3]。

（谷口　篤）

▷2 Wason, P. C. & Shapiro, D. 1971 Natural and contrived experience in a reasoning problem. *Quarterly Journal of Experimental Psychology,* **23,** 63-71.

▷3 Griggs, R. A., & Cox, J. R. 1982 The elusive thematic-materials effect in Wason's selection task. *British Journal of Psychology,* **73,** 407-420.

IV 言語と思考

8 帰納的推論

個々の具体的な事例から一般化された仮説を導く推論を帰納的推論（inductive reasoning）といいます。日常の思考パターンの多くは，演繹的思考ではなく帰納的推論です。厳密な意味での演繹的推論には飛躍はありません。しかし，帰納的推論には飛躍がつきものです。ですから，帰納的推論によって新しい発見が生み出される可能性は高いのですが，誤った事実認識が生じる可能性も高くなっています。

帰納的推論を，グリノとサイモンは「原理・構造・法則を導く過程」と定義し，ジョンソン-レアードは演繹的推論と対比して「前提以上の情報を得る過程」とするなど，さまざまに定義されています。これらの定義に共通しているのは，観察された個々の事例から確からしい一般的な結論（法則や規則性など）を導く推理過程が考えられていることです。

1 帰納的推論のエラー

ところで，この帰納的推論はいつも正しいのでしょうか。下に示した問題を考えてみてください。

> リンダは31歳，独身で，意見を率直に言い，また非常に聡明です。彼女は哲学を専攻していました。学生時代，彼女は差別や社会正義の問題に深く関心をもち，反核デモにも参加していました。
> 彼女について最もありそうなのは？
> 1．リンダは銀行の出納係である。
> 2．リンダは銀行の出納係であり，フェミニスト運動の活動家である。

あなたはどちらを選んだでしょうか。おそらくの多くの人は，2の「銀行の出納係であり，フェミニスト運動の活動家」を選んだのではないでしょうか。

この問題は2002年にノーベル賞を受賞したカーネマンがトゥベルスキーと共同で行った研究で使われた問題ですが，回答者の90％近くが「銀行の出納係であり，フェミニスト運動の活動家」の方を選択するという結果が示されました。

しかし，この「出納係でありかつフェミニスト活動家」は確率論的には誤りです。なぜなら，「銀行の出納係」と「フェミニスト運動の活動家」というリンダの2つの可能性は，どちらが一方よりもかなり大きかったとしても，図64のような関係になるはずです。つまり，確率から考える限り，「銀行の出納

▷1 Greeno, J. G. & Simon, H. A. 1988 Problem-solving and reasoning. In R. C. Aitkinson, R. J. Hormiston, G. Findeyez and R. D. Yulle (eds.) *Stevens' handbook of experimental psychology and education,* Vol. 2. New York: Wiley.

▷2 Johnson - Laird, P. N. 1983 *Human and machine thinking.* Hillsdale, NJ: Lawrence Erlbaum Associates.

▷3 Tversky, A. & Kahneman, D. 1982 *Judgements of and by represetativeness, Judgement under uncertainty: Heuristics and biases.* Cambridge University Press. pp. 84-98.

係であり，かつフェミニスト運動の活動家」である確率が「銀行の出納係」である確率を超えることはありえないのです。

このようなエラーを「連言錯誤」といいます。さらに，回答者はリンダの性格や学生時代の行動についての記述に惑わされて，彼女は差別や社会正義の問題に深く関心をもっているからきっとフェミニストの運動家であるに違いない，と帰納的に推論してしまったのです。

このようなある事象が特定のカテゴリーに属するかどうかの確率を，その事象がカテゴリーを見かけ上よく代表しているか否かに基づいて判断する直感的方略を，代表性ヒューリスティクスといいます。

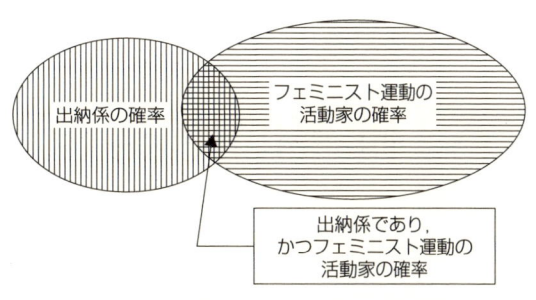

図64　出納係の確率とフェミニスト活動家の確率

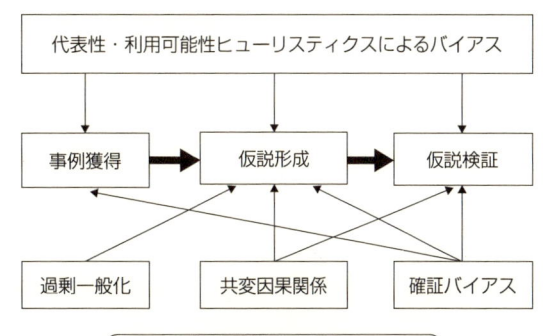

図65　帰納的推論の過程とエラー

❷ 帰納的推論の過程とエラー

このような帰納的推論は「1．事例獲得：事例情報を収集する段階」，「2．仮説形成：事例情報に基づいて，一般化を行い，仮説を形成（帰納）をする段階」，「3．仮説検証：仮説に基づく結論を，観察事実に基づいて評価し，仮説を採用するか，修正するか，棄却して新しい仮説を育成するかを決める段階」の3つの段階を経て形成されます（図65）。

われわれは，この帰納的推論をしている過程で，日常的にさまざまなエラーをおかしやすいのです。

先に述べたリンダ問題のような代表性ヒューリスティクスや，ある事象の生起頻度を，それに当てはまる事例を記憶から取り出して利用しやすさによって直感的に判断する「利用可能性（availability）ヒューリステックス」による錯誤は，帰納的推論のすべての段階で生起します。

演繹的推論のところで述べた確証バイアスも，帰納的推論のすべての段階でエラーを生じさせます。つまり確証的な情報，自説に有利だったり，自説を裏づけるような情報に過剰な信頼を寄せることによって判断を誤ってしまうのです。

また，少数の事例や偏った事例で一般化してしまう「過剰一般化（over generalization）」エラーは仮説形成の段階でのエラーです。さらに，実際には無関係な2つの出来事が関係しているかのように錯覚してしまったり，両者の間に実際よりも強い関係があるように錯覚してしまったりして，両者の因果関係があると誤って判断してしまう「共変因果関係の錯誤」は，仮説形成や仮説検証の段階でエラーを生起させます。

〈谷口　篤〉

Ⅳ 言語と思考

9 確率的推論

人は，よい結果が得られる見込みを素早く評価して，それに基づき日々たくさんの判断を下しています。これを「確率的推論」と呼びます。確率的推論はどんな観点から推論をみるかによって，演繹推論なのか，帰納的推論なのかが左右されます。たとえば，日常経験のなかで経験したことからその確率を推論するような場合には帰納的推論であり，ある出来事の確率がはっきりしていて，それをもとに推論されるならば演繹的推論といえます。しかし，確率的推論の多くは，演繹的アルゴリズムを用いるより経験的なヒューリスティクスによって行われることがカーネマンらの研究で明らかにされ，心理学では帰納的推論の一つとして位置づけられています。

▷1 Tversky, A. & Kahneman, D. 1982 *Judgements of and by represetativeness, Judgement under uncertainty: Heuristics and biases.* Cambridge University Press. pp. 84-98.

▷2 Kahneman, D. & Tversky, A. 1972 A subjective probability: A judgement of representativeness. *Cognitive Psychology,* **3**, 430-454.

1 確率的推論のエラー

カーネマンとトヴェルスキーは，コイン投げのように，各事例の生起確率について相対的に判断する場合，私たちは真の生起確率には注意を向けない傾向があることを指摘しました。たとえば，コインを6回投げた場合の結果として，最も起こりやすそうなパターンを，①表—表—表—表—表—表，②表—表—表—裏—裏—裏，③裏—表—表—裏—表—裏のなかから選択するよう尋ねると，多くの人は③のようになると答える傾向があります。これは，コインを投げたら表と裏が数回ずつ出て，しかも，表と裏はランダムに出るはずだと判断されるからです。しかし，①〜③の確率はどれも64分の1です。

ところが，われわれは普段は理論的な確率のことを考えないで，直観的に事例の典型性，代表性にとらわれて判断してしまうのです。彼らはこのような判断の方略を代表性ヒューリスティクスと呼びました。ヒューリスティクスは，深く考えることなく正解に至る可能性の高い問題解決の方略であり，特に「代表性ヒューリスティクス」は多くの場合は正しく推論できています。しかし，この問題のように，ごくたまにその罠にはまってしまうのです。特にこのような錯誤は賭け事の場面でよくみられるので「ギャンブラーの錯誤」とも呼ばれています。

2 直観的確率判断の特徴

これまでみてきたように，われわれは日常的な出来事について，直観的に確率判断をしています。ヒューリスティクス的な判断はその典型ですが，われわ

れはその直観的な判断をしてしまうために，しばしば誤りを犯します。たとえば，飛行機事故が起こってたくさんの死者が出た直後は，飛行機に乗らないでおこうという人が出てきます。しかし，米国交通当局の統計によると，飛行機に乗って死亡事故に遭う確率は0.0009％，自動車で死亡事故が発生する確率は0.03％なので，その30分の1以下なのです。このように印象や記憶に残りやすかったことのほうが多く発生するのではないかとわれわれは確率判断してしまいがちです。

③ 事前確率の無視とヒューリスティクス

こうした確率判断の歪み（バイアス）はなぜ起こるのでしょうか。まず，下のトヴェルスキーとカーネマンのタクシー問題を考えてみてください。

読者の多くは80％と答えたのではないでしょうか。アメリカの大学生を対象としたトヴェルスキーの実験でも，回答者の多くが80％と答えることが示されました。しかし，本当の確率は41％なのです（図66）。これは，**ベイズの定理**として知られている確率の計算方法によって求められます。カーネマンらは，頭を比較的使わずによい判断ができるヒューリスティクスを使っている方が日常的にはうまくいくので，ここでもそうした判断を使っていると説明しました。このような判断のバイアスは，いろいろなところで起きます。たとえば，1％の人がある病気にかかるとき，その病気の診断を正しく判定できる確率が90％だったとしましょう。その検診で陽性と判断された場合を考えてみましょう。これまでの説明を読んだとしても，あなたは，この人がその病気である確率はとても高いと判断するでしょう。しかし，ベイズの定理に従えば，この場合の病気の確率は8.3％にすぎません。

このように，私たちは日常的にヒューリスティクスを使って直観的確率判断をしています。大部分は，その方がうまく進んでいくのですが，時々，以上に示したようなエラーを犯してしまいます。ですから，特に数字で示されたような証拠について，時にはその直観的判断がが正しいのか疑ってみることも必要でしょう。そして，図66に示したように具体的な数字を使って考えてみることで案外簡単に間違いに気づくこともできるようになります。

（谷口　篤）

▷3　Tversky, A. & Kahneman, D. 1974 Judgment under uncertainty: Heuristics and biases. *Science,* **185**, 1124-1131.

▷4　ベイズの定理
18世紀の確率論研究家トーマス・ベイズによる，可能な仮説に対して，データが観測される前の状態の事前確率と，観察されたデータから，仮説の条件付き信頼度を計算する方法。

タクシー問題
ある町では，タクシーは緑か青色で，全体の85％は緑，残りが青です。この町でタクシーによるひき逃げ事件が起きました。目撃者があり，「犯人は青タクシーだった」と証言しました。この証言の信頼度をみるために，事件当時と同様の条件で，タクシーの色の区別をテストしたところ，80％の場合，正しく識別できることが証明されました。本当に青タクシーがひき逃げをした確率はどの程度でしょうか。

その街のタクシー（100台）
├ 青タクシー15台 ─┬ 正（青）12台
│　　　　　　　　└ 誤（緑）3台
└ 緑タクシー85台 ─┬ 正（緑）68台
　　　　　　　　　└ 誤（青）17台

それぞれの色のタクシーの数
それぞれの色で80％正しい判断が

青色と判断されたタクシーの数は，12台＋17台＝29台
したがって正しく判断されたのは，12÷29＝0.414となる

図66　タクシー問題の解

（注）単純化するためにある街のタクシーの総数を100台とした。

IV 言語と思考

10 創造的思考

▷1 Mayer, R. E. 1992 *Thinking, problem solving, cognition* (2nd ed.). W. H. Freeman.

▷2 **批判的思考**
批判的思考とは，日常的に用いられるある思考を批判したり，非難したりするものではない。しっかりした裏づけがあり，自分の推論過程を意識的に吟味するある種の合理的な判断と評価によって特徴づけられた論理的思考のこと。

▷3 **拡散的思考**
発散的思考とも訳される。創造的思考を働かせるときに大きな役割を果たし，創造的な問題解決の場面で1つに限らないさまざまな解決の可能性を，必ずしも論理的にではなく広げて探る思考である。

▷4 **収束的思考**
集中的思考とも訳される。拡散的思考と対比され，論理的に唯一の適切な解答や

何も音のないところから，音楽家は音楽をつくり出してきました。カラーテレビが生まれるはるか以前に，ある画家は小さな色の点の集まりを使って，色や形をつくり出してきました。また，科学者の創造的な思考が新しい発見や発明をもたらすことで科学も発展してきました。このように，われわれ人間の文化は創造的な思考がつくり出してきたものといえるでしょう。もちろん優れた先人たちが生み出してきた文化だけではなく，われわれも日常生活のなかでさまざまな工夫を凝らし，新しい方法で日常の問題の解決をしてきています。これも創造的思考の産物です。このような創造的思考とはどのようなものでしょうか。

1 創造的思考とは

創造性とは，人まねでなく，新しいものやアイデアを自分からつくり出すことという一般的な定義は誰しもが納得するでしょう。では，この創造性を支える創造的思考とはどのような思考でしょうか。メイヤー[1]は，ただ1つの適切な解や仮説を導き出す思考である批判的思考と対比して，狭い意味での創造的思考は，ある問題に1つ以上の斬新な解を見つけだす認知的活動としています。しかし，広い意味では批判的思考は創造的思考を構成する要素でもあるとも述べています。つまり，狭い意味での創造的思考と**批判的思考**[2]は，いわゆる**拡散的思考**[3]と**収束的思考**[4]に対応しているともいえます。

この拡散的思考と収束的思考を区別したのはギルフォード[5]です。彼は，知的能力のモデルを研究するなかで，いわゆる「煉瓦テスト」と呼ばれているテストを考案しました。これは「煉瓦の変わった使い途を一定時間内にできるだけたくさん考えよ」というものです。ギルフォードはテストの結果をもとに**因子分析**[6]を行い，表8に示すような知的特性をもった人には高い創造性が期待できるといっ

表8 高い創造性に必要な知的特性

知的特性	内容
①問題に対して敏感である	ある考えに含まれる誤りや欠陥などに気づき，指摘することができる。
②思考が流暢である	次から次へとなめらかにアイデアを出すことができる。
③思考が柔軟である	すでに確立された方法や既存の考えにとらわれずに考えることができる。
④考えが独創的である	型にはまらない，非凡なアイデアを出すことができる。
⑤考え方が緻密である	ある考えをていねいに発展させたり，細部を注意深く詰めていくことができる。
⑥問題を再定義する力がある	問題を異なる角度からとらえ直すことができる。

出所：Guilford 1950をもとに作成。

ています。
　さらに，これらの知的活動を支えるものとして，曖昧さに対して寛容であり，冒険を好み，自信が強く，独創性を重視し，変化を好み，達成心が強いといった態度特性をあげています。

② 創造的思考の過程

　創造的思考は，時間の経過に伴って創造的な活動がいくつかの段階を経て実現されていきます。その過程の代表的な考え方にワラスの4段階説があります[7]。ワラスは，創造的思考には(1)準備期（課題解決への問題意識をもち，意識的な努力を行う時期），(2)孵化期（解決の目処が立たず，いったん解決を放棄するが，無意識的に問題に関わっている時期），(3)啓示期（何かが起こりそうだという予感とともに，突然のひらめきが訪れる時期），(4)検証期（啓示で得られた洞察の現実的な吟味が行われる時期）の4つの段階があるとしました。つまり，創造的な活動には，このような意識的活動状態と，無意識的活動状態やひらめきという過程が存在しているといえましょう。そして，特に注目すべきことは「孵化期」の後に解決法が見出されることです。つまり，創造的な発想は型にはまった思考様式から解放されて，休息や気分転換を図っているあいだに生まれることです。

③ 創造的思考力を伸ばす

　創造的思考力を伸ばすにはどうしたらよいでしょうか。まずは，創造的思考を妨げるのはどのような場合かを知ることが大切です。
　われわれは経験とともに知恵をつけていくものですが，同時にそれは経験や習慣などにとらわれてしまい，頭を固くしてしまいます。このように固定観念にとらわれ，収束的思考から拡散的思考への切り替えが難しくなることを，ドゥンカーは機能的固着と呼びました[8]。つまり，発想がある物や事象に対して通常の機能に固着してしまうことで，新しい発想ができなくなってしまうのです。
　また，ある問題解決の方法になれてしまうと，別の解決方法を考えにくくなってしまいます。これは，問題を解くための一定の「構え」ができてしまって，収束的思考が自動的に働くようになってしまい，拡散的思考の働きが抑制されてしまうことにあります。ほかには，みんなと同じであることに重きを置いたり，権威あるものを無批判に受け入れたりすることなども，創造的な思考を妨げます。
　このようなさまざまな創造的思考を妨げる要因は，逆にどうすれば創造的思考を高められるかということについて示唆を与えてくれます。創造性を高めるには，1つの考えにとらわれない柔軟な考え方，多様なものの考え方を心がける日常的な態度が重要だといえましょう。

（谷口　篤）

解決を，論理的に正しくつなぎ合わせることによって，正情報を集中して求める思考である。

▷ 5　Guilford, J. P. 1950 Creativity. *American Psychologist*, 5, 444-454.

▷ 6　因子分析
因子分析は，多変量解析の手法の一つで，特に明確な仮説や理論的基盤をもたずに，測定された多数の変数から相関関係の強い変数の集合をつくり，直接測定できない潜在因子を見出す手法である。

▷ 7　Wallas, G. 1926 *The art of thought.* New York: Harcout Brace.

▷ 8　Duncker, K. 1945 On problem solving. *Psychological Monographs*, 58.

V 社会的認知

1 人の印象形成

1 アッシュの印象形成の実験

「私の彼ハンサムで，エリートで，とてもあたたかい人なの！」といわれたら，いいな〜っと羨ましくおもうでしょうが，「ハンサムで，エリートで，とてもつめたい人なの」と紹介されたら，あなたはどのように思うでしょうか？

この印象形成のメカニズムについて最初に実験したのがアッシュです[1]。彼は，「1人の人物の性格特性」として，以下のAおよびBのリストを別々の人に順次読み聞かせ，その印象を尋ねました。

Aリスト：知的な―器用な―勤勉な―<u>あたたかい</u>―決断力のある―実際的な―用心深い

Bリスト：知的な―器用な―勤勉な―<u>つめたい</u>―決断力のある―実際的な―用心深い

その結果，両リストは4番目に提示される「あたたかい」「つめたい」が異なるだけなのに，Aリストを提示された人のほうが極めて肯定的な印象を形成したのです。さらに，アッシュはAリストの「あたたかい」を「ていねいな」に，Bリストの「つめたい」を「雑な」に置き換えて同様の実験を行いました。すると「あたたかい―つめたい」でみられたような両者の印象の差は無くなりました。このことから，彼は全ての性格特性が均等な重みづけで印象形成に寄与するのではなく，全体的印象の核になってその他の情報をまとめ上げ大きな影響をもつ中心特性（例，あたたかい―つめたい）と，そのような機能を持たない周辺特性（例，ていねいな―雑な）があることを見いだしました。

また，アッシュは情報の提示順序によっても印象が変わることを明らかにしています。彼は，内容は同じでも提示順序を逆にしたCおよびDのリストを別々の人に読み聞かせ，印象を尋ねました。

Cリスト：知的な―勤勉な―衝動的な―批判的な―頑固な―嫉妬深い

Dリスト：嫉妬深い―頑固な―批判的な―衝動的な―勤勉な―知的な

その結果，好ましい性格特性語から始まるCリストを提示された人の方が，概ね肯定的な印象を抱きました。これにより，彼は最初の方に提示された特性がより全体的印象に影響を持つという**初頭効果**[2]を見いだしたのです。それに対し，むしろ最後の方に提示された情報が全体的印象を強く規定するという親近効果を主張する人もいます。例えば1つの特性が提示されるごとに評定したり，

▷1 Asch, S. E. 1946 Forming impressions of personality. *Journal of Abnormal and Social Psychology*, 41, 258-290.

▷2 初頭効果発生のメカニズム
・意味変容仮説
アッシュにより唱えられた説で，最初の方に提示された特性や情報が全体的印象の方向を決定づけ，それに合わせて後続情報が解釈されるという説。
・注意減退仮説
アンダーソン（Anderson, 1965）により唱えられた説で，初頭効果は最初の方に提示された特性や情報により強い注意を払い精緻に処理するが，後続情報には次第に注意を向けなくなる場合に起こると考える説。

▷3 Fiske, S. T. & Neuberg, S. L. 1990 A continuum model of impression formation from category-based to individuating processes: Influences of information and motivation on attention and interpretation. In Zanna, M. P. (Ed.) *Advances in Experimental Social Psychology*, 23. New York: Academic Press. pp. 1-74.

V-1 人の印象形成

初期とは全く矛盾する情報が示されると親近効果が生じます。このように，情報の提示内容や評定方法あるいは認知者がどの情報に注意するかで，いずれの効果が生じるかが異なるのです。

❷ 社会的認知研究における印象形成

さて，1980年代に入ると人を情報処理的アプローチから理解しようとする社会的認知研究が盛んになり，印象という結果ばかりでなく，その形成プロセスにも注目が集まるようになりました。そこで，印象形成における情報処理過程モデルがいくつか構築されましたが，ここでは，その代表的な**連続体モデル**[3]についてご紹介します（図67参照）。例えば，新学期の授業で初めて先生に会ったときのことを想像してください。その先生が「女性」なので（初期カテゴリー化），あなたはその人の言動が女性らしいかどうか照合し始めます（確証的カテゴリー化）。そこで，「大きな声でビシッと学生に注意する」など女性らしくない情報がみつかると，今度は「大学の先生」だからと考えます（再カテゴリー化）。ところが，その人が「電車の中で漫画本に感動して泣いている」姿をみたあなたは，大学の先生らしくないな!? この人は一体どんな人だろうかと考え直し，逐一その人の言動をみてその人物像を探ろうとするのです（ピースミール依存型処理）。

この連続体モデルでは，人が"認知的倹約家"で可能なかぎり少ない時間と努力で対人情報を処理したがること，また新しい情報は既有知識と比較照合しながら理解するしかないため，まずは**カテゴリー**[4]に当てはめて他者を理解しようとすると考えられています。ただし，フィスクらはカテゴリーあるいはピースミールいずれかの処理が選択されるのではなく，対人関係が続く限り必要に応じて，これらの作業が繰り返し営まれ印象が更新されていくと考えています。 　　　　　（川西千弘）

▷4 カテゴリー
ある基準により１つにまとめ上げられた事物・事象のまとまりのことをいう。ただし，このモデルにおけるカテゴリーとは，人種，性別，職業などの社会的集団カテゴリーばかりではなく，人が他者を認知するときによく使う既有知識，たとえば，「親切な」とか「オタクっぽい」などの抽象的な特徴も含まれる。

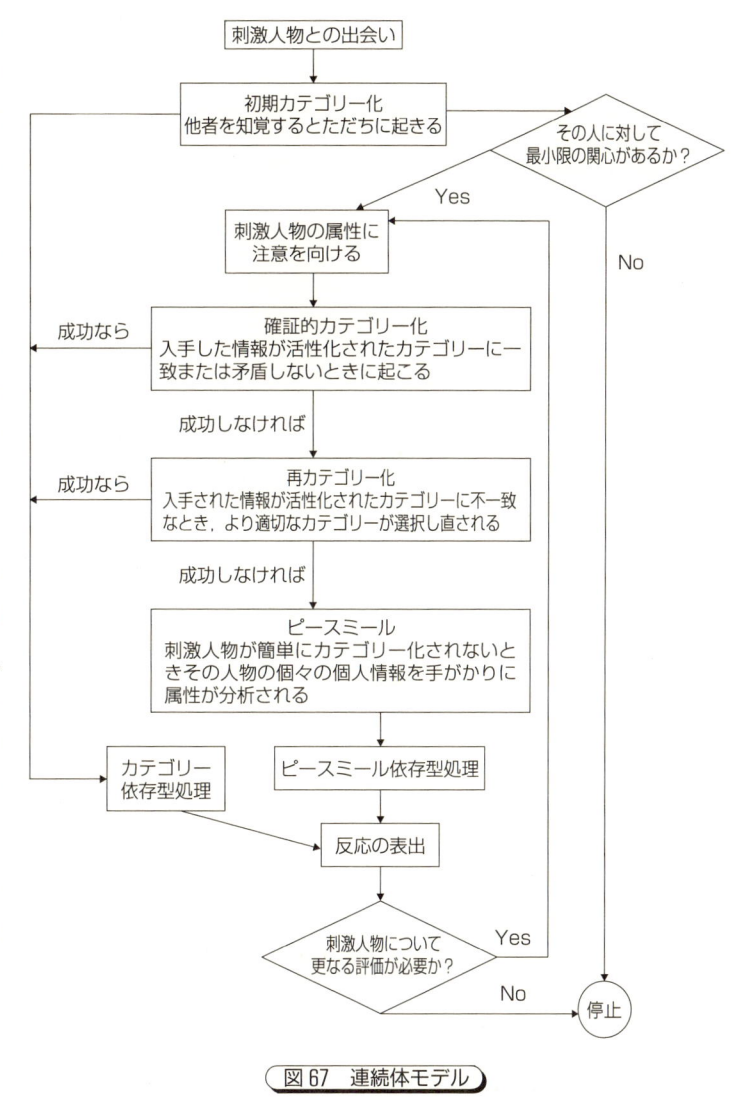

図67　連続体モデル

出所：Fiske & Neuberg 1990 より作成。

V 社会的認知

2 対人判断に影響する要因
暗黙裡の人格観とステレオタイプ

1 暗黙裡の人格観の獲得 (Lewicki, 1986a の実験)

実験参加者に複数の女性の顔写真とその人物の性格記述文を見せたが、その際、長髪女性には共通して「親切である」という言葉が含まれていた。参加者はこの関連性に気づいていないにもかかわらず、新たな顔写真の人物について親切かどうか尋ねられると、そのような操作をされなかった参加者より長髪の人物に対す

1 暗黙裡の人格観

私たちは、「知的」な人と聞くと、「まじめ」で「冷静」だけどちょっと「つめた」そうなど相手の性格を勝手に推測します。これは、私たちが性格特性間にある関連性や共起性について、自らの人生体験から形成した素朴な信念体系をもっているからです。この信念体系は、それほど整合的でなく、また明確に表現されることもないため**暗黙裡の人格観**と呼ばれています。

林 (1978b) は既存の暗黙裡の人格観に関する研究を整理し、新たな視点から検討して、暗黙裡の人格観の一般的構造について明らかにしました。彼は、人が他者を判断する際、「やさしさ」や「人なつっこさ」など好感や親和性を表す『個人的親しみやすさ』、「誠実な」や「理知的な」など尊敬や信頼を表す『社会的望ましさ』および「外向的な」や「自信のある」など意志の強さや活動性を表す『力本性』の3次元を専ら用いると述べています。

また、この暗黙裡の人格観には、性格特性間の他に、相貌特徴と性格との関連性も含まれます。林は漫画を用い、顔の形態的特徴と性格特性の関係を調べ、たとえば目元の鮮明さは『個人的親しみやすさ』が高いとみなされるなどさまざまな関連性を見出しています（図68参照）。ただし、彼によると、『個人的親しみやすさ』と『活動性』は顔から容易に判断されますが、

図68 性格特性の個人的親しみやすさ×社会的望ましさの刺激人物の位置づけ

出所：林 1978a

『社会的望ましさ』に関しては顔という手がかりだけでは判断が困難なようです。

2 ステレオタイプ

暗黙裡の人格観と同様，私たちが他者判断に用いる既有知識にステレオタイプがあります。

ステレオタイプとは，たとえば「日本人は勤勉だ」というように，人種，性別，職業などの社会的カテゴリー集団について人々が抱いている固定観念のことです。

このステレオタイプは，図69のような階層ネットワーク構造をもっているため，ある社会的カテゴリーが活性化すると，それが自動的にリンクを伝わり連結する性格特性や行動に伝播され，トップダウン的情報処理が起こります（カテゴリー依存型処理，図67参照）。われわれが，職業などを知っただけでその人物に特定の性格を付与したり行動を予測したりするのは，正にこの仕組みによるものです。つまり，ステレオタイプは対人情報を自分なりに記憶・解釈するガイドラインを与え，簡便かつ効率的な他者判断を可能にするものといえるでしょう。

しかし問題は，ステレオタイプには事実も含まれるものの，あまりに特定の側面だけが強調され単純化が著しいため歪曲した内容も含まれること，特に少数派に対してはネガティブあるいは極端な情報が付加されやすいことから，偏見や社会的差別を生み出す要因となっていることです。フィスクらは，さまざまなステレオタイプが「あたたかさ」と「能力」の2次元からとらえることができ，その布置によって喚起される感情や偏見が異なるというステレオタイプ内容モデル（stereotype content model）を提唱し，検証しています。これによると，知的職業人や富裕者などは「能力は高いがあたたかさに欠ける」と認識され，彼らには「羨望」や「嫉妬」などのうらやましさに関する偏見が，年寄りや主婦などは「能力は低いがあたたかい」と認識され，彼らには「哀れみ」や「同情」などの温情的偏見が，そして福祉受給者やホームレスなどは「あたたかさ・能力いずれも低い」と認識され，彼らには軽蔑，嫌悪，憤慨などの侮蔑的偏見が生じます。ただし，フィスクらによると多くのステレオタイプは「あたたかさ」と「能力」においてアンビバレンツな要素を含み，自分が所属していない外集団に対してどのような認識・感情・偏見が生じるかは集団間の相対的地位（自分の所属している集団より高いvs低い）や相互依存性（協力的関係vs競争的関係）によって規定されるとしています。たとえば，外集団が相対的に高い地位のときは有能と判断されがちですし，競争的関係ではあたたかさに欠けると評価されがちです。

（川西千弘）

る判断時間がより長くかかった。この結果は，無意識的にでもその関連性について以前に学習していると，判断する際これと照合する過程が加わるためと解釈された。この実験は，人が顔と性格特性の関連性について意識せずに学習し，後続の情報処理にもそれらを利用していることを巧みに示している。

▷ 2 林文俊 1978b 対人認知構造の基本次元についての一考察 名古屋大学教育学部紀要（教育心理学科），**25**, 233-247.

▷ 3 林文俊 1978a 相貌と性格の仮定された関連性(3)――漫画の登場人物を刺激材料として 名古屋大学教育学部紀要（教育心理学科），**25**, 41-55.

▷ 4 Fiske, S. T., Cuddy, A. J. C., Glick, P & Xu, J. 2002 A model of (often mixed) steeotype content: competence and warmth respectively follow from perceived status and competiton. *Journal of personality and social psychology,* **82**(6), 878-902.

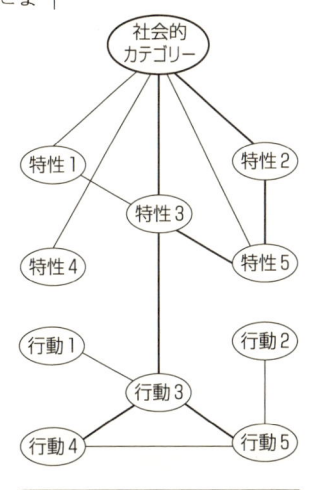

図69 ステレオタイプの構造

出所：Stephan 1989：池上 1994より転載。藤原武弘 高橋超（編）チャートで知る社会心理学 福村出版 p. 49.

V 社会的認知

3 予断がもたらすもの
期待確証バイアス

1 期待確証バイアス

　暗黙裡の人格観にせよステレオタイプにせよ，人は他者との出会いにおいて何らかのごくわずかな情報でも，相手に対する期待や予見をもちます。前述したように，これらの期待や予見は相手の言動の理解や予測を可能にし，より円滑な相互作用を促進します。しかしその一方で，人には期待に合う情報を選択的に探索し，合わない情報を無視して，自分が抱いた期待が正しいことを検証したがる心性があり，これを**期待確証バイアス**といいます。

　たとえば，ダーリーとグロスは，実験参加者に小学4年生のハンナのビデオを見せて学力を評定させました。まず，ある参加者はハンナが富裕層出身，別の参加者は貧困層出身であることを暗示させるビデオを見ました（当時，アメリカでは社会経済レベルが学力と比例すると考えられていたので，富裕層出身では高い学力を，貧困層出身では低い学力を期待）。次に，半数の参加者のみハンナが課題を行う別のビデオを見ました。このビデオのなかには，彼女の高学力を示すシーンと低学力を示すシーンが同数ずつ含まれていました。実験の結果，課題ビデオを見ない群ではハンナの学力評価に出身による差がないのに対し，課題ビデオを見た群は富裕層出身の方が貧困層出身より高い学力をもつと評定しました。この結果は，社会経済的ステレオタイプだけでは影響をもたないが，その判断の正しさを確かめる機会があると，人は自分が抱いた期待の正しさを支持する情報に選択的に注目し，それに基づき評価することを示しています[1]。

　さらに，相互作用の場面でも，期待や予見は大きな機能をもつことが示されています。チェンらの実験では，黒人の顔写真をプライミング（つまり「黒人は敵対的だ」というステレオタイプが活性化）された白人参加者のペアは言語連想ゲーム中の言動が相互により敵対的で，しかも互いをより攻撃的な人物と評定しました。これは，無意識的に他者に対する攻撃性が活性化された参加者が，相手（白人）に攻撃的な態度をとり，相手もこれに同調して攻撃的な行動を返したために，互いが攻撃的であると判断したことを示しています[2]。つまり，相手に対する直接の期待でなくても，何らかの既有知識が活性化すると，それが認知者の行動に影響を与え，相手から期待を確証するような行動を引き出すために，認知者はやはり相手は期待どおりの人物だと判断してしまうのです。

[1] Darlay, J. M. & Gross, P. H. 1983 A hypothesis-confirming bias in labeling effects. *Journal of Personality and Social Psychology*, **44**, 20-33.

[2] Chen, M. & Bargh, J. A. 1997 Nonconscious behavioral confirmation processes: The self-fulfilling consequences of automatic stereotype activation. *Journal of Experimental Social Psychology*, **33**, 541-560.

2 ステレオタイプ脅威

さて，期待確証バイアスは人を見る側の現象ですが，見られる側にも自らその期待を確証する行動が起こります。ステレオタイプは社会中に広く流布され一般化しているので，その社会的カテゴリーに入る人は周囲からのステレオタイプ的期待を意識して傷つき，自分が否定的に評価され，取り扱われるであろうという脅威（**ステレオタイプ脅威**）から，かえってステレオタイプに合った否定的な行動をとる場合があります。たとえば，低診断力のテストでは白人参加者と黒人参加者に差がないのに，高診断力のテストでは黒人参加者の成績が低下したり，数学に強い女子学生が，簡単な数学テストや高難易度の国語テストでは男女で差がないのに，高難易度の数学テストでは男性より成績が悪くなるなどが報告されています。これらは，「黒人は能力が低い」「女子は数学が弱い」など，自分が所属する集団の否定的ステレオタイプが活性化すると，自己が脅かされるために課題成績が悪化することを示唆しています。

ただし，このステレオタイプ脅威は社会的弱者にのみ生じるのではなく，白人男性などそうではない集団の人にも発生することが近年明らかになりました。ゴフらは白人男性参加者を椅子3つのみ置かれた部屋に案内し，「これから2人の男性と気持ちよく話せるように座席をセッティングしてください」と依頼しました。その際，半数の参加者は相手が黒人男性2人，残りの半数は白人男性2人と話し合うと告げられます。なお，セッティング前にトピックのくじ引きが行われ，半数の参加者は「人種問題」，残り半数は「愛と人間関係」について話し合うことになりました。その結果，黒人男性と「人種問題」を話す条件の参加者は，他の条件に比べ最も自分と相手との座席距離を離してセッティングしました（表9参照）。しかも，この現象は参加者個人の顕在的あるいは潜在的偏見の強さとは無関連なことが確かめられています。つまり，白人男性において「人種差別者だと思われるかもしれない」という脅威が，皮肉にも黒人男性との距離を拡げてしまったのです。

このようにステレオタイプ脅威は，認知者のバイアスではなく，ステレオタイプ的期待が当てはめられる人自らが，脅威に晒され動揺する自我を統制できず，その期待を確証する否定的行動を図らずもとってしまうことを示しています。

（川西千弘）

▷ 3 Steele, C. M. & Aronson, J. 1995 Stereotype threat and the intellectual test performance of African-Americans. *Journal of Personality and Social Psychology*, **69**, 797-811.

▷ 4 Steele, C. M. 1997 A threat in the air: How stereotypes shape intellectual identity and performance. *American Psychologist*, **52**, 613-629.

▷ 5 Goff, P. A., Steele, C. M & Davies., P. D. 2008 The space between us: Stereotype threat and distance in interracial contexts. *Journal of Personality and Social Psychology*, **94**, 91-107.

表9　座席距離

トピック／会話相手	黒人パートナー	白人パートナー
人種問題	38.53	37.71
愛と人間関係	37.48	37.84

（注）数値は調整済み距離スコア。
出所：Goff, Steele & Davies 2008より。

V 社会的認知

4 迷信と偏見はいかにして生まれるのか
推論の誤り

1 推論の誤りと迷信

「雨男」とか「雨女」という言葉を聞いたことがあるでしょうか。誰かが何かをしようとすると決まって雨が降ると思われるとき、その人のことを冗談めかしてこのようにいいます。もちろん、ある人の行為が天候に影響を与えるなどということは科学的にはありえないことです。しかし、私たちは、日常生活の中で、これに類する合理的根拠のないさまざまなジンクスを信じて行動するところがあります。たとえば、大学受験の合格を願ってお茶断ちをする人もいます。丙午の年には子どもを生まないようにする人や、友引の日に葬式を出すと他人の死をさそうようなので控える人も多いと思います。

このような迷信行動が生まれるのはなぜでしょうか。私たち人間は、ある2つの出来事が同時に生起するのをみると、たとえそれが単なる偶然であっても、それらの間に何か関係があるように感じる傾向があるのです。実際には、一方の出来事しか生起していない場合が多数回あっても、それらを無視し、2つの出来事が共に生起した場合に注目するからです。たとえば、ある行為をすると10回のうち7回成功すれば、その行為をしなくても10回のうち7回成功することがあっても、前者の事例の方を人は判断の根拠として重視します。もちろん、この場合、その行為と成功は明らかに無関係であるにもかかわらずです。人間の情報処理能力には限界があるため、われわれはなかなかあらゆる事例を網羅的に吟味しようとはしません。特に、ある行為をして望んでいた結果が得られたときのように、事前の期待に合致する形でそのようなことが起きると、それはとりわけ顕著になります。このように2つの事象間の共変関係を実際以上に過大評価することを錯誤相関（illusory correlation）、もしくは誤った関連づけと呼びます。

2 偏見形成のメカニズム

誤った関連づけは、さまざまな迷信を生み出すとともに、集団に対する偏見を形成することもあります。ハミルトンとギフォードが大変興味深い実験を行っていますので紹介しましょう。

彼らは、2つの架空の集団（集団Aと集団B）のメンバーが行ったとする多数の行動文のリスト（「集団Aの○○はＸＸをした」「集団Bの△△はＹＹをした」

▷1 Jenkins, H. M. & Ward, W. C. 1965 Judgment of contingency between response and outcome. *Psychological Monographs*, **79** (1) (Whole No. 594).

▷2 Chapman, L. J. 1967 Illusory correlation in observational report. *Journal of Verbal Learning and Verbal Behavior*, **6**, 151-155.

▷3 Hamilton, D. L. & Gifford, R. K. 1976 Illusory correlation in interpersonal perception: A cognitive basis of stereotypic judgments. *Journal of Experimental Social Psychology*, **12**, 392-407.

……）を用意し，1文ずつを実験参加者に見せました。集団Aと集団Bでは規模が異なり，集団Aは集団Bより人数が2倍になるように構成されていました。リストに含まれていた行動には，望ましい行動と望ましくない行動がありましたが，その比率は集団Aでも集団Bでも9：4となるようになっていました。リストの行動文をすべて見終わったあと，実験参加者に，各集団のメンバーのうち望ましい行為をした人が何人いたか，望ましくない行為をした人が何人いたかを答えてもらっています。また，それぞれの集団に対する印象も10点尺度上で評定させています。

表10に実際の行動の頻度（人数）と実験参加者が回答した頻度が示されています。これをみると，実験参加者は，人数の少ない集団Bのメンバーが望ましくない行為をした頻度を実際より多く，望ましい行為をした頻度を実際より少なく見積もって記憶していたことがわかります。一方，人数の多い集団Aについては，実際の頻度とのずれは比較的小さいことがわかります。また，表11にある印象評定の結果は，集団Bは集団Aに比べ社会的に望ましくない集団と評価されていることを示しています。

これは錯誤相関のもたらした結果といえます。この実験では，望ましくない行為は望ましい行為に比べ相対頻度は少なくなっており，そのぶん実験参加者の注意を引いたと考えられます。また，集団Aのメンバーがリストの大半を占めるなかでときどき集団Bのメンバーが登場すると，その希有性ゆえに目立ったと考えられます（ほとんど男性ばかりの職場に1人か2人女性がいる場合を想像してください）。このように，注目されやすい望ましくない行為を同じく注目されやすい少数集団の人間が行うと二重に目立ち，両者が誤って関連づけられやすくなるのです。人間は，目立つ事例，印象に残りやすい事象に引きずられて信念を形成しているといえます。

同様のことは，ロスバートらの実験でも示されています[4]。彼らの実験では，50人の集団のなかで10人が犯罪行為をしたとして各内容を知らせ，そのあと記憶テストを行っています。すると，犯罪内容が凶悪な場合は軽微な場合に比べ，集団内の犯罪者の人数が過大に報告されることが見出されました。極端な事例は注意を引きやすく，少数であっても集団全体の印象に及ぼす影響が大きいのです。集団イメージの主要な情報源であるメディアでは，往々にして極端な事例が取り上げられることを考えると，これは重要な問題といえます。

これらの研究は，現実の社会のなかに存在するさまざまな集団に所属する人たちが，もし犯罪など通常にない反社会的行為を行った場合，私たちの行う誤った推論により，その集団の人たちがいわれなき偏見から差別されるおそれのあることを示唆しています。

（池上知子）

表10　集団A，Bの行動の頻度評定

	集団A（大集団）	集団B（小集団）
望ましい行動	17.09　（18）	7.27　（9）
望ましくない行動	8.91　（8）	5.73　（4）

（注）　数値は実験参加者の回答値。括弧内の数値は実際の頻度。
出所：Hamilton & Gifford　1976より。

表11　集団A，Bに対する印象評定

評定尺度	集団A（大集団）	集団B（小集団）
社会的に望ましい	6.66	6.03
社会的に望ましくない	4.43	5.63

（注）　数値は10点尺度上での評定値。
出所：Hamilton & Gifford　1976より。

▷ 4　Rothbart, M., Fulero, S. & Jensen, C. 1978　From individual to group impressions: Availability heuristics in stereotype formation. *Journal of Experimental Social Psychology*, **14**, 237-255.

V 社会的認知

5 人は人の心をどのように理解するのか
マインド・リーデイング

▷1 **自己中心性**
自他が未分化であるために他者の経験内容が自分のそれとは異なっていることが理解できず，自分の視点でしか物事を考えることができないこと。

▷2 Piajet, J. & Inhelder, B. 1956 *The child's conception of space.* London: Routledge & Kagan Paul.

▷3 **誤信念課題**
AとBという2つの箱があり，ある物がAの中に入っているという事実を知っている人物Qが登場する。Qがその場を離れ見ていないときに，実験参加者の目の前でAの中の物がBに移される。戻ってきたQがどちらの箱に物が入っていると思うかを実験参加者に回答させる。

▷4 Wimmer, H. & Perner, J. 1983 Beliefs

1 マインド・リーディングと自己中心性

　他者の心の中が正確にわかればどんなによいだろうと思っている人は多いのではないでしょうか。たとえば，恋人のいる人は，相手がいま何を考え，どのような気持ちでいるのか，何より自分のことを本当に愛してくれているのかを知りたいと思うでしょう。しかしながら，これまでの心理学の研究からは，他者の心を読み取るわれわれの能力はさほど高くないことがわかっています。理由はいくつか考えられますが，一つは，人間は何歳になっても**自己中心性**（egocentrism）から脱却できないということがあります。

　発達心理学者のピアジェとインヘルダーは，「3つの山」問題を用いた古典的実験において，子どもの行う推論の自己中心性について明らかにしました。この実験では，台の上に3つの山が並ぶ模型を用意し，子どもにある方向から模型の山を眺めさせ，別の方向からそれを見ているとされる人形にはどのように山が見えているかを考えさせています。すると，多くの子どもは，いま自分に見えているように人形にも見えていると報告することが示されたのです。近年では，ウィマーとペルナーが**誤信念課題**を用いて，子どもは自分が知っている事実と他者が知っている事実を区別できず，自分が知っていることは他者も知っていると考えてしまうことを明らかにしています。たとえば，ある箱に入っていたお菓子が別の箱に移されたことを知っている子どもは，その事実を知らないはずの他の子どももそのことを知っているかのように考えてしまうのです。

　以上の研究は幼児を対象としたものであり，そこで用いられた課題で大人は間違えることはありません。その意味では，大人は他者の心の状態を正確に推論することができるといえるかもしれません。ところが，最近の研究により，大人も子どもと同じような誤りをすることがわかってきたのです。

2 イプレーのコミュニケーション実験

　イプレーらが行ったコミュニケーション

図70　コミュニケーション実験で使用された装置

実験参加者が見ている面　　指示者が見ている面

出所：Epley et al. 2004に基づき作成。

ゲームの実験は，大変興味深い結果を示していますので紹介しましょう。

彼らは，図70にあるような格子組の棚に大きさの異なる同じ種類の物（オモチャのトラック）が置かれている装置を用意しました。実験参加者は，指示者の指示に従って格子のなかの物を移動するよう求められます。実験参加者と指示者は格子棚を挟んで向かい合いますが，いくつかの格子には覆いがしてあり実験参加者からは見えますが，指示者からは見えないようになっていました。この図の場合，一番小さいトラックが，実験参加者からは見えますが，指示者からは見えません。

このとき，もし指示者が小さいトラックを動かすように指示すれば，一番小さいトラックではなく，実験参加者と指示者の両方から見える2番目に小さいトラックを動かさなくてはなりません。しかし，実験参加者は，大人も子どももまず一番小さいトラックを注視するという自己中心的反応を示したのです。これは実験参加者が指示者の心の状態の推論に失敗したことを意味します。

もっとも誤りに気づき修正する能力は子どもより大人のほうがまさっていました。ただ，大人であっても自己中心的反応が初期値として設定されている点が重要なのです。

3　遭難シナリオ実験

自己中心性は，私たちが他者の心の状態を推論するとき，自分自身の心の状態つまり主観を手がかりにしていることを表します。このようなことは，他者の知識内容の推測にとどまらず情動状態や動機の推論にもみられます。

ヴァン-ボーヴェンとロウェンスタインは，山で遭難した人について描かれたシナリオを作成し，それを読んだ実験参加者に遭難者の気持ちを推測させるという実験を行っています。彼らはこのとき半数の参加者にはシナリオを読む前にトレーニングマシンを使用して身体運動をさせました。すると，運動をしたため喉の渇いた状態になった参加者は，そうでない参加者に比べ，シナリオに登場した遭難者は喉の渇きに苦しみ，予備の水を持ってこなかったことを後悔していたに違いないとより強く推測する傾向がみられました（表12を参照）。私たちが他者の気持ちを推論するときは，もしも自分も同じ状況だったらどのような気持ちになるだろうかと考え，それを手がかりにするために，自分自身の喉の渇きに関する主観的状態を他者の中に投影してしまうのだと考えられます。

以上のように，他者も自分と同じように考え，感じているはずだと思う気持ちが他者の心を読み誤らせるのです。しかも，みずからの主観に潜む自己中心性に人は無自覚であることが多いのです。
　　　　　　　　　　　　　　　　　　　　　　　　　　　（池上知子）

表12　遭難者の気持ちの推測実験

	運動群	非運動群
「飢えより渇きの苦しみ」を選択	88%	57%
「食料より水の後悔」を選択	82%	52%

（注）実験参加者は，遭難者が「飢え」と「渇き」のどちらに苦しんだと思うか，「予備の食料を持って来なかったこと」と「予備の水を持って来なかったこと」のどちらを後悔したと思うかを二者択一で選択させている。数値は選択率を示す。

出所：Van Boven & Loewenstein 2003に基づき作成。

about beliefs: Representation and constraining function of wrong beliefs in young children's understanding deception. *Cognition*, **13**, 103-128.

▷ 5　Epley, N., Morewedge, C. & Keysar, B. 2004 Perspective taking in children and adults: Equivalent egocentrism but differential correction. *Journal of Experimental Social Psychology*, **40**, 760-768.

▷ 6　Van Boven, L. & Loewenstein, G. 2003 Social projection of transient drive states. *Personality and Social Psychology Bulletin*, **29**, 1159-1168.

V 社会的認知

6 人が態度を変えるとき
認知的不協和と態度変容

1 認知的不協和理論

　フェスティンガーは，自分自身や環境に対する知識・意見・信念のことを「認知」と呼び，個人の中に矛盾する2つの認知があると不快感や心理的緊張が生じるため，人はこれを低減しようとして態度変容を起こすと考えました（**認知的不協和理論**）。

　では，この理論を理解するために，悩める受験生の心の中をちょっと覗いてみましょう。

　彼は「A大学に入りたい」，しかし「A大学は最難関校で，自分には無理っぽい」という矛盾する2つの認知をもっており，不協和な状態に陥っています。そこで，彼は以下の(1)～(3)のいずれかの方略を用いて，この矛盾を解消し快適で調和のとれた心の状態を回復しようと動機づけられます。

　(1)いずれか1つの認知を変容させる（認知変容例，もうA大学はあきらめよう；行動変容例，1日12時間勉強する），

　(2)新たに別の認知を付け加える（例，大学全入時代といわれているのでA大学も入りやすくなったかも！），

　(3)その認知の重要性を下げる（例，A大学に入っても必ず明るい未来が待っているわけではない）。

　ただしフェスティンガーは，一般的にこれら方略のうち最も容易なものが選択されること，そして態度と行動との関連においては，通常行動を変化させることはより困難なため，人はその行動を支持し，正当化し，合理化するように態度を変容させやすいと述べています。

　では，この認知的不協和が態度変容をもたらす様相を明らかにしたフェスティンガーとカールスミスの実験を紹介します。実験参加者はきわめて退屈な課題をさせられた後，別の参加者（実は実験協力者）に「課題は面白かった」と嘘をつくよう強要され，1ドルまたは20ドルいずれかの報酬を受け取りました。その結果，1ドル報酬の参加者は，20ドル報酬の参加者や嘘を強要されない統制条件の参加者より，課題の面白さを高く評価しました。フェスティンガーらは，「退屈な課題をさせられた」という認知と「課題は面白いと言わなければならない」という認知は不協和であり，報酬が低額で"嘘は報酬のため"と納得できない1ドル報酬の参加者は，課題は面白かったと解釈し直すことで不協

▶1　Festinger, L. 1957 *A theory of cognitive dissonance.* Stanford, CA: Stanford University Press.

▶2　Festinger, L. & Carlsmith, J. M. 1959 Cognitive consequences of forced compliance. *Journal of Abnormal and Social Psychology*, **58**, 203-210.

▶3　Aronson, 1968 Dissonance theory: Progress and problems. In Abelson R. P., Aronson E., McGuire W. J., Newcomb T. M., Rosenberg M. J. & Tannenbaum P. H. (Eds.) *Theories of cognitive consistency : A sourcebook.* Chicago: Rand McNally. pp. 5-27.

和を解消したのだと述べました。

2 認知的不協和における自己の役割

その後さまざまな研究が続けられるなかで，認知的不協和理論における自己の役割が注目されるようになりました。アロンソンは，前述したフェスティンガーら（1959）の実験の態度変容は，上述した2つの認知の矛盾というよりも，むしろ「自分は正直者だ」という自己概念と「嘘をつく」という行動との不協和により引き起こされたと主張しました。**自己一貫性理論**では，不協和は自己の安定性や整合性および有能かつ有徳であろうとする自己像を脅かすため，その矛盾を解消し調和のとれた自己を回復するよう態度変容が起こります。そこで，有能で有徳を自認する自尊心の高い人（高自尊者）ほど，嘘をつくなど反自己概念的行動をした場合，より大きな認知的不協和を感じ態度を変化させやすいと考えました。これに対し，**自己肯定化理論**では，態度変容は認知間の矛盾解消のためではなく，あくまで自分を肯定するために起こると考えます。そのため，反自己概念的行動をしても高自尊者はその脅威を和らげ肯定的な自己像を回復させるさまざまな資力（例，自分は誰からも好かれている）をもつので態度を変化させる必要がないのに対し，自尊心の低い人（低自尊者）はその資力が乏しいため態度を変容させざるを得ないのです。

このように，自己一貫性理論では高自尊者のほうが，一方自己肯定化理論では低自尊者のほうが態度を変化させやすいと主張し，両理論は認知的不協和事態の態度変容における自尊心の機能について全く異なった結論を導き出しています。この議論に対し，ストーンとクーパーは自己基準モデル（Self-Standards model）を提唱し，この2つの理論の統合を試みました。このモデルでは，人は行動する，それからその行動を自ら査定する，その際どのような基準を用いるかで自尊心の機能が異なると考えました（図71参照）。ただし，彼らは図中の③で起こる高自尊者の心に浮かんだポジティブな自己無関連基準はその不協和への注意を逸らし，自分の目立った肯定的特徴に注目して楽観的になるため，ここでの自己肯定化は認知や行動の変容なしで自己内の認知的不協和を低減する効果的かつ十分な方法であると述べています。

（川西千弘）

▷4　自己一貫性理論
人は，整合性があり一貫した自己を求める動機づけがあるために，自己概念と行動が一致していることが重要であるとする説。

▷5　自己肯定化理論
人は自分が環境に適応し，有能で道徳的な人間であるという統合的で安定した自己イメージを維持しようとする自己システムをもつと考える説。ある自己概念が脅威に晒された場合，それを直接防衛するのではなく，より全体的な自己を肯定することで脅威に対処すると考える。

▷6　Steele, C.M. & Liu, T. J. 1983 Dissonance processes as self-affirmation. *Journal of Personality and Social Psychology,* 45, 5-19.

▷7　Stone, J. & Cooper, J 2001 A self-standards model of cognitive dissonance. *Journal of Experimental Social Psychology,* 37, 228-243.

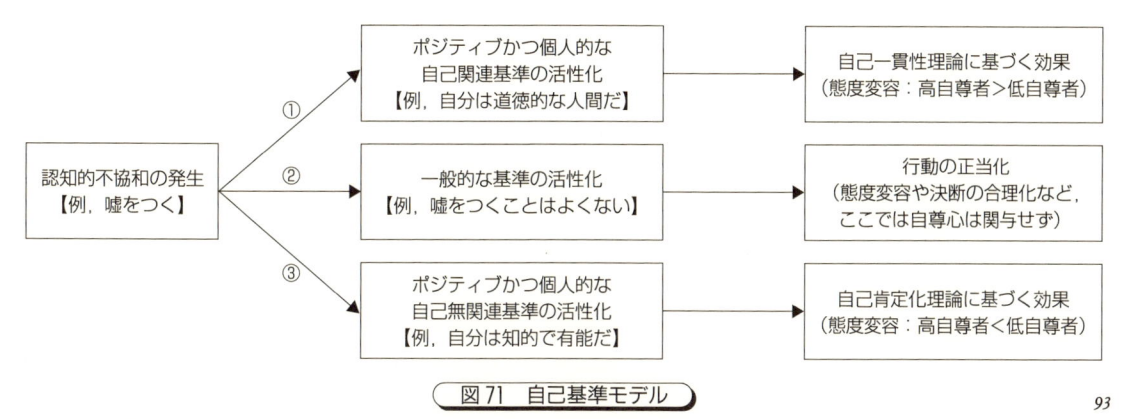

図71　自己基準モデル

出所：Stone & Cooper　2001より作図。

V 社会的認知

7 説得のパラドクス
ブーメラン効果とスリーパー効果

1 ブーメラン効果

「勉強しなさい，勉強しなさい」といわれると，かえってやる気が失せたという経験をした人も多いでしょう。つまり，相手によかれと思ってなされた**説得**でも，うまくいくとは限らないのです。このように，説得効果が上がらないばかりか，説得とは全く反対の方向へ態度が変わってしまう現象を**ブーメラン効果**といいます。

シュルツらは，290世帯のエネルギー消費量を測定し，各家庭に①その家の消費量，②近隣地区の平均との比較，そして③エネルギーの節約方法（たとえば，エアコンのかわりに扇風機を使おうなど）を記載したメッセージを配布し，その2週間後と6週間後の消費量を測定しました。すると，メッセージを見る以前からすでに平均を下回っていた家庭では，むしろ消費量が増大したのです。これは，エネルギー消費量抑制を自ら心がけていた家庭が個人の行動選択肢を制約するメッセージに対し，ブーメラン効果が生じたことを意味しています。

このブーメラン効果についてブレームは心理的リアクタンス（反発）理論から説明しています。人は，自分の態度や行動は自らの意志で自由に選択できると考えますが，他者からこの自由が脅かされたり制限されたりすると，受け手は自由を回復するよう動機づけられます（心理的リアクタンス）。他者からの禁止や強制あるいは高圧的な説得は，受け手にこの心理的リアクタンスをもたらすため，彼らは自由を取り戻そうとして説得とは全く逆の態度をとるようになるのです。

しかし，わが国ではこの理論を実証すること，つまり自由の脅威が大きいほど説得への抵抗が強くなるという単純な関係が必ずしも見られない場合があります。それは，欧米のような個人主義文化では個人の自由が尊ばれますが，東洋のような集団主義文化では個人より集団や仲間が優先し相互依存や承認が前提とされるので，元々個人の自由への期待と重要度が小さく，たとえ自由が脅威に晒されてもリアクタンスが喚起されにくくその表出も抑制されがちです。そこで今城は**自由のCDOモデル**を提唱し，わが国で心理的リアクタンスを検討する際にはその前提となる自由概念の再定式化とリアクタンス指標の見直しが必要であると述べています。

▷1 説得
相手の態度や行動をある方向へ変えようという意図をもって行われるコミュニケーション活動のこと。

▷2 Schultz, W., Nolan, J. M., Cialdini, R. B., Goldstein, N. J. & Griskevicius, V. 2007

▷3 Brehm, J. W. 1966

▷4 自由のCDOモデル
自由の期待度と重要度は，文化的・社会的文脈（Context），個人のもつ裁量権（Decision），実行可能な行動選択肢（Option）に依存する。したがって，自由が強調されない集団主義文化圏にあっても，たとえば，自由が重要となる私的場面であれば（C）（例，私的時間の服装は自分らしさの表現に大切だ），個人的活動であれば（D）（例，服装自由の学校で，機能的でない派手な服を着ても私の勝手だ），実行可能な行動選択肢が他にあれば（O）（例，すすめられるものに対し，他に適切な着たいものがあれば反発できる），自由の脅威が心理的リアクタンスを喚起する可能性は大きいと予測できる。

▷5 今城周造 2005 説得への抵抗と心理的リアクタンス──自由の文脈・決定・選択肢モデル 深田博己（編著）心理学評論 特集：説得の心理学，**48**, 44-56.

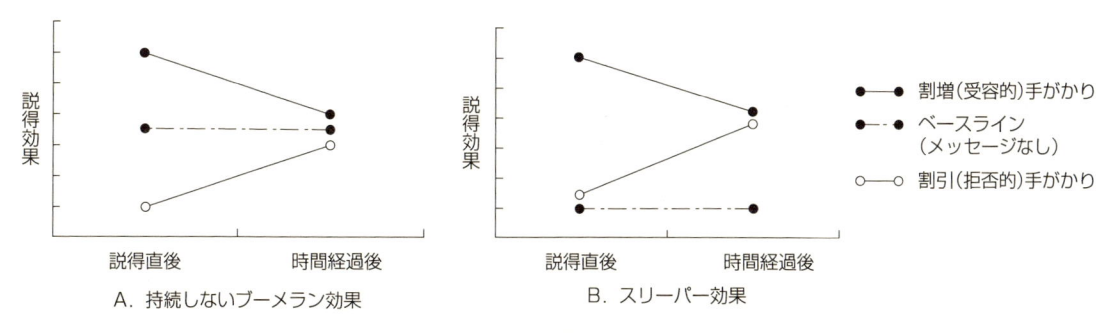

図72 ブーメラン効果とスリーパー効果

注）割増手がかりとは，高い信憑性や魅力のある情報の送り手のように説得をより受容しやすくなる手がかりのことであり，割引手がかりとは低い信憑性や魅力のない情報の送り手のように説得をより拒否したくなる手がかりのことである。
出所：Kumkale & Albarracin 2004 より作図。

2 スリーパー効果

　説得効果は，様々な要因により影響を受けますが，その中でも信憑性（送り手の専門性と信頼性）は重要です。同じ内容のメッセージでも当然高い信憑性の送り手のほうが説得効果を上げられますが，時間が経過すると低い信憑性の送り手からのメッセージでも説得効果が生じる場合があり，これを**スリーパー効果**と呼んでいます（図72参照）。

　このスリーパー効果は，以下の機序で発生します。本来そのメッセージには説得効果があるのですが，説得直後はその効果を割引いてしまう手がかり（図中Bの割引（拒否的）手がかり参照）のために説得効果が抑えられます。ところが，時間が経過するにつれて割引手がかりとメッセージの記憶が分離するため（分離モデル），あるいは割引手がかりのインパクトがメッセージのそれより記憶内で速く衰微し，手がかり情報を想起・利用できなくなるため（差別的衰退モデル），次第にメッセージの説得効果が有効になってくるのです。たとえば，稚拙なコミック雑誌に掲載された「○○を食べると痩せる」という記事を見ると，当初は「この雑誌の記事だから信じられない」と思っていたものが，時間がたつと「○○を食べると痩せる」というメッセージだけが頭に浮かび，いつのまにか信じ込んでしまうことがあります。

　さて，近年説得における**精緻化見込みモデル**が提唱され，説得と態度変容の関係が系統だって理解されるようになりました。ところが，このモデルではメッセージ内容は中心ルートで，割引手がかりは周辺ルートのみで効果が生じると仮定され，これに基づくと両効果の併存が前提とされるスリーパー効果は存在しないことになります。しかし，最近，受け手が論議する能力や動機づけをもち，かつメッセージの議論を行った後に割引手がかりが提示され，その手がかり情報を無視するのに困難を感じたときにはスリーパー効果が発生することが示されました（カムカレとアルバラシン）。

（川西千弘）

▷6　スリーパー効果
高い信憑性のために説得直後はその効果が上昇していたものが，時間の経過に伴って薄れ，元の態度の戻ってしまう現象も広義にはスリーパー効果に含まれる。

▷7　精緻化見込みモデル
このモデルでは，説得が態度変容をもたらす経路は2つあると考える。一つは中心ルートで，受け手に動機づけや能力があり，メッセージについて入念な吟味がなされた上で，態度が決定される。そのため，一旦決定された態度は持続的で，容易に変化せず，行動との一貫性が高くなる。もう一つは周辺ルートで，受け手に動機づけや能力がなく，送り手の魅力や信憑性，その時の感情など議論の本質とは関係のない周辺的手がかりに基づいて短絡的に判断され態度が決定される。そのため，この態度は一時的で影響されやすく，その態度から行動を予測するのが困難になる。

▷8　Kumkale, G. T & Albarracin, D.　2004

V 社会的認知

8 無意識の心のはたらき
サブリミナル効果

1 サブリミナル効果

1957年，アメリカのある町で大変センセーショナルな実験が行われました。映画館で上映された映画の中に，「コカコーラを飲みなさい」「ポップコーンを食べなさい」というメッセージを観客に気づかれないようにごく短時間繰り返し挿入したところ，映画上映後，コカコーラとポップコーンの売り上げが上昇したというのです。このことが報道されると人々は非常に驚きましたが，同時に倫理的観点から，こうした方法で宣伝広告を行うことへの批判が全米に沸き起こりました。ただし，その後，この実験結果の信憑性に疑惑が生じ，実験実施者本人もそれを認めたという経緯があります。[1]

一般に心理学では個人が知覚（視聴）したことを意識できない対象をサブリミナル刺激（閾下刺激）[2]といい，サブリミナル刺激が知覚者（視聴者）に及ぼす影響のことをサブリミナル効果といいます。上記の実験で報告されたサブリミナル効果は信頼できるものではありませんでしたが，条件を厳密に統制した科学的研究においては，さまざまな形でこの効果は検証されています。

2 サブリミナル刺激と印象形成

バージとピエトロモナコの行った実験もその一つです。[3]彼らは，実験参加者にCRT画面の中央に示された印の左側か右側にフラッシュ刺激を呈示し，左右どちらに呈示されたかに応じて反応ボタンを押すという「知覚反応課題」を実施しました。このときフラッシュ刺激とともにある種の単語を閾下に呈示しています。単語の呈示時間は10分の1秒とごく短く，直後にマスキング（残像を消去するためパターン刺激を続けて呈示する）も行っています。このようにすると，実験参加者には単語が呈示されたこと自体に気づくことが困難になります。閾下呈示された単語の中には敵意に関連する単語（攻撃的　冷たい　意地悪など）と，敵意とは無関連な中立的な単語（水，長いなど）がありました。フラッシュ刺激は100回呈示されましたが，条件によって敵意語の含まれる割合が0％，20％，80％と異なるように設定されています。このあと彼らは，ドナルドという架空の人物の登場する文章を実験参加者に読ませ，その人物の印象を評定するよう求めました。文章中のドナルドは幾分攻撃的な人物として描かれています（「訪ねてきたセールスマンを家へ入れようとしなかった。」「家主が

[1] 坂元桂　1999　広告におけるサブリミナル効果　坂元章・森津太子・坂元桂・高比良美詠子（編）サブリミナル効果の科学　学文社　pp. 61-83.

[2] 閾下刺激
閾とは，感覚や意識，反応が生じるために必要な最小限の刺激の強さや呈示時間の値を指す。対象を知覚したと意識できるかできないかの境目ともいえる。閾値に達しない刺激を閾下刺激，閾値を超える刺激は閾上刺激と呼ぶ。

[3] Bargh, J. A. & Pietromonaco, P. 1982 Automatic information processing and social perception: The influence of trait information presented outside of conscious awareness on impression formation. *Journal of Personality and Social Psychology*, **43**, 437-449.

V-8　無意識の心のはたらき

部屋を修繕してくれるまでは家賃を払わないつもりだと言った。」など）。図73に印象評定の結果が示されていますが，敵意語の割合が増すとドナルドを他者への敵意の強い攻撃的な人物とみなしやすくなったことがわかります。閾下に呈示された単語の意味が意識されることなく瞬時に抽出され，その方向へ印象が誘導されたといえます。

表13　条件別にみた同調人数

閾下呈示された写真	同調相手	
	サクラ1	サクラ2
サクラ1	15	6
サクラ2	7	13
なし	10	11

出所：Bornstein et al. 1987より。

図73　印象評定の結果

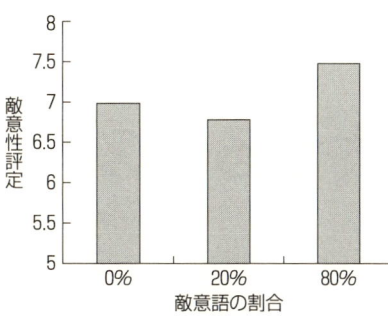

（注）実験参加者は11段階（0～10）で評定している。

出所：Bargh & Pietromonaco 1982 に基づき作成。

　もう一つ印象形成におけるサブリミナル効果を検証した実験を紹介しましょう。読者の皆さんは，自分の母親と顔立ちがよく似た人に出会うと，その人のことをあまり知らなくても，なぜかその人が性格も母親と似ているように感じることはないでしょうか。これは**重要他者効果**といいます。グラスマンとアンダーソンは，この効果がサブリミナル刺激によって引き起こされることを確かめています。実験参加者はコンピューターを介して未知の他者と交信しますが，その間，参加者にとって重要な他者の特徴をあらわす単語を画面に閾下呈示しました。そのあと交信相手の印象を評定させたところ，参加者は相手が重要な他者と同じ特徴をもつと見ていることがわかったのです。重要他者のイメージを無意識のうちに未知の他者に重ねてしまっていたといえます。

3　閾下単純接触効果

　ボーンスタインたちの実験では，実験参加者に別の2人の参加者と詩を読んでその内容について討論させています。ただし，別の2人は実験者が依頼した「サクラ」で，わざと互いに対立する意見を述べ，実験参加者にどちらの立場を支持するか表明するよう求めます。なお，彼らは，討論に入る前に実験参加者に詩の内容に関する映像を見せており，その際，2人のサクラのうちの一方の顔写真を繰り返し閾下に呈示しています。すると，表13にあるように，実験参加者は事前に顔写真を閾下呈示されたサクラの意見により同調したのです。人間は，繰り返し見聞きした対象には親近感をもちやすく，そのような対象には好意的に反応するところがあります。この実験は，対象への接触が意識的自覚を伴わずになされたとしても効果が表れることを示しています。

　私たちは，意識できる体験内容がすべてであると思いがちですが，実は，無意識に受け取っている多くの情報があり，それらも確実にわれわれの思考や行動に影響を与えているのだといえます。そのような無意識の心の働きについてもっと知る必要があるのかもしれません。

（池上知子）

▷4　重要他者効果
家族や親友，教師など自分にとって重要な他者について学習した反応様式が，別の未知の他者に適用されること。精神分析学で知られる転移（治療場面で幼少期における両親への感情が治療者に向けられること）と現象的に似ているが，理論的背景はかなり異なる。

▷5　Glassman, N. S. & Andersen, S. 1999 Activating transference without consciousness: Using significant-other representations to go beyond what is subliminally given. *Journal of Personality and Social Psychology, 77*, 1146-1162.

▷6　Bornstein, R. F., Leone, D. R. & Galley, D. J. 1987 The generalizability of subliminal mere exposure effects: Influence of stimuli perceived without awareness on social behavior. *Journal of Personality and Social Psychology, 53*, 1070-1079.

V 社会的認知

9 感情を生起させるもの
情動二要因説

1 情動の生物学的基盤

　喜びに満ちた顔，悲しみに暮れる顔，怒りを露わにしている顔は，誰が見てもそれとわかるのではないでしょうか。エクマンは，人間のもつ基本情動もしくは感情として，恐れ，驚き，怒り，嫌悪，悲しみ，喜びを挙げており，各情動には固有の表情，姿勢の変化，自律神経系の活動が伴うと主張しました。さらに，エクマンは，それらは万国共通であり，進化の過程で遺伝的に組み込まれてきたものだとも述べています。

　感情が生物学的基盤をもつ種に普遍の通文化的現象であるとする主張は，感情の本質を神経生理学的変化とみなすことにつながり，これは裏返せば，人為的な操作により身体に変化を引き起こせば，特定の情動を生み出すことが可能であるという考えをもたらします。事実，ザイアンスは，実験参加者に嫌悪や微笑みに対応する表情形態を取らせると，血流量が変化し，それに伴い主観的に報告される快感情や不快感情が変動することを報告しています。

2 シャクターのエピネフリン実験

　しかしながら，感情・情動の生起を単純に神経生理学的変化に還元できないとする主張も古くからあります。シャクターの行った「エピネフリン実験」は有名です。実験の参加者は，ビタミン剤と偽って「エピネフリン」を注射されます。「エピネフリン」には心拍を増加させるなど興奮作用があります。実験参加者の半数には，薬の効果を知らせましたが，残りの半数には知らせませんでした。そのあと，実験参加者は別室で待つことになりますが，そこに実験者の依頼を受けたサクラが同席します。そのサクラはことさら陽気に振る舞います。すると，薬の効果について知らされなかった実験参加者は，知らされた参加者に比べ主観的幸福感を高く報告したのです。一方，別の条件ではサクラはことさら不機嫌に振る舞います。すると，薬の効果を知らされなかった参加者は，知らされた参加者より主観的幸福感を低く報告しました。薬の効果について知らされなかった参加者は，生理的興奮の真の原因がわからないため，他者の振る舞いを手がかりに自分の情動状態のラベル付けを行ったことになります。心臓がドキドキしているのは嬉しいからだと考えたのです。感情・情動体験は，生理的変化だけでなく，そこに認知的解釈が加わることにより成立するといえ

▷1 Ekman, P., Levenson, R. W. & Friesen, W. V. 1983 Automatic nervous system activity distinguishes among emotions. *Science*, **221**, 1208-1210.

▷2 Zajonc, R. B., Murphy, S. & Inglehart, M. 1989 Feeling and facial efference: Implications of the vascular theory of emotion. *Psychological Review*, **96**, 395-416.

▷3 Schacter, S. & Singer, J. E. 1962 Cognitive, social, and physiological determinants of emotional state. *Psychological Review*, **69**, 379-399.

ます。これは情動の二要因説もしくは生理―認知仮説として知られています。

❸ ダットンとアロンの吊り橋実験

ダットンとアロンは，恋愛感情の成立にもこの二要因説があてはまることを示しています[4]。彼らは，吊り橋のある山奥に出かけて実験を行いました。吊り橋は，非常に高いところに架かっており，歩いて渡るとぐらぐら揺れて今にも落ちそうになるような橋でした。その橋を渡ってきた男性に女子学生が橋の上で声をかけ心理学の実験への協力を依頼します。この女子学生は実はサクラなのですが，自然の風景が創造性に与える影響を調べる実験を行っていると説明し，絵を見せて物語を作るように求めます。そのあと，実験の結果について詳しく知りたければ電話をするようにといって電話番号が書かれているメモを渡します。同じことを，吊り橋ではなくしっかりと固定された低い橋の上でも行いました。すると，表14にあるとおり，吊り橋で出会った男性は半数が電話をしてきましたが，固定橋では8人に1人しか電話を掛けてきませんでした。電話を掛けてくる動機が実験の結果を知りたいだけなら，吊り橋でも固定橋でも差はないはずです。したがって，二つの橋の違いは女子学生への恋心の強さを反映しています。吊り橋の男性は，女子学生に出会ったとき，おそらく心臓がドキドキするなど生理的に興奮していたと思われます。その胸の高まりを目の前の女子学生の魅力のせいだと思い，もう一度，女子学生に会ってみたくなったのでしょう。一方，女子学生ではなく男子学生が声を掛けたときは，どちらの橋でもほとんど誰も電話を掛けてきませんでした。情動・感情体験には生理的変化を伴いますが，個人が置かれている状況をどのように認知するかが感情体験の内容を決定するといえます。

表14 吊り橋実験の結果

橋の種類	メモを受け取った人数	電話を掛けてきた人数
吊り橋	23人中18人	18人中9人
固定橋	22人中16人	16人中2人

出所：Dutton & Aron 1974 より。

▷ 4 Dutton, D.G. & Aron, A.P. 1974 Some evidence for heightened sexual attraction under condition of high anxiety. *Journal of Personality and Social Psychology*, 30, 510-517.

❹ 文化と感情

感情体験の成立における認知の役割を重視する考えは，感情は本質的に社会文化的状況との相互作用の中で生成されるものであるとする見解に通じます。このような立場に立てば，文化によって生起する感情の種類が異なり，同じようにラベルづけされていても，その意味合いに差異が見られることが予想されます。かつて，土井健郎が著書『甘えの構造』において「甘え」は日本人特有の感情であると論じたことは有名です[5]。近年では，文化心理学者の北山忍が，誇りや優越感は，西洋では気分の高揚や喜び，幸福感に直結するが，東洋ではそれほどでもないと述べています。一方，親しみや尊敬は，東洋では快さに結びつくが西洋では必ずしもそうならないと述べています。そして，その理由を，個の確立や他者からの独立に価値を置く西洋文化と他者との融和や絆を重視する東洋文化の違いに求めています[6]。

（池上知子）

▷ 5 土井健郎 1971 甘えの構造 弘文堂

▷ 6 Kitayama, S., Markus, H. & Matsumoto, H. 1995 Culture, self, and emotions: A cultural perspective on "self-conscious" emotions. In J.P. Tangney & Fischer, K.W. (Eds.) *Self-conscious emotions: The psychology of shame, guilt, embarrassment, and pride.* New York: Guilford Press. pp. 439-464.

V 社会的認知

10 人は自分をどうみているか
ポジティブ・イルージョン

◁ 1 Klar, Y. & Giladi, E. E. 1999 Are most people happier than their peers, or are they just happy? *Personality and Social Psychology*, **25**, 585-594.

◁ 2 Cross, P. 1977 Not can but will college teaching be improved? *New Direction for Higher Education*, Spring, **17**, 1-15.

◁ 3 Taylor, S. E. & Brown, J. 1988 Illusion and well-being: A social psychological perspective on mental health. *Psychological Bulletin*, **103**, 193-210.

◁ 4 Alicke, M. D. 1985 Global self-evaluation as determined by the desirability and controllability of trait adjectives. *Journal of Person-

1 ポジティブ・イルージョン

「あなたは人と比べて幸せだと思いますか」と尋ねられたら，読者の方はどのように答えるでしょうか。一般に，このような質問に対しては，大部分の人が自分は人よりは幸せだと思うと答えることが知られています。◁1 また，大学教員を対象としたある調査では，94%の教員が自分は同僚より有能であると回答しています。◁2 しかしながら，論理的に考えれば，このようなことは実際にはありえないことです。人々が自分自身にある種の幻想を抱き，非現実的なまでに自分を買いかぶっていると考えられます。このような現象をポジティブ・イルージョン（楽観幻想）と呼んでいます。◁3

2 平均以上効果

ポジティブ・イルージョンは，さまざまな形をとって現れますが，大きく3つに類別されます。1つめは，「平均以上効果」といわれるもので，平均的な人より自分の方が望ましい特性をもつと認知する傾向です。アリックの研究は有名です。◁4 彼は，性格特性を表す形容詞を多数用意し，大学生に各特徴が自分自身と平均的大学生にどのくらいあてはまるかをそれぞれ評定させました。そして，自己評定と平均的大学生の評定の差を算出し，特徴の望ましさによってどのような違いがみられるかを分析しています。図74に結果が示されています。これをみると，概して，望ましい特徴（例，親切な）は平均的大学生より自分にあてはまり，望ましくない特徴（例，無礼な）は自分より平均的大学生にあてはまるとみなしていることがわかります。

3 コントロール幻想

2つめは，コントロール幻想と呼ばれているものです。これについては，ランガーが行った面白い実験があるので紹介しましょう。◁5 この実験ではあるオフィスビルに出かけていき，そこにいる人たちに宝くじを1ドルで買わないかと持ちかけます。もし相手が買うと答えると，実験者は自分が選んだクジを1枚その人に

図74 平均以上効果

（注）統制可能性とはその特性を努力によって獲得できる可能性を表す。

出所：Alicke 1985 より。

手渡すか，あるいは，クジの束を見せて相手に1枚引くようにいいます。2週間後，実験者はクジを売った人たちに再び接触し，クジを買いたがっている人が他にも大勢いるのだけれど，もう1枚も残っていないので先日売ったクジを買い戻したいと告げ，値段を相手につけさせました。すると，実験者が選んだクジを手渡された人は，2ドルなら売ってもよいといったのに対し，自分でクジを引いた人は9ドルの値段をつけたのです。自分の手でクジを引いた人は，そのクジが当選する確率を非常に高く見積もっていたことになります。しかし，クジが当たる確率は全くの偶然によりますので，自分で引いても，人から手渡されても変わらないはずです。けれども，人間には自分の行為がもたらす結果には偶然以上の何かが働く，もしくは偶然を超えた力を自分が及ぼせると錯覚しているところがあるのです。

❹ 非現実的楽観主義

3つめは，非現実的楽観主義と呼ばれています。あなたは，将来自分が宝くじに当たる可能性が他の人より高いと思うか低いと思うかを訊かれたらどのように答えるでしょうか。あるいは，将来，癌にかかる可能性はどうでしょうか。ワインシュタインは，さまざまな出来事をあげ，それらが将来自分に起こる確率と他の人に起こる確率を回答させるという実験を行いました。すると，人々は，よい出来事は他者よりも自分に起こりやすく，わるい出来事は自分より他者に起こりやすいと考えていることが示されたのです。しかも，よい出来事は，生起頻度が高いものほど他者より自分に起こりやすいと信じており，わるい出来事は，コントロール可能（例，心がけ次第で癌は予防できる）と考えているものほど他者に比べ自分には起こりにくいと信じていました。けれども，よく考えれば，生起率の高い出来事は自分だけでなく他者にも起こりやすいですし，コントロール可能性の高い出来事は他者にとってもコントロールしやすいはずです。人々がいかに自分の将来について格別に楽観的なシナリオを描いているかがわかります。

❺ ポジティブ・イリュージョンと適応

ところで，このような楽観性は，日常生活に支障をきたすようにも考えられます。確かに，心理学では長らく，客観的で正確な現実認識こそが精神的健康と社会的適応を支える重要な基盤であると考えられてきました。そのような観点に立てば，ポジティブ・イリュージョンは現実認識を誤らせ間違った行動に人を導くと考えられます。しかしながら近年，楽観性の高い人ほど心身ともに健康である，不幸に見舞われても立ち直りが早いなど，楽観性こそが健康な心の源泉であるという主張が社会心理学者のテイラーによって提起され，人間のもつ楽観性の意味が問い直されることになりました。　　　　（池上知子）

▷ 5　Langer, E. 1975 The illusion of control. *Journal of Personality and Social Psychology,* **32**, 311-328.

▷ 6　Weinstein, N. D. 1980 Unrealistic optimism about future life events. *Journal of Personality and Social Psychology,* **39**, 806-820.

▷ 7　テイラー，S. E. 宮崎茂子（訳）1998 それでも人は，楽天的な方がいい　日本教文社

VI 対人関係

1 対人魅力を決めるもの
類似説と相補説

人は自分と似ている相手を好きになるのでしょうか？ それとも，自分とは異なったタイプの人を好きになるのでしょうか？ 前者のように自分と似ている人に好意を感じることを心理学では類似性への魅力（魅力の類似説）と呼び，後者のように自分とは異なったタイプの人に好意を感じることを相補性への魅力（魅力の相補説）と呼びます。では，人に対して魅力を感じる場合に，このような類似性と相補性のどちらがより強く作用するのでしょうか？

1 自分と似ている人は魅力的？（類似性への魅力）

▷1 Byrne, D. & Nelson, D. 1965 Attraction as a linear function of proportion of positive reinforcements. *Journal of Personality and Social Psychology,* **1**, 659-663.

魅力の類似説に関しては，古典的研究として，バーンとネルソンが[1]，人は自分と似たような態度や意見をもつ相手に対してより好意を感じやすいのかについての検討を行っています。彼らはまず，実験参加者に態度や意見についての簡単な質問紙に答えてもらうよう依頼しました。その後，実験参加者は，自分と同じように実験に参加している相手（架空の人物で実際には存在しない）とこれから会ってもらうことが告げられ，その相手が回答したとされる質問紙を見せられました。ただし，この相手が回答したとされる質問紙は，実は偽物で，先ほどの実験参加者が回答した質問紙を参考にして実験者が作り上げたものです。それらは実験参加者の態度や意見と非常に似ているもの（高類似）から逆にまったく似ていないもの（低類似）まであり，各実験参加者たちにランダムに見せられました。すなわち，この実験では，実験参加者と彼／彼女らがこれから会うと信じ込まされた人物（架空の相手）との態度や意見の類似性が操作されたのです。実験参加者たちは，これから自分が会うであろう人物が回答した質問紙（実際は，実験者によって作られた）を見た後，その人物に対する好意度を答えました。その結果（図75），実験参加者とその架空の人物との態度や意見の類似性が高ければ高いほど，その人物に対する好意度が高まることが示されました。つまり，相手と態度や意見が似ているほど，その人に対して魅力を感じやすくなったのです。また，このような現象は，本人にとって重要な態度や意見の場合に，より顕著になっていくようです[2]。

▷2 奥田秀宇 1993 態度の重要性と仮想類似性——対人魅力に及ぼす効果 実験社会心理学研究, **33**, 11-20.

○どうして似ている人を好きになるのか？

それでは，なぜ人は自分と似たような人に魅力を感じてしまうのでしょうか？ その一つの説明としては，合意的妥当性（他者から認められることで自分の考えを正しいと思うこと）というものがあげられます。皆さんは，自分が何か

意見を口にしたときに、他の人から「私もそう思う」といわれると、少しうれしい気持ちにはなりませんか？　反対に、「私はそうは思わない」と返されると何となく気分がすっきりしないでしょう。人というのは、基本的に自分の考えはある程度正しいと思っていたいものです。そのため、自分と意見が類似していない人と一緒にいると自分の考えが否定されてしまう可能性が高まり、嫌な気分になることが多くなります。しかし、自分と態度や意見が似ている人と一緒にいると自分の意見は肯定されることが多くなるため、よい気分を味わうことができます。それゆえ、人は自分と態度や意見の似た人に対して魅力を感じ、好意を抱きやすくなるのです。また、類似性への魅力のもう一つの理由は、自分と似ている相手とは相互作用しやすい（お互いにつきあいやすい）ためです。たとえば、自分と似ていない相手と一緒に行動する場合、相手が何を考えているのか、相手が次にどんな行動をとるのかといったことを予測するのは困難となります。そのような相手と一緒にいるのはかなり精神的な負担になるでしょう。しかし、自分と似ている相手の場合、相手の考えや感情を理解しやすく、相手の行動も予想しやすいため、長い間一緒にいたとしてもそれほど精神的な負担にはなりません。自分と似ている人を好きになるのはそのためなのです。

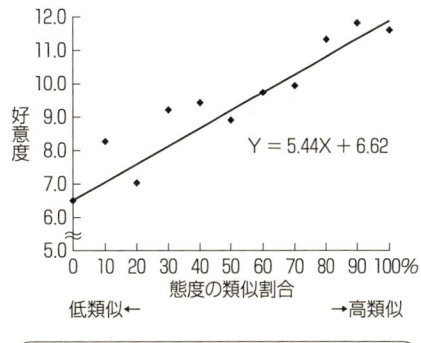

図75　態度の類似割合と好意度との関連

❷ 自分とは違うものをもつ人に魅力を感じる（相補性への魅力）

　それでは、人は自分と似たような相手にしか魅力を感じないのでしょうか？　もちろん、そんなことはありません。皆さんも自分にはないものをもっている人に対して好意を抱いたことがあるでしょう。このように自分とは似ていない人に対して好意を抱くことは相補性への魅力と呼ばれており、古くはウインチ[3]やワグナー[4]によって検討がなされています。その結果として、魅力の相補説は主に性格に関してみられやすいことが知られています。つまり、相手のことをいろいろと世話をしてあげたいと思う人は、同じように世話好きの人ではなく、養護欲求の強い人、すなわち、相手から世話を焼いてもらうのが好きな人のことを気に入りやすく、その逆もまた然りというわけです。

❸ 好きになりやすいのは似ている人？　似ていない人？

　それでは、類似性と相補性はどちらが魅力に対してより強力に作用するものなのでしょうか？　これまでの多くの研究結果からは、類似性の方が他者に魅力を感じる際に重要となりやすいようです。ただし、関係の初期段階（始まり）では類似性への魅力が重要にはなるが、関係が長くなっていくにつれて、次第にお互いを補えるような相補説への魅力がその重要性を増していくともいわれています[5]。

（金政祐司）

[3] Winch, R. F., Ktsanes, T. & Ktsanes, V. 1954 The theory of complementary needs in mate-selection: An analytic and descriptive study. *American Sociological Review,* **19**, 241-249.

[4] Wagner, R. V. 1975 Complementary needs role expectations, interpersonal attraction, and the stability of working relationships. *Journal of Personality and Social Psychology,* **32**, 116-124.

[5] Kerckhoff, A. C. & Davis, K. E. 1962 Value consensus and need complementarity in mate selection. *American Sociological Review,* **27**, 295-303.

VI 対人関係

2 自尊心と感情の関係

あなたは自分に自信をもっていますか？ それとも，自分にあまり自信がないほうでしょうか？ このような自分への自信のことを心理学では自尊心と呼びます。より具体的にいうならば，自尊心とは，自分自身について考える際に自分を基本的に価値ある存在とみなせる感覚のことを指します。この自尊心には2つの種類があり，長期間安定している特性自尊心と，個人が置かれている状況によって短期間で変化する状態自尊心とに分けることができます。特性自尊心とは，個人の性格のようなもので，先ほどのような問いかけに対して「僕は自分に自信がある」と答える人は特性自尊心が高いと考えられます。しかしながら，自分に自信のある人でも，大きな失敗をした後には落ち込んでしまうかもしれません。このようなその時々の状況によって変わってくる自尊心が，状態自尊心です。それでは，特性自尊心もしくは状態自尊心と感情とはどのような関連があるのでしょうか？

1 自信のない人はうまく他者と付き合えない？（特性自尊心と感情との関連）

一般的に，特性自尊心の低い人は，対人関係においてネガティブな感情を感じやすいといわれています。なぜなら，特性自尊心の低い人は，対人関係で自分が相手に受け入れてもらえないのではないかといった不安を感じやすいため，他人の言動を過度に気にしやすく，ストレスを感じて気分が憂鬱になりやすいからです。また，そのような人は，自分にあまり自信をもてないために，他人の曖昧な表情や言葉からでもネガティブな意図を読み取りやすい傾向があります。つまり，相手の何気ない行動に対しても，「私はあの人から嫌われているのかもしれない」といった疑念を抱きやすいのです。これらのことは，時に特性自尊心の低い人の対人関係をうまくいかなくさせることがあります。それというのも，特性自尊心の低い人は，先のように自分が他人から受け入れてもらっているかどうかについて確信がもてないために，親密な相手に対して，「自分は嫌われてはいないか」ということを繰り返し確認してしまう傾向があるからです。このことを再確認傾向といいます。もちろん，人は誰でも自分が他人から嫌われてはいないかどうかを確認したいものです。しかし，それが過度になってしまうと問題になります。たとえ自分の好きな相手からであったとしても，「私のことを嫌っていない？」と何度も何度も繰り返し確かめられるとあまりよい気持ちはしないでしょう。つまり，相手に繰り返し自分への好意や評

▷1 梶田叡一 1988 自己意識の心理学（第2版）東京大学出版会

▷2 Brennan, K. A. & Morris, K. A. 1997 Attachment styles, self-esteem, and patterns of seeking feedback from romantic partners. *Personality and Social Psychology Bulletin*, **23**, 23-31.

▷3 Leary, M. R. 2004 The sociometer, self-esteem, and the regulation of interpersonal behavior. In R. F. Baumeister & K. Vohs (Eds.) *Handbook of Self regulation: Research, Theory, and applications.* New York: The Guilford Press.

▷4 Joiner, T. E. Jr., Metalsky, G. I., Katz, J. & Beach, S. R. H. 1999 Depression and excessive reassurance-seeking. *Psychological Inquiry*, **10**, 269-278.

▷5 勝谷紀子 2004 改訂版重要他者に対する再確認傾向尺度の信頼性・妥当性の検討 パーソナリティ研究, **13**, 11-20.

価を確認してしまうと，その相手から嫌われてしまう可能性が高まってしまうのです。このように考えると，自分にある程度の自信をもって人と接することは，対人関係でうまくいくために必要なことだといえます。もちろん，あまりに過度の自信をもつのも問題ではありますが……。

❷ 不安は他者への魅力を喚起するか？（状態自尊心と感情との関連）

　状態自尊心は，状況や環境によって変化する自尊心です。この状態自尊心が低くなると，人は自分のことを認めてくれる相手や自分を高く評価してくれる相手に好意を抱きやすくなる傾向があります。このことは好意の自尊理論と呼ばれ，ウォルスターによって以下のような実験がなされています。

▶ 6 Walster, E. 1965 The Effect of self-esteem on romantic liking. *Journal of Experimental Social Psychology*, **1**, 184-197.

　実験の参加者は，事前に性格検査を受けていた女子大学生で，彼女らは実験が始まるまで，実験室で待機していました。ところが，実験者はなかなか現れず，そこに感じのよい男子学生がやって来て参加者に対して好意的に話しかけます。実は，この男子学生は実験の協力者で，事前のシナリオに沿って話を進めているだけなのですが，参加者はそんなことなど知るはずもありません。二人はしばらく雑談をし，その後，男子学生は参加者に今度どこかに一緒に遊びに行かないかと誘いかけました。そこへタイミングを見計らった実験者がやってきて実験を開始しようとします。先の男子学生は簡単に実験を手伝うふりをした後，退室しました。ここで実験者は，女子大学生の参加者が事前に受けていた性格検査の結果を報告します。ただし，この性格検査の結果は実験者によって作られた偽物でした。実験者によって作られた偽の結果は2つ用意されており，一つは参加者が自信をもつようなよい報告がなされる結果（状態自尊心上昇条件），もう一つは参加者が自信を失うような悪い報告がなされる結果（状態自尊心低下条件）で，参加者はそれらをランダムで受け取るように設定されていました。その後，参加者は，実験者や先ほどの男子学生などいく人かの人物に対する好意感情（好意度）の評定を行い，実験は終了しました。

　この実験では，状態自尊心の違いによって，特定の人物に対する好意感情が異なるのかを調べています。その結果，図76に示したように，状態自尊心上昇条件と状態自尊心低下条件で参加者の好意感情に大きな違いがみられたのは，男子学生に対するものだけでした。つまり，状態自尊心が低下し，自信がなくなった場合には，自分を高く評価してくれた（一緒に遊びに行かないかと誘ってくれた）相手に対してより好意を抱いていたことになります。人は不安なときや自信が揺らいだときには，それを補うように自分のことを肯定的にみてくれる相手に対して魅力を感じてしまうものなのです。

（金政祐司）

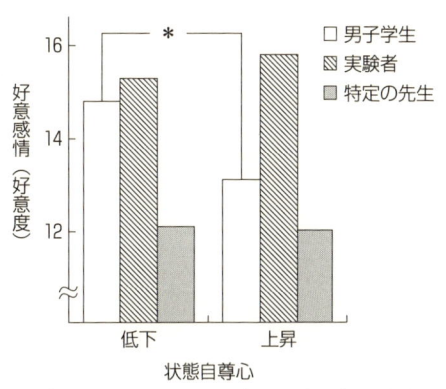

（注）図中の＊のマークの部分に違いがみられた。

図76　状態自尊心の上昇・低下による

出所：Walster　1965

VI 対人関係

3 愛とは何か
愛の三角理論と恋愛の色彩理論

▷ 1 Sternberg, R. J. 1986 A triangular theory of love. *Psychological Review*, *93*, 119-135.
▷ 2 Lee, J. A. 1988 Love styles. In R. J. Sternberg & M. L. Barnes (Eds), *The Psychology of Love* (pp. 38-67). New Haven, CT: Yale University Press.
▷ 3 松井豊・木賊知美・立澤晴美・大久保宏美・大前晴美・岡村美樹・米田佳美 1990 青年の恋愛に関

「愛って何？」と聞かれるとあなたはどのように答えますか？ 他人からいきなりそんな質問をぶつけられでもしたら，多くの人はたじろいで「う～ん」と考え込んでしまうのではないでしょうか。愛とは何か，という問いかけへの答えは，文学や哲学の世界においても人々の心を魅了し続けてきたテーマの一つであり，そのために無数の人たちが数限りないことばを費やしてきました。ただし，心理学において，愛とは何なのか，というこの雲をつかむような難解なテーマが研究の対象となり始めたのは比較的最近のことです。ここでは，その問いへの答えとして，愛の三角理論と恋愛の色彩理論を取り上げて説明をしていくことにしましょう。

1 愛の三角理論（愛を形として考えてみる）

表15 愛の3つの要素とその説明

愛の3要素	説 明
親密性	親密性は，愛情の中心的な要素であり，親しさや相手とつながっているという感覚として関係の中で経験されます。また，親密性は，関係への感情的な関わりあいから形づくられていきます。
情 熱	情熱は，相手とのロマンスや身体的魅力によって引き起こされる要素です。親密な関係においては，積極的に相手と関わりをもとうとする動機とみなすことができます。
コミットメント	コミットメント（関与）とは，短い関係では，愛するという決定，長い関係では，愛を維持していこうとする意志として考えられるものです。コミットメントは，辛い時を乗り越えて関係を継続していくためには欠かせない要素です。

出所：Sternberg 1986.

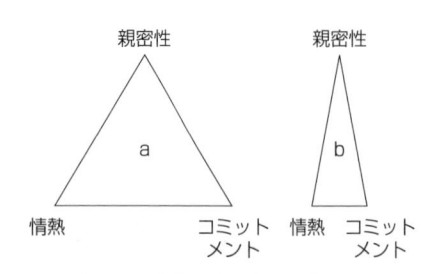

図77 3要素の組み合わせによる愛の強さと形

愛の三角理論とは，スタンバーグによって提出された理論です。彼は，自身のいくつかの研究結果を通して，愛という概念が1つの大きな塊のようなものではなく，いくつかの要素から成り立っているものであると考えました。それらの要素とは，表15に示したような"親密性"，"情熱"，"コミットメント"の3つの要素であり，それらが組み合わさることで愛という概念が構成されるというのです。スタンバーグの愛の三角理論が，他の理論と比較して優れている点は，愛というものを男女間の恋愛感情のみに限定していないことです。

図77に示したように，愛の三角理論では，愛の3つの要素は互いに影響を及ぼし合いながら，全体としての愛はその強さや形を変えていくとされます。その際，三角形の大きさもしくは面積は愛の強さとして，正三角形や二等辺三角形といった三角形の形は愛の種類やタイプとして，関係のなかでさまざまな行動や経験として現れてきます。たとえば，図77のaの三角形は，3つの要素が

均等なバランスのとれた愛を示しています。また，ｂの三角形で表わされる愛は，親密性のみが高いことから友人関係のような愛（友愛）と考えることができるでしょう。愛の三角理論についてのこれまでの研究では，親密な異性関係においては３つの要素のなかでも特に"親密性"が重要であることが見出されています。このことは，恋愛関係がうまくいくためには，まず相手との"親密性"を高める必要性があることを意味します。

２ 恋愛の色彩理論（愛を色にたとえてみる）

では，次に恋愛に関する理論である色彩理論を紹介しましょう。リーは，これまでの恋愛に関連するさまざまな文献，哲学書や小説を調べることで，恋愛にはいくつかの種類があることを示しました。彼は，この恋愛の種類のことをラブスタイルと呼び，また，ラブスタイルにはいくつもの種類が存在し，恋愛がさまざまな彩りをもつことから自らの理論を"恋愛の色彩理論"と名づけています。

"恋愛の色彩理論"によると，恋愛は大きく６つに分けることができるとされています。それら６つのラブスタイルとは，表16に示したエロス，ストルゲ，ルダス，マニア，アガペー，プラグマです。ラブスタイルには，性差が見られるものもあり，日本では一般的に，男性は女性と比べてアガペー傾向が高く，女性はプラグマ，ルダス傾向が高いようです（松井ら，1990）。

これまでの研究では，エロス，マニア，アガペー傾向が高い人は，自分の恋愛相手に対する愛情が強く，反対に，ルダス傾向の高い人は，恋愛相手への愛情が弱いことが示されています。また，エロス的なラブスタイルをもつ人は，自分の現在の恋愛関係に満足しやすく，逆に，ルダス的なラブスタイルをもつ人は，現在の恋愛関係に不満足である場合が多いといった報告もあります。これらのことから，エロスは恋愛関係によい影響を与えやすいラブスタイルであり，反対に，ルダスは関係に悪影響を及ぼす可能性があるラブスタイルといえます。ただし，リー自身も述べているように，元来ラブスタイルによい悪いがあるわけではありません。どのラブスタイルもそれぞれが特徴的な恋愛の彩りなのです。

（金政祐司）

する測定尺度の構成 立川短期大学紀要, **23**, 13-23.

▷ 4 Kanemasa, Y., Taniguchi, J., Ishimori, M., Daibo, I. 2004 Love styles and romantic love experiences in Japan. *Social Behavior and Personality,* **32**, 265-282.

▷ 5 Hendrick, C. & Hendrick, S. S. 1986 A theory and method of love. *Journal of Personality and Social Psychology,* **50**, 392-402.

▷ 6 Hendrick. S. S., Hendrick, C. & Adler, N. L. 1988 Romantic relationships: Love, Satisfaction, and staying together. *Journal of Personality and Social Psychology,* **54**, 980-988.

表16 恋愛の色彩理論の６つのラブスタイル

ラブスタイル	説　明
エロス （美への愛）	エロスとは，恋愛を至上のものと考えるような恋愛のスタイルです。エロス的な人は，相手の外見を重視し，ロマンチックな行動をとりやすいといわれています。
ストルゲ （友愛的な愛）	ストルゲとは，穏やかな，友情的な恋愛のスタイルです。ストルゲ的な人は，長い時間をかけて，知らず知らずのうちに愛が生まれるという考えをもっています。
ルダス （遊びの愛）	ルダスは，恋愛をゲームとしてとらえ，楽しむことを優先するような恋愛のスタイルです。ルダス的な人は相手にあまり執着せず，複数の相手と同時に恋愛ができます。
マニア （熱狂的な愛）	マニアとは，独占欲の強さや相手への執着，嫉妬といった特徴をもつ恋愛のスタイルです。それゆえ，マニア的な人は，関係をなかなか安定させることができません。
アガペー （愛他的な愛）	アガペーとは，相手のために自分を犠牲にすることをもいとわない恋愛のスタイルです。アガペー的な人は，パートナーに対して親切で優しく，またその見返りを要求しません。
プラグマ （実利的な愛）	プラグマとは，恋愛を地位の上昇などの手段と考えているような恋愛のスタイルです。プラグマ的な人は，付きあう相手を選ぶ際，社会的な地位や経済力などいろいろな基準をもっています。

出所：Hendrick et al. 1988; Lee 1988 を参考に作成

VI 対人関係

4 愛・恋愛の個人差
成人の愛着理論

▷1 Hazan, C. & Shaver, P. R. 1987 Romantic love conceptualized as an attachment process. *Journal of Personality and Social Psychology,* **52**, 511-524.
▷2 Bowlby, J. 1969/2000 *Attachment and loss, Vol. 1: Attachment.* New York: Basic Books.
▷3 Bowlby, J. 1973/2000 *Attachment and loss, Vol. 2: Separation: Anxiety and anger.* New York: Basic Books.
▷4 Bowlby, J. 1977 The making and breaking of affectional bonds. *British Journal of Psychology,* **130**, 201-210.
▷5 Shaver, P. R. & Hazan, C. 1988 A biased overview of the study of love. *Journal of Social and Personal Relationships,* **5**, 473-501.
▷6 Bartholomew, K. & Horowitz, L. M. 1991 Attachment styles among young adults: A test of a four-category model. *Journal of Personality and Social Psychology,* **61**, 226-244.
▷7 Feeney, J. A. 1995 Adult attachment and emotional control. *Personal Relationships,* **2**, 143-159.

1 成人の愛着理論（愛や恋愛の個人差はなぜ生じるか）

　愛や恋愛のスタイルや形がなぜ個人によって違うのか，その説明の一つに発達的な視点を取り入れた成人の愛着理論というものがあります。成人の愛着理論では，乳幼児と養育者（主に母親）との関係を重要視し，そのような関係を愛着関係と呼びます。乳幼児は愛着関係での養育者との長期的なやり取りを通して，自分や他人をどのようにとらえるのか，どう認識するのかという自己や他者に対する信念や期待（思い込み）を心のうちに形づくっていくとされます。そして，そのような自己や他者に対する信念や期待というものが，個人の発達過程で継続していくことによって，その後の青年期や成人期でその人が愛や恋愛をどのようにとらえるのかということに影響を及ぼすのです。つまり，ある人は「愛のある関係など長続きしない」と思い，またある人は反対に「愛は永遠に続くものだ」と信じているというように，個人によって愛や恋愛のスタイルや形が異なるのは，この自己や他者に対する信念や期待が異なっているためだということになります。そして，その自己や他者への信念や期待の原型（もしくは原型の一部）は，幼い頃の養育者との愛着関係において形づくられているというのです。

　それでは，なぜ愛着関係で形成された自己や他者への信念や期待が，青年，成人期での愛や恋愛のスタイルや形に影響するのでしょうか？　成人の愛着理論は，ボウルビィの愛着理論をその基礎に置いています。ボウルビィは，人間の乳幼児や子ザルなどの行動の観察，研究を通して愛着理論を提唱しました。そして，彼によると，愛着は乳幼児期だけでなく，"揺りかごから墓場まで" 人生を通して，対人関係のさまざまな側面に影響を及ぼすとされます。それゆえ，愛着は青年・成人においても親密な二者関係（主に恋愛関係や夫婦関係）での心理的な絆を形成させることになるのです。実際，シェイバーとハザンは，乳幼児と養育者との関係と青年・成人期の恋愛・夫婦関係の間には，表17に示すような4つの共通点があることを指摘しています。つまり，青年・成人期の恋愛や夫婦関係も，乳幼児と養育者との関係と同じように強い心理的な絆をもつ"愛着関係"であるために，乳幼児期に形づくられた自己や他者への信念や期待が，青年期や成人期での愛や恋愛のスタイルや形にも影響するというのです。

2 青年・成人期の愛着スタイル（愛や恋愛の個人差を生み出すもの）

それでは，先ほどから何度も触れている自己や他者への信念や期待とは，具体的にどういうものなのでしょうか？　成人の愛着理論では，自己への信念や期待とは，対人関係における不安の感じやすさ，もしくは，相手から見捨てられることへの不安傾向である"関係不安"のことを意味します。また，他者への信念や期待は，他者と親密になることへの不快感，もしくは他人に依存することへの嫌悪感である"親密性回避"を表すものと考えられています。つまり，自己への信念や期待がネガティブな場合は対人関係で不安を感じやすく，また，他者への信念や期待がネガティブな場合には他者と親密になることを避ける傾向があることになるのです。そして，関係不安と親密性回避という自己や他者への信念や期待が，高いのか低いのかによって，個人の愛着（もしくは，愛や恋愛）に対する考え方や行動様式は4つに分類されます。これを青年・成人期の愛着スタイルと呼びます。

それら4つの愛着スタイルとは，それぞれ表18に示したような特徴をもつ関係不安と親密性回避がともに低い"安定型"，関係不安が高く，親密性回避が低い"とらわれ型"，関係不安は低いが，親密性回避が高い"回避型"，関係不安と親密性回避がともに高い"恐れ型"です。

これまでの研究では，"安定型"の人は，他の愛着スタイルの人と比べて，恋愛・夫婦関係でポジティブな感情を経験しやすく，また，関係に対する満足度も高いことが示されています。さらに，愛着スタイルは，見ず知らずの人の表情をどのように認識するかにも影響しており，"とらわれ型"の人は，他者の表情からよりネガティブな感情を読み取りやすいことが報告されています。

（金政祐司）

表17　乳幼児と養育者との関係と恋愛・夫婦関係の愛着についての共通点

	2つの愛着関係	
	乳幼児と養育者との関係	青年・成人期の恋愛・夫婦関係
①近接性の探索	母親に近づいて身体的な接触を求め，また，それを維持しようとします。	恋愛相手を抱きしめたい，触れたいという欲求をもちます。
②分離苦悩	母親と離ればなれになると泣く，叫ぶなどの抵抗を示して苦悩を表出します。	恋愛相手と長期にわたって会えなくなると苦悩を経験します。
③安全な避難所	身体的または精神的な危険に直面した場合に母親から安心感を得ようとします。	ストレスや苦悩時には恋愛相手に慰めを求めようとします。
④安全基地	母親から安心感を提供されることで，母親から離れての探索行動などが活発になります。	恋愛関係から信頼や安心感を供給されることで，その他の行動（仕事や勉強）に集中して取り組めます。

出所：Shaver & Hazan　1988

表18　青年・成人期の4つの愛着スタイルとその特徴

青年・成人期の愛着スタイル	対人関係における主な特徴
安定型	自分と他者をともにポジティブにみています。自分に自信をもち，親しい関係で親密さを示されることに心地よさを感じます。また，他者を善意あるものとみなし，対人関係においてあまり不安を感じません。愛は長く続くものであると考える傾向があります。
とらわれ型	自分自身に価値がないと強く思い込んでおり，他者と親密になることで自分に価値をもたせようとします。しかし，対人関係での不安が高いため，親密な関係がうまく築けない場合，非常にストレスを感じる傾向があります。
回避型	他者をネガティブにみていることから，人と親密になることを不快に感じ，それを避けようとします。自分の感情を他者に悟られることを嫌い，他人に依存しないことで自分の自信を維持しようとします。また，愛は長続きしないものと考えています。
恐れ型	自分に価値をもたせたいために他者に強く依存しようとします。しかし，他者を信頼することができず，相手から見捨てられたり，拒絶されたりすることを恐れて，親密になることを避けようとします。

出所：Bartholomew & Horowitz　1991

▷8　Feeney, J. A. 1999 Adult attachment, emotional control, and marital satisfaction. *Personal Relationships,* **6,** 169-185.

▷9　Shaver, P. R., Schachner, D. A. & Mikulincer. M. 2005 Attachment style, excessive reassurance seeking, relationship processes, and depression. *Personality and Social Psychology Bulletin,* **31,** 343-359.

▷10　金政祐司　2005　自己と他者への信念や期待が表情の感情認知に及ぼす影響―成人の愛着的視点から　心理学研究, **76,** 359-367.

VI 対人関係

5 人が心を開くとき
自己開示

初めて会った人に，あなたはどんなことを話すでしょうか？ 友達や両親には？ そして，あなたは自分の好きな人へどのようなことを伝えたいと思うでしょうか？ 心理学では，このような自分の考え方や情報，感情などを相手に言葉で伝えるコミュニケーションのことを自己開示といいます。

① 私たちは誰に何を伝えようとするのか？（自己開示の内容と対象）

この自己開示をどのような形で行うのかは，当然のことながら相手との関係によって異なってきます。皆さんも初めて会った人やあまり信頼できない人に，自分の大切な思い出や多くの人には秘密にしておきたいことがらなどを話そうとは思わないでしょう。また，両親には口が裂けてもいいたくないことや，自分の恋人には知られたくないことなど，たとえ親しい相手であったとしても，その相手が誰であるかによって何を自己開示するかは変わってくるものです。

これまでの研究では，自己開示は，図78に示したように，内容別にいくつかの側面に分けることができるとされています。そのような自己開示の内容別に，榎本は，大学生を対象にして，図78に示した側面のうち11側面（①から⑪までの番号がついている側面）について，日常生活で特定の他者（たとえば，父親，母親，親しい友人など）に対してどの程度自己開示を行っているのかを調べました。その結果，相手にかかわりなく，全体的に最もよく開示されている内容は，精神的自己の①知的側面と③志向的側面でした。また，⑨物質的自己や⑤機能・体質的側面も比較的よく開示されている内容でした。つまり，大学生は，自分の知的能力に関わることがらや自分の価値観や目標としている生き方，さらに，こづかいの使いみちや服装の好み，自身の体質や健康状態などを日常的によく人と話していることになります。反対に，自己開示の程度が低かった側面は，身体的自己の⑥性的側面であり，大学生はあまり他者に性に対する関心や悩みを打ち明けていないといえるでしょう。また，自己開示は，その側面にかかわらず，全般的に男性よりも女性の方が多く行う傾向がありました。このような傾向

▶1 榎本博明 1987 青年期（大学生）における自己開示性とその性差について 心理学研究, **58**, 91-97.

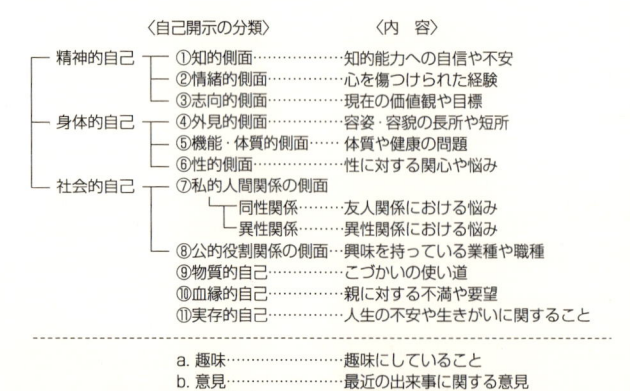

〈自己開示の分類〉　〈内　容〉
- 精神的自己
  - ①知的側面……………知的能力への自信や不安
  - ②情緒的側面…………心を傷つけられた経験
  - ③志向的側面…………現在の価値観や目標
- 身体的自己
  - ④外見的側面…………容姿・容貌の長所や短所
  - ⑤機能・体質的側面……体質や健康の問題
  - ⑥性的側面……………性に対する関心や悩み
- 社会的自己
  - ⑦私的人間関係の側面
    - 同性関係…………友人関係における悩み
    - 異性関係…………異性関係における悩み
  - ⑧公的役割関係の側面…興味を持っている業種や職種
  - ⑨物質的自己…………こづかいの使い道
  - ⑩血縁的自己…………親に対する不満や要望
  - ⑪実存的自己…………人生の不安や生きがいに関すること

- a. 趣味……………趣味にしていること
- b. 意見……………最近の出来事に関する意見
- c. うわさ話………友達などのうわさ話

図78　自己開示の分類

出所：榎本　1987

がみられたのは，一般に女性の方が男性よりも感情や親密さの表出を社会的に許容されやすいためだと考えられます。さらに，誰に自己開示を行うのかという相手についてみてみると，図79に示したように，男女ともに同性の友人への自己開示が最も多く，父親への開示が最も少ないという傾向がありました。両親に対する自己開示については，性差がみられ，女性は男性よりも多くの開示を行っており，特に母親でその傾向が強く認められました。また，女性では母親と同性の友人への開示はほぼ同程度に高く，女性同士の関係では，比較的頻繁に自己開示が行われているようです。

❷ 自分のことを他人に伝えることの意味（自己開示の機能）

それでは，自己開示は対人関係や生活のなかでどのような機能をもっているのでしょうか？　その一つの機能としては，他者に自分の悩みや経験，感情を打ち明ける（自己開示をする）ことによる精神的健康の向上があげられます。

たとえば，皆さんは自分の嫌な経験や不快な出来事を他の人に喋ることで，ちょっと気分が楽になった，気が晴れたといったことはないでしょうか。また，日々の出来事を気軽に話せる相手がいるというのは生活を彩ってくれるものです。実際，これまでの研究では，自己開示を多くする人ほど自分への評価が高いこと[2]，友人への自己開示を多く行う者ほど孤独感が低いこと[3][4]などが報告されており，自分について他者によく喋る人は，全般的に精神的な健康状態がよいといえるでしょう。

自己開示のもう一つの機能としては，二者関係での親密さを促進させ，関係の発展を促す機能があげられます。たとえば，友だちが他の人には決していわないようなことを自分にだけ打ち明けてくれたとしたら，皆さんはどう感じるでしょうか？　おそらく，「あぁ，この人は私のことを信頼して喋ってくれているのだろうな」と思うのではないでしょうか。このように多くの場合，自己開示は，開示をする人から相手への信頼や好意を意味します。それゆえに，開示された方の人は，その相手から信頼や好意を受け取ったことになるため，そのお返しとして相手に自己開示を行いやすくなります。これを自己開示の返報性といい，このようなお互いの自己開示のやり取りによって，二者関係は親密になっていくのです。

ただし，自己開示のやり取りは，シーソーゲームのようなもので，自分だけの一方的な自己開示や，初対面の相手にいきなり深刻な話をするなど，相手との関係にそぐわない自己開示は関係の親密さを妨げる原因になりかねないことには気をつけておく必要があるでしょう。

（金政祐司）

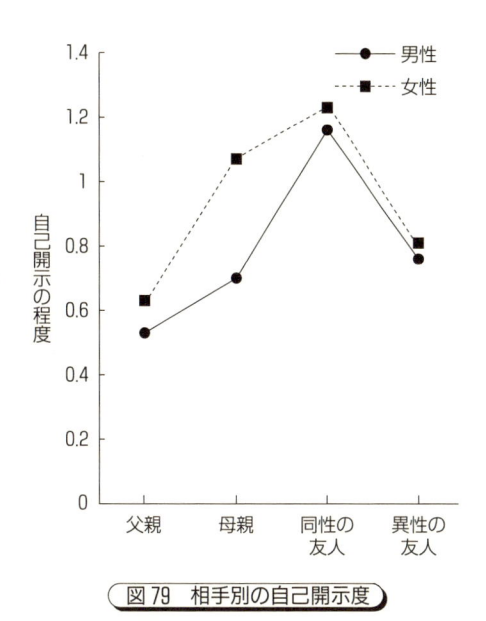

図79　相手別の自己開示度

出所：榎本　1987

▷2　榎本博明　1993　自己開示と自己評価・外向性・神経症傾向との関係について　名城大学人間科学研究，**4**，29-36．

▷3　榎本博明・清水弘司　1992　自己開示と孤独感　心理学研究，**63**，114-117．

▷4　Solano, C. H., Batten, P. G. & Parish, E. A. 1982 Loneliness and patterns of self-disclosure. *Journal of Personality and Social Psychology,* **43**, 524-531.

VI 対人関係

6 自己演出の心理を探る
自己呈示

他者と円滑な人間関係をはぐくむことは，私たちの日常生活のなかで大きな課題です。そして，そのためには，自分のことをどのようにみられるかが重要といえます。私たちはそのことをよく認識しているので，自分が他者にどのようにみられるかに気を配り，他者の目に映る自分のイメージをコントロールしようとします。自分の内面を率直に相手に伝える自己開示に対し，こちらは自己呈示と呼ばれます。

1 自己呈示にはどのような種類があるのか

それでは，実際に私たちはどのように自分のことを他者に示そうとしているのでしょうか。これについては，ジョーンズとピットマンが，取り入り，威嚇，自己宣伝，示範，哀願という5つの自己呈示の方法について説明しています（表19参照）。この5つは，他者にどのように思ってもらうことを目標にしているかが異なっています。そして，そのどれもが，うまく自己呈示を行うことができれば何らかの報酬を得ることができるようになっています。

取り入りでは，自分が好感のもてる人物であることを他者に示します。たとえば，アルバイト先の店長にいつも笑顔をたやさず愛想よく接していれば，時給を上げてもらえるかもしれないし，休みを都合よく取ることができるかもしれません。

▷1 Jones, E. E. & Pittman, T. S. 1982 Toward a general theory of strategic self-presentation. In J. Suls (Ed.) *Psychological perspectives on the self*, 1. Hilsdale, NJ: Erlbaum. pp. 231-262.

▷2 安藤清志 1994 見せる自分／見せない自分——自己呈示の社会心理学 サイエンス社

表19 主張的自己呈示の5つの分類

	求める評価	失敗した場合の評価	相手に喚起される感情	典型的な行為
取り入り	好感がもてる	追従者 卑屈な 同調者	好意	自己描写，意見同調 親切な行為，お世辞
自己宣伝	能力がある	自惚れな 不誠実	尊敬	パフォーマンスの主張 パフォーマンスの説明
示範	価値ある 立派な	偽善者 信心ぶった	罪悪感 恥	自己否定，援助 献身的努力
威嚇	危険な	うるさい 無能な 迫力なし	恐怖	脅し 怒り
哀願	かわいそう 不幸な	なまけ者 要求者	養育・介護	自己非難 援助の懇願

出所：Jones & Pittman 1982；訳出は安藤 1994を参考にした。

自己宣伝では，自分は能力が高いということを示します。たとえば，飲食店のアルバイトの面接に行くと，自分の接客能力の高さを面接官にアピールすることで，その飲食店にとって戦力となる人材であると思わせることができれば，面接に合格できるわけです。

　示範は，自分が社会的に望ましい人物，道徳的な人物であるということを示します。たとえば，学校の先生が自らさまざまなボランティア活動に参加し，そのことを学生たちに説明することで，学生たちは先生のように立派な人間になりたいと思い，その先生の言葉に耳を傾けるようになるというような場合です。

　威嚇では，自分が危険な人物であることを他者に示します。危険な人物であることは社会的にはネガティブなイメージですが，他者にそのように思われることで，相手が自分を恐れて，自分の意見を通しやすくなることがあります。

　哀願は，自己宣伝とは逆に，いかに自分が能力がないのかを示すことで，他者にかわいそうと思ってもらおうとすることです。たとえば，自分が"か弱い"ことがわかるようなそぶりをして，彼氏に重い荷物を持ってもらったり，車で送り迎えしてもらおうとする女性はその典型です。

❷ どのようなときに自己呈示をしようとするのか

　私たちは，いつも自分自身のイメージに気を配り，それをコントロールしようとするわけではありません。どのようなときに自己呈示への動機づけが高くなるのかについては，リアリーとコワルスキーが3つの要因をあげています。

　1つめは「目標達成への関連性の高さ」です。たとえば，好意をもっている異性に対しては自己呈示を行おうとするでしょうが，同じサークルに入っている異性よりも，飲み会などでたまたま知り合った相手に対しての方が，自己呈示をしようと動機づけられます。後者の場合，次に会えるかどうかはわからず，その場での自己呈示の結果がこれからのその人との関係に与える影響が強いと考えられるからです。

　2つめは「目標の価値の高さ」です。飲み会で知り合った異性に対して自分をアピールしようと思ったとしても，その異性に魅力を感じているほど，その異性と仲よくなるという目標の価値が高いため，自己呈示への動機づけも高くなるわけです。

　3つめは「望ましいイメージと現実のイメージの不一致」です。普段から自分のことを「リーダータイプ」だと思っていた人が，自分が新しく入ったサークルの先輩に「君はあまり前に出ていくタイプではないんだね」といわれたときに，なんとか普段の自分の姿をわかってもらおうと，率先してサークルの仕事をしたり，積極的にメンバーに話しかけたりするというのはその一例です。

（谷口淳一）

▶3　Leary, M. R. & Kowalski, R. M. 1990 Impression management: A literature review and two-component model. *Psychological Bulletin*, **107**, 34-47.

VI 対人関係

7 表情としぐさが語るもの
ノンバーバル・コミュニケーション

　私たちが他者とコミュニケーションを行うときに，必ずしも言葉だけを用いるわけではありません。アイコンタクト，身振り手振り，顔の表情，相手との距離感など言語以外，つまりノンバーバル（非言語）を用いることも多いでしょう。

1 ノンバーバル・コミュニケーションの機能

　ノンバーバル・コミュニケーションにどのような働きがあるのかについて，パターソンは次の5つをあげています[1]。1つめは「情報を提供する」働きです。これは，言葉を用いたコミュニケーションの主な機能でもありますが，ノンバーバル・コミュニケーションの働きでもあります。たとえば，友達に「鉛筆を貸して」といわれ，うなずくのは依頼に対する許可を伝えているわけです。2つめは「相互作用を調整する」働きです。相手が話しているときに渋い顔をすれば，相手は話し続けづらくなり，自分が話すことができるようになるというのはこれにあたります。3つめは「親密さを表出する」働きです。これは，恋人同士が喫茶店で目と目を見つめあっているのがその典型例でしょう。4つめは「社会的コントロールの実行」という働きです。たとえば，部活動の監督は選手に対して腕を組みながら話すことで，選手に対して威厳を示しているわけです。最後は「サービスや仕事上の目標の促進」という働きです。これは，たとえばコンビニの店員さんがお客さんの手に触れるように丁寧におつりを返すというようなものです。

2 関係の親密さとノンバーバル・コミュニケーション

　ノンバーバル・コミュニケーションは，相互作用を行う他者との親密さに大きく関わります。ここでは，親密さとノンバーバル・コミュニケーションとの関連を示した2つの理論について紹介します。

○親密さとノンバーバル・コミュニケーションの直接性

　一般に，好意をもっている相手に対してはコミュニケーションの直接性（活動性の高さ）は高まる傾向があります[2]。すなわち，好意を持っている相手に対しては話しかけることも多く，相手に視線を向けたり，アイコンタクトを行ったり，相手に触れたりすることも多いといえます。また，相手が話しているときにうなずいたり，あいづちをうったりすることも多いでしょう。

[1] Patterson, M. L. 1983 *Nonverbal behavior: A functional perspective.* New York: Springer-Verlag.（パターソン, M. L. 工藤力（監訳）1995 非言語コミュニケーションの基礎理論　誠信書房）

[2] 大坊郁夫　1998a　しぐさのコミュニケーション――人は親しみをどう伝えあうか　サイエンス社

ただし，関係が進展し，親密になればなるほど，無限大にコミュニケーションの直接性は高まるわけではありません。交際して長い期間が経過したカップルや，結婚してから数十年が経った夫婦は，お互いに目を見つめあうことは少ない場合が多いでしょうし，手をつないで歩いたりすることも恥ずかしくなっているかもしれません。しかし，だからといってこれらのカップルや夫婦が親密でないわけではありません。

大坊は，好意とコミュニケーションの直接性との間に条件つきの直線関係と曲線関係が見られることを説明しています。関係が安定するまでの進展段階では，相手と親密になりたい，一体になりたいという動機から，コミュニケーションの直接性は高まるといえます。しかし，関係が安定し，相手との結合感を感じることができている段階まで達すると，お互いについての知識を共通にもっており，理解し合っているために，直接的なコミュニケーションを行う必要性は薄れ，減少するというわけです。この時点では，コミュニケーションの主な機能の変化があり，直接的なコミュニケーションではなく，阿吽（あうん）の呼吸や以心伝心というようなメタ・コミュニケーションが活発に行われるようになります。つまり，言葉に出さなくても，相手の目を見つめなくても，相手の考えていることが理解でき，配慮し合えるといえます。

このように，関係の親密さとコミュニケーションの間には，図80のような逆J的な関係があるといえます。

▷ 3 大坊郁夫 1998b 好意の表れとしてのコミュニケーション――その曲線的関係　現代のエスプリ 368号（松井豊（編）「恋愛の心理」），86-101.

○シンクロニー

ところで，似たもの夫婦という言葉を聞いたことはないでしょうか。長年，連れ添った夫婦は，顔が似てくるということを指しているようですが，つまりは，表情が似てくるということでしょう。また，カフェで向かい合って話をしているカップルを見ると，お互いに肘を机について顎を手にのせていたりします。このように，相互作用をしている相手とコミュニケーションが連動し，パターンが似てくることはシンクロニー（synchrony tendency）と呼ばれます。このシンクロニーは，コミュニケーションを行っている2人がどのような関係であるかによって影響され，相手との関係の持続や解消への欲求を反映する現象としてとらえられます。もし，相手との関係がこれからも続いてほしいと思っているならば，相手の発言や動作に対応して自分の発言や動作が変化し，関係が続くことを望んでいないならば，タイミングのずれた反応が示されると考えられます。

▷ 4 大坊郁夫 1990 対人関係における親密さの表現――コミュニケーションに見る発展と崩壊　心理学評論, **33**, 322-352.

（谷口淳一）

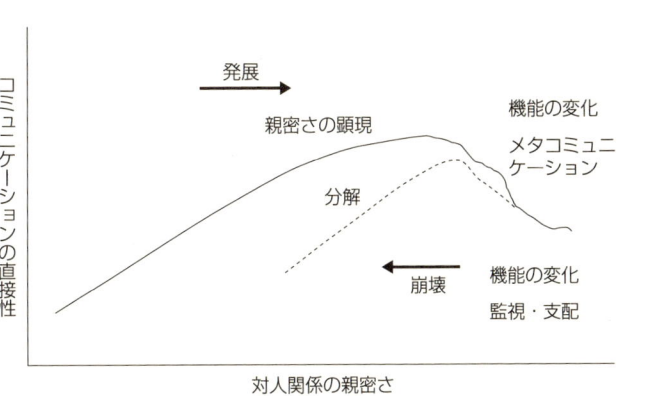

図80 対人関係の発展と崩壊とコミュニケーション行動の直接性との関係
出所：大坊 1990

VI 対人関係

8 空間行動にみる対人心理
パーソナルスペース

大学での講義で，知らない人が自分の隣に座ると，落ち着かない気持ちになったことはないでしょうか。あるいは，街中で知らない人に道を聞かれたときに，その人があまりにも自分に接近して話をしてきたら，思わず後ずさりしてしまった経験はないでしょうか。わたしたちはそれぞれ，ここから中には他人に入ってほしくないという，自分を取り巻く占有空間をもっており，この空間はパーソナルスペースと呼ばれます。

ソマー[1]は，パーソナルスペースを人の体を取り巻く泡のようなものであり，状況に応じて伸縮するものであり，自我の延長としてとらえることができるとしています。また，渋谷[2]は，対人場面におけるパーソナルスペースについて，相互作用を行っている相手との相互の関係にとって最もふさわしいと考えられた上で設定される空間であると定義しています。

このパーソナルスペースは，自分自身を中心に同心円的な構造にはなっておらず，前方には広く，後方に行くにつれて狭くなるというような構造であることが田中の研究[3]などで明らかになっています。つまり，他者が自分の前に立つときはある程度の距離をとっていないと不快に感じるのに対し，自分の後ろにいるときは，他者と自分との距離が近くてもあまり気にならないということです。田中は，このことについて，自分の前方についてはアイコンタクトがあるため他者の刺激価が高く，そのため最大の距離がとられると説明しています。自分の視野に他者が入っているほど，その人を強く意識し，大きな距離をとろうとするというわけです。

1 他者との親密さと最適な距離

電車で隣同士に座るとしても，仲がよい友達と接近して座ることは気にならないものの，あまり仲がよくない友達や先輩，先生が隣に座るときは，密着して座ることに抵抗を覚え，ある程度の距離を空けて座りたいものです。このように，普通，相互作用をしている相手と親密であるほど，その人と快適だという距離は短くなる傾向があります。サンドストームとアルトマンは[4]，相手とどれくらい離れていれば快適に思うかという最適距離について，"相手との親密さ"と"相互作用を行う必要性"という2つの観点から，図81のようなモデルを示しています。まず，関わる必要もなく，親密になりたいとも思わない他者に対しては，できるだけ距離が離れている方が快適だといえます。たとえば，

▷1 Sommer, R. 1969 *Personal space: The behavioral basis of design.* Englewood Cliffs, N. J.: Prentice-Hall.（ソマー，R. 穐山貞登（訳）1972 人間の空間——デザインの行動的研究 鹿島出版会）

▷2 渋谷昌三 1990 人と人との快適距離——パーソナルスペースとは何か NHKブックス

▷3 田中政子 1973 Personal space の異方的構造について 教育心理学研究, **21**, 223-232.

▷4 Sundstrom, E. & Altman, I. 1976 Interpersonal relationships and personal space: Research review and theoretical model. *Human Ecology,* **4**, 47-65.

電車に乗ったときに車両内に1人だけしかいないとすると、その人からなるべく遠いところに座るのではないでしょうか。大教室での講義で一番後ろに座ろうとするのも、裏を返せば、先生と親しくないこと、先生に興味がないことの表れともいえます。これに対して、先生のことをよく知らないが、授業に興味がある、あるいはテストが近いので情報を漏らさず聞きたいという場合は、図81のように快適さと許容される最適距離との間には逆U字的な関係がみられるといえます。つまり、先生と近からず遠からずという位置に座ることが予想されます。授業や先生に興味があるためなるべく近づきたいが、自らのパーソナルスペースを守るためには離れていなければいけないという接近－回避の葛藤が生じ、最適な距離が決定されるというわけです。また、先生のことをよく知っていて、普段から親しくしているほど、先生に近づいて座ると考えられます。よく知っている他者の場合にも快適さと対人距離の間には逆U字的な関係があると考えられますが、親しい他者の場合には、見ず知らずの人よりもパーソナルスペースに入れる許容度は高いため、最適距離は近くなるといえます。

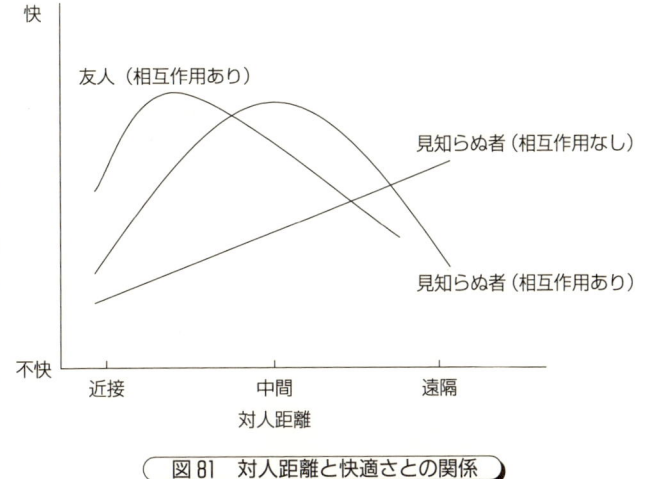

図81 対人距離と快適さとの関係
出所：Sundstorm & Altman 1976；大坊 1998より引用。

▷5 大坊郁夫 1998 好意の表れとしてのコミュニケーション——その曲線的関係 現代のエスプリ368号（松井豊（編）「恋愛の心理」），86-101.

2 相手との距離によって親密さを調節する

「話をするときは相手の目を見なさい」と両親や先生にいわれたことはないでしょうか。しかし、実際に他者と立ち話をしているときに相手の目をじっと見つめながら話しかけると、その人がやや後ずさりしてしまったという経験をしたことはないでしょうか。私たちが、他者とのそれぞれの関係に応じてもっている一定の親密さを維持しようとすることを、アーガイルとディーンは親密性平衡モデルとして説明しています。彼らは、ある話題について2人の実験参加者（1人はサクラ）が会話を行うという実験を行いました。

実験では、相手と会話を行う距離が3条件設定され、会話中に相手に視線をどれくらい向けたかが測られました。実験の結果は、会話をしている相手との距離が近くなるほど、相手に視線を向ける量が少なくなるというものでした。

相手に視線を向けるというのも、相手に近づくというのも、相手との親密さを増す行動です。相手との距離が近くなったときには、それ以上親密さが増さないように視線の量を減らしたわけです。このように、対人距離をはじめパーソナルスペースには、相手との親しさを調整する働きがあるといえます。

▷6 Argyle, M. & Dean, J. 1965 Eye contact, distance and affiliation. *Sociometry,* **28**, 287-304.

（谷口淳一）

VI 対人関係

9 社会的交換理論からみた対人関係
投資モデルと衡平モデル

▷1 奥田秀宇 1996 生物的・社会的・心理的視座から見た対人関係 大坊郁夫・奥田秀宇（編）親密な対人関係の科学 誠信書房 pp. 3-21.

▷2 Thibaut, J. W. & Kelley, H. H. 1959 *The social psychology of groups.* New York: Wiley.

▷3 Rusbult, C. E. 1983 A longitudinal test of the investment model: The development (and deterioration) of satisfaction and commitment in heterosexual involvements. *Journal of Personality and Social Psychology,* **45**, 101-117.

　私たちが日々行っている物を買うという行為は，お金というコスト（費用）と引き換えに，商品という報酬を得るというやり取りです。このような報酬とコストの交換という観点から，経済的な事柄に限らず，社会的行動全般を説明しようとする考え方は社会的交換理論と呼ばれます。社会的交換理論の中心的な考え方は，人は自分が行動することによって生じるであろう報酬と，その行動に伴うコストの差を最大にするように行動するということです[1]。つまり，損得を考慮して得をするように行動するわけです。この社会的交換理論によって対人関係を説明することもできます。つまり，報酬とコストを用いた交換という観点から，その関係における満足感や，親密な関係の進展や崩壊を予測しようとするものです。社会的交換理論から対人関係を説明しようとしたものにはいくつかありますが，ここでは投資モデルと衡平モデルについて示します。

1 投資モデル

　投資モデルは，社会的交換理論の一つである，ティボーとケリーの相互依存性理論を基にして[2]，ラズバルトが提唱したものです[3]。投資モデルでは，特定の他者との対人関係にどれくらい満足しているかという関係満足感，そしてその関係をこれからも続けていこうと思うのかという関係継続性の指標でもある関係関与性を予測しています（図82参照）。まず，関係満足感は，その関係から得られる成果の量が多いほど，高くなると予測されます。ここでいう関係から得られる成果とは，その関係から得られる報酬から，関係に費やさなければならないコストを差し引いたものです。ここでいう報酬には，その人と一緒にいて楽しいとか，その人からは多くのことを学べるといったさまざまなものが含まれます。またコストは，その人といたらお金がかかるというのもそうですが，その人といたら精神的にも肉体的にも疲れる，その人と会うことで自分の時間がなくなるといったことも含みます。つまり，成果の量が多いとは，その関係から得をしているということです。ただし，成果の量が多いからといって，その関係に満足できるわけではありません。投資モデルでは，成果の量がその個人のもつ比較水準を上回ったときに，関係に満足することができると説明しています。比較水準とは，過去の経験から形成された，この基準よりも成果の量が多ければ満足できるよという個人個人が所有する満足度の判断基準です。みなさんの友達に，「なぜ，あんな人と付き合っているのだろう？」と不思議に

思うような恋愛をしている人はいないでしょうか。恋人にお金を貢がされたり，暴言などで傷つけられたりしているのに，その恋人との関係に満足していると笑顔で答える人です。投資モデルでいえば，

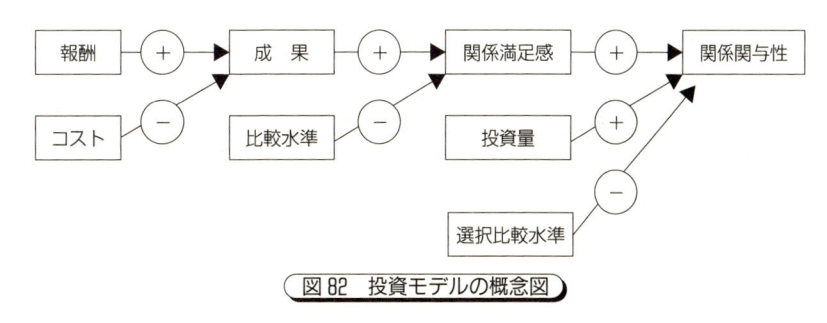

図82　投資モデルの概念図

このような人は過去に不幸な恋愛をしてきたなどの経験から非常に低い比較水準をもっており，関係から得られる成果が少なくても十分に満足できてしまうというわけです。

　関係に満足しているほど，その関係を続けていこうとする気持ちである関係関与性も強いといえます。ただし，投資モデルでは，関係関与性には関係満足感に加え，投資量と選択比較水準の高さが影響することを示しています。投資量とは，これまでにその関係に注ぎ込んださまざまな資源を指しており，たとえば，相手の誕生日にプレゼントした指輪や，相手と過ごした時間や思い出などです。この投資量が多いほど，関係関与性は高くなるというわけです。また，投資量が多く，どれだけ関係に満足していたとしても，相手と別れようという場合もあります。それは，恋愛関係でいえば，他にもっと好きな人ができた場合です。投資モデルでは，このような現在の関係以外の関係から得られる成果の高さと，現在の関係を終結させることに伴うコストの高さを含む概念を，選択比較水準として説明しています。関係満足感や投資量が高くても，それを上回るほど選択比較水準が高ければ関係を終結させるということになります。

2　衡平モデル

　投資モデルでは，関係満足感や関与性に影響するものとして想定された報酬やコストはあくまで自分自身だけのものでした。悪い言い方をすれば，自分さえよければいいという考え方です。これに対し，アダムスやウォルスターら[4][5]の提唱する衡平モデルは，相手の報酬やコストについても考慮に入れています。衡平モデルでは，衡平な関係であるほど，関係への満足感も関与性も高くなると予測します。衡平性の定義については諸説ありますが，アダムスは自らのインプットとアウトプットとの比が相手のインプットとアウトプットの比と等しくなる場合を衡平な関係としています。ここでのインプットは投資モデルでの報酬，アウトプットはコストに相当するものです。つまり，自分が相手との関係において得をしていても，相手も得をしていないと衡平性を感じることができないというわけです。また，自分が相手との関係において損をしていても，相手も自分との関係において損をしていれば，衡平性を感じることができ，関係満足感も高くなると予測されます。

（谷口淳一）

[4] Adams, J. S. 1965 Inequity in social exchange. In L. Berkowitz (Ed.), *Advances in experimental social psychology,* vol.2. New York: Academic Press. pp. 267-299.

[5] Walster, E., Walster, G. W. & Traupmann, J. 1978 Equity and premarital sex. *Journal of Personality and Social Psychology,* **36**, 82-92.

VI 対人関係

10 対人ストレスと向き合う
ソーシャルサポート

　私たちの日常生活はストレスにあふれています。勉強やアルバイト，クラブ活動などさまざまなことにストレスを感じると思いますが，なかでも最も頻繁に感じるストレスは，対人関係に関わる事柄ではないでしょうか。恋人，友達，両親，教員との関係など，さまざまな関係でストレスを感じます。他者と親密な関係を築くことは望ましいこととされていますが，皮肉にも親密な関係であるほど対人ストレスを感じる機会は多くなるのではないでしょうか。

　それでは，対人ストレスを感じた場合に，そのストレスはどのように緩和されるのでしょうか。「ストレス解消」にとひとりでできることも多くありますが，それ以上に，対人関係で生じたストレスを緩和してくれるのは，やはり対人関係ではないでしょうか。心身両面の健康に対してポジティブに働く対人関係は，ソーシャルサポートと呼ばれます。

1 対人ストレスをソーシャルサポートはいかに緩和するか

▶1 Cohen, S. & Wills, T. A. 1985 Stress, social support, and the buffering hypothesis. *Psychological Bulletin,* **98**, 310-357.

　ソーシャルサポートがストレスをどのように緩和するかについては，コーエンとウィルズ[1]のモデルが代表的です。このモデルでは，ストレスによって疾病がもたらされるプロセスにおいて，ソーシャルサポートが2段階でその影響を緩和すると説明されています（図83参照）。まず，ストレスを感じてしまいそうな出来事が起こってしまったときに，その出来事の受け止め方にソーシャルサポートは影響します。必要なときはソーシャルサポートを受けることができると思えば，その出来事を重大なことではないと評価できるということです。たとえば飲食店で新しくアルバイトを始めたとします。もし，そのアルバイト先の先輩が怖そうな人なら，「怒られたら傷つくだろうな」と思うかもしれません。つまり，その先輩の存在はストレスを生じさせる可能性を有していると

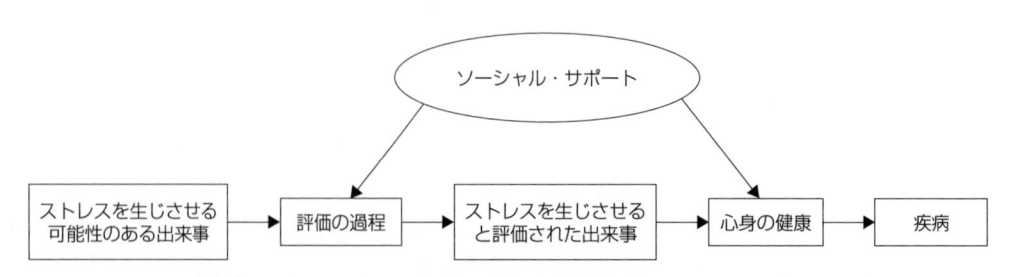

図83 ソーシャルサポートがストレスを緩和する2段階モデル

出所：相馬　2006

いえます。ただし，そのアルバイト先の店長が頼りになる人であれば，その先輩に怒られたとしても店長がかばってくれる，つまりサポートを与えてくれると思うことができ，先輩の存在をストレスだとは感じないというわけです。

　ストレスを感じてしまいそうな出来事が生じたときに，それを深刻に受け止めた場合でも，第2段階のソーシャルサポートがうまく働けば，健康が阻害されなくてすみます。つまり，その出来事をストレスフルであると考えたとしても，ソーシャルサポートを受けることができると思えることで，そのストレスフルな出来事に対して自分はうまく対処できると再評価したり，実際にそのストレスフルな出来事や問題を解決するための資源を与えられることで，疾病にならなくてすむというわけです。さきほどの例でいうと，頼りになる店長がおらず，失敗したら先輩に怒られてしまうとストレスを感じたとしても，一緒に働いている仲間たちとの関係が良好であれば，「お互い励ましあって，怒られても頑張っていける」と思えるだろうし，実際に怒られたときに励ましてもらったり，仕事を手伝ってもらったりすることで，ストレスフルな出来事を乗り越えることができるわけです。

❷ 誰からソーシャルサポートを受けると有益か

　ソーシャルサポートは対人ストレスを緩和するということですが，誰からのサポートであっても有効であるというわけではないようです。浦は，ソーシャルサポートは「道具的サポート」と「情緒的サポート」の2つに分類することができると説明しています。道具的サポートとは，ストレスを感じている人に対して，実際にそのストレスを解決するための資源を与えたり，その人が自分でストレスを解決できるように情報を提供したりするようなサポートです。情緒的サポートは，ストレスを感じている人の傷ついた気持ちを癒したり，低下した自尊心を高揚させたりして，その人自ら積極的に問題解決を行えるように後押しするようなサポートです。たとえば，アルバイト先で仕事がうまくこなせずストレスを感じている人に，「一緒に頑張ろう！」と声をかけて励ますのは情緒的サポートで，仕事のやり方などをアドバイスするのは道具的サポートになります。そして，この道具的サポートと情緒的サポートは，それぞれどのような人から与えられた場合に有益であるかが異なります。道具的サポートは，専門性をもった相手から与えられた場合に，情緒的サポートは親密な関係の相手から送られた場合に有益と考えられます。つまり，先の例でいえば，仕事に失敗して落ち込んでいる人を励ますという「情緒的サポート」は仲のよい友達や恋人からの方が効果がありますし，実際に仕事についてのアドバイスを与える「道具的サポート」は，仕事をよく知っている店長や先輩などが行うと有益であるということになります。

（谷口淳一）

▷2　浦光博　1992　支えあう人と人──ソーシャルサポートの社会心理学　サイエンス社

▷3　相馬敏彦　2006　親密な関係の光と影　金政祐司・石盛真徳（編）わたしから社会へ広がる心理学　北樹出版　pp.62-84.

VII 集団と個人

1 他者の存在がもたらすもの
社会的促進と社会的抑制

1 社会的促進と社会的抑制

　私たちの生活の多くは，教室，職場，あるいはクラブやサークル活動などの場で，他者とともに何らかの活動をすることに費やされています。果たして，他者がそばにいることによって個人の作業ははかどるのでしょうか，それともかえって能率が下がるのでしょうか。

　トリプレットは，競輪選手の記録を調べ，他の選手と一緒に走る場合の方が1人で走る場合よりもおおむねよい記録が出ていることを見出しました。そこで，その後，何らかの課題を，他者がいる状態で行う場合と1人で行う場合とで比較する研究が盛んに行われました。その結果，釣り竿の糸をリールに巻き取るような作業や簡単な掛け算などの単純作業については，1人より他者がいる場合の方が成績がよい一方，**無意味つづり**[1]の学習や複雑な計算など，複雑な作業や新たな学習を必要とする課題では，他者がいる場合の方が成績が悪いことが明らかになりました。このように，他者が存在することによって個人の行動が促進される現象を社会的促進といい，逆に他者が存在することによって個人の行動が妨害されることを社会的抑制といいます。社会的促進のなかでも，他者に見られることによる促進現象を観衆効果と呼び，同じ作業をする他者がそばにいることによる促進現象を**共行為効果**[2]と呼びます。他者が見ている前で，あるいは他者と一緒に何らかの作業をするとき，それが簡単で慣れ親しんだ作業であれば1人のときより作業がはかどり，やり慣れない作業や難しい作業であれば1人のときより成績が悪くなってしまう，ということです。

2 社会的促進と社会的抑制はなぜ起きるか

　では，単純課題を行う場合と複雑課題を行う場合では，なぜ他者の存在の効果が異なるのでしょうか。これについては，代表的な3つの説があります。
　ザイアンスは[3]，他者の存在は自動的に動機づけ（動因）を高める働きをし，動機づけの高まりはその状況における個人の優勢反応（出現しやすい反応）を促す働きをすると考えました（図84）。これを社会的促進の動因理論と呼びます。単純な課題，たとえば糸をリールで巻き取るような作業は，比較的単純な動作でできるため，誤った不適切な動作は生じにくいと考えられます。つまり，優勢反応は「正反応（適切な反応）」です。しかし，複雑なかけ算をする場合，

▷1　無意味つづり
「ぬち」「れけ」などのように，意味を成さない綴りのことをいう。大部分の実験参加者にとっては初めて見る綴りであり，意味もないため，記憶するのが困難である。

▷2　共行為効果
同じ課題を行う他者がそばにいて，お互いに相互作用なく課題を行い，各個人の課題成績が評価されるような状況で生じる促進現象のことをいう。複数の人々が協力しあって1つの課題に取り組み，各個人ではなく集団の成果を評価されるような状況とは異なることに注意が必要。

▷3　Zajonc, R. B. 1965 Social facilitation. *Science*, 149, 269-274.

正解は1つだけであり，計算間違いをする可能性は高いので，優勢反応は「誤反応（不適切な反応）」ということになります。この理論では，他者の単なる存在によって動機づけが高められるのは生得的な反応であることが暗黙のうちに仮定されています。実際，ゴキブリなど人間以外の生物においても，他の個体の存在によって遂行の促進や抑制が生じることが明らかになっています。

他者の存在が動機づけを高め，動機づけが高まると優勢反応が起こりやすくなることについてはさまざまな実験から確認されましたが，他者の存在がなぜ動機づけを高めるのかということについては，研究者によって見解が異なります。

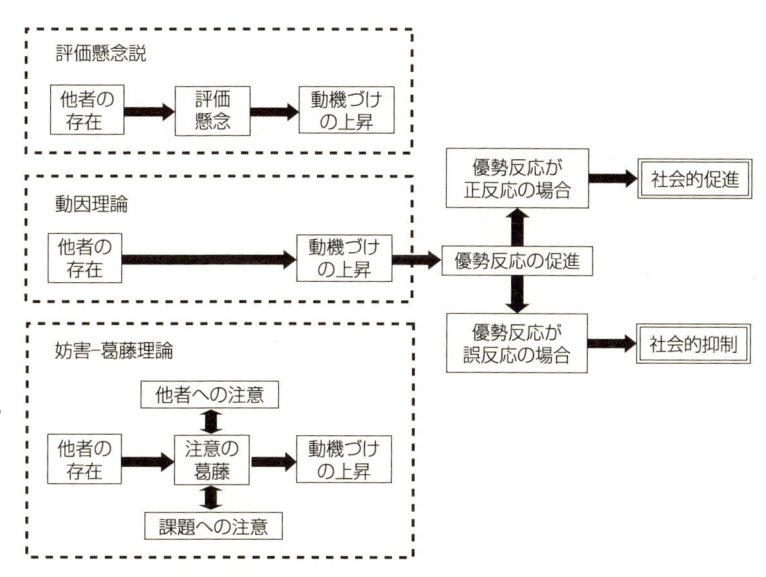

図84 社会的促進（抑制）のメカニズムを説明する3つの理論

コットレル[4]は，他者が存在することによって，その他者から自分の行動が評価されるのではないかという不安が遂行者に生じ，この不安が動機づけを高めるのではないかと考えました。この「評価懸念が動機づけを高める」という理論によると，課題遂行時にそばにいる他者に目隠しをするなどして遂行者を評価することができない状態にすれば，社会的促進や抑制は起こらないはずです。

コットレルらの実験では，2人の観察者の前で課題を行う条件と1人で課題を行う条件の他に，目隠しをした2人の他者が存在する条件のもとで課題を実施し，評価懸念説を支持する結果を得ています。

一方，サンダース[5]は，認知的観点を取り入れた妨害－葛藤理論を提唱しました。他者がそばにいる状態で課題を行う人は，目の前の課題遂行に注意を集中しなければならない一方で，観衆や共行為者にも注意を向けることになります。これら2つの注意の葛藤が動機づけを高めると考えられるのです。この考え方を支持する実験結果として，遂行者が他者に注意を払う理由がない場合（他者が遂行者とは違う課題を行っているなど）には社会的促進が起こらないこと，また，他者が存在しなくても，ライトの点滅のような物理的刺激に注意を向けさせるだけでも優勢反応が生じやすくなることが示されています。

これら3つの説は，どれか1つだけが正しいというわけではなく，どの説にもその正しさを証明するような実験の結果があります。他者の単なる存在，評価懸念，および注意の葛藤のいずれもが，社会的促進や抑制を生じさせるのです。

（坂田桐子）

[4] Cottrell, N. B. 1972 Social facilitation. In McClintock, C. G. (Ed.) *Experimental Social Psychology*. New York: Holt, Rinehart & Winston.

[5] Sanders, G. S., Baron, R. S. & Moore, D. L. 1978 Distraction and social comparison as mediators of social facilitation effects. *Journal of Experimental Social Psychology*, **14**, 291-303.

VII 集団と個人

2 共同作業の心理
社会的手抜き

1 社会的手抜きとは

前節で述べたように，単純な課題を複数の人々で行う場合は，社会的促進が起こって集団全体の成果が上がりそうなものです。しかし，運動会の綱引きや，班で1つのレポート課題に取り組む場合のように，個人の成果より集団全体の成果が問題とされる状況（集合状況）では，思うように成果が上がらないことがしばしばあるのではないでしょうか。

▷ 1 Latane, B., Williams, K. & Harkins, S. 1979 Many hands make light the work: The causes and consequences of social loafing. *Journal of Personality and Social Psychology,* **37**, 822-832.

ラタネらは，実験参加者に防音室に入ってもらい，できるだけ大声で叫んだり，大きな音で手をたたいたりするという行動を，1人，2人，4人，もしくは6人で行ってもらいました。すると，実験参加者1人当たりの音の大きさは，集団の人数が多くなるほど低下することがわかりました（図85）。しかし，この時の1人あたりの音量の低下は，各人の叫ぶ方向がずれるなどの調整の失敗によって生じた可能性があります。そこで，第2実験では，実験参加者に2人または6人で叫ぶと信じさせて，実際には1人で叫んでもらうという擬似集団状況を加えました。この状況で，集団の人数が多くなるほど1人当たりの音量が低下するとしたら，それは調整の失敗によるものではなく，各人の努力量が低下したことを意味します。その結果，擬似集団状況でも1人当たりの音量が

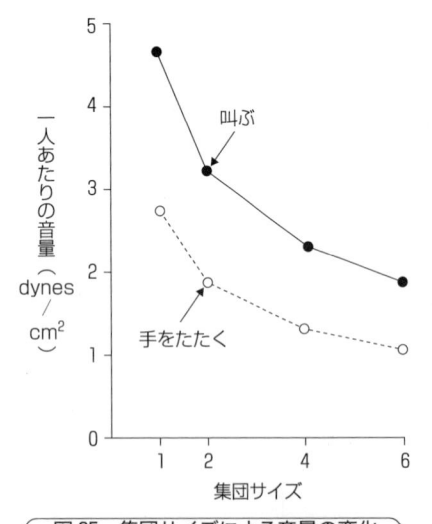

図85 集団サイズによる音量の変化
出所：Latane et al. 1979

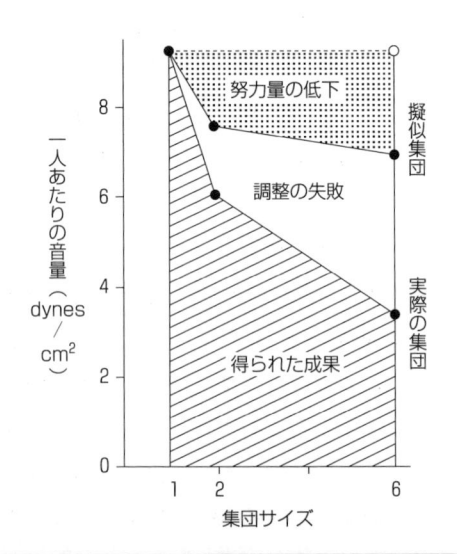

図86 実際の集団または疑似集団で叫ぶときの一人あたりの音量
出所：Latane et al. 1979

低下することがわかりました（図86の網掛け部分）。このように，集団で作業するときに，1人で作業するときと比べて個人の努力量が低下する傾向を，社会的手抜きと呼びます。

2 社会的手抜きが生じやすい状況とは

社会的手抜きに関する78の研究を**メタ分析**したカラウとウィリアムスは，次のような状況で社会的手抜きが生じやすいことを見出しています。

(a)集合課題に対する個々人の貢献度が確認されたり，評価されたりする可能性が小さい状況。このような状況では，手を抜いても責められることはありません。(b)課題の意義が小さいか，もしくは課題に対する個人的関与が低い状況。(c)集合課題に対して，各メンバーが他のメンバーと異なる仕事を分担しているのではなく，全員が全く同じ性質の仕事をしている状況。このような状況では，個人は集団の成果を上げるために自分の努力は必要でないと感じがちです。(d)メンバー同士が親しい友人であったり**凝集性**が高かったりする集団よりも，見知らぬ人々である場合。集団の凝集性が高ければ，集団レベルの成果を上げることが個人にとって価値あるものとなるので，手抜きは生じにくくなると考えられます。(e)協働者がよく働くだろうと期待できる場合。協働者がよく働いてくれれば，自分が努力しようとしまいと集団の成果に大した影響はありませんので，動機づけが低下することになります。

3 集合的努力モデル

カラウとウィリアムスは，集合課題に取り組む個人の努力量を説明する理論として**期待価値理論**をベースとした集合的努力モデルを提唱しています。この理論によれば，共行為状況で個人の動機づけを左右するのは，努力すれば高い業績を上げることができるという期待，高い業績は成果を得るのに役立つという知覚，およびその成果が望ましいという成果の魅力度の3つです。成果に魅力があり，自分が努力すれば成果が得られるという見込みが大きければ，課題への動機づけは大きくなりますが，成果を得られると思っていても，その成果に魅力がなければ動機づけは高くなりません。

しかし，さらに集合課題の場合は，(a)個人の業績と集団の業績の関係，(b)集団の業績と集団の成果の関係，および(c)集団の成果と個人の成果の関係，が問題になります。集団の人数が多ければ，個人が努力して業績を上げたとしても，集団全体の業績向上には結びつかないかもしれません。また，集団の成果が高くても，それが個人の成果に反映されるとは限りません。集合課題の場合は，自分が努力すれば魅力ある成果を得られるという見込みをもつために，(a)〜(c)の点を考慮する必要があるのです。前項で示したメタ分析の結果は，いずれも集合的努力モデルによって説明できると考えられています。

（坂田桐子）

▷2 メタ分析
同じテーマに関する複数の実証的研究を統合することによって，より確かな結論を導こうとする分析方法。研究者の印象や主観に頼って先行研究の結果をまとめるのではなく，先行研究で報告されている統計量を使って新たな統計量を算出し，統計的に全体的な結果を導こうとするものである。たとえば，個人で作業する条件と集団で作業する条件とを比較した場合，実際にどの程度集団作業の方が個人作業に比べて作業量が低いのか，またどのような状況の下で両条件間の差が大きくなるのか，といったことについて検討できる。

▷3 Karau, S. J. & Williams, K. D. 1993 Social Loafing: A meta-analytic review and theoretical integration. *Journal of Personality and Social Psychology,* **65**, 681-706.

▷4 凝集性
メンバーを集団にとどまらせる力のこと。集団のまとまりのよさや結束の堅さを表す概念である。

▷5 期待価値理論
(Vroom, 1964; Porter & Lawler, 1968)
自分の行動がある結果をもたらす確率の主観的予測である「期待」と，自分の行動の結果のもつ価値の高さの認知によって，行動するかどうかが決まる，という考え方の総称。たとえば，ポーターとローラー(1968)のモデルは次の通り。
モチベーション＝Σ｛(努力→パフォーマンスの期待)×(パフォーマンス→成果への期待)×(成果の誘意性)

VII 集団と個人

3 集団討議の功罪を知る
集団浅慮

1 集団浅慮とは

　たくさんの人々が集まって知恵を絞れば，1人で考えるよりもずっと優れた決定ができるに違いない——私たちは集団討議にそう期待します。しかし，現実には，たとえ優れた能力や経験をもつ個人の集まりであっても，後から冷静に考えたときに「どうしてあんな決定をしてしまったのか」と首をひねりたくなるような愚かな結論を出してしまうことが珍しくありません。このような愚かな結論に至ってしまう場合の意思決定様式を，**集団浅慮**[1]といいます。

　ジャニス[2]は，ケネディ政権下でのキューバ侵攻など，アメリカ政府による政策の失敗事例を分析し，そのような失敗意思決定を導くプロセスの特徴を図87のようにまとめました。まず，先行条件として，高い凝集性（A），偏った指示的なリーダーの存在や，メンバーが同質であるなどの構造的欠陥（B-1），集団がストレス状況に置かれている，メンバーの自尊心が一時的に低下しているなどの状況的文脈（B-2）が揃うと，集団メンバーは意見の一致を求める傾向が強くなります。この意見一致追求傾向が高まると，「自分たちは失敗しない」「自分たちは道徳的に正しいことをしている」と考える集団への過剰評価（タイプI）や，不都合な情報を無視したり，自分たちに都合のよいように情報を歪めて解釈する精神的閉鎖性（タイプII），反対者に同意するよう圧力をかけたり，「この場でこの意見をいってもよいものだろうか」と発言を自ら検閲せざるをえないような意見の斉一化への圧力（タイプIII），といった集団浅慮の兆候（C）がみられるようになります。これが，目標を十分に検討しない，選んだ選択肢のリスクやコストを吟味しない，他にあるはずの選択肢を考えようとしない，といった欠陥のある意思決定の兆候（D）へと結びついた結果，低い成功率（E）を生んでしまうのです。

　このモデルの先行条件が本当に集団浅慮を生むのかという点については，その後，多くの実証的検討が加えられており，集団凝集性の高さが必ずしも集団浅慮に結びつくとは限らないことが指摘されていることを除けば，概ねモデルを支持する結果が得られています。

2 集団浅慮の事例

　1986年1月28日，スペースシャトル・チャレンジャー号が打ち上げ直後に爆

▷1　**集団浅慮**
Groupthink の訳語。通常は「集団思考」と訳されることが多いが，本書ではその概念をよりよく表している「集団浅慮」という訳語を使用する。

▷2　Janis, I. L. 1982 *Groupthink* (2nd ed.). Houghton Mifflin.

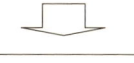

発し，乗員7名全員が死亡するという大惨事が起きました。その後の調査で，爆発の直接的原因はロケット接合部の部品が低温のために機能せず，可燃性ガスが噴出したことにあること，またこの部品が低温に弱いことはロケット製造会社の技術者からあらかじめ指摘されていたことがわかりました。このような危険性がわかっていたにもかかわらず，極寒の最中に打ち上げを強行したNASAの意思決定過程には，集団浅慮の先行条件や兆候がみられたという指摘があります。たとえば，当時，NASAはすでに3回もチャレンジャー号の打ち上げを延期しており，これ以上の延期が許されない状況に来ていたこと（「B-2-1. 外部のストレス」），ロケット製造会社の副社長から，打ち上げに反対していた他の副社長に対して直接的な同調圧力がかけられたこと（C-タイプⅢ-7.），などです。

3 集団浅慮の防止

集団浅慮を防止するためには，多様な意見（批判的意見も含めて）が討議の場に出るように促し，各選択肢の長所・短所について十分に議論することが必要です。ジャニスは，集団浅慮の防止策として次のような方法を提案しています。(a)リーダーは，最初から自分の意見を述べることを控えて公正な態度で会議に臨み，さまざまな選択肢を検討するようメンバーに促す。(b)複数の小集団に分かれて議論し，そこで出た意見を持ち寄って全体の討議に臨む。(c)外部から専門家を招いて，集団の中心的メンバーと議論してもらう。このような方法を用いることで，初めて生産的な議論が可能となるのです。

（坂田桐子）

図87 集団浅慮の発生条件とその結果　出所：Janis 1982

▶3 Esser, J. K. & Lindoerfer, J. L. 1989 Groupthink and the space shuttle Challenger accident: Toward a quantitative case analysis. *Journal of Behavioral Decision Making,* 2, 167-177.

VII 集団と個人

4 よきリーダーの条件
リーダーシップと集団生産性

▷ 1 Stogdill, R. M. 1974 *The handbook of leadership: A survey of theory and research.* Free Press.

▷ 2 行動理論
リーダーの行動や機能に注目し，最善の行動スタイルを見出そうとする諸研究の総称。PM理論の他に，変革型リーダーシップ理論などがある。
Bass, B. M. 1998 *Transformational leadership: Industry, military, and educational impact.* Lawrence Erldaum Associates.

▷ 3 三隅二不二 1984 リーダーシップ行動の科学（改訂版） 有斐閣

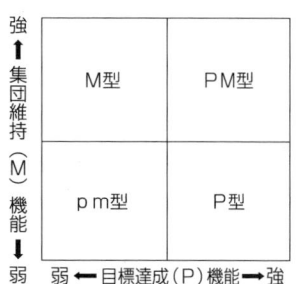

① リーダーには特別な資質が必要か？：特性論

組織や集団で活動するとき，私たちはよきリーダーを求めることがしばしばあります。集団を成功に導いたり，生産性を上げたりすることのできる効果的なリーダーの条件とは何なのでしょうか。

まず一つに，効果的なリーダーには，一般の人々とは異なる優れた資質や特徴があるはずだという考え方があります。このような考え方に基づいて，リーダーの個人特性を明らかにしようとする多くの研究が行われました。しかし，その結果は研究間で一貫せず，リーダーの個人特性だけではリーダーシップ現象のごくわずかな部分しか説明できないことがわかりました。リーダーシップの効果は，リーダーの個人特性というよりも，リーダーが「どのように行動するのか」によって決まるのです。

② リーダーはどのように行動すべきか：行動理論

リーダーの個人特性に対する関心が薄れた後，リーダーの行動やリーダーが集団の中で果たす機能に注目する研究が盛んになりました。そのような理論の一つに三隅が提唱したリーダーシップPM論があります。

三隅は，リーダーが果たす機能として，P（目標達成：performanceの略）機能とM（集団維持：maintenanceの略）機能の2つをあげています。P機能とは，集団目標の達成を促進する機能であり，メンバーを課題に取り組ませたり，指示を適切に与えたりするなど，仕事や課題に関連した行動が含まれます。P機能には，課題のやり方を明確にし，どうすれば目標達成できるのかをメンバーに理解させる「計画P」機能と，メンバーを一生懸命に働かせて業績向上への圧力をかける「圧力P」機能があります。M機能とは，集団のまとまりを維持・強化する機能であり，メンバーが働きやすいよう環境を整えたり，親身に相談にのったりするなど，メンバーの心情に配慮する行動が含まれます。この2機能をリーダーが普段どの程度果たしているかによって，リーダーシップは図88に示す4タイプに分類されます。

三隅は，学校，職場，スポーツ・チームなどのさまざまな集団で，リーダーのリーダーシップ・タイプを測定し，その有効性を実証的に検討して

	弱 ←目標達成(P)機能→ 強
強 ↑ 集団維持(M)機能 ↓ 弱	M型　　PM型 pm型　　P型

図88 PMリーダーシップ類型

（注）目標達成機能が強いタイプをP，弱いタイプをpで表記し，集団維持機能が強いタイプをM，弱いタイプをmで表記する。この2機能の強度の組み合わせによって，図に示す4類型ができる。PM型は「ラージ・ピーエム型」と呼び，pm型は「スモール・ピーエム型」と呼ぶ。

います。その結果，どの集団でも，P機能とM機能の両方が強いPM型リーダーのもとで，最も業績や**モラール**[4]が高く，事故率が低く，チームワークがよいことが明らかになりました。すべてにおいて最も成績が低いのはpm型リーダーの集団でした。目標をもつ集団でリーダーにP機能が求められるのは当然ですが，いつも課題の達成を第一に考えて行動していると，集団には徐々にストレスや緊張が生じ，最悪の場合は集団そのものが崩壊しかねないため，M機能によって集団のまとまりを維持することも必要になります。P機能とM機能のいずれか一つだけが強くても有効なリーダーシップとはいえないのです。

❸ 状況をみて柔軟に対応することの重要性：状況理論[5]

PM理論は，どのような状況でもリーダーが一定の機能を果たすことの重要性を強調しています。しかし，一方で，集団が置かれた状況によって，同じリーダー行動の効果が異なることもあります。

たとえば，ハウスとデスラーの通路‐目標理論[6]では，PM論と同じようにリーダーの行動を目標達成（構造づくり）と集団維持（配慮）の2次元でとらえますが，その効果は集団で取り組んでいる課題の性質によって異なることを想定しています。課題が複雑で，どうすれば目標達成できるのかが不明確なものである場合，メンバーは課題のやり方に戸惑うことが多いため，リーダーが明確に仕事の進め方を指示するなど，目標達成を志向した行動が効果的です。一方，マニュアル通りに行動すれば誰でも達成できるような単純な課題の場合は，リーダーの目標達成行動の必要性は低いことになります。このような単純課題の場合は，メンバーが課題に面白味を見出せずストレスを感じやすいため，むしろリーダーが配慮的に行動した方が，メンバーのストレス緩和，ひいては目標達成度の向上につながります。この理論によれば，優れたリーダーシップとは，メンバーが仕事上の目標を達成するための道筋（通路）を明確に示すことです。メンバーが目標に向かう上で状況の中に欠けているものを補うこと（たとえば，仕事の手順がわかりにくいときはそれを明確化すること）がリーダーの役割なのです。

状況理論の中には，課題の性質の他に，メンバーの能力と意欲の程度に注目したものもあります（状況対応リーダーシップ理論[7]）。課題に対するメンバーの能力や意欲が低い場合は，リーダーが細かく具体的に指示を与える方が効果的ですが，メンバーの能力も意欲も高い場合は，リーダーはあまり口を出さず，仕事上の決定と実施をほぼ全てメンバーに任せる方が効果的です。能力も意欲も高いメンバーに細々と指示することは，「リーダーは私の仕事能力を信頼してくれない」と受け取らせることにもなりかねないため，逆効果なのです。このように，状況を的確に診断し，それに応じて柔軟に対応できることも，よきリーダーの条件といえるでしょう。

（坂田桐子）

▷4 モラール
集団として積極的に仕事に向かおうとする意欲のことをいう。個人の意欲を意味する「モチベーション」とは概念的に異なる。

▷5 状況理論
状況とリーダーシップ・スタイルの適合性に注目する諸研究の総称。

▷6 House, R. J. & Dessler, G. 1974 The path-goal theory of leadership: Some post hoc and a priori tests. In J. G. Hunt, & L. L. Larson (Eds.) *Contingency approaches to leadership: A symposium held at Southern Illinois University, Carbondale, May 17-18, 1973.* Southern Illinois University Press.

▷7 Hersey, P. & Blanchard, K. H. 1977 *Management of organizational behavior: Utilizing human resources, 3rd ed.* Prentice-Hall.（山本成二・山本あづさ（訳）2000 行動科学の展開――人的資源の活用：入門から応用へ（新版） 生産性出版）

VII 集団と個人

5 人はなぜ同調するのか
同調行動の心理機制

1 多数派に合わせる心理

　私たちは，集団の中にいると，命令されたわけでもないのに，自分の行動や意見や態度などを，多数派の行動や態度と同じ方向に変化させることがあります。これを同調（conformity）といいます。

　アッシュ[1]は，図89に示すような2枚のカードを7～9名の実験参加者に見せ，左側の標準刺激と同じ長さの線分を，右側の3本の線分の中から選んで，1人ずつ順に答えるよう求めました。この実験では，最後に回答することになっている1人だけが真の実験参加者であり，残りはすべてサクラ（実験協力者）でした。サクラは，課題12試行中7試行で，全員同じ誤った回答をすることになっていました。その結果，真の実験参加者31名中，25名が少なくとも1回は誤答し，12名が3試行以上誤答しました。総判断数217回中，多数派に同調した誤答は72回（33.2％）にのぼったのです。なお，この課題は明らかに正解がわかるような簡単な課題であり，実験参加者が1人でこの課題を行う条件では，175回の判断中，誤答はわずか7.4％にすぎませんでした。実験参加者は，明らかに正解がわかっていたはずなのに，集団の多数派が間違ったために自分もそれに同調してしまった可能性が高いのです。

　その後の実験で，サクラが3人いれば同調率は最大限に達し，それ以上サクラの人数を増やしても同調率は増えないこと，またサクラの1人が他のサクラの誤答とは別の誤答をすることによって多数派の全員一致が破られれば，同調率は激減することがわかりました[2]。同調圧力を生むものは，多数派の人数の多さではなく，多数派の答えが一致していること（斉一性）なのです。

2 規範的影響と情報的影響

　このような同調はなぜ生じるのでしょうか。ドイッチとジェラード[3]は，同調過程に2種類の影響力が作用することを指摘しています。

　他の集団メンバーからの非難を避け，受け入れられたいという動機から，「ここではどのように行動すべきか」を考えて同調する場合は，規範的影響を受けていることになります。規範的影響によって同調している人は，必

▷1 Asch, S. E. 1952 *Social Psychology*. New Jersey: Prentice Hall.

▷2 Asch, S. E. 1955 Opinions and social pressure. *Scientific American*, **193**, 31-55.

▷3 Deutsch, M. & Gerard, H. B. 1955 A study of normative and informational social influences upon individual judgment. *Journal of Abnormal and Social Psychology*, **51**, 629-636.

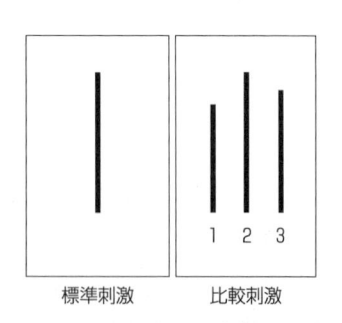

図89　アッシュの実験で用いられた線分の比較判断課題の例
出所：Asch 1952

ずしも多数派の判断や行動が正しいと思っているわけではありませんが，多数派と同じ行動をとらないと嫌われるのではないかと考えて，表面上だけ多数派に合わせている状態（追従）です。

　一方，正しい判断を下したいという動機から，他の集団メンバーの意見や判断を参考にした結果，自分の判断や行動を多数派と同じ方向へ変化させる場合は，情報的影響を受けていることになります。規範的影響の場合と違って，情報的影響によって同調している人は，多数派の行動や判断が正しいと心から信じています（私的受容）。自分の判断や行動に確信がもてないときほど情報的影響を受けやすいと言えるでしょう。アッシュの実験は，正解が明らかにわかるような課題であったにもかかわらず，間違った答えをする多数派に同調したわけですから，規範的影響による同調が主であったと考えられています。

❸ 同調を促す状況とは

　ドイッチとジェラードは，アッシュの実験にならって，誤答をする3人の多数派がいる状況で，実験参加者に線分判断を求める実験を行いました。ある条件では，実験参加者が線分の判断をするときまで線分が見えている「視覚」試行と，判断する前に線分が消される「記憶」試行がありました。また，別の条件では，アッシュの実験のように対面で回答する状況と，サクラや実験参加者がお互いに見えないようにされるという匿名状況がありました。

　その結果，視覚試行よりも記憶試行の方が，また匿名状況よりも対面状況の方が，多数派への同調が多くみられることがわかりました。

　判断時に線分が見えない記憶試行では，実験参加者が自分の判断に自信をもてなくなるため，情報的影響を受けやすくなったものと考えられます。また，他者と対面している方が，匿名のときよりも規範的影響を強く受けることになるのです。

　ドイッチとジェラードの実験では，この他に，明確な集団目標があるときには，皆で目標を達成しようと強く動機づけられるために同調が促されること，サクラの回答を知る前に自分の線分判断を紙に書き留めることによって，自分の判断と他者の誤った判断との不一致が明確に意識されれば，同調が少なくなることが示されています。

　集団の中では，多数派の行動に同調することを促す圧力が強く働きます。同調することによって，集団がまとまりやすくなり，集団目標が達成されやすくなることは事実です。しかし，集団浅慮（ VII-3 を参照）という現象が示すように，この同調圧力は，集団全体を誤った行動に導く可能性もあります。同調の心理を知り，時には多数派に流されないようにすることも必要かもしれません。

（坂田桐子）

VII 集団と個人

6 集団規範とは何か
その生成メカニズムと機能

1 集団規範とは

　サークルや部活，職場，学級などの集団を外から見たとき，メンバーたちの考え方や行動パターンがよく似ていると思うことはないでしょうか。多くの集団には，集団規範と呼ばれる標準的な考え方や行動様式があります。集団規範のなかには，明文化された規則も含まれますが，暗黙のルールや共通の判断基準のような形で存在しているものもあります。明文化されているかどうかにかかわらず，集団メンバーの多くが実際に従っているルールが集団規範なのです。

2 集団規範の形成

　シェリフは，自動運動現象（完全暗室内で静止した小さな光点を見ていると，それが動き出すように見える錯覚）を利用して，集団規範の生成過程を表す実験を行っています。実験参加者は，まず1人で暗室に入って光点の移動距離を判断した後，2人ないし3人一緒に暗室に入室して，各人100回の移動距離判断を声に出して報告しました。すると，1人のときは実験参加者によって大きく異なっていた判断が，集団の中での報告を重ねるにつれて，次第に収束していくことがわかりました（図90）。しかも，その後再び1人で判断を求められても，この収束した判断は揺るぎませんでした。光点移動の判断の準拠枠が形成されたのです。

　このように，集団で活動していると，メンバー相互の考え方や態度や行動が似てくることが多く，それが集団内での多数者の考え方や行動となることによって，集団の標準となるのです。

3 集団規範の機能

　集団規範は，それから逸脱しないよう集団メンバーに働きかける集団圧力として働きます。アメリカの私立大学で，保守的な気風をもつ寄宿舎と自由主義的な寄宿舎のどちらかにくじ引きで振り分けられた新入生の**権威主義**傾向を比較したところ，自由主義的な寄宿舎では権威主義傾向が入学後の1年間で大幅に下がったのに対し，保守的な寄宿舎では変化がありませんでした。寄宿舎の規範が新入生の権威主義的態度に大きく影響し

▷1 Sherif, M. 1936 *The psychology of social norms.* New York: Harper and Row.

▷2　権威主義
自分が所属する集団・社会の権威や上位者に対しては無批判に同調・服従し，逆に他集団や下位者に対しては敵意を向け，服従を要求するような態度や考え方。

▷3 Siegel, A. E. & Siegel, S. 1957 Reference groups, membership groups, and attitude change. *Journal of Abnormal and Social Psychology,* **55**, 360-364.

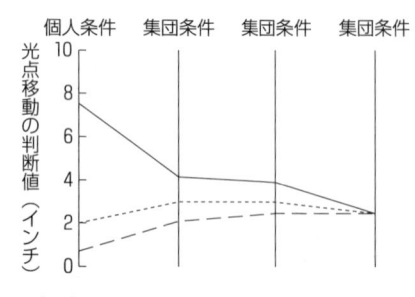

図90　個人の平均判断値の推移（3人集団の例）
出所：Sherif　1936

たのです。

　ブラウン[4]は，集団規範の機能として4点をあげています。(1)規範は，個人が自分の世界を解釈したり予測したりするのに役立ちます。特に，新奇な状況やあいまいな状況で，どう振る舞うべきかの指針となります。(2)規範は，集団メンバーの行動を規定し，集団活動の協調を助けます。(3)規範は集団目標の達成を促進します。集団が目標を明確に定義すると，必然的に目標達成を促進し，目標達成の妨害を阻止する規範が出現します。(4)規範は，集団への同一性を維持し，高揚させる働きをします。これは特に，服装，言葉づかい，文化的表現などに関する規範で顕著であり，集団のメンバーとメンバーでない人との間に境界線を引く働きをするのです。

4　集団規範を視覚化する

　集団規範は暗黙のルールの形をとる場合が多いため，その強度や共有度を明確に認識しにくいのが普通です。しかし，ジャクソン[5]は，リターン・ポテンシャル・モデルという規範を明示する方法を提案しています（図91）。たとえば，ある集団の集合時刻に関する規範を測定する場合，図91横軸の7を定刻に来る行動，8を定刻10分過ぎに来る行動，6を定刻10分前に来る行動，5を20分前に来る行動……と定義し，それぞれの行動をどれくらい是認もしくは否認するかを，その集団のメンバーに−4から＋4までの9件法で回答してもらいます（図91の縦軸）。メンバーたちの回答の平均値を算出し，それをプロットした結果が図91の曲線です。

　この図から，次の点がわかります。(1)最大リターン点：最も望ましいとされる理想的な行動。この場合は6（定刻10分前に来ること）が，この集団では最も望ましい行動ということになります。(2)許容範囲：この範囲の行動なら否認や圧力を受けることはないという許容範囲。この場合は概ね4（30分前）〜7（定刻）の間なので，定刻を過ぎて来ることはあまり許容されず，比較的時間に厳しい集団ということになります。(3)規範の強度：横軸と曲線に囲まれた面積。これが大きいほど，規範を守ることへの圧力が強いことを意味します。(4)是−否認比：(3)の面積について，是認部分の面積と否認部分の面積の比が大きいほど規範は支持的，小さいほど威嚇的であることを示します。(5)規範の結晶度：各メンバーの曲線の一致度。よく一致しているほど規範が安定していることを意味します。　　（坂田桐子）

▷4　ブラウン, R. 黒川正流・橋口捷久・坂田桐子（訳）1993　グループ・プロセス：集団内行動と集団間行動　北大路書房（Brown, R. 1988 *Group Processes: Dynamics within and between groups.* Oxford: Basil Blackwell）

▷5　Jackson, J. M. 1960 Structural characteristics of norms. In G. E. Jensen（Ed.）*Dynamics of instructional groups.* Chicago: Univ. of Chicago Press.

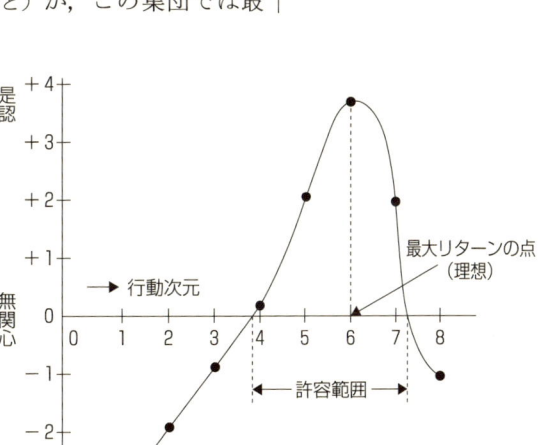

図91　規範のリターン・ポテンシャル・モデル

出所：Jackson 1960

VII 集団と個人

7 少数派が多数派に打ち勝つとき
マイノリティ・インフルエンス

1 少数派は多数派に打ち勝てるか

いつも多数派に同調してばかりでは，世の中は何も変わりません。世の中の革新は，最初は少数派であった人々や考え方が次第に多数派になっていくことによって生じるのです。少数派は，どのようにすれば多数派に影響を及ぼすことができるのでしょうか。

▷ 1 Moscovici, S., Lage, E. & Naffrechoux, M. 1969 Influence of a consistent minority on the responses of majority in a color perception task. *Sociometry*, **32**, 365-380.

モスコビッチらは，少数派が一貫した行動をとることが多数派に影響を及ぼすために重要だと考えて，次のような実験を行いました。実験参加者は，6名の集団で色知覚の実験に参加します。6名中，真の実験参加者は4名で，2名はサクラでした。彼らは色覚検査を受けて全員の色覚が正常であることを確認した後，36枚のスライドの色を判断して順に回答するという課題を行いました。これらのスライドは，明るさは異なるものの，いずれも「青」のスライドでした。しかし，一貫条件では，サクラは36回すべてについて「緑」と答えました。一方，非一貫条件では，サクラは36回中24回で「緑」，12回は「青」と一貫しない回答をしました。

その結果，非一貫条件では，「緑」回答は全回答の1.25％に過ぎませんでしたが，一貫条件では8.42％の「緑」回答がありました（図92）。実験参加者の32％が少なくとも1回は「緑」と答えたのです。なお，この実験には，サクラのいない6名集団で同じ色判断課題を行う統制条件がありましたが，この条件では「緑」という回答はわずか0.25％にすぎず，正解の明白な課題であったことが示されました。

この8.42％という数値を，小さいと感じる人もいるかもしれません。しかし，その後，モスコビッチは，一貫条件と同じ手続きを受けた実験参加者とその手続きを受けなかった実験参加者に，別の実験と称して緑と青の中間色のスライドを判断してもらう実験を行っています。その結果，一貫条件と同じ手続きを受けた参加者は，受けなかった参加者に比べて，中間色を「緑」と判断することが多かったのです。つまり，一貫した主張をすることによって，少数派は確実に多数派の色判断基準を変えるほどの影響を及ぼしたと考えられるのです。

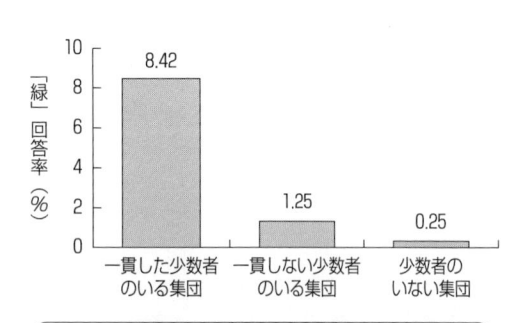

図92 少数派が多数派の色判断に及ぼす影響
出所：Moscovici et al. 1969 より作成。

134

❷ 少数派と多数派の影響力の違いとは

モスコビッチは，多数派による影響過程と少数派による影響過程は根本的に性質が異なると考えています。

Ⅶ-5 で紹介したアッシュの実験の参加者のように，多数派による影響を受ける人は，社会的比較を行うようになります。問題そのものに注意を向けるのではなく，他者の意見や判断に合わせようとして，自分の反応と他者の反応を比較することに集中します。その結果，多数派からの規範的影響を受けて，表面的に多数派に合わせる「追従」が生じることになります。つまり，基本的に多数派は内面的な転向ではなく表面的な追従を引き起こすにすぎない，とモスコビッチは考えています。

一方，少数派は，その数の少なさゆえに規範的影響を及ぼすことはできません。その代わり，少数派は受け手に「なぜ少数派はそのような主張をするのか」を理解しようとする認知活動，すなわち確認過程を引き起こします。受け手は必然的に問題そのものに注目するようになるのです。その結果，自分たちが正しいと思い込んでいた**社会的現実**が揺らぎ始め，少数派の立場の方向に態度を変えるようになります。しかし，受け手は多数派からの規範的影響も同時に受けているため，その態度変化はなかなか表には現れません。つまり，少数派は，表面的な追従ではなく内面的な転向を促すと考えられるのです。①で述べた一連の実験の結果は，この少数派の影響の性質をよく表しています。

❸ 少数派が影響力をもつための行動スタイルとは

少数派が影響力をもつためには，上の実験で取り上げた「一貫性」の他に，「心的投資」「自律性」「柔軟さ」「公正さ」といった行動スタイルが重要であることが指摘されています。

「心的投資」とは，自己犠牲も厭わないような熱意をもって主張することであり，「自律性」とは，自分の利害に関係なく客観的に判断し，誰かの受け売りではない自分自身の考えを主張することです。

「柔軟さ」と「公正さ」は，他の意見に一切耳を貸さないという頑なな態度ではなく，自分とは異なる意見にも耳を傾け，相手の言い分のなかに賛成できる部分があるときは素直に賛成するというように，物事を公正に判断しながら自分の意見を述べることです。

少数派がこれらの行動スタイルで意見を述べることによって，多数派は，「この人たちはただの非協力的な人や頑固者ではなく，また私利私欲のために動いているのではなく，自分の意見の妥当性に確信をもって主張している」と感じることになります。このような認知が多数派に生まれて初めて多数派のもっている社会的現実が揺らぐことになるのです。

（坂田桐子）

▷ 2　Moscovici, S. 1980 Toward a theory of conversion behavior. *Advances in Experimental Social Psychology*, **13**, 209-239.

▷ 3　社会的現実
他者の反応や他者からの情報に頼って成立する知識を社会的現実という。これに対して，客観的事実に基づく知識を物理的現実と呼ぶ。「A子さんの身長はどれくらい高いか」という問いに対しては，他者の意見や反応に頼らなくても，メジャーで身長を測定してみればわかる。つまり，物理的現実を根拠として判断できる。しかし，「民主主義は正しいか」という問いに対して，その正しさを客観的に測定できるメジャーは存在しない。このような問題について判断する場合，人は他者がどのように考えているのかを知ろうとし，他者の反応，つまり社会的現実に頼って判断するのである。

▷ 4　Moscovici, S. 1976 *Social influence & social change.* Academic Press.

VII 集団と個人

8 集団間の争いはなぜ起きるのか
集団間葛藤と集団エゴイズム

　私たちの周囲には，集団と集団の間に生じた争いや対立がたくさん存在しています。その規模は，国家間の戦争といった大きなものから，クラス内のグループ間対立といった小さなものまでさまざまですが，これら争いが生じる背景には共通した心理が存在しています。

1 現実的な利害の対立

　集団には，大きく分けて内集団と外集団の2種類があります。内集団とは自分が所属している集団のことを指し，「ウチの家族」「ウチのサークル」と表現されるウチにあたります。反対に，自分が所属していない集団が外集団です。「外人」という言葉は，ウチに対するソトの意味をもっています。

　現実の集団間対立をみると，争いの原因の多くに，一方が得をすると他方が損をするという葛藤が存在しています。

　集団間の葛藤は現実の希少資源をめぐる集団間の競争の結果であると仮定する理論を，現実的葛藤理論（realistic conflict theory）と呼んでいます。

　内集団が外集団によって脅威にさらされている状況では，外集団に対する嫌悪や敵意が生まれます。仲間内（内集団の中）では助け合いや協力を強調するような人物が，対立する別の集団（外集団）には非常に攻撃的にふるまうことがあります。これは攻撃的態度が，行為者の個人的性格によるというよりも，現実的な脅威の葛藤状況によって生じたためと考えられます。

2 シェリフの集団間葛藤実験

　シェリフらは，小学校5年生のサマーキャンプを対象にして，現実の葛藤が集団間の対立を生み出すことを実験的に示しました。この研究は「集団形成段階」「集団葛藤段階」「葛藤解消段階」の3つから成っています。

　はじめの「集団形成段階」では，参加した初対面の少年たちをランダムに2組に分けました。それぞれのグループは離れて生活をし，他の集団の存在は知らされません。少年たちは，集団生活のなかで次第に集団意識を高めていき，自分たちの集団にニックネームをつけたり，ルールなどを設定し始め，リーダーも出現してきました。

　この数日後，「集団葛藤段階」が開始され，実験者は2つの集団を競争状況で対面させました。スポーツの試合を何度も行って，勝利した方の少年たちに

▷1　Sherif, M., Harvey, O. J. White, B. J., Hood, W. R. & Sherif, C. W. 1961 *The Robbers Cave Experiment: Intergroup Conflict and Cooperation.* Middletown, Connecticut: Wesleyan University Press.

だけ賞品を渡すようにすると，集団間に強い対立が生じ，お互いに敵対心を抱くようになりました。

最後の「葛藤解消」段階で，シェリフらは集団間の対立を収めようと試みました。まず，食事を一緒にしたり，映画を見て接触を図る機会を設けました。しかし顔を合わせるたびに2つの集団は争いを繰り返し，対立は深まるばかりでした。

そして次に試みられたのが，上位目標の導入です。共通の目的をもって両集団が協力しなければならない状況が実験者によって設定され，少年たちは給水システムを協同で復旧したり，力を合わせて故障したトラックをロープで引き上げるなどの作業を行いました。その結果，両集団間の敵意は低減し（表20），一緒のバスに乗り合わせてキャンプから帰るくらいに関係は良好になりました。

シェリフの実験後も，集団間の利害葛藤の重要性を指摘する研究が続けられ，同じ集団に所属する人々の中でも，集団間葛藤を強く感じる人ほど対立集団に対して攻撃性を強く示すことが指摘されています。

表20　相手集団評価の変化

カテゴリー	ガラガラ蛇チームによる相手評価 集団葛藤段階	ガラガラ蛇チームによる相手評価 葛藤解消段階	鷲チームによる相手評価 集団葛藤段階	鷲チームによる相手評価 葛藤解消段階
1	21.2	1.5	36.5	5.6
2	31.8	3	40.4	17
3	12.1	9.2	7.7	9.4
4	19.9	28.7	9.6	35.9
5	15	57.6	5.8	32.1

（注）6つの特徴（勇敢，たくましい，卑劣など）について，5件法で回答を求めた。カテゴリーは，1が最も否定的，5が最も肯定的である。
値は，全回答を母数にした場合の，このカテゴリーが選択された割合を示している。
出所：Sherif et al. 1961に基づいて作成。

3　スポーツ・イベントと集団エゴイズム

集団間に葛藤が存在していると，内集団の利益を優先させようとする傾向（集団エゴイズム）が生じ，外集団を嫌悪し敵意を抱くようになります。

現実の国同士の関係でも，領土や資源を巡る対立が生じると，それまでよいイメージを抱いていた相手国に対し否定的感情が発生します。

このメカニズムは，オリンピックや各種ワールドカップといった国際的スポーツ・イベントで生じる対立にもあてはまります。これらのイベントは，どちらかのチームが勝てばもう一方が敗れるという集団間葛藤場面にあたり，優勝メダルやトロフィーの獲得を巡って戦いが繰り広げられます。

スポーツ・イベントで利益を争うのは選手や関係者ですが，多くの人々は直接的利害関係がないにもかかわらず勝敗に一喜一憂します。それは，国の代表選手たちが競うスポーツ・イベントでは，自国チームが勝利することで，同じ国に所属する自分自身の価値も高まるように感じるためです。

オリンピックや各種ワールドカップは，「国」という集団を顕現化し，そこに所属する人々を内集団成員として意識させるために大きな役割を果たしています。

スポーツ・イベントは外国イメージの形成において，知識を増やし単純接触効果による親密感の上昇をもたらす肯定的な側面がありますが，その一方，葛藤関係の生じた外国に対する否定的評価の上昇という否定的側面ももっています。

（上瀬由美子）

VII 集団と個人

9 内集団ひいきの背景を探る
社会的アイデンティティ理論

1 社会的アイデンティティ理論

　集団間の対立は，現実の葛藤が元になっていることが多い一方（VII-8 参照），葛藤がないにもかかわらず集団が反目し対立が生じるケースもあります。タジフェルとターナーは，利益対立のない場合の集団間差別の説明をねらいとして，社会的アイデンティティ理論（social identity theory）を提唱しました[1]。ここで社会的アイデンティティとは，自分がある社会的集団に属しているという知識で，そこに個人の感情的および価値的な意味づけを伴っているものを指しています。そしてこの理論では，人間は肯定的な社会的アイデンティティを求め，集団に関連づけて自己高揚しようとすると考えられています。自己を含んだ社会的カテゴリーの評価は，自分自身の評価に反映されます。つまり，内集団の価値が世間的に高く評価されれば，自分自身の価値が高く感じられることになるのです。このことが内集団と外集団を比較して，外集団を低く評価することで内集団の価値を高め，肯定的な社会的アイデンティティを得ようとする傾向を生じさせます。内集団をより高く，外集団をより低く位置づけるように個人の主観的な価値づけや評価が働く現象は，「内集団ひいき」と呼ばれています。

2 最小集団パラダイム

　タジフェルらは，「最小（条件）集団パラダイム」（minimal group paradigm）と呼ばれる次のような実験で，人間が内集団ひいきを簡単に生じさせることを示しました[2]。実験者は，あまり意味のない課題（例：絵の好み）に基づいて2つの集団に振り分けられます。このとき参加者には，自分が含まれた集団に他に誰がいるのかはわからないようになっています。続いて参加者は小冊子を渡されますが，そこには図93のような2つの数値の組み合わせが書かれた報酬分配表が載っています。表には，2名の人物のコード番号（名前はわ

▷1 Tajfel, H. & Turner. J. C. 1979 An integrative theory of intergroup conflict. In W. Austin, & S. Worchel (Eds.) *The Social Psychology of Intergroup Relations.* Books/Cole. pp. 33-47.

▷2 Tajfel, H., Billig, M. G., Bundy, R. P. & Flament, C. 1971 Social categorization and intergroup behavior. *European Journal of Social Psychology,* **1**, 149-178.

| A集団の成員　番号…… | 18 | 17 | 16 | 15 | 14 | 13 | 12 | 11 | 10 | 9 | 8 | 7 | 6 | 5 |
| B集団の成員　番号…… | 5 | 6 | 7 | 8 | 9 | 10 | 11 | 12 | 13 | 14 | 15 | 16 | 17 | 18 |

↑
A集団の平均値

図93　タジフェルら（1971）の実験で提示されたマトリックスの例1

| A集団の成員　番号…… | 25 | 23 | 21 | 19 | 17 | 15 | 13 | 11 | 9 | 7 | 5 | 3 | 1 |
| B集団の成員　番号…… | 19 | 18 | 17 | 16 | 15 | 14 | 13 | 12 | 11 | 10 | 9 | 8 | 7 |

↑ B集団の平均値

図94　タジフェルら（1971）の実験で提示されたマトリックスの例2

からない）と所属集団（例ではAかB）が書かれています。参加者は「表の値は2名の人物に渡される報酬の配分である」と説明され，数値の組み合わせの中から1つを選ぶよう求められます。

図93をみると，参加者はできるだけ2名の人物に公平に分配するよう試みる一方，内集団（自分と同じ集団に所属）の人物に多くの金額を与えようとする傾向がありました。

さらに「内集団成員が外集団成員よりも得をする」点を，参加者が重視する傾向もみられました。たとえば，B集団の参加者が図94の表を提示された場合，彼らが選択した平均は，「13：13」と「11：12」の間でした。この場合，B集団の成員が一番お金をもらえるのは，「25：19」のときです。しかし「25：19」だと，B集団成員がA集団成員に比べて明らかに損をします。「13：13」と「11：12」の間というのは，内集団が外集団よりも得をする配分ということを前提としたなかで，最も金額の高い配分なのです。ここから，人は内集団の利益を外集団との社会的比較に基づいて判断し，単純な利益よりも内外集団の区別の明確化を重視する傾向が示されています。

ただし，この実験については，被験者が報酬を配分するための手がかりは「集団名」と「番号」以外になく，判断そのものが集団に依拠せざるを得ないものになっているとの批判があります。また，匿名の人に報酬を配分するという状況も不自然です。しかしながら，このような単純な手続にもかかわらず内集団ひいきが発生することを示した点で，大きな衝撃を与えた実験です。

❸ 一般互報酬関係と内集団ひいき

最小集団パラダイムにおいて発生した内集団ひいきについては，その後，その発生メカニズムについていくつかの解釈が加えられています。たとえば山岸らは，内集団ひいきが生じるのは集団内にある一般互報酬関係（自分が誰かに金銭や物を与えた場合に，与えた相手以外の誰かからそれが返ってくる関係）が重視された結果だと指摘しています。実験参加者が内集団成員に報酬を高く振り分けたのは，彼らが「自分も別の場面で他の成員に助けてもらうだろうから」と考え，匿名の内集団成員を助けたというわけです。最小集団パラダイム実験を行っても，被験者を「他者から自分に報酬が与えられることはない」という条件で分配作業をさせると，内集団ひいき行動がなくなってしまうことも示されています。

（上瀬由美子）

▷3　Yamagishi, T. Jin, N. & Kiyonari, T. 1999 Bounded generalized reciprocity: ingroup boasting and ingroup favoritism. *Advances in Group Processes,* **16**, 161-197.

▷4　神信人・山岸俊男・清成透子　1996　双方向依存性と"最小条件パラダイム"　心理学研究, **67**, 77-85.

VII 集団と個人

10 人が群集心理に陥るとき
没個性化

他者の存在が個人に与える影響はさまざまです。「人が見ているから」という理由で，私たちは反社会的な行為を慎む場合があります。その一方，「皆と一緒だから」と，普段ならしないような反社会的行動を他者とともに起こす場合もあります。

1 責任の分散

群集の中で反社会的行動が生じやすい原因の一つに，匿名性があります。大勢の人々に混じって自分の名前が特定できない状況になり，その場面の一員ではあっても自分自身の独立性を薄れさせた状態が，匿名性の高まった状況といえます。匿名性の高い状況では，ひとりの行動が集団全体に与える影響を判定しにくいため，「自分以外の誰かが責任をとってくれるだろう」という責任の分散が生じやすくなります。他者を頼ることができ，他者のせいにすることができるために，手を抜いたり反社会的行為を行うことが容易になるのです。目の前で暴力事件を目撃した場合，警察を呼べるのが自分1人であったなら，少しくらい面倒だったとしても多くの人は通報するでしょう。しかし，目撃者がたくさんいる場合には，「他の誰かが通報してくれるだろう」と考えて，その場を立ち去るかもしれません。実験室で援助行動を調べたラタネとダーリー[1]の研究でも，困っている人を助ける程度は，助けられる立場の人が多いほど低くなることが示されています（図95）。

2 自覚状態と反社会的行動の抑制

群集の中で反社会的行動が生じやすい背景には，自分に向けられた意識の有無も関係しています。私たちは，起きている間じゅう，自分のことを意識しているわけではありません。電車の座席で携帯メールのチェックをしているとき，注意は画面に向けられています。しかし，少し離れた席に知り合いが座っているのに気づいたとたん，自分の今日の服装や表情や姿勢など，「自分はどう見られているか」と自分自身に注意が向かい始めます。このように，自己意識は，外界に向けられるか自分に向けられるかに二分されています。このうち

[1] Latané, B. & Darley, J. M. 1970 *The unresponsive bystander: Why doesn't he help?* Prentice Hall. （竹村研一・杉崎和子（訳）1977 冷淡な傍観者——思いやりの社会心理学 ブレーン出版）

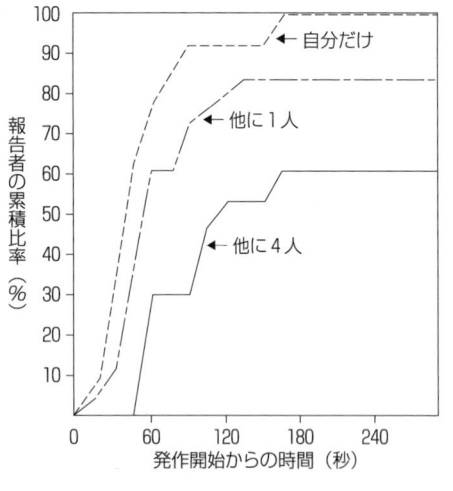

図95 自分だけ，他に1人，他に4人が発作を聞いたと思った場合の報告者の累積比率

（注）別の部屋の人とインターホンを通じて話している時，相手が急に発作をおこした状況で部屋を出て助けに行った人の割合の変化を示している。

出所：Latané & Darley 1970に基づき作成。

自分自身に注意が向かい，自分を注目の対象としている状態を，自覚状態（self-awareness）と呼んでいます。ウィックランドとデュヴァルは，自覚状態になった人は自覚状態にない場合と異なった社会的行動をとると指摘しました。人は自覚状態になった際，そのときの状況において最も関連度・重要度の高い側面で自己評価を行うようになります。自分がその場で理想とする状態に一致していない場合には，負の感情が生起してしまいます。このため，自覚状態になった人は評価基準に自分を合わせようと行動調整し，これが社会的促進や反社会的行動の抑制につながるのです。反対に，自分に意識が向かない状況ではその抑制がなくなります。このことから，群集の中にあって自分自身への注目が低下することが，反社会的行動が生じやすくさせる一因になると推察されます。

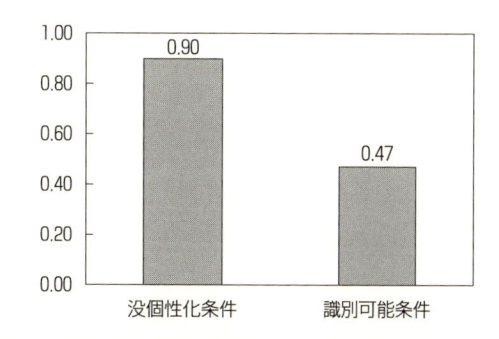

図96 刺激人物に与えた電気ショックの平均継続時間（秒）
出所：Zimbardo 1970に基づき作成。

3 没個性化

フェスティンガーらは，個人が集団に埋没し，「自分」というものが喪失してしまった状態を没個性化（deindividuation）と呼んでいます。彼らは，個人がその場面内に埋没して自己の存在感が希薄になることで，普段は抑制されている反社会的な言動が現れると分析しています。

没個性化現象を扱った実験として，ジンバルドの実験があります。彼らは実験参加者に，別室にいる人物に電気ショックを与えるよう指示しました。このとき，実験参加者に頭からフードをかぶせて誰かわからない匿名状態にした（没個性化）条件では，目立つ名札をつけた識別可能条件よりも攻撃行動が高まりました（相手に対する電気ショックの継続時間が長い。図96）。

さらにプレンティス-ダンとロジャーズは，没個性化を生じさせるのは，自覚状態のなかでも，特に私的自己意識の低下だと指摘しています。自己意識には，私的自己意識（自分の感情や態度など他人が直接知ることができないような内的な側面に向けられる注意）と公的自己意識（自分の容姿や行動など他人から見られている側面に向けられる注意）があります。彼らによれば，集団との一体化や興奮などで私的自己意識が低下すると，人は個人内の規範や社会的規準に一致した行動をとろうとしなくなり，没個性化現象が生じます。一方，匿名性や責任の分散によって生じるのは公的自己意識の低下です。公的自己意識の低下も反社会的行動を生じやすくさせますが，この状態でも人は自分の行為の意味についてはわかっているので，没個性化とはいえないと彼らは解釈しています。ただし没個性化と自己意識の側面の関連については，その他にもさまざまな指摘が提出され，研究が続けられています。

（上瀬由美子）

▷2 Wicklund, R. A & Duval, S. 1971 Opinion change and performance facilitation as a result of objective self-awareness. *Journal of Experimental Social Psychology*, **7**(3), 319-342.

▷3 Festinger, L., Pepitone, A. & Newcomb, T. 1952 Some consequences of de-individuation in a group. *Journal of Abnormal and Social Psychology*, **47** 382-389.

▷4 Zimbardo, P. G. 1970 The human choice: Individuation, reason, and order versus deindividuation, impulse, and chaos. In W. J. Arnold & Levine (Eds.) *Nebraska Symposium on Motivation 1969*, **17**, 237-307.

▷5 Prentice-Dunn, S. & Rogers, R. W. 1989 Deindividuation and the self-regulation of behavior. In P. B. Paulus (Ed.) *Psychology of group influence* (2nd ed.). Lawrence Erlbaum Associates.

VIII 社会と人間

1 差別なき社会は実現可能か
社会的偏見と差別

1 差別と原因帰属

　特定のカテゴリーに属していることで向けられる否定的な感情や評価は「偏見」，さらにその社会的集団に対して選択的に行われる否定的行動は「差別」と呼ばれています。偏見や差別はそれを受ける人に精神的な苦痛を与え，苦境をもたらします。社会には，年齢，性別，出身地，心身の障害などさまざまなことに基づく偏見や差別があり，それによって就職や昇進の際に不利な扱いを受ける，結婚の障害となる，周囲から否定的な言動や暴力を投げかけられるなど，つらい経験をしている人が数多く存在しています。

　スティグマ（差別の原因となる否定的特徴）をもった人は，他者から否定的固定観念を通して判断される脅威を常に感じます。加えて，現代社会では偏見や差別は望ましくないと考えられているため，隠された形で表明されやすくなっています。これが，差別に関わる問題をより複雑にしています。相手が判断の真意を隠しているために，スティグマをもつ人は他者から自分が受けた評価が否定的であっても肯定的であっても，自分の能力を正確に把握できないという問題を抱えやすくなります。[1]

　偏見や差別の強さは，スティグマが統制可能と判断されやすいか否かに関係しています。一般に，当事者に責任があり，その気になれば状況を変えられると判断されたスティグマは，より厳しく否定的に扱われます。たとえば肥満について本人に責任があると考える人は，その人に対し否定的な感情を抱きやすいことが知られています。[2]

2 偏見・差別の心理的背景

　タジフェルとターナーは[3]，集団間対立や偏見・差別の心理的背景を，社会的アイデンティティ理論（VII-9）から分析しています。人には自分の所属している集団（内集団）全体の価値を上げることで，自分自身の社会的価値も上げようとする心理傾向があります。また社会的価値は他の集団との比較を通して決定されますが，比較の際には内集団にとって有利な次元で集団間の違いが強調されます。このことが，社会のなかで外集団を貶め，差別する行動につながっています。

　また，社会のなかで優勢な集団は，自分たちにさらに利益をもたらすよう，

▷ 1 Crocker, J. & Major, B. 1989 Social stigma and self-esteem: The self-protective properties of stigma. *Psychological Review, 96*, 608-630.

▷ 2 Crandall, C. S. 1994 Prejudice against fat people: Ideology and self-interest. *Journal of Personality and Social Psychology, 66*, 882-894.

▷ 3 Tajfel, H. & Turner. J. C. 1979 An integrative theory of intergroup conflict. In W. Austin, & S. Worchel (Eds.) *The Social Psychology of Intergroup Relations*. Books／Cole. pp. 33-47.

現在の価値体系を正当化し維持しようとします。

一方，劣勢にある集団は不快な状態を変容させようとしますが，実際に社会の統制力をもつのは優勢集団であるため，社会の差別や偏見は維持されやすいのです。

劣勢集団が状況を変化させる方略には，個人的に優勢集団に移動して差別を回避する「社会的移動」や，集団間で対決して社会構造自体を変化させる「社会的競争」があります。また，自分たちの集団に新たな価値を見出して再評価したり，自分たちより低地位の集団と比較することで自分たちの集団に新たな価値を見出すなど，状況を変化させるのではなく認知を変える「社会的創造」の方略もあります。

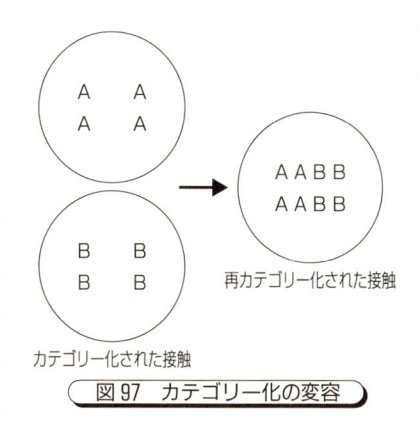

図97　カテゴリー化の変容

3　差別なき社会へ向けて

差別なき社会の実現は容易ではありませんが，これまでの研究から偏見・差別低減の手がかりが提出されています。

その一つが，カテゴリー化の変容です。前述のように内集団・外集団のカテゴリー化のあり方が偏見・差別につながっているため，これを変容させて変化を促すという考えです。たとえば，自国の中で対立する二つの集団（AとB）があっても，Xという別の国から攻撃を仕掛けられれば，AとBは一体となってXと対抗する必要があります。このとき，AとBの成員は両集団を併せた新たなカテゴリー（再カテゴリー）に含まれる内集団成員として認識されることになります（図97）。新たな外集団が現れなくても，それまで対立していた集団の人々を内集団成員としてみなすような再カテゴリー化状況を生み出せれば，偏見や差別が解消されやすくなります。

実践研究からは，協同作業（対立する集団の成員がお互いに共通の目的をもち助け合う）が，偏見低減に有効であることが指摘されています（Ⅶ-8 参照）。ただし協同作業が偏見解消に結びつくためには，対立していた集団間の成員が対等な地位のもと，十分な時間と回数をかけて接触すること，制度的支持があることが必要と考えられています。また共同作業を行わなくても，偏見や差別を被っている人々と自分を重ねてみることだけでも，被害者を助けたいという情動に結びつくことも指摘されています。

社会的支持を明確にするという点では，法律その他で差別や偏見が社会的ルールによって明確に否定されることは重要な意味をもっており，教育やマスメディアによる啓蒙活動も社会的ルールを明確にする有効な手段の一つでしょう。そしてこれらの活動を通して，社会に普及している差別を正当化する視点（差別される側に問題があるという視点）について反証となる知識を提供することが重要と考えられます。

（上瀬由美子）

▷ 4　Brown, R. 1995 *Prejudice: Its social psychology.* Oxford: Blackwell Publishers.（橋口捷久・黒川正流（訳）1999 偏見の社会心理学　北大路書房）

▷ 5　Yzerbyt, V., Dumont, M., Gordijn, E. & Wigboldus, D. 2002 Intergroup emotions and self-categorization: The impact of perspective-taking on reactions to victims of harmful behavior. In Mackie, D. M. & Smith, E. R. *From Prejudice to Intergroup Emotions: Differentiated Reactions to Social Group.* Psychology Press. pp. 67-88.

VIII 社会と人間

2 人は人をどこまで信頼できるか
社会的ジレンマ

1 囚人のジレンマ実験

　次のような場面を想像してください。共謀して重大な犯罪を行った2人が警察に連行され，別々に取り調べを受けています。確定的な証拠はないままの別件逮捕のため，2人ともシラを切り通せば軽い罪（刑期1年）ですむことになります。ここで警察官が容疑者に「自白をしたら不起訴（刑務所に入らない）にする」と持ちかけます。ただし不起訴になるのは自白をした方の1人だけで，黙っていたもう一方は重罪（無期懲役）となります。もし両方が自白をしたなら，2人とも10年刑務所に入ることになります。自白と黙秘，どちらの選択が犯人にとって得策でしょうか（図98）。

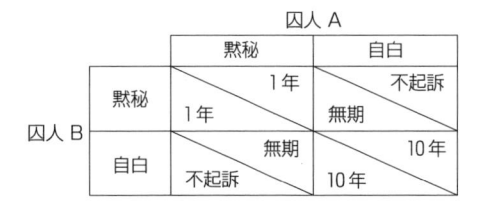

	囚人A 黙秘	囚人A 自白
囚人B 黙秘	1年 / 1年	不起訴 / 無期
囚人B 自白	無期 / 不起訴	10年 / 10年

図98　囚人のジレンマの例

　囚人が登場するこの状況は「囚人のジレンマ」と名づけられていますが，これと似た葛藤場面は日常生活にも存在しています。2者関係で両方がお互いに協力する（上記の例ではシラをきり通す）と当人たちにとって一番得をするのですが，自分だけ得をしようとしてお互いが協力しない（上記の例では自白する）と2人とも損をしてしまう状況です。

　囚人のジレンマ状況に陥った人がどのような決定を下すのかについて，これまでたくさんの研究が行われてきました。人はどのようなときに協力し，どのようなときに協力しないのでしょうか。1回限りの実験の場合，多くの人は非協力を選択することがわかりました。しかし，2人の囚人が繰り返し捕まって取引をするような，継続的なジレンマ状況になると結果が変わってきます。やりとりを何回も続ける形の実験場面に変えると，協力行動が多くなってくるのです。片方だけが得をすることが続くと，最初は協力的だった相手も非協力的になるため，相互的な非協力に陥ってしまいます。そのうちに相互協力をすることが自分の利益にもつながるということが理解され，協力度が高くなるのです。個々人が長期的な視点に立って自分の利益が最も高くなるようにふるまえば，お互いに望ましい相互に協力状態に至るわけです。

2 社会的ジレンマと信頼感

　現実の世界にはさまざまな葛藤があり，関係する多くの人々の利益や損失が複雑に関係し合っています。個人にとっては非協力の方が協力よりも得である

けれど，集団全体としてみると全員協力の方が全員非協力よりも得であるという利得構造が存在している場合も多く，これは社会的ジレンマと呼ばれています。前述の囚人のジレンマは，社会的ジレンマ状況をより単純化したものです。社会的ジレンマ状況は，グループで行う研究発表，駅前の違法自転車など，社会の至るところに存在しています。たとえば地球温暖化問題は，世界のさまざまな地域で人々が協力しなければ解決しません。地球環境のことなど考えずに自分の国だけ二酸化炭素を排出しつづける方が，コストは安く利益も上がるかもしれません。しかし，それは短期的なことで，それを皆が続けていると，結局は環境破壊による災害など大きな損失を受けることになってしまいます。

　社会的ジレンマ状況において，協力的行動をとれるか否かは，相手に対する信頼感の程度によって変化することが知られています[1]。多くの人は，協力することが自分の利益になるのなら協力するのですが，相手が裏切る恐れが高ければ行動に移せません。

③ 信頼感の重要性と背景

　社会的ジレンマを解決するためには，協力的な人たちが，非協力的な人々によって一方的に利用されないという信頼感が，その社会にあることが重要です。この信頼感を形成する一つの要因はネットワークの形成です。たとえば，大学のサークルのように，お互いがお互いのことを知っている関係では，自分だけが利益を独り占めするような行動をとればすぐに仲間外れにされ，最終的には損をしてしまいます。密接なネットワークがある社会では，相手は裏切れないだろうと考え，自分のために相手にも協力する行動（利他的利己主義）が発揮されやすいのです。反対に，お互いが関わりをもたない人々の集まりのなかや，一時的な関係のなかでは，人は「自分だけよければいい」といった行動をとりやすくなります。住民の交流が全くない地区でゴミの不法投棄が目立ったり，旅先で宿のものを破損したり持って帰るなどの反社会的行動が生起しがちなのもネットワークの形成に関係しています。

　また，社会的制度も信頼感を高める手段として有効です。非協力的な行動をしたら罰せられる，協力したら報酬がもらえるというルールが社会のなかにあれば，他者が協力すると感じられるためです。ただしこの場合にも，違反者を取り締まる（協力者に報酬を与える）コストを誰が負担するのかという問題が発生します。きちんと取り締まらないために非協力的な行動をとる人があまりに多くなると，罰を与えることが難しくなり，今度は協力していた人までもが「自分だけルールを守るのは馬鹿らしい」と考え始めることになります。この流れが生じると，よほどの強い力で協力行動をとらせない限り，非協力関係を止めることは難しくなります。

（上瀬由美子）

▶1　山岸俊男　1990　社会的ジレンマのしくみ──「自分1人くらいの心理」の招くもの　サイエンス社

VIII 社会と人間

3 集団主義文化と個人主義文化を比較する

1 タイタニック・ジョーク

「タイタニック・ジョーク」というのをご存知でしょうか。映画にもなった豪華客船「タイタニック号」の沈没を目前にして、乗客たちが救命ボートに乗り込みます。ところが、ボートの数が足りず、やむなく女性と子どもを優先することになりますが、これに承服しない男性陣をいかに説得するかというお話です。面白いのは説得の切り札が国籍によって異なるところです。すなわち、イギリス人は、「紳士たるもの女性と子どもを優先するのが当然です」と、アメリカ人は「ここで女性と子どもを助ければあなたは英雄です」と、そして日本人は、「イギリス人もアメリカ人も女性と子どものために譲るそうです」といえば大いに効果があったということです。このジョークは、欧米人に比較して日本人の「個」の確立の弱さを揶揄したものとしてよく紹介されます。

2 日本人論

これに通ずる日本人論は、学問の世界でも古くから展開されていました。アメリカの文化人類学者ルース・ベネディクト（Benedcit, R.）は、古典的名著『菊と刀』のなかで、欧米人は個人に内在化されている良心に重きを置くが、日本人は世間体や外聞など周囲のまなざしを強く意識するとして、前者を「罪の文化」、後者を「恥の文化」と評しました。日本の文化人類学者として大きな功績を残した中根千枝は、『タテ社会の人間関係』を著し、人間関係を独立した意思をもつ個々人間の契約とみなす欧米社会に対して、日本社会の人間関

▷1 ベネディクト, R. 長谷川松治（訳） 1972 菊と刀――日本文化の型 社会思想社

表21 個人主義と集団主義

個人主義	集団主義
自己を他者とは独立した存在とみる	自己を他者と相互依存関係にある存在とみる
個人目標を優先する	集団目標を優先する
個人の態度，欲求，権利に注目する	集団の規範，役割，義務に注目する
社会的関係がもたらす利益と損失を合理的に判断する	自分が不利益を被っても社会的関係を優先する
自分が所属する集団から情緒的に分離し対決も辞さない	自分が所属する集団に共感し集団内の調和を重視する
好奇心，創造性，寛大さ，変化に価値を置く	家族の安全，秩序，伝統，礼儀に価値を置く

出所：トリアンディス 1995に基づき作成。

係は「場」の共有を強調し，「ウチ（身内）」と「ソト（よそ者）」によって対応を大きく変える特徴をもつと論じました。これらに共通するのは，欧米社会を貫く原理は個人主義であるが，日本社会のそれは集団主義であると主張しているところにあります。

3 集団主義と個人主義

　もっとも集団主義は日本人だけにみられるものではなく，世界の他のさまざまな国にも認められます。たとえば，台湾，韓国のような東アジア諸国やグアテマラやパナマといった中南米諸国も個人主義が弱く，集団主義的であると考えられています。近年では，社会心理学者もこの問題に関心をもち，個人主義と集団主義の文化の違いが，それぞれの文化に所属する人々の行動や思考，感情や動機づけにどのような帰結をもたらすかについて盛んに研究を行っています。代表的な研究者の一人であるトリアンディス（Triandis, H. C.）が，両者の特徴をいくつかあげていますので，表21に示しました。個人主義とは，個人的目標の達成を集団目標に優先させようとする志向性を指し，個人が集団に対して対決姿勢をとることもあります。一方，集団主義では，個人は集団のなかにあってこそ存在の意味があると考え，集団の目標のために個人が自ら犠牲になることもあります。

　さらに，マーカスと北山は，両文化に優勢な人間観もしくは自己観を，それぞれ「独立的自己観」と「相互依存的自己観」というように表現しています。「独立的自己観」とは，自己を他者から切り離された独立な存在とみなし，自分自身のなかに独自な属性を見出し，それを周囲の人たちに表現するよう動機づけます。「相互依存的自己観」は自己と他者は根源的に結びついており，他者との関係によって自己の存在意義が生まれると考えます。そのため，他者の期待に応え社会的な役割を果たすことが，人生の重要な目標となります。また，自己概念のなかに他者との関係性が含まれます。したがって，自尊心が維持・高揚される道筋も異なり，前者は自分自身のなかにある独自の属性の発見と確証が自尊感情を高めますが，後者は自分の立場をわきまえ周囲との調和を維持することで自尊感情が高まることになります。2つの自己観を模式的に表現したものが図99です。

　個人主義と集団主義の比較文化研究は，膨大な知見を生み出しています。ただ，それらの多くは，欧米とアジア，西洋と東洋という単純な二分法に基づき，それぞれをステレオタイプ的に記述しているにすぎないとの批判もあります。しかし，地球上には自分たちとは異なる文化が存在し，自分たちの文化が唯一絶対ではないことに気づかせてくれるという点では，大きな貢献を果たしています。　　　　（池上知子）

▷2　中根千枝　1967　タテ社会の人間関係——単一社会の理論　講談社現代新書

▷3　ホフステッド, G. 岩井紀子・岩井八郎（訳）1995　多文化世界——違いを学び共存への道をさぐる　有斐閣

▷4　トリアンディス, H. C. 神山貴弥・藤原武弘（編訳）2002　個人主義と集団主義——2つのレンズを通して読み解く文化　北大路書房

▷5　Markus, H. R. & Kitayama, S. 1991 Culture and the self: Implications for cognition, emotion, and motivation. *Psychological Review*, 98, 224-253.

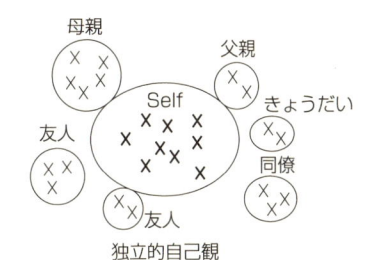

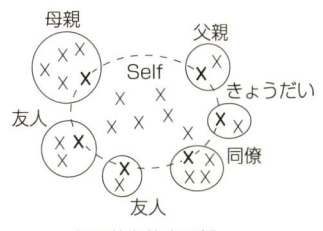

図99　独立的自己観と相互依存的自己観

出所：Markus & Kitayama 1991より。

Ⅷ 社会と人間

4 都市的環境と人の幸福

イソップ物語に登場する「田舎のネズミと都会のネズミ」の話を知っている人は多いのではないでしょうか。この話に描かれているように，「都会は，物は豊富にあるが，危険も多く心が安まらない」のに対し，「田舎は，物は豊かとはいえないが，のんびりとした気持ちで暮らすことができる」というイメージは，現代でも多かれ少なかれ当てはまるように思われます。

心理学においても，都市と村落を比較しそれぞれの特徴を明らかにしようとする試みは古くからなされ，重要な学問的課題の一つとなっています。岩田紀は，都市の特徴として，①人口が多いこと／人口密度が高いこと（過密性），②異質な人間や文化が混在していること（多様性）をあげています。実は，①と②は密接に関連しています。人口の少ない地域は産業の種類も限られてくるため，同じような生活基盤をもつ人たちが集まって暮らすことになります。たとえば農村であれば，農業従事者がその大半を占めるので自ずと同質性は高くなります。これに対し人口密集地域では，人々の快適な生活を維持するためにさまざまな機能（政治，経済，教育，医療，娯楽など）が集中しやすく，必然的に多様な仕事に従事する人々が集まります。また，生活が便利で情報の多い都市には，外国人も多く住むようになります。

1 刺激過剰負荷説

都市は多種多様な刺激に溢れているため，人が刺激過剰負荷状態になりやすいと考えられます。ミルグラムは，人間は刺激過剰負荷になると，さまざまな対処行動をとるようになると述べています。刺激に対応する時間を短くする，優先順位の低い刺激を無視する，刺激の入力を阻止するような措置を事前に講ずる，刺激濾過装置を設け刺激の強さを減衰させるといったことをあげています。このような心理機制は，他者との関わり方にも反映されます。すなわち，人とあまり深く関わることを避け，できるだけ皮相な関係にとどめようとします。また，困っている人がいても見て見ぬふりをするようになります。

2 都市と援助行動

都市では他者への援助が抑制されやすいことを示したものとして，アマトの行ったフィールド実験が有名です。彼は，人口規模の異なる55の地域に出かけていき，サクラを使って助けを求める事態を人為的に作り出し，通行人の援助

▷1 岩田紀 1995 都会人の心理──環境心理学的考察〔増補版〕ナカニシヤ出版

▷2 Milgram, S. 1970 The experience of living in cities. Science, 167, 1461-1468.

▷3 Amato, P. R. 1983 Helping behavior in urban and rural environments: Field studies based on a taxonomic organization of helping episodes. Journal of Personality and Social Psychology, 45, 571-586.

VIII-4　都市的環境と人の幸福

行動を測定しました。たとえば、大学の宿題だといって好きな色に関するアンケートに協力を求められたとき、足を踏み外し怪我をしている人がいるとき、寄付を求められたとき、どのくらいの人が援助するかを測定したのです。図100をみると、人口の多い大都市ほど援助率が低くなる傾向が読み取れます。他人に無関心な都会の人間の姿がうかがえます。

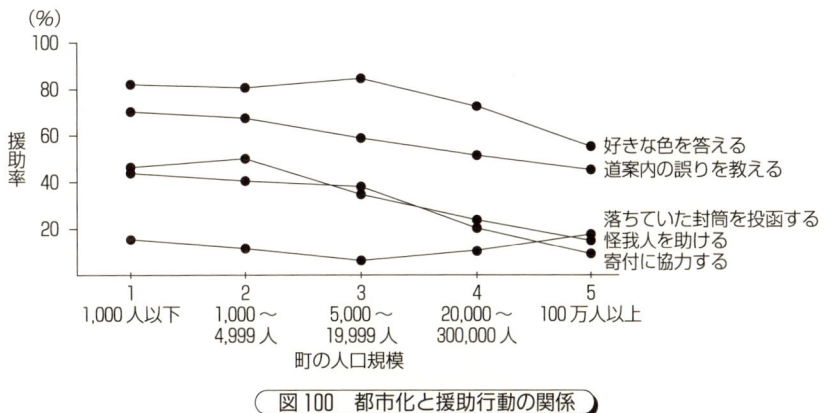

図100　都市化と援助行動の関係

出所：Amato　1983

3 高速化する都市社会

都会の人間に特徴的なもう一つの行動様式としてよく指摘されるのが、せかせかと忙しく動き回る傾向のあることです。岩田は、このような行動様式が形成される一因として、生活テンポの速さをあげています。都市では人口が密集しているため、公共の施設や設備を利用する人の数が非常に多い上に、特定の時間帯や場所に集中しやすいので、ものごとを迅速に処理することを常に求められるからです。実際、辻村明の行った調査結果をみても、大都市の人間ほど歩行速度が速く、また「エスカレーターの上を歩いていく」「歩行者信号が赤でも渡る」「ファーストフードを利用する」といった項目の回答値にもセカセカ度が高いことが示されています。興味深いことに、都会の人間はセカセカ度が高いだけでなく、日常生活のなかで待たされるとイライラしやすいことも見出されています。なお、この調査では精神的健康度も測定していますが、その指標の一つである「自殺を考えたことがあるか」という質問への肯定率が大都市ほど高いという看過できない結果も報告されています（図101参照）。

▷ 4　辻村明（編著）1980　高速社会と人間——果たして人間はどうなっていくのか　かんき出版

このようにみると、都市は人間を幸福にするよりは、精神的な荒廃をもたらすかのように感じるかもしれません。しかし、都市には人間を成長させるさまざまな資源（教育機関や娯楽施設、多様な人間との出会い、異文化に接触する機会など）があることも事実です。都市のもつプラス面に着目し、その魅力を高めることが今後は求められるのかもしれません。

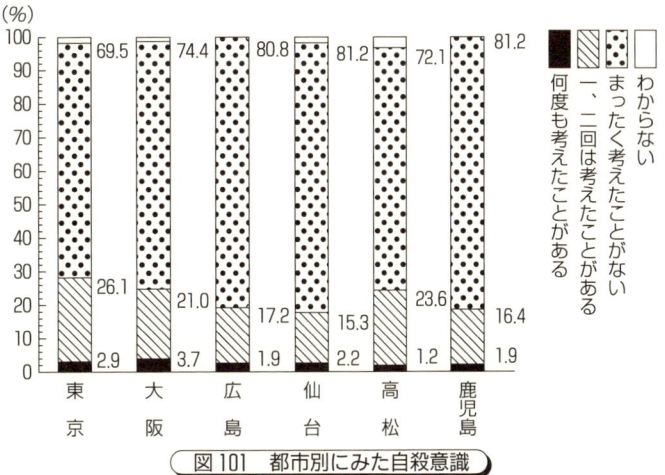

（池上知子）

図101　都市別にみた自殺意識

出所：辻村　1980

VIII 社会と人間

5 グローバリゼーションは何をもたらすか

1 グローバリゼーションとは

近年，グローバリゼーションが急速に広まり，経済活動や文化交流が国家や地域の境界を越えて地球規模で営まれるようになりました。いまや私たちは，物資や人材，知識や技術，そして文化を世界中から調達し利用することができます。住むところや働く場所も，国境を越えて自由に選択することが可能になりました。また，企業活動における国際的分業が進み，人件費や輸送費などコストを低く抑え効率的に生産を行えるようにもなりました。このように国家間の相互依存的関係が強まり地球全体が一つの共同体とみなされるようになれば，人々のなかに人類愛が生まれ戦争もなくなるかもしれません。対立する集団に所属している人たちに，それらの集団を包含するより上位の集団の一員としての自覚が生まれると，集団間の対立が解消することは理論的には十分ありうるからです[1]。しかしながら，このような期待とは裏腹に，現実にはグローバリゼーションの進行とともに反グローバリズムの運動が起こり，紛争やテロが頻発しています。これはなぜでしょうか。

2 グローバリズムと格差社会

経済のグローバル化とは，国内の法律や制度によって保護されていた産業が厳しい国際競争の波にさらされることを意味します。その結果，成果主義や効率主義が強まり，弱者や敗者が切り捨てられ，一部の勝者のみに富が集中する格差社会を招くことになりました。**ワーキングプア**[2]と呼ばれる貧困層の増加もその一つの現れといえるかもしれません[3]。激しい競争が利害の対立や抗争を社会にもたらし，貧困層の増大が治安の悪化や社会不安を増大させる可能性は十分考えられます。経済学者の橘木俊詔も述べているように，弱者や貧困者が，劣等感や疎外感から勝者に嫉妬し憎悪を抱くこともありうるからです[4]。また，欲求や目標の達成を阻害されフラストレーションが喚起されると攻撃衝動が高まり，往々にして**外集団**[5]の人間がその標的になりやすいことは，ミラーとバゲルスキーによる古典的実験でも確かめられています[6]。米軍兵士を対象としたこの実験では，実験参加者は，まずメキシコ人か日本人の印象についてあてはまる形容詞を選ぶよう指示されます。次に，難しいテストを延々と受けさせられたうえ，楽しみにしていた映画会にも参加できなくなるというフラストレーシ

▷1 Brewer, M. B. & Miller, N. 1996 *Intergroup relations.* Brooks/Cole Publishing Company.

▷2 ワーキングプア
働いているのに収入がきわめて低く，生活保護水準並の生活しかできない人たち。働く貧困層ともいう。

▷3 門倉貴史 2006 ワーキングプア――いくら働いても報われない時代が来る 宝島社新書

▷4 橘木俊詔 2006 格差社会――何が問題なのか 岩波新書

▷5 外集団
自分が所属している集団を内集団，所属していない集団を外集団という。人は，内集団を自己と同一視するため，望ましいアイデンティティを維持すべく内集団の外集団に対する優位性を確認しようとする。

▷6 Miller, N. E. & Bugelski, R. 1948 Minor studies in aggression: The influence of frustrations imposed by the in-group on attitudes expressed toward outgroups. *Journal of Psychology,* **25**, 437-442.

ョンを経験させられます。そのあと再度，メキシコ人か日本人の印象を回答するように求められます。表22に示されているように，フラストレーションが喚起されると外国人への非好意的態度が増していることがわかります。

表22 フラストレーションと外国人への態度

	望ましい特性	望ましくない特性
フラストレーション喚起前	5.71	2.93
フラストレーション喚起後	4.11	3.26

（注）数値は日本人／メキシコ人にあてはまるものとして選択された特性形容詞の個数。
出所：Miller & Bugelski 1948

3 存在脅威管理理論

グローバリゼーションが負の影響をもたらす背景にはもう一つ重要な問題があります。それは，グローバリゼーションに伴い他国の文化が流入してくることにより，自国の文化（伝統，慣習，制度，宗教）が破壊されるおそれがあることです。また現在，世界で進行しているグローバリゼーションの実態は，結局のところアメリカ文化の普及という側面が強いことも否めません。そのため，このような流れに抵抗すべく，それぞれの国や地域に古くから根づいている伝統や文化を保護し，文化的独立性を保とうとする動きも起こっています。

では，なぜ人々は自国の文化を守ろうとするのでしょうか。この点については，近年グリンバーグたちによって提唱された存在脅威管理理論から解釈することができます[7]。われわれ人間は，みな自分がいずれ死を迎える運命にあることを知っています。このようなことは，数ある動物のなかでも人間だけに可能なことだと思われます。けれども，それゆえに人間は死の恐怖に苛まれるのだともいえます。グリンバーグらは，この死の恐怖を緩和してくれるものが文化もしくは文化的世界観であると述べています。文化的世界観とは，この世界がどのようなところであるか，どのように生きるのがよいことなのかなど，人生の意義や目標を教えてくれるものであり，人はそれに則って行動することにより象徴的不死の概念を獲得し，死の恐怖に対抗できるのだとされています。その具体的内容は，たとえば仏教文化やキリスト教文化，またイスラム教文化など，それぞれの文化によって異なります。したがって，自分たちが長らく信じてきた文化的世界観が否定されるようなことになると，みずからの心の拠り所を失うことになりかねません。それゆえ，人々は自文化を堅持し，これを脅かす異文化を排斥するのです。グリンバーグらの実験は，こうした考えを支持しています。彼らは，キリスト教徒である大学生に死の恐怖を想起させるような質問を行い，そのあと，同じキリスト教徒である他の大学生とユダヤ教徒の大学生について評価させました。表23の結果をみると，死の恐怖の顕現化は，同じキリスト教徒への魅力を増大させ，異教徒であるユダヤ教徒への魅力を低めているのがわかります。国家や地域の間の争いの背景には，物欲だけでなく，奥の深い精神次元の問題が横たわっているのです。

（池上知子）

▷7 Greenberg, J., Pyszczynski, T., Solomon, S., Rosenblatt, A., Veeder, M., Kirkland, S. & Lyon, D. 1990 Evidence for terror management theory II: The effects of mortality salience on reactions to those who threaten or bolster the cultural worldview. *Journal of Personality and Social Psychology,* 58, 308-318.

表23 死の恐怖が自宗教信者と他宗教信者への魅力に及ぼす効果

死の恐怖	顕現化条件	非顕現化条件
キリスト教徒	30.25	27.73
ユダヤ教徒	26.46	28.86

（注）数値が大きいほど対人魅力が高いことを示す。
出所：Greenberg et al. 1990

VIII 社会と人間

6 うわさと流行の心理
社会的伝播

1 うわさ（流言）と流行の共通する点

うわさ（流言）と流行に共通していることは，ともに私たち自身が情報を伝えるメディア（媒体）として重要な役割を果たしている点です。マスメディアが伝えるというのではなく，私たちが情報を伝えたり，実際の流行の商品を身につけたりすることで，うわさや流行が広まるのです。社会心理学では，うわさや流行を集合行動という概念で説明しています。集合行動とは「特定の行動が諸個人の間に連鎖的に伝播・拡大して一定の社会的過程を形成していく動的な様相[1]」と定義されます。一人ひとりの自発的な行動が，集合的に発生し，結果として一つの方向をもった流れを作り上げるものなのです。

▷1 鈴木裕久 1977 流行 池内一（編）講座社会心理学3 集合現象 東京大学出版会

2 うわさの背景にある心理

オルポートとポストマン[2]（Allport, G. W. & Postman, L.）は，流言を「正確さを証明することのできる具体的なデータがないのに，ふつう，口から耳へと伝えられて，次々と人々の間に言いふらされ信じられていく，出来事にかんする記述」と定義しました。うわさを伝達ゲームのようなものと考え，その過程でうわさ内容が変容すると考えたのです。また，ある出来事についての流言の広がり（R）は，集団成員の生活でその事柄がもつ重要性（i）とあいまいさ（a）に比例し，集団のなかに広がっていくとし次のように公式化しました。あいまいさが高ければ高いほど，重要性が高いほど，うわさは広がりやすいというのです。

▷2 オルポート, G. W.・ポストマン, L. 1952 南博（訳）デマの心理学 岩波書店

$$\text{うわさの公式} \quad R \sim a \times i$$

流言を伝達ゲームのようなコミュニケーション過程としてとらえる立場に対し，シブタニ[3]（Shibutani, T.）は，あいまいな状況の解釈のプロセスと規定しています。あいまいな出来事が起こったとき，人々はその出来事に納得のいく説明を集団で考えていく。そのプロセスが流言の流布過程であるとしています。多くの人が納得する解釈が次々とつくられていき，その結果としてうわさの変容が生ずるとしました。

▷3 シブタニ, T. 1985 広井脩・橋本良明・後藤将之（訳）流言と社会 東京創元社

うわさは，うわさを聞いた人が自発的に他人に伝えるプロセスです。後になって考えると，とても真実と思われない内容が広まるのは，私たちがあいまいで不安を感じる状況に置かれたときです。自分が感じている不安やあいまいさに説明を与える情報（うわさ）を人々が求めているからなのです。そして，同

様な状況に置かれている人々に自分の聞いたうわさを伝えるのです。

3 流行の背景にある心理

　社会のなかに，これまでになかったものが急速に広まっていくことがあります。流行商品ばかりでなく，私たちの髪型や服装，考え方や物の見方，さらには言葉でさえ流行があります。それらのなかには，社会のなかに溶け込んで，社会生活を変えていくような流行もあります。しかし，スカートの丈が短くなったり，長くなったりするようなことは，社会的に重要なものではありません。流行現象を，社会を変えるような新しい変革（イノベーション）と区別させる特徴として，「効用からの独立」「短命性」「瑣末性」をあげる論者もいます。

　社会の中に新しい流行が起こると，それをいち早く採用する人もいれば，多くの人が採用してから取り入れる人もいます。ロジャーズ（Rogers, E. M.）は，社会や社会生活を変革（イノベーション）するような新しい技術や考え方が，社会のなかに普及していく過程を研究しました。それを普及過程研究と言います。流行現象は一過的なものであるのに対し，普及過程が対象とするものは，社会に定着していくものを多く想定しています。また，人々を流行採用時期によって，いち早く取り入れる革新者（社会の中に2.5％程度），ついで初期採用者（13.5％），前期追随者（34％），後期追随者（34％），さらに遅滞者（16％）の5つにカテゴリー化しました。

　これらの人々が何によって影響を受けるかを示したのが図102です。情報の流れを示す太線は，すべてのカテゴリーに影響しています。流行しているという情報は，マスメディアを通してどのレベルの人でも知るのです。しかし，自分がその流行を採用するかどうかは，マスメディアによって影響をうけることは少なく，自分よりも少し進んでいる人，すでに流行を採用した人々の影響をうけることを示しています。周囲の人が採用すると自分も採用するのです。

　流行を取り入れる動機には，人より目立ちたい，人と違うことを示したいという「個別性や他人からの差別を求める欲求」があると同時に，みんながもっているから，みんながやっているから自分もするという「他人との同調を求める欲求」もあるのです。ある意味で相矛盾する動機によって支えられているのです。

（川上善郎）

▷4　ロジャーズ, E. M. 1990　青池慎一・宇野善康（監訳）イノベーション——普及学　産業能率大学出版部

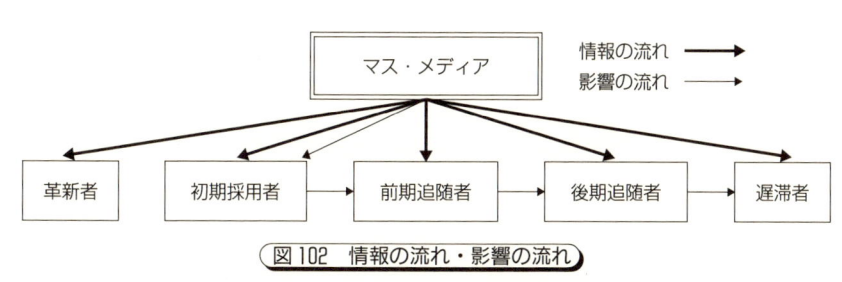

図102　情報の流れ・影響の流れ

出所：田崎篤郎・児島和人　2003　マス・コミュニケーション効果研究の展開　北樹出版

VIII 社会と人間

7 人と人はいかにしてつながるか
ソーシャルネットワーク

1 人間関係が織りなすネットワーク

　私たちは，家族や友人，学校や職場の知人，近所の顔見知りなど，さまざまなつながりを形成しています。自分を中心としてつながる人間を周囲に示し中心と線で結べば，放射状に広がる図が描けます。そのなかの誰かを再び取り上げて中心とし，図中の人間とのつながりを同様に線で結び，また人物を新たに加えていくということを繰り返せば，複雑な網の目のような図となるはずです（図103）。

　社会に存在するこの人間関係の網のことを，ソーシャル（社会的）ネットワークと呼びます。その大きさやその構造上の特徴などが，構成員である個人に，またそれがつくり出す（それを内に含む）組織や集団，社会にどのような影響を及ぼすかは，多様な研究領域で重要なテーマとなっています。

2 個人を中心にネットワークをみる

　私たちは，性別年齢やその他の社会的属性，また態度，信念といった心理特性の似ている人と関係を取り結ぶ傾向があります。たとえば同じ大学の学部に所属するような，学力や関心の似た集まりのなかで関係が形成されることも多いです。架空の相手と自分との態度の類似性に比例して相手に対する好意度が増大することも，古典的実験で知られています。[1]

　こうした「類は友を呼ぶ」傾向を同類性（ホモフィリー）の原理と呼びます。このような相手との頻繁なコミュニケーションを通じてさらに同類性が高まることにもなるでしょう。

　自分の周囲のネットワークが大きいほど，精神的，心理的な健康度が高まることも多くの研究で確認されています。[2] 周囲の関係から受ける支援をソーシャルサポートと呼び，その機能としては問題解決のための資源や情報となる「道具的サポート」と，自尊心や感情に働きかける「情緒的サポート」にしばしば大きく二分されますが，このようなソーシャルサポートネットワークの役割は，心理学と社会福祉学等の境界領域として強く関心がもたれています。

3 弱いつながりのもつ意味

　では，親しい相手と強く結びついて密なコミュニケーションをとることが，

▷1 Byrne, D. & Nelson, D. 1965 Attraction as a linear function of proportion of positive reinforcements. *Journal of Personality and Social Psychology,* **1**, 659-663.

▷2 浦光博 1992 支え合う人と人——ソーシャル・サポートの社会心理学 サイエンス社

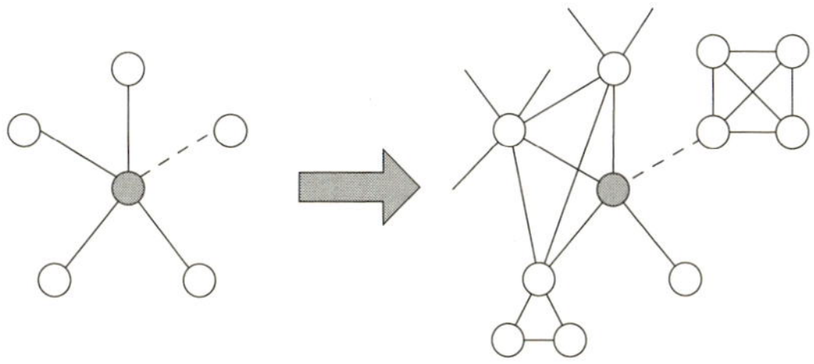

図103　自分を中心としたネットワークから社会に広がるネットワークへ

人々にとって最も重要でしょうか。実はネットワークのなかの，接触の少ない相手に（こそ）重要な意味があるという知見があります。

グラノヴェッター[3]は転職経験者に調査を行い，どこからその職の情報を得たか尋ねたところ，多くが人的なつながりからと答えるとともに，そのような対人的情報源との接触頻度は実際にはあまり多くないことを示しました。それほど親しくない，「弱い」関係の方が転職において重要な意味をもっていたのです。この逆説的な知見を「弱い紐帯（ウィークタイ）の強さ」と呼びます。同類性の原理が強く働くような「強い紐帯」と異なり，あまりコミュニケーションをとらないいわば「異類性」をもつ相手こそが，自分の属していない外部の集団との接触を産み，情報に多様性をもたらす可能性があるからと考えられます。すなわちソーシャルネットワーク上の関係は，強弱それぞれに異なった重要性をもつということです。

4 社会全体からネットワークをみる

個人のもつネットワークに加え，社会に広がるそれのもつ意味もあります。流行や普及といった集合現象は，ソーシャルネットワークを基礎に発生します。また人付き合いの多い人と少ない人があるように，互いが顔見知りのような人付き合いの多い地域や組織と，そうでないところがありますが，社会に埋め込まれたネットワークや，それが生み出す社会的信頼を地域や組織の保有する資源ととらえる社会関係資本（ソーシャルキャピタル）という考え方がごく最近大きな注目を集めています。ネットワークの大きな個人が健康であったように，社会関係資本の豊かな地域では住民が健康であったり，民主的で安全な地域になりやすいことが指摘されており[4]，ソーシャルネットワークはマイクロとマクロの両面から個人に影響を与える可能性があります。

近年，携帯電話やインターネットのような，人と人をつなぐ情報通信技術が急速に普及しました。たとえばインターネット上で利用者が増えているSNS（Social Networking Service）は，まさにソーシャルネットワークを支援するためのシステムです。ネットワーク分析のような技法の発達もあり[5]，この「ネットワーク科学」は心理学だけでなく，文系理系の枠を越えた領域として大きな発展を遂げつつあります。

（柴内康文）

▷3　Granovetter, M. 1973 Strength of Weak Ties. *American Journal of Sociology*, **78**, 1360-1380.

▷4　Putnum, R. D. 2000 *Bowling Alone*. Simon & Shuster.（柴内康文（訳）2006 孤独なボウリング　柏書房）

▷5　安田雪　1997　ネットワーク分析　新曜社

VIII 社会と人間

8 マスメディアのもつ力を知る
報道と世論

1 強力効果論から限定効果論へ

　ラジオ登場からテレビ登場まで，マスメディアは強力な効果を人々に与えると考えられてきました。マスメディアを利用して特定の思想や意見を吹き込む（報道）ことで，人々は強く影響され同じような思想や意見をもつようになる（世論形成）と考えられたのです。この背景には，マスメディアを利用し国民の意見を統制したファシズム国家の誕生と，世界大戦という歴史があります。しかし，テレビが登場するころには，マスメディアの効果は限定的であるという議論が起こりました。実証研究の結果，私たちは情報的にはマスメディアの影響を強く受けるものの，実際の意思決定に関しては，マスメディアの情報よりも，パーソナルな影響を強く受けるということが実証されたのです。これをマスメディアの限定効果論と呼びます。しかし，テレビ全盛時代を迎え，限定効果論を踏まえて，再びマスメディアの効果は強力であるという考え方が提示されました。これを新強力効果論といいます。そのいくつかを紹介しましょう。

▷1　田崎篤郎・児島和人　2003　マス・コミュニケーション効果研究の展開　北樹出版

2 知らないうちに認識をつくってしまう力

　ニュース報道以外にテレビドラマのなかでは，一日に何十人，何百人もの人が殺されています。テレビの中には暴力シーンがあふれています。アメリカのドラマ番組1548本を内容分析した結果によると，80％の番組が，一番組平均5.2回，登場人物の64％が暴力に関与していました。私たちは，平日でも2時間以上テレビを見ています。じつに1年のうちの1か月間は，このようなテレビを見続けている計算です。この研究では，暴力シーンに満ちたテレビをたくさん見ている人とあまり見ていない人では，形成される社会観に差があるのではないかと考えました。「ある一週間に，あなたが何らかの暴力に巻き込まれる危険性はどの程度」ですかという質問にテレビ視聴が長い人は52％が，短い人では39％が「10回に1回」というテレビよりの回答をしていました。要するにテレビを見ることで，社会が暴力に満ちているという認識をもつようになるというのです。現実の社会とは関係のない，テレビが作り上げているフィクションの世界を現実の姿だと認識するようになってしまったのです。このような理論をマスメディアの培養理論と呼びます。

③ 人を沈黙させてしまう力

人々と異なった意見を発表することに抵抗感をもちませんか。自分の意見が多数の人々と一致しているときと，一致していないときを考えてください。一致しているときは自分の意見を表明するのに抵抗はありません。自分の意見が多数派の意見か，それとも少数派の意見かをどのように判断しているのでしょうか。私たちはマスメディアが伝えるニュースなどに基づいて判断することが多いのです。そして，マスメディアは多数派の意見を取り上げることが圧倒的に多いのです。その結果として，私たちはマスメディアが伝えた意見は表明しやすくなります。逆にマスメディアが報じなかった意見（少数派）をもつ人は，沈黙するようになります。多数派の意見はより目立つようになり，少数派はより少数にみえるようになります。これを**沈黙のらせん**といいます。マスメディアが多数派の意見をより強大にする仕掛けです。

④ 議題を作る力

マスメディアの報道について考えてみましょう。報道すべき事柄は無数にあります。それらは社会的にみるとみんな同じ重さで存在しています。図104の一番左側の「論点」に示したものです。マスメディアは，それらのものを同じ割合では報道しません。「メディアの注目の違い」があるからです。社会的に重要であると考えたものはたくさん報道します。そうでないものは少ししか報道しません。図では，X_1，X_4，X_6 はたくさん報道されています。

マスメディアの報道量とは別に，一般の人々のもつ「論点についての人々の認識の態度」を調査するのです。本来はメディアの報道量と関係がないはずなのですが，両者の間にはとても高い相関がみられるのです。マスメディアの報道量が多ければ，それと対応して，私たちもその争点が重要であると思ってしまうのです。このようなメカニズムを，会議のときに議長が何を重要な議題とするかを決めるように，マスメディアが社会的な争点を決めているというのがこの議題設定機能というものの考え方なのです（**議題設定効果**）。

マスメディアは強力であるというのは事実です。しかし，それは，人々の意見を直接左右するものではなくて，上に述べたように，多様な経路を通って世論の形成に関わっているのです。また，それらが個人に与える効果は，私たちが生活している社会はどのようなものかといった「社会観」や「世界観」および，その効果は長期的で累積的なものなのです。そのような意味でマスメディアの持つ力はとても強力なのです。

（川上善郎）

▷2　ノエル・ノイマン　1997　池田謙一・安野智子（訳）沈黙の螺旋理論——世論形成過程の社会心理学　ブレーン出版

▷3　沈黙のらせん（▷2 ノエル・ノイマン）
人は，孤立を恐れるため，自分の意見が多数派であると考えると意見を表明しやすい。しかし少数派であると沈黙する。そのため，多数派の意見と認識されるものが，実際より多くみえるようになる。このような世論の形成のメカニズムを沈黙のらせんとよぶ。

▷4　竹下俊郎　1998　メディアの議題設定機能——マスコミ効果研究における理論と実証　学文社

▷5　議題設定効果
マスメディアで大きく取り上げられた争点やトピックは，多くの人々の注目を集めやすい。受け手の注目を特定の対象へと焦点化するこうしたマスメディアの機能を，議題設定効果と呼ぶ（▷4 竹下）。

図104　議題設定効果のモデル図

出所：田崎・児島　2003

VIII 社会と人間

9 ゲームのもたらす影響
ゲーム社会の世界観

▷1 内閣府政策統括官（共生社会政策担当） 2007 第5回情報化社会と青少年に関する意識調査報告書 http://www8.cao.go.jp/youth/kenkyu/jouhou5/

▷2 無藤隆（編） 1987 テレビと子どもの発達 東京大学出版会

▷3 湯川進太郎 2002 メディア暴力と攻撃性 山崎勝之・島井哲志（編）攻撃性の行動科学：発達・教育編 ナカニシヤ出版 pp. 100-121.

▷4 井堀宣子 2003 テレビゲームと認知能力 坂元章（編） メディアと人間の発達 学文社 pp. 80-94.

▷5 メタ分析
多数の独立した研究から得られた結果を統合して，全体としての効果を検証しようとする統計手法。

① ゲームの普及と影響

青少年のメディア利用についての内閣府の調査によれば，家庭用ゲーム機やパソコンなどのテレビゲームで遊ぶ時間は，小学生男子で1日当たり平均79.7分，女子44.4分と，テレビのそれぞれ164.1分，158.4分に次ぐ長さとなっています。携帯ゲーム機や携帯電話のものまで含めると，ゲームは現在広範な年代に受け入れられるメディアとなっています。

一方で，とりわけ未成年者による犯罪が引き起こされた場合，ゲームによる影響が報道などで取りざたされることが内外を問わず多くみられます。青少年に対するメディアの影響については，発達的観点からのテレビの影響に関する研究が盛んに行われてきましたが，最近ではゲームのもつ，特に攻撃行動等に対する影響についての研究も関心をもたれています。受動的に映像に接触するテレビとは異なり，「プレイヤーが実際にゲームという虚構的（仮想的）世界に参加し，キャラクターに同一化（シンクロ）し，自ら思考・判断しながら主体的（双方向的）に関わる」ことや，ゲームによっては攻撃することが得点になるという正の報酬が与えられることからも，テレビよりさらに強い影響を及ぼす可能性があると考えられるからです。

② 暴力的ゲームと攻撃行動

もちろんゲームにもアクションやパズル，ロールプレイングといった数多くのジャンルがあり，想定される影響もプラス，マイナス含めさまざまです。たとえばゲームが認知能力，特に視覚的知能に対してプラスの影響をもたらすという知見もあります。一方で，一般にも関心の高い，暴力的，攻撃的なゲームが攻撃行動に与える影響の可能性はどうでしょうか。これについては，バンデューラ（Bandura, A.）の観察学習理論や，バーコヴィッツ（Berkowitz, L.）らの認知的新連合理論などの理論モデルなどを背景として多くの実験が行われてきましたが，ゲームの内容やプレイの状況，また対象者の属性によって必ずしも強い影響を示すとは言いにくい複雑な結果となっています。既存の25の研究の影響の大きさをメタ分析したシェリーによれば，全体として暴力的なゲームが攻撃行動に及ぼす影響はあったものの，その大きさは暴力的なテレビの与える影響に及ばない程度であり，また最近行われた研究であるほど（素材として

158

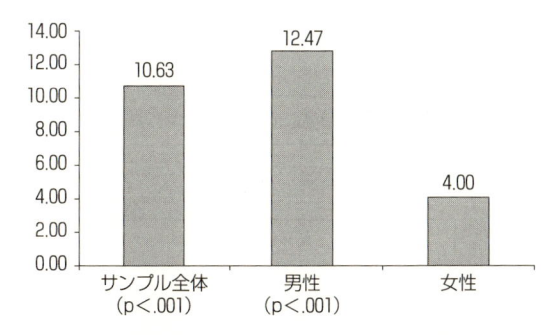

図105 「武装強盗に遭う」変化スコア（実験群・統制群間の差）

サンプル全体 (p<.001): 10.63
男性 (p<.001): 12.47
女性: 4.00

取り扱われたゲームがより暴力的になる傾向も受けて）影響力が大きいものの，一方でプレイ（実験）時間が短いほど，また被験者の年齢が高くなるほど影響が大きいという解釈の難しい結果が得られています。[6]

3 ゲームと社会認識

最近では，一人で，また周囲の仲間とプレイするだけでなく，ネットワーク上に構築された仮想空間に多数のユーザーが同時に参加し，協力，対立しながら進めるMMORPG（多人数同時参加型オンラインロールプレイングゲーム）も登場しています。このような「社会」がつくり出すイメージや長時間にわたるそのなかでの体験が，ゲーム外での心理・行動にどのような影響をもたらすことになるのかも興味深い問題です。

マスメディアの描き出す社会イメージが，視聴者の現実認識に影響を与えるというガーブナー（Gerbner, G.）の培養理論に基づいて，MMORPGプレイヤーのもつ現実社会の危険性知覚を検討したウィリアムズによれば，被験者に1カ月にわたってプレイを続けさせたところ，ゲーム内容に合致する側面であった「現実社会において武装強盗に遭遇する」危険性を，ゲームをしなかった者より高く認識するようになる一方，現実社会で肉体的暴力や殺人に遭う危険性については認識が変化していませんでした（図105）。また危険性知覚への影響は，プレイ時間が長いものほど強く示していました。[7]一方で小林哲郎らは，MMORPG内における地位や参加，仲間とのコミュニティのあり方が，ゲーム内の他者を信頼する程度に影響すると同時に，MMORPG内で相互の助け合いの感覚（互酬性）をもつことが，ゲーム外の現実社会でのグループ参加に正の影響を与えることを見いだしました。[8]「ゲーム社会」で体験し，認知したことが，現実の社会認識や行動，社会参加に影響を与える可能性があるわけです。

現在でも，身体性を重視した新たなコントローラーの普及など，ゲームのあり方自体が大きく変化しつつあります。主観的な印象に基づく（悪）影響論ではなく，科学的手続きに基づく慎重な議論が今後も求められるところです。

（柴内康文）

[6] Sherry, J. 2001 The Effect of Violent Video Games on Aggression: A Meta Analysis. *Human Communication Research*, **27**(3), 409-431.

[7] Williams, D. 2006 Virtual Cultivation: Online Worlds, Offline Perception. *Journal of Communication*, **56**, 69-87.

[8] 小林哲郎・池田謙一 2006 オンラインゲーム内のコミュニティにおける社会関係資本の醸成——オフライン世界への汎化効果を視野に 社会心理学研究, **22**(1), 58-71.

Ⅷ 社会と人間

10 インターネットがもたらすもの
コミュニケーション・人間関係への影響

1 インターネットの普及

およそ1995年前後から一般に広がりをみせ始めたインターネットは，2006年末には人口普及率で68.5％と推定されており（総務省通信利用動向調査），もはや新しいメディアではなく生活において不可欠なものとなってきています。携帯電話のメールを使わない日はないという読者も多いでしょうし，知りたいことがあればまずパソコンで検索するのもごく普通のことです。インターネットは人間の心理や行動にどのような影響を与えたと考えられてきたのでしょうか。

2 コミュニケーションに対する影響

端末画面を通じたコミュニケーションが実用化され始めたころから，そこで生じる心理・行動過程の検討が行われるようになりました。このような研究を，一般にCMC（Computer-Mediated Communication：コンピュータを媒介したコミュニケーション）研究と呼びます。当初のCMC研究のアプローチの中心は，コンピュータと対面（Face-to-Face, FtF）でのコミュニケーションの比較でした。代表的なキースラーらの研究によれば，CMCの特徴は文字を中心としているために，視覚や聴覚を通じて得られるさまざまな手がかりが失われることとされました。画面上では相手の年齢や性別，社会的地位などは知覚しにくく，うなずきや舌打ちなど非言語的コミュニケーションも伝わらなくなります。逆にいえば，(^_^)のような「顔文字」は，伝わりにくい感情を文字化して意識的に盛り込もうとしたユーザ側の対応行動とも呼べます。この「社会的手がかりの減少」により社会的規範の影響力が弱まり，対面と比較していくつかの特徴的結果が生じやすくなると考えられました。社会的地位の影響が弱まり発言の平等化がもたらされる一方で，集団討議の結果がより極端なものにシフトする集団極性化が起こりやすくなること，抑制の効かない攻撃的な発言が増加することなどです[1]。最後の現象は特にフレーミング（flaming）と呼ばれ，「ネット上の言葉の暴力」として一般の関心も高いテーマです。

では，フレーミングは実際に多いのでしょうか。掲示板などでのフレーミングは多くの人に観察され，またネガティブな事象の方がより記憶に残りやすいバイアスから，数多いという印象が与えられやすいのではないかと指摘されています。掲示板の内容分析からも，フレーミングは実はそれほど多いものでは

▶1 Kiesler, S. et al. 1984 Social Psychological Aspects of Computer-Mediated Communication. *American Psychologist*, **39**, 1123-1134.

表24　インターネット利用がコミュニティ参加・孤独感に与える交互作用効果

独立変数	従属変数 コミュニティ参加	孤独感
外向性	.17***	−.21***
インターネット利用	.05+	.03
外向性×インターネット利用	.10*	−.08*

（注）　値は標準化偏回帰係数 β，他独立変数は省略。
　　　　+p＜.01　*p＜.05　***p＜.001

なく，また特定の場所に集中して起こることが多いことが示されています。その発生が局所的に集中しているということは，それはCMCの特徴（メディア特性）でもたらされているというより，むしろ場所の影響，すなわちフレーミングが許容，さらには奨励されるような社会的規範の存在が影響している可能性を示唆します。メディア現象はメディアの特性だけではなく，その利用される社会的文脈によって引き起こされることには注意が必要です。

3　人間関係に対する影響

　インターネットが人間関係そのものに影響を与える可能性はどうでしょうか。その普及初期にクラウトらが初めて利用する人を対象として2年間の調査を行ったところ，利用の多かった人ほど家族とのコミュニケーションが減少し，孤独感と抑うつ傾向が増大していました。ネットが人々をつなぐメディアであるはずにもかかわらず，社会参加を減少させ心理的健康を損なうという結果は，「インターネット・パラドックス」と呼ばれ反響を呼びました。その利用が現実の人間関係を縮小させる一方で，「社会的手がかり」の失われやすいCMCでは親密な人間関係を築きにくいという指摘です。しかし，この対象者の追跡調査からは必ずしも同じ結果は支持されず，普及初期の過渡期的影響にすぎなかったのではないかと考えられる一方，ネット利用とパーソナリティ傾向との関係性が示唆されています。外向性の高い人は利用が多くなると孤独感も抑うつ傾向も減少していましたが，内向性の高い人は逆に両方とも増大させていました（表24）。ネット利用が本人のもっている傾向性を拡大させるように働くという結果です。先ほどのコミュニケーションに対する影響と同様，ある性質をもったメディアの利用が単純に何らかの結果をもたらすというのではなく，メディアが，特定の状況・文脈でどのような特性をもった人に使われるのかという相互作用性を検討することの重要性を示すものといえます。人々をつなぐメディアとしてはインターネットと並んで携帯電話の重要性も増大していますが，前者が開かれたフォーマルな社会参加をもたらす一方，後者が親しい他者とのつながりを強め内輪で固まる傾向をもたらす可能性が指摘されており，ソーシャルネットワークに対してメディア利用がもつ意味の検討が行われています。

（柴内康文）

▷2　Lea et al. 1992 'Flaming' in Computer-Mediated Communication. In Lea, M. (Ed.) *Contexts of Computer-Mediated Communication.* Harvester-Wheatsheaf. pp. 89-112.

▷3　Kraut et al. 1998 Internet Paradox: Social Technology that Reduces Social Involvement and Psychological Well-Being? *American Psychologist*, **53**, 1017-1031.

▷4　Kraut, R. et al. 2002 Internet Paradox Revisited. *Journal of Social Issues*, **58**, 49-74.

▷5　池田謙一（編）2005　インターネット・コミュニティと日常世界　誠信書房

IX 発　達

1 赤ちゃんの能力

1 赤ちゃん像の変遷

　1960年頃まで，乳児は心理学の研究対象として扱われませんでした。理由は，言葉を話せない，統制がきかない，という研究手法的な限界もあげられますが，一般的に，乳児はか弱くて，無能力で個性がなく，ただ眠って授乳されるだけの未熟で受動的な存在としてとらえられていたからです。そのため，心理学者や医師は乳児に科学的な価値やある特定の知的能力の存在を認めようとしませんでした[1]。心理学の発展のなかでも，とりわけ乳児は置き去りにされてきたという感は否めないでしょう。

　ところが，近年になり，乳児はわれわれが考えているよりもはるかに有能で個性もあり，自分から環境へ働きかけることのできる能動的な存在であるということがわかってきました。これは，科学の進歩による，映像記録や実験機材などの技術革新の恩恵によるところも多分にあります。しかし，それだけではなく，われわれがどのように自分や他者を含めた世界を認知していき，そのなかで成長を遂げていくのかということを考えたときに，やはりその「初期状態」を把握することこそが重要であるということに気づいた研究者がいるということもあげられるでしょう。

　そして以後，さまざまな研究者によって，乳児を対象とした認知的な能力や社会的な能力などについての研究知見が多く積み重ねられていくことになったのです。

2 乳児の有能さの「証明」

　乳児は高度な認知能力を有しているということを示した研究としてファンツのものが有名です[2]。彼は生後2カ月の乳児を対象とし，2種類の視覚刺激のうちどちらを長く注視するかどうか計測しました。その結果，乳児にはすでに一貫した選好がみられ，知覚的に弁別もできているということがわかりました。そしてその解釈に議論の余地はあるとしても，メルツォフら[3]は，生後間もない乳児が実験者の舌だしや口すぼめなどの行為を真似できることを明らかにしました。これがかの新生児模倣です。

　次に，乳児の社会的な有能さを示した社会的参照と，社会的随伴性に対する感受性について紹介します。社会的参照とは，親の表情や動作に表れた感情を

[1] ロシャ, P. 板倉昭二・開一夫（監訳）2004 乳児の世界　ミネルヴァ書房

[2] Fantz, R. L. 1958 Pattern vision in young infants. *The Psychological Record*, 8, 43-47.

[3] Meltzoff, A. N. & Moore, M. K. 1977 Imitation of facial and manual gestures by human neonates. *Nature*, **282**, 403-404.

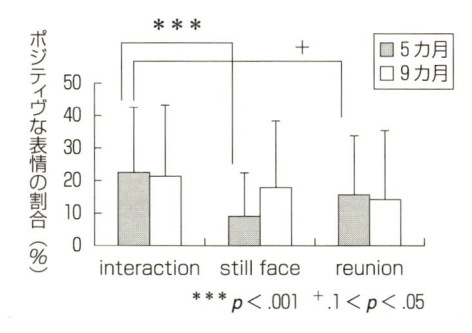

図106　月齢，場面別におけるポジティヴな表情の割合

参考とし自らの行動を規定するという行為ですが，これは約8カ月から満一歳になる頃に獲得する能力だといわれています。奈良・無藤は，母子が一緒におもちゃで遊んでいるところに，乳児の前に音を立てて勝手に動くロボットを置き，そのときの母親の反応条件によって乳児がロボットに触れる回数の差を調べる実験を行いました。母親の反応条件は，ロボットを見て嬉しそうな笑顔を浮かべながら乳児に声をかけるものと，怖がった表情を浮かべながら乳児に声をかけるものです。結果は，ロボットを見て笑顔を浮かべた母親の子どもはロボットに触る回数が多く，怖がった表情をした母親の子どもはロボットに触る回数が少ないというものでした。さらに乳児は，親をはじめコミュニケーションする社会的パートナーに対する"期待"を抱いている存在，すなわち"社会的随伴性に対する感受性"を有する存在でもあるということがわかっています。江上らは，乳児が5カ月のときと9カ月のときで，コミュニケーションを断絶した社会的パートナーに対して乳児がどのような反応を示すのかということについて，縦断的な研究を行いました。その結果，乳児が5カ月のときには，無表情で動かなくなったパートナーに対して興味を失い，目をそらし機嫌が悪くなる場合が多いことがわかりました。しかし9カ月のときには，パートナーに対して何とかインタラクションを図ろうと，笑いかけたり声を出したりするということがわかりました（図106参照）。この結果から，たった4カ月の間でも乳児はより社会的な存在として発達しているということがいえます。

しかしながら近年までの研究知見によって，われわれが乳児の能力を過大評価してしまっている可能性も否めません。先に例として挙げたファンツの実験によって確立された，乳児の視線による注意定位時間を手がかりとする注視時間法にしても，メルツォフの模倣の研究にしても，明らかに議論の余地があるのです。むしろ現在でも乳児の能力は「わかっていない」ことの方が多く，得られたデータの解釈の際には慎重な姿勢を要します。単一の手法によって得られたデータから見出した結論からでは，乳児の能力について過大評価してしまう危険性があるということを認識したうえで，さまざまな手法や場面も考慮に入れながら，真摯に研究を積み重ねていく必要があるのでしょう。　（江上園子）

▷4　奈良ゆきの・無藤隆　1995　身体的情緒情報の働き──乳児期母子コミュニケーションにおける情緒と認知の関連　平成6年度文部省科学研究費報告書

▷5　江上園子・久津木文・小椋たみ子・久保佳弥子・板倉昭二　2008　社会的随伴性に対する乳児の反応における月齢変化と性差の検討　心理学研究，**79**，150-158．

▷6　この実験はstill-face procedureといい，細かい場面設定などを行っている研究もあるが，基本的には実験者が乳児に対してほほえみかけたり話しかけたりなどして相互作用を図るinteraction場面と，それを突然断絶するstill-face場面，そしてふたたび乳児と相互作用を図るreunion場面の三場面構成である。

IX 発　達

2 親と子の愛情

1 アタッチメント（愛着）との違い

「親と子の愛情の関係」について論じる前に，混同されがちな「アタッチメント（愛着）」との違いについて触れておきます。遠藤は，アタッチメントの本質をボウルビィ（Bowlby, J.）の示した原義に立ち戻ってとらえ，危機的状況あるいは不安喚起時などに特定他者にくっつき得るという見通しのもとに，その他者から保護してもらえるという信頼感であると述べています。つまり，ネガティヴな感情に対する適応システムであるという中核的な意味に立ち返っているのです。これに対し親と子の間にある愛情というものは，お互いに対する温かさやいつくしみなどを含む，ポジティヴな情動だととらえられます。

もちろん，親子の愛情とアタッチメントとがかなりの部分で重なり合うことは否めません。子どもが不安や恐れを感じたときに，保護を得られる存在としての親に愛情を抱いていくことは，当然だともいえるからです。同様に，自分に頼ってくる子どもをいつくしむ気持ちも親の方に芽生えるからです。ですので，ここでは，親と子の愛情はアタッチメントと重なり合いながらも，厳密には「メカニズム」が違うものとしてとらえながら議論していくことにします。

2 親から子どもへの愛情は本能的なもの？

「母性愛」という言葉に代表されるように，特に母親と子どもとの間には，出産の瞬間に本能的な愛情が芽生えると思う人も多いのではないでしょうか。

大日向は，子どもに対する愛情が本能的でも純然たるものでもなく，夫に対する愛情と関連しているという結論を導きました。そして母親としての感情は，単に子どもの成長に伴って一様に発達するものではなく，母親自身の生き方や対人関係のあり方と関わる問題として検討するべきであると述べています。実際，筆者による出産前後にわたる女性に対するインタビューでも，子どもが生まれたときに感じた印象として，「感激するかと思ったけど，特に何も感じなかった」「あまり可愛いと思えなかった」という声もよく聞かれます。では，このような女性は子どもをうまく育てられないのでしょうか。いいえ，筆者が観察した限りでは，出産時から「可愛いと思った」「愛しさを感じた」という女性と変わらない育児をしています。それでは，父親から子どもに対する愛情はどうでしょうか。親子関係では，母子関係のみが研究されているという指摘

▷1　遠藤利彦　2005　アタッチメント理論の基本的枠組み　数井みゆき・遠藤利彦（編）アタッチメント――生涯にわたる絆　ミネルヴァ書房　pp.1-31.

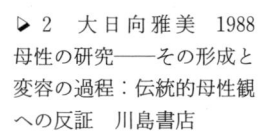

▷2　大日向雅美　1988　母性の研究――その形成と変容の過程：伝統的母性観への反証　川島書店

▷3　大日向（1988）では，母親の子どもに対する「愛着」と夫に対する「愛着」という用語で研究が進められているが，冒頭でアタッチメント（愛着）と愛情についての違いに触れたように，厳密には愛着ではなく愛情だと判断されたため，本文中では愛情という用語で紹介した。

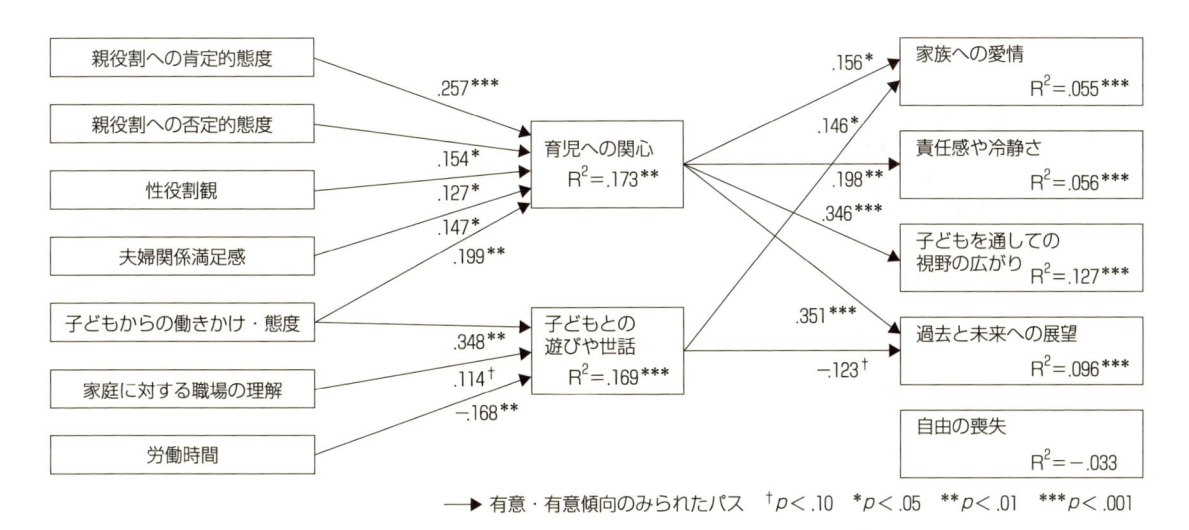

図107 父親になることによる発達の諸要因のパス構造図

が多くなされています。しかし近年，父親と子どもの関係について明らかにしようとしている研究も散見されるようになりました。森下は，父親の育児への関心と子どもとの遊びや世話の時間の多さが，子どもを含む家族への愛情を高めているという研究を報告しています（図107参照）。大日向の研究でも指摘されたように，父親の子どもへの関わりが，夫婦関係のみならず母子関係に影響するという点からも，父親の子どもに対する愛情や温かさ，ふれあいなどの重要性を考えていくべきでしょう。

親から子どもへの愛情は父親でも母親でも本能的なものではなく，日々，子どもと接していく中で徐々に発達し，人間としての成長とも関連するとともに，親の心理状態や状況により微妙に変化しうる複雑なものだと思われます。

3 子どもの親に対する愛情

子どもは新生児のときからしばらくの間，親かそれにかわる他者の養育なしでは生きていけません。そうした意味からも，先述したような主観的な安全の感覚が，親に対する信頼感や愛情と密接に関わることは想像に難くありません。

それでは，新生児から乳幼児期を共に過ごしていないような，いわゆる産みの親ではない親子関係では，愛情は成立しないのでしょうか。シャファーは，養育に関する著書において，「血の絆」や「新しい親との愛情関係」について先行研究を紹介しています。結論として，自分の生物学的な親ではない養育者と暮らす子どもには，一時的な心理的混乱がある場合も見られるだけで，愛情を育むものは血縁関係ではなく継続的で社会的な相互交渉の歴史であると指摘しています。子どもの親に対する愛情というのも，産んでくれたからという単純な理由だけではなく，やはり接していくなかで多くの要因と絡み合いながら，時間をかけて形成されていくものだということではないでしょうか。（江上園子）

▷4 森下葉子 2006 父親になることによる発達とそれに関わる要因 発達心理学研究, 17, 182-192.

▷5 シャファー, H. R. 無藤隆・佐藤恵理子（訳）2001 子どもの養育に心理学がいえること――発達と家族環境 新曜社

IX 発　達

3 子どもの性格の違い
子どもの気質

　人の性格は心のあり方の個人差を指しています。その発達的な元は「気質」と呼ばれており，性格の体質的な違いであり，生得的遺伝的な特徴が強いものです。

　気質の定義は研究者によってさまざまです。ここでは代表的な研究者であるロスバート（Rothbart, M. K.）によりますが，ほぼ定説として受け入れられているものです。

1 気質とは

　気質とは，反応性と自己制御についての体質に基づいた個人差のことであり，特に感情や活動や注意に関わるものです。

　ここで，体質とは気質の遺伝的基礎をいい，時間の経過に伴い遺伝や成熟や経験に影響を受けます。

　反応性とは，外的な環境や内的な環境（心身の内部）の変化に反応しやすい程度です。恐怖といった情動や，心拍の反応や，もっと一般的な否定的情動性（否定的な感情が過大に起こりやすいこと）などが含まれます。運動，感情，注意，行動などの反応を引き起こすものです。

　自己制御は，反応性を緩和するように機能する，努力を伴うコントロールや志向性のことです。こういった子どもの特徴はいかなる場面でも出現するというわけではありません。たとえば，恐がりの子どもは常に苦しんでいたり，抑制しているわけではなく，新奇な場面とか刺激が突然変化するとか，罰を表す信号があるとかすると，恐怖の反応に陥りやすいのです。

　気質はパーソナリティの感情的，喚起的，注意的な核を表します。何に注意を抱き（あるいは回避し），何にどんな感情を抱き，どんなことに興奮をしやすいかということの元なのです。パーソナリティは気質に加えて，思考内容，技能，習慣，価値，防衛，道徳，信念また社会的認知などから成り立ちます。社会的認知とは，自己，他者，自己ともの・こと・人との関係の知覚のことです。

2 気質の次元

　気質はいくつかの側面からなることを，この分野の開拓者であるるトーマスとチェス（Thomas, A. & Chess, S.）は明らかにしました。それは今でも修正されつつ，踏襲されています。乳児期と幼児期の気質の代表的な次元を整理した

表24をあげておきます。これは気質を測定するさまざまな尺度の類似したものをまとめたものです。「広い次元」と呼んだものが最も基本にあるだろうと推定されるものです。「否定的情動性」は否定的情動が支配的で強いものです。感情の高まりは正の感情の強さを表します。志向性は統制の傾向です。リズム性は生活のリズムが定期的かどうかです。

気質が子どもの発達や適応とどのように関係するかはきわめて多くの実証研究があり、多種多様な関係が明らかにされています。

極端な気質の傾向は病理的になる傾向を予測します。極端な内気とか、多動などです。恐れが強ければ不安障害につながる可能性があります。

気質が身近な環境のあり方に影響を与え、それがさらに発達に影響します。刺激を求める度合いが高ければ、早く家を出て、結婚に失敗するかもしれません。気質から発達上危険な方向の行動に走るかもしれません。乳児の怒りっぽさは養育者が子どもに強制するやり方をとりやすくさせます。気質が情報の処理を一定の方向に歪めます。すると、負の情動性が社会的情報の処理を負に歪めて、攻撃性を生み出します。

プラスの意味のある気質やマイナスの意味のある気質により、子どもとまわりの人やストレッサーとの対応は影響を受けて、発達をプラスあるいはマイナスに変えていく傾向が生まれることも多いのです。

3 気質の変容

長期的に気質の変化を追った研究がいくつかあり、代表的なものは先に挙げたチェスとトーマスによるものです。乳児期から成人期に至るまでの縦断的検討がなされています。そこでは、気質はある程度安定し一貫していますが、まったく変わらないというものではないようです。半分近くに変化が認められています。

とはいえ、根本的に変わるものではないだろうと思われます。多くの場合は、底辺にある気質的傾向は一貫しつつも、それを統制する力が増してくるのです。そこに、気質と性格の違いがあります。性格はより複合的で統合的なものだからです。幼児期の終わりくらいから特に、情動調整の力が発達し、気質が不適応につながらないような制御を可能にするようになります。そういった力の育成が課題となるわけです。

（無藤 隆）

表25 乳児期と児童期の気質の次元

乳児期		
広い因子	狭い因子	
否定的情動性	恐れ	悲しみ
	欲求不満／短気	減退的反応
感情の高まり／外向性	接近	ほほえみと笑い
	声による反応	活動水準
	強度の喜び	知覚的感受性
志向性／制御	低度の喜び	かわいさ
	志向の長さ	慰めやすさ
リズム性		

児童期		
否定的情動性	恐れ	統制への抵抗
	内気	悲しみ
	欲求不満／短気	慰めやすさ
		不快
感情の高まり／外向性	活動水準	正の予期
強度の喜び	社交性	
努力を伴う統制／自己制御	抑制への統制	低度の喜び
	注意の焦点化	知覚的感受性
	粘り強さ	
同調性／適応性	対応しやすさ	人とのつながり

参考文献

Rothbart, M. K. & Bates, J. E. 2006 Temperament. In W. Damon, R. M. Lerner & N. Eisenberg (Eds.) *Handook of child psychology*, 6th ed., vol. 3: *Social, emotional, and personality development*. Wiley. pp. 99-166.

IX 発　達

4 幼児の物事の認識は大人と違うのか
子どもの素朴理論

　子どものもつ物事の認識のための概念の枠組みを「素朴理論（naive theory）」と呼びます。概念とは，この世界にある物事カテゴリーに対応した心的表象のことです。「犬」とか「物体」といったものがそれにあたります。

1　概念発達とは

　概念発達について3つのアプローチを区別できます（以下，ゲルマン（Gelman, S. A.）の整理によります）。

1）生得主義的アプローチ　当然ながら，多少とも生得的な能力がなければ発達は始まりようがないから，問題はどの程度詳細に至るところまで生得的かということにあります。言葉や数その他の概念領域について核となる知識が生得的であるとする考え方が発達心理学の一方の立場となります。

2）経験主義的アプローチ　感覚と経験から学習することにより概念が形成されるという立場です。

3）素朴理論アプローチ　子どもが概念が埋め込まれている素朴ないし常識理論のようなものを構成していくととらえます。生得的な概念構造を想定はするのですが，力点は経験に基づく証拠により自らの理論を変えていくことと，その理論に基づき，物事を説明し，予測するととらえるところにあります。経験的に出会うさまざまな特徴を意味ある関連の元で構造化することで概念を学習するのです。さらに子どもの発達においては，個別の概念を積み上げていくだけでなく，基本的な枠組みの大きな変容が起こるととらえます。

2　素朴理論における基本的概念

　この素朴理論では単に概念が個別に獲得されるのではなく，それらをまとめた「理論」として把握されることを強調します。

1）存在論　物事の存在の基本的なカテゴリーのとらえ方のことをいいます。人は物理的存在であり，心理的状態をもち，生物学的過程を受けて生存しています。それは言葉でも表されます。「牛は緑である」は誤っていますが，意味がわかります。しかし，「牛は1時間の長さだ」は存在的なカテゴリーとして誤っています。研究によると，乳児は生きたものと非生物を動きや形から区別します。また生物と乗り物を1歳くらいの乳児が動きや形から区別します。3・4歳では植物と動物を，木と牛というように見かけはまったく異なるのに，

同じ生物ととらえて，どちらも成長し，傷があったら直すと答えます。

2）因果関係 小さい子どもは原因と結果を区別するだけでなく，カテゴリーとして原因の方が重要だと考えています。ゲルマンのグループの研究で，7歳から9歳の子どもが新奇な動物の特徴を学習します。その特徴の1つが原因となり，他の2つの特徴が結果となります。学習の後のテストで，原因となる特徴をもっている動物と結果1つだけもっている動物の方が，2つの結果をもっている動物よりも学習した動物と同じカテゴリーの事例となる，と子どもは判断したのです。また因果関係で結びつくカテゴリーの特徴をより重要だととらえます。1つの研究で，小学生が新奇な鳥を2つのカテゴリーに分けるように求められると，因果関係で結びついた関連（脳の大きさと記憶力の関係）に気づきやすく，さらに因果的に結びつかない関連（心臓の構造と嘴の形の関係）よりも，その関連をカテゴリーの新たな成員として認めるときに使ったのです。

3）非自明の性質 素朴理論が「理論」としての働きをなすには，目に見えない存在を想定し，その関係をとらえることによって可能となります。幼児が生物について理解する際に，「生気論」（食べ物から元気を得るといった考え）で説明することが見出されています（この生気論についての稲垣佳世子と波多野誼余夫の理論化は日本の認知発達研究の一大成果といえるものです）。また就学前の子どもがある種の対象については，内部の方が外側よりその正体や働きの判断に重要だと考えています。内部のない犬はほえることはないし，そもそも犬ではないが，外側が異なる犬はほえることができるし，それでも犬であると5歳くらいの幼児が判断します。その上，同じように見える動物で種類が異なるもの（たとえば，本物の犬とおもちゃの犬と犬とオオカミ）を区別するように求められると，5歳児も大人も内部の物質や器官を理由の根拠としています。

4）機能 人工物の機能はその分類に重要です。4歳児でものの機能の意味がわかると，それを使って物事の分類に用います。水平の管と垂直の管をもったものについて，ボールを入れると一度に1つずつ落ちるようになっているという説明の場合と，おもちゃの蛇がその中で動くという説明の違いです。初めの方の機能はそのものの設計において意味あるもののはずです。

5）本質 観察はできないけれども，そのもののなかにあって，そのものの正体を決めるもののことを「本質」と呼べます。その本質を把握すれば，そこから他の性質を予測できるし，同じカテゴリーか否かを決めることができるはずです。さまざまな性質がものに備わっていると示されたときに，子どもはそのなかのあるものが他のものより中心的であり，他の同カテゴリーのものならその性質を必ずもつのだと予測するはずです。しかも，その本質となる性質を見つけるのにはいくつもの事例を必要とせずに，少しでもそこから取り出すことがこれまで紹介した実験でも示されています。ただし，おそらくどの性質がより本質的なのかどうかは，経験を通して徐々に発見していきます。（無藤隆）

参考文献
Gelman, S. 2006. Conceptual development. In W. Damon, R. M. Lerner, D. Kuhn & R. Siegler (Eds.) *Handbbok of child psychology, 6th ed., vol. 2: Cognition, perception, and language.* Wiley. pp. 687-733.

IX 発　達

5　幼児の友達関係は成り立つのか

　幼児期の子どもは，友達関係など親以外の人への親密性をどのように広げていくのでしょうか。子どもの対人関係について，近くにある公園の様子を観察してみてください。親から離れようとしない子ども，他児のいない方へいない方へと親の手を引っ張っていく子どもや，子どもたちの喧騒にびっくりして，泣き出す様子がみられたり，緊張を示す子ども，人よりもモノの方に興味を示す子ども，走り回ってじっとしていない子ども，楽しそうに他児と一緒に遊んでいる子ども……もいます。きっとさまざまな個性をもつ子どもの姿がみられることでしょう。家庭にいるときのようにはのびのびと活動できなかったり，音や喧騒に敏感だったり，他児へのあぶなっかしい行動が目立ったり，取りあいが始まることもあるでしょう。このような様子から，幼児に友達関係は成立しないと考えがちです。子ども同士の楽しさや好きという心地よい感情を体験するまでには，実は，発達の過程があるようです。

1　友達関係の定義

　友達の定義は「親密で，相互的な関係をもつもの」とされていますが，ハータップによれば，子どもは4歳頃になると，特別の仲間に対して「おともだち」という言葉を使用し始めるなど，幼児の心のなかで「友達」という概念として位置づけられるとされています。これまでの研究では，親，教師または子ども自身の判断によって，相互的な関係と認められるものを「友達関係」とみなして検討されてきました。ところが注意しなければならないのは，子どもたちの間には相互的関係が突然成立するというわけではないのです。

2　友達関係の成立プロセス

　1歳に近づく頃，ことばを使わなくても，子どもは身振りによって，自分の意図やモノ・事象についての経験を，まわりの人と何とか分かち合おうとします。つまり，子どもが他者を自分のように意図をもった対象として理解しはじめるので，気持ちや関心を共有することができるようになります（第2次相互主観性，トラヴァーセンら）。
　2歳頃になると，一人一人の特徴や行動の違いに気づき，遊び友達に対する好みをはっきりと表すことがあります。好みには安定性もみられています。したがって，幼児の友達関係を成立させる準備段階として，相互的ではないが，

▷1　Hartup, W. 1992 Peer relations in early and middle childhood. In Hasselt & Hersen (Eds.) *Handbook of Social Development: A lifespan perspective.* N.Y.: Plenum Press. pp. 257-281.

▷2　Trevarthen, C. & Hubley, P. 1978 Secondary intersubjectivity: confidence, confiding and acts of meaning in the first year. In Lock, A. (Ed.) *Action gesture and symbol.* London: Academic Press. pp. 183-229.

表26　タイプ別の選択理由

理由づけ＼関係	相互的友達 N=71	一方的友達 N=71	想像上 N=22
遊ぶから	18	10	4
一緒に行動するから	22	18	4
理由はわからない	22	32	7

出所：Gleason, T. R. & Hohmann, L. M. 2006より抜粋。

1人の子どもが他方を友達と認識する，という一方的友達という段階，想像上の友達（子どもがもっていると思っている対象を指す）という段階についても，友達関係に至る過程として取り上げて検討する必要があります。

グレソンらは[3]，3歳から5歳を対象として友達についての研究を行い，相互的友達（両方が，友達として互いに指名しあう），一方的友達，想像上の友達という回答について，分析しました（表26）。また相互的，一方的，想像上の関係ごとに，どうしてその対象を選択したのか理由づけを尋ねました。その結果，幼児期には相互的友達と一方的友達との相違を識別するようになること，また，相互的友達の方が一方的友達よりもなぜ好きかという理由を多くあげ，わからないという回答が少ないことを明らかにしています。あげられた理由は，一緒に遊ぶ，行動するが多くなっています。この結果から，幼児期の友達関係について，相互関係は成り立ちうると考える方が自然であると考えられます。

現代の子育て環境による幼児期の体験不足，家庭の孤立を補うために，その家庭をとりまく社会的ネットワークは，子どもが友達関係へステップを踏み出せるような役割を果たしています。つまり，親子から友達関係への移行には，親や保育者の存在がソーシャル・エージェントとなり，子ども同士を結びつけます。その結果，幼児は親と保育者の間を行ったりきたりする「シーソーの時期」，特定の保育者の後を追いかける「親以外の人への親しみの時期」，まわりに子どもがいても自分のやりたいことで遊びこむような「遊びに没頭する時期」を経て，「友達への親しみの時期」を迎えると考えられています。

親子から友達関係への移行について，地域，保育所や幼稚園は，子どもの発達に基づいた働きかけと並行して，親の心理的な不安やとまどいをサポートすることも必要とされているのです。たとえば，友達とのトラブルが生じる場面では，子どもの気持ちによりそいながら身体を止めて言葉を補うこと，外とのつながりのきっかけをつくり，外の世界と折り合っていく過程につきあうことです。保育者が間に入って声をかけたとしても，おさまらないこともあります。いったん親のもとに子どもを戻し，萎えてしまった気持ちを立て直すことが必要になることもあります。他児と少しずつ交流が生まれ，ぶつかりながらも，子ども同士の相互的関係をつくり出すようになっていきます。友達を探し，見つけると近づいてきて，一緒に行動し，継続した遊びが成立するようにもなっていきます。幼児の友達関係が成立するためには，ソーシャル・エージェントが間に入って，うまく機能することも必要です。

（加藤邦子）

[3] Gleason, T. R. & Hohmann, L. M. 2006 Concepts of real and imaginary friendships in early childhood, Social Development, 15(1), 126-144.

IX 発　達

6 性の成熟が思春期の子どもに与える影響

1 性の発達とは

◯ 思春期の心身の変化

　思春期とは，性的成熟の始まりから安定するまでの時期を指し，思春期の子どもは身体面での変化を体験し，それを受け入れていくことが課題となります。性器や腋下の発毛のほか，女子は乳房の発達と初潮，男子は変声と精通が起こります。こうした二次性徴には個人差があり，思春期の開始も人によって年齢差があります。通常，女子は小学校中学年から高学年以降，男子は小学校高学年から中学くらいに始まり，高校卒業くらいの時期までが区切りになります。

　こうした身体的な変化はおもに性ホルモンの活性化によって起こり，同時に，身体部位の発達も進みます。従来，思春期は性ホルモンによって心理的な動揺や不安定さが引き起こされるといわれていました。現在では，身体的な要因のみではなく，急激な身体的成長やそれに伴う心理面や人間関係における変化が，思春期の子どもたちの不安や緊張の一因になりやすいと考えられています。

◯ 多面的な性の発達

　性は身体的性別（セックス），心理・社会的性別（ジェンダー），性的指向・嗜好（セクシュアリティ）の次元に分けられ，それぞれに多様性があります。

　身体的性別は，一般に「女性／男性」に二分されますが，性染色体，性腺，外内性器のそれぞれにおいて複雑なバリエーションがあります。2つの性のいずれにも分けられないインターセックス（半陰陽）も存在します。

　心理・社会的性別は，自分が「女性であるか／男性であるか」という性自認やジェンダー・アイデンティティを指します。性自認は身体的性別と一致するとは限らず，自分の身体に強い違和感を抱く人もいます。思春期はそれまで身につけてきた性役割行動や性役割観を再吟味し，自分なりにどう生きていくかというジェンダー・アイデンティティを模索する時期といえます。

　性的指向とは，性愛対象の性別における多様性をいい，性愛感情が同性や異性だけに向く人や両性に向く人，性愛感情をもたない人がいます。社会では，異性を対象とする性愛（ヘテロセクシュアル）が一般的とみなされやすいため，それ以外の性的指向をもつ人（レズビアン，ゲイ，バイセクシュアルなど：LGBT）は，マイノリティとして生きにくさを感じることがあります。性的指向は思春期になってから自覚化されることが多く，また性愛は思春期の子ども

▷1　2015年4月に，文部科学省は同性愛や性同一性障害などを含む性的マイノリティの子どもについて，配慮を求める通知を全国の国公私立の小中高校などに出した。
http://www.mext.go.jp/b_menu/houdou/27/04/1357468.htm

▷2　日高（2006）によるインターネット調査では，ゲイ（男性）であることを自覚した年齢の平均は13.1歳であった。
　日高庸晴　2006　ゲイ男性の抱える苦悩(2)生育歴と自殺未遂　保健師ジャーナル，**62**(8)，660-663.

にとって大きな関心となることから，自分の性的指向の受容や肯定は思春期の重要な課題となりえます。セクシュアリティのうち，性的嗜好とは性的興奮を引き起こすための行動やイメージの多様性をいい，個人差の大きいものです。

◯ **性行動**

性行動はマスターベーションなど個人の行為と，デートや性交など対人関係のなかでの行為があり，思春期以降，経験率が増加していく傾向があります。

過去約40年間の性交経験率の推移（図108）をみると，中学生の性交経験率は男女とも2〜5％程度であり，現在においても経験者は少数にとどまります。高校生の場合，1970年代から80年代までは10％前後で推移していたものの，1993年から2005年にかけては男女とも経験率が約2倍に急増し，2011年には低下しています。大学生の経験率は，2005年まで一貫して増加傾向が示されましたが，2011年では男女とも半数程度の割合に減少しています。

2 思春期の子どもの性的発達を支えるために

◯ **性の多様性の理解と支援**

思春期の子どもにとって，性的な身体や自分らしい性のありようを受容することは重要な発達課題です。

性的成熟に対して否定的な認識をもっていたり，自分らしい性のありようが社会に受け入れてもらいにくいと感じていたりすると，性の受容の過程は困難なものになります。性の受容は精神健康にも影響を及ぼし，性的マイノリティの自殺企図率の高さにもつながります。

家庭や学校は多様な性のあり方を認め，子どもの心理を理解していく姿勢が求められます。また，性的な身体的発達や行動には個人差が大きく，また同年齢集団によるピア・プレッシャーが強い時期であることから，過度な焦りや不安を感じさせることのないような配慮も必要です。

◯ **セクシュアルヘルスの観点による教育と支援**

対人関係のなかでの性行動においては，性感染症や計画外の妊娠，性暴力の被害などのリスクが生じる可能性があります。セクシュアルヘルス（性的健康）の観点にもとづく包括的な性教育では，性に対する正しい理解をもち，性感染症予防などの保健行動がとれるようになること，そして性的関係におけるコミュニケーションと自己決定などが重視されます。

（野坂祐子）

▷3　日高　前掲書

参考文献
無藤隆・久保ゆかり・遠藤利彦著　1995　発達心理学　岩波書店

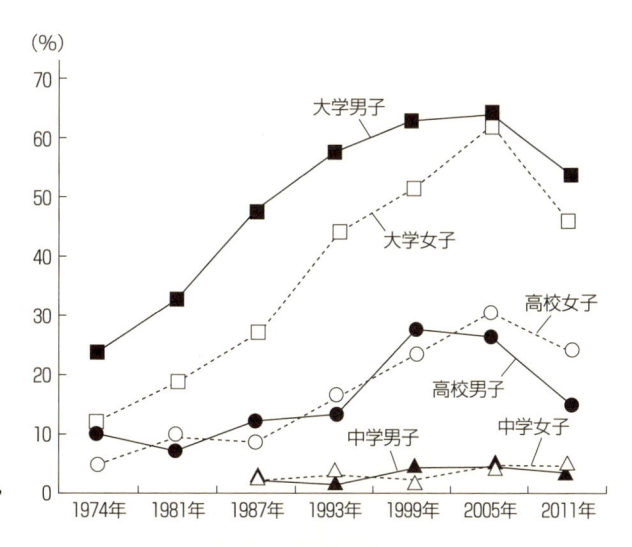

図108　性交経験率の推移

出所：日本児童教育振興財団内日本性教育協会編　2013　『若者の性』白書──第7回青少年の性行動全国調査報告　小学館

IX 発　達

7 青年にとって親しい友人の存在とは

1 青年にとって友人関係とは

　青年期には，自らの内面への関心が高まり，親からの自立を図るとともに友人との関係を深めていくことが知られています。読者の皆さんも，日々友人と楽しく過ごし励まされる一方で，ときには友人との付き合いに悩むなど，友人関係は最大の関心事だと思います。実際に中学生から大学生に至る青年たちに聞いてみると，学校が楽しい理由の上位には「友人がいるから」「友人と話したり遊んだりできるから」があげられます。また，年齢が高くなるにつれ，「お互いにわかりあえる」などの内面的な理由から友人を選ぶようになり，互いを深く理解し合い，支え合う存在とみなすようになるといわれています。

2 現代青年の友人関係は「表面的・やさしい・間接的」

　ところが，現代青年の友人関係は，それ以前と少し違う様相をもつことが指摘されています。岡田[1]は，現代青年の友人関係が表面的で浅いことを調査研究から明らかにしました。また，大平[2]は，精神科外来に訪れる青年たちの話から，現代青年の友人との付き合い方は，自分も相手も傷つかないように距離をとって付き合う「やさしさ」に特徴があると述べています。

　さらに，携帯メールやインターネットの普及は，現代青年の友人関係のありようとコミュニケーションに劇的な変化をもたらしました。通学の電車の中で，学校で，家庭で，ひとりの時だけではなく家族や友人といる時にも，目の前にいない友人と携帯メールで連絡を取り合う青年の姿は日常的に目にします。高石[3]は，中学生はメールをして返信がないとき，概ね30分から1時間で不安になるとの調査結果（表27）を踏まえ，現代青年の友人との付き合いとは，携帯電話などのメディアを通した間接的な方法で常に身近にいることを意味すると述べています。

▷1　岡田努　1993　現代青年の友人関係に関する考察　青年心理学研究, 5, 43-55.

▷2　大平健　1995　やさしさの精神病理　岩波新書

▷3　髙石浩一　2006　思春期・青年期の人間関係——メディアの影響を中心に　伊藤美奈子（編）海保博之（監修）思春期・青年期臨床心理学　朝倉心理学講座16　pp. 42-58.

表27　メールをして返信がないとき，どのくらいの時間で不安になるか

	10分以上	30分以上	1時間以上	3時間以上	半日以上	一晩たったら	別に気にならない
友人	9.5%	14.9%	17.6%	5.4%	9.5%	6.8%	40.5%
親しい友人	5.3%	5.3%	16.0%	1.3%	5.3%	0.0%	66.7%

出所：高石（2006）を改変。

これらの知見から，現代青年の友人関係は，「表面的・やさしい・間接的」という3つのキーワードをもつといえます。

3　現代青年の友人関係の特徴をとらえる実証的研究

　青年は時代の影響を最も受けやすく，友人観も刻々と変わっています。現代青年の友人関係の特徴を的確にとらえるために，心理学ではどのような実証的研究が行われているのでしょうか。青年の友人関係の検討では，落合・佐藤などが示した，友人関係を「深さ」と「広さ」の2次元によってグループ化する方法がよくとられています（図109）。しかし，それでは友人関係の実態がつかめきれていないとして，最近の研究では，第3の次元を加えた検討が行われています。たとえば大谷は，友人関係の深さ・広さに，状況に応じて自己や付き合う友人を切り替える傾向を加えて3次元でとらえたほうが，現代青年の友人関係をうまく説明できることを見出しました。また難波は，友人関係の深さ（難波は「親密さ」としています）と目的や行動の共有という2次元によって，親友・仲間・友人の違いをとらえ，親友は最も親密であり特に目的などがなくても付き合える相手であるのに対して，仲間は親密さのレベルはさまざまだが，目的や行動が共有される相手であることを示しています。これらの新しい試みが今後ますます増えることで，現代青年の友人関係の特徴がより明らかになっていくことが期待されます。

4　現代青年にとって親しい友人のもつ意味とは

　現代の友人関係が希薄になったとはいっても，青年が親しい友人を求める気持ちや，信頼できる友人とはどういう人かについての考え方には時代を超えた共通点があるようです。水野は面接調査の結果から，現代青年の親しい友人との関係は，「ありのままの自分でいられる」「自分のことをわかってくれている」といった安心感に基づいており，年齢が上がるにつれて，友人の存在は「自分の人生にとって欠かせない」という風に自己の一部として語られるようになると述べています。ここにみられる現代青年のもつ友人関係に対する認識は，親しい友人とは単なる他者ではなく，分かちがたいくらい密接に自己と結びついているものとして理解されます。それほどに，親しい友人との関係は大切なものと位置づけられているのです。これは，従来の発達心理学の指摘とも一致しています。すなわち，今昔を問わず親しい友人の存在は青年にとって重要であり，親しい友人との関わりによって青年は心理的安定を得て，自己感や社会性の発達が促されるのです。

（若本純子）

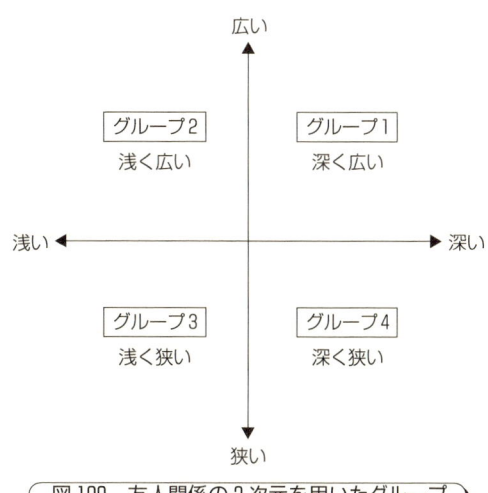

図109　友人関係の2次元を用いたグループ

```
         広い
          │
 グループ2 │ グループ1
 浅く広い  │ 深く広い
          │
浅い ─────┼───── 深い
          │
 グループ3 │ グループ4
 浅く狭い  │ 深く狭い
          │
         狭い
```

▷4　落合良行・佐藤有耕　1996　青年期における友人とのつきあい方の発達的変化　教育心理学研究，44，55-65．

▷5　大谷宗啓　2007　高校生・大学生の友人関係における状況に応じた切替——心理的ストレス反応との関連にも注目して　教育心理学研究，55，480-490．

▷6　難波久美子　2005　青年にとって仲間とは何か——対人関係における位置づけと友だち・親友との比較から　発達心理学研究，16，276-285．

▷7　水野将樹　2004　青年は信頼できる友人との関係をどのように捉えているのか——グラウンデッド・セオリー・アプローチによる仮説モデルの生成　教育心理学研究，52，170-185．

IX 発　達

8 青年のアイデンティティの成り立ち

▷1 Erikson, E. H. 1959 *Identity and life cycle*: International University Press（小此木啓吾（訳編）1973 自我同一性 誠信書房）

1 エリクソンの発達段階

エリクソン（Erikson, E. H.）▷1は，人生を8つの発達段階に分けて記述しました。各発達段階では新しい課題に対応しなくてはならず，危機的状況に陥ります。エリクソンは，危機を社会と個人の能力の葛藤状況としてとらえ，「心理社会的危機」と呼びました。

2 アイデンティティとはなにか？

「アイデンティティ」とは，エリクソンの発達段階で青年期の心理社会的危機をとらえる概念であり，エリクソンの発達理論の中核的な位置を占めています。アイデンティティは，日本語では自我同一性と訳されます。「自分が何者か」「自分は社会とどう関わるのか」など，自分についての総合的見解であり，文化的，社会的な文脈のなかでの個人の存在を規定するものです。アイデンティティは，自分は独自の特性をもっており他人とは違うということ（独自性・単一性），過去と現在の自分との連続性を感じられること（不変性・連続性），自分はいずれかの社会に帰属しており認められているという感覚（帰属性）の3つの領域によって説明できます。それらが調和をなして統合されたとき，アイデンティティを達成したということになります。

エリクソンはアイデンティティの対概念として，アイデンティティ拡散をあげています。アイデンティティ拡散とは，自分が何者かわからない，自分の役割がわからない，選択ができないなどの状態を指します。これは，近年問題となっている「ひきこもり」「アパシー」などの状態像と共通点があり，これらがアイデンティティの問題と関連があることを示しているといえるでしょう。

また，エリクソンは青年期の特徴をとらえるためにモラトリアムという概念を使用しました。モラトリアムとは，もともとは経済的用語であり，債務の支払いを猶予することをいいます。複雑化する現代社会においては，身体的には成熟したといっても，青年が一人前の社会人として機能することは困難です。モラトリアムとは，青年を社会的義務から自由にし，自らの修養のために使えるようにした猶予期間ととらえられます。その間，青年は，さまざまな領域にチャレンジしたり，さまざまな役割を試したりしながら，アイデンティティ達成に向けて経験を積むことができるのです。

3 マーシャのアイデンティティ・ステイタス研究

マーシャ（Marcia, J. E.）[2]は，数年に及ぶアイデンティティの獲得のプロセスを分析し，アイデンティティ達成のために大きく関与するものとして，「危機の経験の有無」と「傾倒」の二つの基準をあげています。「危機の経験」とは，それまでの自分の役割や特性について再考した上で自分の意見や態度を決定する時に生じる葛藤をさします。また「傾倒」とは，職業・イデオロギーなど人生の重要な領域に関して自分自身で考え吟味した結果，自分で責任をもって関わることをいいます。そして，それらを軸にして，アイデンティティを「アイデンティティ達成」「モラトリアム」「早期完了」「アイデンティティ拡散」という4つのステイタスに分類しました。アイデンティティ形成は，それぞれのステイタスを行き来しながら，緩やかに進行すると考えられています（表28）。

表28 アイデンティティ・ステイタス

アイデンティティステイタス	危機	傾倒	概要
アイデンティティ達成	経験した	している	幼児期からのあり方について確信がなくなり，いくつかの可能性について本気で考えた末，自分自身の解決に達して，それに基づいて行動している。
モラトリアム	その最中	しようとしている	いくつかの選択肢について迷っているところで，その不確かさを克服しようと一生懸命行動している。
早期完了	経験していない	している	自分の目標と親の目標の間に不協和がない。どんな体験も，幼児期以来の信念を補強するだけになっている。硬さ（融通のきかなさ）が特徴的。
アイデンティティ拡散	経験していない	していない	危機前（pre-crisis）：今まで本当に何者であったか経験がないので，何者かである自分を想像することが不可能。
	経験した	していない	危機後（post-crisis）すべてのことが可能だし，可能なままにしておかねばならない。

出所：無藤清子 1979 自我同一性地位面接の検討と大学生の自我同一性 教育心理学研究，**27**(3)，178-187.

4 アイデンティティ研究

エリクソンのアイデンティティ研究は，主に西洋の男性を中心的モデルとしているという批判もあります。エリクソンの理論では，アイデンティティを確立したのちに結婚などの親密性のテーマが浮上するといわれていますが，女性は，異性・親子などの親密な関係のなかでの自己探索や決断がアイデンティティ確立にむけての中心的テーマとなることが，実証的研究から明らかになっています（チョドロウ（Chodorow, N. 1978））[3]。

しかし，近年，女性の社会進出など女性役割の変化に伴い，女性のアイデンティティ形成も変わりつつあると考えられます。

また，青年期に形成されたアイデンティティは，中年期，老年期に再考を余儀なくされます。年齢に伴う身体的衰え，転職，退職などの職業的変化に伴い，危機も再び経験されるといわれています。その意味で，アイデンティティ形成とは，青年期に終了するものではなく，生涯にわたっての発達的過程と捉えることができます。

（北島歩美）

[2] Marcia, J. E. 1966 Development and validation of ego identity status. *Journal of Personality and social psychology.* 3, 551-558.

[3] Chodorow, N. 1978 *The reproduction of mothering.* Berkley: University of California Press.（大塚美津子（訳） 1981 母親業の再生産 新曜社）

IX 発　達

9 成人期の危機

1 「中年の危機」

「中年の危機」という言葉を聞いたことがあるでしょうか。一般には，人生の半ばを超え，衰えが感じられ始める中年期に訪れる危機的な，すなわち心理的に危うい状態と受け取られています。実際に，現代社会の急激な変化や経済・政治の先行き不透明感から中高年男性の自殺や成人男女のうつが増加しており，「中年の危機」は見過ごすことができないテーマです。

2 エリクソンの「危機」

「危機」とはエリクソンの発達理論の中核をなす概念です。エリクソンは，人の生涯全体を発達過程とみなして理論化し，生涯発達という見方に先鞭をつけた人です。彼は，発達は個人の内的成熟と外的社会的要求との相互作用によって成し遂げられると考えました。そして，成人前期・成人後期・老年期においては，青年期に確立されたアイデンティティが「親密性 対 孤立」「生殖性 対 停滞」「統合 対 絶望」という「心理社会的危機」を通して発達していくと述べました。

ここでいわれている「危機」とは，一般的に受け取られている「心理的に危うい状態」というよりは，クライシス（crisis）のもともとの語意である「峠，分岐点」の意味に沿った，人生の転機を指しています。したがって，エリクソンの説に則って「中年の危機」という言葉をとらえ直すと，中年期の衰えや社会的な影響によって生じる人生の転機が「危機」といえるのです。

3 「危機」は必ずしもリスクではない

ここでひとつ疑問がわいてきます。人生の後半はさまざまな面での衰えや限界がみえ，人生の転機を迎えるのかもしれませんが，すべての人があまねく心理的に危うくなるのでしょうか。

生涯発達の代表的な研究者であるバルテスたちが行ってきた研究では，中年期に誰もが心理的に危うい状態になるわけではなく，大半の人々は衰えや限界からの負の影響をほとんど受けずに過ごすことが，さまざまな観点から明らかにされています。その仕組みについて，たとえばバルテスらは，衰えが目立ち始めた部分を他のまだ十分に機能している部分でカバーしているからだと述べ，

▶ 1 Erikson, E. H. 1950 *Childhood and society*. New York: Norton.

▶ 2 Erikson, E. H. 1968 *Identity: Youth and crisis*. New York: Norton.

▶ 3 Baltes, P. B. & Baltes, M. M. （Eds.） 1990 *Successful aging: Perspectives from the behavioral sciences*. New York: Cambridge University Press.

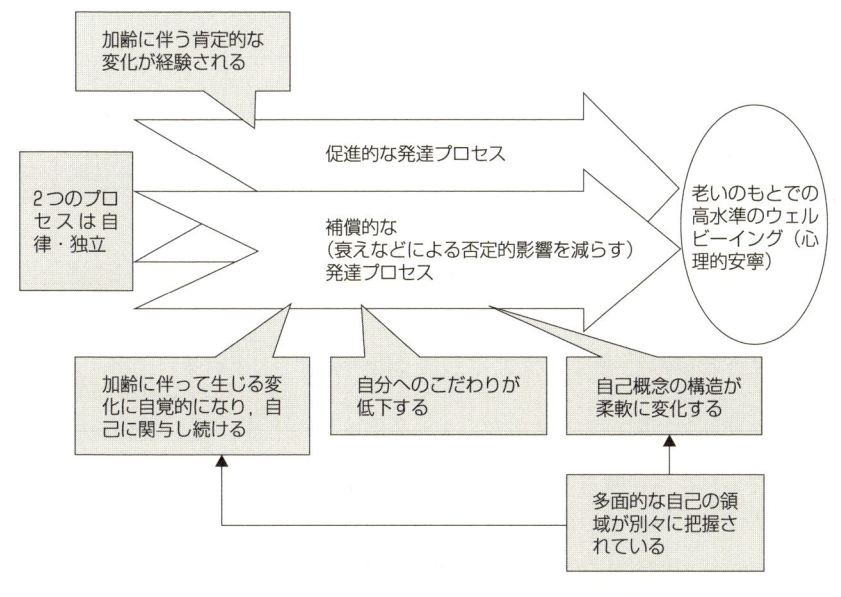

図110 人生後半の発達を支える心理的メカニズム

出所：若本純子 2007 中高年期発達のメカニズム──老いに伴う発達過程 白梅学園大学短期大学教育福祉センター研究年報，**12**，59-70．

ブラントシュテッターらは，高望みをせず，自分ができる範囲のことに満足を見出せるようになるからだと説明しています。

4 成人発達の個人差という観点から「中年の危機」をとらえる

　これまでの心理学では，「中年の危機」が心理的なリスク状態であるかについては賛成・反対の見解が並立してきました。しかし，これらを対立する意見ととらえず，衰えなど「老いの経験」から受ける心理的影響の個人差，すなわちある者は心理的に動揺し，ある者は比較的平気で乗り切っていくのではないかという観点から行われた一連の実証的研究があります。

　若本・無藤によると，中年期，なかでも40代を中心に人生の転機としての「危機」がみられています。でも，それは必ずしもリスクにつながるわけではなく，中高年の人たちは老いの肯定面（時間的・経済的・こころの余裕）を実感することで，また身体の衰えを感じても「身体は年をとったが，気持ちはまだまだ若い」という風に，否定的な心理的影響を限定的にとらえたりするといった心理的メカニズムによって，年齢が上がるにつれて自分自身に対する肯定的な評価感情が高まっていくことが報告されています。若本はその他にも，老いのなかでのウェルビーイングを支える心理的メカニズムを見出していますが（図110），これらのメカニズムが働きにくい人は心理的リスクに至りやすい人といえます。

　冒頭に記したように，成人の自殺やうつの増加は深刻な社会問題であり，その予防が急務です。ここで示したような成人発達の知見によって，自殺やうつのリスクが高い成人を事前に発見し支援することが望まれます。　　（若本純子）

▷4　Brandstädter, J. & Greve, W. 1994 The aging self: Stabilizing and protective process. *Developmental Review*, **14**, 52-80.

▷5　若本純子・無藤隆 2006 中高年期のwell-beingと危機──老いと自己評価の関連から　心理学研究，**77**，227-234．

IX 発　達

10 高齢者を支える人間関係

1 高齢者は家族を心の支えとしている

　高齢者の人間関係に関する研究は多数あり，良好で豊かな人間関係をもっている高齢者は，身体的・心理的健康度が高く長生きであるという点で概ね一致しています。それでは，高齢者は誰を心の支えと思っているのでしょうか。図111をみると，5割以上の高齢者が配偶者や子どもといった身近な家族をあげています。「親しい友人や知人がいる」と答える高齢者は9割に達するにもかかわらず，心の支えとしては友人は家族に及ばないようです。また，小林らが行った研究によると，「心配事の相談にのってくれたり，いたわりや思いやりなど，情緒的なサポートを与えてくれる人は誰か」との質問に，配偶者（男性80.6％，女性57.1％），子ども（男性13.9％，女性33.4％）と答えた人の割合が群を抜いていました。これらの調査結果から，高齢者にとって家族が重要なサポート提供者であるという事実と同時に，高齢者自身が家族からのサポートを望んでいることがわかります。

2 高齢者と家族との関係にみられる明暗

　しかし，高齢者が望んでいるからといって，人間関係やサポートを家族まかせにしてしまっていいものでしょうか。厚生労働省の調査（平成18年度高齢者虐待防止法に基づく対応状況等に関する調査）によると，家族による高齢者の虐待数は，施設などの介護従事者によるもののほぼ70倍でした（介護従事者273件，家族18,390件）。また，自殺した高齢者の多くが，生前「長生きしすぎて迷惑をかけている」「これ以上家族に迷惑をかけたくない」ともらしていたといいま

▷1　小林江里香・杉原陽子・深谷太郎・秋山弘子・Liang, J.　2005　配偶者の有無と子どもとの距離が高齢者の友人・近隣ネットワークの構造・機能に及ぼす効果　老年社会科学, **26**, 438-450.

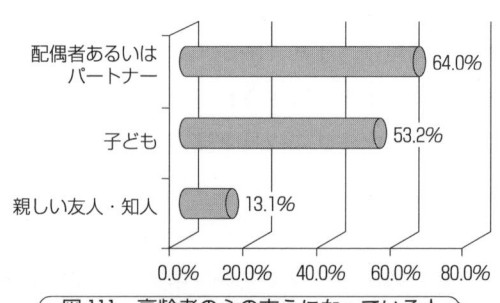

配偶者あるいはパートナー	64.0%
子ども	53.2%
親しい友人・知人	13.1%

図111　高齢者の心の支えになっている人

出所：内閣府「高齢者の生活と意識に関する国際比較調査」（平成18年）をもとに作成。

す（内閣府「第4回自殺総合対策の在り方検討会資料」，2007）。高齢者虐待の事例では，これまでの恨みを虐待で晴らすなど，現在の，そして過去の家族関係の悪さが，介護に暗い影を落としているケースが数多くみられます。家族は，最も身近な存在であり，強い絆で結びついているがゆえに，互いに対する期待や思い込みが強いがゆえに，いったん感情的なこじれが生じると持続しやすいなど，その関係は明暗いずれをももっているといえます。したがって，高齢者が望んでいるからといって人間関係やサポートを家族まかせにすることは，大きなリスクをはらむと考えられます。

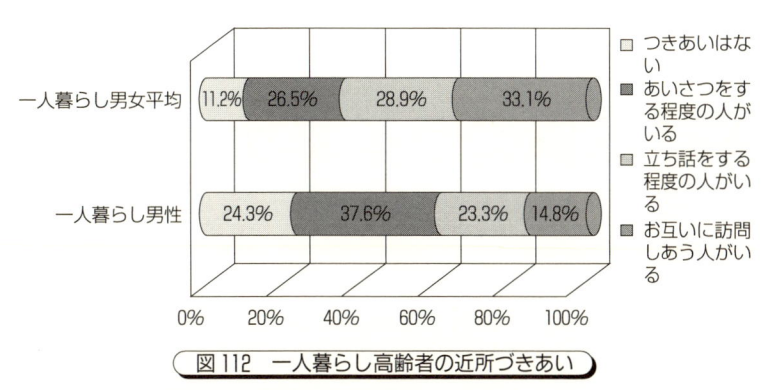

	つきあいはない	あいさつをする程度の人がいる	立ち話をする程度の人がいる	お互いに訪問しあう人がいる
一人暮らし男女平均	11.2%	26.5%	28.9%	33.1%
一人暮らし男性	24.3%	37.6%	23.3%	14.8%

図112　一人暮らし高齢者の近所づきあい

出所：内閣府「世帯類型に応じた高齢者の生活実態等に関する意識調査」（平成18年）をもとに作成。

3　高齢者の心理的特徴を踏まえた人間関係の支援とは

　高齢者が家族のみに頼ることなく，他の人間関係を楽しみつつサポートを得るためには，高齢者の心理を理解し，その特徴を踏まえた支援を構築することが必要といえるでしょう。これまでの研究において，高齢者の人間関係は男女の違いが明瞭で，人間関係を狭めやすい傾向は，男性の方に顕著であることが知られています。たとえば，一人暮らしの男性高齢者の16.9%が「心配事や悩み事の相談相手はいない」と報告しています。図112に示した近所づきあいの様相からも，男性高齢者が深刻な孤立状況にあることがうかがえます。若本・無藤は，男性は，定年退職間もなくの期間は，年齢に伴って生じた社会的変化を肯定的なものとして感じているが，退職から一定期間が過ぎるにつれ，社会の一線を退いた者としての実感を強めてしまうことを見出しました。よって，男性が豊かな老後を送るために必要な人生の振り返りと人間関係の再構築には，退職前後の中年後期（50～65歳）が最適であると，生涯発達心理学の観点から示唆しています。一方，女性に関しては，立場（社会人・妻・母）の変化や子どもの成長を契機に人間関係を何度も構築し直し，高齢期に入ってからの関係性は比較的安定していると述べています。別の調査では，グループ活動への参加のきっかけについて，女性高齢者の5割近く（48.5%）が「友人，仲間のすすめ」と答えています（内閣府「平成16年高齢者の地域社会への参加に関する意識調査」）。すなわち，女性高齢者は友人関係を媒介にして趣味を楽しみ，社会活動に参加しているといえます。以上から，高齢者の人間関係の支援は男女の違いを考慮した工夫を施す必要があり，その支援は高齢期に入る前から始めることが大切だと考えられます。

（若本純子）

▷2　内閣府　2007　平成19年版高齢社会白書　ぎょうせい

▷3　若本純子・無藤隆　2006　主観的老いの経験　発達心理学研究，**17**，84-93.

IX 発達

11 家族のライフサイクルを考える

▷1 Carter, B. & McGoldrick, M. (Eds.) 1999 The Expanded family Life cycle: Individual, family and social perspectives, 3rd Ed. Allyn and Bacor.

▷2 野末武義 2005 家族・地域・社会のなかの子ども 無藤隆・福丸由佳（編）保育ライブラリ 子どもを知る 臨床心理学，北大路書房，96-116.

▷3 システムという概念は，たまたま寄せ集められたものではなく，あるまとまりをもった集合や組織などととらえることができる。なお，システム論的な視点については，中釜洋子 2001 シリーズ「心理臨床セミナー⑤」「いま家族援助が求められるとき」――家

1 家族のライフサイクルとは？

◯家族も発達するという考え方

たとえば，ものを上手に摑むことさえできなかった新生児が，1歳前にはつかまり立ちをするようになる……私たち個体にこうした加齢に伴う変化・発達があるのと同じように，家族という集合体にも変化・発達がある，家族のライフサイクルという考え方の前提にはこうした視点があります。ライフサイクルとは人生（生活）周期と訳されますが，家族もさまざまな段階を経て変化・発達していくという，このような考えに基づく理論を家族のライフサイクルの発達段階理論といいます。

◯各段階に主要な課題がある

表29は，家族心理学の分野で広く知られているカーターとマクゴールドリックによる発達段階理論をもとに作成したものです（野末，2005も参照）。これをみると，各段階には主要な課題，つまり取り組むべきテーマがそれぞれあることがわかります。たとえば第3段階の乳幼児を育てる時期は，これまでの夫と妻という大人同士の二者関係から，子どもを含んだ三者関係への変化に伴い，父親・母親という親役割を取得すること，さらに協力して子育てを行っていく

表29 家族のライフサイクルの発達段階

各段階	時期	主要な課題
第1段階	結婚前の成人期	出生家族からの心理的自立 同性・異性との親密な関係を築くこと
第2段階	新婚の夫婦の時期	夫婦間の相互適応と相互信頼感の確立 夫婦の心の絆と，実家との関係とのバランス
第3段階	乳幼児を育てる時期	父親役割・母親役割を取得すること 子どもを含めるように夫婦システムを調整すること
第4段階	学童期の子どもを育てる時期	家族と社会（学校・地域）との交流 子どもの教育への関与
第5段階	思春期・青年期の子どもを育てる時期	子どもの自立を促進し，一方で子どもの依存を受けとめる，柔軟な家族境界の確立
第6段階	子どもの巣立ちとそれに続く時期	夫婦関係の再調整 成長した子どもとの大人対大人の関係への変化
第7段階	老年期の家族の時期	世代的な役割の変化の受容 配偶者の老化や死への対処

出所：Carter & McGoldrick 1999をもとに作成。

夫婦としての関係を調整することが主要な課題になっています。

❷ 家族のライフサイクルを考える意味

　それでは，このような家族のライフサイクルを考えることに，どのような意味があるのでしょうか。ある家族が問題を抱えて困っているとしましょう。その家族への援助が必要な場合，この考えを参考にすれば，家族がいまどの段階にいて，どのような課題に取り組むことが大切な時期か，ということが把握しやすくなります。それによって，家族メンバー間でより協力しやすくなり，問題の解決に役立つかもしれません。

　また，課題があるということは，一方でそれだけ一般的にも抱えやすい問題があるということを意味しています。特に次の段階への移行期は，それぞれの家族メンバーにとって，また家族システムそのものにとって，大きな変化を余儀なくさせられるような危機をはらんでいる時期と考えることができます。ですから，ある段階からの移行期は，一般的にさまざまな支えが必要なのです。

　さらに，こうした援助を行う際に，ある1人の家族メンバーの症状や状況だけにとらわれるのではなく，家族全体を視野に入れた援助ということを意識しやすくなるでしょう。第4段階から第5段階への移行の時期を例にとると，親にとってそれまで楽しかった子どもとの時間や関わりは，多くの場合，自立と依存の葛藤にゆれる思春期の子どもとの緊張をはらんだ親子関係に変わっていきます。これは親だけではなく，子どもにとってもある意味では喪失であり，それぞれがその変化を受け入れることが大切になってくると考えられます。

　また，家族も変化していくという意識は，私たちに長期的な視野をもたらしてくれます。たとえば，手のかかる乳幼児の子育てに負担を感じている親にとって，いまの家族の状況や関係は時間とともに変わっていく，子どもはいずれ巣立っていくという見通しを改めてもつことで，「いま」に対する意識も少し異なったものになるかもしれません。

　このように家族の発達段階という視点をもつことで，より適切な援助がしやすくなったり家族メンバーの気持ちが楽になったりということが考えられます。

❸ 理論のみにとらわれない柔軟な視点の大切さ

　一方で注意しなければならないのは，これはあくまでも理論であるということです。すなわち，現実の家族のありようというのはとても多様で複雑です。子どものいない家族，ひとり親の家族，再婚した家族など，家族の形態一つをとってもさまざまです。ですから，どのようなライフサイクルが正常か，といった単純な見方は適切ではありませんし，私たち自身の家族に対する見方や考え方も柔軟である必要があるでしょう。そういうことを踏まえた上ではじめて，こうした理論が意味をもってくるといえるでしょう。

（福丸由佳）

族への支援・家族との問題解決　垣内出版　が参考になる。

X 教育心理

1 科学的な概念の獲得

1 科学概念の素地

　小学校に入学する子どもたちは，既に，身の周りの世界について彼らなりに理解しています。たとえば，「重いものほど速く落ちる」と思っている子どもは多くいます。このような，子どもなりの世界の理解，概念は，いつ頃から獲得されるのでしょうか。そして，その概念は発達するのでしょうか。

　概念を獲得するためには，世界の無数にある情報から，一連の関連ある情報のみを取り出し，関連のない情報は無視する力が必要です。そして，科学的概念に関わる多くの領域で，生後数カ月後から，人にはその力が備わっています。たとえば，自力で動くものと動かないものを区別し，前者は動物で内部に動きを可能にしている仕組みがあり，後者は無生物で外部から力が働いたときに動くという概念が，生後9カ月の乳児にも備わっていることが示されています[1]。このような概念形成の基礎となる力と日常的経験の蓄積により，新たな知識の獲得がなされます。その知識はまた新たな経験の理解を捉え，知識が豊富になり，さらに高度な概念を獲得する素地ができます。ヴィゴツキーは，日常的な経験によって獲得する概念を生活的概念としました。

　子どもの生活的概念は，後に主に学校教育で獲得する科学的概念とは異なります。生活的概念は，必ずしも，今日の科学に照らし合わせたときに正しいものであるとは限りません。これを素朴概念といいます。「重いものほど速く落ちる」も，素朴概念の一例です。また，「上に投げられたボールにはたらく力の向きは上」という考えも，素朴概念の代表的な例です。素朴概念は，科学的概念と照らし合わせた時に正しくない概念であるだけでなく，科学的概念のような一貫性が備わっていないことが多いです。また，系統的に教えられたものでないため，概念についての説明が困難で，矛盾を含んだ説明が多くみられます。学校で学習した科学的概念についての説明はできても，日常的に獲得した素朴概念についての説明はできないということは珍しくありません。

2 科学的概念の獲得と学校教育

　科学的概念は，学校での教師の適切な導きにより発達していきます。しかし，学校で形成される概念自体が，学校以外の日常とは隔離されたものとしての性質を帯びるため，その概念を子どもの日常での経験と関連づけて理解すること

[1] Dubois, D. P., Lepage, A, L. & Ferland, D. 1996 Infants' concept of animacy. *Cognitive Development,* **11**, 19-36.

X-1 科学的な概念の獲得

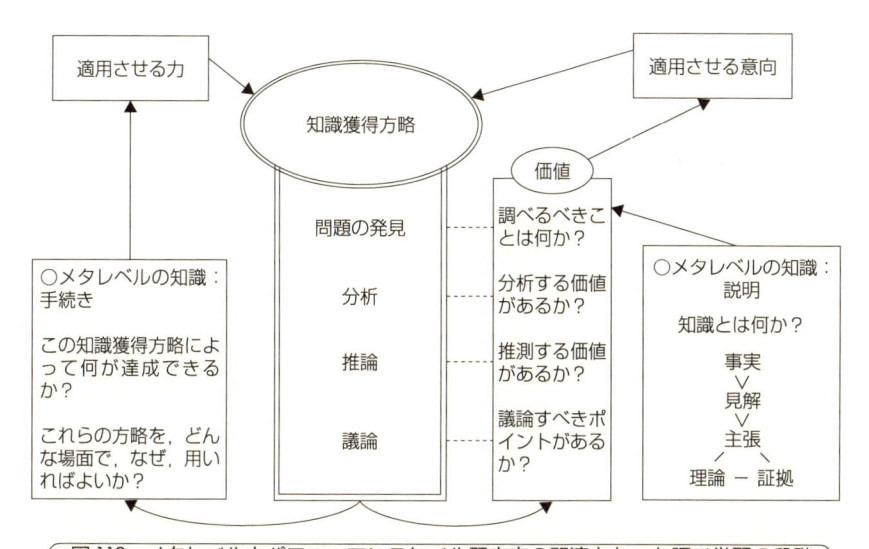

図113 メタレベルとパフォーマンスレベル双方向の関連をもった調べ学習の段階

出所：Kuhn et al. 2000より作成。

は難しいとされています。子どもたちが，勉強の過程で「わからない」と感じるのも，この素朴概念が科学的概念の理解を阻害していることが原因となっている場合があります。また，日々の生活経験と直結している素朴概念が学習の妨げになる場合があります。しかし，素朴概念を先行知識として学習が促進されることもあります。

今日，子どもたちの日常生活での直接体験の少なさが問題とされています。直接体験の少なさは，生活的概念の獲得の機会を減らし，科学的概念の獲得の素地を乏しくすることにつながります。今日では，総合的な学習の時間を中心として，子どもたちが学校で獲得した概念を経験と結びつけて理解できるような教育課程が取り入れられています。

3 科学的思考の発達と学校教育

科学的概念形成の上で重要な機能を果たすのが科学的思考です。生後まもなくからそなわっている，一連の関連のある情報だけを選択するプロセスは，科学的思考の最も基本となるものです。より高度な科学的思考力として，多様な要因が混在している事象の因果関係を理解したり，条件を統制することで，原因となる要因を特定する力があります。クーンらは，科学的思考の発達に有効な教育の一つとして，問題の発見，分析，推論，議論の4つの要素を組み込んだ調べ学習（inquiry learning）を提唱しています（図113）。そして，問題解決過程で異なる推測をした児童同士をペアにし，お互いに一致した推論に到達するまで説明しあいながら課題解決をすること，また，自身の用いた方略がどうして適切だと判断したかの説明をさせることで，科学的思考力が高まる可能性を示しています。

（角谷詩織）

▷2 Kuhn, D., Black, J., Keselman, A. & Kaplan, D. 2000 The development of cognitive skills to support inquiry learning. *Cognition and Instruction*, 18, 495-523.

X 教育心理

2 教師の指導の基本

1 幅広い指導領域

　教師の指導として，一般に大きく分けて学習指導と生徒指導があげられます。学習指導はさまざまな教科の知識や理解を深める指導であり，生徒指導は社会生活をうまく送っていけるよう人間形成を促していく指導を指します。アメリカの学校などでは教師の仕事は学習指導に焦点化され，人間関係や自己形成の問題についてはカウンセラーやソーシャルワーカーなどさまざまな専門家に任せられ，専門分化が進んでいるとされています。日本でも近年，こうした専門家が学校に入るようになっていますが，教師が子どもに関わる領域すべてに責任を負ってきたという歴史的な背景や，教師以外の専門家の雇用形態は非常勤であることが多いという制度上の制約により，子どもに関わる指導の多くは教師が中心に担っています。

2 指導の実際

◯子どもが学んでいけるように教える

　学習指導において教科の知識や理解を深めるといっても，学校での学びは家庭教師や塾とは大きく異なります。家庭教師や塾では，相手が少人数の子どもであり，勉強に向かうのが前提になっている相手です。それに対して，教室ではあらゆる子どもが1つの場所にいます。そこで教えるには，学習への参加の仕方や学校生活のルールなど，数十名が一緒に学べるように教室の秩序を保つことが必要になります。数十名が学ぶときに一人ひとりの子どもも一緒に学んでいければ，学習は効率よく進みます。教師は，単に上手に教える専門家なのではなく，教室の中で子どもが学んでいくように教える専門家なのです。

◯子どもの気持ちと授業の流れ

　授業には，1時間で教えるべき課題があり，目標があります。教師はそれらを盛り込んで流れをつくり，授業をつくっていきます。しかし，教師が一方的に授業を進めていくのではなく，子どもの思いつきやつぶやきを生かすことも必要です。それにより学習に広がりや深まりが生まれ，子どものやる気を引き出すことにもつながります。子どもが一見授業と関係のない話をしても，様子をみて拾い上げ，時には取り入れながら，落ち着くところに落ち着かせていくのです。子どもの気持ちを大事にしつつ，課題に向けていくという両方をもっ

ており、それが重要になるのです。

〇 明確さと温かさ

数十名の子どもがそれぞれの文脈や思いをもって授業に臨むなかで、教師は大きな方向性をつくっていきます。その際、子どもに課題を出し、指示を与え、決まり事を伝えるために、教師は子どもに合わせたテンポで、わかりやすく、簡潔にしかし明確に、やるべきことを伝えていきます。同時に、温かで優しい声や雰囲気が醸し出されます。子どもに近い距離で、子どもが何を言っても受け止めてくれると感じられるように親しい感じをつくっていくのです。ただし子どもの言うことを聞いたり親しくなったりするだけでは、授業の枠が壊れてしまいます。話を聞きながら発言させ、子どもを受け容れ親しみをもたせながら、明確に課題を示すことが必要です。

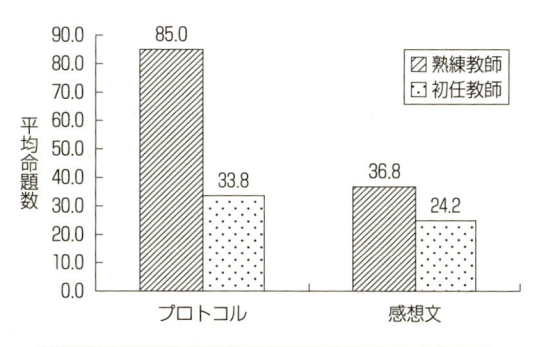

図114 発話プロトコルと感想文の平均命題数
出所：佐藤・岩川・秋田 1990

〇 教師の行為の複合性・即興性

ここまで述べてきたように、授業のなかにはいろいろな要素が入り混じっており、教師は教室でいろいろなことを同時にやり、うまくつなげないといけません。それこそが教師の指導の基本であるともいえます。準備して話をするのとは異なり、子どもが何をするか想像がつきません。子どもにあわせながら、そのなかで即興的にさまざまなことを結びつけて指導していくのが教師です。

3 指導を支える思考様式

教室での振る舞いの背景で、教材内容に関する知識や教え方についての知識、学級のまとめ方についての知識や一人ひとりの子どもについての知識など、教師はさまざまな知識を用いています。しかも単に知識をもっているのではなく、目の前の子どもに合わせて活用する実践的知識によって授業を進めているのです。

佐藤・岩川・秋田[1]は、熟練教師と初任教師に対してある授業ビデオを個別に見て、見ながら思ったことを自由に語ってもらい、視聴後に感想文を書いてもらう調査を行いました。

その結果、熟練教師と初任教師を比べると、感想文ではあまり差がありませんが、授業を見ながらの語り（発話プロトコル）の量は熟練教師のほうが圧倒的に多いという結果がみられました（図114）。同じ授業を見ても、熟練教師は即興的に多くのことを考えているといえます。熟練教師は、実際に自分が授業を行っている間にも、子どもの様子を見取りつつ、自分自身の振る舞いについて振り返り、さまざまなことを考えながら行為しているものです。それこそが教師の指導の専門性であるといえます。

(岸野麻衣)

▷1 佐藤学・岩川直樹・秋田喜代美 1990 教師の実践的思考様式に関する研究(1)——熟練教師と初任教師のモニタリングの比較を中心に 東京大学教育学部紀要, 30, 177-198.

X　教育心理

3 学級での指導の基本

1　学級指導の3つの側面

○個々の学びを学級集団の学びへ

学習活動において，説明を聞いて理解するとか，考えを言うということは一人ひとりの子どもが行うことです。教室では，これらに加えて，子どもの発言を他の子どもたちはどう思うか考えさせていきます。一人の子どもが学習課題を理解していくための個の指導とともに，他の子どもたちが理解していくことにもつなげており，集団での学習指導がなされていきます。一人ひとりの発言や考えを学級に位置づけていき，集団としての学習が進められます。これは日本の学校の特徴であるともされています。

○学級の人間関係を保つ

授業では，学習の指導と同時に，人間関係を良好に保ち学級のまとまりをつくっていくことも重要です。たとえば子どもが間違えた発言をしても，その子が傷つかないように，「がんばって発言してよかったよ」などとよいところを見つけ，発言しようとする気持ちを大事にします。お互いを認め合うような関係をつくり学級を団結させながら，学習を展開していくのです。

○学級のルールやマナー

学級の指導としてもう一つ重要なのが，学習のルールやマナーです。席について授業を受けること，挙手をして質問や意見を述べること，教師や他の子どもの発話を聞くこと，他者と協力しあって活動を進めることなど，授業が成立するにはさまざまな暗黙のルールがあります。小学校低学年から中学年までの間に教師がさまざまな形で伝えていきます。そこでは説明することと評価することがいつもセットになっています。わかりやすくきまりを伝えるとともに「そういうのはいいね」「こういうやり方はよくない」などと，子どもたちの振る舞いのよい・悪いを伝えていきます。それによって子どもは，高学年になる頃には振る舞い方を身につけていきます。これに失敗すると，学級が混乱して時には学級崩壊に至ることもあります。

2　教師に必要な力量として

学級集団として学びを展開していきつつ，学級での人間関係やマナーを確立させていく上で教師に必要な力量は，たとえばリーダーシップとして研究され

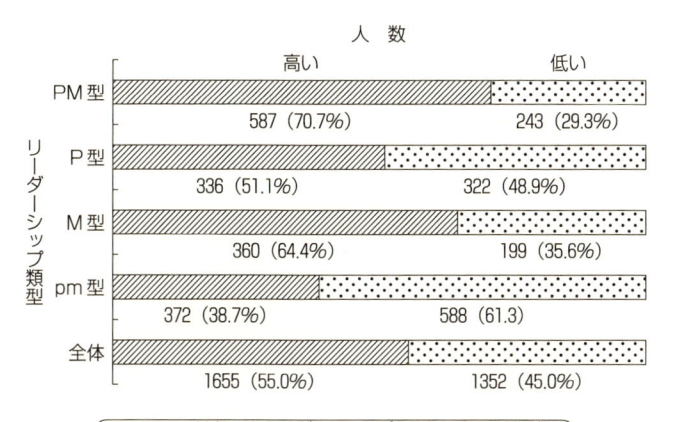

図115 教師のリーダーシップ類型と学級連帯性
出所：三隅・吉崎・篠原　1977

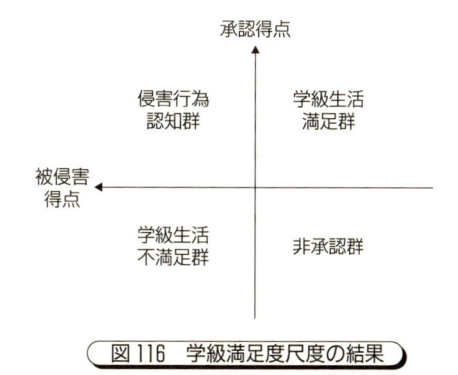

リーダーシップ類型	高い	低い
PM型	587 (70.7%)	243 (29.3%)
P型	336 (51.1%)	322 (48.9%)
M型	360 (64.4%)	199 (35.6%)
pm型	372 (38.7%)	588 (61.3)
全体	1655 (55.0%)	1352 (45.0%)

図116 学級満足度尺度の結果
出所：河村　2002をもとに作成。

承認得点軸・被侵害得点軸による4象限：
- 侵害行為認知群
- 学級生活満足群
- 学級生活不満足群
- 非承認群

てきました。三隅・吉崎・篠原[1]はリーダーが集団に果たす2つの働きとして，課題達成機能（Performance）と集団維持機能（Maintenance）をあげ，その重点の置き方によって4つのタイプに分類しています。学級での課題や目標の達成を重視するのをP型，人間関係に配慮して集団を維持していくのを重視するM型，どちらも重視しているPM型，どちらもあまり重視していないpm型の4類型です。学級での子どもの満足度や学習意欲などとの関連を分析した結果，目標達成を強調しながら人間関係にも気を配るPM型が最も優れていました。その結果の一つが図115です。類型によって学級連帯性を高いと感じる人数が異なり，PM型は学級連帯性を高いと感じた子どもの割合が最も多くなっています。

3　学級の特性を知り指導に生かす

よりよい学級をつくるために，学級集団の特性を測り，学級成員の状況を把握して教師の関わりを見直そうとする取り組みもなされています。河村[2]は，学級集団がまとまりをもつには，学級でルールが共有されることと良好な人間関係が構築されることが重要であると考え，学級満足度尺度を開発しています。尺度は，承認得点と被侵害得点の高低によって，各学級成員の得点を図116の4群に分けて検討することができます。学級生活満足群は学級内に自分の居場所があり学校生活を意欲的に送っている生徒，非承認群はいじめや悪ふざけを受けてはいないが学級内で認められることが少ない生徒，侵害行為認知群はいじめや悪ふざけを受けているか，他の生徒とトラブルがある可能性の高い生徒，学級生活不満足群は耐えられないいじめや悪ふざけを受けているか，非常に不安傾向の強い生徒です。学級の子どもたちがどの群にばらつくかによって，子どもの状況を理解したり，学級全体のバランスを見直すのです。こうした尺度の利用に関わらず，日頃から一人ひとりの子どもの様子や学級の特性に目を向けておくことが必要といえます。

（岸野麻衣）

▷1　三隅二不二・吉崎静夫・篠原しのぶ　1977　教師のリーダーシップ——行動測定尺度の作成とその妥当性の研究　教育心理学研究，**25**，157-166.

▷2　河村茂雄　2002　学級崩壊をどう克服するか　無藤隆・澤本和子・寺崎千秋（編著）　子どもを見る目を鍛える　ぎょうせい　pp. 66-88.

X 教育心理

4 子ども同士の人間関係

1 学級での人間関係の特徴

　学級という集団は，学校側でさまざまなことを考慮して編成され，子どもが自分で選択することができないという点で特殊な集団だといえます。しかも学校にいる多くの時間をその集団で過ごし，学級は学習集団であると同時に生活集団でもあります。学校で過ごすうちに，たいてい少人数の小集団がいくつかでき，子どもはその仲間で行動することが増えていきます。同時に，学級成員や教師の個性をもとに学級特有の雰囲気もできてきます。

　そのなかで，教師への好き嫌いが学習への意欲に結びついたり，友達関係がうまくいかずに悩んでしまい学習に取り組めなくなるといったことも起きてきます。学級特有の雰囲気や，やり取りの仕方に合わなくて不適応を起こす子どももいます。学級での人間関係や学級風土は，学習活動や学校生活を送る上での基盤になるものなのです。

　発達段階に応じた違いもあります。小学校に入ったばかりの頃は学級集団の一員だという意識があまりなく，小集団をつくりながらも，それはあまり安定的なものでなく，一人ひとりの子どもが思い思いに行動しているものです。やがて小学校中学年頃になると，学級の中の小集団が固定的なものになり，仲間同士での規範に基づいて行動するようにもなります。学級の一員だという意識も出てきて，それに相応しい行動をとるようにもなっていきます。小学校高学年や中学生になる頃には思春期に入り，もっと親密な友達関係をつくって，家族から精神的に自立していく基盤になっていきます。

2 人間関係のつくられる場

　学級での人間関係は，休み時間や放課後に形成される部分も大きいですが，やはり授業をはじめとする学級での活動のなかでつくられる部分が大きいものです。学習活動のなかで力を発揮したり，役割を担ったりすることは，子ども同士に新たなつながりを生んだり，お互いを見る目を変えたり，人間関係にも大きな影響を与えます。授業での様子には子ども同士の人間関係が垣間見えるものであり，教師はそれらを把握し，関わりのなかで人間関係を調整していくことが求められます。

X-4 子ども同士の人間関係

表30 「日本の漁獲量が世界第2位のわけ」の場面

教師は「どうして日本はこんなによく（魚が）獲れるんだろう」と子どもたちに働きかけ、「日本の漁かく高が世界で第2位のわけを考えよう」と板書した。さらに「教科書とか資料集や地図帳とかめくって探して」と課題解決の方法を提示した。

矢野	（教科書を閉じ）何も書いてないな。網で魚を獲るために。網でいっぱい魚を獲るために。
T	（漁場の説明）魚を獲る場所。魚が獲れる場所。だけどそこにいけば必ず魚が獲れるってもんでもないんだよ。
矢野	天気
T	いろんな理由があるからね。でもまあ、そのあたり行って探せばいいんだろう。
矢野	寿司とかにしてるから
T	（岡本に）どんなことが言いたいの？
矢野	先生，寿司とかにしてるからじゃダメなの？
T	（矢野に）それは（矢野に）魚を食べるための一つの理由だよね。それは，魚を食べる中の理由として，生で食べたり，焼いて食べたり……
原田	あ，わかった。何かわかった。
矢野	魚は日本が好きだから。
園田	（矢野に）だから何だっていうんだ。
T	魚集めて……
矢野	日本が好きだから
園田	（矢野に）日本が好きなら，日本の何が好きなの？
矢野	魚がね，魚がね
片山	（園田に）海じゃん
	＜中略＞
矢野	先生，猫が魚を食べるからでもいいの？
矢野	先生，猫が魚を食べるからじゃダメなの？
原田	動物園のゾウが……
矢野	ペンギンに餌をあげるからじゃダメなの？
T	それはどこに。
原田	アシカに……
T	その（資料集の）中から見てみて。
矢野	じゃあ，これなら絶対にいいよ。網で魚をいっぱい獲ってるから。
T	ああ。なるほど。
	＜中略＞
原田	缶詰にしているから
T	缶詰にしているから
Cn	（笑う）
園田	缶詰にしているから多いのか？
T	缶詰にしてるから多いのかって？
原田	あ，猫がいっぱいいるから
矢野	それさっき言ってたよ。

出所：藤江　1999を省略して掲載。

3 授業に表れる人間関係

藤江は小学校5年生の社会科の授業を観察し，そこでの相互作用の分析により，一斉授業のなかでの子どもの発話スタイルを検討し，学級での人間関係の視点から考察しています。たとえば矢野（仮名）という男児の発話スタイルについて，表30のような場面を取り上げて分析しています。最初のうち矢野は「網で魚をいっぱい獲る」など教科書や資料集から得た科学的概念を用いて，学習や授業のルールに沿う発話で課題解決を行おうとしていますが，検証には至らず別の仮説を立てます。「寿司とかにしてるから」「魚は日本が好きだから」「猫が魚を食べるから」などユーモアや滑稽さを感じさせる発話を教師に投げかけ，教師から否定的な反応が示されると，最終的に「網で魚をいっぱい獲ってるから」と，教科書の情報に基づく仮説を再提示しています。そして原田の「猫がいっぱいいるから」という発話には，自分が教師に否定された仮説に基づくものであるため，同調を示しませんでした。

子どもへの質問紙調査や授業場面以外の観察から，矢野には自分なりに新しい課題を見出して工夫しながら課題解決を行う特徴がみられ，人間関係の面でも，他の男子に同調して群れるより自分の関心事を優先させて好きなことを行う特徴がみられました。授業中の矢野の発話の仕方には，自分なりに課題に取り組み，その成果を独創的に表現しようとしながら，しかし成果を直接表出することで他児との関係上の軋轢が起きるのを避けようとする意味があると考察されています。

（岸野麻衣）

▷1　藤江康彦　1999　一斉授業における子どもの発話スタイル──小学5年の社会科授業における教室談話の質的分析　発達心理学研究，10(2)，125-135.

X 教育心理

5 適性処遇交互作用
教育に王道なし

▷ 1 Cronbach, I. J. 1957 The two disciplines of scientific psychology. *American Psychologist*, **12**, 671-684.

▷ 2 worked examples
数学や物理など構造的な問題において，問題事例，解法，最終的な答えまでが提示されている事例。これを用いて学習することは，特に，初期の学習に有効とされている。日本でも，worked examples と示されることが多いが，ここでは，便宜上「解法事例」と訳した。

▷ 3 Große, C. S. & Renkl, A. 2007 Finding and fixing errors in worked examples: Can this foster learning outcomes? *Learning and Instruction*, **17**, 612-634.

▷ 4 far transfer
解法を習得した課題と解法などは類似してはいないが，根本原理は共通部分をもっている課題。これも，便宜上「応用力」と訳した。これに対して，類似した課題を near transfer という。

▷ 5 Kalyuga, S. 2007 Expertise Reversal effect and its implications for learner-tailored instruction. *Educational Psychological Review*, **19**, 509-539.

1 教育に王道なし

　適性処遇交互作用（Aptitude Treatment Interaction）をごく簡単に言い換えると，「教育に王道なし」です。これは，クロンバックによって提唱された概念です。少しでも有効な教授法や学習方法を求めて積み重ねられた研究の結果，すべての子どもに同様に有効な教え方，考えさせ方，授業などはないという結論が導き出されました。子どものもっている特性，既有知識，先行経験，学習が行われる環境，教師のスタイルなどによって，教育の結果もたらされる効果はさまざまです。

　たとえば，ある問題を解く際に，最初から問題を解かせるのではなく，類似した問題の解法の例を提示する，解法事例（worked example）による学習が有効だとされています。ところで，この教授法は，あらゆる学習者において有効なのでしょうか。この教授法に対して，グローブとレンクルは，あらかじめもっている知識（これを先行知識と言います）の少ない人と多い人では，その効果が異なることを示しました。先行知識の少ない人には，正解事例とその解法のみを提示してあげることで学習の応用力（far transfer）が高まります。一方，先行知識の多い人には，正解事例とその解法だけでなく，不正解の事例とその解法を提示してあげることで，学習者の応用力が高まるという結果が得られています（図117）。この結果を示した図117のように，教育の効果をグラフで表したときに，複数の直線が交わる（平行でない）状態を交互作用と言います。どのような教育の手法も，その効果には学習者の特性による差がみられ，その効果をグラフに表したときに交互作用の状態になることから，「この方法で教育（教授）を行えば，どの学習者にも学習効果が表れる」という状況はないと考えられています。これが，適性処遇交互作用です。

　どのような方法で教育を行えば，子どもたちの能力を効率よく，また，可能性の芽を摘むことなく育んでいくことができるのかということは，教育心理学，認知心理学の領域を中心として，長きにわたり研究されてきました。その結果導き出された有力な結論が適性処遇交互作用です。それ以来，1990年代頃まで，個人の特性別に有効な教授方法についての研究が多くなされてきました。今日では，主に，教授法や情報教育，特別支援教育の領域の研究で，この概念が用いられるようになっています。

2 教育において考慮すべき特性

　教育のあるいは教授の方法の効果を考えるとき，その方法だけでなく，教育を受ける側の特性も考慮することが重要であることが明らかとなりました。その際，考慮すべき個人の特性として，個人の能力・適性，学習スタイル，認知スタイル，動機づけ，不安傾向，性別等があげられます。並木は，個(体)性，環境条件の交互作用によって，結果が異なることを整理しています。教授効果に強い影響を与える個（体）性として，わからない状態への不安や，テストで失敗することへの不安などといった，個人の不安傾向の高さがあるとされていますが，これが重要な個人の特性であるということは，これまでの研究でほぼ一貫していわれていることです。その他の特性として，各領域での得意不得意といった能力・適性，どのような方法で学習しているのかといった学習スタイル，物事の理解の仕方などの認知スタイル，やる気や行動の原動力となる動機づけ，性別，発達段階等があります。どのような特性をもった個人に対してどのような教授方法が最も適切であるかということは，個人の特性の分類基準がほぼ無限に設定できることもあり，まだ明らかにされていません。

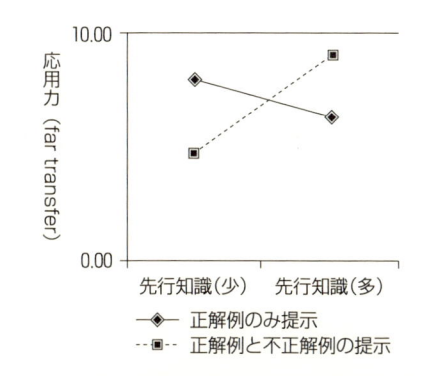

図117　先行知識の量と教授方法による応用力の比較
出所：Große & Renkl　2007より作成。

▷6　並木博　1997　個性と教育環境の交互作用──教育心理学の課題　培風館

3 教育実践の場での適用

　適性処遇交互作用の概念を応用している実践例は，教育実践の場に多くみられるようになってきました。ただし，教育実践の場で働く教師が適性処遇交互作用の概念を意識的に実践に取り入れているというよりは，むしろ，現在の教育実践の場のニーズに応えた実践が，適性処遇交互作用の概念を反映しているととらえることができます。そのニーズの一つとして，子どもの学力に応じた指導を求められるようになったことがあげられます。現代の学校教育の中では，一つのクラスにおいて，学力の高い子どもと低い子どもの両極が増加しているという，学力の二極化が問題とされています。この学力の二極化に伴い，平均的な力の子どもをターゲットとした教科書ベースの一斉学習では，どの子どもも不利にならないような効果を上げる教育が難しくなっています。近年では，習熟度別指導や個別指導，小人数制指導，放課後の補習等が多く取り入れられるようになってきましたが，このように，さまざまなかたちで子どもの特性に応じた指導や実践の工夫がなされています。これは適性処遇交互作用の概念が活かされた実践だと捉えることができます。

（角谷詩織）

X 教育心理

6 小学校と中学校の指導の違い

1 小学生と中学生の違い

　小学生と中学生の間には，身体的，社会的，認知的発達の側面で大きな違いが存在します。小学生の時期から中学生の時期に移行するにつれ，児童期から思春期への発達的変化がみられます。身体的側面では，声変わりや初潮など，第二次性徴に象徴される変化を経験します。また，身長や体重の増加も非常に大きくなる時期です。社会的側面では，自分自身が大人へと変化していくことを自覚するとともに，大人社会を批判的にとらえるようになります。両親や教師といった身近な人を始め，大人への反発をおぼえながらも自分一人では不安で，友だちや大人の支えを必要とする不安定な時期でもあります。この時期の友だち関係は，心の安定に大きな役割を果たします。友だち同士の関係に支えられながら自立への道を歩み始めます。周囲の目も，大人としての言動を求めるものとなります。認知的な側面では，抽象的な事象をとらえたり理解する力が高まります。また，記憶力なども最も高まる時期になり，さまざまな事象への興味関心，特に事象の本質への興味関心が高まります。自分の内面への関心が高まるのもこの時期です。この発達的変化は，その開始時期や速度，程度に個人差があり，また，小学6年生から中学1年生への移行と同時に生じるわけではないのですが，多くの場合，小学校から中学校への移行時期と重なっています。

2 小学校と中学校の違い

　小学校は，中学校と比較すると学区も狭く，規模も小さい場合が多いです。また，クラス担任の教師がほとんどの教科を教える体制をとっています。中学校は，思春期の子どもたちの身体的・社会的・認知発達を考慮し，中学生の力や欲求に適合した環境を提供するシステムをとっています。学校の規模，学区ともに広くなり，さまざまな人たちと人間関係を築くチャンスが多く与えられます。また，教科担任制をとることで，各教科・単元について，より専門的な知識を提供します。教科選択制によって，自身の得意不得意分野の認識とそれらへの対処法を自ら考えるきっかけを得られます。部活動が本格的に始まるのも中学校からです。部活動を通して，授業中には発揮することのできない自分の力を発揮する機会が与えられます。部活動も含め，複数の教師と接する機

会ができることで，中学生にとっては，自分を理解してくれる大人を見つけやすい環境になります。

一方，小学校の先生のように親の代わりになってくれるような教師—生徒関係はみられなくなります。また，部活動での友だち・先輩後輩関係などの人間関係，高校受験といったストレスを抱える時期でもあり，校則等の規則に疑問をもつようになります。これらが心身の急激な発達と重なり，さまざまな問題行動が生じます。それらの問題行動の予防や対策として，生徒指導も厳しくなります。シュワルツワード[1]らは，児童・生徒との葛藤場面において，教師が強制力をどの程度行使しているかどうかを小・中学生と教師への質問紙調査を通して検討しました。その結果の一つとして，小学生に対してより中学生に対しての方が，厳しい強制的態度をとっているということが示されました。これは，子ども・教師双方とも共通に認識されています。一方，ソフトな強制的態度には，小学校と中学校で差がないことも示されています（図118）。

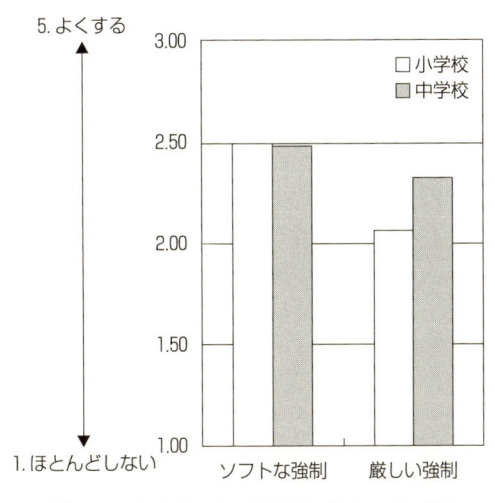

図118　葛藤場面での教師の強制的態度の比較
出所：Schwarzwald, Koslowsky & Shamir 2006より作成。

3　発達に適合した学校環境の必要性

小学校から中学校への移行に伴い，不安を感じる子どもや適応に困難を示す子どもがいます。それは，先輩後輩関係の厳しさ，勉強の難しさといったこととともに，中学生の発達段階に必要な環境を中学校が備えているかどうかといった点も関わっています。エクルズ[2]らは，「発達段階—環境適合理論」のなかで，中学生の発達課題に沿った中学生の欲求を3つあげました。それは，自分で選択し，自分で決定し，自分から外界に働きかけて変化を起こしたいという自律性の欲求，学校での勉強かそれ以外のことかにかかわらず，事象への興味・関心が広がり，それが自分自身の内面にまで及ぶといった，知的関心の欲求，信頼できる友だちと親密な関係を築き維持したいという親密性の欲求です。これらの欲求に適合した中学校環境を提供することで，中学生の健康な発達が促進されるとされています。

角谷[3]は，日本の中学校環境には，親密性の欲求や自律性の欲求と適合した場の一つとして部活動があるとしています。

今日では，思春期開始の低年齢化に伴い，小学4～5年生で思春期を迎えている子どもが増えています。中学校ばかりでなく，小学校でも思春期の発達に適合した環境を用意する必要があります。中央教育審議会でも，小中連携の充実や，現実的には難しいとしながらも，義務教育の6－3制から4－5制への移行が話し合われています。

（角谷詩織）

▷1　Schwarzwald, J., Koslowsky, M. & Shamir, S. B. 2006 Factors related to perceived power usage in schools. *British Journal of Educational Psychology,* **76**, 445-462.

▷2　Eccles, J. S., Midgley, C., Wigfield, A., Buchanan, C. M., Reuman, D., Flanagan, C. & Iver, D. M. 1998 Development during adolescence: The impact of stage-environment fit on young adolescents' experience in schools and families. *American Psychologist,* **48**, 90-101.

▷3　角谷詩織　2005　部活動への取り組みが中学生の学校生活への満足感をどのように高めるか——学業コンピテンスの影響を考慮した潜在成長曲線モデルから　発達心理学研究, **16**, 26-35.

X 教育心理

7 学力の低い子どもが抱える問題

1 学力の低い子どもが抱える問題

　学力の低い子どもには，背景にさまざまな問題が考えられ，しかも問題は絡み合っているものです。教師は子どもの様子をよくみて，どのような問題が重なりあっているのかを考えて対応していく必要があります。

○情動的な問題

　学校や家庭での生活や人間関係においてストレスになるような何らかの問題があると，身体的な症状が出たり，勉強に取り組む気分になれなかったりすることがあります。こうした状態が長期にわたると，結果として学力の落ち込みにもつながることがあります。

○発達的な問題

　学力の低さの背景に発達的な問題がある場合もあります。多かれ少なかれ知的障害があると，授業をはじめとする活動の内容や意味を理解するのが難しく，学力の落ち込みにもつながります。また学習障害（Learning Disorders: LD）の場合，読字・書字・算数などの特定の領域で学習が困難になります。

　行動上の問題が学力の落ち込みにつながる場合もあります。たとえば注意欠陥／多動性障害（Attention-Deficit/Hyperactivity Disorders: ADHD）の場合，注意を集中できなかったり，じっとしていられず衝動的に動いてしまったりして，学習に支障が生じることがあります。また高機能広汎性発達障害（Hyper Function Pervasive Developmental Disorders: HFPDD）の場合，興味関心に偏りがあったり，コミュニケーションがうまくいかなかったりして，一部の学習活動や授業への参加が難しくなることがあります。

　こうした発達的な問題は，それ自体が学力に影響を与えると同時に，そのまま放置されると二次障害として自信の喪失や周囲の人間関係の悪化が生じて大きなストレスとなり，情動的な問題も生じることがあります。

2 学力の低い子どもへの対応

○問題に合わせた対応

　学力の低さの背景にある問題の性質に合わせて対応を考える必要があります。情動的な問題に対しては，子どもが心理的に安心できるような環境をつくる必要があります。発達的な問題に対しては，それぞれの障害特性を理解し，指示

を具体的にするなど，子どもに合わせた対応が必要になります。その際二次障害を防ぐため，学級全体を視野に入れて対応する必要があります。

◯学校での支援体制

学校では子どもに関わることの多くを学級担任が対応していくのが一般的ですが，担任の教師一人では問題の理解や対応が困難な場合もしばしばあります。学校内で支援チームをつくって多角的に問題をとらえたり，学校外の専門機関とも連携して対応を考えていくことが求められます。

3 指導の実際

海津・佐藤[1]は，小学校6年生の通常学級を担任している一人の教師が学級内の学習障害の子どもについて個別の指導計画を作成できるよう，支援方針の提示やミーティングなどを行い，教師の変容を検討しています。たとえば表31のように，教師は，後期になると，子どものつまずきの要因を適切に把握し，それに合わせた手だてを考えられるようになっており，マイナス評価が減少するという変化がみられました。

（岸野麻衣）

▷1 海津亜紀子・佐藤克敏 2004 LD児の個別の指導計画作成に対する教師支援プログラムの有効性——通常の学級の教師の変容を通じて 教育心理学研究，**52**，458-471.

表31 子どものつまずきに対して教師が行った手だてとその評価

	本児が困難とする学習課題	教師が行った手だて	評　価
前期 (5-7月)	①倍数と約数	特になし	（−）
	②分数の大小比較や計算	・通分しやすい数を取り上げるようにする。 ・何がわかっていて何につまずいているか本人がわかるような声かけをする。	・簡単な数であれば通分できる。 ・約分までした形で正答を出すのは難しい。 ・数の認識が難しい。 ・自分のとらえられる範囲の数でないと，イメージすることが難しい。
	③立体	・立体模型を常にそばに置いておく。	・十字形の展開図は描けるが，その中の1つの面を動かし，別の展開図を作るのは難しい。 ・他児のことばによる支援（描き方）も加わり描くことができた。 ・立体の頂点の数，数えているうちに2度数えてしまう。 ・頭の中のみでやるのが難しい。 ・具体物があればある程度できる。
	④体積	・1立方センチメートルの積木をたくさん用意しておく。	・体積の概念は理解できた。・直方体や立方体の体積は求められるが，複雑な形の体積を求めるのは難しい。・実際のイメージができていない。
後期 (9-12月)	⑤単位量あたりの大きさ	・身近な場面を取り上げる。 ・混み具合を実際に体験したり，絵に表したりする。 ・場面のイメージがしやすいように，扱う数値は簡単なものにする。 ・電卓を用意する。	・買い物の場面を取り上げたことで量を比較することができた。
	⑥比	・提示するときに，図を工夫する。 ・友達の発言を聞かせる場面を作る。	・授業場面では理解できていた。 ・テストでは判断を誤ることもあった。
	⑦比例	・身近でイメージしやすい場面を取り上げる。	（＋）

出所：海津・佐藤 2004

X 教育心理

8 いじめを防ぐには

1 いじめとは

○いじめの定義はいじめに対する社会的視点を表す

　文部科学省は，2007年1月に，児童生徒の問題に関する調査で用いるいじめの定義を見直し，従来の「自分より弱い者に対して一方的に，身体的・心理的攻撃を継続的に加え，相手が深刻な苦痛を感じているもの」という定義から，「当該児童生徒が，一定の人間関係のある者から，心理的・物理的な攻撃を受けたことにより，精神的な苦痛を感じているもの」とし，かつ「いじめか否かの判断は，いじめられた子どもの立場に立って行うよう徹底させる」と，いじめの被害者の主観や権利を重視するものに変更し，いじめの件数に関しても，「発生件数」から「認知件数」へと表現を改めました。また，2013年には，いじめ防止対策推進法が公布され，いじめ防止等のための対策の基本理念，いじめの禁止，関係者の責務等が定められました。2014年度の全国の小・中・高・特別支援学校におけるいじめ認知件数は188,057件であり，重大事態の発生件数は450件（前年179件）と報告されています。

　こうした動きは，いじめそのものの特徴の変化を表すというよりも，いじめに対する社会の認識の変化を示しているといえるでしょう。

2 いじめを防ぐための取り組み

○学校危機としてのいじめ

　いじめは暴力であり，被害者の人権侵害にあたります。近年，いじめは学校危機の一つとされ，学校全体での介入や対応が必要な緊急事態であるととらえられています。いじめの予防や早期発見，迅速な対応と再発防止など幅広い観点からの取り組みが求められます。いじめの予防や早期発見，迅速な対応と再発防止など，幅広い観点からの取り組みが求められます。

○リスク・マネジメントとしてのいじめ予防

　いじめをどの学校でも起こりうるものと認識し，積極的な予防策や対応計画を立てておくことで，いじめのリスクを軽減させることをリスク・マネジメントといいます。アメリカの暴力防止マニュアルでは，教員が校内で死角となる場所をチェックし，いじめが起こりやすいトイレは教員も共有するなど具体的な環境整備のポイントが記されています。重要なことは，教師が子どもを監視

▶1　正式には，文部科学省「児童生徒の問題行動等生徒指導上の諸問題に関する調査」平成18年度（概要）
http://www.mext.go.jp/b-menu/houdou/19/11/07110710/002.htm

▶2　いじめ防止対策推進法
http://www.mext.go.jp/a_menu/shotou/seitoshidou/1337278.htm

▶3　内訳は，小学校：122,721件，中学校：52,969件，高等学校：11,404件，特別支援学校：963件となっており，学年別にみると中学1年生が男女とも最も認知件数が多い（文部科学省，上掲平成26年度調査）
http://www.mext.go.jp/b_menu/houdou/27/10/1363297.htm

▶4　学校危機とは，児童生徒に身体的・精神的な衝撃を与える事件や事故が生じ，学校の迅速な対応が必要となる出来事を指す。

▶5　National Association of School Psychologists 2008 *PREPaRE: School Crisis Prevention and Intervention Training Curriculum.*

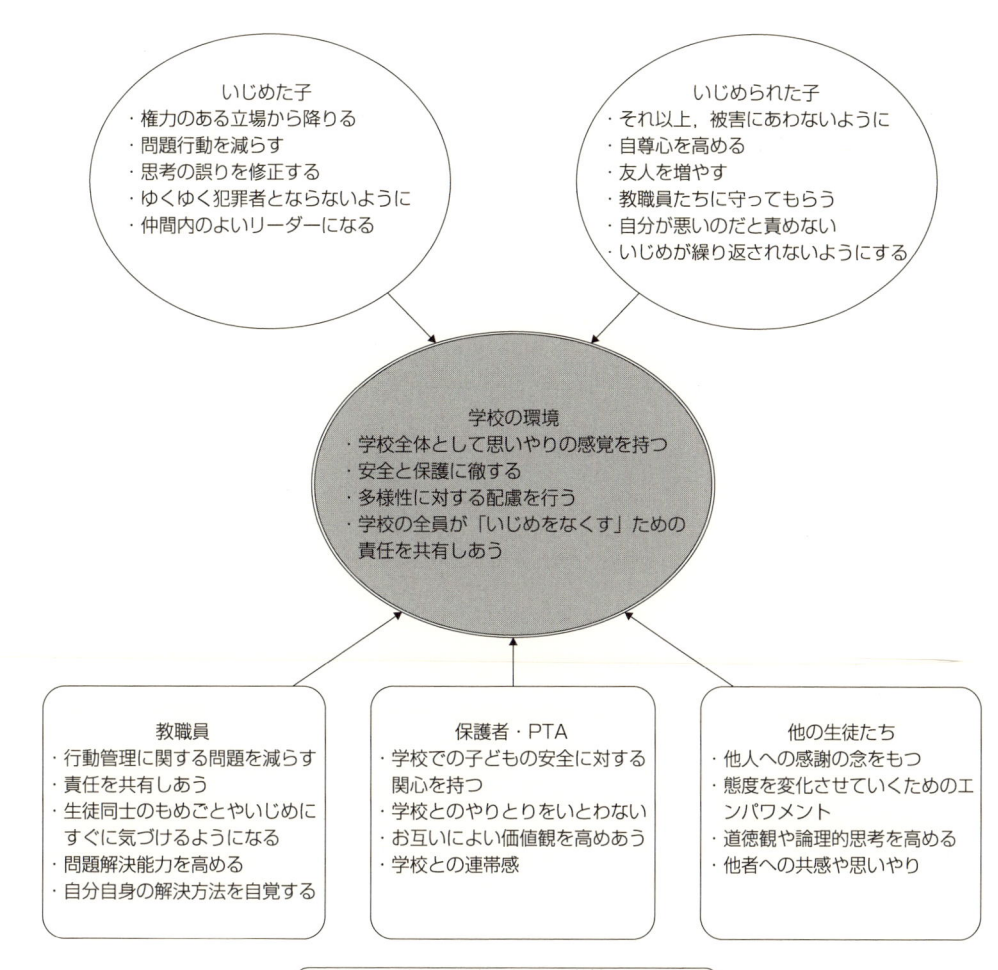

いじめた子
・権力のある立場から降りる
・問題行動を減らす
・思考の誤りを修正する
・ゆくゆく犯罪者とならないように
・仲間内のよいリーダーになる

いじめられた子
・それ以上，被害にあわないように
・自尊心を高める
・友人を増やす
・教職員たちに守ってもらう
・自分が悪いのだと責めない
・いじめが繰り返されないようにする

学校の環境
・学校全体として思いやりの感覚を持つ
・安全と保護に徹する
・多様性に対する配慮を行う
・学校の全員が「いじめをなくす」ための責任を共有しあう

教職員
・行動管理に関する問題を減らす
・責任を共有しあう
・生徒同士のもめごとやいじめにすぐに気づけるようになる
・問題解決能力を高める
・自分自身の解決方法を自覚する

保護者・PTA
・学校での子どもの安全に対する関心を持つ
・学校とのやりとりをいとわない
・お互いによい価値観を高めあう
・学校との連帯感

他の生徒たち
・他人への感謝の念をもつ
・態度を変化させていくためのエンパワメント
・道徳観や論理的思考を高める
・他者への共感や思いやり

図119　いじめ予防のための学校の取り組み

出所：Garrity, C. et al. 2002 Bullying in schools: A Review of Prevention Programs. In S. E. Brock et al.(Eds.) *Best Practices In School Crisis Prevention And Intervention*. NASP Publications, p. 177.

することではなく，日頃から教師と子どもがコミュニケーションを図ることであり，ふだんからの信頼関係がいじめを防ぐ最大の砦となるということです。

●クライシス・マネジメントとしてのいじめ対応

いじめという危機が起きたあとのクライシス・マネジメントでは，複数の関係者から状況の確認を行い事実を把握した上で，被害側と加害側の気持ちをよく聴きます。いじめの被害者が心理的苦痛を感じているのはもちろんのこと，いじめた側や傍観者などいじめに加担した子どもたちも，心理的な問題を抱えていることがあります。学級全体でもいじめや暴力，人権に対する学習を行い，対人関係能力を育成するような取り組みを行います。

また，日頃から生徒の居場所づくりや相談場所など，学校内での支援体制を充実させることが望まれます。図119はいじめのない学校環境をつくるための課題を示したものです。さらに，学外の関係機関との連絡会など予防的な地域のネットワークづくりが今後の課題といえます。　　　　　　（野坂祐子）

X 教育心理

9 不登校の問題への理解と対応

1 不登校について

◯不登校の子どもはどのくらいいるのか

　文部科学省によると，不登校とは「何らかの心理的，情緒的，身体的，あるいは社会的要因・背景により，児童生徒が登校しないあるいはしたくともできない状況にあること（ただし，病気や経済的な理由によるものを除く）」を指し，学校を30日以上欠席した子どもが不登校とみなされています。

　図120は，今の形で統計を取り始めて以来の不登校児童生徒数の推移です。1991年には6万6千人余であったのが，1994年には7万7千人にまで達した事態を受けて，文部省（当時）は，1995年に**スクールカウンセラー制度**を導入しました。しかし，その後も不登校児童生徒数は増加し2001年に約13万8千人と過去最高を記録しました。その後は微増減を繰り返していましたが，近年は再び増加傾向を示しています。2016年度においても約13万4千人の児童生徒が不登校状態にあります。不登校の問題は，日本の教育界において長年にわたって大きな問題となっています。

　2016年度における学年別の不登校児童生徒の人数をみると，明らかに学年が上がるに従って不登校が増加していることがわかります（図121）。特に小6から中1の間で大幅に増加しているのが特徴です。ここには，小学校と中学校の学習環境の違い，学習内容の高度化，生活環境の大きな変化や友人関係の変化等，さまざまな要因があると考えられます。

◯不登校の歴史

　最初の不登校の報告は，1941年アメリカにおける「学校恐怖症」が最初です。日本では，1950年代より出現してきました。当初は母子関係に起因する過保護的な関わりや心理的葛藤が主要な問題でしたが，近年はあまり葛藤がみられないタイプや，発達障害を伴う不登校が増えているといわれています。

◯不登校のタイプ

　小泉らは不登校を，神経症的なもの，発達障害によるもの，怠学，精神障害によるもの，積極的意図的なもの，一過性のものに分類しました。神経症的なものはさらに分離不安タイプ，優等生の息切れタイプ，甘やかされタイプに分類され，学年やタイプ別の対応が述べられています（図122）。

▷1　文部科学省報道発表 2017年10月26日　平成28年度「児童生徒の問題行動・不登校等生徒指導上の諸課題に関する調査」結果（速報値）について http://www.mext.go.jp/b_menu/houdou/29/10/1397646.htm

▷2　スクールカウンセラー制度
1995年から文部省（当時）の事業として各都道府県の小・中学校合わせて3校ずつにスクールカウンセラー（臨床心理士）が配置された。その後ほぼ全中学校に1名のスクールカウンセラーが配置されるに至った。

▷3　▷1と同じ。

▷4　小泉英二ら　1973 登校拒否　学事出版

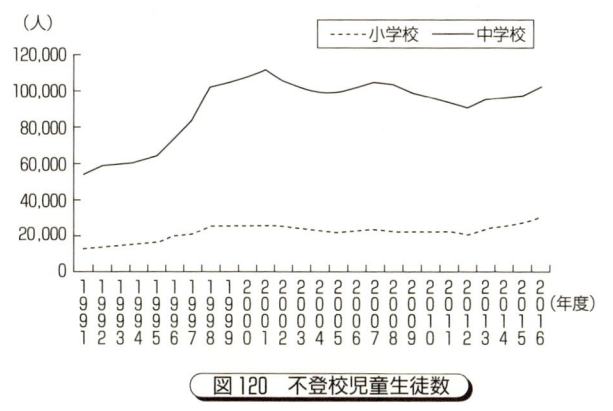

図120　不登校児童生徒数
出所：文部科学省報道発表，2017年10月26日

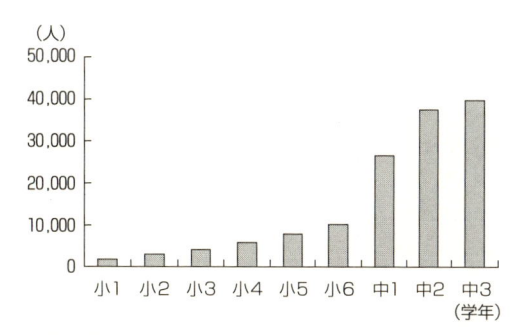

図121　平成28年度　学年別不登校児童生徒数
出所：文部科学省報道発表，2017年10月26日

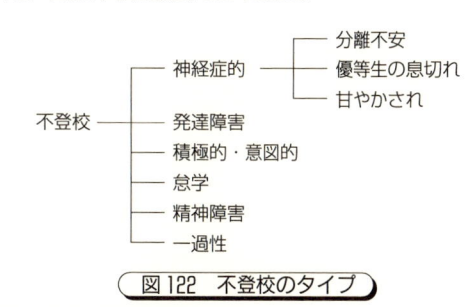

図122　不登校のタイプ
　　神経症的 ─ 分離不安
　　　　　　 ─ 優等生の息切れ
　　　　　　 ─ 甘やかされ
不登校 ─ 発達障害
　　　 ─ 積極的・意図的
　　　 ─ 怠学
　　　 ─ 精神障害
　　　 ─ 一過性
出所：小泉ら　1973に基づく。

❷　不登校への対応について

　不登校の初期においては，頭痛や腹痛などの身体症状を訴えることがあります。そして次第に2，3日の欠席が増えてきて，不登校に至るというパターンがよくみられます。身体症状は，子どもの心が変化していたり，不安が高まっていることを知らせるサインです。したがって，そのサインに早期に気づいて，適切に関わることが重要です。たとえば，学校の対応としては，2，3日欠席が続く時期に家庭訪問や電話連絡等の丁寧な関わりをしながら子どもの状態を把握し，欠席の後に登校しやすいクラス環境を用意することがあげられるでしょう。また家庭では，普段よりも言葉かけを多くしたり，子どもの話をよく聞いてあげる等の対応が望ましいでしょう。こういう関わりが「あなたのことをちゃんと見ているよ」というメッセージとなって，子どもは心の安定を取り戻し，短期間で回復するケースも多いものです。

　長期欠席に入ると，経過は長くなりがちです。家から一歩も出なかったり，家族への暴力が始まったり，昼夜逆転といった生活リズムの乱れもしばしば生じます。このような状態になった場合には，担任と保護者，スクールカウンセラー等が相談をしながら，長い目でみた対応が必要になってきます。また，家庭内暴力や，明らかに精神症状がみられた場合には，必要に応じて医療機関を紹介するなど，外部の専門機関との連携も必要となってきます。

　不登校の回復期における対応は大変重要です。多くの自治体が適応指導教室を設置しています。そこに通えば在籍校の出席日数にカウントされる制度が整っており，子どもたちに「居場所」を提供するほか，学習支援や生活スキル，対人関係スキルを促進するプログラムも工夫されています。学校復帰に際しては，在籍校の担任等と連携し段階的に登校日数を増やしたり，学校内に別室を用意する等のきめ細かな対応が望まれます。学校に戻ることのみを目標とするのではなく，いかに自立するかを考えていくことも大切です。　　　（難波　愛）

X　教育心理

10　学力テストは何を測るのか

1　「学力」の定義

　「学力」の定義自体が多岐にわたっています。学力テストは学力を測るものですが，学力の定義を巡っての議論は，1960年代から続いています。それは，教科内容に関して学習して到達した能力として計測可能な部分に限定されたものから，意欲，関心，態度，社会性も含めたものにまでさまざまです。前者は，諸教科の基礎基本を含む「狭義の学力」で，後者は「生きる力」につながる「広義の学力」ととらえられることが多いです。特に近年は，諸教科の基礎的な力だけでなく，「リテラシー」や「キー・コンピテンシー」のように，多様な領域で，生涯にわたり，実社会で応用可能な力の重要性が強調されています。そのなかで，「学力テスト」が何を測っているのかは，個々の学力テストのとらえる学力観に依存しているといえます。

2　代表的な学力テスト

　2007年度から，我が国でも全国一斉学力テストが再開されました。また，代表的な国際学力調査として，経済協力開発機構（Organization for Economic Co-operation and Development, OECD）による15歳を対象として3年ごとに実施される生徒の学習到達度調査（Programme for International Student Assessment, PISA）や，国際教育到達度評価学会（International Association for the Evaluation of Educational Achievement, IEA）による小学4年生と中学2年生を対象として4年ごとに実施される国際数学・理科教育動向調査（Trends in International Mathematics and Science Study, TIMSS）があります。その他に，国立教育政策研究所教育課程教育センターによる調査や，各学校・学年・クラスに独自のテストがあります。

　今日の国際あるいは全国一斉学力テストの特徴の一つとして，狭義，広義双方の学力の測定を試みている点があります。たとえば，PISA 2006は，56ヵ国・地域の15歳対象とし，読解力，数学的リテラシー，科学的リテラシー，学校のカリキュラム内容の習得状態に加え，成人後の生活に必要とされる知識・技能の修得を測定しようとしています。

　国際学力調査の結果から，わが国の児童・生徒の読解力や理数科系の応用力を中心とした学力低下，また，学習意欲や学習習慣の低下が社会問題とされて

▷1　原田信之（編著）2007　確かな学力と豊かな学力——各国教育改革の実態と学力モデル　ミネルヴァ書房

▷2　論文集編集委員会　2005　学力の総合的研究　黎明書房

▷3　国立教育政策研究所　2007　生きるための知識と技能——OECD生徒の学習到達度調査(PISA)2006年調査国際結果報告書　ぎょうせい

▷4　国立教育政策研究所　2007　PISA2006年調査評価の枠組み——OECD生徒の学習到達度調査　ぎょうせい

表 32　国際学力調査結果の領域間の相関

		相関係数
PISA	読解力 - 数学的リテラシー	.97
	読解力 - 科学的リテラシー	.97 － .99
	数学的リテラシー - 科学的リテラシー	.97 － .87
TIMSS	数学 - 科学	.88 － .98

PISA 2000, 2003, TIMSS 1995, 1999, 2003
出所：Rindermann 2007より作成。

います。そして，学力向上のために，国，県，学校では，たとえば読解力など，学力テストが直接扱っている領域に特化した学習の改善が工夫されます。そのような学習も各領域での力の育成につながりますが，学力テストの得点が示すもう一つの情報も考慮する必要があります。リンダーマンは，PISAの読解力，数学的リテラシー，科学的リテラシー間の関連や，TIMSSの数学と科学間の関連が非常に高いことを示しました（表32）。これは，PISAの結果から，読解力のある子どもは，数学，科学ともに優れているという結果です。また，PISA, TIMSS, PIRLS, IQテスト間関連も非常に高いことを示し，学力テストの得点の高さの背後には認知的な操作能力の高さがあると論じています。学力テストの結果に基づいて子どもの学力を高めようとする際，学力テストに含まれる各領域に直接特化した学習に加え，認知的な操作能力を高める活動を取り入れることも重要だと考えられます。

▷5　山森光陽・荘島宏二郎　2006　学力――いま，そしてこれから　ミネルヴァ書房

▷6　Rindermann, H. 2007 The g-factor of international cognitive ability comparisons: The homogeneity of results in PISA, TIMSS, PIRLS and IQ-Tests across nations. *European Journal of Personality*, **21**, 667-706.

3　活用目的と測定

学力テスト結果を解釈する際には，個々の学力テストのとらえる学力の定義と，それらの解釈・活用の仕方に留意する必要があります。それは主に，(1)結果としての力の判断か将来の可能性の判断か，(2)子どもの力の評価か教育課程や学習指導の評価かという点です。これらの観点は，従来は二者択一的にとらえられがちでした。今日は，「学力」が広義の学力を指すことが多くなったこと，基礎・基本の力と思考力・理解力等が双方の力の発達に必要不可欠なものと考えられ，両方とも留意すべきものととらえられる傾向にあります。

児童・生徒，また保護者は，テストの得点を見て一喜一憂するだけではなく，自身のあるいは子どもの得意不得意を把握し，学習活動に活かす姿勢をもってテストの結果を解釈すべきです。教師は，クラス・学年・学校の結果を分析・解釈し，カリキュラムの改善方法へ活かそうという姿勢をもつべきです。

学力テストの結果の数値は，学力の査定の一つの手段です。観察や面接，作品やレポートなどを通して，知識・理解に加えて，児童・生徒の見方・考え方，意欲，態度の測定が試みられています。そして，これらの査定による情報を十分収集した上で，児童・生徒の学力を評価することが求められています。

▷7　論文集編集委員会　前掲書

（角谷詩織）

XI 感情

1 基本的な感情とは

▷1 心理学において，気持ちや心の状態を表す言葉には，感情（affect），情動（emotion），気分（mood）などをあげることができる。情動（emotion）は，起こった原因がある程度明確で，比較的強く持続時間が短い感情をいう。それに対して，持続時間が長く，原因もわからないような弱い感情状態を気分（mood）という。感情（affect）は，情動や気分を包括した用語である。また，感情はfeelingの訳語として使われることもある。

心理学では，感情は，主観的経験的側面，生理的側面，表出・行動的側面の3側面から研究されることが多いようです。恐怖という感情を例にあげると，「怖い」と感じるのは主観的経験的側面，心拍数が増加するのは生理的側面，目を見開いて逃げるというのは表出・行動的側面となります。

民族や文化を超えて共通の感情がいくつかあるという考えを基本感情理論といいます。基本感情理論は，進化論を唱えたダーウィン（Darwin, C.）に始まっています。ダーウィンは「人及び動物の表情について」という著作のなかで，いくつかの感情にはそれぞれ表情が対応し，感情を示す表情は動物と人とで類似していると書いています。その後，人や動物の感情を表す表情，姿勢，生理的反応や行動は，種の保存や生存の確率を高め，進化の過程のなかで備わってきたものであると考えられるようになりました。この考えが基本感情理論の元になっています。基本感情理論の立場をとる研究者には，プルチック（Plutchik, R.），エクマン（Ekman, P.），イザード（Izard, C. E.）やトムキンス（Tomkins, S. S.）などをあげることができますが，ここでは，プルチックとイザードの基本感情理論について紹介しましょう。

1 プルチックの基本感情理論——感情の心理進化説

プルチックは，感情の心理進化説を唱えました。感情を進化論に基づいてとらえ，表情，生理的反応や行動などの感情反応は，種の保存や生存のために必要な反応であり，適応的な意味があるからこそ自然淘汰されずに残ってきたと考えました。彼は，人の行動には適応的な働きのある8種類の基本的行動があると考え，それらの行動に対応する8種類の基本感情を想定し，それらの感情を対極のある円環に配置しました（図123）。プルチックは色彩の混合色のように，隣接する基本感情が混ざり合って，混合感情が形成されると考えました。たとえば，悲しみと嫌悪が混ざり合って後悔という感情が形成され

(Modified from Plutchik 1980)

図123 プルチックの混合感情

出所：福井康之 1990 感情の心理学——自分とひととの関係性を知る手がかり 川島書店 p. 111.

ます。1つ離れた基本感情同士の組み合わせもあります。悲しみと怒りの組み合わせでは、間にある嫌悪を包み込み、羨望の感情が形成されます。2つ離れた組み合わせの場合、悲しみと予期の組み合わせを例にとると、嫌悪と怒りの基本感情を包み込み、攻撃、侮辱、後悔の混合感情、皮肉、羨望の混合感情を含む、悲観という感情が形成されることになります。基本感情から離れるほど、感情は複雑になっていきます。両極にある感情、たとえば愛と後悔、悲観と嬉しさなどは、同時に起こると葛藤を起こし、お互いに打ち消しあって無感情ということになります（色彩で補色同士を混ぜると灰色になるように）。また、両極感情の一方が強くなると、もう一方は弱くなっていきます（恐怖が弱くなれば、怒りが強くなるなど）。私たちが日常経験する感情の多くは混合感情であると考えられています。プルチックは、あらゆる感情を基本感情や混合感情で分類できると考えました。

❷ イザードの基本感情理論──分離情動理論

イザードは基本感情を、興味（interest）、喜び（enjoyment）、驚き（surprise）、悲しみ（sadness）、怒り（anger）、嫌悪（disgust）、軽蔑（contempt）、恐れ（fear）、羞恥心（shame）、はにかみ（shyness）の10種類としています。彼は基本感情の基準を、①特定の神経的基盤がある、②特定の表情がある、③主観的に、あるいは現象としても区別できるほどの特徴がある、④進化の過程で生まれたものである、⑤適応的機能をもつ動機づけの特徴がある、の5つをあげました。表出の仕方や意識される感情の強さに違いはあっても10種類の感情はどの文化や社会でも確認することができるとしています。また、生まれたときにすでに基本感情をもっていますが、成長とともに現れてくると考えました。10の基本感情は、進化の過程のなかで独自の構造や機能をもつようになり、個々の感情には他の感情とは区別された表情や主観的な経験などが結びついていると考えられています。それぞれの感情が区別されているという点を強調するところから、分離情動理論と呼ばれています。

基本的な感情を設定している研究者の多くは、表情や表出された感情には民族を超えて共通した要素があるということを根拠にしています。しかし、必ずしもそうではないようです。基本感情理論の考えをもつエクマンらの研究でも、6つの基本感情（喜び、悲しみ、驚き、恐れ、怒り、嫌悪）を表す表情の写真（それぞれ3枚ずつ）18枚を見せて表情にあらわれた感情を、6つの基本感情語のなかから強制的に1つ選択させる課題では、予想された感情が選択される率が低い感情が見受けられます。たとえば、恐れ、嫌悪、怒りの表情に関しては、日本ではいずれも60％程度しか、それらの表情にあたる感情が選択されませんでした。感情の普遍性については、他にもいくつか疑問があがっていて、まだ決着はついていないようです。

（佐伯素子）

---

feelingは、主観的な感情経験に焦点を当てた場合に使われるようである。ここでは、包括的な感情（affect）について取り上げているため、主に感情という語を使用している。

▷2 基本感情理論では、感情はいくつかのカテゴリーに分類できると考えるが、次元的な考え方もある。いくつかの次元を取り出し、その次元上に感情を布置する考えである。代表的な次元には、快─不快、活性─不活性の2つがあげられる。

▷3 C. E. イザード 荘厳舜哉（監訳）比較発達研究会（訳）1996 感情心理学 比較発達研究シリーズ1 ナカニシヤ出版

参考文献

遠藤利彦 1996 喜怒哀楽の起源──情動の進化論・文化論 岩波科学ライブラリー14 岩波書店

濱治世・鈴木直人・濱保久 2001 感情心理学への招待──感情・情緒へのアプローチ サイエンス社

XI 感情

② 感情は知的な働きに関与する

▷1 ディラン・エヴァンズ　遠藤利彦（訳）2005　感情　岩波書店
▷2 アントニオ・R・ダマシオ　田中三彦（訳）2000　生存する脳——心と脳と身体の神秘　講談社
▷3 この考えはソマティック・マーカー仮説と呼ばれ、ダマシオはいくつかの実験で検証している。その一つであるギャンブル実験を紹介しよう。ゲージと同じように前頭葉を損傷した患者と健常な人を対象に、実験は行われた。A，B，C，D 4つのラベルのついた4組のカードをめくっていって、1人2000ドルの持ち金をできるだけ増やすというゲームである。カードには、お金が入るカードもあれば、支払わなければならないカードもあると教えられるが、実際はA，Bの組はほとんど100ドルが手に入るカードで、時に最高1250ドルもの大金を支払わ

悲しみにくれて何も手がつけられなくなったり、怒りにかられ暴力をふるったりなど、感情の経験や表出は時に人を誤った方向に導いてしまうことがあります。感情はうまく調節される必要はありますが、厄介者なのでしょうか。

エヴァンズは、SF映画「スタートレック」に登場する、感情を欠いたバルカン星人スポックが人間よりも聡明で知的である、という映画制作者の仮定は誤りであるとしています。むしろ、感情を欠いたスポックのような生命体は生き残ることすら難しく、感情は知性的行為をする上で不可欠なものであるというのです。では、感情はどのように知的な働きに関与しているのでしょうか。

① プランニングと意思決定を援助する

フィネアス・ゲージのお話からしていきましょう。1848年の夏に、アメリカの鉄道工事現場で現場監督をしていたゲージは、穏健で有能な人でした。しかし、彼はダイナマイトの暴発によって、直径3cm長さ1mの鉄棒が左頬から脳天へと突き抜けるという大事故に見舞われ（図124）、一命はとりとめましたが、彼の人柄は一変してしまいます。言語や記憶、運動機能などに関わる脳に障害を受けなかったにもかかわらず（損傷が大きかった脳の領域は前頭葉という部分でした）、気まぐれで、汚い言葉をわめいたり、どうしようもなく頑固になったり、優柔不断で、将来のことを計画してもすぐにやめてしまい、周囲の人から疎まれるようになってしまったのです。ゲージはその後、サーカスの見世物小屋で自分の身をさらしてお金を稼いだり、職を転々としたり、転落の一途をたどり、1861年に38歳の若さで亡くなりました。その後150年あまりたって、脳の研究者ダマシオ（Damasio, A. R.）は、ゲージと同じ前頭葉を損傷した患者を調べ、彼らの多くが感情をうまく調整したり、将来の行動を計画したり、意思決定したりすることに障害があることを見出しました。そして、感情が計画を立てたり、意思決定に重要な役割をもっていると考えました。私たちは怒っているとき、他に注意を向けることなく、怒りを鎮めるために、あるいは問題を解決するために、過去の記憶をたどるなどして、今の状況を打破するのに一番よい方法を選び出しています。そして、これから何をするか計画を立て、実行しているのです。実行可能で、目的に沿った行動を計画する際に、感情は必要なことだけに注意や思考

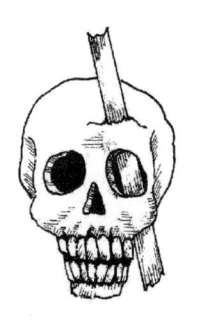

図124　ゲージの頭蓋イメージ図
イラスト作：内山雪子
出所：アントニオ・R・ダマシオ　田中三彦（訳）2000　p.77の図を参考。

を向けさせる役割をしているようなのです。また,「どこに遊びに行こうか」「ランチに何を食べようか」など,私たちは日々ちょっとした意思決定を数多く,それも難なくこなしています。「なんとなく～したかったから」などという理由で。この「なんとなく」という身体感覚を伴った直感的なしるしのことを,ダマシオはソマティック・マーカー（somatic marker）と呼んでいます[3]。意思決定に向けて思考をめぐらすときに,身体からぐっとこみあげてくる感じのことで,その身体感覚が直感として意思決定を導くというのです。このソマティック・マーカーは,過去に身体的に刻まれた（学習された）しるしであって,痛い目にあったときに刻まれたしるしであれば,その後警告として働き,よい思いをしたときに刻まれたしるしであれば,動機づけとして働くことになります。なんとなく好きとか嫌いとかいった感情が意思決定を援助していたのです。計画を立てたり,意思決定をしたり,もっぱら知的な働きによるものと考えられてきたことが,実は感情がなければ成り立たなかったことなのです[4]。

2 ポジティブ感情の役割

怒りや恐怖などのネガティブな感情は,ある特定の行動に向かわせるために必要な情報に注意や思考を向けさせる働きをしますが,フレドリクソンによれば,喜びや満足,興味といったポジティブな感情は,思考や行動のレパートリーを広げてくれるといいます[5]。たとえば,興味があれば,もっと知りたいという好奇心が生まれ,探求しようとする行動が起こります。また,楽しい,おもしろいといった感情は記憶力を高めるともいわれています。これは,感情に関わる脳の部位（扁桃体）が記憶に関わる部位（海馬）の近くにあって,感情が起こると海馬の活動を高めるためと考えられています[6]。感情によって思考や行動が広がり,記憶力も高めることができるのです。厳しい状況にあっても,それを乗り越えていくことができる人ほど,ユーモアをもって,積極的にポジティブな感情を引き起こしているといわれています。

感情は意思決定の援助をしたり,思考や行動を広げたりなど,知的な働きを促す役割をしているといえるでしょう。

(佐伯素子)

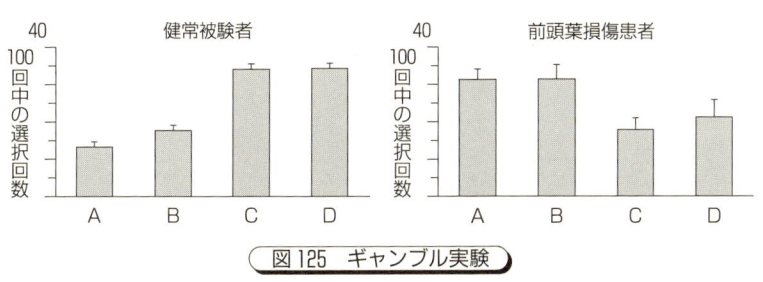

なければならないカードも入っている。一方,C,Dの組はほとんど50ドルしか入らないようになっているが,時に100ドル程度の支払いを求められるカードもある。つまり,A,Bの組はハイリスク・ハイリターン,C,Dの組はローリスク・ローリターンのカードからなる組ということである。結果はグラフ（図125）のとおりで,前頭葉損傷患者は,どんなに損をしても,A,B組のカードを好んでひいてしまう。健常者ではハイリスクのA,Bの組のカードをひいて損をした感覚が体にきざまれ,それがソマティック・マーカーとして働き,カード選択の判断を援助したが,前頭葉患者にはマーカーがうまく機能しなかったのである。

▶4 遠藤利彦 2002 高橋雅延・谷口高士（編著）情動と認知の相互補完的関係 感情と心理学——発達・生理・認知・社会・臨床の接点と新展開 北大路書房 p. 2-5.

▶5 Fredrickson, B. L. 2001 The role of positive emotions in positive psychology: Broaden-and-build theory of positive emotions. *American Psychologist*: Special Issue, **56**, 218-226.

▶6 伊藤正男ほか（監修） 2002 徹底解明心と脳のしくみ——なぜ人は喜び,そして悲しむのか ニュートン, **22**(13), 28-59.

図125 ギャンブル実験

（注）この棒グラフは各組に賭けた回数を示している。健常被験者はCとDの組を好んでいるが,前頭葉損傷患者の好みは正反対である。

出所：アントニオ・R・ダマシオ 田中三彦（訳） 2000 p. 325.

XI 感情

3 感情の制御はどのように発達するか

① 社会での適応に欠かせない感情制御という能力

あなたが自分の思うがままの感情や欲求をそのまま表現したとすると、どのようなことが起こるか想像して下さい。怒りのようなネガティブな感情の場合には、人間関係を壊すことになり、ひいてはあなた自身が社会からはじき出されてしまいます。状況や相手に合わせて自分の感情や意思を「表現」したり、時には他者の感情を尊重したり、社会ルールに従うことで自分の感情・欲求を「抑制」することは、人間社会で生きていくためには不可欠な能力です。ここでは、この2つの機能をあわせて感情の「制御」ととらえることにします。

② 養育者から乳児自身による感情の調整へ

では、私たちはその能力をどのようにして身につけてきたのでしょうか？生後まもない乳児の場合、空腹や寒さなどによる生理的な不快や苦痛を感じたときに、ぐずりや泣きでそれを表現します。養育者はそのサインを察知すると、乳児の不快の原因を推測し、それを取り除いたり（オムツ替え、授乳など）、または乳児をあやしたり、興味を引きそうなものへ注意を向けさせたりします。このように乳児期初期では、養育者によって乳児の感情が調整されています。その後、乳児は徐々に自身で感情を調整する能力を高めていきます。特に6ヵ月は、乳児が環境に対して主体的に働き始める時期です。不快な感情を生じさせる物や人から自ら注意をそらしたり、偶然に自分がとった行動（指しゃぶりや体をこするなど）で不快な感情が和らぐ経験をすると、徐々にこうした行動を自発的にとるようになり、自分で自分をなだめることができるようになっていくのです。注意回避や気晴らしで情動の静穏化を行う時期といえるでしょう。

③ 不快な気持ちにさせるものは何かを理解し、行動する

やがて、表象や記憶といった認知能力や言語能力、一人で移動可能となる運動能力が発達する2歳以降になると、自らの不快な情動の原因は何かを認識し、その原因に対して自ら働きかけ、解決することで、自分の感情を抑制しようとします。時には、言語的メッセージを用いて養育者に働きかけることで、原因を取り除こうとすることもあります。主に行動的な方略を用いることで、自らの感情抑制を行おうとする時期といえるでしょう。

▷1 この段階では、乳児が意図的意識的に自分の感情を抑えているとはいいがたいために、抑制ではなく、調整と表現する。

▷2 ただし、指しゃぶりは、母親の胎内でも観察されている。

❹ 自分の心の働きを使って，ネガティブな気持ちを和らげる

　幼児期になると，さらに認知的な方略を使うことができるようになってきます。認知的方略とは，"ネガティブな感情を引き起こした出来事について，ネガティブな意味合いが軽減するように解釈しなおす"ということです。たとえば，もらえると思って期待していたおもちゃがもらえないと知り，がっかりしたときに，それは本当にほしいものではない，たいしたものではないなどと思い直すことで気持ちをなだめる方法です。これは非常に高次の認知的発達によるものです。これらの方略を身につけた子どもは，状況や場合に応じて適切な方略を選択し，よりうまく自分の情動を制御するようになっていきます。

❺ 幼児期における自己制御の発達研究

　幼児期の自己制御の発達について検討した興味深い研究を紹介しましょう。ここでは，"他の子と違う意見を臆せず主張できる"などの「自己主張・実現」と，"悲しい・悔しいなどの感情を爆発させず抑えられる"などの「自己抑制」の2面について，3歳から7歳までの消長が調査されました。その結果，「自己主張・実現」は4歳後半まで急激な伸びを見せ，その後横ばいになるのに対し，「自己抑制」は就学前全期間を通じて上昇し続けること，また「自己抑制」では全年齢で女児が男児を上回ることが示されています（図126）。

❻ 親の関わりや文化の影響

　感情制御の発達は，基本的に生得的能力として人類に備わっているとはいえ，より社会的な要因である養育態度や文化から大きな影響を受けていることが知られています。3〜5歳を対象にした日米の比較研究によると，アメリカの子どもは日本の子どもよりも自己主張面が高く，逆に日本の子どもは自己抑制面が高い傾向にあることがわかりました。これは，養育者が子どもの自己主張を評価するアメリカと，自己抑制を期待する日本の養育態度の違い，ひいてはそうした自己制御の片方の側面に価値を置く文化規範の特徴が表れた結果ともいえるでしょう。

（鵜木恵子）

▷3　柏木惠子　1988　幼児期における「自己」の発達——行動の自己制御機能を中心に　東京大学出版会

▷4　堂野恵子　1996　幼児の自己制御機能の発達と親が期待する子どもの将来像——日米比較　安田女子大学紀要，24，125-134．

参考文献
　柏木惠子　1988　幼児期における「自己」の発達——行動の自己制御機能を中心に　東京大学出版会
　藤田和生　2007　感情科学　京都大学学術出版会

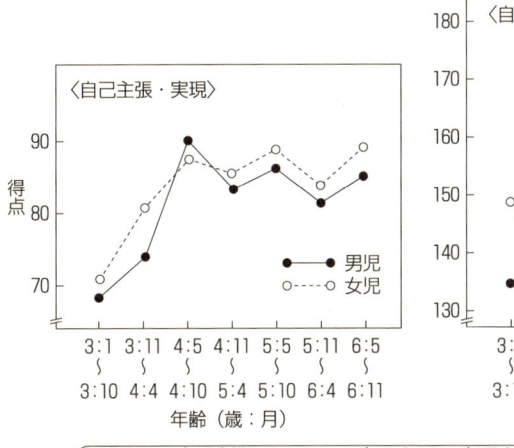

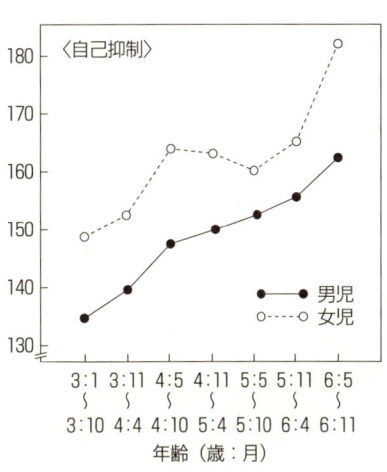

図126　自己制御の2面——自己主張・実現と自己抑制の年齢別消長

出所：柏木　1988

XI 感情

4 情動の理解はどのように発達するか

▷1 Field, T. M., Woodson, R., Greenberg, R. & Cohen, D. 1982 *Science*, **218**, 179-181.

▷2 Haviland, J. & Lelwica, M. 1987 *Developmental Psychology*, **23**, 97-104.

▷3 たとえば、見知らぬ人から子どもにあるものが差し出されたとしよう。それは触っていいものなのか、いけないものなのか、子どもは判断できず、そこで、そばにいるお母さんが、そのものに対してどのような表情や態度をしているのかをうかがう。お母さんがニコニコしていたら触ろうとするだろうし、眉間にしわをよせていようものなら、触らないで、逃げようとするかもしれない。お母さんの表情や態度を手がかりにして、判断しようとしているのである。

▷4 M. L. ホフマン 菊池章夫・二宮克美（訳）2001 共感と道徳性の発達

情動理解は、人との関わりのなかで育まれます。まだ話すことのできない赤ちゃんでも快、不快の情動は、声や表情、身体の動きなどによって表現されます。表現された情動は養育者の注意を引き、抱っこされたり、あやされたり、おっぱいをもらったりなどの反応を引き起こします。このような養育者の反応がまた赤ちゃんの情動表出を促します。赤ちゃんと養育者との間で情動を共有したり、養育者によって映し出されたりといったやりとりのなかで、子どもは自分が表した情動の意味を理解し、情動に関する知識やコントロールの仕方を学んでいくのです。では、情動理解の発達に関して、①他者の情動を読みとること、②情動の原因を理解すること、この2つの観点からみていくことにしましょう。

1 他者の情動を読みとる

他の子が泣いていると、それにつられてそばにいた赤ちゃんも泣き出してしまう場面に出くわしたことがあるでしょう。これは情動伝染という現象です。また、他者の情動を表す表情を生後36時間で模倣するという現象も観察されています（図127）。これらの現象は、人が小さい頃から他者の情動に敏感であることを示しています。では、いつ頃から他者の情動を区別して読みとることができるようになるのでしょうか。ハヴィランドらは、生後10週の赤ちゃんに、お母さんの「怒り」「悲しみ」「喜び」の表情を見せて、赤ちゃんがどのような表情をするのか観察しました。すると、赤ちゃんはそれぞれのお母さんの表情に対して違った反応を示しました。お母さんの「喜び」の表情には、興味深そうな、喜んでいるような表情を、「悲しみ」の表情には口をもぐもぐと動かすような反応をし、「怒り」の表情にはむっつりと固まった表情を示しました。生後10週といった早い時期に、「怒り」「悲しみ」「喜び」の表情を区別している可能性が示されました。

区別しているからといって、それぞれの情動の意味を理解しているわけではありません。生後1年くらいになると、他者の表情などを利用して、いままで出会ったことのない出来事や初めて見るものを理解しようとする、社会的参照という行動がみられるようになり

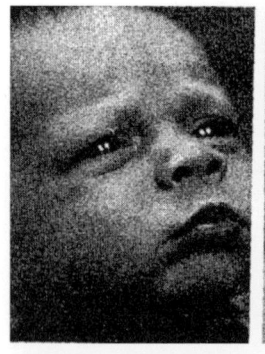

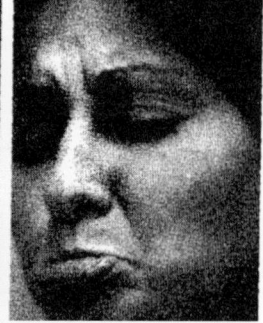

図127 モデルの悲しい表情（右側）を模倣する赤ちゃん（左側）

出所：Field et al. 1982

ます。この行動から，1歳くらいには他者の表情から情動を読みとり，その情動の意味や表情が表す情動が何に対して向けられたものなのかも理解していると考えることができます。また，この時期の子どもには，泣いているお友達を見て，慰めようとする行動もみられます。しかし，お友達のつらさは理解していますが，自分もつらくなってしまったり，お友達を慰めるために自分のお母さんを連れてきたりなど，自己中心的な反応がみられ，お友達の必要にあわせた慰め行動をすることはできません。相手の情動に巻き込まれることなく，情動を読み取り，相手の立場に立って慰めようとする行動は，3歳くらいからみられるようになります。

2 情動の原因を理解する

2，3歳くらいになると，基本的な情動についてある程度理解ができるようになると考えられます。ステインとレヴァインの研究では，3歳児でも好きなおもちゃをもらったらうれしいなど，望ましい結果が得られたときには「うれしい」，望ましくない結果のときには「悲しい」「怒る」と答えることができることが示されています。しかし，「怒り」と「悲しみ」を混同することが多く，6歳児や成人では意図的に妨害されたときは「怒り」を感じると答えることが多くなるのに対して，3歳児ではそのような傾向はみられませんでした。その後，レヴァインによって「怒り」と「悲しみ」の区別に関する研究が行われ，5歳児は相手の意図よりも，目標が修復されるかどうかによって「怒り」と「悲しみ」を区別していることがわかりました。就学前の幼児では，怒りや悲しみの区別のように，相手の意図などによって引き起こされる情動が変わることもあるということを理解するのは難しいようです。

本当に起こった情動とは異なる情動を表すこと（見かけの情動）があるということは，4歳から6歳くらいにかけて理解できるようになります。ハリスらは，4歳児と6歳児24名を対象として，本当の情動と見かけの情動が異なるお話を8つ読み聞かせて，本当の情動と，見かけの情動の区別と，それぞれの情動の理由づけが正確かどうか調べました（図128）。すると，6歳児の方が4歳児より本当の情動と見かけの情動の区別ができ，理由づけも正確にできましたが，4歳児では理由づけがほとんどできませんでした。他者が示す見かけの情動と本当の情動を理解するのにも，他者の意図，願望，信念や性格などを考慮して推測していかなければなりません。現在では，「心の理論」などの認知的能力の発達が，情動理解にどのような影響を及ぼすのかが検討されています。

（佐伯素子）

心理学――思いやりと正義とのかかわりで　川島書店
▷5　Stein, N. L. & Levine, L. J. 1989 *Cognition and Emotion*, **3**, 343-378.
▷6　Levine, L. 1995 *Child Development*, **66**, 697-709.
▷7　Harris, P. L., Donnelly, K., Guz, G. R. & Pitt-Watson, R. 1986 *Child Development*, **57**, 895-909.
▷8　8つのお話はポジティブ感情とネガティブ感情を隠す場面それぞれ4場面からなっている。ネガティブ感情例：パーティに行きたいのにお腹が痛くなってしまったダイアナ。お腹が痛いことを知られたら，お母さんはパーティに行ってはいけないということがわかっている。ダイアナはパーティに行けるように自分の気持ちを隠そうと思っている。
▷9　「心の理論」とは，他者の欲求や意図，信念などを自分と区別して理解し，他者の行動を予測したり，解釈する推論体系のこと。

（参考文献）
高橋雅延・谷口高士（編著）2002　感情と心理学――発達・生理・認知・社会・臨床の接点と新展開　北大路書房

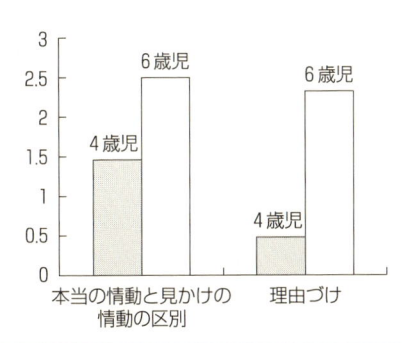

図128　年齢ごとのネガティブ場面の情動区別と理由づけの平均得点

出所：Harris et al. 1986の結果より作成。

XI 感情

5 感情の元となる神経伝達物質の働き

1 こころと脳の働きについて

　私たち人間の感情や記憶，学習，知覚，運動制御には，脳の働きが深く関与しています。たとえば，あなたが道を歩いていると，向こうから子犬がやってきて，思わず「かわいい！」と感じ，抱き上げたとします。この場合も，"脳"がその場の状況や「子犬」という対象を認識し，「かわいい」という快の感情を生じ，「触っても噛まれることはないだろうか」などの判断をし，最終的に決断を下して，「抱き上げる」という行動をさせているのです。私たちの脳内にある多くの神経細胞が，神経回路をつくり，神経伝達物質を速やかに伝達することによって，私たちの日常生活が成り立っているといえるでしょう。

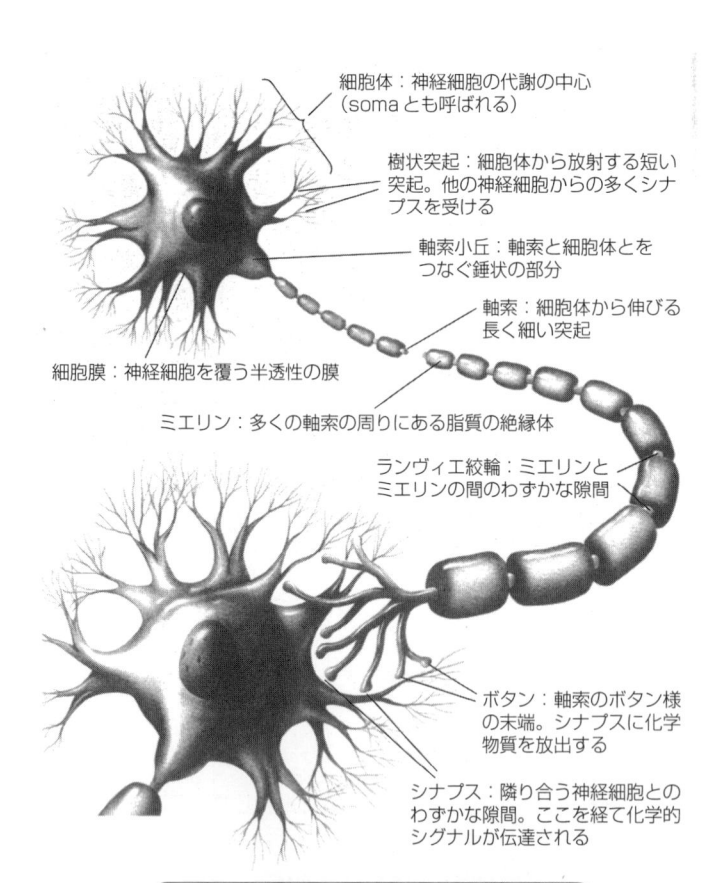

　この脳内の情報処理について，簡単に説明をします。脳内の神経細胞（ニューロン）は，細胞体，軸策，軸策の末端である神経終末，樹状突起から成り立っています（図129）。千数百億もの神経細胞は，網の目のようにはりめぐらされていますが，お互いにわずかな隙間をもっていて，それをシナプス間隙といいます。樹状突起から受け取った電気信号は，細胞体から軸策を通り，神経終末に辿りつきますが，この隙間を跳び越すことはできません。そこで，電気信号は化学信号（神経伝達物質）に変え，別の神経細胞に情報を伝えているのです。化学信号を受け取った神経細胞は，すぐにそれを電気信号へと変え，他の神経細胞へ伝えられていきます。こうした情報伝達の繰り返しが私たちの精神活動となっているのです。

細胞体：神経細胞の代謝の中心（somaとも呼ばれる）
樹状突起：細胞体から放射する短い突起。他の神経細胞からの多くシナプスを受ける
軸索小丘：軸索と細胞体とをつなぐ錘状の部分
軸索：細胞体から伸びる長く細い突起
細胞膜：神経細胞を覆う半透性の膜
ミエリン：多くの軸索の周りにある脂質の絶縁体
ランヴィエ絞輪：ミエリンとミエリンの間のわずかな隙間
ボタン：軸索のボタン様の末端。シナプスに化学物質を放出する
シナプス：隣り合う神経細胞とのわずかな隙間。ここを経て化学的シグナルが伝達される

図129　典型的な神経細胞の外部構造の特徴

出所：ピネル　佐藤ほか（訳）　2005　バイオサイコロジー　西村書店　p.44.

❷ どんな神経伝達物質があるのか？

神経伝達物質は，現在までのところ70種類以上のものが確認されています。アミノ酸，アセチルコリン，モノアミン，ペプチドの4つに大きく分類されます（表33）。ここでは，感情に深く関係する代表的な3つの神経伝達物質……モノアミンに属するノルアドレナリン，ドーパミン，セロトニン……を中心に取り上げることにします。

表33 代表的な神経伝達物質とその働きや特徴

伝達物質		特徴や多く摂取した場合の作用など
アミノ酸	グルタミン酸	興奮性（情報を強める働き） 記憶に関与する
	γアミノ酪酸（GABA）	抑制性（情報を弱める働き） 不安・不眠の解消になる
	グリシン	抑制性（情報を弱める働き）
アセチルコリン		最初に発見された神経伝達物質 学習・記憶に関与する
モノアミン	カテコールアミン	
	ドーパミン	注意・動機づけに関与する 過剰に摂取すると幻覚妄想症状になる
	ノルアドレナリン	興味・多動・怒りに関与する
	アドレナリン	不安・恐怖に関与する
	インドールアミン	
	セロトニン	低下すると不安・うつに
神経ペプチド	オピオイド	モルヒネに似た脳内麻薬様物質 鎮痛作用あり
	その他50種類以上	近年，発見が相次ぐ

○ノルアドレナリン

チロシン（アミノ酸）が血中から神経細胞に入り，エルドーパを経て，ドーパミンとなり，その後，ノルアドレナリン，アドレナリンへと変換されます。ノルアドレナリンは，主に視床下部に分布していますが，脳の広い範囲で作用し，ストレスが生じた際に多く放出されます。これに対し，アドレナリンは脳内では少なくなっています。多くの研究では，ノルアドレナリンは怒りと攻撃に関係し，アドレナリンは恐怖と不安に関与していることを示唆しています。シャクター（Schachter, S.）は，怒りか恐怖を引き起こすような場面に被験者を入れて，さまざまな生理的測定を行いました。その結果，恐怖場面に対する生理反応はアドレナリンを注射して生じた反応と似ていましたが，怒り場面に対する反応はノルアドレナリンを注射して生じたものとよく似ていることが示されたのです。◁1

○ドーパミン

ドーパミンは，得意な勉強やスポーツで大きな喜びを感じたときなどに増加し，運動機能とも関係があることが知られています。ある部分でドーパミンが減少すると，パーキンソン症状などの運動障害を引き起こします。また過剰に摂取した場合には，幻聴や幻覚，妄想などを生じるため，統合失調症の陽性症状との関係が指摘されています。実際に統合失調症に用いられる抗精神病薬は，ドーパミンを抑制する働きが強いものほど効果が強いことが知られています。

○セロトニン

親しい人との関係に幸せを感じているときや，積極的に何かに取り組み，喜びを感じているときにセロトニンが多く放出されるといわれています。逆にセロトニンが低下すると，不安や抑うつ感情が強まることになります。最近のうつ病の治療薬SSRIは，ニューロンのセロトニン再取り込みを阻害することで脳内のセロトニン値を高め，抑うつを軽減する作用があります。（鵜木恵子）

▷1 Schachter, J. 1957 Pain, fear and anger in hypertensives and normotensives. *Psychosomatic Medicine*, **19**, 17-29.

▷2 selective serotonin reuptake inhibitor

▷3 一度放出したセロトニンをもとの神経終末に回収しにくくする。

参考文献
ロス・バック　畑山俊輝（監訳）　2002　感情の社会生理心理学　金子書房

XI 感情

6 感情とストレス

感情の制御は健康の維持や病気の予防に重要な意味をもっています。これまでの感情に関する研究は，不安や憂うつなどの不快感情に関するものが多いのですが，それは不快感情が心身の健康に対して悪影響をもつと考えられてきたからだといえます。では，感情はストレスや健康にどのように影響を及ぼしているのでしょうか。

1 生理的指標による研究

コルチゾールは，ストレスに反応するホルモンの一つです。ブキャナンらは[1]，被験者の一方にユーモラスなビデオを視聴させ快感情に誘導し，もう一方にはスピーチ課題を課し不快感情に誘導しました。その結果，ユーモラスなビデオの条件ではベースラインからのコルチゾール減少が，スピーチ課題の条件ではコルチゾールの増加が観測されました。

スミスらは[2]，被験者に1日6回，その時点でのストレッサーの存在と感情状態を評定させ，その20分後に唾液を採取してコルチゾール濃度を分析しました。その結果，コルチゾールは快感情が強いほど低下し，不快感情が強いほど増加していました。これらの研究は，不快感情のときにストレスを強く感じていることを示しています。

2 ストレス

ストレス（Stress）の定義はさまざまありますが，主として身体的または心理的な安定を脅かすような事態の総称であるとされています。嫌な出来事を指すストレッサー（Stressor）と，それに対する抵抗であるストレス反応によって成り立つと考えられています。セリエは[3]，ストレスの非特異性を強調し，同じストレッサーが加わっても個人によって反応は異なると考えました。同じストレッサーに対して，ある人はそれを脅威と感じ，ある人はそれをチャンスと感じる場合があります。たとえば，昇進試験や海外転勤なども，ある人にとっては脅威となり強いストレッサーとなるでしょうし，「自分を試すチャンス」と思う人にとってはそうでないといえます。なぜ，個人によってこのような違いが生じるのでしょうか。

これらについて，ラザルスとフォルクマンは[4]，個人の心理的ストレス過程を，認知的評価モデルで示しました（図130）。個人があるストレッサーを経験した

---

[1] Buchanan, T. W., al'Absi, M. & I. ovallo, W. R. 1999 Cortisol fluctuates with increases and decreases in negative affect. *Psychoneuroendocrinology,* 24, 227-241.

[2] Smyth, J., Ockenfels, M., Porter, L., Kirshbaum, C., Hellhammer, D. & Stone, A. 1998 Stressors and mood measured on a momentary basis are associated with salivary cortisol secretion. *Psychoneuroendocrinology,* 23, 353-370.

[3] Selye, H. 1978 *The Stress of Life* (revised edition). New York: McGraw Hill.（セリエ, H. 杉靖三郎・田多井吉之助・藤井尚治・竹宮隆（訳）1988 現代社会とストレス 法政大学出版局）

[4] Lazarus, R. S. & Folkman, S. 1984 *Stress, appraisal and coping.* New York: Springer.（ラザラス, R. S. & フォルクマン, S. 本明寛・春木豊・織田正美（監訳）1991 ストレスの心理学——認知的評価と対処の研究 実務教育出版）

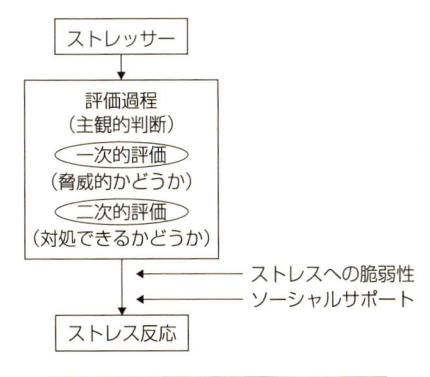

```
          ┌─────────────┐
          │  ストレッサー  │
          └──────┬──────┘
                 ▼
        ┌─────────────────┐
        │    評価過程      │
        │  (主観的判断)    │
        │  ╭─一次的評価─╮  │
        │  (脅威的かどうか) │
        │  ╭─二次的評価─╮  │
        │ (対処できるかどうか)│
        └────┬────────────┘
             │◀──── ストレスへの脆弱性
             │◀──── ソーシャルサポート
             ▼
        ┌─────────────┐
        │  ストレス反応  │
        └─────────────┘
```

図130　ストレスの認知的評価モデル

出所：坂野雄二　1995　認知行動療法　日本評論社より。

場合に，その出来事が自分にとってどの程度脅威的であるか，影響力があるか，あるいは対処可能なものであるかなどの評価が行われ，次に実際にストレッサーに対する何らかの対処が行われます。これをコーピングといいます。その結果として，さまざまな種類のストレス反応が表出すると考えられています。ストレス反応には，胃潰瘍などの身体的反応と，抑うつなどの精神的反応があります。

◯ネガティブ（否定的）感情とストレス

ストレッサーは，不安や，怒り，抑うつなどの情緒的反応の引き金です。悲しい感情のときには，物事をより悪い方に考えることが多くなります。また，不安が強い場合にも，状況に対する判断力がゆがみ，広い視野から物事をみることができなくなります。ネガティブ感情が認知的評価に影響を及ぼし，結果としてストレス反応が強く出るといえます。

◯ポジティブ（肯定的）感情とストレス

一方，幸福，親和などのポジティブ感情は，人がストレス状況に適応することを助けます。ストレス状況において，ポジティブ感情はネガティブ感情を直接的に調節します。ポジティブ感情は，それ自身は明確な身体反応を伴わないことが多いですが，ネガティブ感情と接近して生じたときには，ネガティブ感情により引き起こされた自律神経系の興奮を緩和します。

また，ポジティブ感情は，問題解決を促進したり，創造的になることが明らかにされています。フレディクソンとレベンソン[5]は実験によって，ポジティブ感情が思考と行動のレパートリーを増加させることを示しています。つまり，ポジティブ感情をもつことが，個人の認知的評価に影響を及ぼし，ストレス状況に強くなるといえます。また，抑うつ傾向の強い者は，ネガティブな思考スタイルをもっていることが明らかにされており，抑うつの防止という点からもポジティブ感情の機能は注目されています。

（小保方晶子）

▷5　Fredrickson, B. L. & Levenson, R. W. 1998 Positive emotions speed recovery from the cardiovascular sequelae of negative emotions. *Cognition & Emotion*, **12**(2), 191-220.

XI 感情

7 感情を表す表情

1 表情の役割とは

　顔には46の表情筋があり，その収縮によって表情がつくられると考えられています。表情と感情の研究を行っているエクマンは，6つの基本感情（驚き，恐怖，嫌悪，怒り，幸福，悲しみ）があると考え，眉・額の部分，眼・まぶた・鼻根の部分，頬・口・鼻の大部分と顎を含む顔の下部の3つの領域の組み合わせから，それぞれの感情を区別しました（図131）。エクマンは感情を表す表情は民族や文化に関係なく普遍的であると考えており，表情をわき起こった感情の表出であるとしています。感情を表す顔の基本型が生まれながらに備わっているため，感情が引き起こされると，その感情が表情となって表れるのです。ただ，どのような状況で感情が引き起こされるのか，感情表出がどのように調整されるのかは，文化によって異なるようです。たとえば，人が見ている状況では怒りの表情を浮かべないなど，それぞれの文化に特有なルールによって，感情の表出は調整されているのです。このようなエクマンの考えは神経文化説と呼ばれています。一方，表情は単に感情の表出ではなく，社会的なメッセージであるという点を強調し，他者の行動に影響を与えるという考えもあります。この考えの立場を行動生態学的視点といいます。笑顔は喜びを相手に表しているだけでなく，親密さを伝えるメッセージの役割をしていると考えます。フリッドルンドの研究[1]では，友人が存在するほうが表情表出することが多いことが示されており，友人とのコミュニケーション欲求の高まりと関係していると考えられています。

▷1 Fridlund, A. J. 1991 *Journal of Personality and Social Psychlogy*, **60**, 229-240.

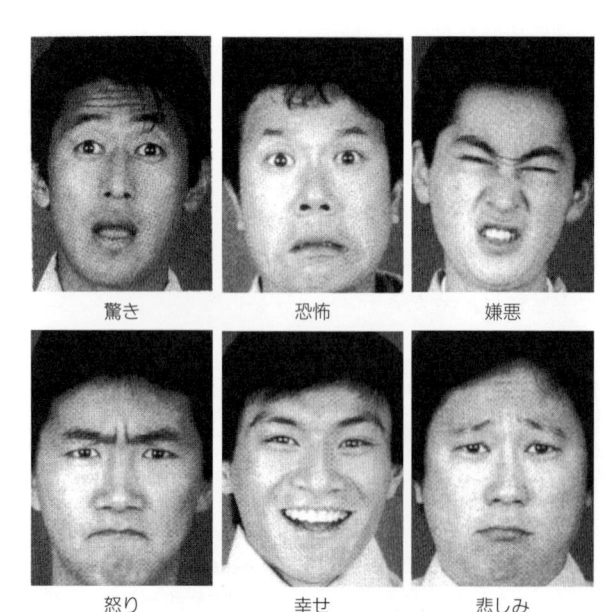

図131　日本人の感情を表す表情
（驚き／恐怖／嫌悪／怒り／幸せ／悲しみ）

出所：工藤力・ディビット・マツモト　1996　日本人の感情世界——ミステリアスな文化の謎を解く　誠信書房

2 対人関係を維持するための情報

　私たちは，日常生活のなかで相手の表情からいろいろな情報を得ています。会話をしているときに，自分が話している内容に相手が興味をもっているのか，気になるときがあるでしょう。相手に直接尋ねることもありますが，それよりも相手の

表情を手がかりにすることがあります。ことばでは「面白い」といっても，つまらなさそうな顔をしていた場合には，表情のほうが本当の気持ちを表していると考えます。言葉だけでなく，表情や態度などは，相手を理解し，自分の置かれている状況を理解するための大切な情報源なのです。情報として表情を利用するには，表情が示す感情を理解するだけでなく，その表情が誰に向けられているのかを知ることも必要です。たとえば，怒りの表情が自分に向けられているのか，他者に向けられているのかによって，自らの行動は変わってきます。表情が誰に向けられているのかは，その人の視線方向から知ることができます。人は小さい頃から自分に視線を向けた顔に敏感な反応をすることがわかっていますが，感情を表す表情に関しては自分に視線を向けた顔にいつも敏感であるとは限らないようです。アダムズらの実験では，視線が自分に向いた怒り表情と他方に向いた怒り表情では，自分に向けられた怒り表情の方をすばやく認識し，視線が自分に向けられた恐怖の表情と他方に向いた恐怖の表情では，他方に向いた恐怖の表情の方をすばやく認識することが示されています。相手の表情から読みとれる情報が，自分にとってどれほど重要な意味があるのか，また相手との関係によって表情の認識の仕方に違いが出るのかもしれません。

相手の表情を模倣して，自ら体験しながら相手を理解することもあります。日常生活のなかで，笑顔の人を目にすると，自然と自分たちも笑顔になってしまうことを経験したことがあるでしょう。私たちはどうも相手の表情の動きにつられてしまうことがあるようです。ある実験では，中性表情（何の感情も表されていない表情）から怒り表情へ，中性表情から喜び表情へと変化する2種類の画像を実験協力者にそれぞれ見せていくと，喜び表情の画像のときに喜びの表出とされる「口角を上げる」という動きがより多くみられ，怒り表情の画像のときに怒りの表出とされる「両眉を寄せる」という動きが多くみられました。また，不思議なことに実験協力者は自分の表情が変化したことに気がついていなかったのです。つまり，画像の表情に沿った表情を自動的にしていたのです。相手の表情を自動的に模倣していたのであれば，相手が感じている感情を自らの表情を通して感じとり，相手の感情を擬似的に体験している可能性も考えられます。相手の表情を知らず知らずのうちに模倣してしまうのは，相手の感情を理解し，共感するためのメカニズムなのかもしれません。

人と人との関係のなかで生活する私たちにとって，表情は感情を表すだけでなく，相手に自分の状況を知らせるメッセージとなったり，相手の状況を理解するための大切な情報源となっているのです。

（佐伯素子）

▷ 2 Batki, A,. Baron-Cohen, S., Wheelwright, S. Connellan, J. & Ahluwalia, J. 2000 Infant Behavior and Development, **23**, 223-229.
▷ 3 Adams R. B. Jr. & Kleck, R. E. 2003 Psychological Science, **14**, 644-647. この実験では，実験協力者の正面にモニターを置き，そのモニターに「正面を向いた怒り表情」「他方を向いた怒り表情」「正面を向いた恐怖表情」「他方を向いた恐怖表情」をランダムに映し出していき，それぞれの表情が表す感情が「怒り」か「恐怖」かを選択してもらう課題が行われた。モニターに表情が映し出されてから正しい感情を選択するまでの時間が測られた（図132）。
▷ 4 吉川左紀子 2007 表情の動きは模倣的な表情を生じさせる 藤田和生（編著）感情科学 京都大学学術出版会 p.48-50.

参考文献
畑山俊輝 仁平義明・大渕憲一・行場次朗・畑山みさ子（編）2005 感情心理パースペクティブズ──感情の豊かな世界 北大路書房

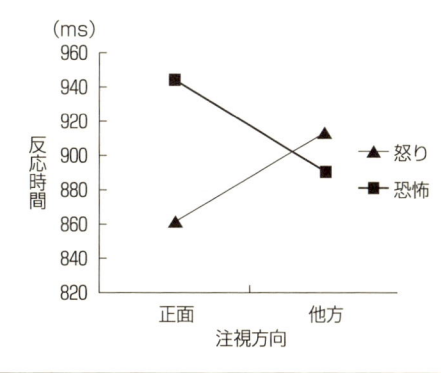

図132 怒りと恐怖表情の正確なラベリングまでの平均時間(ms)
出所：Adams & Kleck 2003 の表より作成。

XI 感情

8 感情は記憶をどう支えるか

1 気分一致効果と感情状態依存記憶

　感情と記憶に関する研究には，主に感情一致記憶と，感情状態依存記憶があります。

◯感情一致記憶

　感情一致記憶とは，その時の感情状態と一致した出来事の記憶の方が，その時の感情状態に一致しない記憶よりも優れるという現象をさします。つまり，特定の感情が生じると，その時の感情に応じて，それと一致する記憶が促進されるということです。悲しい感情の時には悲しい事柄が，楽しい感情の時には楽しい事柄がよりよく思い出されます。

　バウアーらの研究では，参加者を楽しい感情か悲しい感情のいずれかに誘導した後に，16名の参加者のうち半数の参加者には，これまでの人生でおきた楽しかったことを，残りの半数の参加者には悲しかった出来事を思い出させて，その時の感情になるように教示しました。その後，参加者は，幸運な人物アンドレと，不運な人物ジャックの2人の大学生が登場する物語を読み，質問に回答しました。楽しい感情の参加者は，幸運な人物アンドレに同一視し，悲しい感情の参加者は，不運な人物ジャックに同一視していました。翌日，いずれの参加者の感情を中立的にしたうえで物語の内容を再生させたところ，楽しかった感情に誘導された参加者はアンドレに関する内容を，悲しい感情に誘導された参加者は，ジャックに関する内容を思い出しました。

　多くの研究結果は，特定の感情で記銘された事柄が，特定の感情の時に，想起されやすいことを示しています。また，感情一致効果は，快感情のときに限定され，不快感情の場合に比べてその効果が弱いという知見が多く報告されています。

◯感情状態依存記憶

　感情状態依存記憶とは，出来事を経験したときの感情状態と想起するときの感情状態が一致しているほど記憶が促進される現象をさします。感情一致効果は，その時の感情だけを問題にしますが，感情状態依存記憶は，記銘された出来事の喚起する感情の種類はまったく問題にされず，記銘時と想起時の感情状態の一致度だけが問題にされるという点で，感情一致効果と区別されています。

　バウアーは，被験者に日常生活で起きた出来事を日誌に収録させ，その出来

▷1　Bower, G. H., Gilligan, S. G. & Monteiro, K. P. 1981 Selectivity of learning caused by affective states. *Journal of Experimental Psychology: General*, **110**, 451-473.

▷2　Bower, G. H. 1981 Mood and memory. *American Psychologist*, **36**, 129-148.

事について快か不快かを評定させました。その後、被験者は催眠によって一方は快感情状態に、もう一方は不快感情状態に導かれ、それぞれ日誌に示した出来事を再生しました。快感情状態に導かれた被験者は、快エピソードを不快エピソードよりも多く想起しました。不快感情状態に導かれた被験者は、不快エピソードを快エピソードよりも多く想起しました（図133）。感情状態が記憶を促進するのは感情が検索の手がかりとなっているからだと考えられています。

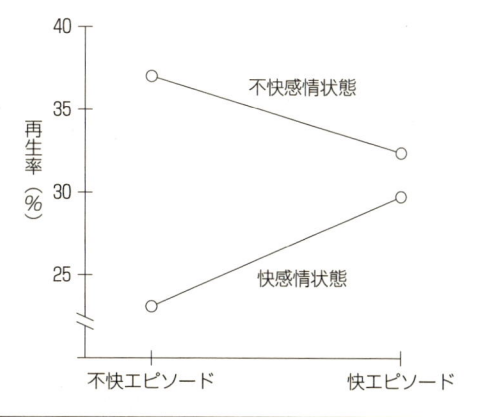

図133　2種類の感情状態で再生された快・不快エピソードの割合
出所：神谷俊次　2002　感情とエピソード記憶　高橋雅延・谷口高士（編著）　感情と心理学　北大路書房

❷ 感情の強さと記憶

一般に、単語や画像から喚起される感情が弱い場合よりも、感情が強い場合の方が、記憶は優れることが明らかにされています。

○フラッシュバブル記憶

大きな事故や災害など、その体験者や目撃者に強い感情を喚起させます。そして、強い不快な感情を伴うショッキングな出来事は、その出来事そのものが長期間にわたって記憶されているだけでなく、出来事を知ったときの些末な状況までもが記憶されていることがあります。このような現象は、フラッシュバブル記憶と呼ばれています。フラッシュバブルとはカメラ撮影で用いられる閃光電球のことです。場面が閃光電球のもとで撮影されたように記銘されることから、このようによばれています。フラッシュバブル記憶は、出来事が驚きなどの強い感情を喚起することにより形成されると考えられています。フラッシュバブル記憶の研究では、ケネディ大統領暗殺などが研究対象になっています。しかし、フラッシュバブル記憶が写真のように変わらずに長期に持続するわけではないことを指摘している研究もあります。

○感情が個人的記憶に及ぼす影響

自伝的記憶[3]においては、感情が重要な役割を示しています。ウォーカーら[4]は、自伝的記憶と感情の種類を調べています。ウォーカーらは、被験者に、毎日1つの個人的エピソードを記録させ、その感情を快・不快次元で評定させました。記録終了期間後に行われた記憶テストでは、ランダムな順序で提示された出来事に対して、内容をどの程度思い出せるか評定させました。感情の強さは、エピソードの種類（快か不快か）にかかわらず時間経過とともに低下しましたが、この低下傾向は、不快エピソードでより顕著でした。さらに、快エピソードは不快エピソードよりもよく思い出されました。多くの研究で、過去を振り返って自伝的記憶の想起を求めると、一般的に快エピソードが検索されやすいという結果が得られています。

（小保方晶子）

▷3　自伝的記憶
自伝的記憶は、人が日常生活のなかで経験した、個人的に意味のある出来事に関する記憶です。

▷4　Walker, W. R., Vogl, R. J. & Thompson, C. P. 1997 Autobiographical memory: unpleasantness fades faster than pleasantness over time. *Applied Cognitive Psychology*, **11**, 399-415.

XI 感情

9 対人的な感情とは

相手に好意をもつ,または嫌いになるなどの対人的な感情は,対人認知や対人行動にどのような結果をもたらすのでしょうか。

1 感情の対人関係の調査

私たちは,相手に好意をもつと,その人に接近する機会が多くなりますし,否定的な感情を相手に対してもっていると,その人と会わないようになります。また,相手が温かく,信頼でき,自分に好意を向けてくれそうであれば,近づこうとします。相手が冷たく否定的な感情をもって接してくれば,嫌悪感情が生じ距離を置きたいと考えます。

対人感情は,対人関係において,接近,回避反応を動機づけているといえます。また,相手と自分の関係を調整し,適切な相互作用を維持するための行動プランニングを促す機能をもっています。つまり,好意的感情,否定的感情ともに,対人感情は社会的環境を理解し,自己の適切な位置づけを促進する機能をもち,個人の適応性を高める意味があるといえます。そのため,社会的環境,つまり他者を理解する際の中心軸となるといえます。

2 好意的感情

他者に対する好意的感情は,その他者に関する情報の体制化を促進します。池上の研究では,「好きな他者」は,「嫌いな他者」や「好きでも嫌いでもない他者」に比べ,特に好ましい内容の情報がよく体制化され容易にアクセスできることが示されています。好きな他者が好ましい特性語にあてはまるかどうかを判断させると,その判断は他に比べるとすばやくなされ(図134),判断語の再生率も非常に高いことがわかります(図135)。好きな他者については,均質で一貫性の高い表象が形成されやすいといえます。

3 否定的感情

他者との関係性の構築・維持においては,肯定的感情より否定的感情の方が,相対的に重要な意味をもつといわれています。否定的感情の喚起する人物は,自分にとって脅威であり,将来,不快な事態をもたらす恐れがあります。そのため,その特性を正確に把握しておく必要があるからです。また,相手が自分に向ける否定的感情は,相手が自分を肯定的にみていないことを意味し,関係

▷1 池上知子 1991 対人好悪の感情が情報の体制化に及ぼす影響 愛知教育大学研究報告 教育科学, 40, 155-169.

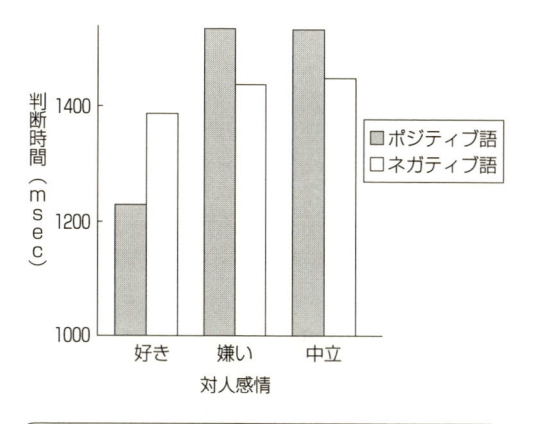

図134　対人好悪の感情が判断時間に及ぼす影響
出所：池上　1991に基づき作成。

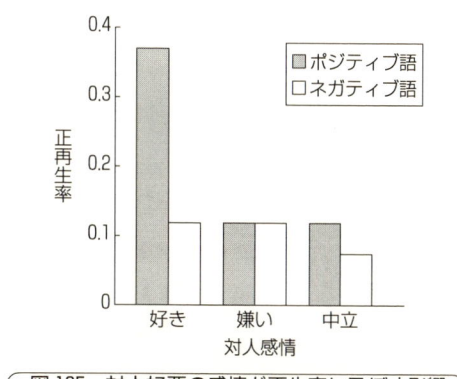

図135　対人好悪の感情が再生率に及ぼす影響
出所：池上　1991に基づき作成。

性が解消される危険性があるため、すぐに対処する必要性があります。ここでは、否定的感情の一つである怒りを取り上げます。

● 怒り

怒りは一般的に抑制すべきものとされています。木野は、怒り表出の対人効果を、VTR刺激を用いた実験によって検討しています。結果、怒りが伝わりやすい表出をとる人物ほど、好印象を与えにくくなることが示されています。こうして形成された印象は、その後の対人的相互作用にもネガティブな影響を及ぼすと考えられます。また、他者の怒り表出に対する反応の一つとして、その怒りに反発して被表出者が攻撃的に反応することも多くみられます。そして、この反発がさらなる反発を生み、事態が深刻化していくという現象は、葛藤のエスカレーションとして知られています。

しかし、否定的感情は、対人関係において否定的な結果だけをもたらすものではありません。エイブリルは、怒りは悪事や不正に対する報復の脅威を与えることで対人関係の調整に貢献すると述べており、破壊的側面だけでなく、建設的、適応的側面があるとしています。

● 子どもと養育者の間の感情表出

親子関係における感情表出は、どのような機能があるのでしょうか。ホーニクらは、母親がある情動表出を向けた場合の、新規な玩具に対する生後12ヵ月児の反応を調べました。結果、母親の快感情に接した場合はその玩具に接近し遊び、母親の恐れなど不快感情に接した場合には回避するということが明らかになりました。

また、ザンバーレンとクラウリーは、子どもの移動が始まると、親は危険を伴う動き回る子どもの移動を止めようとして、頻繁にネガティブな感情を表出するようになることを明らかにしています。感情を介した親の制止や禁止は、子どもの意図としばしば衝突し、そこに新たなフラストレーションをもたらすようになります。

（小保方晶子）

▷2　木野和代　2000　日本人の怒りの表出方法とその対人的影響　心理学研究，70, 494-502.

▷3　Averill, J. R. 1979 Anger. In H. Howe & R. Dienstbier (Eds.) *Nebraska symposium on motivation*, vol. 26. Lincpln: University of Nabraska Press.

▷4　Hornik, R., Risenhoover, N. & Gunnar, M. 1987 The effects of maternal positive, neutral, and negative affective communications on infant responses to new toys. *Child Development*, 58, 937-944.

▷5　Zumbahlen, M. & Crawley, A. 1996 Infants' early referential behavior in prohibition contexts: The emergency of social referencing. Paper presented at the meeting of the International Conference on Infant Studies, Providence, RI.

XI 感情

10 共感する

1 Stotland, E. 1969 Exploratory investigation of empathy. In L. Berkowiz (Ed.) *Advances in experimental social psychology,* Vol. 4. New York: Academic Press. pp. 271-314.

2 Hoffman, M. L. 1982 Development of prosocial motivation: Empathy and guilt. In Eisenbergberg, N, (Ed.) *The development of prosocial behavior.* Academic press.

3 Davis, M. H. 1994 *Empathy: A social psychological approach.* Boulder: Westview Press.（デイヴィス，M. H. 菊池章夫（訳）1999 共感の社会心理学 川島書店）

4 Rogers, C. 1957 The necessary and sufficient conditions of therapeutic personality change. *Journal of Con-*

　ストットランドは，共感を「他者がある情動を体験しているか体験しようとしているのを知覚したために，観察者に生じる情動的反応」と定義しています。しかし，共感の定義は，研究者によってさまざまあります。

1 共感の種類

　共感の定義には，主に2つの立場があります。一つは，他者の立場に立って理解するという立場です。もう一つは，同情などの観察者に生じる情動反応を強調する立場です。前者は，共感について，認知的能力を重視しています。後者は，共感を一時的な感情の反応や感情に関わる性格特性として扱っています。

○共感の発達

　ホフマンは，共感を発達的にとらえています。そして，共感性が成立するためには，①相手の感情を認知すること，②相手の立場・視点に立ってものを感じたり考えたりできること（役割取得），③相手の感情を受け入れ，共有できることの3条件が満たされることが必要であるとしています。人の発達過程では，乳児は1歳以前から，他者の苦しみや悲しみに対して，軽く触れるなどの何らかの身体的働きかけをするとされています。しかし，他者の内面と自分の内的状態が未分化であり，そのような共感行動は，自己中心的，自己投射的なものであると指摘されています。その後，2歳後半から3歳頃には役割取得能力が発達し，他者の視点に立てるようになり，他者の苦しみや悲しみに適切に対応できるようになるとされています。

○共感の個人差

　ディビスは，共感を個人差としてとらえ，4つの下位概念から成り立つ多次元的概念として示しています。4つの下位概念とは，①視点習得（他者の立場に立って物事を考えようとする程度），②想像（小説・映画など架空の世界への同一視や架空の状況に自分を移しこむ程度），③個人的苦悩（他者の苦悩に反応して，自分の中に苦悩や不快を経験する程度），④共感的配慮（他者を思いやり同情や配慮を測る程度）です。

2 カウンセリングにおける共感

　カウンセリング場面においては，クライエントに対する共感が必要とされています。カウンセリング場面における共感とは，どのようなものなのでしょ

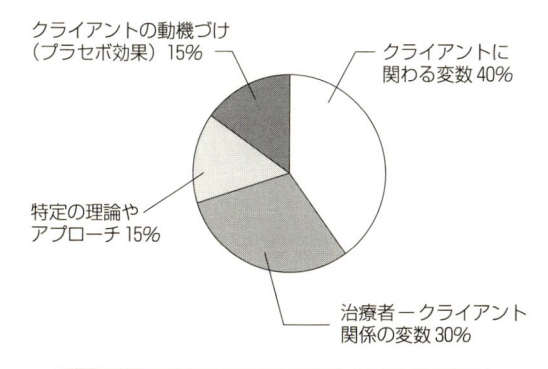

図136　カウンセリングの効果に関わる要因
出所：Asay & Lambert 1999

- クライアントの動機づけ（プラセボ効果）15%
- クライアントに関わる変数 40%
- 特定の理論やアプローチ 15%
- 治療者－クライアント関係の変数 30%

か。ロジャースは、「治療的変化の必要十分条件」として、カウンセラーに求められることに、純粋性（自己一致）、受容（無条件の肯定的配慮）、共感的理解の3つをあげています。共感的理解とは、「クライアントの私的な世界をあたかも自分自身のものであるかのように感じ取り、しかもこの"あたかも……のように"という性質を失わないこと」とされています。つまり、クライアントに共感しながらも、決して同一化したり、同情につなげないということです。また、共感的であって、同感的でないとされています。相手と同じような感じ方をしますが、同じでいながらも、相手に巻き込まれて理解することとは異なります。

●カウンセリングにおける共感の効果

アセイとランバードは、**メタ分析**を行い、カウンセリングの効果に関する研究を行っています（図136）。その結果、クライアントの改善に関わる変数は、楽観主義などのクライアントに関わる変数が約40％であり、クライアントとセラピストの間で結ばれる治療関係に関わる変数が約30％であり、特定の理論や介入方法は約15％であることが明らかにされています。つまり、カウンセリングの効果と深く関わるのは、アプローチの差よりも、クライアントとセラピストの間で結ばれる治療関係といったカウンセリングにおける共通した要因の方が大きいということになります。

岩壁らは、アプローチが異なる複数の治療者の面接を分析しています。その結果、十分な治療関係を築いている場合とそうでない場合とで違いがみられ、アプローチの差には関係ありませんでした。十分な治療関係が形成されている面接では、クライアントが自らの問題や悲しみなどの感情を表出し、それに対し治療者は、高い共感を示して効果的に介入していました。

共感は、カウンセリングにおける治療者とクライアントの間の信頼関係を築く基盤となるものであり、また、治療の効果に影響を与えるものだといえるでしょう。

（小保方晶子）

sulting Psychology, **21**, 95-103. ロジャーズ 1966 パースナリティ変化の必要にして十分な条件（ロジャーズ全集第4巻 サイコセラピィの過程 伊藤博（編訳）岩崎学術出版）

▷5 Asay, T. P. & Lambert, M. J. 1999 The empirical case for thecommon factors in therapy: quantitative findings. In M. Hubble, B. L. Duncan and S. D. Miller (Eds.) *The Heart and Soul of Change: What Works in Therapy*. Washington, DC: American Psychological Association.

▷6　メタ分析
メタ分析とは、統計的分析のなされた複数の先行研究を収集し、それらの共通点を明らかにする分析手法である。

▷7 Iwakabe, S., Rogan, K. & Stalikas, A. 2000 The relationship between client emotional expressions, therapist interventions, and the working alliance: An exploration of eight emotional expression events. *Journal of Psychotherapy Integration*, **10**, 375-401.

XII 動機づけ

1 生得的な欲求に基づく動機づけ

1 動機づけとは

　テレビドラマなどで，「犯人の動機は何だ。どうして彼は犯行に及んだのか」などというセリフを聞いたことはありませんか。

　ひとや動物がある行動をとるのには，何らかの理由がある場合がほとんどです。Aさんがおやつを食べるのは，お腹がすいたから，甘いものが好きだから，などの理由があげられます。きのうまで一緒に食べていたBさんが今日はおやつを食べないのは，ダイエットのためかもしれません。このように，動機づけとは，「～したい」などの欲求，「～するために」などの目標など，ある行動を起こし，そしてその行動を行い続ける心理的な理由のことを指します[◁1]。行動の理由には，「～したいから」と「～したくないから」の両方があります。また行動にも，～したいから（したくないから）「…する」と「…しない」の両方があります。たとえば，「怒られたくない」から「宿題をする」，あるいは「遅刻しない」という理由と行動の関係があります。ひとは生まれたときからさまざまな動機づけをもち，それを満たすべく行動をとります。

2 生理的な動機づけ

　生まれたときから備わった，つまり生得的な動機づけの代表的なものが，「空腹を満たしたい」「のどの渇きをいやしたい」などの生理的欲求です。動物は，ある一定の生態的状態を満たさないと生きていられません。もしもお腹がすいたままでも平気ならば，ひとは餓死してしまいます[◁2]。そこで，体内の状態を保つために「空腹を満たしたい」などの生理的欲求が生じて，水分を摂った

▷1　動機づけの類語として動因，動機，欲求などがある。動因は生理的な欲求，動機は行動を生じさせた理由のみ，そして動機づけは欲求を満たすまでの行動のプロセス全体を指すために使われることが多い。

▷2　生物が生体内のバランスを一定に保とうとし，生存に適した均衡状態が乱されたときに，それを回復させようとする生体の仕組みをホメオスタシス（恒常性）と呼ぶ。

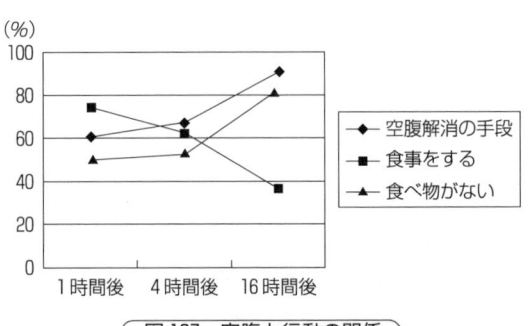

図137　空腹と行動の関係

出所：Atkinson & McClelland　1948から作図。

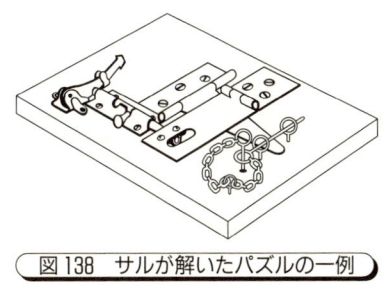

図138 サルが解いたパズルの一例
出所：Harlow 1950 p.290.

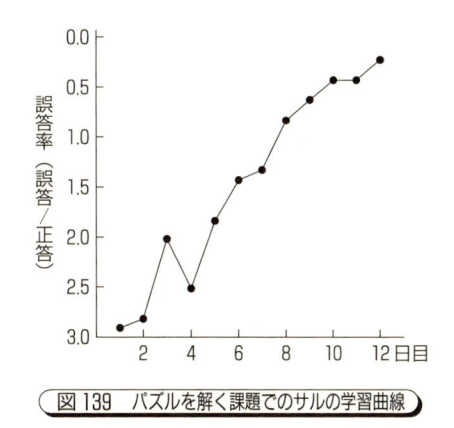

図139 パズルを解く課題でのサルの学習曲線
出所：Harlow 1950 p.292.

り食事をしたりなどの行動がとられます。たとえば空腹のネズミを箱の中に入れると，レバーを押せばエサが出てくることを学習し，空腹を解消します。また，自由に食事をとれない状態では，ひとは空腹が増すに従って，食べ物や食事そのものについてよりも，空腹を解消するための行動についてより多く思い浮かべた，という実験の結果（図137）からも，生理的欲求とそれを満たすための行動との関係が明らかにされています。

3 内発的動機づけ

しかし，「のどの渇きや空腹を満たしたい」という生理的欲求だけでは説明できない行動もあります。たとえば，ある実験では，迷路にラットを入れると，空腹ラットも満腹ラットも同じように部屋の中を探索することが確かめられています。またハーロウが行った実験では，パズルを与えられたサルは，エサとは無関係に熱心にパズルに取り組み，日を追って上手に解けるようになりました（図138，139）。このように私たちは，生理的欲求だけでなく，目新しい場所やものに出会ったときに好奇心をもち，そこを探索したい，いじって理解したいという欲求からも行動を起こします。

このような，エサなどの外的な報酬が与えられないにもかかわらず，その活動自体から得られる快感や満足のために活動を行おうとする動機づけを内発的動機づけといいます。もう少し具体的に見てみると，内発的動機づけは好奇心，挑戦，熟達などから成り立っています。つまり，ある行動を行っていて，その行動をもっとやってみたい（挑戦），もっと上手に行いたい（熟達），やり遂げたい（達成），もっと知りたい（好奇心），それをするのが好き，などと感じたら，それが内発的動機づけです。ついつい夢中になってしまうテレビゲームなどは，この3つの要素をすべて満たしているといえるでしょう。

（中島由佳）

▷3 このような，「生体内の不均衡に伴って生じた欲求や動因を低減するために，ひとや動物は行動する」とする説を動因低減説という。

▷4 Skinner, B. F. 1938 *The Behavior of Organizations*. New York: Appleton-Century Crofts.

▷5 Atkinson, J. W. & McClelland, D. C. 1948 The effect of different intensities of the hunger drive on thematic apperception. *Journal of Experimental Psychology*, 38, 643-658.

▷6 Dashiell, J. F. 1925 A quantitative demonstration of animal drive. *Journal of Comparative Psychology*, 5, 204-208.

▷7 Harlow, H. F. 1950 Learning and satiation of response in intrinsically motivated complex puzzle performance by monkeys. *Journal of Comparative and Physiological Psychology*, 43, 289-294.

XII 動機づけ

2 内発的動機づけの基本となる有能感

1 有能感とは

前節でのラットやサルにみられたような，えさや報酬とは無関係に部屋を探索したり，パズルに熱中したりといった内発的動機づけは，どうして起こるのでしょうか。その要因の一つに有能感（**コンピテンス**）があります。ホワイトは有能さ，つまり周囲の環境と効果的に相互作用する能力への欲求を内発的動機づけの源であると考え，有能感を感じるためにひとは行動するのだと論じました。有能感とは，自分が優れているとか能力が高いと感じることではありません。「自分の周りの環境や対象を自分自身の力で変化させたい」という欲求をもち，それが満たされたときに感じる喜びや満足感が有能感です。知恵の輪をうまくはずせたときや，サッカーでゴールを決めたとき，探し物をうまく見つけられたときに「やった！」と叫んだりガッツポーズを決めたくなることがありますよね。その喜び，満足感が有能感です。有能さへの欲求も，ひとが生得的にもっている基本的欲求の一つであるとされています。

2 内発的動機づけと有能感

有能感が高くなると，内発的動機づけも高まるとされています。碓井は大学生を2群に分けて実験を行い，パズルを解くテストの終了後，実際の成績には関係なしに，一方の群には「あなたの成績は平均以上でした」と有能感を高めるフィードバック，もう一方の群には「あなたの成績は平均以下でした」と有能感を低めるフィードバックを行いました。その後の自由時間にもパズルを解けるようにしておいたところ，有能感を高められた群は，低められた群よりも自発的にたくさんパズルを解き，また高い内発的動機づけを示しました（図140）。

しかし学校場面では，さまざまなことを学んで知識が増え，できることも多くなっていくにもかかわらず，特に学業や自己についての有能感は学年が上がるにつれて低下し（図141），またそれに呼応するように，学年が上がるにつれて内発的動機づけも低下する傾向にあることが図142からはうかがえます。楽しく勉強するためには，この有能感を高く保つことが重要な課題といえそうです。

▷1 **コンピテンス**
有能感と類似した概念に自己効力感（セルフ・エフィカシー）があるが，両方とも結果を達成する能力についての個人的信念なので，実験や調査では同一の，一の概念として扱われることが多い。

▷2 White, R. W. 1959 Motivation reconsidered: The concept of competence. *Psychological Review,* **66**, 297-333.

▷3 碓井真史 1992 内発的動機づけに及ぼす自己有能感と自己決定感の効果 社会心理学研究, **7**, 85-91.

▷4 桜井茂男 1983 認知されたコンピテンス測定尺度（日本語版）の作成 教育心理学研究, **31**, 245-249.

▷5 桜井茂男・高野清純 1985 内発的−外発的動機づけ測定尺度の開発 筑波大学心理学研究, **7**, 43-54.

3 内発的動機づけ，有能感と「分かった」体験，ほめるということ

学年が上がるにつれて低下しがちな有能感，内発的動機づけですが，これを持続させ高めるための手がかりが2つあります。

ひとつは「分かった」体験の重要さです。斎藤[6]は，何時間かけても理解できなかった算数の「速さ」の問題の解き方が突然「分かった」生徒の喜びと興奮，それが内発的動機づけを引き起こして，問題を解くことにグングンと引き込まれていく様子を描いています。また，それをそばで見ていたまだ解き方が分からない子どもたちの中にも，「分かりたい」という意欲がわき上がり，目の色が変わったこと，そして，どんなに時間をかけても分からなかった問題の解き方を全員がまたたく間に分かってしまった様子も描かれています。分からなかったことが「分かる」ようになった，できないことが「できる」ようになった──このような有能感を子どもたちができるだけ多く体験できるよう工夫することが，勉強の楽しさを維持するために重要であるようです。この「分かりたい」という気持ちを「知的好奇心」と言います。読み書きのレベルが上がるにつれて，書かれたことを読み，覚えることなどが勉強の主体となりがちですが，クイズ形式やテーマを定め，調べて発表するグループ学習などは，知的好奇心を高める有効な手段であるといえるでしょう。

有能感はまた，ほめるなどの情報的報酬によって上がることも見出されており（XII-3 を参照），このほめることによって有能感を高める効果は，高校生などかなり学年が上がっても有効であることが証明されています[7]。「ほめる」などの情報的報酬を含め，学年が上がるにつれて低下しがちな有能感をいかに上手に高めていくかが重要だといえるでしょう。

（中島由佳）

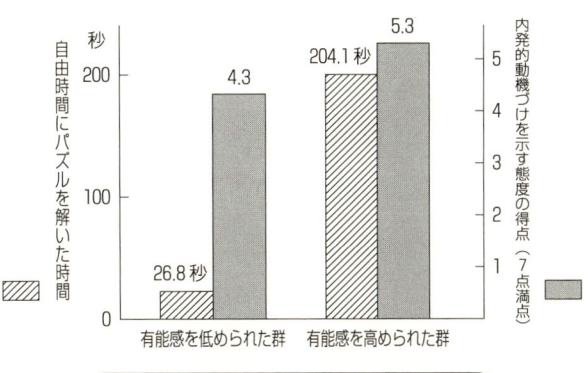

図140 有能感と内発的動機づけの関係
出所：碓井 1992から作成。

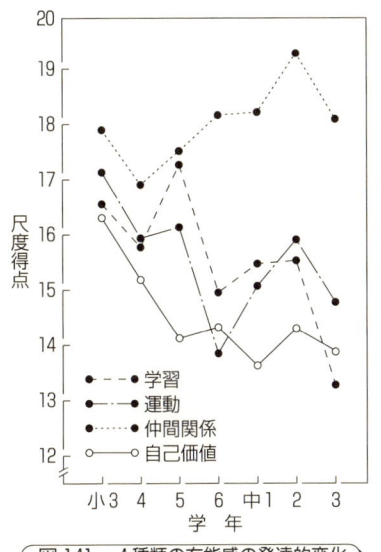

図141 4種類の有能感の発達的変化
出所：桜井 1983 p.247.

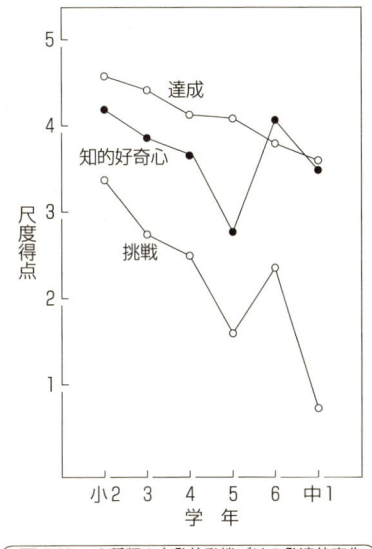

図142 3種類の内発的動機づけの発達的変化
出所：桜井・高野 1985 p.47.

▷6 斎藤次郎 1979 子どもを見直す──塾と生活の側から 中公新書

▷7 Harackiewicz, J. M. 1979 The effects of reward contingency and performance feedback on intrinsic motivation. *Journal of Personality and Social Psychology,* **37**, 1352-1363.

XII 動機づけ

3 内発的動機づけと外発的動機づけ

1 外発的動機づけ

　内発的に動機づけられた行動に対して，外発的に動機づけられた行動とは，外的な報酬，つまり「ごほうび」を得るための手段として行われる行動を指します。「馬の鼻先にニンジン」という言葉はまさに，ニンジンという外的報酬に動機づけられた馬の行動を指しているわけです。お金を得たいからアルバイトをするというのも外発的に動機づけられた行動，異性にもてたいからダイエットする，金メダルを取るために猛練習する，なども外発的に動機づけられた行動であるといえます。

2 内発的動機づけと外発的動機づけの関係

▷1 Deci, E. L. 1971 Effects of externally mediated rewards on intrinsic motivation. *Journal of Personality and Social Psychology*, **18**, 105-115.

　では，内発的に動機づけられて行っている行動に外発的動機づけが加わったら，人の行動はどう変化するでしょうか。デシは，「ソマ」というパズルを用いてこれに関する実験を行いました。パズルを解いていた大学生の2群のうち実験群には，解いた数だけお金を与えるようにします。するとその後，今度は報酬とは無関係にパズルを解いてもらうと，実験群はお金をもらうためにパズルを解いていたときよりも解けた数が減ってしまいました（図143）。

　デシの実験にみられるように，外的報酬などによって外的に動機づけられてしまうと内的動機づけが下がることをアンダーマイニング（undermining）効果といいます。前節の図141，図142についても，低学年のうちは，知ることや勉強すること自体が楽しく，有能感を感じることができていたけれど，学年が上がるにつれて成績やテストの点数が重要視されるようになると，他者と成績を比べることで有能感が下がるし，またよい点を取るように外的に動機づけされることでアンダーマイニング効果が起こって，結果的に内発的動機づけが下がってしまった，と解釈することもできそうです。

　しかし，動機づけのほとんどは，実は，外発的動

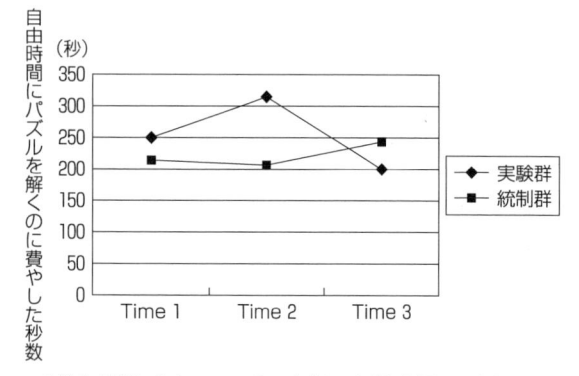

大学生2群にまずTime 1で自由にパズルを解いてもらい，その後のTime 2でもう一度パズルを解いたときに，片方の群には解いた報酬としてお金を与え，もう一方の群には，特に何も与えませんでした。そしてその後のTime 3でもう一度，両方群とも報酬なしでパズルを解いてもらったところ，お金をもらった群のパズルを解く時間は減ってしまいました。

図143　報酬と内発的動機づけの関係

出所：Deci 1971から作図。

機づけなのです。私たちはたいていの場合，なにか目的があるから行動するのです。知的好奇心に駆られて，学ぶことが楽しいと感じる（内発的動機づけ）こともあるでしょう。でも，就きたい仕事があるから夢をかなえるために勉強をがんばる，チームの勝利のためにつらい練習をがんばる，ということの方が多いのではないでしょうか。外発的動機づけは，夢や生きがい，喜びにもつながっているのです。

3 ほめる，ということ

ところで，すべての外的報酬が一律に，内発的動機づけを低下させるアンダーマイニング効果をもつものでしょうか。

「よくがんばっているね」などとほめられると，うれしくなって「もっとがんばろう」と思ったりします。この「ほめる」などの言葉による報酬，つまり言語的報酬の効果についての実験では，お金をもらった子ども，ごほうびをもらった子どもは，そのあとお金やごほうびがなくなるとパズルを解く時間が減ったのに，言語的報酬を受けた子どもは，その後もパズルを解き続けました。また別の実験では，物の報酬も言語的報酬ももらえず，また部屋にいた実験者に絵を描いても注意を向けてもらえなかった子どもたちは，絵を描く時間が低下しました（図144）。

また，ほめることにより内発的動機づけのもととなる有能感も高めることも，実験から示されています（図145）。これらの結果からは，ごほうびやお金などの物的報酬の効果は一時的で，長期的にはむしろよくない影響をもつのに対し，言語的報酬は，ほめたときもその後も，内発的動機づけを高める効果があるのだといえます。

（中島由佳）

▷ 2 Anderson, R., Manoogian, S. T. & Reznick, J. S. 1976 The undermining and enhancing of intrinsic motivation in preschool children. *Journal of Personality and Social Psychology,* **34**, 915-922.

▷ 3 Schunk, D. H. 1983 Ability versus effort attributional feedback; Different effects on self-efficacy and achievement. *Journal of Educational Psychology,* **75**, 848-856.

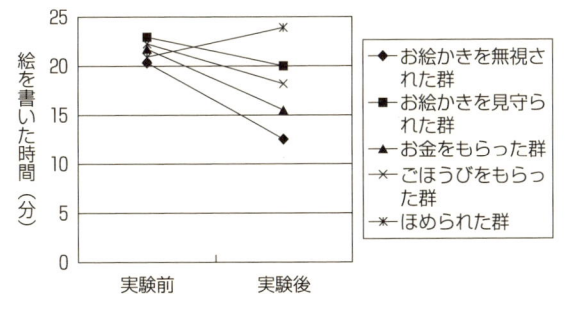

4，5歳の子どもにまず自由にお絵かきをしてもらった。その翌週，その子どもたちを群に分け，「お金を与える」「賞品を与える」「絵をほめる」などの処遇を行い，また統制群も「絵を描いているのを実験者が見ている」「絵を描いても実験者は無視している」の2種類の統制条件に置いた。実験の翌週，また子どもに自由にお絵かきをしてもらったところ，実験の処遇，統制の条件によって，子どもが自由に絵を書いた時間に違いが現れた。

図144 外的報酬の種類と内発的動機づけへの影響の関係

出所：Anderson, Manoogian & Reznick 1976より作成。

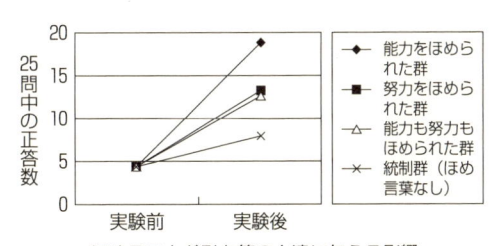

小学X年生の引き算が苦手な生徒を4つの群に分けて，引き算の練習を行わせた。練習後，1つ目の実験群には「頭がいい」など能力を，2つ目の群には「よくがんばったね」など努力を，3群目には能力と努力の両方をほめ，統制群には特にほめ言葉をかけなかった。この実験の2週間後，これらの4つの群の引き算の上達を実験前と比べてみたところ，有能感，引き算の上達に上図のような相違がみられた。

図145 ほめることと有能感，引き算の上達との関係

出所：Schunk 1983より作図。

XII 動機づけ

4 自己決定感と自律的動機づけ

1 自己決定感

XII-3 で述べた，特にお金や物をもらってしまうと内発的動機づけが低下してしまうアンダーマイニング効果は，なぜ起こってしまうのでしょうか。

ド・シャームは，自分の行動が他者によって統制されていると感じるときには外発的動機づけ，自分が行動の原因となって行動を起こしていると感じるときには内発的に動機づけられるとしています。つまり，報酬をもらってしまうと次からは，報酬をもらえるかもらえないかがパズルを解くという行動を決定してしまうのです。一方，ほめるなどの言語的報酬は有能感を高め，自分が行ったことで成果が出たと感じることができるため，もっとパズルを解きたいという内発的動機づけが強まるのだと考えられます。

この「自分が行動を行うことを決定する」と感じていること，つまり「自己決定感」は，有能感とともに，内発的動機づけを高めるための重要な要素であるとされています。スワンとピットマンの小学校低学年の子どもを対象にした実験は，絵を描くことを大人に決められるよりも自分で決定した方が，より多くの時間絵を描き，また内発的動機づけも高かったことを明らかにしています（図146）。

2 外発的動機づけと自己決定感，自律的動機づけ

しかし外発的な動機づけのなかにも，とても内発的動機づけに近いものもあります。たとえば，金メダルを目指すアスリートたちの場合，金メダルの獲得

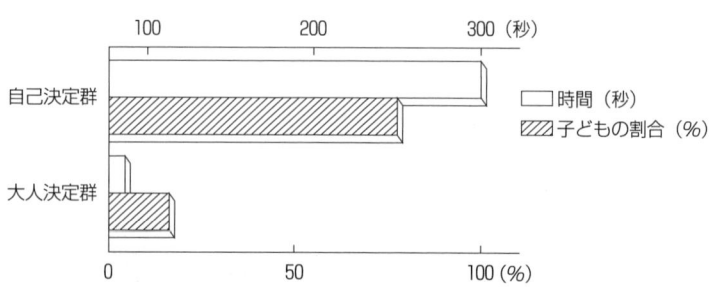

▷ 1 deCharms, R. 1968 *Personal causation: The internal effective determination of behavior.* New York: Academic Press.

▷ 2 Swann, W. B. & Pittman, T. S. 1977 Initiating play activity of children: The moderating influence of verbal cues on intrinsic motivation. *Child Development*, 48, 1128-1132.

▷ 3 Ryan, R. M. & Deci, E. L. 2000 Self-

（絵を描くことに費やした時間と，お絵かきを選択した子どもの割合）

図146 自己決定感が内発的動機づけに与える影響

出所：Swann & Pittman 1977

XII-4 自己決定感と自律的動機づけ

行動	非自己決定的					自己決定的
動機づけ	非動機づけ	外発的動機づけ				内発的動機づけ
調整の段階	調整なし	外的調整	取り入れ的調整	同一視的調整	統合的調整	内発的調整
具体例 (マラソンの練習)	練習しない	練習させられる（練習しないと怒られる，非難される）	練習しなくてはいけない（練習しないといけない，不安）	練習は重要だ（メダルを取るためには練習は欠かせない）	練習したい（メダルを取るために練習したい）	練習したい（走るのが好きで，楽しいだけ。メダルは関係ない）
認知された 因果律の所在	非自己的	外的 (他者)	外的より (他者より)	内的より (自分より)	内的 (自分)	内的 (自分)

図147　自己決定の段階性

出所：Ryan & Deci 2000より一部改訂。

図148　各動機づけ間の相関（r）

出所：Vallerand & Bissonnette 1992より作図。

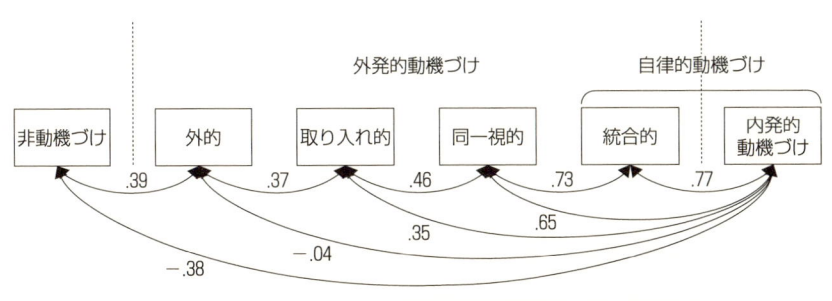

図147の「内発的動機づけ」から4つの「外発的動機づけ」，「非動機づけ」までの関係の強さを数値で表したもの。外発的動機づけでも，統合的調整，同一視的調整までは内発的動機づけにかなり近い。左に移るほど関係が薄れ，非動機づけでは内発的動機づけとの関係は負になっている。

は外的報酬であるけれども，選手たちは自分の意志で，つまり自己決定的に，時にはドクターストップがかかるほど激しい練習を金メダルを目指して行います。このような状態での動機づけは，とても内発的動機づけに近いものだといえるでしょう。

　リャンとデシは**自己決定理論**におけるこのような外発的・内発的動機づけと自己決定感の関係を論じています（図147）。全くやる気が起きない「非動機づけ」と内発的動機づけの間には，外的，取り入れ的，同一視的，統合的，の4つの調整段階の外発的動機づけがあります。例えばマラソンの練習であれば，「やらされている」と感じる練習は「非動機づけ」に近いのですが，優勝する，メダルを取るなどの自分自身の目標をもつことで次第に自律的なものとなり，内発的動機づけに近づきます。ただ，何かのためではなく単に楽しくて好きで行っているという点で，内発的動機づけは外発的動機づけとは，やはり異なります。

　これらの非動機づけと4つの段階の外発的動機づけ，内発的動機づけの関係は，単なる理論ではなく，図148のように，各動機づけの関連性が調査によって確かめられています。

　このように，自己決定，つまり自律的であることへの欲求を「自律的動機づけ」といいます。外的動機づけのうちの統合的調整の段階と内発的動機づけが，自律的動機づけにあたります。
　　　　　　　　　　　　　　　　　　　　　　　　（中島由佳）

determination theory and the facilitation of intrinsic motivation, social development, and well-being. *American Psychologist*, **55**, 68-78.
▷4　**自己決定理論**
自己決定理論（self-determination theory）では，有能さ，自律性，関係性の3つが人間の基本的欲求であり，内発的動機づけの源泉であることを論じている。
▷5　外界にあるイメージや他者の価値観を自分の内面に取り込むことを内化という。
▷6　Vallerand, R. J. & Bissonnette, R. 1992 Intrinsic, extrinsic, and amotivatioal styles as predictors of behavior: A prospective study. *Journal of Personality*, **60**, 599-620.

XII 動機づけ

5 達成目標に向かう動機づけ

1 目標と動機づけ

　動機づけは，達成するべき目標という観点からもとらえることができます。たとえば「優勝したいという気持ちに動機づけられて練習する」ということは，「優勝する」という目標を達成するために練習しているわけです。「夢中でパズルを解く」という行動も，意識する，しないにかかわらず，パズルを楽しむという目標をもってパズルを解いているのだといえるでしょう。

　目標に向かってひとは行動を起こします。また，「パズルを楽しむ」という目標から「パズルを解いて報酬をもらう」といった具合に，途中で目標が切り替わると，これまでにみてきたように，そのための行動も変わっていきます。

2 目標の階層構造

　ところで，たとえば「優勝する」という目標のためには「毎日練習する」という目標を持つ，「毎日練習する」という目標のためには，「健康を管理する」という目標を達成する，というように，一つの目標の下には，それを達成するのに必要ないくつもの小さな目標が，ピラミッドのような階層をなしています[1]（図149）。

　このような目標の階層は，主に2つの部分から成り立っています。まず，なぜ（why）その行動をとるかという目的目標があり，その下位に，目的目標を達成するための手段として何をするか（how）という標的目標が存在します[2]。たとえば，勉強しているひとに「なぜ勉強するの」とたずねてみたら，「大学受験に合格したいから（目的目標）」「毎日勉強することにしているんだよ（標的目標）」という答えが返ってくるかもしれません。中島・無藤は[3]，就職活動

▶1 Carver, C. S. & Scheier, M. F. 1998 On the *self-regulation of behavior*. Cambridge, UK: Cambridge University Press.

▶2 Harackiewicz, J. M. & Sansone, C. 1991 Goals and intrinsic motivation: You can get there from here. *Advances in Motivation and Achievement*, **7**, 21-49.

▶3 中島由佳・無藤隆 2007 女子学生における目標達成プロセスとしての就職活動——コントロール方略を媒介としたキャリア志向と就職達成の関係　教育心理学研究, **55**, 403-413.

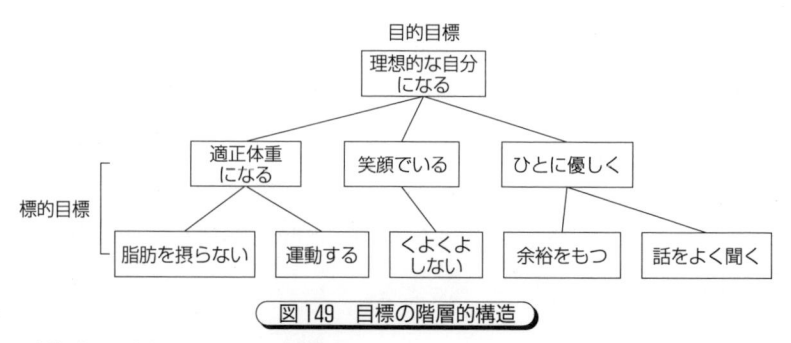

図149　目標の階層的構造

出所：Carver & Scheier　1998を一部改訂。

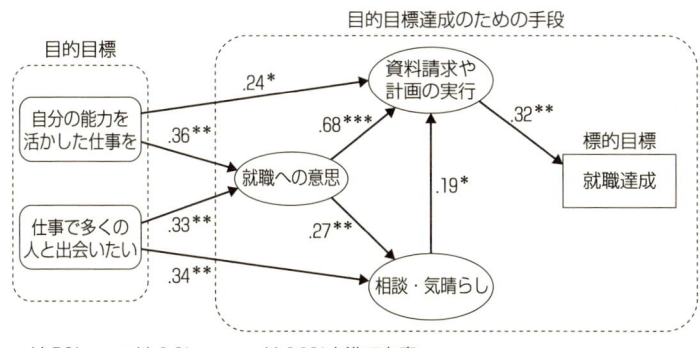

XII-5 達成目標に向かう動機づけ

図150 目的目標と標的目標の関係

矢印は影響の方向性を示し、数値はその影響の大きさを表す。「能力を活かした仕事をしたい」などの気持ちは就職への意思を強くし、さらにその意思が、実際の就職活動を活発化させ、就職の達成につながることが伺える。

＊は5%，＊＊は1%，＊＊＊は0.1%水準で有意。

出所：中島・無藤　2007から作成。

を行った女子大学生に対して調査を行い、「自分の能力を活かしたい」「仕事を通してたくさんの人とふれあいたい」などの目的目標が、下位の「就職する」という標的目標を達成するために必要な意思や行動に影響を与え、実際に就職が達成される、というプロセスを明らかにしています（図150）。

3 目標の発達による変化

一つの行動には複数の目標が階層的に存在するのに加えて、日々の生活を動機づける目標は、年齢によって変化していきます。例えば、競技生活を送っているアスリートの目標は「勝つ」ことでしょう。しかし、年齢的限界が来て競技生活から引退しなければならない時もいつか来ます。その際には、それまでの勝つという目標から新たな次の目標（楽しむためにプレイする、子どもたちに教えるなど）をうまく見つけて切り替える必要があります。ヘックハウゼンは加齢と目標の関係について、若年期に大事だとされる目標と、老年期に入って大事だと思われる目標は異なってくること、発達的な変化に伴って、目標をうまく切り替えて、その目標を達成するための行動をとること、加齢に伴った新たな目標に向かって行動することを肯定的にとらえることが、精神的健康にもよい効果をもたらすことを論じています（図151, 152）。　　　　（中島由佳）

[4] Heckhausen, J. 1997 Developmental regulation across adulthood: Primary and secondary control of age-related challenges. *Developmental Psychology*, **33**, 176-187.

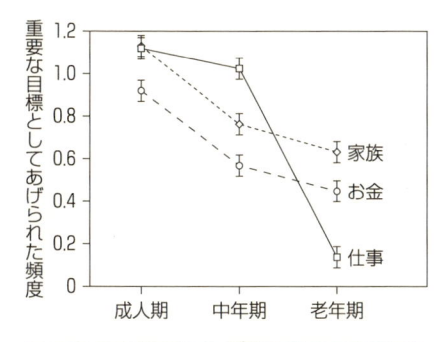

図151　加齢に伴って重要さが低減した目標

出所：Heckhausen 1997から作成。

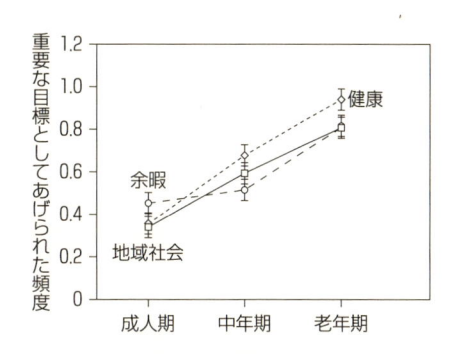

図152　加齢に伴って重要さが増した目標

出所：Heckhausen 1997から作成。

XII 動機づけ

6 学習性無力感

1 無力感を学習する

やる気が起きないといった無気力な状態はなぜ生じるのでしょうか。無気力な状態は、最初、動物の実験で観察されました。セリグマンとメイアーは、犬を電気ショックを受ける箱に入れて実験しました。まず、パネルを押せば電気ショックを止めることができる経験をさせた犬（統制可能群）と、自分では電気ショックを止めることができない経験をさせた犬（統制不能群）を用意しました。次に、これら2群の犬に電気ショックを受けなかった犬（電気ショックなし群）を加え、障壁を飛び越せば逃げられる箱の中に入れて電気ショックの回避訓練をしました。その結果、統制可能群と電気ショックなし群の犬は、予告信号が鳴ると電気ショックを避けるために障壁を飛び越すようになりました。他方、統制不能群の犬は、予告信号が鳴っても電気ショックを避けようともせず何もしないでただうずくまっているだけでした。セリグマンらは、統制不能群に生じた現象を「学習性無力感（learned helplessness）」と呼びました。この現象は、統制不能群の犬は自分の行った反応（パネルを押すこと）が不快な刺激（電気ショック）をコントロールできないことを何度も経験するうちに、自分の行動が結果を伴わない（随伴性がない）ことを学習し、そのため行動すれば結果を変えられるような状態になっても自分からは何もしない無気力な状態に陥ったと考えられました。つまり、セリグマンらの理論によると、行動と結果の随伴性が認知できないと無気力感に陥るということです。

学習性無力感現象は実験や観察を通して人にも生じることが報告されました。たとえば解決不可能なアナグラム課題（文字を並べかえて単語を作る課題）を解く経験をした後では、そのような経験をしない場合に比べて、解決可能な課題においても正答率や動機づけが低下したり、気分が落ち込んだりしたのです。

2 働きかけには成果が欲しい

中学生にみられる無気力な現象は、行動が結果を伴う随伴経験の少ないことと関連するといわれます。随伴経験に対して、行動が結果を伴わないような経験を非随伴経験といいます。牧らは、中学生を対象に、無気力感と随伴経験・非随伴経験との関連を調べました（図153）。調査は、主観的随伴経験尺度を用い、生徒が自分の随伴経験と非随伴経験の程度を答える方法で行われました。

▷1 Seligman, M. E. P. & Maier, S. F. 1967 Failure to escape traumatic shock. *Journal of Experimental Psychology,* **74**, 1-9.

▷2 Hiroto, D. S. & Seligman, M. E. P. 1975 Generality of learned helplessness in man. *Journal of Personality and Social Psychology,* **31**, 311-327.

鎌原雅彦 1985 学習性無力感の形成と原因帰属及び期待変動について 東京大学教育学部紀要, **25**, 41-49.

▷3 牧郁子・関口由香・山田幸恵・根建金男 2003 主観的随伴経験が中学生の無気力感に及ぼす影響——尺度の標準化と随伴性認知のメカニズムの検討 教育心理学研究, **51**, 298-307.

随伴経験は、「困っているとき友人に助けを求めたら、力になってくれた」など、自分の働きかけに対してその成果がフィードバックされたと思った経験を表す項目で尋ね、また、非随伴経験は、「友達のためを思ってしたことが、逆に誤解された」など、自分の働きかけは成果がなかったと思った経験を表す項目で尋ねました。各項目は経験したことが「よくある」から「全くない」までの4段階で回答され、得点化されました（図では因子得点で表されています）。生徒は、担任の先生の行動評定によって無気力感傾向の高い群（無気力感高群）と低い群（無気力感低群）に分けられ、この2群で、随伴経験と非随伴経験の得点が比較されました。その結果、非随伴経験得点は2群で差がないのに対して、随伴経験得点は無気力感高群の方が低群より低かったのです。つまり、中学生の無気力感は「やってもうまくいかない」といった非随伴経験の多さというより、「やってみたらうまくいった」といった自分の働きかけの成果を感じるような随伴経験の少なさから生まれる可能性が示されました。

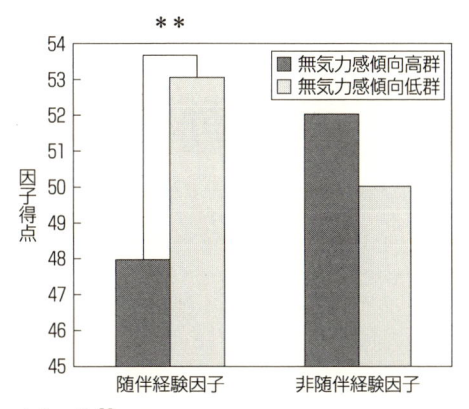

** p < .01
（**印は、統計的検定の結果、2群間に意味のある差があることを表す。）

図153　無気力感傾向の高低による主観的随伴経験得点の差

出所：牧ほか　2003　p.304.

3　成功経験も努力の結果であることが大切

ドゥエックは、算数の学習意欲を同じくらいなくしている子ども（8〜12歳）を、成功経験群と再帰属（行動の結果の原因を考え直す）訓練群に分け、25日間、毎日算数の課題を解く補習をしました。成功経験群は問題数がやや少なく設定され、必ず成功するようになっています。再帰属訓練群は問題が解けない回が2、3回設けられており、できないのは努力不足のためで努力すれば結果が伴うこと、問題を解けないとあとどれだけ解けばよいかが知らされます。そして、失敗しても次回は努力の結果成功するという経験がくり返されます。訓練の前と途中と後の合計3回、無気力感の程度が調べられました（図154）。その結果、成功経験群は失敗するとすぐに無力感に陥ってしまい、成績の向上はわずかだったのに対して、再帰属訓練群は失敗してもあきらめることがなくなり、成績が向上し、無気力感が軽減したということです。つまり、失敗は努力不足のせいだったと失敗の原因を帰属し直し、努力して成功をおさめるといった経験を積むことが失敗の克服や無気力感の低下や成績の向上につながったのです。したがって、成功経験も努力と結びついていることが大切だといえます。

（石毛みどり）

▷4　Dweck, C. S.　1975　The role of expectations and attributions in the alleviation of learned helplessness. *Journal of Personality and Social Psychology,* **31**, 674-685.

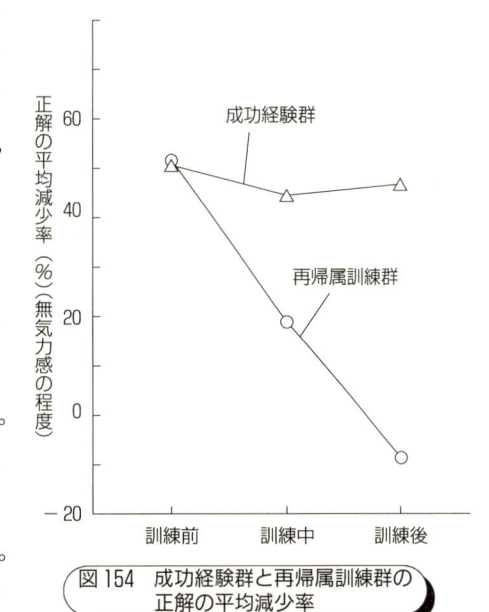

図154　成功経験群と再帰属訓練群の正解の平均減少率

出所：Dweck　1975　p.682.

XII　動機づけ

7　達成動機づけ

1　達成動機づけとは

　ある目標を達成しようと行動（達成行動）を起こし，それを成し遂げる過程を達成動機づけといいます。達成動機づけをどうとらえるかは，人のどの側面に力点を置くかによって異なります。達成動機づけのとらえ方には，大別すると，「〜したい」という欲求が人の行動を支配すると考える立場と，ものごとをどう解釈するか（認知），行動しているときにどう感じるか（情動），そしてどのような目標をもつか（目標のタイプ）が行動に影響を与えると考える立場があります。また，欲求や認知や情動といった人の内部の要因だけでなく，環境など人の外部の要因も達成動機づけに関連します。では，達成行動はなぜ，どのように起こるのでしょうか。達成動機づけと人の内部の要因・外部の要因との関連についてみてみましょう。

2　欲求は達成行動を駆り立てる

　達成行動の原因となるものが達成動機です。達成動機とは何かをやり遂げようとする欲求のことで，「やる気」といわれるものです。マレーは，人の内部には行動に導く力が存在すると考え，その力を要求（need：欲求，動機のこと）と呼びました[1]。そして，実証的なデータをもとに，達成要求や親和要求（人と親しくなりたい）など約20の要求を示しました。そのなかで彼は，達成要求（達成動機のこと）を「できるだけ独力で難しいことを成し遂げようとする，障害を克服して高い水準に達しようとする欲求」と定義しています[2]。
　また，マズローは人の欲求を階層化し，最上位に位置づけられる「自己実現の欲求」は人を成長へと動機づけると考えました[3]。たとえば，将来，国際舞台で活躍したいと思い毎日英語の勉強に励む人は，自分の可能性を発揮したいという自己実現の欲求に動機づけられているといえます。

3　解釈のしかたや感じ方が行動に影響を及ぼす

　達成行動の強さには，達成動機に加えて，うまくいきそうだという行動の結果に対する期待の度合いと，実行に値するといった行動結果の価値をどう解釈するかが影響するという考え方（期待＝価値理論）があります[4]。一方，「うまくがんばれそうだ」という確信（自己効力感）[5]や，行動の結果の原因をどう解釈

▷1　Murray, H. A. 1937 Facts which support the concept of need or drive. *Journal of Psychology,* 3, 27-42.

▷2　Murray, E. J. 1964 *Motivation and emotion.* Englewood Cliffs, New Jersey: Prentice Hall.

▷3　Maslow, A. 1955 Deficiency motivation and growth motivation. *Nebraska Symposium on Motivation,* 3, 1-30.

▷4　Atkinson, J. W. 1957 Motivational determinants of risk-taking behavior. *Psychological Review,* 64, 359-372.

▷5　Bandura, A. 1977 Self-efficacy: Toward a unifying theory of behavior change. *Psychological Review,* 84, 191-215.

するか（原因帰属）も，達成行動に重要な役割をするという考え方もあります。

また，行動そのものに感じる情動が達成行動を決めるともいわれます。社会的な評価や報酬を期待するのではなく，行動そのものが楽しいとか興味を感じるといった，純粋に行動そのものに対して感じる情動が達成行動を動機づける場合です。たとえば，山を登っているという行為自体に喜びを感じ登山することや，英語学習そのものが楽しいので毎日努力するといった例です。

4 目標のタイプで行動が異なる

目標のタイプによって達成行動のパターンが異なるといわれます。たとえば，学習面でもっとわかるようになりたいという目標（学習目標）をもつ子どもと，人からよくできるといわれたい，できないといわれたくないという目標（遂行目標）をもつ子どもを比較すると，学習目標をもつ子どもは学習の過程に関心が高かったり，技術や知識を獲得できるような課題を選択するのに対して，遂行目標をもつ子どもは学習の結果に関心が高かったり，頭がよいと評価されるような課題を選ぶなど，目標のタイプによって達成動機づけに違いがあるといわれます（表34）。

5 環境がやる気に影響を及ぼす

達成動機づけには，人の内部の要因だけでなく，その人が置かれている外部の要因も影響を及ぼします。たとえば，小中学生を対象にした調査で，子どもが家の人や先生は成績とは関係なく努力していることを認めてくれると感じている場合は，勉強はおもしろい，自分で勉強内容を選びたい，理解できるように勉強方法を工夫するといった傾向がみられました。一方，子どもが家の人や先生は成績がよいことが一番大切なことだと考えていると感じる場合は，よい成績をとりたい，内容がわからなくてもとにかく暗記するといった傾向がみられました。この調査結果は，家庭や教室の環境が子どもの学習の達成動機づけに影響を及ぼすことを示しています。

（石毛みどり）

▷6 Weiner, B. 1972 *Theories of motivation.* Chicago: Rand McNally.

▷7 Csikszentmihalyi, M. 1985 Emergent motivation and the evolution of the self. *Advances in motivation and Achievement,* 4, 93-119.

▷8 Dweck, C. S. & Elliott, E. S. 1983 Achievement motivation. In E. M. Hetherington (Ed.) *Handbook of Child Psycology* (5th ed.): *Socialization, personality, and social development.* New York: Wiley.

▷9 三木かおり・山内弘継 2005 教室の目標構造の知覚，個人の達成目標志向，学習方略の関連性　心理学研究, 176, 260-268.

表34　達成目標に関する子どもの理論

		目　標	
		学習目標：能力の伸長	遂行目標：能力の評価
1	問題意識	どうすればできるか？　何がわかるか？	自分はできるか？
2	関心があること	過程	結果
3	誤りに対して	当然だと思う，有益だと思う	失敗と思う
4	疑問に対して	挑戦する	脅威と感じる
5	最も望む課題	学習を拡大する課題	頭がよいと評価される課題
6	求めるもの	自分の能力に関する正確な情報	能力への褒め言葉
7	評価基準	個人内評価，長期間で評価，柔軟に評価	標準が基準，短期間で評価，固定的に評価
8	期待	努力を強調する	現在の能力を強調する
9	教師に対する見方	知識を増やしてくれる人，導いてくれる人	評価し，賞罰を与える人
10	目標の重点	本来的：スキル，活動，進歩の重視	副次的：評価の重視

出所：Dweck & Elliot　1983

XII 動機づけ

8 自己効力感

1 自己効力感とは

　勉強すれば成績がよくなるとわかっていても，よい成績をとれるほど頑張れそうもないと思うとやる気は起きないものです。バンデューラ[1]は，人が行動を起こす要因を，「ある行動が一定の結果をもたらすだろう」という期待（結果期待）と，「一定の結果に必要な行動をうまく実行できる」という信念（効力期待）とに分けて考えました（図155）。自己効力感（self-efficacy：セルフ・エフィカシー）とは後者の「効力期待」のことで，「うまくできそうだ」という自信のようなものです。彼は，成功への期待よりむしろ実行できる確信が強いと人は行動を起こすと考えました。つまり，「よい成績がとれそうだ」という期待より，「よい成績をとるために頑張れそうだ」という自信が強いとやる気が起きると考えられました。

2 自己効力感の影響

　バンデューラによれば，自己効力感は，人の情動や行動に影響を与えるといいます[2]。たとえば，嶋田[3]は，小中学生を対象に，自己効力感の程度によって不快な出来事に対するストレスの感じ方や対処法やストレス反応に違いがあるかを調べました。その結果，自己効力感の高い小中学生は低い小中学生より，授業や友だち関係などで経験する不快な出来事をストレスと感じることが少ない，何とかコントロールできると思う，不快な出来事の原因を見つけ対策をたてて積極的に対処する，あきらめない，そしていらいらや不安などのストレス反応が少ないことがわかりました。では，自己効力感はどのように高められるのでしょうか。

3 自己効力感を高めるには

　バンデューラは，自己効力感は自然に生じるのではなく，①自分で実際に行

▷1 Bandura, A. 1977 Self-efficacy: Toward a unifying theory of behavior change. *Psychological Review,* **84**, 191-215.

▷2 Bandura, A., Reese, L. & Adams, N. E. 1982 Microanalysis of action and fear arousal as a function of differential levels of perceived self-efficacy. *Jounal of Personality and Social Psychology,* **43**, 5-21.
　Bandura, A. 1988 Self-efficacy conception of anxiety. *Anxiety, Stress & Coping,* **1**, 77-98.

▷3 嶋田洋徳 1998 小中学生の心理的ストレスと学校不適応に関する研究 風間書房

図155　効力期待と結果期待

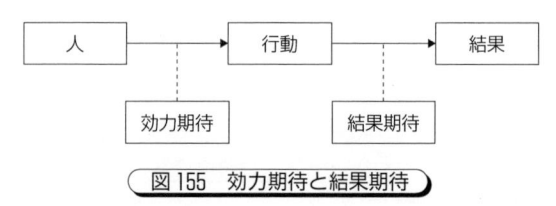

出所：Bandura　1977

う（遂行行動の達成），②他者の行為を観察する（代理的体験），③他者が言葉で説得する，④情動的な変化を体験することによって高められるといいます。

一方，シャンクによると，原因帰属は自己効力感に影響を与えるといいます。すなわち，本人に成功を能力や努力に帰属させるフィードバック（「よくできるね」，「一生懸命やったね」）をする場合と，失敗を努力に帰属させる場合が最も自己効力感が高まるといいます。たとえば，玄は，引き算のスキルが乏しい小学校2，3年生にトレーニングを行い，原因帰属と自己効力感と学習成績との関連を調べました。小学生は次の4つのグループに分けられました。できた問題に対して「よく頑張りましたね」と努力を評価する群（成功時の努力承認群），できなかった問題に対して「もっとがんばってほしいですね」と努力を要求する群（失敗時の努力要求群），結果だけを知らせて評価をしない群（結果だけ群），そして結果も評価もしない群（結果・評価なし群）の4つです。調査の結果，成功時の努力承認群の方が他の3群より，自己効力感と引き算のスキルが上昇すること，そして自己効力感の上昇が高い児童は上昇が低い児童に比べスキルの向上が著しい，易しい問題は手早く，難しい問題はあきらめずにより多くの時間をかけて取り組むことがわかりました。

また，学習者が自分で学習方法を工夫する**自己調整学習**をより多く行うほど自己効力感が高いといわれます。たとえば，松沼は，小学校4年生を対象に，自己調整学習，テスト不安，自己効力感および算数のテストの成績の関連を調べました（図156）。図の矢印は一方から他方に影響を及ぼすことを，また矢印に付いている数値は影響力の大きさを表します。数値がプラスの場合は一方が高いほど他方も高い関係を，また，数値がマイナスの場合は一方が高いほど他方は低い関係を表します。図の左から矢印にしたがってみると，自己調整学習はテスト不安には関連しないものの，自己調整学習を多く行うほど算数自己効力感が高く，算数自己効力感が高いほど課題自己効力感も高く，テストの成績もよい，さらに課題自己効力感が高いほどテスト中の認知的干渉を経験することが少なく，その結果としてテストの成績がよいことが示されています。

（石毛みどり）

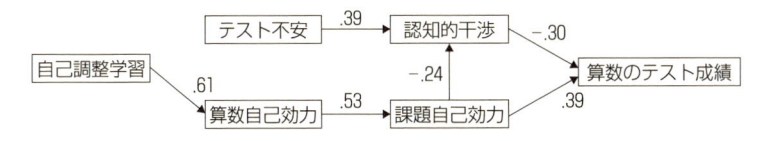

図156 テストの成績と，テスト不安，自己効力感および自己調整学習との関連

（注） 算数自己効力：「算数の問題を正解できると思う」など算数に対する自己効力感
課題自己効力：テストでよい点をとる自信があるなどテストに対する自己効力感
認知的干渉：「他の人はどれ位できているのか」などテスト中に課題に関係のないことを考えること

出所：松沼 2004より作成。

▷4 Schunk, D. H. 1982 Effects of effort attributional feedback on children's perceived self-efficacy and achievement. *Journal of Educational Psychology*, 74, 548-556.

Schunk, D. H. 1983 Ability versus effort attributional feedback: Differential effects on self-efficacy and achievement. *Journal of Educational Psychology*, 75, 848-856.

Schunk, D. H. 1984 Sequential attributional feedback and children's achievement behaviors. *Journal of Educational Psychology*, 76, 1159-1169.

▷5 玄正煥 1993 努力帰属的評価が児童のエフィカシー予期の認知と学業達成に及ぼす効果 教育心理学研究, 41, 221-229.

▷6 **自己調整学習**
学習者が自分で学習方法を工夫・調整して行う学習。たとえば，言われなくても自分から練習問題をする，学習の要点をまとめる，宿題をするとき授業で先生が言ったことを思い出そうとするなど。

▷7 Pintrich, P. R. & Groot, E. V. 1990 Motivational and self-regulated learning components of classroom academic performance. *Journal of Educational Psychology*, 82, 33-40.

▷8 松沼光泰 2004 テスト不安，自己効力感，自己調整学習及びテストパフォーマンスの関連性――小学校4年生と算数のテストを対象として 教育心理学研究, 52, 426-436.

XII 動機づけ

9 統制の位置からとらえた動機づけ

▷1 Rotter, J. B. 1966 Generalized expectancies for internal versus external control of reinforcement. *Psychological Monographs*, **80**, (Whel Np. 609), 1-28.

▷2 杉山成 1994 中学生における一般的統制感と時間的展望の関連性 教育心理学研究, **42**, 415-420.

▷3 神田信彦 1993 子ども用一般主観的統制感尺度の作成と妥当性の検討 教育心理学研究, **41**, 275-283.

▷4 Weiner, B. 1972 *Theories of motivation.* Chicago: Rand McNally.

▷5 Weiner, B. 1979 A theory of motivation for some classroom experiences. *Journal of Educational Psychology*, **71**, 3-25.

1 「結果は自分の力次第」と思うか思わないか

「自分の力で結果を左右できる」と思うとやる気が起きるものです。ロッター[1]は，行動の結果を自分自身の力で統制できると思うか，それとも自分以外の力で決められてしまうと思うか，つまり結果を「自分の力次第」と思うかそれとも「運次第」と思うかで達成動機の強さや達成行動は異なると考えました。この考え方を「統制の位置（Locus of control：ローカス オブ コントロール）」の概念といいます。彼は，行動の結果を自分の内部の力（努力や能力）で統制できるととらえる特性を内的統制性（internality），それに対して自分以外の外部の力（運や偶然や他人の力）で統制されるととらえる特性を外的統制性（externality）と呼びました。

実際，内的統制性が高い中学生の方が低い中学生より「現在，自分の目標のために努力している」と思っており，将来の目標の実現に向けてやる気があることや[2]，内的統制性が高い小学生（4～6年生）の方が低い小学生より算数と国語の成績がよい（普通の知能段階で同水準の場合）ことが報告されています。後者の小学生の場合，内的統制性が高い，つまり自分の力で統制できると強く思う小学生は積極的に学習に取り組み，その結果成績が向上するためではないかと考えられています[3]。

2 原因をどう考えるかが行動を左右する

私たちはできごとに対してその原因を求めます。これを原因帰属といいます。ワイナー[4]は，人が成功や失敗を説明するために用いる原因として，能力，努力，課題の難しさ，運などをあげ，これらを3つの次元に分類・整理しました（表35）。3つの次元とは，原因が本人の内部にあるか外部にあるかの「原因の位置次元」，原因が時間的に変化するかしないかの「安定性次元」，原因をコントロールできるかできないかの「統制可能性次元」です。

原因の位置次元はロッターの統制の位置の概念から着想されました。ワイナー[5]の理論では原因はさらに細かく分類されました。能力や努力そして気分

表35 成功・失敗に関する原因の位置，安定性，統制可能性次元による分類

	内 的		外 的	
	安 定	不安定	安 定	不安定
統制不可能	能 力	気 分	課題の難しさ	運
統制可能	ふだんの努力	一時的な努力	教師の偏見	他者の一時的な援助

出典：Weiner 1979

といった内的な原因のうち，能力も気分も統制不可能ですが，安定性次元では能力は変化しにくいので安定的な原因，それに対して気分は変化しやすいので不安定な原因に分けられました。努力は統制可能ですが，安定性次元でふだんから努力を怠らない安定的な面と，課題によって一時的に努力する不安定な面に分けられました。また，外的な原因のうち，課題の難しさも運も統制不可能な原因ですが，安定性次元では課題の難しさは安定的，運はその時々によって変化する不安定な原因とされました。教師の偏見や他者からの思いがけない援助のようなものはいずれも他者が意図的に統制できるので統制可能な原因ですが，教師の偏見は安定的，他者の援助は（援助を受ける者にとって）不安定な原因とされました。

そして，成功あるいは失敗の結果（刺激）の原因をどのように解釈するかで生じる期待や感情が異なり，この期待と感情を経由して次の行動が決定されると考えられました（図157）。たとえば，成功を能力や課題の難しさといった安定した原因のせいにすると，再び成功を期待するでしょうが，失敗を安定した原因のせいにすると期待は低下するでしょう。また，内的か外的か，統制の位置で考え，成功を運より自分の努力の賜物と考える方が誇りを感じるでしょうが，失敗を課題の難しさより努力不足のせいにする方が悔いが残るでしょう。こうして生じた期待や感情がその後の行動に影響を及ぼすということです。

実際に中学生を対象に行った奈須の調査で，試験の成績で生じた感情がその後の学習行動や成績にどのように関連するかみてみましょう。図158は本人が数学の中間試験の成績を失敗と感じた場合です。調査の結果，中間試験の成績の結果をふだんの努力不足のせいにするほど，また気分・体調のような統制不可能な原因にしないほど後悔の感情は喚起され，学習行動が促進されて期末試験の成績に影響を及ぼすことが示されました。一方，能力のせいにするほど無能感やあきらめの感情が起こり，学習行動は消極的になることが示されました。　　　（石毛みどり）

▶6　奈須正裕　1995　第2章　達成動機づけ理論　宮本美沙子・奈須正裕（編）達成動機の理論と展開――続・達成動機の心理学　金子書房　pp.41-71.

▶7　奈須正裕　1990　学業達成場面における原因帰属，感情，学習行動の関係　教育心理学研究，38，17-25.

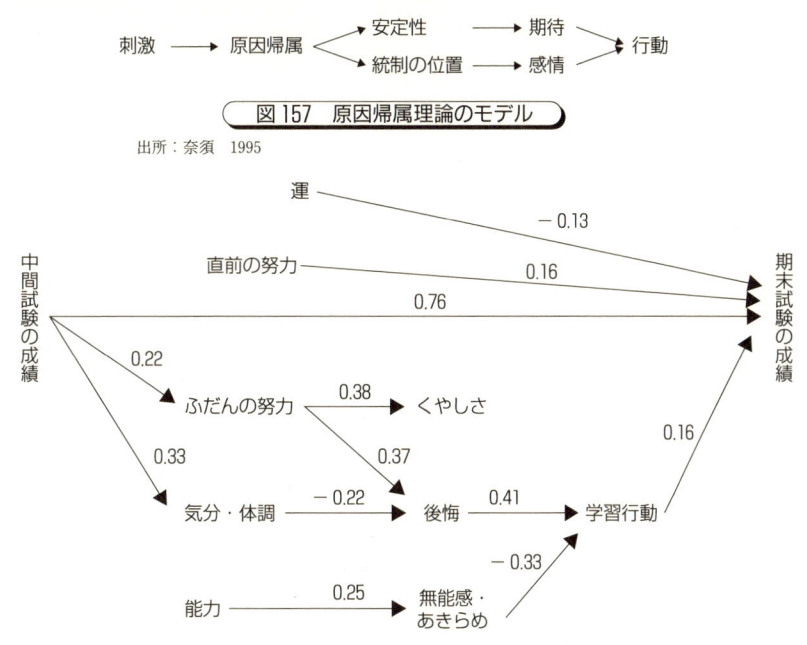

刺激 → 原因帰属 → 安定性 → 期待 → 行動
　　　　　　　　　統制の位置 → 感情

図157　原因帰属理論のモデル
出所：奈須　1995

中間試験の成績
　　運 → 期末試験の成績　−0.13
　　直前の努力 → 期末試験の成績　0.16
　　中間試験の成績 → 期末試験の成績　0.76
　　中間試験の成績 → ふだんの努力　0.22
　　ふだんの努力 → くやしさ　0.38
　　中間試験の成績 → 気分・体調　0.33
　　ふだんの努力 → 後悔　0.37
　　気分・体調 → 後悔　−0.22
　　後悔 → 学習行動　0.41
　　学習行動 → 期末試験の成績　0.16
　　能力 → 無能感・あきらめ　0.25
　　無能感・あきらめ → 学習行動　−0.33

矢印は一方が他方に影響を及ぼすことを，また矢印の数値は影響力の大きさを表す。数値のプラスは一方が高いほど他方も高い関係を，数値のマイナスは一方が高いほど他方は低い関係を表す。

図158　中学数学学習における原因帰属，感情，学習行動，成績の関係
出所：奈須　1990

XII 動機づけ

10 期待と価値からとらえた動機づけ

1 やる気のある人は成功率が5分5分のことに挑戦する

▷ 1 Atkinson, J. W. 1957 Motivational determinants of risk-taking behavior. *Psychological Review*, **64**, 359-372.

アトキンソンは，動機づけの強さを動機と期待と価値とでとらえ，公式化しました（達成動機づけ＝達成動機×期待×価値）。そして，いくつかの仮説をもとに次のような式を導き出しました。

| 達成動機づけ | ＝ | 成功動機(Ms)－失敗回避動機(Maf) | × | 期待(Ps) | × | 1－期待(Ps) |

つまり，人が何らかの目標を達成したいという動機をもつとき，成功したい（成功動機）が失敗は避けたい（失敗回避動機）という葛藤が生じると考えられました。これは上記の式の「成功動機（Ms）－失敗回避動機（Maf）」にあたります。成功動機の方が失敗回避動機より強い（Ms＞Maf）と達成行動が起こり，成功動機より失敗回避動機の方が強い（Ms＜Maf）と達成行動は起こりにくく，両者が等しいとMs－Maf＝0となり達成行動は起こらないことになります。

期待（式ではPs）は，どの程度成功するかという本人の期待（主観的成功確率）のことです。価値は，取り組むに値するかという課題の価値（Is）のことです。課題が難しい（主観的成功確率が低い）ほど成功時の誇り（課題の価値）を高く感じ，課題が易しい（主観的成功確率が高い）ほど失敗時に恥を感じると考えられました。ですから価値（Is）は 1 － 期待（Ps）となります。

この式にしたがうと，目標を達成したいという動機が同程度（たとえば動機＝10）なら，期待＝.50の課題Bのときに達成動機づけは最大になります（表36）。つまり，成功動機が失敗回避動機より強い場合（Ms＞Maf），中程度に困難な，成功するか失敗するかが5分5分の課題が最も選ばれ，行動が起こりやすくなります。

▷ 2 Atkinson, J. W. & Litwin, G. H. 1960 Achievement motive and test anxiety conceived as motive to approach success and motive to avoid failure. *Journal of Abnormal Social Psychology*, **60**, 52-63.

このことは輪投げゲームの実験で証明されました（図159）。実験では，あらかじめ参加する学生の動機の程度をテストで測定して次の4群に分けました。①高達成動機・低失敗回避動機，②高達成動機・高失敗回避動機，③低達成動機・低失敗回避動機，④低達成動機・高失敗回避動機の4つです。目標から15フィートの間には1フィート毎に線が引かれており，好きな距離からまた距離を変えて輪投げができます。実験の結果，どの群も中程度，つまり8～11フィートの距離から投げる者が多かったのです。特に①高達成動機・低失敗回避動機群が他の群よりその傾向が強くみられ，達成動機の高い人は成功率が5分5分のことに挑戦することが示されました。

表36 動機と期待と価値による課題A, B, Cに対する動機づけの程度

課題	動機	期待	価値	達成動機づけ
A	10	.70	.30	2.10
B	10	.50	.50	2.50
C	10	.30	.70	2.10

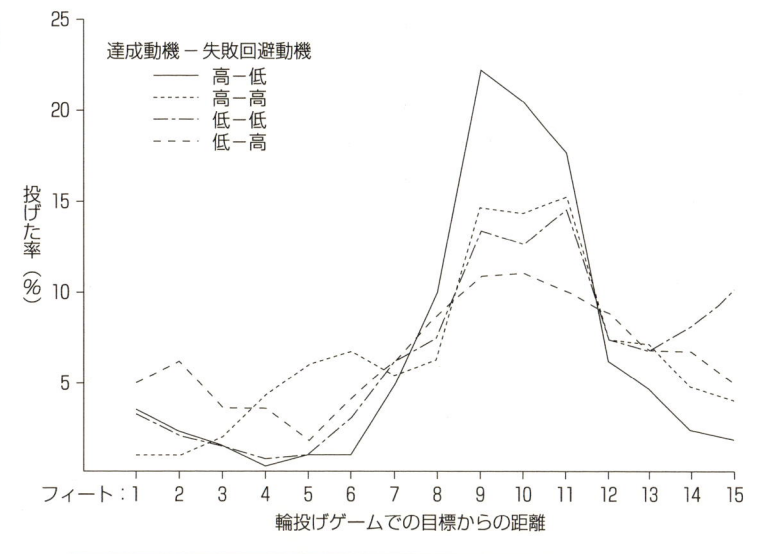

図159 達成動機と失敗回避動機の高低群別の各距離から投げた率

出所：Atkinson & Litwin 1960

2 状況・環境が行動に影響を及ぼす

　動機づけには、達成への期待や価値のような内的な要因以外の要因も影響します。たとえば、異なる状況で課題を実施して、課題に取り組んだ者を達成動機の高い群と低い群に分け、状況によって両群の成績に差があるか比較すると、テストなのでしっかりやるようにと成果を強調された状況では高達成動機群の方が低達成動機群より成績がよく、また、成績が悪いと再テスト（罰）があると告げられた状況では低達成動機群の方が高達成動機群より成績がよかったのです。そして、課題を気楽にやってもよいといわれた状況では両群の成績に差はありませんでした。この結果は、本人の動機の程度だけでなく置かれた状況によっても達成行動は異なることを示しています。

　最近では、アトキンソンの期待＝価値理論はより幅広い観点から考えられています。たとえば、子ども自身の内部の要因だけでなく、子どもを取り巻く環境といった要因も達成動機づけに間接的に影響を及ぼすというモデルが示されています。そのモデルによると、課題の選択には、本人が考える成功への期待と課題に対する価値づけが直接影響を及ぼし、本人の期待や価値づけには、自己スキーム（自分をどうとらえるか）、本人のもつ目標、有能さや課題の難しさに対する本人の認識のしかたが影響を与えるとされます。そして、本人の目標や自己スキームには、本人が、親・教師など社会化を促す人の信念・態度やステレオタイプな（紋切り型の）ものの見方をどう認識するかが影響を及ぼし、その認識のしかたは、ひるがえれば、社会化を促す人々の信念・態度や文化的環境の影響を受けると考えられています。

（石毛みどり）

[3] French, E. G. 1955 Some characteristics of achievement motivation. *Journal of Experimental Psychology*, 50(4), 232-236.

[4] Wigfield, A. & Eccles, J. S. 2000 Expectancy-value theory of achievement motivation. *Contemporary Educational Psychology*, 25, 68-81.

XIII 性格

1 類型論の考え方

① 古典的類型論

　類型論（typology）とは「何らかの理論ないしは基準にもとづいて多様な性格の中に類型的な者を見出し，いくつかの典型的な類型によって，性格を説明ないしは理解しようとする方法論」です。

　性格を類型的にとらえるという発想は古くからありました。たとえば，古代ギリシャのヒポクラテスは，人間は4つの体液（血液，粘液，黄胆汁，黒胆汁）でできていて，それらの体液のバランスが崩れると病気になると考えていました。その後，2世紀頃にガレノスという医者が，ヒポクラテスの4体液説をもとに，体液と人の性質を対応させ，多血質，粘液質，胆汁質，憂鬱質という類型をつくりました。血液が多い人は快活明朗，粘液が多い人はねばり強く勤勉，黄胆汁が多い人は短気でせっかち，黒胆汁が多い人は苦労性で悲観的という気質があると考えたのです。これを，四体液—気質説といいます。この類型には実証的な裏づけはなかったのですが，20世紀初頭まで，この説は広く信じられていました。

② クレッチマーの体格と性格

　20世紀に入り，これまでの記述的，哲学的な類型論から，実証的な裏づけを追求した理論的な類型論が登場します。その代表的理論が，クレッチマーの体格—気質類型論です。彼は，何百人もの患者について，メモを取り，測定器や巻き尺で測り，全身の外形を頭からつま先までを系統立てて記述しました。彼が著した「体格と性格」には「体質一覧表」という測定項目の一覧があります。ここには，顔面と頭蓋，体格，体表面，腺と内臓，身体各部の長さ，発育経過など，200項目以上に及ぶ項目があげられていて，その細かさに驚かされます。鼻だけでも12項目あるのです。

　このような綿密な測定から，彼は，体格の類型として細長型，肥満型，闘士型（図160）という3つの型を見出し，これらの体格と内因性精神病との間の関連を調べました。その結果，細長型は

▶1　若林明雄　2000　性格の類型　託摩武俊・鈴木乙史・清水弘司・松井豊（編）　シリーズ・人間と性格第1巻　性格の理論　ブレーン出版　pp.43-57.

▶2　佐藤達哉　2006　類型論　二宮克美・子安増生（編）　パーソナリティ心理学　新曜社　pp.70-73.

▶3　クレッチマー（クレッチメル），E.　相場均（訳）　1960　体格と性格　文光堂

細長型　　肥満型　　闘士型

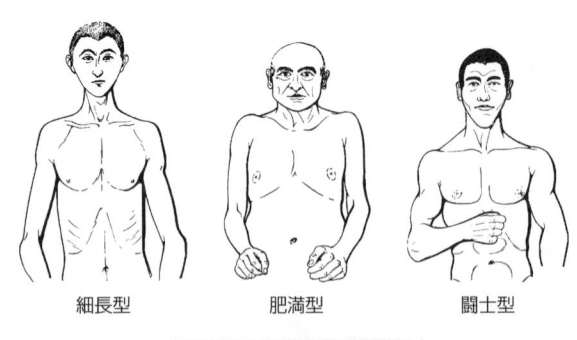

図160　体型による類型

出所：クレッチマー　1960

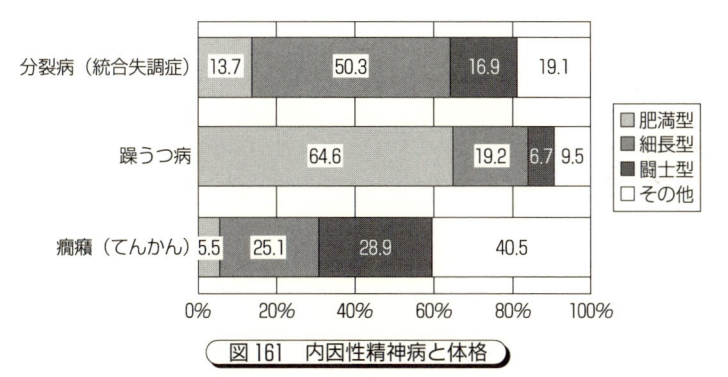

	肥満型	細長型	闘士型	その他
分裂病（統合失調症）	13.7	50.3	16.9	19.1
躁うつ病	64.6	19.2	6.7	9.5
癲癇（てんかん）	5.5	25.1	28.9	40.5

図161　内因性精神病と体格

出所：ウエストファルの研究をクレッチマーが紹介したもの。クレッチマー　1960

分裂病（統合失調症）に，肥満型は躁うつ病に，闘士型はてんかんに多いとしています（図161）。

また，クレッチマーは，それぞれの精神病の病前性格の観察から，体格類型に対応した気質の特徴は健常者にも見出せると考え，それぞれの気質として，分裂気質，循環気質，粘着気質をあげました。分裂気質は，過敏，神経質，非社交的という特徴をもちます。循環気質は，社交的，親切，温和という特徴です。粘着気質は，ねばり強く，変化や動揺は少ないが融通が利かないという特徴です。クレッチマーは，精神病から健常者の間に連続的なつながりを仮定しています。つまり，精神病かどうかは程度の差，量的な度合の差と考えたわけです。それぞれの精神病の特徴が薄まった形で，あるいは適応的な形で表れたものが気質と考えるとよいでしょう。

その後，クレッチマーの類型論は，説明力が弱いことから支持されていません。しかし，人間の生理的基礎として体質を想定し，その体質によって性格や精神疾患が規定されるという考え方をもつ人は現在でもいます。

3　類型と分類の違い

類型論における類型は，分類と同じと誤解されることがあります。しかし，両者は異なるものです。分類とは，事物をその性質などに従って分けることです。類型も，分ける行為は同じですが，分けられた結果，それぞれの型が人間の本質的な特徴を説明できていなければいけません。類型とは，類型化によって人間の本質的な特徴があぶりだされるようなものなのです。たとえば，相場[4]はクレッチマーの類型化による人物像がよく表わされている例としてドストエフスキーの「罪と罰」の主人公ラスコーリニコフを挙げています。ラスコーリニコフは，神経質で冷たい内閉的な分裂気質の持ち主ですが，小説を読むと，彼のきわだった類型がありありと描き出されていることがわかるでしょう。これが，類型化がもたらすことなのです。類型は，分けることが目的なのではありません。類型によって，対象，すなわち人間への認識が深められるという意味をもつものなのです。[5]

（種市康太郎）

▷4　相場均　1963　性格　中央公論社

▷5　若林　前掲論文

XIII 性格

2 特性論の考え方

1 「あなたはどんな人ですか？」

「自己紹介をしてください」といわれたら，どんな風に自分のことを話しますか。「私はそそっかしいですが，好きなことには集中して取り組みます」「僕はのんびりした性格であまりイライラすることがありません」，などそれぞれに自分自身の性格をあげるでしょう。このように人の特徴を表す要素を特性といいます。性格を表す言葉にはさまざまなものがあります。それぞれの人にどれくらいの程度その性格特性が備わっているのか，その強弱でその人のパーソナリティをみていこうとするのが特性論と呼ばれる性格の理論です。

2 特性論

●特性論の考え方

行動主義的な考え方では，ある人がある行動をとるのは，そのような行動をとる習慣（habit）ができていたからであり，そのときの「場面」が原因となって行動が起こるのだと考えます。たとえばお年寄りが大きな荷物をもって横断歩道をゆっくり渡っているとしたら，そのような「場面」が「お年寄りに声をかけ荷物を代わりに持ち，渡るのをサポートする」といった行動を引き起こすという具合です。しかしながら，特性論では場面という状況ではなく，その人個人がもっている性格特性を考えます。先の例でいえば，「人に優しい，いたわりの気持ちが強い」といった性格特性をもっているからこそ，上記のような行動をとるという考え方です。

●オルポートとキャッテル，アイゼンクの考え方

特性論で有名な人といえば，まずはオルポート（Allport, F. H.）があげられるでしょう。彼は，その個人を特徴づける特性として，個人に特有の「個別特性」と，個人差は程度の違いとして現れる，人間に共有の「共通特性」の2種類を見出しました。「個別特性」は他者とは比較ができないものですが，「共通特性」は誰もが多かれ少なかれもっている特性であり，他者との比較が可能なものだとしています。

さらに，キャッテル（Cattel, R. B.）はオルポートの考えを発展させて，人の性格因子として16個見出し，それらを階層的にとらえています。

アイゼンクは，外向―内向，神経症傾向，精神病傾向の3因子によって性格

の基本的特性次元を整理しました。

3 YG（矢田部―ギルフォード）検査

特性論に基づいてさまざまな性格検査が開発されました。なかでも日本で広く知られ，頻繁に用いられている検査がYG（ワイジー）検査でしょう。ギルフォード（Guilford, J. P.）が見出した13の性格特性から，日本人の矢田部達郎が日本人向けの性格検査を作りました（図162）。質問紙法の３択で得られた回答を集計すると，12因子に基づいたその人の性格傾向が示されます。

図162　矢田部ギルフォード性格検査のプロフィールの一例

4 新たな特性論の展開

○特性論に対する批判

特性論は，一時ブームに乗りすぎて，あまりに異なる尺度を数多く生み出してしまいました。オルポート自身が特性論を敢えて批判するほどだったといわれています。そして別の構成概念（状況という要因を考えること）で性格をとらえようとする考え方が台頭すると，特性論は鳴りを潜め，特性論の研究自体が下火を迎えました。

○「Big Five」とは

1980年代に入り，「Big Five（ビッグ・ファイブ）」という５つの特性が複数の研究者から発見されました。マックレー（McCrae, R. R.）らの研究やゴールドバーグ（Goldberg）のビッグ・ファイブなどが有名ですが，どれも人間を以下に挙げるような５つの特性因子でみています。

▷1　XIII-3 を参照。

(1) Extraversion/Surgery（外向性）　(2) Agreeableness（調和性）
(3) Conscientiousness（誠実性）　(4) Emotional Stability（情緒的安定）
(5) Intellect/Openness（開放性）

現在ではこの５つの因子と遺伝子による要因とをかけあわせて人の特徴をみていこうとする研究が進んでいます。

5 長所と短所

特性論の考え方には，無理矢理少ない数のタイプに分類せず，それぞれの人の特徴を数多くの特性の強弱から表現することができる，といった長所があります。一方で，それぞれの性格特性がその人の一面しか表せていない可能性もあるため，どうしてもパッチワークのようになってしまい，一人の人の全体像を必ずしも明らかにできていない，といった短所もあります。　　（三林真弓）

XIII 性格

3 ビッグ・ファイブとは

1 性格とは

友達と待ち合わせをしていて遅れてしまったとき，「彼女はせっかちな性格だから，長く待たされて怒っているだろう」などと，私たちは人に対して，自分がもっているイメージからその行動を予測することがあります。このように，性格は自分を含め人間を理解するための大切な概念であり，私たちの日常生活と深いかかわりをもっています。性格とは，物の見方や考え方，人に対する態度や行動などに現れる「その人らしさ（特有の性向）」ととらえることができます。

○「その人らしさ」を表す言葉

日本語で「その人らしさ」を表す言葉には，性格のほかに，パーソナリティ（人格），気質といった言葉があります。とても類似した概念ですが，気質はより遺伝的な要素を含んでおり，比較的幼少期からみられる行動パターンに対して用いられることが多いといえます。性格とパーソナリティは，厳密に区別することが難しい概念ですが，性格は感情や意思の面にみられる個人差を強調しているのに対して，パーソナリティは，環境に対する個人の適応の特徴を含む，人間としてのあり方全体を指す概念として用いられることが多いようです。[1]なお，パーソナリティは人格と訳されますが，心理学で用いる際の人格には道徳的な意味は含まれません。そのため心理学の分野では，あえてパーソナリティということばをそのまま用いられることも多いのです。

2 性格を表す5つの特性

性格をどのようにとらえるか，その試みには多様なアプローチがありますが，大きく分けると，特性論と類型論という考え方があります。[2][3]ここで紹介するビッグ・ファイブ（Big Five）は，特性論的アプローチに基づき，主要な5つの特性で性格を包括的にとらえようとしたものです。その5つとは，表37にもあるように，①神経症傾向（Neuroticism），②外向性（Extraversion），③（経験への）開放性（Openness），④調和性（Agreeableness），⑤誠実性（Conscientiousness）とされています。開放性は，知性という用語を用いることもあります。

▷ 1 氏原寛ほか（編）1999 カウンセリング辞典 ミネルヴァ書房
▷ 2 特性論については，XII-2 を参照。
▷ 3 類型論については，XII-1 を参照。
▷ 4 Allport, G. W. & Odbert, H. S. 1936 Trait names: A psycho-lexicalstudy. *Psychological Monographs*, 47(1), (Whole No. 211).
なお，ビッグ・ファイブができた経緯については，下仲順子 2005 Big Five テスト 岡堂哲雄（編）臨床心理学入門事典 至文堂に詳しい。また，新・心理学の基礎知識 2005 有斐閣ブックスなども参考になる。
▷ 5 Norman, W. T. 1963 Toward an adequate taxonomy of personality attributes: Replicated factor structure in peer nomination personality rating. *Journal of Abnormal and Social Psychology*, **66**, 574-583.
▷ 6 Goldberg, L. R. 1990 An alternative "description of personality": The Big Five factor structure. *Journal of Personality and Social Psychology*, **59**, 1216-1229.

3 ビッグ・ファイブはどのようにして5つになったのか

それでは，このビッグ・ファイブはどのようにしてできたのでしょうか。その背景には2つの研究の流れがあります。

○ 性格を表す膨大な言葉の分類

まず1つめは，辞書的（語彙）アプローチといわれるもので，性格を表すことばを分類することでその特性を見出そうという立場です。このアプローチは，オールポートとオバートに始まったといわれています。彼らは人間の行動における重要な個人差は言葉として表されるという考えに基づき，人格を表す言葉をなんと1万語以上も選び出し，それを4つのカテゴリーに分類しました。その後，ノーマンによって統計的な手法を駆使した研究が行われ，因子分析の結果，上記の5つの因子が得られることが確認されました。さらに1980年代に入り，ゴールドバーグによる一連の研究からこの5因子構造が繰り返し確認されたことから，彼によってビッグ・ファイブと名づけられました。

○ 質問紙を用いた尺度の作成

2つめの流れは質問紙（アンケート）を用いた流れです。代表的なものとしてアイゼンクの研究があげられます。それまでは，各研究者が個別に尺度研究を行ってきましたが，彼は尺度を統合して共通の因子を見出そうとしました。その結果，外交性と神経症傾向という2つの因子が特定されました。その後，コスタとマックレーによって，この2つに加えて開放性，誠実性，調和性が見出され，ビッグ・ファイブを測定するNEO-PI-R人格インベントリーが公刊されました。

わが国でも，特に1990年代以降，この5因子モデルの妥当性を示す研究が報告されており，表37に示した日本版のNEO-PI-R（下仲1999）がすでに公刊されています。

4 ビッグ・ファイブのもつ意味

このように多くの研究を経て得られたビッグ・ファイブは，アメリカやヨーロッパ，日本など複数の文化圏でその妥当性が確認されています。また，ビッグ・ファイブで得られた性格特性は，生涯を通して比較的安定しているということもいわれています。5因子という集約された共通概念を用いて性格をとらえられるようになったことは，性格研究だけでなく臨床実践の分野などにおいても大きな意味があるといえるでしょう。ただ，最近はこの5因子だけでは十分ではないということで，6因子や7因子を基本とする説も出てきているようです。

（福丸由佳）

▷7 Eysenck, H. J. 1959 *Manual of the Maudsley Personality Inventory*. London: University of London Press.
▷8 Costa, P. T. & McCrae, R. R. 1985 *The NEO Personality Inventory Manual*. Odessa, FL: Psychological Assessment Resources.
▷9 下仲順子・中里克治・権藤恭之・高山緑 1999 NEO-PI-R, NEO-FFI の共通マニュアル 東京心理
▷10 XIII-9 を参照。

表37 日本版NEO-PI-Rの次元と下位次元

次元	下位次元
N 神経症傾向	N1 不安 N2 敵意 N3 抑うつ N4 自意識 N5 衝動性 N6 傷つきやすさ
E 外向性	E1 温かさ E2 群居性 E3 断行性 E4 活動性 E5 刺激希求性 E6 よい感情
O 開放性	O1 空想 O2 審美性 O3 感情 O4 行為 O5 アイディア O6 価値
A 調和性	A1 信頼 A2 実直さ A3 利他性 A4 応諾 A5 慎み深さ A6 優しさ
C 誠実性	C1 コンピテンス C2 秩序 C3 良心性 C4 達成追求 C5 自己鍛錬 C6 慎重さ

出所：下仲ほか 1999

XIII 性格

4 性格への遺伝の影響

1 遺伝か環境か

　自分の性格のある面が，生まれつき親から受け継いだものなのか，あるいはいろいろな経験を積み重ねることによってつくり上げられたものなのかという疑問を抱いたことがありますか。身長や顔つきなど身体的な特徴については，親から遺伝的に受け継いでいると実感することも多いと思いますが，行動や性格となると生まれ持っているものなのか，親と身近に接するうちに取り入れたものなのか，その判別は難しくなります。

　人の身体的・心理的な特徴の形成に遺伝的要因と環境的要因がどのように関わっているのかという問題は，心理学だけでなく哲学や教育学，倫理学などで議論されてきました。古くは紀元前4世紀のギリシア時代，医学の父ヒポクラテスが，人間の身体は4種の体液から構成されていて，その割合によって性格の基礎となる気質も変わってくると考えました。体液の割合は遺伝的な影響を受けていると考えられるので，性格も部分的には生得的に決定されているということになります。ヒポクラテスの四体液説はガレヌスに受け継がれて，性格の分類法として長く信じられてきました。

　一方，イギリス経験論の立場にある心理学者たちは，性格は生まれた後の経験によるものだと考える傾向が強くありました。「タブラ・ラサ（拭われた石版）」というラテン語で知られるこの見方は，17世紀のイギリスの哲学者ジョン・ロックの名とともに有名です。ロックの考えは，人間の平等という社会理念と結びつき，身分制度へのアンチテーゼとして取り上げられ広がっていきました。

○優生学とホロコースト

　しかし，ダーウィンに始まる進化論が遺伝による生得性を重視するようになると，個人の特性が生まれつきのものであることを実証しようとする研究がなされるようになりました。ダーウィンのいとこで心理学に統計的な手法を取り入れたゴールトン（Galton, F.）は，傑出した才能をもつ人たちの家系を調べて，一般人の家系よりもはるかに多くの傑出した人物が出現しやすいという事実を見出し，才能は遺伝しやすいと結論づけて優生学 Eugenics の必要を説きました。人間の才能は遺伝すると考えた彼は，「優れた」遺伝子を操作的に後世に残していくことによって，種としての人類を高めていこうとしたのです。

▷1　ロックは，「タブラ・ラサ」というメタファーによって，人は白紙の状態で生まれて，その後経験を通して観念や概念を獲得していくという考えを示した。

▷2　ピンカー, S. 山下篤子（訳）2004　人間の本性を考える　日本放送出版協会

▷3　米本昌平・松原洋子・橳島次郎・市野川容孝　2000　優生学と人間社会　講談社

この優生思想は，アドルフ・ヒトラー政権下のナチス・ドイツの人種政策に利用され，大規模なホロコーストへと暴走していきました。こうしたこともあって優生学は気狂いじみた学問という認識をされるようになり，遺伝が人間の身体的・心理的特長を決定するという考え方そのものも，一歩間違えば差別や偏見を生み出しかねず，精神の自由という人間の尊厳を損なうものだとして忌避されるようになりました。

❷ 遺伝も環境も

しかし，たとえば一卵性双生児の事例が，身体的特徴だけでなく行動，趣味，嗜好，知能などにおいて驚くべき一致を示すことからも，性格が遺伝による影響を免れているとはいえそうもありません。こうして「遺伝か環境か」という二者択一的な議論は，なかば妥協的に「遺伝も環境も」という論調に変わってきました。ところが，性格に遺伝が影響を与えていることを認めたとしても，どのように影響しているのか特定するのは困難です。それはたとえば，目や鼻など部分的な特徴に遺伝の影響を認めても，それらが組み合わさった顔の全体的印象となるとそっくりではないのと同じで，性格という包括的で複合的な概念について考えたときに，それを構成している部分については遺伝の影響があるとしても，それらが組み合わさった全体は親とは違った印象を与えるかもしれません。

▷4　安藤寿康　2000　心はどのように遺伝するか　講談社

◯ 遺伝と環境の相互作用

性格に限らず「遺伝」ということばに対して，私たちはクローン人間のように親からそっくり同じものを受け継ぐというイメージを強くもっています。しかし，遺伝には父親と母親の遺伝子の組み合わせから新たなものを生み出すという機能があることも忘れることはできません。また，「遺伝」によって生得的に受け継いだものは，環境や本人の意思にかかわらずその特徴が現れ出てくるかのような決定的で固定的な性質があると考えがちですが，遺伝と環境との相互作用は別々に影響を与えているのではなく，複雑に絡み合ってその現れが決まってきます。こうした理解にもとづいて，遺伝と環境は簡単に切り分けられるものではなく，単に「遺伝も環境も」と妥協的に認める以上の相互作用があると考えられるようになってきました。性格についても，遺伝によって影響を受けているとしても，親とそっくりという従来の「遺伝」のイメージを超えたより複雑な生成過程として，遺伝と環境の相互作用をとらえていく必要があるといえるでしょう。

（松岡　努）

```
生理的要因  →  個人の特性  →  社会的要因
 （遺伝）  ←  （性格）  ←  （環境）
```

図163　遺伝と環境の相互作用

XIII 性格

5 行動を決めるのは性格か，状況か

性格のいろいろな側面のうち，リスクとなるような特徴があったとしても，皆がみな問題行動を引き起こしたり，つまずくわけではありません。しかも，なんらかの状況要因により，立ち直っていくケースは少なくないのです。

1 状況を考慮する

ブロンヘンブレナー[1]は，人間の行動や発達過程に影響を及ぼしている環境の力に光をあてました。人間の行動を科学的に理解するためには，人間が生活している現実の環境の中で研究することが必要であると主張しました。このような生態学的モデルにおいては，人と環境は相互に調整しあうと考え，環境をミクロ，メゾ，エクソ，マクロシステムという構造をもったものとして捉えます。

たとえば，ある子どもについて，なかなか自己主張できないことが問題とされているとしましょう。教師との関係を見直し，他児との関係をひろげるようなメゾシステムを考慮する視点，家庭において養育者の「子どもと過ごす時間」「勤務時間」「仕事と家庭の力配分」といったエクソシステムを調整する視点，社会的慣習，価値，期待など文化のようなマクロシステムが影響を与えていると捉えることもできます。

ラングロックら[2]は，抑うつ的な親による子どもに干渉するような行動は，子どもにとってはより高いストレッサーとなることを明らかにしており，その結果，不安やうつによる子どもの攻撃的な行動を引き起こすことを示唆しています。したがって，性格によって行動が規定されると限定してしまうよりも，どのような状況にあるのか，対象がそれをどう受けとめるかによる影響の方が見逃せないほど大きいことも考えられます。問題行動を生じさせないためには，最低限の条件として何があったらよいのか，状況による影響を見通した研究を蓄積していくことが必要なのです。

2 行動を決める要因は普遍的か？

このように現代においては，行動を決定する要因を部分的に説明するための理論は存在していますが，行動を普遍的に説明するために必要とされるモデルやパラダイムは欠如しているのです。使用している概念が統一されていないために，行動と性格との関連についての新しい知見を発見する妨げになっていることも確かです。

---

[1] Bronfenbrenner, U 1979 *The ecology of human development: experiments by nature and design*. Cambridge, MA: Harvard University Press.（磯貝芳郎・福富護（訳）1996 人間発達の生態学――発達心理学への挑戦　川島書店）

[2] Langrock, A. M., Compas, B. E., Keller, G. & Merchant. M. J. 2002 Coping with the stress of parental depression: parents' reports of children's coping and emotional/behavioral problems. *Journal of Clinical child and adolescent psychology*, **31**, 312-324.

その原因として，「行動を決めるのは性格である」とする極端な立場があり，性格を記述することが重視されています。また他方の極には，「行動」を反応とみなし，S—R の一般原理の単なる一例としてとらえ，もっぱら抽象的理論的側面を強調しようとする古典的行動主義の立場があります。

　前者は精神分析を理論的背景とするもので，モデルはある事例にあてはまるように説明されるために，過去から現在に至る時間的流れのなかできわめて詳細に述べられ，個々の事例に及ぼす性格の影響が手に取るように了解できるために，具体的ではありますが，一般化しにくいという弱点もあります。

　後者の立場では，普遍的なモデルであるために一般化されなくてはいけないので，時間の流れを考慮しませんし，個々の具体的な行動を説明する際にはまったく妥当しない可能性もあります。

　最近では性格要因と状況要因を併せて考える立場が一般的です。たとえば，子どもの適応的な発達を促し，好ましい行動を引き起こす要因として，「もし……ならば，そのときには……である」という命題を用いて，最低条件を明らかにします。もし……ならばという制限を設けることで，条件を研ぎ澄ます方向へ私たちを導き，モデルや理論，パラダイムを選択する可能性を広げることができるのです。つまり，

① dispositional attribution　性格特徴や個人差。
② familial attribution　家族の特性，社会経済地位，保護要因。
③ extra-familial circumstances　大人との肯定的関係，いい友人モデルなど，友人・近隣社会などの状況的要因。

の3側面からとらえる立場です。

　たとえば，ミッシェルは，行動は性格と状況の組み合わせによって決定されると考えています。つまり，人間の行動を解釈する場合，自己と他の人々とを含んでいる状況と，個人がその状況と連続的に相互作用し，その中において個人が確信し，期待し，目標をもったり，自己調整することがコード化されるのです。この立場では，パーソナリティを評価する際に次の点に留意します。

(a) 外面的な行動傾向の評価と内面的パーソナリティ構造およびダイナミクスを区別する。
(b) パーソナリティによって決定される行動の機能に注目する。
(c) 心理学的・生理学的なそれぞれの尺度は，概念的に別個のものとして限定して扱う。
(d) 個人のユニークな特質を浮かび上がらせるような評価を使用する。
(e) 状況における人について評価する。

　人間の「行動」を理解するためには，有効な理論，モデル，パラダイムを手に入れることが大切なのです。

　　　　　　　　　　　　　　　　　　　　　　　　　　　　（加藤邦子）

▶ 3　Mischel Walter 2004 Toward an integrative science of the person. *Annual review of Psychology*, **55**, 1-22.

XIII 性格

6 自尊感情は何によって支えられるのか

1 自尊感情とは何か

　自尊感情（self esteem）とは，自分自身に対する評価を含む感情であり，自分の特徴が自分にとって好ましいとか嫌いだという評価全般を指します。それは自分の基盤となり，思考，行動を決定します。たとえば，自尊感情が高ければ，失敗してもすぐに立ち直ることができますが，自尊感情が低い場合は，小さな失敗に対しても不安感が高まったり，抑うつ状態に陥ったりなど，心理的健康を害する場合もあります。このため，自尊感情は心理的健康度と関連するといわれています。

2 自尊感情を育むもの

　自尊感情は他者との相互交流のなかから生まれ出てくるといわれています。
　スターン（Stern, D. N.）は，自己感（自尊感情もその一部といえます）は，言語の発達する以前の乳児期から母親との密なやり取りの中で形成され始めるとしています。母子間で言葉を交わさなくても，感情のやり取りが生じること（これを情動調律と呼びました）が重要であるとしました。親からの情動調律が極端に乏しい場合，子どもは世界と交流しているという感覚がつかめず，自分自身の存在を肯定できなくなってしまうとしています。

　コフート（Kohut, H.）も，幼少期に「自己対象」（両親のことを指します）によって賞賛され，共感的に理解されることによって，自尊感情が育つとしています。その際，子どもは「自己対象」を万能で完璧なものとして体験しており，自己と「自己対象」との融合を経験していますが，徐々に両親が万能ではないということに気がつき始めます。その過程において，自己対象から得られた賛美・賞賛が内在化され，自尊感情となるとしています。

　また，クーパースミスが自尊心と親の養育態度の関連を実証的に調べています（表38）。その結果，自尊感情が高い子どもの親の養育態度は公平であり，過度に禁止的でもなく，過度に放任の態度もとりませんが，自尊心の低い子どもの親は，過度に厳格であるか，過度に放任であるかの

▷ 1　Coopersmith, S. 1967 *The antecedents of self-esteem.* San Francisco: W. H. Freeman.

表38　自尊心の評価項目の例

1	空想に多くの時間を費やす
2	自分に自信がある
3	他の誰かだったらいいのにとしばしば思う
4	私は何ごとも簡単に好きになる
5	両親と一緒に楽しい時間を過ごせる
6	私は何も思い煩うことがない
7	私は大勢の前で話すのがとても苦手だ
8	もっと若ければと思う
9	できることなら変えたいと思うことがたくさんある
10	私はあまり悩まずに決心できる
11	人と一緒にいることが楽しい
	……

出所：自尊心尺度 SEI（Coopersmith 1967）より一部抜粋。

どちらかであるという結果を出しています。以上の結果から，自尊感情は幼い頃から親の養育態度を通して徐々に形成されていくことがわかります。

③ 自尊感情を高めるにはどのようにすればよいのか

人間は自尊感情を高める，または維持する方向で努力するといわれています。以下にその方法を示します。

○セルフ・ハンディキャッピング

自分にとって重要な領域において，高い評価が得られる確信がない場合，課題を妨害する行動をとることをセルフ・ハンディキャッピングといいます。たとえば，試験の直前にアルバイトを入れることによって，たとえ結果が悪かったとしても，「アルバイトのせいで勉強時間がなかった」として，自分の能力不足に直面化せずにすみます。つまり，失敗しても自尊感情を低くすることを避けられるというわけです。

○栄光浴

高い評価を得ている個人や集団と自分が何らかの関係をもっていることを強調することによって，自分の自尊感情を高めようとすることを栄光浴といいます。「芸能人が近所に住んでいる」「息子が柔道の試合に優勝した」などと自慢するのは，よく見受けられる現象でしょう。

○社会的比較過程

フェスティンガー（Festinger, L.）は，正確な自己評価をするために，自分と類似した他者との比較が行われるといっています。自分より能力の高い他者と比較することを上方比較といい，自尊感情の低下をもたらすことが考えられます。一方，自分自身の状況がよくない場合，自分よりもさらに悪い状況に置かれている他者と比較することによって自尊感情を維持することも知られており，これを下方比較と呼びます。

④ 自己評価維持モデル

テッサー（Tesser, A.）[2]は，「自己評価維持モデル」を展開しました。それによると，重要な他者との比較によって，栄光浴過程が生じ自尊感情が高まるのか，社会的比較過程が生じ自尊感情が低下するかは，そのテーマが自分にとって重要な領域（自己規定領域）に関係するか否かにかかっているといっています。たとえば，自分が研究者としての道を歩んでいる場合，弟のオリンピック出場が決まると栄光浴過程が生じ自尊感情は上がります。しかし，自分も弟とともに，オリンピックを目指していた場合は，比較過程が生じ自尊感情は低下してしまいます。このように自尊感情は単純に他者との比較によって決定されるのではなく，他者との心理的距離，比較の領域などが複雑に絡み合って決定されると考えられます。

（北島歩美）

▷2 Tesser, A. 1988 Toward a self-evaluation maintenance model of social behavior. Advances in Experimental Social Psychology, 21, 181-227.

（参考文献）

Stern, D. N. 1985 *The interpersonal world of the infant*: Basic Books（神庭靖子，神庭重信訳 1989 乳児の対人世界（理論編）岩崎学術出版）

Kohut, H. 1977 *The restoration of the self*: International Universities Press（本城秀次，笠原嘉監訳 1955 「自己の修復」みすず書房）

Festinger, L. 1954 A theory of social comparison processes. *Human Relations*, 7. 117-140.

XIII 性　格

7 抑うつの発生要因

1 抑うつとは

　抑うつとは，幅広く用いられることばですが，①抑うつ気分（depressive mood），②抑うつ症候群（depressive syndrome），③うつ病（depressive disorder）の3つの意味で用いられます。抑うつ気分とは，滅入った（悲しく，憂鬱になった）気分のことです。このような気分は誰でも経験しますが，継続している期間や，症状の程度によっては，③のうつ病と考えられます。抑うつ症状は，抑うつ気分と一緒に生じやすい心身の状態で，喜びや興味の喪失（anhedonia），疲れやすさ，自信の喪失，自責感，希死念慮，集中困難，イライラ，食欲・体重の変化（増減とも），睡眠の変化（不眠・過眠）などがあげられます。

2 抑うつ生成に関する要因

　抑うつの生成には，さまざまな要因が複雑に関連しあっていると考えられています。

●生物学的な要因

　内因性の抑うつが存在することから，生物学的要因が関与している事例があると考えられます。神経伝達物質のセロトニンとノルアドレナリンなどモノアミンの関連が研究されています。

●心理的要因

　几帳面，まじめ，正直で凝り性，正義感や義務感が強く，勤勉で他者への配慮のある執着性格，あるいはメランコリー親和性という性格傾向が関与していると考えられていました。また，近年では，神経症傾向（neuroticism），損害回避傾向，低い自己効力感や自尊感情，対人的敏感さ等が抑うつと関係があると考えられています。ただし，質問紙でパーソナリティと抑うつを測定した場合，気分が落ち込んでいると自己評価も否定的になりやすいので，抑うつとパーソナリティの因果関係を測定しているかどうかについては，慎重に検討する必要があります。

●社会的要因

　経済的・職業的な困難や，近親者の死，転校や引っ越しなどの生活上の出来事などの環境の変化では，新しい適応が必要になり，それがうまくいかない場

合に抑うつになります。学校や職場でのいじめなどの経験や，家族内での不和なども要因です。

● 身体的な要因

身体疾患や過労，睡眠の不足などは発症の要因となります。産後の抑うつの発症率が高い（10-20％）ことからも，ホルモンの変化（妊娠，出産，月経，更年期など）の関与が推測されます。

③ 抑うつ生成の認知的な特徴

抑うつになりやすい人は，自己に関する情報の認知に特徴があると考えられます。ベック（Beck, A. T.）は，否定的な自動思考により，否定的な出来事があったときに，さらに否定的なバイアスがかかった方法で解釈すると考えました。たとえば，「おはよう」という挨拶に返事をもらえなかったために，「みんなが私を認めてくれない。私はだめな人間だ」と自動思考し，抑うつになると考えました。最近は，抑うつの性差やその他の心理的な困難，たとえば不安や行動障害などとの関連を併せて説明する，より精緻な一般的認知脆弱―ストレス交互作用モデルが提案されています[1]（図164）。否定的な出来事が生じた後には，誰でも否定的な感情が生じるものですが，たいてい気晴らしや気分転換で解消されます。しかし認知的な脆弱性をもつ人は，この最初の否定的な感情が持続，増加すると考えられます。認知的な脆弱性とは，否定的な出来事を繰り返し思い出したり（rumination），自己の否定的な側面に注意を集中することや，否定的な出来事の後に自己注目し，それが持続するスタイル（自己没入），否定的な原因を自分の安定した側面に求める傾向，たとえばテストの点数が悪かったときに，「今回は勉強しなかったから点数がとれなかったけれど，今度頑張ろう」と，テストの結果を一時的で変容可能な結果ととらえずに，「自分はいつも点数がとれず，能力がない」と考えるスタイルです。あるいは，物事を完璧にしないと気がすまない完全主義志向なども認知的な特徴です。また，認知的脆弱性は，領域特殊性を考慮する必要があり，否定的な出来事が各自の発達段階や性差に応じた敏感な領域（たとえば仲間関係，成績，体形等）で生起した場合に，他の領域で起こったときよりも抑うつの増加に結びつきやすいと考えられ，抑うつ発生の性差や年齢による差も説明すると考えられます。

例えば思春期以降女性が，男性に比して抑うつになる傾向が高いのは，ホルモンの変化などの他に，抑うつへの認知的脆弱性や否定的な事象に遭遇する，あるいは遭遇したと感じる頻度が男性よりも高いことを説明できます。

（安藤智子）

[1] Hankin, B. L. & Abramson, L. Y. 2001 Development of gender differences in depression: An elaborated cognitive vulnerability-transactional stress theory. *Psychological Bulletin*, **127**, 773-796.

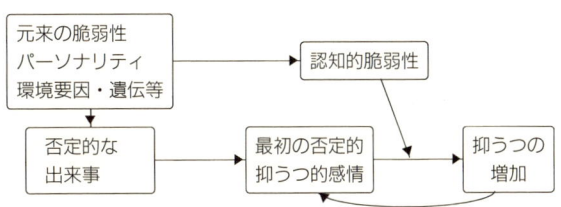

図164 抑うつの一般的認知脆弱性―交互作用モデル
出所：Hankin & Abramson 2001

XIII 性格

8 人と会うのが苦手な人

1 日本特有の神経症

　皆さんのなかで「対人恐怖症」という言葉を聞いたことがある人は少なくないでしょう。この神経症は，人との関係のなかで異常に強い不安や緊張を生じてしまい，その結果，他の人から嫌われたり変だと思われたりすることをおそれて，そのような対人場面を避けてしまう病態像のことです。青年期前期頃に発症することが多く，性別としては男性に多いとされています。

　また，この対人恐怖症は日本独特な神経症ともいわれて，わが国の文化や心性とも深く関わっているようです。日本古来からの遊び歌に「にらめっこ」があるでしょう。「にらめっこしましょ，わらうとまけよ，あっぷっぷ」と歌いながら2人で見合ってどちらかが笑うまで相手を見つめ続ける遊びです。民俗学者の柳田国男は，対人恐怖的な心性をもっている日本人が，遊びを使って少しでもその恐怖（この場合は特に視線恐怖）を和らげる訓練をしているようだといっています。

2 青年期に多い「対人恐怖心性」

　「対人恐怖症」という診断名がつくほどではないけれども，青年期の時期には，上記のような心性をもちあわせることがしばしばあります。自分の行動や言動に対して自分自身で困難さを感じたり，自分が他の人からどのようにみられているのかということに悩んだり，それらを悶々と考える自分にとても自信がもてなかったり……。あなたが青年期の真っ只中であれば，「ああ，わかるわかる」，「自分もそうだわ」という思いに駆られるのではないでしょうか。このような心性のことを「対人恐怖心性」といって先の対人恐怖症という診断名がつく病態像とは区別して用いられています。

▷ 1　岡田努・永井撤　1990　青年期の自己評価と対人恐怖的心性との関連　心理学研究, **60**, 386-389.

　岡田らの研究によると，中学生と大学生では自己評価と対人恐怖心性との間に高い負の相関がみられた（自己評価が高いと対人恐怖心性は低い傾向にあり，自己評価が低いと対人恐怖心性は高い傾向にあるということ）のに対し，高校生では高い相関はみられなかったという結果が得られています。つまり，高校生では他者との関係よりも自分自身に関心が向き，各人の特性に基づいて自己評価する傾向が強いと考えられます。

❸ ふれあい恐怖

　これまで述べてきた対人恐怖心性とは，人と人とが「出会う」場面が怖い，というものでした。それに対し，現代日本人の主に大学生に特有にみられる対人恐怖の型として「ふれあい恐怖」と呼ばれる心性も明らかになっています。これは表面的には人間関係を築くことが上手で，対人的な困難さを抱えているようにはみえないのだけれども，さらに一歩関係が深まることが苦手で，関係を避けようとしてしまう傾向にあることを指します。皆さんのなかに「メル友」はたくさんいても，電話で話ができる友達はごく少数である人はいませんか？　ゼミの授業でディスカッションすることは積極的にできても，みなで夕食をともにしたり，ゼミ旅行に行ったりするのは何となく気が重くなってしまい，参加しないで済む方策を必死で考えたりするようなことはありませんか？　もしそうなら，これが「ふれあい恐怖」にあてはまる心性です。比較的フリーな場面における人間関係が苦手なのです。ひとりで食事をとることに慣れている人は，会食にも極度の緊張を感じます（会食恐怖）。ただし，この心性は心理臨床的な課題のある青年にとっても，その病理はあまり重篤ではないことがわかっています。

❹ 引きこもりの心理

　現代青年を代表する心理臨床的な病理現象としては，「引きこもり」があげられるでしょう。彼らの多くは自室にこもって家族とさえもやりとりしません。部屋にはパソコンをはじめテレビやまんが雑誌などが置かれていて，インターネットで外部と交信することはできても，生身のやりとりは一切断って生活しています。風呂やトイレは家人に気づかれぬように速やかに，反対に食事は家人がさりげなく用意をしてドア前に置いておくといった具合です。就労可能な年齢となっても社会に出て働こうとしないという意味では，相当問題が大きいようにも感じます。引きこもり現象がみられる代表的な国は，日本，韓国，イタリアなどです。共通しているのは，非常に家族のまもりの強い文化をもっている点といえるでしょう。また，日本人の心性が引きこもりの心理にも関係しているかもしれません。「他人（ひと）のふり見て我がふり直せ」というように周りを見ながら社会常識を学んだり，「奥ゆかしさ」を美徳とするような文化が，ともすれば「人の目」を気にするあまり外にも出られない対人恐怖心性ともつながっているようです。しかしながら一方でコンビニエンスストアの前でどっかり座って人の目も気にせずしゃべったり，電車の中で化粧をしたりする若者が増えているのも事実です。何とも極端な現象ではありませんか。どこかバリアを張っているようなそれでいて周りに必死で救いの手を求めているような，途方もない若者の悲痛な叫びが聞こえてきそうです。

〈三林真弓〉

XIII 性格

9 性格は一生涯変わらないか
成人期の安定性

1 「性格」のなかの変わりにくい要素

「三つ子の魂百まで」ということわざには，幼いときの性質は年をとっても変わらないという意味があります。ことわざがいうように，性格は一生変わらないのでしょうか。「変わりにくい面と変わりやすい面がある」というのが心理学からの答えです。心理学において，性格とは，感じ方，考え方，感情，対応などさまざまな要素の個人差のことをいいますが，要素によって変化の程度や様相は異なります。そこで，まずは変わりにくい要素の代表としてビッグ・ファイブ特性を取り上げ，年齢による変化をみていきましょう。ビッグ・ファイブ特性とは，性格の基本的特性を5側面からとらえたものです。

▷1 ビッグ・ファイブについてはXIII-3参照。

▷2 Caspi, A. 1998 Personality development across the life course. In W. Damon (Series Ed.) N. Eisenberg (vol. Ed.) *Handbook of child psychology, vol. 3. Social, emotional, and personality development,* 5th ed. New York: John Wiley. pp. 311-388.

○乳幼児期の気質からビッグ・ファイブ特性への連続性

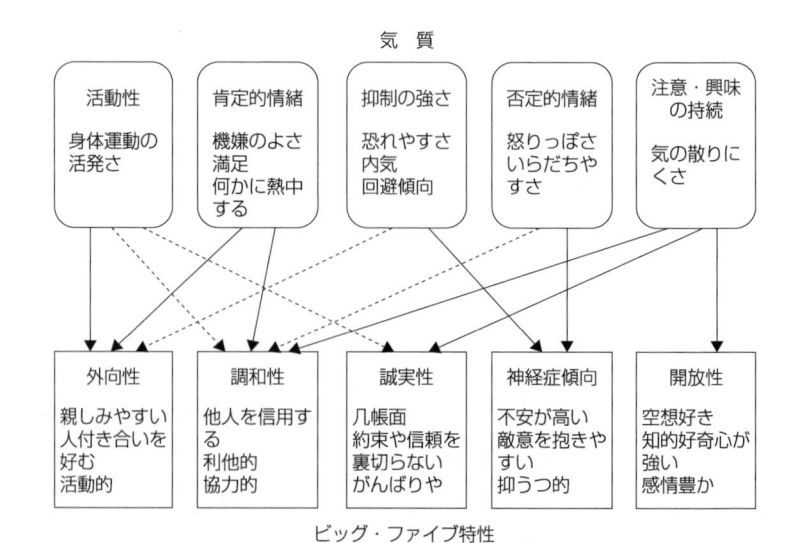

活発で朗らかな子もいれば，敏感でむずがりやすい子もいるように，生まれて間もない赤ちゃんにも行動や性質の個人差があります。このような個人特性は気質と呼ばれます。気質の個人差は，その後の発達過程において性格特性へと受け継がれていくことが，多くの研究で報告されています。図165は，カスピが縦断研究の結果から導き出した，気質がどのようにビッグ・ファイブ特

図165 こども期の気質とその後の性格との関連

（注）図の実線は正の影響力を，点線は負の影響力を表す。
出所：Caspi 1998 より改変。

性へつながっていくかについてのモデルです。

○青年期から老年期にかけてのビッグ・ファイブ特性の変化

ビッグ・ファイブ特性は生涯を通して変わりにくいといわれますが，まったく変化しないわけではありません。ビッグ・ファイブに関する代表的な研究者であるコスタ，マックレーらのグループが行った縦断研究では，ビッグ・ファイブ5側面すべてが加齢に伴って変化することが明らかにされました（図166）。同様の研究は日本でも行われており，概ね似た結果を得ています。すなわち，外向性，神経症傾向，開放性は年を経るにつれて低くなっていくのに対し，調和性，誠実性は高くなっていく傾向にあります（誠実性は70代前後をピークに低下）。しかし，その変化はT得点（偏差値のこと。平均50，標準偏差10に変換された標準得点のひとつ）における標準偏差±10の範囲を越えておらず，ビッグ・ファイブ特性は生涯を通して比較的安定しているという見解にも合致しているといえるでしょう。

図166　ビッグ・ファイブ特性の加齢変化

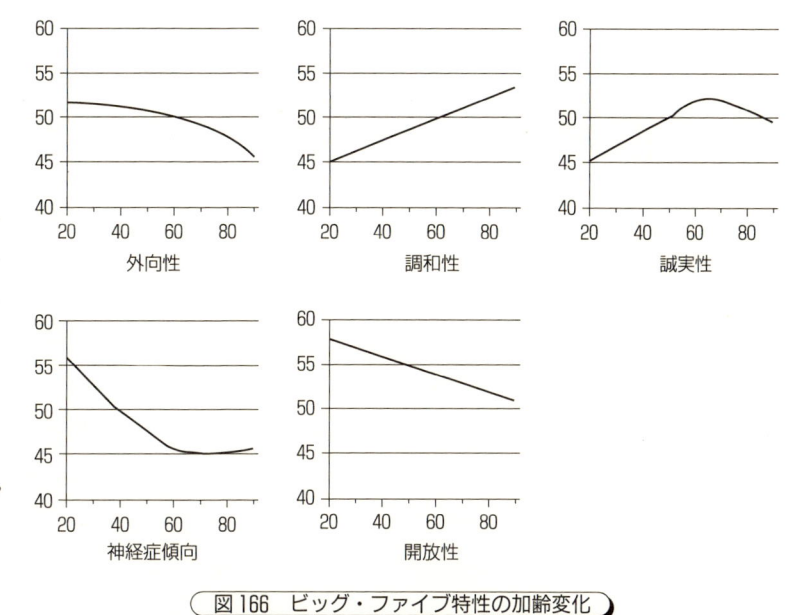

（注）　グラフの縦軸はT得点，横軸は年代を表す。
出所：Terracciano et al. 2005より改変。

2　性格のなかの変化しやすい要素

性格のさまざまな要素のなかでも最も顕著な変化を遂げるのは，自己についての認知や評価感情です。自己概念，アイデンティティなどについては膨大な数の研究が存在しますが，そこでは，各発達期に特有の内的・外的影響を受けながら，自己概念やアイデンティティが変化することが示されています。若本は，30代の成人期，40代〜60代半ばの中年期，60代半ば〜70代半ばの高齢期では，自己概念の構造とウェルビーイングを維持するための機能が，発達期の特徴に応じて変化することを示しました。そして，そのような柔軟な変化が成人発達と心理的適応を支えていると述べています。ビッグ・ファイブ特性が変化しにくいのは，それが体質や気質に由来する生物学的基礎をもつためだといわれています。逆に，性格の一部が変化するのは，われわれが幸福かつ適応的に生きていくための心理的メカニズムが機能しているためであると考えられます。

（若本純子）

[3] Terracciano, A., McCrae, R. R., Brant, L. J. & Costa, P. T. Jr.　2005　Hierarchical linear modeling analyses of the NEO-PI-R scales in the Baltimore Longitudinal Study of Aging. *Psychology and Aging*, *20*, 493-506.

[4] 下仲順子・中里克治・権藤恭之・高山緑　2001　日本版NEO-PI-Rによる人格特性の研究（1）——青年期から老年期における人格の年齢差及び性差の検討　日本心理学会第65回大会発表論文集　p. 928.

[5] 若本純子　2007　中高年期の自己評価における発達的特徴——自尊感情との関連，および領域間の関連に注目して　パーソナリティ研究, 16, 1-12.

XIII 性格

10 血液型は性格と関連するか

▷1 詫摩武俊・佐藤達哉（編）1994 血液型と性格——その史的展開と現在の問題点 現代のエスプリ No.324 至文堂

▷2 Parker, J. B., Theilie, A. & Spielberger, C. D. 1961 Frequency of blood types in a homogenous group of manic-depressive patients. *Journal of mental science*, **107**, 936-942.

▷3 Rinieris, P. M., Stefanis, C. N., Lykouras, E. P. & Varsou, E. K. 1979 Affective disorders and ABO blood types. *Acta Psychiatrica Scandinavica*, **60**, 272-278.

▷4 Shapiro, R. W. Rafaelsen, O. J. Ryder, L. P., Svejgaard, A. & Sorensen, H. 1977 ABO blood groups in unipolar and bipolar manic-depressive patients. *American Journal of Psychiatry*, **134**, 197-200.

血液型（A，B，AB，OあるいはRh＋・−）は遺伝子レベルで決定される分類であるために，人々はいずれかの型に属しています。この形式分類がはたして性格と関連しているのかという問いについては，性格についてほとんど分類によって表すことができるとする，類型論の立場から検討されてきました。データの信憑性を検討した結果，血液型と性格との関連の確からしさは，否定されています[1]。関連があると判断するためには，血液型が性格を規定することを理論的に説明しなければならないし，人間の性格についても少数のタイプによって限定的にとらえられることを認めざるを得なくなるからです。

1 医学的研究

医学領域の研究においては，たとえば，パーカーら[2]，リニアリスら[3]，シャピロら[4]などの研究では，血液型と抑うつとの関連があることを示しています。また最近のエリスら[5]の研究では，血液型と性的志向との間の関連が示されています（表39）。

表はエリスらが血液型と性的志向との関連について検討した結果を示しています。血液型は血球凝集反応の組み合わせによるABO式とRh式を用いています。研究協力者はアメリカとカナダの大学生2114名です。血液型の分布は，男子学生の異性愛志向ではO型が最も多く46.4％で，A型は31.9％で残り21.7％がBかAB型でした。男子学生の同性愛志向27名のうち，O型が最も多く51.9％，A型は18.5％でした。一方女子学生の異性愛志向ではO型が最も多く45％で，A型は33.1％でした。女子学生の同性愛志向43名の血液型の分布を調べたところ，O型は41.9％でしたが，A型が最も多く44.2％でBかAB型は14％でした。A型の性的志向による分布の偏りを統計学的に検定してみると，A型の女子学生には，レズビアンが多いという結果が有意であることを示して

表39 血液型と性的志向に関する人数と割合

変数	男性		女性	
血液型	異性愛志向 %（人数）	同性愛志向 %（人数）	異性愛志向 %（人数）	同性愛志向 %（人数）
A	31.9％(218)	18.5％(5)	33.1％(451)	44.2％(19)
B/AB	21.7％(148)	29.6％(8)	21.8％(297)	14.0％(6)
O	46.4％(317)	51.9％(14)	45.0％(613)	41.9％(18)
Rh＋	82.6％(479)	70.8％(17)	80.6％(909)	68.4％(26)
Rh−	17.4％(101)	29.2％(7)	19.4％(219)	31.6％(12)

出所：Ellis et al. 2008 より抜粋。

います。

　しかし，対象とされた被験者が少数であるために，他の対象で再現されるなどの確認がなされていない，結果を説明するための科学的根拠が不足しており立証することができない，などの問題があり，血液型と性格との関連についてデータの信頼性は低いものと考えられます。

2　社会心理学的研究

　ところが日本では，「関連がある」とする言説がけっこうポピュラーに受け入れられているのです。つまり，大衆紙や女性雑誌などで血液型による性格の違いや相性などが紹介されており，今日でも目にする機会があります。その背景には，対人関係，友人関係，仲間集団，恋愛，結婚および仕事などに関する選択肢から何かを決定する際の不安や，自己アイデンティティに動揺があると指摘する研究者もいます。このように，関連について取り上げられるような文化的状況を問うような研究もみられています。ライフコース・パターンは確かに多様化し複雑にもなっており，より多くの選択肢の中から決定するように強いられます。現代社会において，血液型と性格の関連を取りざたする背景について考えてみることには意義があると思われます。文化人類学者であるミラーは，日本の女性雑誌にみられる性格類型について研究しており，血液型と性格類型とを関連づける背景には，人間関係における不安や人生における多様な選択肢の中から自己決定する際の迷いやとまどいがあるとしています。血液型という変えることができない形式分類をもとに，雑誌に提示されている性格特徴を演じて，偽りの自己を生きようとする傾向を示しているのかもしれません。

　最近では血液型と性格との関連について，血液型は遺伝子レベルで決定されるきわめて厳密な分類で不変ですが，性格をとらえるにはいろいろな立場があり，測定尺度については暫定的なものであると考えられるようになりました。一方，性格は先天的に決定されるものというより，環境や状況によって，後天的に変わりうるものと考えられています。したがって，1）血液型による性格類型にあてはまるようにふるまって，ますます自分らしさを失う怖さも考えられるのです。またその性格記述の内容について検討してみると，2）誰にでもあてはまるようにみえる内容であること，3）性格特性は多様であるはずなのに，指摘されている面だけを強調してラベリングしやすい，4）ステレオタイプ化してしまう，などの傾向があると考えられます。

　血液型は性格と関連するかという問いに正確に答えるためには，血液型と性格とは関連がないことを，性格に関する理論によって説明しなくてはならないと考えられます。性格が血液型のような遺伝的な要素によって決定されない（される）可能性について，理論的に明解に説明することが必要なのです。

（加藤邦子）

▷ 5　Ellis, L., Ficek, C., Burke, D. & Das, S., 2008 Eye color, hair color, blood type, and the rhesus factor: exploring possible genetic links to sexual orientation. *Archives of sexual behavior*, **37**(1), 145-149.

▷ 6　Miller, L. 1997 People types: personality classification in Japanese women's magazines. *Journal of popular culture*, **31**(2), 143-159..

XIV 臨床心理学——臨床心理学の構造とアセスメントの実際

1 臨床心理学の誕生

1 臨床心理学の誕生

◯臨床心理学という言葉を初めて用いたウィトマーの功績

　人の心に対する興味・関心は，哲学という学問がそうであるように，とても長い歴史を持っていると考えられます。しかし，心の問題（不適応や精神病理など）を対象とする学問としての臨床心理学は，19世紀末に欧米で誕生し20世紀に発展していった比較的新しい分野です。臨床心理学という言葉を初めて用いたのは，1896年に米国ペンシルヴァニア大学に心理クリニックを開設したウィトマー（Witmer, L.）でした。彼はドイツのライプチッヒ大学に留学し，心理学の創始者といわれるヴント（Wundt, W.）の指導を受けた後，クリニックにおいて，知的障害をもつ児童への教育やガイダンスを中心とした実践および学生の訓練を始めました。

　当時は，まとまった学問体系としての臨床心理学という概念はまだできていませんでしたが，臨床心理学が実践的な学問であることを示し，そのための教育研修の重要性を指摘したウィトマーの功績は大きく，臨床心理学の創始者とされています。[1]

▷1　岡堂哲雄　2005　臨床心理学の登場と展開　岡堂哲雄（編）　現代のエスプリ別冊　臨床心理学入門事典　至文堂

2 20世紀前半における臨床心理学の発展

◯アメリカにおける展開

　1920年代以降，アメリカでは子どもの心理療法の研究も盛んになり，児童相談所の設立も奨励されるようになりました。また，軍隊の要請に基づいて能力検査が開発されるなど，臨床心理学に求められる分野も広がりました。さらに第二次世界大戦中には，心に傷を負った人々への対応に臨床心理学の活動が求められ，臨床心理士の教育や臨床心理学の実践および研究が急速に進歩していきました。

◯ヨーロッパにおける展開

　20世紀の初め，ヨーロッパでは精神科医のフロイト（Freud, S.）（図167）が，精神分析の基礎を築きました。精神分析が臨床心理学の分野に本格的に取り入れられるのは1910年以降ですが，彼の残した最も大きな功績は，当時の意識心理学では想定されることのなかった無意識の存在に注目し，無意識的な葛藤と抑圧の概念などを提起したことでしょう。フロイトの理論には常に賛否両論が

図167　フロイト

あり，彼の元を離れた弟子も少なくありません。しかし，フロイトの精神分析は臨床心理学だけでなく，心理学全体に大きな影響を与えました。

3 20世紀後半以降の臨床心理学

○新たな治療理論の展開の時期

1940年代から70年代は，さまざまな学派による心理療法が生まれた時期といえます。まず，1940年代から50年代にかけてロジャーズ（Rogers, C. R.）（図168）がクライエント中心療法を提案しました。彼は，クライエントには自分の問題を解決する能力が本来的に存在しており，その主体性や成長が促されるような，受容的なカウンセリングの場が提供されることの重要性を主張しました。

また，60年代後半から70年代にかけて盛んになった認知心理学の影響もうけ，やがて認知行動療法が生まれました。認知行動療法は，単一の理論に始まるのではなく，非適応的な認知と行動の修正を目標とするさまざまな介入法の総称で，その背景には，認知療法，行動療法という2つの源流があります。

さらに，1970年代は家族療法が盛んになった時期でもあります。新たに紹介されたシステム論的な視点は，家族というまとまりを治療や援助の対象とし，家族メンバー間の相互作用や結びつきに注目する，という家族療法の全盛期をもたらすことになりました。さまざまな理論や技法が提案されて多くの学派が生まれましたが，近年では立場を超えた統合的な動きもみられます。

○日本における臨床心理学

日本では，鈴木ビネー知能検査が1930年に作られたことが臨床心理学の始まりともいえますが，実際には第二次世界大戦後の米国を中心とした臨床心理学の移入が，日本の臨床心理学の成立と考えられます。文化的な土壌もあいまって，臨床心理学が注目されるようになったのは，もう少し時間がたってからで，臨床心理学の専門家としての臨床心理士の資格が確立したのも1980年代後半のことでした。また，日本独自の心理療法として生まれた森田療法や内観療法などがありますが，欧米からの移入によって成立し発展したというのも，日本の臨床心理学の特徴といえるでしょう。

○臨床心理学に求められるもの

心の問題が複雑化する今日，臨床心理学に求められる課題もますます大きくなっています。近年広がりを見せる子育て支援をはじめ，臨床心理学の専門家が，他職種の人たちと連携して対応する場面は，今後も増えていくでしょう。さらに，さまざまな起源をもつ臨床心理学の学問的背景を踏まえつつ，学派を超えたより統合的な視点をもつこと，科学者─実践家モデル（ボウルダーモデル）に示されるように，実践家としての立場と，実証的・科学的研究を行う科学者としての立場の双方の視点をもつことなどが，臨床心理学の専門家にはますます求められるでしょう。

（福丸由佳）

図168 ロジャーズ

▷2 フロイトについては，XV-1を参照。

▷3 ロジャーズについては，XV-3を参照。

▷4 認知行動療法については，XV-4を参照。

▷5 家族療法については，XV-5を参照。

▷6 日本の臨床心理学の歴史については，下山晴彦編 2003 よくわかる臨床心理学 ミネルヴァ書房 が参考になる。

▷7 日本独自の心理療法については，XV-8を参照。

▷8 ボウルダーモデルの名前はその発祥の地名に由来している。科学者─実践者（ボウルダー）モデルは，現在はエビデンスト・アプローチとして発展している。

XIV 臨床心理学——臨床心理学の構造とアセスメントの実際

2 臨床心理の専門性

1 臨床心理学とは

　臨床心理学という名称は，1896年にペンシルベニア大学に心理クリニックを設立したウィトマー（Witmer, L.）によって初めて用いられました。当時は，学習などに問題を持つ児童を対象とした実験的手法による検査とそれに基づく再教育と結びついており，その対象も方法もかなり限定されたものでした。わが国では，この四半世紀の間の心の問題への関心の高まりと共に一般に知られるようになったこともあり，問題を抱えた人の治療に関する学問というイメージを持っている人は少なくないと思われます。しかし，米国心理学会は，「臨床心理学とは，科学，理論，実践を統合して，人間行動の適応調整や人格的成長を促進し，さらには不適応，障害，苦悩の成り立ちを研究し，問題を予測し，そして問題を軽減，解消することを目指す学問である。」と定義しています。つまり，単に病理の理解や解消を目指すだけでなく，適応や成長といった人々のより肯定的な側面にも関心を持つものであり，人やその生き方そのものを対象とした学問だと言えるでしょう。

2 精神医学との違いと協働

　臨床心理学と非常に密接な関係にあるものの一つとして，精神医学が挙げられます。精神医学の対象となるのは，何らかの症状や障害を抱えた人であり，その人の病理を理解して疾病の診断をし，その病理の軽減あるいは治療は薬物療法を中心に行うことになります。つまり，客観的な疾病（disease）としての病理を扱うことになります。一方臨床心理学では，そうした症状や障害を抱えた人の病理経験としての病（illness）を扱います。病理経験についてのその人の主観的世界を共感的に理解し，患者さんが自分自身の病に向き合い受け入れられるようになること，あるいは改善のために努力していくことを援助します。つまり，患者さんの日常生活や人間関係，生き方など，さまざまな側面から一人の人間として理解することが出発点となります。

　たとえば，近年急増している抑鬱の問題を抱えた人に対しては，精神医学の立場からは薬物療法が主たるアプローチとなり，抑鬱感の軽減や睡眠障害の改善などが期待されます。一方臨床心理学の立場からは，症状のことだけでなく，一人一人のパーソナリティや環境的要因を理解した上で，心理的要因の改善や

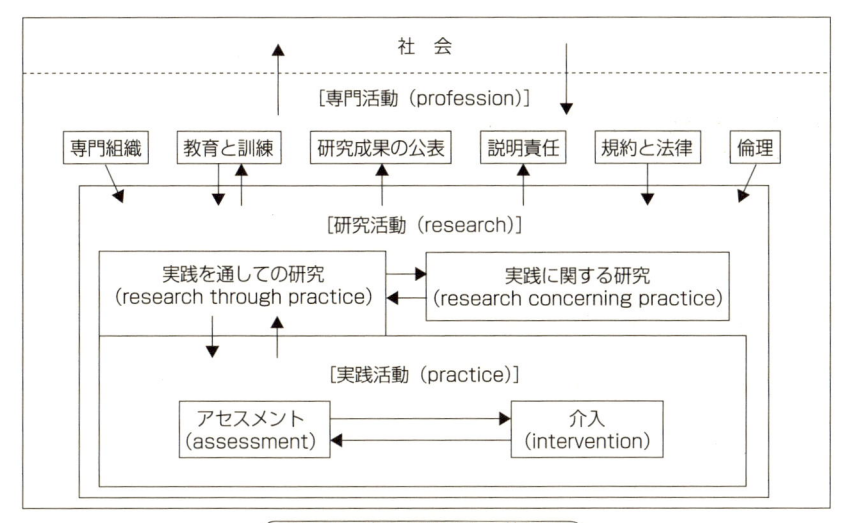

図169 臨床心理学の全体構造

出所：下山, 2001

人間関係の変容を目指していきます。だからといって両者は相反するものではなく，それぞれの専門性を活かした協働（コラボレーション）が必要となります。

③ 臨床心理学の全体構造

　伝統的心理学が実験や調査を主たる方法とし，研究対象に影響を与えるような現実生活への介入を避けるように場が設定されるのに対して，臨床心理学では対象の現実生活に直接関わり，介入していくという実践活動が重要になります。この実践活動は，対象の理解（アセスメント）とそれに基づく介入の循環過程から成り立っています（図169）。つまり，アセスメントに基づいた介入をし，その結果によってアセスメントを修正し，さらに介入に活かすという作業の繰り返しであって，これは研究活動でもあります。加えて，近年では臨床心理学に対する社会的な要請と期待はますます高まっており，それらに応えるべく臨床心理学の専門性を高めるためのさまざまな専門活動も重要です。

④ これからの臨床心理学：人間関係や環境と心

　臨床心理学は，人々の心の問題のみならず適応や成長についても扱う学問として，また実践として発展してきました。しかし，その半面個人にばかり焦点を当ててきたという側面も否めません。人の心の健康も病理も，さまざまな人間関係や社会システムと密接に関係しているものです。人間関係の希薄化や家族や地域社会の崩壊が叫ばれるようになり，家族心理学やコミュニティ心理学という新たな分野も発展してきました。これからの臨床心理学は，たとえ対象が個人であったとしても，人間関係や環境との関わりの中で理解し援助していくことが，ますます重要になってくるでしょう。

（野末武義）

参考文献
下山晴彦（編）　2009　よくわかる臨床心理学　改訂新版　ミネルヴァ書房

XIV 臨床心理学——臨床心理学の構造とアセスメントの実際

3 臨床心理の実践活動

1 一般的なイメージとの違い

　臨床心理の実践活動と聞いて，皆さんはどのようなイメージを抱くでしょうか？　心の病気の治療，あるいは，アドバイスや癒しを与えてくれるカウンセリングをすること，と考えるかもしれません。しかし，臨床心理の実際の活動は，そのようなものとは少し違います。

○臨床心理の活動は，心の病気のカウンセリング？

　一般の人が想像するカウンセリングは，専門的には「臨床心理面接」といいます。臨床心理面接とは，「言語的かかわりを中心に，一部，遊戯，描画，動作，催眠，集団等，さまざまの"こころ"の表出現象を通じての変化（改善）効果をもたらす専門行為」といわれています。[1]

　まず大事なことは，カウンセリングは心の病気の「治療」ではないということです。これは，医療法上の問題から，医行為である「治療」と区別しているという側面もあります。しかし，もっと大きな違いは，カウンセリングの背景にある人間観の違い，つまり，クライアント（カウンセリングを受けに来る人）に対する考えの違いです。佐々木・大貫は「カウンセラーの立場によって違いはあるが，多くのカウンセラーは，人間には潜在的な可能性があるという人間観をもち，クライアントの潜在的な可能性を信頼することを大きなよりどころとしている」と述べています。[2] カウンセリングは，人間の「病気」の「治療」ではなく，人間の「可能性」に注目し，心理的な問題の解決を通じて人間的な成長を目指す行為です。そのため，臨床心理面接は「治療」ではなく，「援助」「支援」であるといわれています。

　また，その対象も「心の病気」をもった人に限りません。自分自身の人間的な成長を目指している人であれば，すべての人が対象となりえます。

○臨床心理の活動は，心の問題の解決や，癒しを与えること？

　クライアントは，カウンセラーに「答え」を求めていることがあります。クライアントの「どうしたらいいのでしょうか？」という質問には，カウンセラーは，自分の問題の解決に役立つアドバイスや情報提供をしてくれるはずだという期待が込められている場合があります。しかし，カウンセラーの仕事は「答え」を与えることではありません。言語的なやりとりを通じて，クライアント本人が自分の問題を解決していくのを手助けするのが，カウンセラーの役

▷1　日本臨床心理士資格認定協会（監修）　2007　新・臨床心理士になるために（平成19年版）　誠信書房

▷2　佐々木正宏・大貫敬一　2002　カウンセラーの仕事の実際　培風館

表40　臨床心理の実践活動

(1) 臨床心理面接――カウンセリングなど
(2) 臨床心理査定（心理アセスメント）――心理検査など
(3) 臨床心理地域援助――地域での予防啓発活動など

割です。問題解決の主体はクライアントにあり，カウンセラーは，いわばその後添えをするにすぎません。実際，カウンセリングの過程で，カウンセラーには「答え」がないことに気づいて，少し落胆するクライアントがいます。これは，カウンセラーに求めているものが違っているために起こることだと思います。

また，カウンセリングは「癒し」を与える行為でもありません。高橋は「むしろ，カウンセリングを受ける人は，自分自身の抱える根の深い問題に自ら直面しなければならないこともあり，むしろ苦しいことの方が多いかもしれない」と述べています。問題の解決に至った結果として癒しが得られることはあるかもしれませんが，それが目的ではありません。

▷3　高橋美保　2005　カウンセリングの基本と実践が分かる本　明日香出版社

◯臨床心理の活動は，カウンセリングと同じ？

ここまでは，臨床心理面接（カウンセリング）を中心に話を進めましたので，臨床心理の活動は，臨床心理面接と同じと思われるかもしれません。しかし，XIV-2 に示すように，臨床心理の活動は臨床心理面接にとどまらない多様なものです。

２　臨床心理の実践活動

臨床心理面接と並んで臨床心理の実践活動で重要なものは，心理アセスメントです。心理アセスメントとは，面接法，観察法，検査法などの専門技法を用いて，クライアントの個別性，つまり他の人とは違う，クライアントらしさを記述するものです（詳しくは XIV-4）。

また，臨床心理の実践活動には，臨床心理地域援助という活動もあります。これは，地域住民や学校，職場などの集団に対して行われる活動です。これまで臨床心理の実践活動は，相談室の中で１対１で行われるものが多かったのですが，最近は集団組織を対象に行われることも多くなりました。たとえば，職場集団への心の健康講座の開催，学校全体での「いじめ」対策，災害被害者の心の支援活動などがあります。

その他，臨床心理の専門家には，教師―生徒，医師―看護師の橋渡し役となるリエゾン機能や，生徒の対応に関する教師の相談に乗る，つまり，相談者の相談に乗るというようなコンサルテーション機能などが求められます。

このように，臨床心理の実践活動は一般のイメージとは異なりますし，一般のイメージ以上に多様なものです。興味のある方は，参考文献を読み進めるとよいでしょう。

（種市康太郎）

XIV 臨床心理学——臨床心理学の構造とアセスメントの実際

4 心理アセスメント
定義や診断との違い，その種類

1 心理アセスメントという言葉とその歴史的由来

「アセスメント」という言葉を辞書で引くと，評価，査定といった言葉が出てきます。あまり耳慣れない言葉かもしれませんが，心理学において心理アセスメント（心理査定）とは，とても重要なものです。臨床心理学的な援助を行う際には，その対象となる人や集団について，また抱えている問題やその背景について十分に理解することが必要です。そのためには情報の収集や査定は欠かせない作業となります。この一連の作業が心理アセスメントといえます。

心理アセスメントの歴史は19世紀末から20世紀の初頭に遡ります。知能検査を例にとると，20世紀の初め頃，学業不振や知的障害を抱えた子どもへの教育の関心という点から，ヨーロッパを中心にその開発が始まりました。また，第一次世界大戦の頃には，適切な人材配置を行うために兵士の適性を知る，という目的のもと，パーソナリティ検査が開発されていきます。アセスメントということばが心理学の用語として使われるようになったのは1940年代頃のことですが，これもやはり第二次世界大戦の際であったといわれています[1]。このように，心理アセスメントは教育現場や職場といった現場のニーズから生まれてきたものなのです。

▷1 コーチン，S.J. 1980 村瀬孝雄（監訳）現代臨床心理学 弘文堂

▷2 臨床心理学の研究と実践については，XII-11 を参照。

2 心理アセスメントとは？

心理アセスメントは，一般に「個人または集団に対して臨床心理学的な援助を行うために，解決すべき問題やその状況，対象者の人格やその特徴などに関する情報を収集・分析し，その結果を通して，心理学的介入の方針を立てていくプロセス」と定義することができます。つまり，心理アセスメントは，心理臨床の介入・援助活動とともに実践活動の中核を担うものといえます。さらに，実践に関する研究活動も臨床心理学の専門性において非常に重要であり，これら3つの機能は臨床心理学における主要なものと考えられます[2]（図170）。

○精神医学的診断との違い

心理アセスメントと似たものに，精神医学的診断があります。この2つはどこがどのように異なるのでしょうか。

まず，精神医学診断では，どのような病気であるか，いつ頃発症

図170 臨床心理学の3つの機能

出所：鑪幹八郎 2000 心理臨床家の現況とアイデンティティ 鑪幹八郎・名島潤慈（編著）心理臨床家の手引き（新版） 誠信書房

しどのような経過を経ているか，といったことに注目します。つまり医学的な診断を行い，その治療法を提供することが目的となります。一方，心理アセスメントでは，その人がどのような心理的問題に直面しているのか，その問題の背景やその人の置かれた環境はどうか，さらに問題に対してどのように対処しようとしているのかなど，その人の健康な面，ポジティブな面も含めてパーソナリティの全体像を対象とするのが心理アセスメントの本質的な特徴です。そういう意味では，心理査定は人間の生き方を中心にみており，問題を抱えながらもいかに生きていくかを考えるという視点がその基本にあるといえるでしょう。

▷3 西村洲衞男 2003 心理臨床を支える心理査定 臨床心理学，3(4) 454-461. 金剛出版

3　心理アセスメントの手続きと，その方法

　心理アセスメントの実施にあたっては，まず，何のために行うのかという実施の目的を明らかにし（実施の目的），対象とする人や集団に役に立つか，ということを検討する必要があります。その上で，どのような方法をとるのか，すなわち方法の選択を考えます。

　具体的な方法は，表41に示されているように，面接法，観察法，検査法の3つに大きく分かれます。この3つの方法はさらにいくつかの種類に分類されますが，その観点によって色々な分類が可能です。たとえば，自然観察法と実験的観察法は，観察事態による分類ですが，観察形態（観察者と被観察者との関係）という観点からは，参与（参加）観察法と非参与（参加）観察法に分類することができます。また，実際のアセスメントでは，多角的な分析や理解を行うために，面接法と検査法といった複数方法を組み合わせる場合も少なくありません。

▷4 面接法はXIV-5を参照。

▷5 観察法はXIV-6を参照。

▷6 検査法はXIV-7を参照。

　これらの情報をもとに心理学的介入の方針をたてるわけですが，同時に，実施のあとは，必要に応じて対象者や関係者などに結果のフィードバックを行います。その際にも，何をどのように伝えるか，対象者にとって役に立つ情報であるか，などの検討がとても大切です。このように，心理アセスメントは心理学的介入の方針を立てるというだけではなく，対象者との関係を築くことなども含めて，臨床心理的援助のプロセス全体に大きな意味をもっているといえるのです。

（福丸由佳）

▷7 下山晴彦 2000 心理臨床の基礎1 心理臨床の発想と実践 岩波書店

表41　主な心理アセスメントの方法

面接法 目的のある会話を通して情報を得る	調査面接法 臨床面接法	情報収集が大きな目的。調べたいことがある程度決まっている構造的な面接。 対象者の援助が目的であり，面接過程に変化を含む非構造的なもの。
観察法 行動をみることを通して情報を得る	自然観察法 実験的観察法	日常生活場面における観察。組織的観察と偶然観察法に分けられる。 観察の目的に応じて，観察状況に操作を加える。
検査法 課題の遂行結果を通して情報を得る	知能検査 パーソナリティ （人格）検査 発達検査	知的機能を測定し，その個人の特徴を客観的に表示することを目的とする。 対象者の情緒性，態度，欲求などの心理的特質を知ることを目的とする。質問紙法と投影法がある。 子どもの運動や社会性など子どもの発達特性を把握することを目的とする。

出所：下山 2000 したを参考に作成。

XIV 臨床心理学——臨床心理学の構造とアセスメントの実際

5 面接法

表 42 面接法の種類

面接法 ┃ 相談的面接法 ┃ 診断面接
　　　 ┃ 　　　　　　 ┃ 治療面接
　　　 ┃ 調査的面接法

出所：保坂・中澤・大野木 2000

▷1 保坂亨・中澤潤・大野木裕明　2000　心理学マニュアル　面接法　北大路書房

1 面接法とは

　面接というと，就職や入学試験などの緊張度の高い場面をイメージする人も多いでしょう。心理学における面接とは，おおむね，何らかの目的のために人が直に会って，話をすることととらえられます。

　面接法は，大きく分けて表42のように分類することができます。まず，調査的面接法か，相談的面接法かという区分，さらに相談的面接法を診断面接と治療面接に分けることができます。ここでは，臨床心理学における面接法について学んでいきますので，相談的面接法を中心に述べます。

2 臨床心理学における面接法

　相談的面接では，心理的な問題，たとえば自分の性格や癖，さまざまな症状，家族や学校，職場での人間関係などで困っている人を援助することが目的となってきます。

　心理的援助をするためには，具体的にどのような問題をもっていて，それに対してどのような援助方法があるのかを考えるために，インテーク面接（受理面接）を行います。インテーク面接では，来談者（クライエント）が何に困っているのか，どういう家庭環境で育ってきて，学校生活や社会生活をどのように経験してきたのか，どういうことをきっかけに今困っている状況に陥ったと考えているのか等，その人の生活や人生の背景について語ってもらい，そこから，現在の心理的状態（**病態水準**）を見立て（アセスメント），これからの援助の方針を立てていきます。このような一連の作業を，インテーク面接といい，精神科領域では診断面接と呼ぶこともあります。

　そして，来談者がカウンセリング（心理療法）に適すると判断されたら，見立てと方針に基づいて心理的援助を開始します。心理的援助場面での話し合いや介入は，全般的に治療面接に含めることができるでしょう。

▷2 病態水準
人格の発達や自我機能の程度によって，心理的な状態を理解しようとする考え方。神経症，境界例，精神病の3つの水準に分かれる。精神病水準がもっとも病理が重いと考えられる。

3 治療面接の枠組み

　治療面接においては，枠組みという概念が大切です。治療構造とも呼ばれ，心理療法の骨組みといえるでしょう。具体的には，物理的な条件，つまり時間や場所，面接の間隔，料金等を定めることです。特に時間と場所の設定が重要

です。時間とは1回の面接時間のことで，心理療法では50分程度を1回の面接枠とすることが一般的です。場所とは，面接を行う部屋のことで，クライエントが安心して自らを語れるような，静かで落ち着ける空間であることが望ましいでしょう。このように物理的条件をできるだけ一定に保つことが心の仕事をするための器となりますし，外枠が一定であることによって，心という目に見えない世界の変化を捉えることができるのです。

ここで重要なことは，これらの枠組みをセラピストから一方的に押しつけるのではなく，セラピストとクライエントが相互に納得して受け入れる（契約する）ことです。これは，心理療法がセラピストとクライエントの共同作業であること，クライエントは何かをしてもらうのを待つ受け身の存在ではなく，主体的に自己と取り組む能動的な存在であることを相互に確認する意味があるのです。

❹ 治療面接におけるセラピストの態度

治療面接のなかで，セラピストはどのようなことに気をつけながらクライエントの語りを聴いていけばよいのでしょうか。

まず大切なことは，クライエントの話を傾聴するということです。傾聴というのは，クライエントが語った言葉の文字どおりの意味だけを受け取るのではありません。クライエントがなぜその言葉を発したのか，その言葉に託した心の深い部分にある苦しみや悲しみ，そしてそこから何とか脱したいという切なる願いなど，心の世界を広がりのあるものとして聴き取っていくことなのです。たとえば，「私は母親を憎んでいる」とクライエントが語ったとします。セラピストは，クライエントの語る「憎い」という言葉を大切に受け取りながら，憎いと言わざるを得ないようなこれまでの親子の力動や家族の歴史を想像するかもしれません。クライエントはまた，「憎い」という言葉を発したことで，これまで抱えていた苦しみを吐き出せたことによる**カタルシス**[3]を得る一方で，母親に対する憎悪の感情が意識化され，逆に罪悪感を抱く可能性もあるでしょう。このように傾聴とは，クライエントの言葉の背景にあるさまざまな感情やイメージを深いところで受け取っていく作業なのです。

セラピストの態度に関する理論としては，ロジャーズ（Rogers, C.）の提唱したクライエント中心療法や，精神科医のサリヴァン[4]が提唱した「**関与しながらの観察**」[5]という概念があります。

ロジャーズは，心理療法が成立するためのセラピストの態度として3つの条件をあげています。すなわちクライエントに対して①無条件の肯定的関心を向け，②共感的理解を示し，③セラピスト自身が二者関係のなかで一致した状態にあることです。これらの条件が整えば，クライエントは本来持っている自己治癒力を発揮して回復に向かうという考え方です。

（難波　愛）

▷3　カタルシス
本来ギリシア語で浄化，排泄を意味する。心の中の感情を言葉などで表現することで苦悩が解消されることを指す。精神分析用語。

▷4　サリヴァン，H. S.
中井久夫・山口隆（訳）1976　現代精神医学の概念　みすず書房

▷5　関与しながらの観察（participant observation）
セラピストはクライエントと治療的な関わり（関与）をしながら，同時に自らの関わりを観察するという態度。

XIV 臨床心理学——臨床心理学の構造とアセスメントの実際

6 観察法

1 心理臨床における観察法

○ 参与観察法

心理臨床とはカウンセリングや援助的な活動のことを指し，クライアントへ支援的に，あるいは治療的に関わることをいいます。支援や治療のためには，クライアントがどのような人であるかを多面的に理解しなければなりません。そのため，援助者（セラピストなど）はクライアントの発言や行動，服装や雰囲気などをよく観察します。それだけではなく，相手とのかかわりのなかで感じた援助者自身の心の動きなどにも目を向けます。このようにクライアントと関わりながら行う観察を参与観察法といい，心理臨床では一般的な方法です。

参与観察法は，個人の理解だけではなく，より広い文化やフィールドを理解するのに有効であり，文化人類学や社会学，心理学におけるフィールドワークの中心的な方法として用いられています。[1]心理臨床においても，クライアントの目線や姿勢などをよく「見て」，語られた内容をよく「聞き」（語られない内容についても，注意深く感じとるようにします），クライアントが書き記したものや創り上げた作品，心理検査の結果などを「読みとる」ことで，クライアントの現実を理解していきます。ここでいう現実とは，クライアントの生活状況や精神状態，心的現実などを意味します。クライアントの衣服や身体の清潔さなど，援助者の五感によって気づいたことも重要な情報となります。子どもの身体の異臭が虐待（ネグレクト）のサインとなることもあるからです。

○ 心理臨床における観察の観点

心理臨床における観察では，表43に示した3つの観点も重要になります。表中の③にある「無意識の過程」を対象とするのは，臨床心理学においても特に無意識を仮定する精神分析的な理論背景をもつ研究に限られます。[2]これらの情報をもとにクライアントの理解を進め，抱えている問題を明らかにしていくとともに，支援や治療のあり方について検討を重ねていきます。

また，観察法は面接法[3]や検査法[4]などの技法と組み合わせて用いられます。

○ 治療としての観察法

治療者がクライアントを観察するほかに，クライアントが自分の行動について記録をとるセルフモニタリングがあります。たとえば，ソーシャルスキルトレーニング（SST）では，クライアントは自分が身につけたいスキルや行動を

▷1 フィールドワークを含む質的研究法について，主に心理学の観点から紹介されたもの：
無藤隆ほか（編著）2004 質的心理学——創造的に活用するコツ 新曜社
柴山真琴 2006 子どもエスノグラフィー入門——技法の基礎から活用まで 新曜社

▷2 青木紀久代 2000 データ収集の基本技法 1. 観察法 下山晴彦（編）臨床心理学研究の技法 福村出版 p. 35-41.

▷3 面接法
面接法は，質問項目や順序，回答の自由度などの構造化の程度によって，非構造化面接法から構造化面接法に分けられる。心理アセスメント面接においては，ロールシャッハ・テストやTATは半構造化面接法，診断基準に基づいた面接は構造化面接法といえる。

▷4 検査法
検査法とは，心理アセスメントのためのツールを用いた活動全般を指す。大きく質問紙法と投影法に分類できる。

表 43　観察の素材

観察素材	例
①観察可能な行動	チック，どもりなどの症状，病棟内での患者の行動パターンなど
②内省を通して観察可能な事象	不安や恐れなど人の内面で生じる感情的な動き，妄想や幻聴などの精神病的体験のあり方など
③無意識の過程	言い間違い，遊戯療法過程における遊びの象徴的理解など

出所：山本　1974；青木　2000 より作成。

設定し，日々の行動のチェックを行います。年齢によっては，保護者などによる観察記録も活用されます。セルフモニタリングはデータの信頼性が低いものの，自己観察を行う手続き自体に治療効果があるといわれています。また，心理療法の一つである内観療法は，自分が過去に体験した関係や出来事を振り返るものであり，自己についての観察ととらえることもできます。

○さまざまな観察場面

心理臨床における観察場面は面接室内に限らず，家庭内や幼稚園・学校などさまざまな場面にわたります。子どもの発達や学習，人間関係を理解するためには，さまざまな生活場面の様子について観察することが役立ちます。

2　臨床心理学研究における観察法

○行動観察技法

臨床心理学研究では，面接室内でのクライアントの観察に限らず，自然観察法や実験法といった行動観察技法が用いられることがあります。

行動観察は，観察場面の設定条件や被験者要因の統制の度合いによって，自然観察法により近い方法から，観察者が特定の状況が設定された実験法まで幅広いものです。たとえば，公園で遊ぶ親子の行動を観察するのは自然観察法に近く，親子を馴染みのない実験室に連れてきて遊んでもらい，その様子を観察するのは実験法に近いものです。しかし，公園にビデオカメラを持ち込み，親子に「ふだんどおりに遊んでください」と教示するのであれば，実験的観察の要素が強くなります。ビデオカメラによる撮影や教示を与えたことが，その場に何らかの影響を及ぼすからです。

○時間見本法と事象見本法

より客観性のあるデータを収集するための代表的な観察法に，時間見本法と事象見本法があります。時間見本法とは，区切られた時間のなかで生起した行動をカウントすることにより，特定の行動の有無や頻度を観察するものです。量的データを収集するのに適しています。一方，事象見本法は，特定の行動が生起する経過や過程を観察するものであり，行動の背景や文脈といった質的なデータから分析を行うことができます。

（野坂祐子）

XIV 臨床心理学――臨床心理学の構造とアセスメントの実際

7 検査法

1 臨床心理学における検査法

　検査法とは，心理検査（テスト）を用いてアセスメントする方法であり，臨床心理的援助におけるアセスメントのなかで，面接法，観察法と並んで重要な位置を占めています。特に病院臨床では，検査法によるアセスメントは医学的診断の補助的手段として活用されています。アセスメントのために用いられる心理検査は，人格心理学や知覚心理学など基礎的な心理学の理論を基盤にしており，それらの理論を学ばなければ検査結果を十分に理解することはできません。また，検査の実施や結果の分析，解釈ができるようになるために，訓練を積まなければならない検査がほとんどです。さらに，頻繁に用いられる心理検査は，信頼性や妥当性の検討を重ねています。

2 検査法の種類

　検査法は，パーソナリティ（人格）検査，知能検査，発達検査の3つに分類できます。以下にそれぞれの検査法の特徴を述べ，具体的な検査の種類を表44に簡単にまとめました。

○質問紙法

　質問紙法は，被検査者が自分で質問に答える方法で，「はい・いいえ」で答えたり，あてはまるかどうかを○，×で答えます。結果は，その質問紙法の背景にある理論に基づいて解釈されます。人格特性論（XIII-2 参照）の考えをもとに，どのような人格特性を強くもち，どのような特性が弱いのかをグラフ

▷1　YG：矢田部ギルフォード（Guilford）性格検査
性格についての120項目の質問から成り，抑うつ性，気分の変化，劣等感，神経質，主観性，協調性，攻撃性，活動性，のんきさ，支配性，思考と社会的な内向―外向性を判定する。

表44　検査法の種類

検査分類	検査様式	背景の理論・方法等	代表的な検査
パーソナリティ（人格）検査	質問紙法	人格特性論に基づく精神症状の把握	YG・MPI・TEG など MMPI・SDS・BDI・EAT
	投影法	刺激呈示による方法 描画法	ロールシャッハテスト・TAT バウムテスト・人物画・家族画
	精神運動検査	連続的単純作業の成績	内田クレペリン作業検査
知能検査	個別式	ビネー式 ウェクスラー式	田中ビネー法・鈴木ビネー法 WAIS-IV，WISC-V，WPPSI-III
発達検査	母親質問式 検査者施行		津守式発達検査 新版K式発達検査

に示して理解する検査（YG, MPI[1], EPPS, TEG[3], Big Five Test など）のほかに，不安や抑うつなど具体的な精神症状の程度を把握する質問紙も多数開発されています（MMPI[4], BDI[5], SDS[6], EAT[7] など）。

質問紙法は，比較的短時間でできるものが多く，一度に多くの人に施行することも可能ですが，被検査者が結果を意識的に操作することも可能であるため，その結果だけでパーソナリティを理解しようとすると偏ったとらえ方になってしまう可能性もあります。

○ 投影法

投影法は，あいまいで多義的な刺激に対する反応を通して，パーソナリティを理解しようとする方法です。しばしば投影法は無意識を反映するといわれますが，それは，あいまいで多義的な刺激に対する反応を求められると，その人が通常意識しないで用いているものの見方や思考の様式が現れてくるからです。また，質問紙法と対比させたときに，投影法は結果がどのように解釈されるのかの予想が被検査者につきにくく，意識的な操作ができにくいことも，「無意識」が反映されるといわれることに影響しています。

投影法には，インクのしみが何に見えるか判断するロールシャッハテスト，絵を見て物語を作る主題統覚検査（TAT），写真を見て好き嫌いを判断するソンディテストのような刺激を検査者が提示する方法と，描画（バウムテスト・人物画・家族画，風景構成法）を解釈する方法があります。また，質問紙法の要素も併せもっている検査として，刺激文に続けて文章を完成させる文章完成法（SCT）や，さまざまな欲求不満場面が漫画風に描かれ，その吹き出しに反応を記述していく絵画欲求不満テスト（P-Fスタディ）のような検査もあります。

○ 精神運動検査

精神運動検査は作業検査とも呼ばれ，単純作業を一定時間繰り返すと，緊張から慣れ，疲労などさまざまな心の働きが作業成績に表れます。このような作業成績の変化をとらえて，被検査者の作業に取り組むときの心の変化を理解しようとすることがねらいです。1桁の数字の加算作業を15分ずつ計30分繰り返す，内田クレペリン作業検査がその代表です。

○ 知能検査・発達検査

知能検査には，フランスのビネーの知能観に基づいた，知能全般の能力を測るビネー式知能検査と，質的に異なる知的能力から構成されているというウェクスラーの知能観に基づいて作成され，複数の下位検査ごとの得点も算出できるウェクスラー式知能検査があります。成人版のWAIS-IV，児童用のWISC-V，幼児用のWPPSI-IIIに分かれています。

発達検査は，母親に質問をして子どもの発達について答えてもらう津守式発達検査や，検査者が子どもと接しながら評定する新版K式発達検査などが代表的です。

（塩崎尚美）

▷2 MPI：モーズレイ性格検査
アイゼンク（Eysenk, H. J.）が開発した性格検査で，「内向一外向」と「神経症傾向」の2つの尺度から構成される。

▷3 TEG：東大式エゴグラム
バーン（Bern, E.）が創始した交流分析の理論に基づいて作成された自我の構造を明らかにするテストの日本版。批判的な親（CP），養護的な親（NP），成人（A），自由な子ども（FC），順応した子ども（AC）の5つの自我を測定する。

▷4 MMPI: Minnesota Multiphasic Personality Inventory
ミネソタ大学で開発された，精神病の診断のための検査で550項目から成る。心気症，抑うつ，ヒステリー，精神病質傾向，偏執性，精神衰弱，統合失調症，軽躁病，社会的内容などについて測定する。

▷5 BDI
ベック（Beck）が開発した抑うつ尺度。

▷6 SDS
ツァン（Zung）が開発した自己評価による抑うつ尺度。

▷7 EAT
ガーナー（Garner, P. M.）によって開発された摂食障害の傾向を測定する尺度。

XIV 臨床心理学——臨床心理学の構造とアセスメントの実際

8 パーソナリティ検査の特徴と限界
質問紙法・投影法

1 パーソナリティ検査の特徴

　パーソナリティ検査は，1つの検査によって被検査者のパーソナリティの全貌が把握できるようなものではありません。パーソナリティ検査にはさまざまな種類があり，その結果に反映されるパーソナリティの側面も異なります。それぞれの検査に得意分野があり，その反面必ず不得意分野もあります。パーソナリティ検査を活用する場合には，まず個々の検査の開発された背景と基本にある理論を十分に理解し，どのようなことを理解するために作られたのか，反映されるパーソナリティの側面が何なのかを知らなければなりません（図171）。その上で，パーソナリティ検査を行おうとするときに，その目的を明確にすることが必要です。パーソナリティ検査を行うことで，面接法や観察法を凌ぐような理解をもたらすことはそれほど多くはありません。面接法や観察法に熟練すれば，パーソナリティ検査から得られるような理解ができることが多いのです。

　つまり，パーソナリティ検査の結果を過大評価しすぎず，面接や観察から得られる情報と擦り合わせながら，総合的にパーソナリティを理解することが重要なのです。そのためには，面接や観察を行った上でまだ足りない情報は何か，それを補うのにはどのような種類の検査が役立つのかを判断して，必要な検査を行うことが理想です。その際，後述するような検査の組み合わせ（テストバッテリー）を検討することも必要となります。

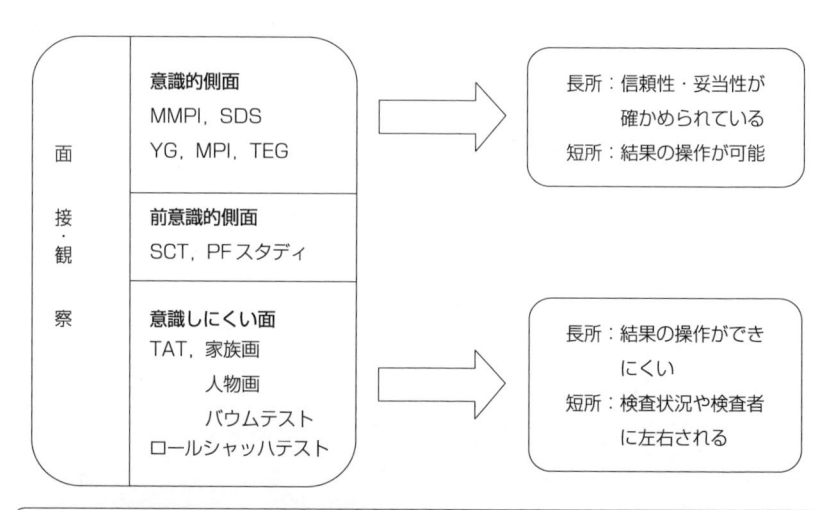

図171　心理検査によって理解できるパーソナリティの側面とそれぞれの検査の特徴

❷ 質問紙検査の特徴と限界

　そこでまず，質問紙法の特徴とその限界について述べたいと思います。質問紙法の特徴は，自己評定であることです。被検査者が自分のパーソナリティについてどのように理解し評価しているのかが，結果に反映されます。回答しながらある程度結果の予測ができますから，この結果を検査者が知るという前提で回答していることを念頭に置かねばなりません。つまり，検査者に自分をどのように理解してほしいのかという要素が入ってくるわけです。他者にどのようにみられたいか，検査者にどのように理解してほしいのかが反映されていると考えて解釈する必要があります。特に面接や観察から感じたこととのずれが大きい場合には，このような要素を踏まえて解釈する必要があるでしょう。

❸ 投影法の特徴と限界

　投影法[1]は，あいまいで多義的な刺激に対する反応を通してパーソナリティを理解しようとする方法です。投影法が無意識的水準を反映しているといわれるのは，被検査者に標準的な答えがわかりにくく，自分ならではの判断基準や思考様式で反応しなければならないためです。質問紙法のように結果の操作もできにくいし，標準的な基準がないので，自分はどう感じ，どう考えるのかということに向き合いながら作業をすることになり，その人らしさが現れやすくなります。また刺激が多様性に富んでいるため，いまの状況ではわからないが，場面や状況が変化したときには現れる可能性のある行動様式を予測することもできます。しかし投影法は，検査者の技術によってその結果にかなりの違いが出ることや，検査者と被検査者との人間関係，検査状況によって結果が左右されるという問題点があります。たとえば，検査者が非常に権威的で，被検査者がとても緊張して検査を受けた場合と，十分に信頼関係ができている場合とでは，結果に大きな違いが出ます。このような検査状況についての情報も，検査結果と併せて解釈する必要があります。また，解釈においても検査者の主観を排除することが難しく，客観性の問題がしばしば指摘されます。

▷1 「投影法」は精神分析理論における防衛機制の『投影』と区別するために「投映法」と表記すべきであるという見解もある（馬場禮子 2006 投映法：どう理解しどう使うか『心理査定実践ハンドブック』創元社）。

❹ テストバッテリーによる総合的理解

　以上のような質問紙法と投影法の特徴と限界を踏まえた上で，パーソナリティ理解をするには，両者からいくつかの検査を組み合わせて，それぞれの特徴を補い，さまざまな視点から総合的にアプローチすることが必要です。このような方法をテストバッテリーと呼んでいます。たとえばYGとSCT，ロールシャッハテストを組みあわせるテストバッテリーは医療現場ではよく用いられています。ただし，被検査者の負担が大きくならないように，数日に分けて実施する配慮が必要です。

（塩崎尚美）

XIV 臨床心理学——臨床心理学の構造とアセスメントの実際

9 信用できる心理検査とは
信頼性・妥当性

心理検査を作成するときに，その検査の質の高さを表すのが信頼性と妥当性です。信頼性とは，検査の尺度の精度を表し，妥当性とは検査が目的に合った内容を測定しているのかどうかを表します。信頼性・妥当性に関してはⅠ章で取り上げているので，ここでは臨床的場面で特に問題となる点を考えることにしましょう。

1 信頼性

信頼性とは，心理検査の安定性と一貫性を示します。安定性とは，同一人物にテストを数回行った場合，同じ結果になることをいいます。心理検査では，「不安感」「緊張感」など環境によって変化しやすいと考えられる特性を測定する場合があります。その場合，再テスト法によって信頼性を調べると，信頼性が低いという結果が出てしまいます。

また，一貫性は，同一の被験者に同じ測定目的をもった等価な検査を行うことで調べられます。しかし，ロールシャッハ，TAT などの投影法では，同じ質のテストをつくり，平行テスト法を行って信頼性を調べることは困難であるし，評定項目が少数であることから，折半法を用いて信頼性を測定するのも困難となります。さらに，被験者の反応を数量化する際に，専門家の判断が入ってきますので，評定尺度を単純に比較するわけにもいきません。

スピッツァーら（Spitzer, R. et al.,）[1]は臨床的場面で心理検査を導入する際に信頼性に影響するものとして，以下の5つをあげています。

① 被験者変異——患者の病像が変化することによる不一致
② 情況変異——患者の病像が同じでも異なった段階に進むことによる不一致
③ 情報変異——臨床家が異なる情報源をもつことによる不一致
④ 観察変異——同一の情報であっても，臨床家が異なる評価を下すことによる不一致
⑤ 基準変異——得られた患者のデータを臨床家がまとめるときの判断基準の差による不一致

つまり，高度な専門的解釈が必要になる心理検査ほど，単純な尺度比較だけではなく，臨床家の評価，判断が入ってくるために信頼性の測定は困難になると考えられます。このような問題を解決するために，症例要旨法（症例のまとめを複数の評定者に評価させる），同席面接法（一人の被験者に複数の評定者を同

[1] Spitzer, R., Endicott, J. and Robins, E. 1975 Clinical Criteria for Psychiatric Diagnosis and DSM-Ⅲ, *American journal of psychiatry*, **132**, 1187-1192.

席させて判断させる方法），再検査法（一人の被験者に関して，複数の評定者が一定の間隔をおいて別個に評価し，その後に比較する方法）が用いられます。

❷ 妥当性

妥当性とは，テストがあらかじめ想定していた内容を測定しているかどうかを表します。心理検査をつくるにあたって，妥当性の概念は特に重要となります。それは，何の目的で検査が行われるのか，それは面接過程に役に立つのか否か，誰のためにその検査を使用するのかなどの倫理的な面とも関連してくるからです。単なる測定目的で検査をつくるだけでは，臨床上は無意味なこともありえるのです。

○内容的妥当性

心理検査が測定しようとしている構成概念を，どの程度反映させているかを示します。たとえば，「不安」を測定する場合，行動，言語的，生理学的な領域全般が含まれている必要があります。

○基準関連妥当性

基準となるデータが同時期に手に入るのか，将来収集されるのかという点で，併存的妥当性と予測的妥当性に分けられます。併存的妥当性は，ある心理検査に対して別の検査（行動観察や専門家による評定）との相関で表されるのが一般的です。また，予測的妥当性とは，現在の心理検査から将来の行動をどの程度予測できるかを指します。例えばある心理検査が退院後の生活の安定との相関が高ければ，予測的妥当性が高いということになります。

○構成概念妥当性

構成概念妥当性とは，理論的に定義された概念をもとに新しい心理検査を作成する際に問題となる妥当性です。基準となる測定法がまだ作られていない状態なので，理論背景から一つひとつの項目を練り上げていかなくてはなりません。たとえば，不安の尺度をつくる場合，実験的に不安を引き起こしたときにその心理検査が高い値を示すのかどうか，自己報告と観察者による評定が一致するのかどうか，不安が解消したときに低い値を示すのかどうかなどを緻密に調べる必要があります。結果が理論と矛盾しなければ採択されますが，矛盾する場合は，項目の修正，場合によっては理論の修正も必要となります。多くのデータの蓄積によって徐々に研究が進んでいくことになります。

実際の臨床場面で心理検査を使用する場合は，検査者自身の経験，情報の有無などが信頼性に影響を与える可能性があること，また，目的などを曖昧にしたまま使用すると妥当性が揺らぎ検査自体が無意味になることを配慮する必要があると考えられます。

（北島歩美）

XIV 臨床心理学——臨床心理学の構造とアセスメントの実際

10 知能検査でわかること

1 知能検査の対象と目的

知能検査は乳幼児の発達のフォローアップや，児童の学校生活や学習への特別な支援の必要性の検討に際して実施され，適切な生活や指導，教育に寄与することを目ざしています。また，疾患や脳損傷，加齢により影響をうけた認知機能を吟味し，福祉的な援助や就労の可能性を探るためにも用いられます。さらに，事件の責任能力を確認するために行われることもあります。

2 測定される能力と検査の種類

子どもの発達の測定は，子どもの行動を養育者にたずねる質問紙と，子どもに課題を与えて評価する検査があります。例えば津守・稲毛式精神発達診断は，「運動」「探索・操作」「社会（おとなとの関係・子どもとの関係）」「食事・排泄・生活習慣」「理解・言語」の5つの領域について養育者にたずねて，発達指数と各領域の発達段階を示す発達輪郭表から理解します[1]。子どもへ直接負担をかけずに，日常生活の様子から発達の様相をとらえることができることが特徴です。

▷1 津守真・稲毛教子 1961 乳幼児精神発達診断法 大日本図書

子どもに実施する知能検査として，田中ビネー知能検査Ⅴ，WISC-Ⅳがあります。精神年齢と生活年齢から知能指数（Intelligence Quotient）を算出していたビネー式検査は，成人版では結晶性，流動性，記憶，論理推論の4領域に分けて知識をとらえるようになりました。ウェクスラー式知能検査は能力を多面的に測定し，その個人内差をとらえることができます（表45）。適用年齢によって3種類に分かれており，幼児期から成人までを測定できます（表46）。

認知処理能力を測定するKABC-Ⅱは，問題解決のための認知能力を認知尺度（継次・同時処理尺度，計画尺度，学習尺度）で，教育

表45 WISC-Ⅳの指標の意味と下位検査

指標得点名（略記号）	意味	基本検査（補助検査）
言語理解指標（VCI） Verbal Comprehension Index	①言語概念形成（結晶性能力の一部） ②言語による推理力・思考力（流動性能力） ③言語による修得知識（結晶性能力の一部）	類似・単語・理解・ （知識）・（語の類推）
知覚推理指標（PRI） Perceptual Reasoning Index	①非言語による推理力・思考力（流動性能力） ②空間認知 ③視覚一運動協応	積木模様・絵の概念・行列推理・（絵の完成）
ワーキングメモリー指標（WMI） Working Memory Index	①聴覚的ワーキングメモリー（作業中の一時的記憶保持） ②注意，集中	数唱・語音整列・（算数）
処理速度指標（PSI） Processing Speed Index	①視覚刺激を速く正確に処理する力（処理速度，プランニング） ②注意，動機づけ ③視覚的短期記憶 ④筆記技能，視覚一運動協応	符号・記号探し・（絵の抹消）
全検査IQ（FSIQ） Full Scale IQ	全般的な知能水準　一般知能因子	10の基本検査で算出

出所：岡崎（2010）を参考に作成した。

や生活の経験で習得された知識や技能を習得尺度で測定します。子どもの認知的処理の得意・不得意を見いだし，また，実際の習得との関係を比較することができます。

疾患や損傷による脳の高次機能障害には，失認・失語・失読・記憶の問題，動作が遅くなるなどの身体機能の問題，精神運動や性格の変容などが含まれます。これらには，測定する機能をより特定し，非言語性の検査も用いられます。例えばベントン視覚記銘検査は，示された図形を記憶し再生する課題で，非言語的な方法で能力を測定します。また，知能検査に加えて，行動や社会性，パーソナリティに関する検査を実施して，総合的に解釈することが必要になることもあります。

3 知能検査の根拠となる理論

知能検査は，知能理論にもとづいて作成されています。現在妥当性が高いと考えられているCHC（Cattel-Horn-Carol）理論では，70以上の能力の上位に広域的能力の因子があり，その上位に一般因子がある知能の3層構造を想定しています。WISC-IVやKABC-IIは，広域的能力に対応する項目が作成されています。

認知検査であるKABC-IIやDN-CASは，覚醒を維持して注目を向けるブロック，情報を符号化し記憶する（継次処理・同時処理）ブロック，行動を計画し組織化して実行するブロックの3つのブロックが共同して知的機能を果たしていると考えるルリア（Luria, A. R.）の神経心理学モデルに依拠しています。計画，注意，同時処理，継次処理の4つの認知処理過程が知的機能の中核であると考え，測定されます。

4 検査の施行とフィードバック

検査は，方法や評価について学習し，訓練を受けた心理の専門家が実施します。養育者や本人に，検査の目的をどうとらえているかなどを最初に確認して，積極的に検査に取り組めるような導入を行います。課題に取り組む態度や，回答の特徴などの検査中の行動も観察し，所見にいかします。

検査の結果は，本人や養育者へフィードバックされますが，検査結果をそのまま写したものを渡すことは控えます。検査結果の数値やグラフを分かりやすく解説し，また具体的な提案を通して，生活環境を整えたり，教育やリハビリテーションの計画の立案にいかしてもらうことを目指します。例えば継時処理が得意な子どもには課題の達成までの順番を時間的な手がかりと共に示す，同時処理が得意な子どもには，関係のある出来事をひとつの紙に図として入れ込んで示すなどの，具体的な支援を考えます。

（安藤智子）

表46　知的能力に関する検査と適用年齢

発達検査
- 津守・稲毛式乳幼児精神発達診断（0歳～7歳）
- 遠城寺式乳幼児分析的発達検査法（0歳～4歳7ヶ月）
- Bayley-III（生後1ヶ月～3歳6ヶ月）

知能検査
- 新版K式発達検査2001（0歳～成人）
- 田中ビネー知能検査V（2歳～成人）
- WPPSI（3歳10ヶ月～7歳1ヶ月）
- WISC-IV（5歳～16歳11ヶ月）
- WAIS-III（16歳～74歳）

認知検査
- KABC-II（2歳6ヶ月～18歳11ヶ月）
- DN-CAS認知評価システム（5歳～17歳11ヶ月）
- グッドイナフ人物画知能検査（DAM）（3歳～10歳）
- フロスティッグ視知覚発達検査（4歳～7歳11ヶ月）
- ITPA言語学習能力診断検査（3歳～9歳11ヶ月）
- コース立方体検査（6歳～成人）
- ベントン視覚記銘検査（8歳～成人）
- ベンダー・ゲシュタルト・テスト（5歳～成人）
- MMS言語記憶検査（成人）

参考文献

三好一英・服部環　2010　海外における知能研究とCHC理論　筑波大学心理学研究，40, 1-7.

岡崎慎治　2010　B-1総論・アセスメント　上野一彦・宮本信也・柘植雅義（責任編集）特別支援教育の理論と実践　I 概論・アセスメント　第2版　金剛出版　pp.81-94.

XV 臨床心理学の理論的モデルと介入の技法

1 フロイトは心をどのようにとらえたか

1 フロイトの精神分析

　ジグムント・フロイト（Freud, S., 1856-1939）は，オーストリアのウィーンで開業しながら神経症の診療と研究を続け，独自の治療技法と人格理論の体系である精神分析を創始した医師です。患者の治療と自己分析を通じて，1900年前後にかけて精神分析の基礎となる無意識の諸理論を発表していき，その後精神分析が西欧諸国に広がっていく中，晩年にはナチの台頭によってロンドンへの亡命を余儀なくされながらも，一生を通じて精神分析の理論を修正・発展させ，精緻化し続けました。

　フロイトの主張のなかでも，特に人の意識的な意志は従来考えられていたほどには統率力があるわけではなく，むしろ無意識の力に翻弄されているという視点は当時の人間観に多大な影響を与えました。[1]

〇 無意識の存在

　フロイトは神経症，特に**ヒステリー**[2]の研究を通して，無意識の働きが重要であることに気づきました。19世紀までは，ヒステリーの症状は器質的な障害だという見方が強かったのですが，当時フランスの神経病理学者シャルコー（Charcot, J. M.）が，催眠によってヒステリー症状をつくり出したり消失させたりできることを示し，精神力動的な視点からヒステリーの治療を試みていました。シャルコーのもとで学んだフロイトは，はじめ催眠による治療を行っていたのですが，無意識にアプローチするよりよい方法を模索するなかで，催眠に代わるものとして精神分析の技法をつくり上げていきます。[3]それと同時にフロイトは，臨床活動を通してヒステリーの心理的メカニズムを理論化し，無意識になっていた過去の体験を強い感情とともに想起させることによって症状が消失することから，無意識にうっ積していた感情のエネルギーによって症状が引き起こされると考え，無意識の心的過程の存在を確信するようになります。

2 心の構造

　フロイトははじめ，人の心を意識・前意識・無意識という3領域に区分しました。これは局所論と呼ばれます。[4]無意識は意識しようとしてもなかなか意識化することのできないものが蓄積している心の深層です。前意識とは，意識が向けられていないときには意識に上ってきませんが，意識を向けさえすれば意

▷1　フロイト，S. 高田淑（訳）1983　精神分析に関わるある困難　フロイト著作集10文学・思想篇1　人文書院

▷2　ヒステリー
ヒステリーは，心理的な葛藤などに直面したとき，運動麻痺や知覚麻痺，意識喪失などの身体症状や，演技的な言動や解離，健忘などの精神症状によって，葛藤を回避して精神的な安定を図ろうとする心理的な防衛反応である。

▷3　エレンベルガー，H. F. 木村敏・中井久夫（監訳）1980　無意識の発見　弘文堂

▷4　フロイト，S. 高橋義孝（訳）1968　夢判断　フロイト著作集2　人文書院

識化できるものが存在している心の領域です。意識・前意識は意識化可能な領域ですが，意識化すると葛藤を引き起こす恐れのあるものについては「検閲」によって無意識に「抑圧」されると考えます。このようにフロイトは抑圧を働かせているのは意識であるという前提で理論化していたのですが，抑圧の働きはその多くが無意識であるという認識によって，意識・前意識・無意識からなる局所論に加えて，自我・エス・超自我という3つの心的組織からなる構造論をつくり上げました。

エスというのはドイツ語で「それ」を意味する非人称代名詞です。エスは欲動的，無意識的なもので，時間や空間の概念に縛られず，快感原則に従って欲動の満足を求めようとします。一方，自我は現実原則に従って，外界にある現実とエスの欲動満足とのあいだを調整します。これら自我の働きは，その多くが無意識的で，抑圧も無意識的な自我の働きと説明されます。超自我とは，構造論として理論化する以前には「検閲」の働きとして注目していたものです。超自我の基本的な働きは自我の動きを監視する役目で，道徳的な良心や罪悪感，自我に理想を示すなどの機能があります。超自我の働きによって生じる罪悪感の大部分もまた無意識的なものです。フロイトは精神分析を実践する中で，満足を得たり快適な状態になると自分を責めたり処罰しようとして，あたかも自ら不幸な状況や心身の病気を招くかのような反応をする人がいることに当惑し，超自我の働きによって無意識的に罪悪感が引き起こされたのだと考えました。

○エディプス・コンプレックス

発達的には超自我は自我から分化してくると考えられていますが，その機縁としてエディプス・コンプレックスと呼ばれる内的な葛藤状態が強調されます。エディプス・コンプレックスとは4，5歳の子どもが心の中で体験する，異性の親への近親的な愛着が同性の親との競争関係を生み出すという三者関係の情緒的葛藤です。競争関係にある同性の親に脅かされたり処罰されたり，あるいは愛情を失ったりするのではないかという不安を抱くことで，異性の親への近親的な愛着は断念されます。そして，欲望を禁止する同性の親が心の中に取り入れられて，その人の良心や自我理想として，時には無意識的罪悪感として自我を厳しく監視するようになります。こうして超自我が心の中に成立することで，人はルールに従って欲動を抑制し，自分の行動を適応的に調節しながら他者と共存しようとする社会的な存在になっていくと考えられるのです。

自我は，エス，超自我，そして現実の三者に対して調整役を務めています。しばしばそれらはぶつかりあって葛藤を生み出し，欲求不満に陥り，あるいは不安を生じさせます。自我は防衛機制（その代表は抑圧）という働きで不安や混乱を切り抜けようとします。フロイトは，人の心の中にあるこうした内的な葛藤とその対処を，ダイナミックにとらえようとしました。

（松岡　努）

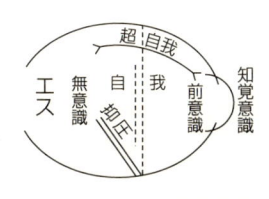

図172　フロイトの構造論
出所：フロイト著作集1　精神分析入門　人文書院

▷5　フロイト，S. 小此木啓吾（訳）1970　自我とエス　フロイト著作集6　自我論・不安本能論　人文書院

▷6　欲動
人を内側から駆りたてる力で，本能的衝動と呼ばれることもある。また，特に性的な欲動をリビドーと呼ぶ。

XV 臨床心理学の理論的モデルと介入の技法

2 ユングの考えた心の基本的機能とは

1 ユングとフロイト

　ユング（Jung, C. G., 1875-1961）はスイスで生まれ，バーゼル大学医学部を卒業した後，1900年からチューリッヒのブルクヘルツリ精神病院で働くようになりました。ユングはブルクヘルツリで言語連想実験に打ち込み，ある刺激語が内的な葛藤を引き起こすコンプレックスに関わっているときには連想が遅れるという現象に興味をもちました。ちょうどそのころ，精神分析の創始者であるフロイト（Freud, S.）が1900年に出版した『夢判断』において抑圧と名づけた理論が自分の発見した現象と一致することに気づいたユングは，1907年頃からフロイトと親交を結ぶようになり，フロイトもユングを精神分析の後継者とみなすほどだったのですが，1913年には見解の相違が誤魔化しようがなくなって決別してしまいました。[1]

　フロイトと決別してからのユングは，自分自身の無意識から生じる内的イメージと向き合いながら自己分析を続けました。それらの体験は，その後の理論的発展と膨大な著作となりますが，1921年に出版された『心理学的類型』では，外向的と内向的という一般的態度と，4つの精神機能からなる性格理論として結実しました。[2]

2 タイプ論

　ユングは，人間には外向 extravert と内向 introvert という2つの異なった構えのタイプがあると考えました。外向的な構えでは関心や興味が主に外界の事物や人に向けられているのに対して，内向的な構えでは関心や興味が内界の主観的素材に向けられています。外向的な人は社交的で人づきあいがよく，さまざまな外的な事柄に興味をもち，客観的なもの（流行，しきたり，制度，道徳，理論など）に基づいて生活を送っています。そのため，物事の表側と関わっているという意味において皮相的になりやすかったり，自分の主観的な体験を軽視することによって自分を見失ってしまいやすいという面もあります。一方，内向的な人は，親しく馴染んだ領域以外での関わり方がぎこちなくなりがちで，内的な体験を外部に伝えるときに困惑を感じやすい傾向があります。

　ユングは，一人の個人がこれら2つの構えのタイプのいずれか一方にはっきり分類できるものだとは考えていませんでした。意識的な構えが外向的であれ

▷1　エレンベルガー, H. F.　木村敏・中井久夫（監訳）　1980　無意識の発見　弘文堂

▷2　ユング, C. G.　林道義（訳）　1987　タイプ論　みすず書房

ば，無意識的な構えはそれを補償するために内向的になります。無意識的な構えはその人にとって未分化で，意識的には制御することができないので，幼児的な現れ方をしてしまうと考えられています。もし，意識的な面だけが強調されすぎているなら，無意識の態度が幼児的で否定的な形で表面化してしまうのです。このような意識と無意識がバランスをとっているという考えは，こころの補償作用といい，ユングの中心概念である自己やこころの全体性，もしくは個性化の過程などにつながっています。

◯ 機能のタイプ

2つの構えのタイプと別に，人はおのおの最も得意とする機能のタイプをもっているとユングは考えました。機能のタイプとはこころの活動形式であり，ユングは4つの根本機能に分けています。すなわち，思考 thinking（ある法則にしたがって与えられた表象内容に概念的なつながりを見出す），感情 feeling（ある表象内容に対して，それを受け入れるか退けるか，快-不快や好き嫌いなどの形で現れる価値を与える），感覚 sensation（ある生理刺激を知覚に仲介する。すなわち五感を通して存在するものをあるがままの形で知覚する），直観 intuition（いわば無意識的な方法で対象を知覚・把握する働き。あるがままの対象の属性を超えた可能性に到達する）です。これら4つの機能のうち，感覚と直観はまず何かを自分の内に取り入れる機能（非合理機能）であり，思考と感情はそれらをもとにして何らかの判断を下す機能（合理機能）です。また，思考と感情，感覚と直観は対立関係にあり，一方が主機能を担っているとき，他方は劣等機能となります。ここで「劣等」というのは，その人にとって未分化で意識的に使うことができない機能だという意味です。使えないから表に出ないわけではなく，あまり適応的ではない形で突出してくることがあります。

2つの構えのタイプと4つの機能のタイプを組み合わせることによって，ユングは8つの性格タイプを描いています。たとえば，外向的思考型は一般的に受け入れられている考え方を枠組みとして，知的に判断しようとします。実際的な問題について具体的に対処していくことが得意ですが，その傾向が行き過ぎてしまうと，感情が未分化なままとなり，自分についても他者についても現実的な狭い枠の中に押し込もうとしがちになります。

このように，その人にとって意識的なあり方は，構えの方向や主となる機能の違いによってさまざまですが，ユングは人の心には意識的なあり方の偏りを正して心の全体性を実現しようという働き（ユングがいうところの自己の働き）があると考え，それを個性化の過程と呼びました。ユングは，このような相補的なダイナミズムこそが心の基本的な機能だと考えていたのです。[3]

（松岡 努）

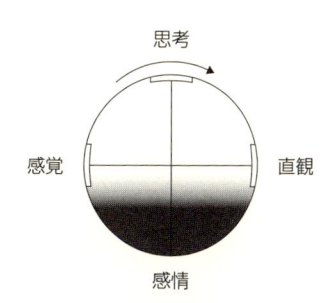

図173 ユングのタイプ論：4つの根本機能
出所：ユングほか 人間と象徴 1975

▶3 ユング，C. G. ほか 河合隼雄（監訳）1975 人間と象徴 河出書房新社

XV 臨床心理学の理論的モデルと介入の技法

3 ロジャーズのクライエント中心療法

1 ロジャーズ

　悩みを抱えた人の心に迫るアプローチとして,「精神分析」に続き,「行動療法」が盛んな時代がありました。そしてその後,アメリカの心理学者カール・ロジャーズ（Rogers, C. R.）が,「人間主義的理論」という第3世代の波を起こし,いわゆる今日のカウンセリングの基礎を築きました。ロジャーズは,1940年以来,試行錯誤しながら独自の心理療法を発展させてきました。第1段階は,1940年代の「非指示的」療法です。しかし,「非指示」＝何もしない,と誤って受け取られたため,1950年代に入り,「クライエント中心療法」（第2段階）というアプローチを新たに打ち立てました。カウンセリングではクライエントが中心であり主役なのだという考えに基づく心理療法です。その後も彼の理論は生涯にわたり発展し続けましたが,やはり「クライエント中心療法」が真髄をきわめたといえるでしょう。

2 カウンセリング成功のための6条件

　ロジャーズは,カウンセリングではクライエントに建設的なパーソナリティの変化が起こるためには,以下の6つの条件が一定期間存在し続けることが必要であるとしました。

　(1)ふたりの人が心理的に触れあっていること
　(2)クライエントが不一致の状態にあり,傷つきやすかったり不安な状態にあること
　(3)セラピストがこの関係のなかで一致した状態あるいは統合されていること
　(4)セラピストはクライエントに対して無条件の積極的関心を経験していること
　(5)セラピストはクライエントの内的照合枠に対し共感的に理解しており,この経験をクライエントに伝えようと全力を尽くしていること
　(6)セラピストの共感的理解と無条件の積極的関心が,最低限クライエントに伝わっていること

　ロジャーズは,上記以外にはいかなる条件も必要ではないとしました。つまり,カウンセリングがうまくいくためには,セラピストが男性であることや知識が豊富であること,権威的であることなどは全く必要ではないとして,真っ

図174 悩ましい状態

図175 望ましい状態

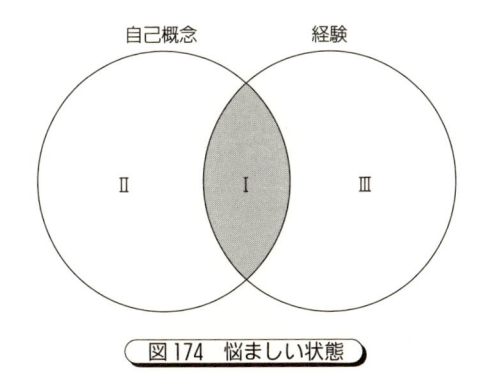

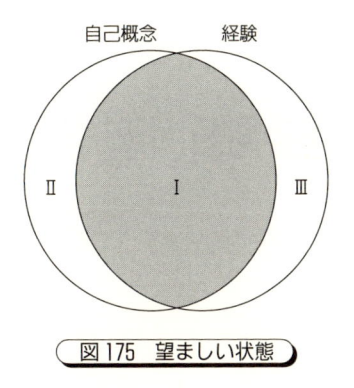

向から精神分析的なアプローチモデルを批判したのです。「何がその人を傷つけているのか、どの方向へ行くべきなのか、何が重大であって、どんな経験が秘められているのか。それらを知っているのはクライエント自身である」と述べているように、ロジャーズの考え方の根本にはクライエントの主体性に対する深い尊敬の念が存在しています。さらにいえば、クライエント自身がポジティブに生きる方向性をもっており、自己成長を促進するような環境をつくり出すことによってより健康になれるのだと考えています。日本において「心理カウンセリング」と呼ばれる行為は、このようなロジャーズの考え方に基づいていることが多いといえるでしょう。

❸ 心理的不適応状態とは

　人間のパーソナリティを図174・175のようなベン図で表してみましょう。
　図中の自己概念とは自分自身が自分について抱いている概念のことをいいます。Ⅰの領域は、自己概念と自分のこれまでの経験とが一致している状態を表しています。Ⅱは、経験に基づかないで形成された自己概念の領域を表しています。Ⅲは、自己概念とは矛盾・対立するような経験が存在する領域を表しています。
　ロジャーズの6条件のうちの2番目「(2) クライエントが不一致の状態にあり、傷つきやすかったり不安な状態にあること」とは、図174の悩ましい状態のことです。多くの経験が、自己概念と照らし合わせたときに受け入れがたいものとなっているので、心理的混乱をきたすのです。青年期であれば、不一致状態にある物事の1つや2つは抱えているものでしょうし、またたとえある時点で100％幸せな状態にあっても、人間は更なる満足を求めるものですから、ベン図の2つの円は常にくっついたり離れたりしているのが現状ではないでしょうか。ところで、ロジャーズは条件(3)にあるように、セラピストに対しては常にクライエントの前では自己一致していることを求めています。セラピストたるもの、常に目の前のクライエントに対して一点の曇りもなく臨むべきだとする真摯な態度は、大変ロジャーズらしいといえるでしょう。　　（三林真弓）

XV 臨床心理学の理論的モデルと介入の技法

4 認知行動療法の基本的な発想

▷1 Watson, J. B. 安田一郎（訳）1987 行動主義の心理学　河出書房新社

▷2 "パブロフ（Pavlov, I. P.）の犬"で有名な条件反射の実験，猫を用いて試行錯誤学習の実験を行ったソーンダイク（Thorndike, E. L.）の研究や，ねずみを使ってオペラント条件づけの理論を提案したスキナー（Skinner, B. F.）の実験などがある。

▷3 坂野雄二　1992　認知行動療法の発展と今後の課題　ヒューマンサイエンスリサーチ，**1**, 87-107.

▷4 ABCの後にはDEがある。Dとはdispute つまり論破，論争，Eはeffective new philosophy つまり新しい人生哲学・合理的な信念のことである。非合理的な信念に対して，治療者は反論したり，質問することで，合理的な信念へ変化させ，定着させるのである。

① 認知行動療法が誕生した背景とは──行動療法からの発展

「客観的に観察可能な行動のみを心理学の研究対象とすべき」と提案したワトソン以降，動物を対象とした数々の実験から，行動のメカニズムが明らかになってきました。この学習理論では，行動は「刺激と反応の結びつき」から成り立っていると説明されており，これを治療に応用したのが行動療法です。行動療法では，問題行動や症状は誤った学習（刺激と反応の結びつき）の結果と考えられたので，それを修正し，新たな適応的行動を学習すればよいとされたのです。

行動療法は確かに数々の治療成果を示すことに成功しましたが，動物実験から確立した理論が元となっているために，人間に適用しようとするには限界があるということもわかってきました。具体的にいうと，同じ刺激（出来事）に対しても，人によって反応（生じてくる感情）が異なるということの説明ができなかったのです。そこで，この行動療法に対して，もっと人間の考えや思い込み，期待といった「認知」の要因を取り入れていこうとする動きが1960年代から生じてきました。不適応な行動だけでなく，認知も治療対象とすることで，行動療法はより精度の高い心理療法へと変化をとげていきました（ただし，伝統的な行動療法の立場からは，観察不可能な認知を取り入れることに否定的な意見もあります）。これが認知行動療法の誕生です。

② 代表的な治療体系

認知行動療法は，多数の治療体系の集まりですので，特定の創始者はいませんが，特に代表的なものには，エリス（Ellis, A. 1913-2007）の論理情動療法とベック（Beck, A. T.）の認知療法，マイケンバウム（Meichenbaum, D.）のストレス免疫訓練があります。ここでは論理情動療法を紹介します。

エリスの理論は，ABC理論（図176）として知られています。私たちは，自分を悩ませるような「出来事」（A：activating event）から，「結果」（C：consequence）つまり悩みや症状が直接生じているように感じがちですが，エリス（図177）は，その間に「非合理的信念」（B：belief）が存在しており，これこそが悩みや症状を生じさせていると指

```
A：activating event
悩みを引き起こす出来事
      ↓
B：belief
非合理的な信念・思い込み
      ↓
C：consequence
結果としての悩み・症状など
```

図176　エリスのABC理論

出所：Ellis, A. 1977

摘しています。つまり，これを合理的な信念へ書き換えることができれば，悩みや症状が解消するということなのです。

具体的には，「友人から悪口をいわれた」という出来事を体験し，自信の喪失や不安を強く感じている場合，原因は「友人の悪口」にあるのではなく「誰からも好かれなければならない」という自分自身の誤った思い込み・非合理な信念にあることに気づくことが必要です。さらに「自分だってどんな人も好きとはいえない」という事実に気づき，思い込みを再検討していきます。その結果「人に好かれるにこしたことはないが，なかには自分を快く思わない人もいるだろう。それはしかたがないことだ。そういう人ともいつか理解しあえるかもしれない」というような合理的な信念を獲得すれば，当初の不安は軽減するのです。

図177 エリス（Ellis, A. 1913-2007）
出所：杉原一昭（監修） 2003 はじめて学ぶ人の臨床心理学 中央法規 p. 44.

3 共通する基本的な考え方

前述したように認知行動療法はさまざまな治療体系が集合した心理療法ですが，そこには共通した基本的な考え方があります。

○ 認知的活動の重視

行動を単なる「刺激と反応の結びつき」ととらえるだけではなく，その中間に「認知的活動」が存在し，行動の変容に大きな影響をもたらすと考えられています。**セルフモニタリング**や**認知的再体制化**は，重要な技法として位置づけられています。

○ セルフコントロールの重視

自分の行動を自分自身がコントロールするという立場を重視し，治療終了後は，患者自身が自分の治療者となることが強調されています。そのためにも，治療場面での治療者との共同作業にとどまらず，日常生活で対処方法を学ぶ「宿題」が課されるのも，他の心理療法との違いの一つといえます。

4 認知行動療法の発展と課題

急速に研究が進み，臨床的実践が普及してきた認知行動療法ですが，最近の発展の特徴として，

①当初のうつ病や心理的不適応だけでなく，統合失調症，摂食障害などさまざまな精神疾患での実践が行われるようになったこと，

②特定の症状や問題に対して，いくつかの技法がすでにプログラムされたパッケージ治療法が開発されてきたことがあげられるでしょう（例：夫婦間葛藤を対象にした行動的夫婦療法など）。

ただし，重症なうつ病や統合失調症患者や知的レベルの低い人，治療への意欲が乏しい人には，適用が難しいといわれています。

（鵜木恵子）

▷5 セルフモニタリング
患者自身が自分の行動を観察・記録することで，自分の行動に客観的に気づく技法。

▷6 認知的再体制化
患者が自身の信念・考え方の不合理性に気づき，こうした認知が不適応行動を引き起こしていることを理解し，不合理な認知の変容へ至る技法。

▷7 Jacobson, N. S. 1981 Behavioral material therapy. In A. S. Gurman & D. P. Kniskern (Eds.) Handbook of family therapy. Bunner Mazel.

（参考文献）
岩本隆茂・大野裕・坂野雄二（共編） 1997 認知行動療法の理論と実際 培風館

エリス，A.・ハーパー，R. A. 北見芳雄（監修）国分康隆・伊藤順康（訳） 1981 論理療法 川島書店

サルコフスキス，P. M.（編）坂野雄二・岩本隆茂（監訳） 1998 認知行動療法 臨床と研究 金子書房

ベック，A. T. 大野裕（訳） 1990 認知療法 岩崎学術出版社

XV 臨床心理学の理論的モデルと介入の技法

5 家族療法に共通する考え方

1 家族療法とは

　家族療法は，1950年代後半から欧米を中心に始まり，わが国では1980年代以降広がり始めました。臨床心理学や精神医学の世界では，それ以前から家族に対する関心はもたれていたものの，統合失調症などの心の問題を引き起こす原因として考えられていました。しかし，**一般システム理論**やサイバネティックスの考え方を取り入れたことにより，心の問題は必ずしも家族が原因で生じるわけではないものの，家族の関係性が変化することで解決することも少なくないことが明らかになってきました。つまり，家族療法とは，家族が悪いから治療の対象とするのではなく，家族が潜在的にもっている力を発揮したり，より機能的に変化することによって，問題を解決することを目指す心理療法です。

2 家族療法における問題のとらえ方

　個人療法では，家族の誰かが何らかの問題を抱えたとき，その人自身の心理的世界（感情・認知・思考・無意識・自己概念など）やパーソナリティの問題として理解されます。また，子どもであれば親の養育態度や関わり方なども考慮されます。家族療法では，これらのことに加えて，家族メンバー間の相互影響関係が重視され（図178），その関係そのものを変化させることが重要になります。つまり，誰と誰がどのような関係にあり，どのようなパターンが繰り返されているのか，その相互作用にどのように介入するかということです。

　家族が抱えている問題は，元をたどればどの家族にも起こりうるような些細な出来事を発端としていることが多いのですが，その出来事にうまく対処できない状態が繰り返されると，心身の症状を呈するメンバーが出てきたり，家族間の深刻な葛藤に発展したりします。たとえば，思春期の子どもが親に反抗的な態度をとることは珍しくありませんが，家族によってはそこから深刻な親子間の衝突に発展することもあります。したがって，家族療法ではそうした問題を，家族全体がうまく機能できておらず，必要な変化が生じにくい状態に陥っていることを示すSOSのサインとして理解します。

　そして，通常個人療法では，問題を抱えて相談に来た人をクライエントとか患者と呼びますが，家族療法では，IP（identified patient：患者とみなされた人）と呼びます。つまり，周囲からこの人が問題を抱えているとみなされていると

▷1　一般システム理論
理論生物学者のフォン・ベルタランフィ（von Bertalanffy）が1948年に提唱した。無生物・生物・精神過程・社会過程のいずれをも貫く一般原理を定式化したもの。システムとは「相互に作用し合う複合体」と定義される。

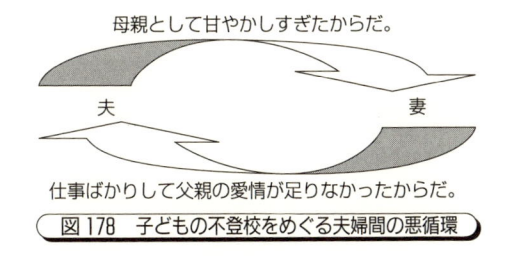

母親として甘やかしすぎたからだ。

夫 ⇄ 妻

仕事ばかりして父親の愛情が足りなかったからだ。

図 178　子どもの不登校をめぐる夫婦間の悪循環

いうことにすぎず，その人だけが変わればよいということではなく，その人も含めた家族全体の変化が必要だと考えるのです。

3 主要な家族療法の特徴

現在，家族療法に分類されるアプローチは世界各国に数十あると思われますが，その源流をたどると大きく 3 つに分けられます。多世代家族療法は，少なくとも 3 世代以上の家族の人間関係や出来事に注目するのが大きな特徴です。構造派家族療法は，家族の境界やパワーなどの構造に注目し，家族構造を変化させることによって問題を解決しようとするものです。ブリーフセラピーはコミュニケーション派とも呼ばれ，問題をめぐる家族メンバー間のコミュニケーションとその悪循環にもっぱら焦点を当てます。

4 家族療法による介入の特徴とメリット

このように，家族療法といってもさまざまですが，これらに共通する介入の特徴としてまずあげられるのは，必ずしも問題を抱えた人，すなわち IP が面接に来なければならないとは考えないということがあります。家族の相互影響関係を理解しその関係性を変化させるために，面接に来た家族メンバーが変化することによって，IP にも影響は及ぶと考えます。たとえば，問題を抱えた思春期の子どもが来談したがらないことは珍しくありませんが，個人療法のセラピストのなかには，「本人が来ないとどうしようもない」と相談を受けない人もいます。しかし，家族療法のセラピストは，面接に来た人の IP への関わり方に介入するなどして対応しようとします。

また，家族療法でよく使われる技法の一つにリフレーミング（reframing）があります。これは，問題とされている内容の枠組みを変えることによってその意味を変化させ，家族の認知的情緒的変化をもたらすものです。たとえば，子どもの親に対する「反抗」は，「自立の試み」とリフレームされたりします。通常は，否定的にとらえられていたものを肯定的に意味づける介入がされます。

このように，家族療法には個人療法とは異なる問題の認識の仕方や技法がありますが，両者は決して相反するものではなく，むしろ補完的な関係にあるといえます。近年では，両者を統合したアプローチも世界的に広がっています。

（野末武義）

参考文献

中釜洋子・野末武義・布柴靖枝・無藤清子　2019　家族心理学──家族システムの発達と臨床的援助　第 2 版　有斐閣ブックス

XV 臨床心理学の理論的モデルと介入の技法

6 もの語る意味：ナラティヴ・セラピー

▷1 サイバネティクス
サイバネティクスはアメリカの数学者ウィーナーが提唱した理論で，通信や制御などの過程について，工学や生物学などでそれぞれなされていた研究を関連づけて広い展望のもとで統一的に扱おうとしたもの。

▷2 ホメオスタティック・システム
ホメオスタシスは生体が体内環境を一定に保とうとする働きのことで，アメリカの生理学者キャノンが命名した。

▷3 バーガー，P. L. & ルックマン，T. 山口節郎（訳）1977 日常世界の構成 新曜社

▷4 間主観性は，もとは哲学者フッサールによる現象学の基本用語。心理臨床においても，クライエントだけを治療対象とみるのではなく，セラピストとクライエントとの相互作用という視点からとらえようとする際の重要な概念として，学派を越えてしばしば取り上げられる。

1 ナラティヴ・セラピーの背景

機械工学や情報処理のパラダイムであった**サイバネティクス**の影響を受けて家族を**ホメオスタティック・システム**とみなす家族システム論は，1990年頃を境に新たな展開をみせ，家族のコミュニケーションにはより主体的・能動的に意味を生成している側面があるという解釈学的な視点が重視されるようになりました。そのキーワードがナラティヴです。ナラティヴはストーリーの類義語ですが，ストーリーは「語られた物語」というニュアンスが強いのに対して，ナラティヴは「物語を語ること」という意味生成の過程に強調点があるといえます。自分自身や自分の来し方，自分を取り巻く環境としての家族などについて，ことばで語っていくことそのものに治療的意義を認めて，それを最大限活用しようとするアプローチを，包括的にナラティヴ・セラピーと呼びます。

◯社会構成主義

ナラティヴ・セラピーに影響を与えた理論的背景には，社会構成主義 Social constructionism と呼ばれる流れがあります。社会学者バーガーとルックマンは，1966年『現実の社会的構成』において，日常的な現実が社会的相互作用によってつくられていることを主張しました。この世界におけるある人にとっての意味は，別の人にとっての意味と照応していて，共通の感覚を分けもっています。そしてそのことによって日常生活は一貫性のある世界として人々から自明のものとしてみなされています。このように社会的に構成されている現実を，バーガーとルックマンは3つの契機によって説明しました。すなわち外化 externalization，対象化 objectivation，内在化 internalization です。外化とは，人間の主観が間主観的な相互作用によって個々の主観を超えた外側に制度化されることをいいます。そのように主観から切り離され，対象化された制度的社会は客観性を帯びます。そして，新しい世代の個人が社会化していく過程において，客観性を帯びた制度的社会がその個人の内側に取り入れられます。主観的現実と客観的現実との間のこの循環において，人間と社会的世界とは弁証法的に相互に作用し続けていると考えられます。

この循環を支えているのが言語です。社会的に構成された現実は言語によって正当化され，首尾一貫した秩序が保たれます。

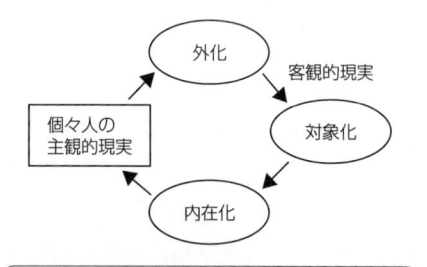

図179 日常的な現実を構成する3つの契機

それは「だれでも知っている」知識の体系，すなわち常識として分かちもたれています。常識的な現実は言語のネットワークとして維持され，安定した秩序を保っていると考えることができます。いわば言語が日常的な世界という現実を構成しているのです。

バーガーとルックマンは，言語によって構成されている人間と社会との弁証法的関係として，アイデンティティを取り上げて論じました。自分の主観的な体験を語ることは，話し相手に対してだけでなく自分自身に対しても，自己を対象化して客観的な現実にしていくということに他なりません。

2　ナラティヴ・セラピーにおける語ることの意味

このような社会構成主義の主張を理論的背景としているナラティヴ・セラピーは，自分を語ることが自己という現実をつくり出すという，言語のもつ機能や力を重視します。「いまここ」の直接性に埋没している当事者の主観的体験は，それが語られることによって，それを聞く相手のみならず語る本人にとっても，主観であったものが対象化され客観的・持続的に検討しうるものになるのです。そしてまた，語ることは「いまここ」に存在しないさまざまなことがらを現前させることによって，それぞればらばらな主観的体験を一つの意味ある全体へ統合することもできます。こうして，経験と意味の膨大な蓄積が自己のアイデンティティを構成する現実として意味をもつようになるのです。

しかし，主観的体験は物語化される際にパターン化された型にはめられて固定化してしまうという面もあります。たとえばアルコール依存の親をもつ子どもの主観的体験は，アダルトチルドレンという典型的な「物語」に併合されてしまうかもしれません。いったん「物語」ができて，それがその人の「現実」になってしまうと，その筋に合わない面は排除されてしまい，柔軟に変化することができなくなってしまいます。特に，それが本人の自由を妨げるような物語であるならば，それを書き換えることが治療的な作業となります。エプストン，ホワイトとマレーは，外部から与えられて「支配」されてきたドミナント・ストーリーを治療者とともに自分自身で書き換えることで，新たな物語であるオルタナティヴ・ストーリーをつくり出すという作業に注目しています。▷5　また，アンダーソンとグリーシャンは，治療者が解決を提示するという従来の心理療法にありがちだった姿勢を批判し，治療者が「無知」の姿勢に立って治療的な質問をしていくことが，クライエントの新たな語りを生み出すと主張しています。▷6　自分の人生についてそれまでに語られていなかったことを語るということが，語り手の主体性と自由の感覚を育てることになるのです。そして，いまだ語られていない，あるいは語りようのないものに触れ続けるということもまた，語ることの大切な側面だといえるでしょう。

（松岡　努）

▷5　エプストン, D., ホワイト, M. & マレー, K. 野口裕二・野村直樹（訳）1997　書きかえ技法――人生というストーリーの再著述　マクナミー, S. & ガーゲン, K. J.（編）野口裕二・野村直樹（訳）ナラティヴ・セラピー　金剛出版

▷6　アンダーソン, H. & グリーシャン, H. 野口裕二・野村直樹（訳）1997　クライエントこそ専門家である　マクナミー, S. & ガーゲン, K. J.（編）野口裕二・野村直樹（訳）ナラティヴ・セラピー　金剛出版

XV 臨床心理学の理論的モデルと介入の技法

7 アサーション・トレーニングが目指すのは

▷1 平木典子 2021 三訂版アサーション・トレーニング――さわやかな〈自己表現〉のために 金子書房

1　3つのタイプの自己表現

　アサーション・トレーニング（以下，ATと略す）は，もともと行動療法に端を発する対人関係トレーニングで，平木が米国で学んだものを日本人向けに改良したものです。ATでは，私たちの自己表現のあり方，対人関係のあり方，そして生き方は，大きく分けると次の3つに分類できると考えます。

　最初にあげられるのは，非主張的自己表現です。これは自分の気持ちや考えや欲求を相手にいえなかったり，いってはいるものの伝わりにくいいい方をしてしまうような，自己抑制的で受動的な自己表現です。相手から誤解されることが起こりやすく，またストレスをためることにもつながります。

　これとは対照的なのが攻撃的自己表現です。これは，自分のいいたいことは主張するものの，相手に対する配慮に欠けるので，たとえ自分は満足したとしても相手にストレスを与える可能性があり，その結果，相手から嫌われたり孤立したりすることにもなりかねません。

　そして，第3の自己表現の仕方がアサーティヴな自己表現です。これは，自分のいいたいことは明確に相手に伝えますが，相手には相手の言い分があることもわきまえており，相手の話を聴くことも大切にします。非主張的自己表現のように簡単に相手に譲ったり，攻撃的自己表現のように相手を押さえつけるのではなく，面倒くさがらないできちんと話し合い，なるべくお互いに納得できるような結論を出そうとするものです。

2　アサーション・トレーニングで学ぶこと

　ATでは，まず3つのタイプの自己表現について学び，自分が誰に対して，どのような場面で，どのような自己表現をしているのかについて理解を深めます。次に，自己表現のあり方に影響を及ぼすものとして，自分自身をどのように評価しているかということがあります。自分に対して過度に否定的な評価をしていたり，反対に現実離れした肯定的な評価をしていると，アサーティヴに自己表現することは難しくなります。また，非合理的思い込みという，アサーティヴな言動を妨げるものの見方や考え方をチェックします。表47には，大学生によく見られる非合理的思い込みの例をあげました。

　さらに，ATでは日常生活における葛藤場面や問題解決場面で，いかにアサ

表47　大学生によく見られる非合理的思い込み

対象	非合理的思い込みの例
家族	親に対しては何をいっても良い。
友達	友達には常に優しく親切であるべきだ。
恋人	自分のことを本当に好きならば，気持をいわなくても察してくれるはずだ。

ーティブに相手と話し合うかということを，DESC という方法を用いて学び，日常生活における自己表現が実際に変化することを目指します。

3　さまざまな領域におけるアサーション・トレーニングの実践

わが国に AT が紹介されてもうすぐ30年になりますが，さまざまな領域で実践されるようになりました。まず，大学では学生相談プログラムの一つとして実施されてきました。現代の大学生は，表面的には良好そうに見える人間関係をもちながらも，実際には些細なことに対しても No がいえず，ストレスを感じている人が少なくありません。そのような場合，アサーティヴに断る，というワークが有効なことがあります。また，小学校から高校までの学校教育のなかで，いじめやキレるといった人間関係の問題を予防し，クラス環境をより良好にする方法としても活用されています。

さらに，専門家を対象とした AT も盛んです。看護師，福祉職，教員，カウンセラーなど，人と関わる専門職のストレスは増すばかりです。特に，真面目でやる気のある人が燃え尽きてしまうという問題は深刻です。そのようなとき，AT によって自己信頼を回復し，自己表現の仕方が変化することでストレスを緩和したり，人間関係の問題を改善することが可能です。さらに，最近では，企業でも広く取り入れられるようになってきました。働き盛りのサラリーマンのうつ病や自殺の増加は，治療的な対応はもちろん必要ですが，予防的な働きかけも重要です。職場内，あるいは上司と部下とのコミュニケーションを改善する方法として，AT を取り入れる企業が増えてきました。

4　アサーション・トレーニングが目指すもの

このように，さまざまな領域で AT は実践されるようになってきましたが，その目指すものはおおむね以下の4つになります。1つめは，自己信頼を高め，自分らしさを大切にするということです。それは，ひいては相手のその人らしさを認めることにもつながります。2つめは，人間関係における葛藤を回避するのではなく，葛藤に向き合う姿勢を身につけるということです。3つめに，自己表現のスキルを獲得することによって，ストレスを軽減し，より親密な人間関係を構築するということです。そして最後に，単なるスキルの獲得にとどまらず，自他尊重の生き方を模索するということです。

〔野末武義〕

XV 臨床心理学の理論的モデルと介入の技法

8 日本独自の心理療法

1 森田療法

　森田正馬（もりたまさたけ　1874-1938）は，東京帝国大学を卒業後，巣鴨病院（現在の都立松沢病院）医員を経て，1903年，東京慈恵医院専門学校教授に就任しました。森田は，当時有効と考えられていた治療法を積極的に導入し，取捨選択を繰り返し，1920年，ついに独自の治療方法を樹立しました。森田は神経症を「神経質」と「ヒステリー」に大別しました。「神経質」とは，自己内省的・理知的・心気的な傾向が強いのに対し，「ヒステリー」の特徴として，感情過敏性・外交性・自己中心性をあげ，「神経質」の対極に位置づけました。森田療法は，「神経質」と呼ばれる症状に特に効果があるとされています。

　理論の中核には人間存在を「あるがままの姿」として認めるという人間観があり，神経質の患者は症状に「とらわれている状態」であり，症状は「かくあるべし」という心の呪縛の結果と考えました。たとえば，嫌いなものをどうしても好きにならねばならない（かくあるべし）とすると，心に矛盾が生じます。矛盾を頭で解決しようとすると，かえって不安や恐怖にとらわれてしまい症状に結びつくとしたのです。治療とは，症状に左右されずに，現実の生活実践を通して自己を「あるがまま」に受け入れる過程であるとしました。

治療方法

　森田療法は，外来での治療も可能ですが，森田自身は，自宅に患者を入院させ治療していました。以下に，彼の行った方法に従って治療の流れを記述します。

　第1期：絶対臥褥期（4日～1週間）患者は面会，談話，読書などすべての娯楽は禁じられ，食事トイレ以外は安静にしていることを命じられます。空想・悩みなどが生じても，無理に抵抗せずに積極的に考えることを勧めます。

　第2期：昼間は必ず外に出て庭掃除など自ら気がついた軽作業を行います。症状が出てきても，自分の直面することを最後までやり抜くように指導されます。この時期から日記の提出を求められ，治療者はそれに簡単なコメントを返します。

　第3期：やや重い作業（植物の管理，大工仕事，炊事など）をさせます。症状にかかわらず，興味のある労作に責任をもって取り組み，それを持続させることが目的となります。第3期までは外出・面会は禁止されています。

　第4期：退院準備期にあたり，外界に順応する時期です。外出も許され，患

者同士の交流会ももたれます。院内からの出勤，通学も許されます。

② 内観療法

浄土真宗の一部に「身調べ」という求道法があります。身調べでは，断食，断水，断眠を通して死と向き合い自らを反省し，仏に救いを求めます。吉本伊信（1916-1988）は21歳の頃に身調べから悟りを得たと伝えられています。そして身調べの普及に努力しているうちに，宗教色を排除した形で内観法を確立し，1953年，内観道場を開設しました。現在では，矯正所，医療関係などで広く実践されているとともに，国際的にもその有効性が確かめられています。

図180 内観中の面接風景（奈良の内観研修所にて）
出所：三木善彦　1976　内観療法入門　創元社

○治療方法

集中内観法は，内観道場と呼ばれる研修所にて7日間宿泊して行われます。内観者は朝5時～夜9時まで屏風の前に座ってひたすら内観に没頭します（図180）。指導者からは母親，父親，兄弟，友人などの重要な人物とのかかわりのなかで「してもらったこと」「して返したこと」「迷惑をかけたこと」を調べるようにいわれます。指導者は1～2時間ごとに現れ，そのたびに3～5分程度の面接を行い，静かな受容的な態度によって内観の進み具合を確認します。内観者が内容を話すと，指導者は「ありがとうございました。1分1秒を惜しんで調べて下さい」と返します。このように内観の場合，指導者と内観者のやりとりは極力抑えられたものといえます。しかし，指導者は食事，風呂などの内観者の身の回りの世話を行いますし，変わらぬ態度で定期的な面接を繰り返すことによって，内観者には自然と指導者への信頼感が生じてきます。その信頼感が内観の支えとなるのは確かであるといえます。

内観では，初期には自己否定・未熟さなど自責的な側面が現れますが，それが真の目的ではありません。最終的には自分の罪と他者からの愛を自覚することによって，より深い自己肯定感と他者の苦しみ・悲しみへの共感が生じ，洞察に至るといわれています。

以上，日本独自に発展した心理療法から代表的なものを2つあげました。これらは，仏教的，禅的思想の流れから大きく影響を受けていると考えられます。言語的なやりとりを重視し，行動・思考の修正を迫る西洋の心理療法と比べると，治療者と患者のやりとりはおさえられているといえます。双方とも治療の手続きも治療者の役割も明確なため，行動療法と共通点があると考えられます。しかし，表面的なところのみに着目してしまうと両者の本質を見失うと考えられます。わが国独自の精神性と人間観に照らし合わせてとらえる必要があるといえるでしょう。

（北島歩美）

XV 臨床心理学の理論的モデルと介入の技法

9 子どもの心理療法

1 子どもの心理療法としての遊戯療法

子どもの心理療法としては，遊びを通した心理療法である「遊戯療法」がほぼスタンダードといえるでしょう。

○遊戯療法とは

遊戯療法は，遊ぶことを通して子どもの心理的課題を解消していこうとするものです。なぜ遊びが心理療法として有効なのでしょうか。成人の心理療法では，主として言葉を用いて自分の内的世界を表現しながら問題解決を図っていきます。子どもの場合には，言葉の発達が十分でないこともありますが，「遊びが子どもの自己表現の自然な媒体である」[1]ことや，遊びのなかに子どもの無意識的な世界が表現されていると考えられている[2]ことから，遊ぶこと自体が重要な治療的要素となっているのです。

たとえば，両親がしょっちゅう喧嘩をしていて，それが子どもにとって大変な心の負担になっているような場合，子どもは人形遊びやごっこ遊びのなかで，両親の喧嘩を再現していると思われるストーリーを展開することがよくあります。また，大地震や災害など，突如として起こって生活基盤を根底から覆されてしまうような恐ろしい体験は，子どもにとっては理解の限度を超えています。このような体験をした子どもは，遊びのなかで地震ごっこを何度も繰り返し，理不尽に自らの存在を脅かした出来事を心に収めようとするのです。

このように見ていくと，遊戯療法における遊びとは，決して楽しい遊びだけではなく，むしろ心のなかにあって日常生活では表現すること自体がはばかられるような（大人がみると制止するような）遊びがしばしば展開されることが分かります。セラピストには，子どもが表現せざるを得ないネガティブな感情や

▷1 アクスライン．V.M 小林治夫（訳）1972 遊戯療法 岩崎学術出版社

▷2 ツリガー．H 堀要（訳）1978 遊びの治癒力 黎明書房

表 48 アクスラインの 8 原則

1) 子どもと温かい親密な関係を築くこと。
2) 子どもをそのまま正確に受け入れること。
3) 子どもとの関係におおらかな気持ちをつくり出すこと。
4) 子どもの気持ちを的確に認識し，気持ちを反射してやること。
5) 子どもがもっている問題解決能力を信じ，深い敬意を払うこと。
6) 子どもの行いや会話を先導せず，子どもが先導するようにすること。
7) セラピストは，心理療法が緩やかなプロセスであることを熟知しており，簡単にやめたりしないこと。
8) 心理療法が現実の世界に根をおろし，子どもに，その関係における自分の責任に気づかせるのに必要なだけの制限を設けること。

攻撃的な表現をしっかりと受け止め，子どもの苦しみを理解し共有すること，そして破壊的な表現によって子ども自身が傷つかないように，遊戯療法の場を守ることが求められます。

○遊戯療法における基本的態度

アクスライン（Axline, M.）は遊戯療法を行うにあたって，表48のようなセラピストが心がけるべき8つの原則を掲げています。アクスラインは**非指示的療法**の立場ですが，これはどのような理論的立場に立ったとしてもセラピストの基本的な態度といえるでしょう。

2 遊戯療法の実際

○遊戯療法の適用

遊戯療法が用いられるのは，3歳～12歳くらいの幼児期から学童期の子どもたちが主流です。その理由として吉田・伊藤は，3歳以前の子どもは母子関係の修正に重点が置かれること，また12歳以降は「言語を中心とした心理療法への移行期である」ことをあげています。

遊戯療法の適用としては，情緒的な問題や心身症的な問題（**緘黙**，不登校，**チック**，吃音，**抜毛**，アトピー，小児喘息等）から行動面での問題（落ち着きのなさ，多動，乱暴）など，幅広く用いることができます。表面に現れている問題や症状を除去することのみを治療目標とするのではなく，遊びのなかで展開されるテーマから，子どもがどのような苦しみや困難，葛藤を抱えているのかということに目を向けていくことが大切です。

○遊戯療法の場

遊戯療法は，病院や公立の相談所，大学付属の相談室などさまざまな機関で行われており，その場に即した面接室（プレイルーム）が作られています。一般的にプレイルームでは，体を使った遊びもある程度できるような広さを備えていて，子どもが心の表現をしやすいように，さまざまな玩具が準備されています。小さい子用のままごとセットやぬいぐるみ，家族人形や各種ゲーム，粘土や絵画道具，ボールや野球道具，キーボード，絵本，箱庭療法道具などです。来談する子どもの年齢や問題傾向によっても，玩具やゲームの種類を工夫する必要があるでしょう。

○親面接

子どもの問題は，家族の問題を代表しているといっても言い過ぎではありません。必要に応じて遊戯療法と平行して親（たいていは母親）面接が行われ，親子（母子）平行面接と呼ばれています。親面接では，子どもの生育歴，家庭や学校での様子を聞いたり，子どもへの対応を一緒に考えたりすることが多いのですが，親自身が苦悩していることも多く，これまでの苦労をねぎらったり，親自身の心理的課題を扱うこともあります。

（難波　愛）

▷3　非指示的療法
ロジャーズ（Rogers, C.）が提唱した心理療法技法。忠告や意見などを与えなくても，クライエントが自ら成長する力をもっていると考える。これは共感的理解・無条件の肯定的関心・純粋性を3本柱とする来談者中心療法へと発展する。⇒ⅩⅤ-3 参照。

▷4　吉田弘道・伊藤研一（共著）1997 セレクション臨床心理学1　遊戯療法　2つのアプローチ　サイエンス社

▷5　緘黙
言語能力があるにもかかわらず，喋らない状態のこと。全緘黙と場面緘黙があるが，多くは家庭では話すが学校などの外では話さない場面緘黙であり，心因性が考えられることが多い。

▷6　チック
自分の意思とは別に，体の一部分が勝手に動く状態。まばたきチックや音声チックなどがある。

▷7　抜毛
頭髪などの体毛を意識的に，または知らないうちに自分で抜いてしまう状態のこと。思春期の女子に比較的多く，自傷行為の一種と考えられる。

XV 臨床心理学の理論的モデルと介入の技法

10 人と出会う，自分と出会う
エンカウンターグループ

1 グループによる人の癒し効果

　心理臨床的な支援というと，どうしても密室での個人対個人の言語による面接（カウンセリング）を思い浮かべる人が多いでしょう。しかしながら，集団によるカウンセリングもあって，欧米では盛んに行われており，今後日本でもニーズが高くなる予想がされています。「出会いの場」「グループでの出会い」という意味合いから，エンカウンターグループあるいはグループエンカウンターという呼び方をされています。グループに参加する場合，基本的に初対面の人と出会うことが多いですが，他者と出会うと同時に内なる自分とも出会う，そんな体験ができる場になります。

2 エンカウンターグループのいろいろ

　エンカウンターグループには，以下にあげるような種類があります。

●ベーシック・エンカウンターグループ

　主に日常生活から離れた合宿形式（2泊3日や4泊5日など）で10人前後のメンバーにファシリテーターと呼ばれるカウンセラーが1人ないし2人加わり，1つのグループを構成します。決まっているのは時間枠のみ（通常3時間程度のセッションが1日3セッションほど組まれます）で，車座になり自由に話をし，またその話を傾聴します。セッションを重ねるごとにメンバーの人となりがわかるようになり，グループへの関心も高まりますが，同時に内なる自分自身の発見への抵抗なども生じてくるので，決して平坦かつ一方向的な動きで進んでいくのではありません（図181参照）。また寝食をともにしたり，セッションを離れた夜の集まりなどからも，加速度的に関係が深まったり停滞を感じたりしながらグループ全体が動いていき，あわせて個人の心理状態も揺れ動いていくのがこのベーシックエンカウンターグループの醍醐味といえるでしょう。

●構成的エンカウンターグループ

　セッションごとにエクササイズやワークを中心に行うことが特徴です。先のベーシックなものよりも1セッションにかかる時間も総時間数も短く，通い形式でも行うことが可能です。導入の部分から関係の深まり，抵抗，再発見，そして解散に至るまで一連の流れを予測して，それぞれのセッションがプログラムされています。何かものを作る作業やファシリテーターに指示をされてその

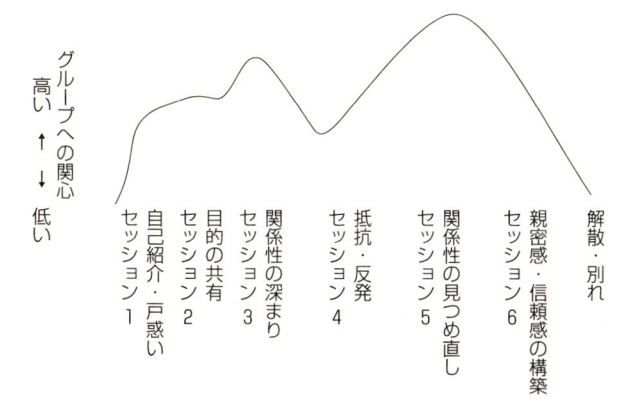

図181 エンカウンターグループの流れとグループへの関心の程度

（縦軸：グループへの関心 高い↑↓低い）
自己紹介・戸惑い セッション1
目的の共有 セッション2
関係性の深まり セッション3
抵抗・反発 セッション4
関係性の見つめ直し セッション5
親密感・信頼感の構築 セッション6
解散・別れ

なかで動くことは自分のまもりにもなりますから，グループに対して自分を開くのに抵抗の強い人などは，こちらのほうが参加しやすいといえるでしょう。

● 半構成的エンカウンターグループ

上述した2種類のエンカウンターグループのよい点を兼ね備えたグループを目指すやり方で，2006年に初めて報告されました[1]。つまり，ベーシックが狙いとする深い自己理解と他者理解，深くて親密な関係の体験といったものと，構成型の利点であるグループへの抵抗の少なさ，安全感といったものとを両方兼ね備えているというわけです。内容的にはベーシック型のセッションごとに話のテーマが設けられ，ファシリテーターの発言機会が多くなります。ファシリテーションを学ぶカウンセラーにとっては有利な構造となっているようですが，メンバーの自発性やグループの深まりという点についてはやはり限界があるようです。まだまだ新しい試みですから，改良されさらに発展していくことが期待されます。

▷1 森園絵里奈・野島一彦 2006 「半構成方式」による研修型エンカウンター・グループの試み 心理臨床学研究, 24(3), 257-268.

3 個人心理面接（カウンセリング）との関係

個人の心理面接とエンカウンターグループとでは，トータルの時間数も出会い方も異なります。しかしながら，おもしろいことに全体の流れは非常によく似ています。個人の心理面接を受けているクライエントのなかには，カウンセリング継続中にエンカウンターグループに参加を試みる人もいます。また，エンカウンターグループは，治療的な意味合いの濃いグループから，カウンセラー教育のためのもの，自己啓発的なものなど，さまざまに用意されています。日常の喧噪から離れ，ゆったりとした時間のなかで自己を見つめ直す機会をもつことは，現代人なら誰しもに必要なのかもしれません。チャンスがあればぜひ参加してみてください。そして，「いま，ここに」ある自分のこころの姿に向き合う体験をしてほしいと思います。

（三林真弓）

XV 臨床心理学の理論的モデルと介入の技法

11 危機介入とは

表49 危機後にみられる子どもの主な反応
就学前（1歳〜5歳） ・指しゃぶり ・夜尿 ・暗がりを怖がる ・親や養育者へまとわりつく ・尿や便のおもらし ・便秘 ・発話困難（どもりなど） ・食欲の増進・減退 ・夜驚 児童前期（5歳〜11歳） ・興奮しやすい ・めそめそ泣く ・まとわりつく ・家庭や学校での攻撃的な行動 ・親の気を引こうと弟や妹と張合う ・夜驚、悪夢、暗がりを怖がる ・登校しぶり ・引っ込み思案 ・興味の減退や学校での集中力低下 思春期（11歳〜14歳） ・睡眠困難 ・食欲の増進や減退 ・家庭内での反抗 ・雑用や手伝いを嫌がる ・学校での問題（例：喧嘩、もめごと、興味の減退、周囲の気を引こうとする行動） ・身体的問題（例：頭痛、鈍痛や鋭い痛み、発疹、心身症） ・友だちとの社会活動への関心の低下 青年期（14歳〜18歳） ・心身症的な症状（例：吹き出物、便秘、頭痛、喘息） ・食欲の問題や睡眠困難 ・心気症（例：自分の健康を強迫的に気に病む、ある症状に気を取られる） ・無月経や月経困難症（例：月経がない、月経痛） ・活動水準の激高や低下、無気力 ・無責任や怠慢な行動 ・親からの自立への意欲低下 ・集中力低下
出所：Pitcher & Poland 1992

1 危機とはどんな状況か

○危機の特徴

危機状態とは，人生における難問発生状況を指し，その問題を解消するために通常の対処方法を用いてもうまくいかず，解決の糸口がつかめないような事態のことをいいます。生活上の危機には，病気や事故といった身体保全に関わるものから，喪失体験，転居や転校，結婚や離婚などの生活の環境・関係上の変化，失敗や挫折などの傷つき体験など，さまざまなものがあります。

危機をうまく乗り越えれば，人としての成長が得られますが，危機状態にいる人は，不安と混乱によって思うような対処行動がとれず，強い無力感をもっています。そのため，危機への支援的な介入が求められます。

○危機を体験した子どもの反応

子どもの場合，危機後に一時的な不安や退行現象，身体的な不調などが生じるのは自然なことです（表49）。通常，これらの反応や症状は，身近な大人との関わりのなかで安心感を得られれば，自然と軽減していきます。

ところが，災害の被災や，事故や事件によって子ども自身が負傷したり，死傷者を目撃したりして強い恐怖感や戦慄を伴う経験をした場合は，それが心的外傷（トラウマ）になり，心身に深刻な影響を及ぼすことがあります。

また，愛着対象を殺害などで失った場合，悲嘆（グリーフ）の過程が複雑で長期的なものになりやすく，介入が必要になる場合があります。

自傷行為や，うつや精神病の発症も，精神健康上の大きな危機といえます。

2 危機介入の方法

○アセスメント

まず，危機の内容と，その人にとっての状況認知や意味づけを検討し，対処方法について考えていきます。解決にあたって利用可能な資源（相談相手や支援機関，金銭や物資の援助，社会制度など）がどれだけあるかも検討します。こうした多面的な状況把握のことをアセスメント（査定）といい，その人自身を理解し，適切な介入方法を考える上で，重要な作業になります。

◯緊急支援

危機直後は，まず，身体状況をみて医療的な応急措置の必要性の程度を確認し，迅速に救急への連絡や警察への通報を行います。

災害時には，水道やガス，トイレや住居といったライフラインの確保が緊急の課題となりますが，事故や事件後の支援においても同様に，生活上のサポートが求められます。家事や育児，介護などの生活支援や，金銭面での補助や社会的な補償制度などが，生活システムを立て直すために必要となります。

◯心理教育

危機の特徴や危機による心身への影響を理解しておくことは，その後の回復の見通しを立てる上で重要なことです。危機を経験している本人やその身近な人（家族や教師など）に，危機やストレス反応などを説明することを心理教育（サイコエデュケーション）といいます。混乱した状態のなかでは，心理教育を行ってもすんなりとは理解されにくい場合がほとんどですが，要点をまとめたパンフレットなどを渡しておくことで，後に役立てられることがあります。

危機を体験した子どもにとっては，学校が重要な役割を果たします。教師やスクールカウンセラーなどの支援者は，子どもや保護者に心理教育を行い，危機後は誰もが不安定になるのが自然であり，やがて症状は軽減していくだろうという見通しを伝えます。個々の状態を考慮しながら，必要に応じて時間割の変更や登下校時の対応をとるようにします[3]。また，学校は保護者との連絡を密にし，家庭での子どもの様子を把握しておくことが大切です。

◯ストレス・マネジメント教育

危機後の介入においては，ストレスの仕組みを理解し，ストレス反応を軽減させるためのさまざまな工夫や対処行動（コーピング）をとれるようになることを目指した，ストレス・マネジメント教育を行うことも有効です。危機後のケアや回復のためだけではなく，危機から派生して生じる新しいストレスへの対処も含んでおり，予防的側面も大きいのが特徴です。

◯心理的ケア

心理的ケアとはカウンセラーによるカウンセリングだけではなく，身近な人による情緒的サポートも含む，幅広い支援的実践を指すものです。周囲が危機後の状態を理解し，共感的な態度で接することで，危機に遭遇した人の無力感や孤立感は和らげられます。しかし，実際には，周囲の人も危機的な出来事によって衝撃を受けていることが多いのです。そのため，カウンセラーや精神科医などの専門家の介入が助けになることがあります。

最近は，トラウマに焦点を当てた認知行動療法などの心理療法の効果が実証されつつあります[4]。通常，危機後，1カ月以上たっても症状が軽減せずにむしろ増悪している場合に，薬物療法やより専門的な治療的介入の導入が検討されます。

（野坂祐子）

---

[1] Caplan, G. 1961 *An approach to community mental health*. New York: Grune & Stratton.（山本和郎（訳）加藤正明（監修）1968 地域精神衛生の理論と実際 医学書院）

[2] Pitcher, G. D. & Poland, S. 1992 *Crisis Intervention in the schools*. New York: Guilford. pp. 194-196.

[3] 大阪教育大学付属池田小学校事件後の危機介入については，野坂祐子 2007 学校危機とソーシャルサポート 水野治久ほか（編）カウンセリングとソーシャルサポート つながり支えあう心理学 ナカニシヤ出版 pp. 75-86.

[4] 3歳から18歳の子どものトラウマ症状に対する心理療法であるトラウマフォーカスト認知行動療法（TF-CBT）の日本での適用も報告されている。亀岡智美・齋藤梓・野坂祐子・岩切昌宏・瀧野揚三・田中究・元村直靖・飛鳥井望 2013 トラウマフォーカスト認知行動療法（TF-CBT）——わが国での実施可能性についての検討 児童青年精神医学とその近接領域, 54(1), 68-80.

XVI 発達の障害・精神の障害

1 DSMによる分類

1 DSMの変遷

　初版のDSM[1]（DSM-Ⅰ）は米国精神医学会が作成した診断カテゴリーをまとめたものであり，1952年に作成されました。その背景として，第2次世界大戦を契機に，精神病の患者のみならず，戦争神経症やその他の適応障害，神経症レベルの外来患者も対象とした精神医学への移行がありました。しかし，米国では英国に比して統合失調症の診断が多くに付けられやすいなど，各国の診断基準の不統一性があったことから，世界各国の精神科医が信頼性のある共通の診断基準をもつ必要性が考慮され，大幅な改定版であるDSM-Ⅲが出版されました。その後，DSM-Ⅳ，DSM-Ⅳ-TRを経て，2013年には診断基準の妥当性の向上を見据えて，最新版であるDSM-5（2013）へ改訂されました。

2 ディメンション診断（多元的診断）

　DSMには，各精神疾患に対する操作的診断基準，主要症状，随伴症状，疫学的情報，経過，鑑別診断などが記載されています。とりわけDSM-5の最大の特徴は，患者の持つ疾患において重要な症状を抽出し，その有無や重症度を評価していくというディメンション診断（多元的診断）システムです。1つの疾患内での症状の不均一性や，多数の疾患を横断して症状が共有されることを踏まえ，いくつかの中心症状を取り上げることに加え，疾患の基盤にある多次元的なスペクトラムを想定し，重症度を評価します。また，WHOによる国際疾病分類（International Classification of Diseases: ICD）との互換性が重視され，ICD-CMコードが併記されています。加えて，多軸診断システムであったDSM-Ⅳ-TRの第5軸，機能の全体的評定尺度（GAF）に代わって，WHODAS（WHO Disability Assessment Schedule）[2]が採用され，機能的な障害よりも，社会との関係において能力がどう発揮できないかといった観点からの全体的評価が行われるようになりました。

　DSMという共通診断分類システムにより，精神医学や心の専門家は相互に円滑なコミュニケーションを図り，さまざまな精神障害や異常心理学に関する治療援助や研究を推進することが可能となっています。

▶1 DSM
DSM（Diagnostic and Statistical Manual of Mental Disorders「精神障害の診断と統計のための手引き」）とは，米国精神医学会（American Psychiatric Association：APA）によって発行されている精神障害の診断分類体系である。

▶2 WHODAS
WHODAS（世界保健機関能力低下評価尺度）は，理解・コミュニケーション能力，日常動作能力，身辺自立能力，対人関係能力，家事や学校，職場などでの日常生活能力，社会参加能力，などの領域それぞれに段階的評価を行い，得点から重症度を判断する尺度。

【診断基準】
以下の診断に分類され，それぞれについて診断基準が定められている。
1．神経発達症群／神経発達障害群
2．統合失調症スペクトラム障害および他の精神病性障害群
3．双極性障害および関連障害群
4．抑うつ障害群
5．不安症群／不安障害群
6．強迫症および関連症群／強迫障害および関連障害群
7．心的外傷およびストレス因関連障害群
8．解離症群／解離性障害群
9．身体症状症および関連症群
10．食行動障害および摂食障害群
11．排泄症群
12．睡眠－覚醒障害群
13．性機能不全群
14．性別違和
15．秩序破壊的・衝動制御・素行症群
16．物質関連障害および嗜癖性障害群
17．神経認知障害群
18．パーソナリティ障害群
19．パラフィリア障害群
20．他の精神疾患群
21．医薬品誘発性運動症群および他の医薬品有害作用
22．臨床的関与の対象となることのある他の状態

例えば，4．抑うつ障害群の一つのカテゴリーであるうつ病（大うつ病性障害）の診断基準は，以下のA～Cをすべて満たすことと定められている。
A：以下の症状のうち5つ（またはそれ以上）が同じ2週間の間に存在し，病前の機能からの変化を起こしている。これらの症状のうち少なくとも1つは，（1）抑うつ気分，または（2）興味または喜びの喪失である。
1．その人自身の言葉（例：悲しみ，空虚感，または絶望を感じる）か，他者の観察（例：涙を流しているように見える）によって示される，ほとんど1日中，ほとんど毎日の抑うつ気分。
2．ほとんど1日中，ほとんど毎日の，すべて，またはほとんどすべての活動における興味または喜びの著しい減退（その人の説明，または観察によって示される）。
3．食事療法をしていないのに，有意の体重減少，または体重増加（例：1カ月で体重の5％以上の変化），またはほとんど毎日の食欲の減退または増加。
4．ほとんど毎日の不眠または過眠。
5．ほとんど毎日の精神運動焦燥または制止（他者によって観察可能で，ただ単に落ち着きがないとか，のろくなったという主観的感覚ではないもの）。
6．ほとんど毎日の疲労感，または気力の減退。
7．ほとんど毎日の無価値観，または過剰であるか不適切な罪責感（妄想的であることもある。単に自分をとがめること，または病気になったことに対する罪悪感ではない）。
8．思考力や集中力の減退，または決断困難がほとんど毎日認められる（その人自身の説明による，または他者によって観察される）。
9．死についての反復思考（死の恐怖だけではない），特別な計画はないが反復的な自殺念慮，自殺企図，または自殺するためのはっきりとした計画。
B：その症状は，臨床的に意味のある苦痛または社会的，職業的，または他の重要な領域における機能の障害を引き起こしている。
C：そのエピソードは物質の生理学的作用，または他の医学的疾患によるものではない。

図182　DSM-5の診断基準

出所：American Psychiatric Association　髙橋三郎・大野裕（監訳）　2014　DSM-5　精神疾患の診断・統計マニュアル　医学書院

3　DSMの問題点

　ただし，DSMの問題点も指摘されています。たとえば，その診断基準に十分な妥当性があるとはいえないこと，診断と予後や介入との関連が明確ではないこと，さらには，米国文化に根ざした分類診断基準が，さまざまな文化差のある世界各国に普遍的に通用するのかといったことなどです。

　また，患者の症状を表現するのに最も適切なカテゴリーを選択するために患者の訴えを十分に聞き，それを吟味するといった態度が不可欠であり，構造化臨床面接（SCID-5：Structured Clinical Interview for DSM-5）なども開発されています。したがって，いくら詳しい記述がなされているといっても，該当する患者を診察したり面接したりといった経験が一度もなければ，DSMの診断基準を一読しただけでその精神疾患について理解することは困難といえます。

（本多綾・王翠・藤田博康）

▷3　Davison, G. C., Neal, J. M. & Kring, A. M. 2004 *Abnormal Psychology,* Ninth Edition. John Wiley & Sons, Inc.（下山晴彦（訳）2007 テキスト臨床心理学Ⅰ　誠信書房）

XVI 発達の障害・精神の障害

2 知的障害（知的能力障害）の概念

1 「知的障害（精神薄弱）」の初めての定義

「知的障害」をつかう以前には，「精神薄弱」ということばが使われていました。この「精神薄弱」は大正時代から使われていたとされますが，日本の法令で最初に使用されたのは，1941（昭和16）年の「国民学校令施行規則」です。その後，1953（昭和28）年の文部事務次官通達「教育上特別な取り扱いを要する児童生徒の判断基準（試案）の中で，行政上の「精神薄弱」の定義が初めて示されました。「種々の原因により精神発育が恒久的に遅滞し，このため知的能力が劣り，自己の身辺の事がらの処理および社会生活への適応が著しく困難なもの」が「精神薄弱」とされました。1959年，AAMR（アメリカ精神遅滞協会）は第5版定義として，「精神遅滞は，平均以下の全般的知的機能であり，発達期に生じ(1)成熟(2)学習(3)社会適応の1つ以上の領域で障害を有する」としました。AAMRの定義と比較し，文部省（現文部科学省）の「恒久的遅滞」という理解は，状態像の永続不変性を示し，教育可能性の否定にもつながるとの批判が起こりました。

その後文部省は，「判断基準」を失効させ，1966年，新たに「精神薄弱児とは先天性，または出産時ないしは出生後早期に，脳髄になんらかの障害（脳細胞器質的疾患か機能不全）を受けているために，知能が未発達の状態にとどまり，そのため精神活動が劣弱で，社会への適応が著しく困難な状態を示しているもの」としました。しかし，この定義には，脳障害を原因としない「生理型」の知的障害が含まれておらず，不十分との指摘を受けました。この後の1996年に文部省は，精神薄弱を「発達の過程において起こり，知的機能の発達に遅れがみられ，適応行動の困難性を伴う状態」と説明しました。

2 なぜ定義が重要なのか

これまで繰り返し問題とされてきましたが，知的障害には確定した定義がありません。知的障害には，医療，教育，福祉，就労などさまざまな面で社会的な支援が必要です。ところが，定義がないために対象が明確でなく，このために社会的支援を受けられない子どもや人がいます。表50は日本に影響力をもつAAIDD（アメリカ知的発達障害協会：2007年AAMRから名称を変更）のこれまでの定義の一部を示したものです。10回も改められてきた背景には，知的障

▷1 1990年代に知的障害がある本人から，「精神薄弱」や「知恵遅れ」は，不快なことばとされ，また障害の内容を適切に示していないということで検討が行われ，「知的発達障害」または「知的障害」が採択された。1999年から法律も改正され「知的障害」が使われている。

▷2 「精神遅滞」という用語は，主に医学領域で使われている。知的障害とほぼ同義である。

▷3 知的障害の三原因：生理型（個人差の範疇。脳に病理はない），病理型（脳の形成異常や損傷によって起こる），環境型（学習刺激の少なさなど心理・社会的要因で起こる）。

▷4 AAIDD：The American Association on Intellectual and Developmental Disabilities

害の判定は，社会的，文化的な影響を受けることがあげられます。高度な社会では読み書き計算は必須の能力になります。一方で，農耕社会ではそのような力はあまり必要がないかもしれません。居住する社会によって，期待される知的能力に差があります。一番新しい第10版では，「支援」という考え方を定義に織り込むとともに，「その人と同年齢の仲間や文化に典型的な地域社会の情況の中で考えられなければならない」とされています。

なお明確な定義がないことで対象を広げることができ，家族や本人のニーズにあわせた支援ができるという肯定的な意見もあります。　　（湯汲英史）

表50　AAMR（現AAIDD）における「精神遅滞」の定義の変化（一部抜粋）

	定　義	IQカットオフ（※基準IQ）	診　断	発症時期	適応行動
第5版 1959年	精神遅滞は，平均以下の全般的知能機能であり，発達期に生じ（1）成熟（2）学習（3）社会適応の1つ以上の領域で障害を有する	同じ年齢帯の一般人口から1標準偏差低い	IQ値と1つ以上の適応行動の障害	生後から16歳頃まで	人が環境からの自然および社会的な要求に対応できる能力をさす。それには（a）人が機能でき，自立できる程度および（b）人が文化的に課せられた個人的および社会的責任を満足に果たせる程度，という2つの主要な側面がある
第8版 1983年	精神遅滞は，明らかに平均以下の全般的知的機能であり，併存する適応行動の障害を生じたり，それと関連し，発達期に生じる	標準化された知能検査でIQ 70以下；上限は75まで引き上げられうる	標準化されたIQと適応行動検査	妊娠から18歳の誕生日までの間	その人の年齢と文化から期待される成熟，学習，個人的自立，または社会的責任の基準に適合する能力の明らかな制約
第10版 2002年	知的障害は，知的機能および適応行動の双方の明らかな制約によって特徴づけられる能力障害である。この能力障害は18歳までに生じる。5つの前提：（a）現在の機能の制約は，その人と同年齢の仲間や文化に典型的な地域社会の情況の中で考えられなければならない。（b）妥当な評価は，コミュニケーション，感覚，運動および行動の要因の差異はもちろんのこと，文化的および言語的多様性を考慮しなければならない。（c）個人の中には制約がしばしば強さと共存している。（d）制約を記述することの重要な目的は，支援のプロフィールを作り出すことである。（e）長期にわたる適切な個別的支援によって，知的障害（精神遅滞）を有する人の生活機能は全般的に改善するであろう。	適切な知能検査で平均から少なくとも2標準偏差より低い能力	標準化された知能検査と適応行動スキル検査が，チームによる観察と臨床的判断とが組み合わされ，妥当性のある評価尺度と方法が使用される	妊娠から18歳の誕生日までの間	適応行動は，日常生活において機能するために人々が学習した，概念的，社会的，および実用的スキルの集合である。適応行動の制約は，日常生活および生活上の変化と環境からの要求に対応する能力の双方に影響し，他の4つの次元（知的能力，参加・対人関係・社会的役割，健康，情況）に照らして考慮されるべきである。

出所：栗田広・渡辺勧持（共訳）　2004　知的障害AAMR第10版　日本発達障害福祉連盟

XVI　発達の障害・精神の障害

3 自閉性障害と脳の機能の関連

1 情緒障害と心因論

　自閉症は，カナー（Kanner, L. 1943）やアスペルガー（Asperger, H. 1944）の報告以来，これまで病因論や障害の状態などについて，いくつかの転換を迎えてきました。当初は「冷酷で愛情不足の母親」の養育態度が子どもに情緒障害を起こさせ，人に親しみを示さないなどの姿を生むと考えられていました。自閉症＝心因論とするセラピストや教師は，子どもとのかかわりの基本を「全面受容」とし，子どもの要求や主張を受け入れることを最優先にしました。

2 脳機能の障害と治療教育

　わが国では現在も，自閉症＝情緒障害という社会的な認識は根強く，受容的なかかわりを中心とした指導や助言も続けられています。世界では，ラター（Rutter, M.）によって，1970年代に言語・認知障害説が発表されました。その後，神経心理学的研究をもとに，自閉症では言語や認知に障害があることが示されました。心因論から，脳機能障害へと原因の転換が起こったといえます。
　この転換と同じ時期に，1970年代から治療教育的なかかわりが行われるようになりました。行動療法を主な手法とし，言語や行動など各領域で発達を評価し，その上で課題を設定し取り組むようになりました。ただ一方で，行動療法で使われる賞罰に対して，動物の調教と同じなど，その手法内容についての批判も起こりました。

3 特有な感覚・知覚・認知の世界と構造化

　1990年代には，ドナ・ウィリアムス（Williams, D.）[1]やテンプル・グランディン（Grandin, T.）[2]など，自閉症本人による手記が発表されました。当時，行動の観察やそれをもとにした解釈によって，自閉症は理解されていました。自閉症の内面世界を豊かに表現するこれらの手記は，大きな衝撃を伴って迎えられました。あわせて，自閉症には特有の感覚や知覚・認知の世界があることが知られるようになりました。
　たとえばウィリアムスは，「心は半分催眠術にでもかかったような状態」と表現し，色やリズムなど特有の感覚世界があることを表現しました。
　グランディンは，言葉ではなく視覚情報を中心に世界を理解していると述べ

▷1　『自閉症だったわたしへ』の著者。幼い頃からの記憶を綴った『NOBODY NOWHERE』（『自閉症だったわたしへ』）を1992年に発表。世界で初めて自閉症者の体験や精神世界を描いた同書は，十数カ国語に翻訳され世界的ベストセラーとなった。

▷2　『我，自閉症に生まれて』の著者。2歳の時に脳障害があると診断され，特別な施設に預けられる。その後自閉症とみなされ，成人してからアスペルガー症候群と診断される。大学で動物学博士を取得，自閉症啓発と家畜の権利保護で，世界的影響力をもつ学者として活躍中。

ました。ことばでの把握ができにくいために，スケジュールの変更などではその意味を理解できずに不安になるなど，認知の特徴についても明らかにしました。

手記を通して，自閉症に特有の世界が存在することがわかってきました。そしてそのベースに，脳機能の特異性があるという考えが広まりました。

ショプラー（Schopler, E.）らは，自閉症の脳機能の特徴を踏まえて TEACCH プログラムを研究，開発しました。

自閉症は，聴覚や視覚など感覚に過敏や鈍感があり，必要な刺激を選択的に，適切に受け止めることが苦手とされています。TEACCH では，不要な感覚刺激を減らしたり，逆に鈍感な感覚には注意が向きやすいような配慮が必要と考えました。また自閉症にわかりやすいよう，絵や写真を使ったスケジュール呈示など，話し言葉よりも視覚的な手がかりを重視しています。このような「見える化」によって，自閉症の人の理解を促せることがわかってきました。

自閉症の人にわかりやすいよう，環境を調整することを「構造化」ともいいますが，この考え方は自閉症以外の発達障害についても適用され，取り組まれるようになっています。

自閉症は，社会性，コミュニケーション，想像力の障害の有無で診断されます。自閉症には，ことばも含め知的発達に目立って問題がない場合もあります。症状は千差万別と言えます。これらの自閉症群を，自閉スペクトラム症，あるいは自閉スペクトラム障害と呼ぶようになりました。なお，これまでのわが国における自閉症への取り組みについて，表51にまとめました。

▷ 3 TEACCH：Treatment and Education of Autistic and related Communication Handicapped Children の略。1960年代半ばより開発され，本人や家族への支援手法として1990年代以降，その考え方は世界的な広がりをみせている。

▷ 4 ウイング（Wing, L.）によって，自閉症には能力の高低など多様なタイプがあるものの，それらは連続しているとされ，「自閉症スペクトラム」と名づけられた。

❹ 自閉症と脳研究

脳の働きを見ることができるようになり，自閉症についても脳画像の研究が行われています。それによると，扁桃体・大脳基底核などの辺縁系の領域や，前頭前野などの活動低下などが示されていますが，自閉症の原因とはいいきれないのが現状です。自閉症に関連する遺伝子の研究も含め，脳機能のさらなる研究が期待されています。

（湯汲英史）

表51 自閉症への理解とわが国での取り組み

年代	障害のとらえ方	当時，わが国で取り組みだされた主な考え方・手法
1960〜	情緒障害	○プレイセラピー ○全面受容
1970〜	言語・認知障害	○行動療法
1980〜	感覚・知覚・認知障害	○ティーチ・プログラム ○感覚統合療法 ○ムーブメント教育 ○認知発達治療 ○動作法
1990〜	神経心理学的な障害	○IEP（個別指導・教育計画） ○ABA（応用行動分析）
2000〜	自己認知の障害	○カウンセリング ○SST（ソーシャル・スキル・トレーニング） ○認知行動療法

※「年代」と「主な考え方・手法」の関係だが，全国的に広まったというものではない。「年代」はあくまで，実践報告や書物などで紹介され，知られだした時期のことである。
※「障害のとらえ方」は，前者が否定されてのことではなく，「脳機能の障害」とされた以降は，それまでの見方に新たな視点が加わったということである。
※考え方や手法は，現在も続けて取り組まれているものがほとんどである。

XVI 発達の障害・精神の障害

4 ADHDの子どもへの対応

▷1 ADHD（Attention Deficit Hyperactivity Disorder のこと）
注意欠陥多動性障害

「ADHD」は，「発達障害」という言葉とともに，多くの人たちに知られるようになりました。ADHDは，社会の中で市民権を得たといえます。ただ一方で，「ADHDだから仕方がない」という画一的な見方や，発達期にあることを忘れた対応も見られます。

1 ADHDと注意の問題

ADHDがあると，1つのことに注意を向け，集中して取り組むことができないとされます。これを「不注意」ともいいます。そのような状態もありますが，その一方で好きなことには寝食を忘れて没頭する姿もみられます。他の面でもいえますが，ADHDがあると「何事もバランスよく」が難しいようです。このために，バランスよく注意を向け，配分することが苦手です。たとえば何かに取り組む際に，淡々とこなしていくことが難しく，アクセントをつける，休息時間を入れるなどして，注意が低下しないような配慮も必要です。ADHDの場合，何事もまんべんなくやれるタイプではなく，好きなことには熱中できるタイプと理解することも大切です。なお，注意がいろいろなことに向くのは，「好奇心が旺盛」ともいえます。

2 多動性（落ち着かない）

椅子に座っていられない，おしゃべりが止まらないなど，ADHDの場合は多動性が目につきます。また，他の人と一緒に行動できない，待てないなど，共通のテンポで歩いたり，じっとすることが難しかったりします。このような状態を多動といいますが，一方で，青年期になるとよく働くなど「活発」「活動的」とみられることもあります。「自分は『速動』なのであって『多動』ではない」と話す大人もいます。児童期では目立ち，問題とされる行動が，ある時期以降になると「長所」と変わる場合もあります。

3 衝動性（思ったまま実行する）

頭に浮かんだ瞬間，じっくりと考える前に行動していることがあるようです。あるADHDの子は，筆者と二人で話をしていたときに逆立ちを始めました。ある青年は，不愉快なこと，危ないことに直面すると，その場から走って逃げ出さずにはいられないといいます。衝動的といえますが，「行動的」ともいえ

ます。衝動性は，瞬間瞬間に判断を求められるような仕事に向いているとされます。また，新しく何かを生み出す企画関係の仕事で有利な能力とされています。

❹ ADHDの症状と未熟性

　ADHDでは，小学校3～6年で落ち着きだすとされます。幼児期からみている子で，その年頃になるとずいぶんと落ち着く場合が実際にあります。このような変化から，ADHDでは神経の成熟が遅いという専門家の意見もあります。同年齢の子よりも未熟なために，その年齢で必要なことができず，問題とされてしまいます。「ADHDだから仕方がない」ではなく，成熟を待ちながらも教えるべきことは教えていく必要があります。

　なおADHDには，伴いやすい症状やその他の発達障害があります（図183）。併発する症状などによって，適応が不良になることもあり，病気への対処が必要な場合があります。ADHDの症状を緩和するために，行動の枠組みを明確にするなども含めた対応や，医学的な治療が実施されています。

❺ 二次障害を防ぐために

　一次障害としてADHDがある場合，まわりの無理解などにより，自己卑下，無能感，無意欲など情緒的な問題が起こることがあります。これを二次障害といいます。ADHDの症状である，「不注意」「多動性」「衝動性」と並べると問題と感じます。ところが「好奇心旺盛」で「活動的」，「行動派」と表現を変えると，イメージが大きく変わります。子どもの行動をマイナスとみるか，プラスととるかによって，当然ですが関わり方が変わります。そして，子ども自身の自己評価も変化します。

　ADHDの診断は，文化や社会からの影響も受けます。たとえばアメリカに転居したADHDの子が，日本では問題視された行動が「何事も積極的でよい」という肯定的評価を受けることがあります。逆に，アメリカで「不注意型のADHD」とされた子が，日本では「落ち着いた子」と評価されたりします。積極的に自己主張しない子は問題だとされるアメリカの価値観が影響したのでしょう。

　ADHDに限りませんが，大人は診断名にとらわれすぎず，子どもの成長を信じながら理解し，関わる必要があります。

（湯汲英史）

▷2　ADHDは，学習障害，発達性言語障害，発達性協調運動障害，反抗挑戦性障害・行為障害，不登校などの適応障害，気分障害などを抱えやすい。チック症状は，3人に1人にみられるともされる。

▷3　ADHDへの対応として，環境調整，行動療法，認知行動療法のほかに，薬物療法が行われることがある。

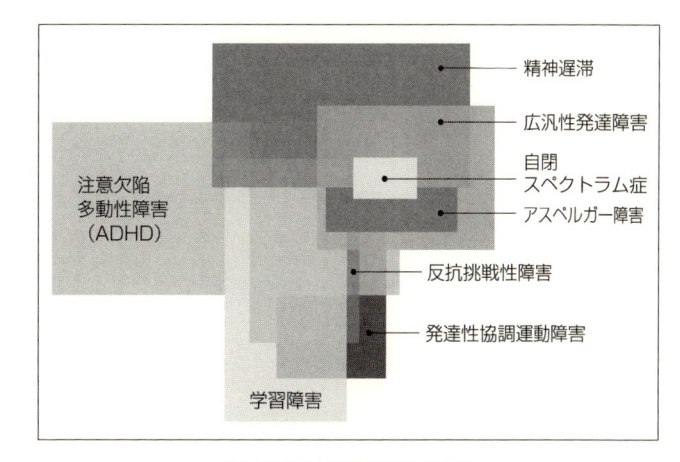

図183　重なる発達障害

出所：(社)発達協会王子クリニック　石崎朝世作成。

XVI 発達の障害・精神の障害

5 虐待を受けた子どもたち

1 虐待の定義

　乳幼児期から子ども時代にかけては，親やそれに代わる人たちからの愛情やケアが必要不可欠です。そんな時期に，本来，愛着の対象であり，世話をしてくれるはずの人たちから虐待されるということは，当然，子どもたちの心身にさまざまな影響を及ぼします。

　虐待のありようはさまざまな様相を示します。わが国においては児童虐待防止法により，1）身体的虐待：児童の身体に外傷が生じ，または生じるおそれがある暴行を加えること，2）性的虐待：児童にわいせつな行為をする，または児童にわいせつな行為をさせること，3）ネグレクト：児童の心身の正常な発達を妨げるような著しい減食，長時間の放置，その他の保護者としての監護を著しく怠ること，4）心理的虐待：児童に著しい心理的外傷を与える言動を行うこと，と類型化されていますが，実際はそれらが重複して生じていることが少なくありません。

2 虐待の影響

　虐待の悪影響として，身体面では，外傷や窒息などにより生命が奪われることもあれば，栄養不足はもちろん愛情不足による低身長や低体重などの発育不全，運動協応性や身体バランス・感覚感受性などの鈍さ，不衛生や治療の怠慢などによる疾患の重度化や慢性化，精神的ストレスによる免疫機能の低下，自律神経系の不調，脳機能の障害やそれらに由来する精神疾患などが引き起こされたりします。いずれにせよ，実際はそれらの症状が絡み合って生ずることから問題がより複雑化し，理解や援助がますます困難になります。特に，性的虐待は事実が表面化されにくいため，統合失調症や発達障害，うつ病などと誤診されることもまれではありません。

3 虐待の援助

　このように虐待の傷跡は深刻なものになりやすいだけに，その発生予防，早期発見から，親への介入，子どもの心理的援助や自立支援に至るまで，複数の専門家や関係諸機関が連携・協働し，積極的に介入・援助を行うことが不可欠です。子どもの心理的援助の要諦は，1）安心できる環境の提供，2）自己評

▷ 1　Kendall, J. 2002 虐待の脳への影響　ボストングローブ紙健康欄（2002年9月4日付）
脳への直接の外傷だけでなく，精神的な負荷が，合理的思考をつかさどる脳皮質や，記憶と感情の中枢である海馬や扁桃体などにダメージを与え，多くの被虐待児童にそのような脳の不全がみられているといいます。さらに，親の不適切なかかわりやしつけ，不十分な教育や社会化などの要素も加わり，言葉の獲得や言語能力の発達の遅れ，集中力や意欲の低下，自己効力感の低下，感情コントロールの悪さなども顕著になります。また，刺激への極端な過敏性と感情鈍麻の混在や，解離，フラッシュバックなどのいわゆるPTSDと称されるようなさまざまな精神症状や行動化傾向も，将来にわたる後々まで大きな影響を残すことがあります。

表52　虐待被害者の声

［両親のものさし］
　子供のころから，家族の話題は成績と学歴のことばかりでした。両親のものさしはただひとつ，学歴だけでした。父は公立の一流大学を出たことだけがとりえの公務員。母の言うなりでした。私が中学2年生の時，最低でも90点は取ると約束させられたテスト，70点だったら，母は怒り狂って私を殴りました。泣きながら顔を洗っている私の後ろからなおも母が頭を殴り，足を蹴り上げました。成人した私が，そのことで母に抗議しても母は全く聞く耳を持ちません。姉と私と二人の摂食障害者がいるのに，父も母もまだわかろうとしません。カウンセラーにも平気で「姉の治療の時に家族教室には出た。昔のことを掘り返して家族を責めてどうなる。大体，娘たちは被害者意識が強すぎる。うちには虐待なんか無かった。私だって我慢してきた。私こそ被害者だ」と言うのです。

［悪いのは私，お母さんは悪くありません］
　小学2年生頃だったと思います。算数の点数が悪くて，60点でした。私が土下座をして謝ったけど，お母さんは私の頭をスリッパのまま足で踏みつけました。何度も，何度も。「生まなきゃよかった」，「死んでしまえ」と怒鳴りながら。でも，悪いのは私，悪いことをして罰を受けるのは当たり前です。お母さんは悪くありません。
　お母さんのこと，すごく好きなんだけど，一緒にいてくれるとうれしいんだけど，気がつくと冷汗をいっぱいかいていて，……。（18歳，解離性精神障害＋自傷行為＋アルコール乱用の女性。入院2日目の発言）

［両足をもぎ取られた気分です］
　幼児期から小学校卒業時まで実父による性虐待を受けていました。挿入やフェラチオもありました。高校の時，母親に話したけど，まともに取り上げてくれませんでした。両親に両足をもぎ取られた気分です。父親の性虐待で片足をもぎ取られ，母親の拒絶で残った片足を失いました。（摂食障害＋アルコール依存症＋覚せい剤乱用＋万引盗癖＋売春＋自傷行為＋自殺行為＋解離症状，23歳，女性）

［感情を持つ恐怖］
　感情を持ってはいけない，感情を出してはいけない，私は殴られ，餓食にされるべき存在なのだから，と思って生きてきました。感情を持つのはつらすぎるのです。感情が出そうになると自分の手を切って感情を押し殺してきました。ところが最近になって，自分の体が感情を出し始めました。ホスピタルの治療のためかもしれません。感情の表出に伴って，これまでに経験のない恐怖感，うつ，虚無感，離人感，絶望感が襲ってきます。健康な人は，理解ができないと言います。そうかもしれません。周りの人が私を受け入れてくれるはずがない。私自身が大嫌いな私を，と思うと，恐怖で頭がぼうっとしてきます。思わず自分の首を自分で締め上げてしまいました。（20代後半，性虐待と身体的虐待サバイバー，女性）

［心中旅行に出かけました］
　両親が不仲で，父から母への暴力がありました。父は酒とギャンブルと女性問題，母は情緒不安定で家出の癖がありました。私が小学6年の時，母が家出して，3カ月間行方不明になりました。
　父から何度も「俺はお前たちを置き去りにはしない。一緒に死のう」と言われました。そして実際に父が私と小学3年の妹を連れて，温泉旅行に出かけました。自殺するはずでした。車で湖の周りを走ったけれど，飛び込まずに家に帰ってきました。怖かったけれど，子供心にも，こんな人生なら死んだ方が楽だとも思っていました。
　今から考えると，家出した母からたまに学校の私に連絡があったので，父が親子心中をすると言って，母を引き戻そうという作戦だったのだと思います。その時にも，母が1度だけ学校に来ました。父の親子心中旅行の計画を話しても，母は「今日，お母さんに会ったことを誰にも言うのじゃないよ」とだけ言い残して行ってしまいました。（20歳，パニック障害の男性，妹は摂食障害＋自傷行為）

出所：赤木高原ホスピタルホームページ　虐待被害者の声　http://www2.gunmanet.or.jp/Akagi-kogen-HP/Abused-message.htm

---

価を高める，3）自己感情の表現の促進と破壊的な行動の制限，4）自己の連続性の保証，5）必要時に助けを求められる心理的能力の付与，6）虐待体験を含めた自己の記憶の再統合などがあげられます。特に最近は，安心できる環境のなかで，新たなよい体験や記憶を積み重ねることで，過去の苦しい記憶がある程度は自分の人生に再統合されうることや，フラッシュバックなどのPTSDの精神症状は，薬物や漢方などでコントロールされうることなどが示されつつあります。

　虐待の悪影響は深刻で，援助にも困難はつきまといますが，虐待の連鎖や悪循環を自ら食い止め，虐待を乗り越え，あるいは傷を抱えながらも前向きに地道に暮らし続けている人たちも多く存在します。そのような人たちの回復力（resiliency）から教えられることは多大です。

（藤田博康）

▶2　神田橋條治　2007　PTSDの治療　臨床精神医学，36(4), 417-433.

参考文献
椎名篤子（編）1995　凍りついた瞳が見つめるもの——被虐待児からのメッセージ　集英社

XVI　発達の障害・精神の障害

6 統合失調症の理解と援助

1 統合失調症とはどのような病気か

　『統合失調症（Schizophrenia）』はかつて『精神分裂病』と呼ばれていました。"精神分裂"と聞くと物々しくて物騒なイメージがありますが，決して精神（心）がバラバラに分裂しているのではなく，脳の働きである認知や思考，感情，感覚知覚，体調などのバランス（統合）がとれずに調子を崩してしまう（失調）病気なのです（図184）。

　統合失調症にかかる人は100～120人に1人といわれます（約0.8～1.0％）。10代半ばから後半にかけて発症することが多いといわれますが，30，40代以降でも発症します。実は原因はまだよく判っておらず，脳の中にある神経伝達物質（脳細胞間で情報のやりとりをする物質）の受け渡しに問題があることから，「ドーパミン仮説」「グルタミン酸仮説」などが有力ですが確定的ではありません。また，発病には不眠や疲労，ストレス，悩みや精神的苦痛などが引き金になることも多いようです。

　症状には大きく分けて，「陽性症状」と「陰性症状」があります（表53）。「陽性症状」は発症直後にみられる"急性"の状態で，考えがまとまらず混乱して（連合弛緩）支離滅裂なことをいってしまったり（滅裂思考），実在しないものが聞こえたり見えたり（幻聴・幻視），他人の行為が自分への嫌がらせと感じたり（被害関係妄想），誰かに監視されていると感じたり（注察妄想），自分の考えが自然に周囲のものに伝わってしまう（思考伝播），などさまざまです。一方，「陰性症状」は急性の状態が過ぎた後の"慢性"の状態で，考える力が低下して物事に集中できなかったり，繰り返し同じことを考えてしまったり（常同的思考），やる気が出ず部屋に閉じこもってしまいます。表情もぼぉっとして喜怒哀楽が薄くなります（感情の鈍麻）。

　統合失調症の薬物療法は，従来はクロルプロマジン，ハロペリドール

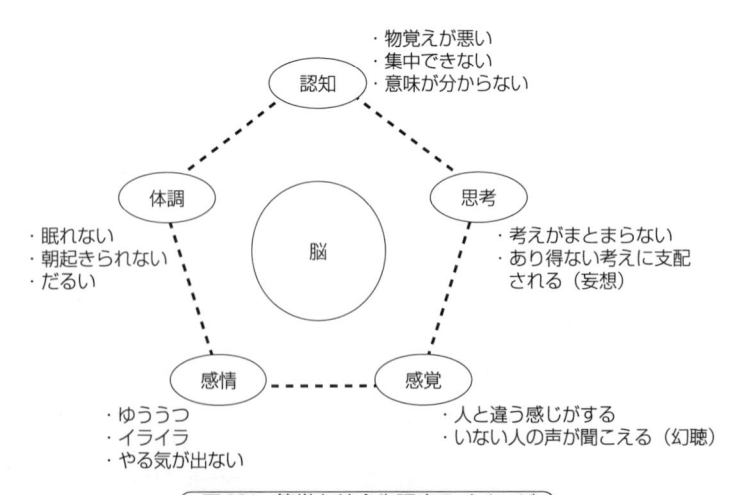

図184　簡単な統合失調症のイメージ

認知
・物覚えが悪い
・集中できない
・意味が分からない

体調
・眠れない
・朝起きられない
・だるい

思考
・考えがまとまらない
・あり得ない考えに支配される（妄想）

感情
・ゆううつ
・イライラ
・やる気が出ない

感覚
・人と違う感じがする
・いない人の声が聞こえる（幻聴）

といった定型抗精神病薬（定型＝ある神経伝達物質に影響する）が花形でしたが，陽性症状には効果があるものの陰性症状にはなかなか効かず，一方で，「落ち着いて座れない」（アカシジア），手の震えやろれつが回らない（パーキンソン症状）などの副作用も多く苦労しました。現在はリスペリドンやオランザピン，クロザピンなどの非定型抗精神病薬（非定型＝いくつかの神経伝達物質に影響する）が次々と開発されており，陰性症状に効果があり副作用も比較的少ないといわれています。

表53　陽性症状と陰性症状

陽性症状	陰性症状
思考の障害 　　連合弛緩 　　滅裂思考　　など 妄想 　　被害妄想 　　関係妄想 　　注察妄想 　　追跡妄想　など 幻覚 　　幻聴 　　幻視 　　体感幻覚　など 自我意識障害 　　考想化声 　　考想伝播 　　考想察知　など 興奮，昏迷，拒絶など	思孝の障害 　　思考力の低下 　　常同的思考 　　集中困難 意欲の低下 無関心 活動性の低下 自閉傾向 感情鈍麻・感情の平板化

❷ 臨床心理士としてどのようにかかわるのか

さて，私たち臨床心理士が統合失調症の患者と精神療法的かかわりをもつ際には，どのようなことを考えればいいのでしょうか。一つは「心理教育的サポート」です。病気の仕組みや症状，薬の効き目や副作用への対処，病気への接し方，患者への接し方，福祉制度の利用の仕方や社会参加・社会復帰に関することなど，統合失調症にまつわるさまざまな情報を患者やその家族に提供していくのです。しかし，それは一方的に情報を提供するのではなく，症状に苦しむ患者の気持ちにじっくりと耳を傾けて寄り添う心構えが大事です。

幻聴や妄想が活発な時期は，患者は現実と症状の区別がつきにくいですが，たとえそれが患者本人しか体験できないような幻聴や妄想の話であっても，そのような体験をしていることをまずは認めて受け入れていくことが大事です。その上で，体験していることが現実なのか病状なのか一緒に吟味をし，患者が病気を正しく受け止めることができるようになれる（これを「病識をもつ」といいます）といいでしょう。一方，陰性症状が強い時期は，患者は引きこもりがちになるので，その身体的・精神的なつらさに共感しつつも，少しずつ外の世界につなげていくことが必要です。他の患者と日中を共に過ごしながら活動するデイケアや，生活支援センターへの通所を勧めるとよいでしょう。症状が安定し就労を目指す患者さんは，障害者就労移行支援事業所や障害者就労継続支援事業所に通所しますが，これらの施設で心理的なサポートや集団精神療法的な関わりをしている臨床心理士も多くおります。

臨床心理士の役割を治療技法的な観点から述べると，たとえば精神科デイケアや社会復帰訓練などでSST（生活技能訓練）のファシリテーターを行ったり，最近では統合失調症に対する認知行動療法の活用なども注目されつつあります。しかし，統合失調症という病名にかかわらず，患者を一人の人として認め尊重しながら対話を進めていく姿勢やカウンセリング・マインドは，常に基本であり重要であると思います。

（岩井昌也）

参考文献

十束支朗ほか　1991　エッセンシャル精神医学　医歯薬出版

野村総一郎ほか（編）2006　標準精神医学　医学書院

XVI 発達の障害・精神の障害

7 気分障害の理解と援助

私たちの感情は，悲しくなったり嬉しくなったり変化します。気分障害は感情が通常の変動を超えて強く持続して生活に支障が出る状態で，抑うつ障害と双極性障害の2つに分けられます（表54）。

1 抑うつ障害

一般にうつ病とされる大うつ病性障害の症状は，気持ちが落ち込むという抑うつ感，興味や喜びの喪失という2大特徴に加えて，眠りがよいか（入眠障害・中途覚醒・早朝覚醒・過眠），食欲の減退あるいは亢進，考えがまとまらず，気がついたら同じところを読んでいて頭に入らない，献立を決められず，買い物に出ても献立と買うものが結びつかない（思考力や集中力の低下・運動の制止）などの精神運動の障害，強い焦燥感や罪責感，そして生きていても仕方ない，あるいは死にたい（希死念慮）という死に対する思いがあります。また，胃腸の症状や頭痛，肩こり，だるくて横になりたいといった身体症状もみられ，子どもや男性は抑うつ気分よりもイライラ感が前面に出ることも多いです。

抑うつの様態は一様ではありません。特に，抑うつの中核的な症状があり，抗うつ薬の効く内因性のうつ病と，中核症状があまりはっきりせず抗うつ薬が効かないこともあるいわゆる抑うつ神経症では，症状や病前性格が異なります（表55）。また，大切な人を亡くしたり，重要な試験に落ちるなどの自分を支えている条件が変化した時に，一定期間の抑うつ気分を経験します。これは悲嘆の作業（mourning work）として通り過ぎるべき自然な過程で，疾患とは区別されます。その後には自分の能力や限界を認め，他者への思いやりが深まる心の成熟がもたらされることもあると考えられます。

2 双極性障害

双極性障害は，抑うつ症状と躁状態の2つの状態を繰り返します。躁状態の時は，気分の高揚や興奮，イライラや怒りっぽさが特徴で，いつもより饒舌になり，語呂合わせが増え，いろいろな考えが浮かんで注意がそれやすく（観念放逸・注意の転導性），睡眠が少なくても快調で，どのようなことで

表54　DSM-5による気分障害の分類

抑うつ障害群	重篤気分調節症
	うつ病／大うつ病性障害
	持続性抑うつ障害（気分変調症）
	月経前不快気分障害
	物質・医薬品誘発性抑うつ障害
	他の医学的疾患による抑うつ障害
	他の特定される抑うつ障害
	特定不能の抑うつ障害
双極性障害および関連障害群	双極I型障害
	双極II型障害
	気分循環性障害
	物質・医薬品誘発性双極性障害および関連障害
	他の医学的疾患による双極性障害および関連障害
	他の特定される双極性障害および関連障害
	特定不能の双極性障害および関連障害

出所：American Psychiatric Association　髙橋三郎・大野裕（監訳）2014　DSM-5 精神疾患の診断・統計マニュアル　医学書院より作成

もできるような気がして，周りからは無謀に思えるような新しいことを始めたり，高額な買い物をするなどの症状があります。これらが仕事や家庭生活に支障を来すほど強いと双極Ⅰ型，それほど強くない場合に双極Ⅱ型と類型されます。

躁の症状が強いほど，その後に続く抑うつ状態への気分の落差が大きく，辛いものになるので，躁の症状に気づいて抑えることが重要です。しかし，躁状態の時は気分が爽快で，それを症状として気づかないことが多く，買い物をしすぎて借金ができたり，約束を反故にしたりして社会的な信用を失うトラブルになって始めて症状だと分かることも多いです。

表55 内因性うつ病と抑うつ神経症の比較

		内因性うつ病	抑うつ神経症
症状		中核症状が存在	中核症状が不明瞭
		抑うつ感・罪悪感	空虚さ・孤独感
		日内変動あり	日内変動は夕方悪化型
		自責的	他罰的
病前性格		メランコリー親和型性格	未熟・依存的・わがまま
		執着性格	自己中心的
発症のきっかけ		環境の変化などのストレス	対人葛藤・不明確なことも

出所：傳田健三 2002 子どものうつ病――見逃されてきた重大な疾患 金剛出版を改変。

3 本人への支援

抑うつの症状では，希死念慮の確認が必須です。死への思いが強く準備が具体的であれば，入院などの保護的な環境で複数の目で見守りながらの治療が必要です。心身を休めて薬物療法や心理療法を受けながら回復の時を待ちます。物事の考え方やとらえ方の特徴に気づき，その修正を試みる認知行動療法を経験した方が抑うつの再発が少ないとの成果も示されています（表56）。

症状が改善すると，家族や職場での役割を果たせていない罪悪感や早く元のように活動したいという気持ちが高まりますが，ゆっくりとしたペースでの社会復帰が結果として回復に寄与するようです。

4 家族への支援

気分障害では仕事や学業などの社会的な活動が制限され，家庭で養生することになります。少し動いては横になっている，辛く悲しそうな表情をしている状態を抑うつの症状として理解し，回復を支える家族にも支援が必要です。初期には症状の説明や回復の見通し，心身を休めるための家族の配慮や社会的資源の利用についての心理教育，回復期にはよくなったように見えるのに少し動くと疲れているというような一直線ではない回復過程の不安や焦りに対するカウンセリングなど，家族への継続的な目配りが重要です。　　　　（安藤智子）

表56 認知行動療法で用いる自動思考記録表の一例

日時と状況	気分や身体の状態	気分の強さ	自動的に浮かんだ考え	別の見方・考え方	気分の変化
3月9日 書いた文章にミスがあり先輩に怒られた	恥ずかしい	90	自分には能力がない	間違いは誰にでもある	80
	悲しい	50	先輩は自分を嫌っている	間違いの指摘と人の好き嫌いは関係ない	40
	悔しい	5			4

XVI 発達の障害・精神の障害

8 不安症（不安障害）の理解と援助

1 不安で不安でたまらない病気

大事な試験が近づくと、不安で眠れなくなる…似たような経験は誰にでもあるものです。しかし、こうした強い不安や恐怖のため、長い期間大きな苦痛を感じたり、日常生活に支障が出てきた場合には、病的な不安・恐怖と考えられ、「不安症群（不安障害群）」のひとつと診断されます。DSM-5（アメリカ精神医学会）によると、不安症群は、不安や恐怖を引き起こす対象や状況の種類によって、大きく8種類に区別されています（分離不安症、選択性緘黙、限局性恐怖症、社交不安症、パニック症、広場恐怖症、全般不安、物質・医薬品誘発性不安症）。

2 不安症群（不安障害群）の主な障害について

限局性恐怖症の人は、高所や虫、注射針、航空機などといった特定の状況や対象（恐怖刺激）に対して著しい恐怖や不安を感じ、その刺激を避けようとします。恐怖刺激により、いつも直ぐに恐怖・不安が生じますが、実際の危険性とは不釣り合いな程度であることが特徴です。

社交不安症（社交不安障害）は、他者と雑談をすること、自分が飲食するところを見られること、人前で発表をすることなど、人に見られる場面で自分が他者から否定的に評価（例：ばかだ、好きではない）されるのではないかと恐れ、心配するものです。その結果、赤面、発汗、言葉に詰まることがあり、そのことでさらに他者から拒絶されるのではないかと恐れ、社交場面を回避することもあります。

パニック症（パニック障害）では、予期しない反復されるパニック発作（突然に強烈な不快感や死の恐怖、動悸、発汗、震え、過呼吸などを生じるが、身体的な異常によるものではない）を経験し、その後「また起きるのではないか」という予期不安に絶えず悩まされ、行動面での不適応的変化（例：通常の毎日の活動を制限する）を生じます。

広場恐怖症の人は、以下5つの状況のうち2つ以上でいつも恐怖、不安を強く感じます。電車など公共交通機関を使用する、駐車場などの広い場所にいる、店や劇場など囲まれた場所にいる、列に並んだり人ごみの中にいる、家の外に1人でいる、です。こうした状況では、何か恐ろしいことが起きた時に脱出し

▷1 不安を感じることは、本来、不適応なものではない。山奥を歩いていて、獰猛な獣が近づいてきたときに、強い不安を感じる——これは、生命を守るための「闘争-逃走」の準備反応として正常なものといえる。しかし、本物の脅威と直面していないときに、こうした強い不安に襲われるのは、不適応と考えられる。

▷2 American Psychiatric Association（編）髙橋三郎・大野裕（監訳）2013/2014 DSM-5 精神疾患の診断・統計マニュアル 医学書院

▷3 分離不安症（分離不安障害）の特徴は、家や愛着のある人と離れることに対する過剰な不安や恐怖である。発達的に見て、幼児が母親と離れ、不安になることがあっても不適切ではないが、その人の発達水準からみて予測される程度を超えた場合を言う。

▷4 選択性緘黙とは、自宅では家族と話すにも関わらず、話すことを期待される他の場所（例：学校）などでは、一貫して話さない行動が特徴である。

▷5 物質・医薬品誘発性不安症（物質・医薬品誘発性不安障害）とは、アルコール、カフェイン、大麻、アンフェタミンなどの物質の中毒や離脱、鎮静薬、睡眠薬などの医薬品への曝露の後に生じるパニックや不安が顕著であることが特徴

たり，助けてもらえないと信じるために，積極的に回避しようとします。

全般不安症（全般性不安障害）では，人生の様々な不安（試験，病気など）を敏感に受け止めるために，深刻で慢性的な不安，心配に悩まされます。

このように不安症群といっても，実にさまざまな障害の集まりであり，メカニズムもそれぞれ異なるといえます。次に，パニック症に焦点を当て，その理解を深めることにします。

3 パニック症（パニック障害）

○ メカニズム

パニック発作を起こしやすい人には遺伝的，生物学的な（大脳辺縁系のセロトニン欠乏など）脆弱性があることが指摘されています。つまり，もともと発作を起こしやすい身体的な素因があるといえるでしょう。しかし，それだけではなく，自分の身体感覚に敏感で，身体的な変化を否定的に解釈しやすいという認知的な素因もあります。たとえば，突然の筋肉の緊張や動悸を「心臓発作が起きる」「死んでしまう」等と解釈してしまうのです。こうした身体的，認知的素因が作用しあって，パニック発作が頻回に起きやすくなり，ますます発作を恐れるようになります。そのために，過去に発作が生じた場所や起こしそうな場所を意図的に避けるようになります。生活や活動範囲は狭まりますが，結果的に不安は低下し，発作は起きません。このことで，さらに回避行動が強化されることになるのです。これが広場恐怖症を併発する過程です。

安心感があることで，パニック症状の生起にどのような変化をもたらすかを検討した研究があります[6]。実験的にパニック症状を生じさせるため，パニック症患者がCO_2を吸引したときに，安心な人物が一緒だった人は，そうでなかった人よりも，パニックの情緒的，認知的，生理的症状が少ないことが示されました（図185）。

○ 治療

「パニック発作では死ぬことはない」と知り，この病気について正しく理解することがまず大切です。薬物療法により発作自体を消失させることが可能となりましたが，それでも広場恐怖が持続する場合は，認知行動療法が有効です[7]。

4 不安症（不安障害）に共通した治療的援助

病気に対する正しい知識を本人が理解した上で治療を行います。基本的には，薬物療法と心理療法（認知行動療法，森田療法）が有効とされています。重症化するとうつ病を併発することもあるので，早期治療が重要です。

（鵜木恵子）

▷6 Carter, M. M., Hollon, S. P., Caron, R. S. & Shelton, R. C. 1995 Effects of a safe person on induced distress following a biological challenge in panic disorder with agoraphobia. *Journal of Abnormal Psychology*, **104**, 156-163.

▷7 認知行動療法については XV-4 を参照。
エクスポージャーという技法では，本人に恐怖を感じさせる場面を弱い順に列挙してもらい，もっとも恐怖の弱い場面で，恐怖がなくなるまでそこにとどまってもらう。徐々に恐怖の強い場面へ直面し，克服することで，不安・恐怖を感じる場面でも自分は安全であることを学習していく。

参考文献
Stein, D. J. 田島治・荒井まゆみ（訳） 2007 不安とうつの脳と心のメカニズム 星和書店

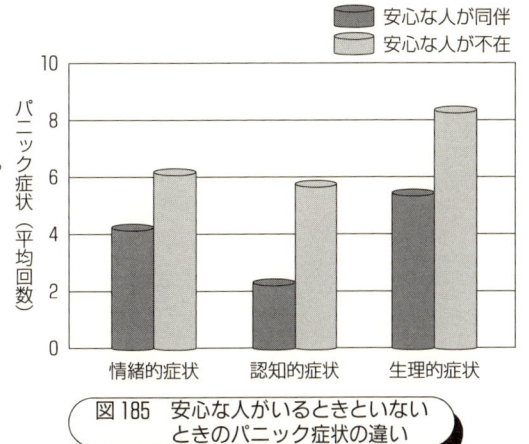

図185 安心な人がいるときといないときのパニック症状の違い
出所：テキスト臨床心理学3 誠信書房 p.649.

XVI 発達の障害・精神の障害

9 パーソナリティ障害の理解と援助

1 パーソナリティ障害（人格障害）とは何か？

「パーソナリティ（人格）」とは「その人の人間性／人間としてのあり方」です。では、「パーソナリティ障害▷1」とは、その人の人間性すべてに障害（問題）があるということなのでしょうか。磯部によると、「人格障害は心の病気（精神医療の対象）であるが、精神病ではなく、自己の存在が危うくなったり現実検討能力に著しい障害があるわけではない」ということです。そして、「病的な人格ではなく、（私たちの常識や社会的規範から著しく逸脱した）異常な性格としてとらえるべき」と、常に私たちの価値基準と対比しながらとらえられるものであると述べています。つまり、いわゆる精神病ではなく「社会のルールや対人関係のルールが守れなかったり、同じ価値観や基準を共有しにくい人たち、そのために人との関係や社会のなかでトラブルや問題が生じやすい人たち」ということです。

そのように定義されると、これを読んでいる皆さんの身の回りにも実は思いあたる人がいないでしょうか。恋愛関係がいつも不安定な人、いつも一緒にいないと不安で、相手の気を引くために四六時中携帯メールを送りつけたり、返事が遅れると感情的に爆発したり自暴自棄な行動をとる人、いつも自分が一番でないと気が済まなくて、相手を蹴落とすことばかり考えている人、仕事についても自分に自信がなくて、些細なことをきっかけにすぐに仕事を辞めてしまう人、疑り深くいつも人のことを悪くいって孤立する人……など。

DSM-5（アメリカ精神医学会による診断基準）▷3によるパーソナリティ障害の主なカテゴリーは、表57のようになっています。

クラスターAは「変わった人たち」といえます。思いこみが強く疑り深い「猜疑性（妄想性）」、孤独でよそよそしい「シゾイド（スキゾイド）」、奇妙な考えや時に幻覚妄想が出現する「統合失調型」などです。クラスターBはバラエティーに富んだ特徴がある一群です。情緒的に不安定で衝動性が高く、対人関

▷1 パーソナリティ障害は、従来、人格障害という用語が用いられてきましたが、誤解を生じやすいことなどから、DSM-IV-TR（2003年度版）において、パーソナリティ障害と統一表記されるようになりました。

▷2 磯部潮 2003 人格障害かもしれない——どうして普通にできないんだろう 光文社新書（一部、要約して抜粋）

▷3 American Psychiatric Association 髙橋三郎・大野裕（監訳） 2014 DSM-5 精神疾患の診断・統計マニュアル 医学書院

表57 パーソナリティ障害のカテゴリー（DSM-5）

クラスターA	クラスターB	クラスターC
猜疑性（妄想性）パーソナリティ障害	境界性パーソナリティ障害	回避性パーソナリティ障害
シゾイド（スキゾイド）パーソナリティ障害	反社会性パーソナリティ障害	強迫性パーソナリティ障害
	自己愛性パーソナリティ障害	依存性パーソナリティ障害
統合失調型パーソナリティ障害	演技性パーソナリティ障害	

係も持続せず自己破壊的な「境界性」，法律や社会的規範に合わず，反抗したり非行や犯罪に走りやすい「反社会性」，プライドが高く，他者を見下し他者からの賞賛を求める「自己愛性」，周囲の注意を引くためにさまざまな行動を繰り返し行う「演技性」などがあります。クラスターCは不安や恐怖が強いタイプです。社会から引きこもったり責任を回避するなど，自分に自信のない「回避性」，さまざまな物事へのこだわりが強く融通の利かない「強迫性」，人から離れることが非常に怖くて，人に頼り人を求めてしまう「依存性」などです。

パーソナリティ障害の種類によって治療理論はさまざまですが，主なものとして心の仕組みや心の中で起きていることを解き明かしていく力動的精神療法や，批判的見方ではなくより適応的な対処を評価していく支持的技法，行動や感情表出の裏にある歪んだ考えや認知をより適応的なものに変えていくための認知行動療法などがあります。多くの治療者は，いくつかの有効な技法をクライエント（患者）に合わせて取り入れていくことが多いです。

❷ パーソナリティ障害はどのようによくなっていくのか

パーソナリティ障害の治療目標としては，クライエントが自分の考え方やとらえ方の枠組みをもちながらも，社会の多様さ，複雑さ，曖昧さに対して容易に混乱することなく「耐えられるようになる」こと，自分の思いどおりにならないからといって，衝動的に反応したり行動せずに「辛抱できるようになる」ことがとても重要です。そのため，治療者はクライエントとの関係のなかで治療の枠組みや対応の限界を明確に設定し，（クライエントを責めたり追いつめるようにではなく）判断や意志の決定，行動の責任をクライエントにもたせること，クライエントに主体性をもたせることを意識して面接を行っています。

しかしこれらのことは，心理療法という特殊な関係や構造のなかだけでなく私たちが日常生活のなかで「パーソナリティ障害な人たち」とつきあっていくときにも，とても参考になると思います。すなわち，相手から無理難題を押しつけられたり，とても対処できないような要求をされたり，相手の言動にすっかり振り回されそうになっても，できるだけ冷静に自分自身を振り返り，自分ができる範囲を見極め，できないことについてはできないときちんと断るといった明確な構造化や，相手との関係で責められたり責任をとられそうになっても，必要以上にその責任を引き受けない（自分のせいにはしない。自分を責めない）こと，などです。つまり，パーソナリティ障害の人たちとの関係で「無理をしないこと」がとても大切です。

パーソナリティ障害の人たちは，人との関係を築いては壊し，壊してはまた新たに築いていきながら，いつかはある程度安定していられる人間関係にたどり着ければ，それは上出来であり理想でしょう。お互いにとても難しいことですが，「気長にお付き合いしていく」ことです。

（岩井昌也）

XVI 発達の障害・精神の障害

10 摂食障害の理解と援助

1 摂食障害とは

摂食障害は「神経性やせ症（神経性無食欲症）」（アノレクシア・ネルヴォーザ）と「神経性過食症（神経性大食症）（ブリミア・ネルヴォーザ）」とに大別されます。どのような症状なのかについては表58と表59にDSM-5の診断基準を示します。1960年代以降，思春期の女性の間で神経性やせ症の症例が急激に増加しました。そのため，「思春期やせ症」といわれていたこともあります。その後，神経性やせ症から神経性過食症に移行していく例が増加しはじめ，70年代以降には，過食症が前景に出ている事例が増えていき，年齢層も小学生から30歳以降まで広がるようになりました。男女比はおよそ1：20といわれています。摂食障害の背景にはやせ願望があり，やせた女性が美しい女性のモデルとされるようになったり，メディアでダイエットが取り上げられるようになったことと密接な関連があります。また，過食症の増加にはコンビニエンスストアの普及が影響しているといわれています。

2 神経性やせ症（神経性無食欲症）

神経性やせ症は，年齢と身長に対して期待される最低体重を下回る体重になっても，自分がやせているという自覚がなく（ボディーイメージの歪み），体重増加を妨げる行動を続け，体重が増加することに対して強い恐怖を抱きます。精神的には活動的・意欲的であり，自分に問題があるという自覚に欠けています。そのため，治療への導入が困難で，無月経，ホルモン異常，肝臓の障害な

▷1 「反復する過食エピソード」
(1)他とははっきり区別される時間帯に，ほとんどの人が同様の状況で同様の時間内に食べる量よりも明らかに多い食物を食べる。
(2)そのエピソードの間は，食べることを抑制できないという感覚。

表58 神経性やせ症（神経性無食欲症）の診断基準	表59 神経性過食症（神経性大食症）の診断基準
A. 必要量と比べてカロリー摂取を制限し，年齢，性別，成長曲線，身体的健康状態に対する有意に低い体重に至る（正常の下限を下回る体重で，子どもまたは青年の場合は期待される最低体重を下回る）。 B. 有意に低い体重であるにもかかわらず，体重増加または肥満になることに対する強い恐怖，または体重増加を妨げる持続した行動。 C. 自分の体重または体型の体験の仕方における障害，自己評価に対する体重や体型の不相応な影響，または現在の低体重の深刻さに対する認識の持続的欠如。	A. 反復する過食エピソード▷1 B. 体重の増加を防ぐための反復する不適切な代償行動。例えば，自己誘発性嘔吐；緩下剤，利尿薬，その他の医薬品の乱用；絶食；過剰な運動など。 C. 過食と不適切な代償行動がともに平均して3カ月間にわたって少なくとも週1回は起こっている。 D. 自己評価が体型および体重の影響を過度に受けている。 E. その障害は，神経性やせ症のエピソードの期間にのみ起こるものではない。

出所：American Psychiatric Association 髙橋三郎・大野裕（監訳）2014 DSM-5 精神疾患の診断・統計マニュアル 医学書院より抜粋。

どさまざまな身体症状を引き起こし，命を落としてしまうこともあります。きっかけとしては，職場や受験などの心理的ストレスから食欲が減退し，そのまま拒食になる場合と，急激なダイエットを引き金としている場合があります。性格は，几帳面でまじめ，完全主義の人が多く，体操選手やスケート選手など周囲からやせることを期待されて発症する例も多くみられます。

③ 神経性過食症（神経性大食症）

神経性過食症は，食べ物を詰め込むように無茶食いすることと，それによって体重が増加することを防ぐために嘔吐や下剤の乱用などの代償行為を繰り返すことが主な症状です。食べても満足感が得られるどころか，むしろ食べることをコントロールできず，自分に嫌悪感や罪悪感を抱き，無気力・倦怠感・抑うつ気分などの精神症状が現れ，集中力や思考力が低下します。そのため，自ら助けを求めて精神科などを受診することが多いです。重症化すると，不登校や引きこもり，家庭内暴力，薬物乱用などの問題も併発します。職場や学校でのストレスを食べることによって解消しようとする「気晴らし食い」から始まることが多いのですが，それがコントロールできないほどの症状に発展していきます。

④ 摂食障害への援助

やせ症は命を失う危険がありますし，過食症はさまざまな問題行動を併発しますから，家族や周囲の人々ができるだけ早期に気づき，援助する必要があります。どちらも食行動の問題が精神症状を引き起こし，さらに食行動の異常を助長するという悪循環を繰り返して問題を複雑化していくからです。

摂食障害に苦しんでいる人に共通しているのは，自己評価が低く，体重や体型によって自己評価が左右されることと，ストレスに対処したり課題を乗り越える方法が多様ではないことです。そこで，本人に食べることを強要したり，過食嘔吐の行動を責めることはやめ，食べることや体重にこだわらず，行動や感情のコントロール，ストレスへの対処を通して全般的な精神的成長を助けるという姿勢が大切です。そのためには，原因探しをせず，症状の持つ意味やメッセージを周囲の者も共に考えていくことが第1です。そうして，症状以外の肯定的な方法で対処できるようになることを目指します。また，両親の協力を促し，家族関係を見直すチャンスにするという意味で家族療法が有効です。できるだけ早期に専門的な援助を受けることが回復を早めますが，重症化した場合には入院治療が必要です。身体的ケアを受けることで，他者との間に信頼感を回復し，自己の存在価値を再確認するとともに，一定の制限を設定し，そのなかで適応的な行動を可能にしていきます。回復には長い時間がかかりますが，成長を信じて待つ忍耐力が家族にも援助者にも求められます。　　　（塩崎尚美）

XVII 心理臨床の実践の場

1 医療現場における臨床心理士の役割

1 筆者は普段どのような仕事をしているか

　筆者が勤務している精神科クリニックには入院設備はなく患者は外来通院治療を受けています。臨床心理士として患者の心理面接をしたり（当院では保険診療の枠内で約20分程度の短い心理面接を行っています。通称"ミニインテーク"といい，医師の診療とセットで診療費以外の料金はかかりません），初めて受診した方の話を聞いて医師の診察につなげるインテーク面接や，必要に応じて心理検査など行っていますが，臨床心理士としての仕事はそれだけではありません。さまざまな精神保健福祉制度（たとえば通院医療費負担を軽減する自立支援制度や経済的支援である障害年金制度，精神障害者福祉手帳制度など）を活用できるよう，本人やその家族に情報提供や申請手続きの援助をします。また，病状が悪化して入院の必要が出たときには入院先を問い合わせたり，本人への対応について家族からの相談を受けたり，生活保護の担当ワーカーや保健センターの担当保健師と連携して患者や家族をサポートしています。さらに，精神保健福祉士として自宅に訪問して生活の様子や服薬管理などを確認し，日常生活をサポートする精神科訪問看護も行っています。その他にも，患者が集団で日中を過ごしながら生活リズムや対人交流を築いていくデイケアのスタッフであったり，クリニックの受付対応や会計事務，電話対応や，クリニック全体が円滑に進行するように判断，指示を出す責任者業務などを行うこともあります。表60に簡単にまとめてみましたが，所属する精神科クリニックでの筆者の役割は，このように非常に多種多様です。

2 その他の医療機関における役割はどのようなものがあるか

　それでは他の医療機関ではどうでしょうか。他の精神科クリニックでは，保

表60　精神科クリニックにおける臨床心理士の主な業務内容

臨床心理学的業務	他職種との連携
短時間の心理面接（ミニインテーク） インテーク面接，家族面接 心理検査，デイケア	情報の共有 心理学理論を活用した患者理解の伝達
精神保健福祉的業務	他の業務
他機関との連携（病院，保健センター，福祉など） 精神科訪問看護 精神保健福祉制度の活用	窓口・会計業務 事務業務 外来部門責任者業務

険診療とは別に保険外（自費）のカウンセリングをしている臨床心理士もいます。また，精神科専門病院では窓口や会計ははっきりと分かれており，一方で心理部門や心理室などが設置されているところも多く，臨床心理士の役割はもう少し区別されていると思います。しかし，臨床心理士業務としては，個人心理面接や家族心理面接，集団精神療法，デイケア，心理検査など，さまざまなものがあるでしょう。

さらに精神科以外にも診療科目のある総合病院などに勤務する臨床心理士は，精神科の患者だけでなく他科の患者の治療に，主治医や医療スタッフと連携しながら従事することでしょう。たとえば，小児科に関わる臨床心理士には，まだ言語的発達や表現が未成熟な小さな子どもたちの心の痛みを子どもたちと一緒に過ごしたり遊びなどを通じて感じとり，それを主治医や他の看護スタッフ，または両親や家族に伝え，共有し協力しあって治療していく役割が求められます。慢性疾患を抱えた子どもたちは，常に不安や絶望，時には怒りを抱え，社会から孤立していたり自ら人との関わりを拒んでしまうことがあり，さらには死を受け入れざるを得ない子どもたちは絶望したり生きることの意味を失っていることが多いといいます。このようなことは小児科に限らず，進行性のガンを患う患者の病棟やHIV（エイズ）の医療現場，終末医療（ホスピス）などでも同様です。いつ再発するかわからない不安，再発すれば死に至る恐怖，半永久に続く治療への疲労など，疾患を抱えた患者たちはさまざまな心理的危機に直面しているといえるでしょう。臨床心理士はそのような方々と会い，本人の訴える話に耳を傾け，聞くという行為を通じて患者の心を安定させ，不安や恐怖，絶望のなかに少しでも安らぎや前向きな気持ち，楽しさ，吹っ切れた気持ちがもてるよう援助していくことが大事だと思います。

患者の話を聞くだけでなく，その病気が患者に与える心理的影響やそれに対する対応の仕方などを本人やその家族に（時に心理学的理論を用いて）説明し理解を深めてもらう「心理教育」も臨床心理士の重要な役割です。高次脳機能障害（交通事故や脳梗塞の後遺症として，ことばがしゃべれない，認識ができない，決まりきった行動ができないなどの障害）を扱うリハビリテーション病院や認知症を扱う老人病院などでは，障害や機能の低下をいかに本人が受け入れられるか，その障害がもたらす影響をいかに家族が理解し，受け入れて生活を援助できるか，心理教育の効果や臨床心理士が果たす役割は非常に重要でしょう。

医療現場で臨床心理士が果たす役割は他にもまだまだあると思います。成田[1]は，職種意識にとらわれない臨床心理士のあり方や，臨床心理士だからこそできる役割や貢献について述べていますが，器用貧乏になるのでなく，しかしスタッフの一員という意識をもって，自分ができる役割を果たしていくことが求められているのではないかと思います。

（岩井昌也）

▷1　成田善弘　1999　病院における臨床心理士の役割と貢献　臨床精神医学，28(9)，1073-1077．

XVII 心理臨床の実践の場

2 学校現場における心理臨床の特徴

1 学校現場における心理臨床の特徴

●学校現場の特徴

学校現場における心理臨床（以下，学校臨床）の担い手としては，現在では公立中学校のほぼ全校（公立高校・小学校は部分的）に配置されているスクールカウンセラー（学校臨床心理士）があげられます。心理臨床の現場としての学校が，病院等の相談機関と大きく異なっている点は，学校が「日常生活の場」であるということです。病院や相談機関は心や体に不調が起こった場合に訪れる，いわば「非日常的な場」ですが，学校は生活パターンに組み入れられ，毎日通って1日の多くの時間を過ごす場，つまり「日常生活の場」です。そのことを念頭に置いた動きが求められます。

2 学校臨床のスタンス

学校臨床のスタンスとして，河合[1]は「外部からの新しい要素を入れ込む」ことを提唱しています。これは，臨床心理学が大切にしてきた「個人」の心の世界を徹底して大切にする姿勢を，学校教育の場に生かそうとする考え方です。文部省[2]（当時）は，スクールカウンセラーの特徴を「専門性」と「外部性」という言葉で表現し，臨床心理学の知識をもった専門家が，教員とは違った立場で学校に入っていくというあり方（外部性）を評価しています。しかし一方で，スクールカウンセラーは非常勤とはいえ，学校長の指揮の下に構成される学校組織の一員でもあります。したがって，校務分掌を理解したり，教職員との円滑なコミュニケーションを図る等の努力も欠かせません。

学校という組織に入っていくにあたっては，「学校を一人のクライエントのように捉える」[3]という視点で，その学校の現状や特徴（地域性，子どもの特徴，特に多い問題等）を適切に見立てることが必要です。学校全体を視野に入れて学校組織や人間関係を有機的にとらえていくことが，学校に生きる「個人」の状態を適切に把握し，援助活動を行うのに役立つのです。

3 学校臨床活動にはどのようなものがあるか

学校臨床の活動は，大きく分けて4つあげられます。
①子どもとのカウンセリング　②保護者とのカウンセリング

▷1　河合隼雄　1999　学校における心理臨床　小川捷之・村山正治（編）学校の心理臨床　心理臨床の実際2　金子書房

▷2　文部省（1999）調査結果の概要　文部省中学校課高等学校課（編）　中等教育資料［臨時増刊号］（特集　平成9・10年度スクールカウンセラー活用調査委託研究集録）**745**, 14-17.

▷3　倉光修　2004　総論　倉光修（編）　学校臨床心理学　臨床心理学全書12　誠信書房

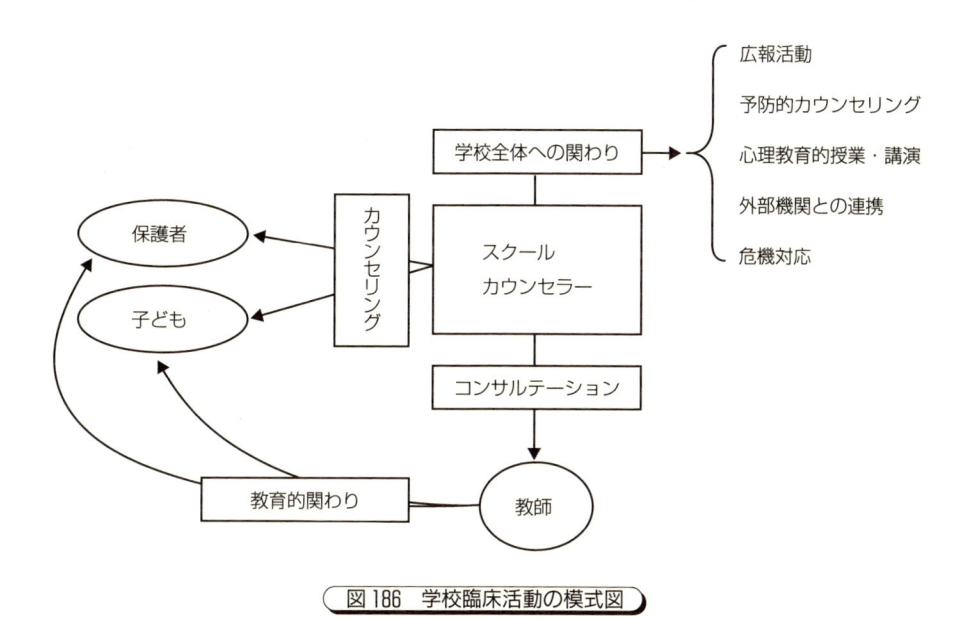

XVII-2 学校現場における心理臨床の特徴

図186 学校臨床活動の模式図

③教員とのコンサルテーション　④その他

　図186は学校臨床活動を模式図に示したものです。子どもや保護者とのカウンセリングは，学校内に設置された相談室で従来型の50分の個別面接のスタイルで行われることが多いのですが，ただ待っているだけでは相談活動は始まりません。まずは子どもや保護者，教員に「知ってもらう」ための活動が必要でしょう。たとえば，廊下や職員室，保健室で子どもや来校している保護者と挨拶を交わしたり，子どもや保護者向けに「相談室便り」を発行したりすることでスクールカウンセラーの顔と名前を覚えてもらいます。また，昼休みに相談室を開放するなど，相談室の敷居を低くし，開かれた相談活動を展開することが望まれます。このように広報活動等の学校全体への働きかけをしながら，その学校の雰囲気や子どもたちの状況を的確に見立て，学校独自のニーズを把握していくのです。

　教員とのコンサルテーションでは，「子どものことを一緒に考える」という態度で接し，教員が教師としての専門性をさらに発揮できるように，スクールカウンセラーが側面からサポートする関係が望まれます。学校によっては，スクールカウンセラーの活動がスムーズに展開できるよう，コーディネーター役の教員を配置していることもあります。

　近年のスクールカウンセラーへのニーズは，学校における危機対応や，ストレスマネジメント等の予防的カウンセリング，またいじめ問題への対応として，心について理解を深める授業にスクールカウンセラーが協力するなど，これまで以上に学校組織や児童・生徒全体の心のケアへのニーズが高まっているといえるでしょう。

（難波　愛）

▷4　スクールカウンセラーは学校外の地域の専門機関等（医療，教育相談，福祉）との連携ができるよう，リソースを熟知しておくこと，できれば顔の見える関係で連携できることが望ましい。

XVII 心理臨床の実践の場

3 福祉領域における心理臨床家の活動

1 福祉領域における心理臨床

　すべて国民は健康で文化的な最低限度の生活を営む権利が日本国憲法で保障されており，その実現のために，必要に応じて福祉的援助がなされます。物質的に豊かになった今日では，福祉援助といえども衣食住の手当てだけでこと足

表61　児童相談所の相談分類

分類	種類	受け付ける相談の種類及び主な内容
養護相談	1. 養護相談	父又は母等保護者の家出，失踪，死亡，離婚，入院，稼動及び服役等による養育困難児，棄児，迷子，虐待を受けた子ども，親権を喪失した親の子，後見人を持たぬ児童等環境的問題を有する子ども，養子縁組に関する相談。
保健相談	2. 保健相談	未熟児，虚弱児，内部機能障害，小児喘息その他の疾患（精神疾患を含む）等を有する子どもに関する相談。
心身障害相談	3. 肢体不自由相談	肢体不自由児，運動発達の遅れに関する相談。
	4. 視聴覚障害相談	盲（弱視を含む），ろう（難聴を含む）等視聴覚障害児に関する相談。
	5. 言語発達障害等相談	構音障害，吃音，失語等音声や言語の機能障害を持つ子ども，言語発達遅滞，学習障害や注意欠陥多動性障害を有する子ども等に関する相談。ことばの遅れの原因が知的障害，自閉症，しつけ上の問題等他の相談種別に分類される場合はそれぞれのところに入れる。
	6. 重症心身障害相談	重症心身障害児（者）に関する相談。
	7. 知的障害相談	知的障害児に関する相談。
	8. 自閉症等相談	自閉症若しくは自閉症同様の症状を呈する子どもに関する相談。
非行相談	9. ぐ犯等相談	虚言癖，浪費癖，家出，浮浪，乱暴，性的逸脱等のぐ犯行為，飲酒，喫煙等の問題行動のある子ども，警察署からぐ犯少年として通告のあった子ども，又は触法行為があったと思料されても警察署から法第25条による通告のない子どもに関する相談。
	10. 触法行為等相談	触法行為があったとして警察署から法第25条による通告のあった子ども，犯罪少年に関して家庭裁判所からの送致のあった子どもに関する相談。受け付けた時には通告がなくとも調査の結果，通告が予定されている子どもに関する相談についてもこれに該当する。
育成相談	11. 性格行動相談	子どもの人格の発達上問題となる反抗，友達と遊べない，落ち着きがない，内気，緘黙，不活発，家庭内暴力，生活習慣の著しい逸脱等性格もしくは行動の問題を有する子どもに関する相談。
	12. 不登校相談	学校及び幼稚園並びに保育所に在籍中で，登校（園）していない状態にある子どもに関する相談。非行や精神疾患，養護問題が主である場合等にはそれぞれのところに分類する。
	13. 適性相談	進学適性，職業適性，学業不振等に関する相談。
	14. 育児・しつけ相談	家庭内における幼児のしつけ，子どもの性教育，遊び等に関する相談。
	15. その他の相談	1〜14のいずれにも該当しない相談。

出所：児童相談所運営指針より。

りるといったケースは少なく，被援助者の心のありようや，心の問題に配慮する必要性が相当に高くなっています。また，福祉臨床では，完全な治癒や大幅な改善が見込めない場合もあり，人が障害や苦難とともに生きることを援助するという視点が不可欠です。したがって，心理臨床的かかわりの意義はとても大きいものです。

　何らかのハンディキャップを負う人々に加え，養育，自立，離婚，老後，病や死の不安などに悩む人々の援助に関わる機関や職種は広範囲にわたります。たとえば，児童相談所には児童心理士が置かれ，養護相談，心身障害相談，非行相談などにあたるほか，療育手帳の交付や，一時保護所，情緒障害児短期治療施設，養護施設，児童自立支援施設などへの措置に関する心理判定なども重要な業務です（表61）。当然，心理査定や心理療法などの専門性が不可欠であり，最近では，児童虐待ケースへの対応もますます増えてきています。

2　心理臨床家に求められるもの

　養護施設や児童自立支援施設などの心理臨床家は，虐待や親との別離などといった家庭的に不遇な子どもたちを心理的に支え，さまざまな問題行動に対処し，将来にわたる心身の成長や自己実現への基盤を築くといった大きな役割を担っています。当然，プレイセラピーなどを中心とした心理療法に精通している必要があるほか，日常の生活場面でのやりとりが総じて援助的になるような配慮，つまり生活臨床へのセンスが求められる職種です。

　身体障害，精神障害，発達障害などを抱える者やその家族に対する援助，あるいは高齢者介護，終末期ケアなどの領域における心理臨床家の役割と意義も大切です。それらの臨床実践においては，対象者の心理的機能やQOLのアセスメント，心理的不全感や喪失感へのケアはもちろんのこと，厳しい現実と対峙しながら，いかに自らのアイデンティティを保持し，人生の残り期間を意味あるものとしていくかという心理的課題をともに歩もうとする専門家でなくてはなりません。

　以上，福祉領域における心理臨床家の専門的業務の例をいくつかあげましたが，この領域においては，いわゆる「臨床心理士」などの心理臨床の専門家が配属されているケースはむしろ少なく，ソーシャルワーカー，児童福祉司，児童指導員，保育士，保健師，ケアーワーカー，作業療法士，医師などのさまざまな職種の者が，受容・共感・尊重などといった心理臨床援助における基本的態度や，いろいろな心理臨床的技法などを総合して援助にあたっているという実情にあります。いずれにせよ，運命とは何か，幸せとは何か，生きるとは何かといった人間の根源に関する実存的な問題を避けて通れない現場での活動であり，十分な訓練や経験とともに，援助者自身の生き方や人間性そのものが顕現される臨床実践といえるでしょう。

（藤田博康）

参考文献

網野武博・乾吉佑・飯長喜一郎（編）1992　福祉心理臨床　心理臨床プラクティス第6巻　星和書店

村瀬嘉代子（監修）高橋利一（編）2002　子どもの福祉とこころ——児童養護施設における心理援助　新曜社

河合隼雄・東山紘久（編）1998　家族と福祉領域の心理臨床　金子書房

XVII 心理臨床の実践の場

4 職場における心理臨床家の役割

▷1 厚生労働省大臣官房統計情報部 2004 企業における健康対策の実態〈平成14年（2002）〉──労働者健康状況調査

▷2 社会経済生産性本部メンタルヘルス研究所（編） 2006 産業人メンタルヘルス白書（2006年版） 社会経済生産性本部メンタルヘルス研究所

1 職場における心の健康問題について

　厚生労働省による労働者健康状況調査によれば，61.5％の労働者が仕事や職業生活で強い不安，悩み，ストレスを感じていると答えています。また，ある調査では，61.5％の企業では，従業員の心の病が増加傾向にあると回答しています。また，74.8％の企業では，心の病により1ヵ月以上休業をしている従業員がいると回答しています。
　このように，近年，心の健康問題を抱える労働者は増えています。そのため，企業における心の健康問題への取り組みの重要性が認識されてきています。厚生労働省（旧労働省）は「職場には労働者の力だけでは取り除くことができないストレス要因が存在している」とし，2000年と2006年に心の健康づくりのための指針を示し，事業者が行うことが望ましいメンタルヘルスケアの基本的措置の具体的な実施方法を示しています。

2 職場のメンタルヘルス専門家の業務と役割

　職場のメンタルヘルス専門家の業務と役割を表62にまとめました。ここで，表のタイトルを「心理臨床家」の役割としなかったのには理由があります。
　実は，職場のメンタルヘルス対策を行う専門家の資格は特に定められていません。これがなければいけないという資格はないということです。ですから，この役割を担うのは，従来から産業衛生に取り組んできた産業医や産業保健師でもよいわけです。しかし，産業医や産業保健師は，体の健康は専門でも，心の健康が専門ではないこともあるため，心理臨床を学んだ者が加わることがあります。
　このようななかで大事なことは，「心理臨床家だ」と強調しすぎないことです。つまり，専門家ぶらないということです。もちろん，専門的な観点から意見を述べるべき状況はあります。しかし，心理臨床家の意見が，健康保健チームの全体的な方向性と合わないこともよくあるのです。そのときに，「心理臨床家」の専門性を強調しすぎることは，健康保健チームの方針に背く態度，優先順位の低いことに固執した態度とみられます。また，チームから孤立した行動をとっているとみられることもあるのです。求められるのは，他の専門家と協調・協働しようとする姿勢や，チーム全体の活動の優先順位をみながら，貢

表62　職場のメンタルヘルス専門家の役割

(1) 組織に対するアプローチ

- a．メンタルヘルスのシステムづくり
  - 心の健康づくり計画の策定への参加
  - 相談窓口の整備，メンタルヘルス・ガイドラインの作成
- b．教育・研修
  - 管理監督者や一般従業員への教育・研修の実施
  - 相談窓口のPR，研修の効果評価
- c．ストレス調査
  - うつ病などの精神疾患の早期発見
  - 調査結果による，職場環境改善対策の実施
- d．組織へのフィードバック
  - 上司や人事労務担当者へのコンサルテーション
  - 上司，人事労務担当者，健康管理スタッフ等との連携
- e．緊急事態および災害時の心のケア
  - 事故，労働災害，労働者の自殺等の後の緊急対応
  - 対応方針や手順等を記したガイドラインの作成
- f．メンタルヘルス活動の効果評価
  - 安全衛生活動の一環としての評価と改善計画作成

(2) 個人向けアプローチ

- a．心理社会的・医学的アセスメント
  - 相談者のニーズ，問題や症状の聴き取り
  - 職場や生活環境，性格，人間関係，適応状態の評価
  - 対応方法の見立て
- b．ケースワーク
  - 相談者の職場適応の援助
  - 上司，人事労務担当者，健康管理スタッフ，家族等との連携
- c．短期解決型カウンセリング
  - 職場適応援助を目的とした短期間のカウンセリング
- d．上司へのコンサルテーション
  - 問題を抱える部下の上司へのコンサルテーション
  - 上司による早期発見・早期対応の支援
- e．外部専門機関の紹介
  - 外部専門機関との関係づくり，連携，フォローアップ

出所：峰山　2007の内容を表とした。

献できる役割を探すバランス感覚です。職場における心理臨床家にとって大事なことは，心理臨床家としての狭量な，悪い意味でのプロ意識を捨てることであるともいえるでしょう。

　峰山[3]が述べている，職場のメンタルヘルス専門家の業務と役割の特徴を3点あげましょう。a) 個人だけでなく，組織に対するアプローチも重要です。b) カウンセリングだけでなく，予防的な取り組みも重要です。c) 相談者，上司，人事労務担当者，健康管理スタッフ，家族等の関係者間のチームワークのコーディネーター役を果たすことが重要です。

❸　心の健康問題以外での心理臨床家の役割

　心の健康問題以外に，心理臨床家が関わることができる分野もあります。その一つにキャリア・カウンセリングがあります。キャリア・カウンセリングとは「個人が進路や職業の選択，キャリア形成に関して自己理解，情報の提供，職業紹介，キャリア形成などについて援助を受けることによって，より適切な選択の可能性を自ら開発するようにするための個別または集団のカウンセリング」[4]であるといわれています。このように，心理臨床家の役割は，心の健康問題だけではなく，従業員の仕事上の成長を支援することに及ぶこともあるのです。

(種市康太郎)

▷3　峰山幸子　2007　産業保健におけるメンタルヘルス専門家の役割　川上憲人・堤明純（監修）職場におけるメンタルヘルスのスペシャリストBOOK　培風館　pp. 31-37.

▷4　木村周　1998　キャリア・カウンセリング　雇用問題研究会

XVII 心理臨床の実践の場

5 非行臨床の現場における心理臨床家の役割

1 非行臨床の特色

　本来，心理臨床家が重きを置くのは，共感的・受容的関係をよりどころにクライエントのありようや主体性を尊重して，その自己実現に寄り添うプロセスでしょう。援助の方向性は，クライエントが自ら歩もうとする道筋に由来し，そこでは社会的なモラルや価値観は第二義的なものとなります。しかし，非行臨床は，法律において行動の「善悪」が厳格に定められており，非行からの脱却という明確な方向性が定められている領域での臨床実践です。加えて，非行を犯した本人が心理的援助を自ら求めることが少ないというのもその特徴です。そのため，青少年の更生や健全育成を主眼とした理解や援助はもちろん，社会予防や社会統制などを視野に入れた，身柄の拘束などの強制的な措置を伴う介入が行われることもあります。その性質上，警察，児童相談所，家庭裁判所，少年鑑別所，保護観察所，少年院，児童自立支援施設などの公的機関に属する心理臨床家が非行臨床の主たる担い手です。

2 非行臨床に携わるさまざまな職種

○警察

　初期の非行相談の窓口の一つとして，警察の少年センターの心理相談員が，子どもの問題行動に悩む保護者らからの相談にあたります。これは強制力を伴う司法手続に乗る以前の対応ですが，たとえ家族に対してであっても，この段階で適切な心理的援助がなされると非行の深刻化を防ぎます。しかし，すでに非行がかなり進行してしまっている場合や，本人の内省がほとんど期待できない場合などには限界もあります。

○児童相談所

　児童相談所における非行相談も，保護者や学校関係者らからの自主来談が原則ですが，問題行動や家庭環境などが深刻な場合には，保護者の同意を得た上で一時保護や施設への措置なども可能です。なお，14歳未満の子どもが非行を犯して警察に保護された場合，まず，児童相談所に通告され，事案や問題性が深刻で児童相談所の保護では不十分と判断された場合には，さらに家庭裁判所へ送致されます。

○ 家庭裁判所

家庭裁判所には，心理学などの人間関係諸科学の専門家である家庭裁判所調査官が配置されています。家裁調査官は，原則として警察の取調べを受けて送致された14歳以上の非行少年，その保護者，さらには学校や地域，交友関係などの環境面も含めた心理社会的アセスメントを行い，それらに基づいて処遇を検討します。一定期間，家裁調査官が心理的あるいはケースワーク的援助を行ってみて，その成果をもとに最終処分を決定するという試験観察を含めて，法で定められた強制力を背景とした心理臨床実践です。

○ 少年鑑別所

少年鑑別所は，家庭裁判所によって心身の鑑別が必要と判断された非行少年が，おおむね4週間以内の期間収容される施設であり，鑑別技官と呼ばれる心理の専門家が，心理テストや行動観察などをもとに，非行を犯した子どもの心身鑑別を行います。

○ 保護観察所

保護観察所は，家庭裁判所で保護観察決定を受けたり，あるいは少年院を仮退院した未成年者の社会内処遇を担当する機関です。国家公務員である保護観察官や，民間の篤志家である保護司が非行少年の更生保護にあたります。

○ 少年院

少年院は，非行性の進んだ未成年者を一定期間収容して矯正教育を行う施設です。年齢や非行性の深度に応じて，初等，中等，特別，医療少年院などに分かれます。最近では，虐待を受けた子どもや，発達障害に似た症状や認知行動上の特徴をもつ子どもが多いという実情もあり，受容・共感を前面に出したカウンセリング的アプローチよりも，それぞれの子どもたちの特徴に合わせた行動のコントロールや生活指導，運動協応性や学習能力の向上などをきめ細かく行っていくことの大切さや，即時介入的な認知行動療法の有効性などが論じられています。

○ 児童自立支援施設

児童自立支援施設では，家庭的なケアが十分でない年少の子どもたちなどへの対応を重点的に行います。家庭的な雰囲気のもと，職員が子どもと日常生活をともにして生活指導や義務教育課程の教育を行い，子どもたちが社会の健全な一員となり得るよう支援を行っています。

以上，非行を犯した子どもたちへの介入や援助について述べました。非行少年やその家族への心理的援助は，自主来談によるカウンセリングには限界がありますので，司法的な枠組みや制限を生かした心理臨床という観点がどうしても不可欠になります。なお，犯罪被害者やその家族への支援も，忘れてはならない心理臨床家の役割です。

（藤田博康）

▷1 品川有香 2005 心からのごめんなさい──一人ひとりの個性に合わせた教育を導入した少年院の挑戦 中央法規

▷2 谷敏昭 2007 施設内処遇の特色に基づいた認知行動療法の理論的展開と実践について──根拠に基づく処遇技術の構築 犯罪心理学研究, **45**(2), 75-82.

▷3 小西聖子 2006 犯罪被害者の心の傷 白水社

XVII 心理臨床の実践の場

6 子育て支援における心理臨床家の役割

地域の子育ての現状をみてみると，育児を「楽しい」と思う人が諸外国に比べて少ないという特徴があります。その理由として，子育てに対する公的負担が少なく，親への支援体制が不足していること，父親の関与が他国と比較して少なく，母親の過重負担になっていること，子育てに関する親教育の不足もあげられます[1]。現在のところ，育児期の親たちの精神疾患に対する予防システムはほとんど準備されていないようです。

ところが親として機能することを求められる父親・母親にとって，仕事と子育てなどの多重役割をこなさなければならない，親としての経験が浅いことによる負担感やあせりは大きく，地域から孤立しがちになってしまう傾向があります。さまざまな問題が発生する可能性が考えられ，健全な親子関係が損なわれることにつながるかもしれません。したがって，それぞれの状況にあわせたきめ細やかな支援や，実効性のある手立てが求められているのです。

最近では，①〜④にあげるような支援が求められており[2]，心理臨床家が果たす役割は大きいと考えられています。

① 子育て支援の環境的制約

- 支援は，親のニーズがあれば求めてこられますが，必要性を感じなければ継続が難しくなるので，支援の入り口として，親の多様性に対応できる技量が非常に重要となります。
- 個々の家庭で行われている子育てに対して，どのように情報を受け取ってもらうか考える必要があります。
- 義務を伴う措置や教育ではないために，利用するかどうかは親の自発性に任されています。求めてきたときに信頼関係を築けなければ，心理臨床家が関わることはできないし，子どもへの支援が難しくなります。

② 親のニーズから支援につなげる

- 最近の親のニーズを受けとめること
- 親とスタッフの信頼関係をつくること
- 親が子どもについての悩みや迷いを相談しやすい体制を整えること
- 親へのインタビュー：子どもの発達，母親のパーソナリティ（抑うつ感，罪責感，子どもとの心理的距離，深刻なことを茶化して話すなどの反動形成，発達

▶1 2015年4月から「子ども・子育て支援新制度」が施行され，幼児教育・保育・地域の子育て支援を総合的に推進していこうというわが国にとっては大きな制度改革がなされたが，ここにあげたような問題はまだ十分に改善されているとはいえない。

▶2 加藤邦子・飯長喜一郎（編著）2006 子育て世代，応援します ぎょうせい

のポイントに関する言及，発達への不安）を把握すること
- 親に育児の効力感が感じられるように援助すること
- 親が主体的に育児に関われるような，発達アセスメントとガイダンス
- 親同士の対人関係を支えていくためのピアグループを支援すること

❸ 孤立の予防

- 心理臨床家ばかりでなく，保育者，行政担当などさまざまな職種が関わっているために，連携や役割分担，相互的信頼が求められる場となります。
- 子どもの障害に対する認知，紹介できる支援や施設，サービスなど，現状に合わせて利用できる支援についての知識が必要になります。
- 個別の親子関係に介入するためには，地域のシステムづくりが必要です。
- 明確な支援プロセス，到達指標，効果評定の概念が求められます。
- 支援を連携していくためには，施設同士の交流や学ぶ機会が必要です。

❹ プロセスを明らかにする

- 心理臨床家からの働きかけを有効なものにするためには，初めて親となる人にとって，親としての成長を見通せることが必要です。そのためには親役割についての葛藤，負担感，育児不安，子どもへの思い，悩みや迷い，子ども像，夫婦関係，自己概念について，現在の健康状態，精神状態や情緒の安定，抑うつの程度，現実感，などについて把握できることが求められます。
- 親子関係の発達についての知識を基礎にして，親子関係の観察（親は子どもの自主性を尊重しているか，適切に遊びを構造化し，限界設定を設けているか，子どもからの働きかけ（行動・言語）に対する敏感性など）に基づいた親子の関係性に関するアセスメントができること，さらに，親としての働きかけの有効性について評価し，子どもの発達についてもアセスメントができること，子どもの発達促進のための支援目標を設定できること，心理臨床家の働きかけと，母親・父親の家庭におけるかかわりとを双方的に組み合わせた上での見通しをもつことが必要で，その結果として，親が主体的に機能することが可能になります。
- 関係性について，アセスメントができるばかりでなく，それをそれぞれの親に合わせてどのように伝えれば有効なのかについて判断が必要です。また，家庭から社会へのつながりを仲介するために，子どもと保育士との関係性，子ども同士の関係性，きょうだいの関係性についてもアセスメントを行うことによって，関係性を促進できるような支援目標を設定する必要があります。
- 支援を実施した後にその効果を示すことによって，次の支援につなげることが可能になります。

（加藤邦子）

XVII 心理臨床の実践の場

7 発達障害をもつ人の家族支援

① 家族支援の目的と内容

　発達障害の内容や程度にはさまざまなものがあります。このこともあって，子育てをする家族が発達障害をもつ子を理解することは簡単ではありません。また子どもの成長に合わせて，ニーズの内容や軽重の度合いが変わります。ただ，医療，福祉，教育，労働など多様な領域において，特別に配慮された社会的な支援が必要なことは確かです。ここでは，ライフステージに沿った家族支援の内容について述べます。

　発達障害の存在に気づく乳幼児期では，医学的診断とともに，子どもの発達や障害への理解を促す家族へのかかわりが，専門家にとって重要な仕事となります。また孤独感を伴う育児になりやすく，**ピアカウンセリング**▷1など，いっしょに子育てを考えてくれる人の存在は大切な意味をもちます。

　学童期になると，子どもの得手不得手などが徐々にわかってきます。発達障害をもつ子は，理解の問題もあり失敗体験を重ねがちです。得意なことへの取り組みも含め，**セルフエスティーム**▷2が高まるような環境調整が必要になります。また友だちづくりも含め，さまざまな体験を通し社会性の成長を促すよう家族に働きかけます。

　思春期は，働くなどの将来の社会参加を見据えた支援が求められます。働くことへのイメージが弱いと，社会参加がスムーズにいかないことがあります。社会にはどのような仕事があり，そのなかで自分はどのようなことをしたいのか，本人にそれらのことへの関心や意識をもたせていきます。この時期になると，仲間を求める気持ちが高まります。さらには異性への関心が強まる人もいます。付き合い方も含め，社会的にみて適切なマナーの指導など，大人になるための支援が求められます。

　障害の内容や程度によって社会参加の場面は違いますが，学校を卒業した後は働くなど，日々の生活が変化します。一般の企業で働きだすと障害をもつ仲間との交流が減るなど，孤立した生活になりがちです。余暇活動を充実させ，社会参加を促すなど，生きがいへの配慮が必要となります。

　この時期になると家族も年をとり，本人が家を出たりして，社会的な支援を受けながら暮らす日のことも考えなくてはいけません。**ショートステイ**▷3などを通して，自宅以外の場所での生活にもなじませるようにします。

▷1　ピアカウンセリング
ピアカウンセリングとは，発達障害をもつ子の親同士が，子育てのことなど仲間として互いに相談しあうこと。気持ちの安定など，心理的な効果があるとされている。

▷2　セルフエスティーム
セルフエスティームとは自己肯定感のこと。自分を肯定的に認められなくなると，無意欲，無関心など，さまざまな心理的問題を抱えやすい。

▷3　ショートステイ
ショートステイは施設の短期間利用のこと。日帰りから始めて数日間寝泊りするなどの体験ができる。親の病気などのときにも利用できる。

<障害の程度>	<障害の受容>	<社会的支援>
重い	しやすい	手厚い
↓	↓	↓
軽い	しにくい	薄い
（境界線も含む）		（またはほとんどない）

図187　障害の程度と障害の受容の関係

健康に日々を暮らすためには，体調や病気への配慮も必要です。また発達障害があると，先のことを計画的に考えることが難しく，誘われるままに物を買うなど，金銭面でのトラブルに巻き込まれやすい傾向があります。生活支援では，健康や金銭管理面などへの配慮も必要となります。

2　障害の受容

支援の前提として，家族や本人が障害を認知し，援助を求めていることが必要です。このことを「障害の受容」といいます。ところが実際には，障害の受容がなされていなかったり，不十分なことがあり，社会的な支援にうまくつながらないことがあります。

障害の程度が重度の場合は，時には出産前から支援の必要性がわかり，障害の受容が早い段階で進むことが多いとされます。一方で，軽度の障害や**境界線**[4]の場合，障害の受容がなかなか進まないことがあります。このために，必要な支援を受けられないことがあります。支援の制度が不十分なこともあり，受容しても家族や本人にメリットがない場合もあります（図187）。

専門家は，障害の受容を迫ったり，受容できないことを非難するのはやめた方がよいでしょう。家族や本人にとって，障害の存在は容易に認めることができないほど過重なテーマの場合もあります。なお，家族と本人の間で，障害受容への態度が分かれることがあります。たとえば本人は支援を求めているのに，家族がそれを認めない場合があります。逆に，家族は障害と考えているのに，本人が不便や不都合を感じておらず，障害を受容できないこともあります。こういう場合は，本人と家族の関係調整が必要となります。なお，本人の障害受容が進まないときでも，認めることに対する本人の辛さを理解し，あせらずに支援の必要性を伝えていくようにします。

3　家族支援が生きやすい社会の実現に

発達障害をもつ人への家族支援を通して，家族や関係者は本当のニーズに気づき，併せて社会のあるべき姿もわかってきます。家族支援の大きな目的は，発達障害をもつ人や家族が必要とする理解や支援を提供できる社会をつくり出すことといえます。そのことが，多くの人にとって生きやすい社会の実現につながります。

（湯汲英史）

▶4　境界線
境界線とは，知的障害とはいえないものの，理解力や社会性などに問題を抱える場合を指す。ボーダーライン，グレイゾーンということもある。

XVII 心理臨床の実践の場

8 精神障害をもつ人の家族支援

　精神障害の治療は，患者本人にとっても家族にとってもかなりのエネルギーと労力を長期にわたり必要とします。家族は精神症状に苦しむ患者を励ましいたわりながら支えていきます。患者は時にイライラや怒り，混乱を家族にぶつけ大騒ぎをしたり，不安に駆られて家族にしがみつき離さなくなります。家族も，そのつらさはわかっていてもストレスがたまってイライラしたり，病状によって家族の生活や自由が制限されることに対して怒りや失望を感じます。大喧嘩になる一方で，罪悪感を感じたり，許容できない自分を責めてしまう家族もいます。このように家族が治療過程のなかで疲弊したり潰れてしまわないように，そして治療がより円滑に進むように精神科医や臨床心理士，医療スタッフが，臨床的知識を用いて家族をサポートしていくのが「家族支援」です。

　精神障害をもつ人の家族支援は，医療機関や保健センター，自主的活動をする任意団体や民間のカウンセリング機関などで行われており，個々の家族を対象とした「家族面接」や，何組かの家族が集まってグループで話し合う「家族会」などがあります（表63参照）。

　家族が抱える悩みや不安にはさまざまなものがありますが，大きく分けると次の4つになるのではないでしょうか。

1 病気について

　家族の1人が精神の病にかかると，元気だった頃からの本人の変わりように家族は驚き，ショックを受け，何が起きているのかわからずに戸惑います。したがって，専門家としては病気に関する正しい知識を家族にわかりやすく説明する必要があります。たとえば，統合失調症は，脳内の神経伝達物質のやりとりに異常が起きていることや，薬物療法と休養が必要なこと，幻覚妄想状態が治まると意欲が乏しくなり家に閉じこもりがちになってしまうこと，などを説明するといいでしょう。正しい知識を得ることで，家族は余計な心配をせずに済んだり，心にゆとりができることが多いようです。

2 患者への対応

　興奮時には刺激せずに早めに服薬して休ませること，幻覚や妄想の訴えをまずは否定せずに耳を傾けて，「私には見えないけど，でも不思議だね」といった中

表63　精神障害の家族支援を行う主な機関

医療機関：保健診療内でも相談や家族会（別途有料も）など。
保健センター：相談は基本的無料。
　　　　　　　講演会（有料も）などもあり。
任意団体：有志，ボランティアやNPO法人なども。
民間カウンセリング機関：有料。

立的な態度で接するといいこと，うつで焦りが強い時には「焦らずゆっくりと治療していこう」と伝えること，少しでもできたことを肯定的に評価することなど，より具体的なアドバイスが有効です。一方，人格障害など家族に対し無理な要求を突きつけ，叶わないと暴れたり迷惑な行動に出る場合には，本人のいいなりになるのではなく家族としてできること・できないことを区別してきちんと伝えることや，病状が悪化して自分や他人を傷つける危険性が高い時には，警察に通報したり入院治療を検討することなど，緊急時の対処の仕方などを家族に知らせておくといいでしょう。

3 福祉制度や社会資源に関する情報不足

　精神保健福祉制度では，精神科通院医療費の自己負担を軽減する「自立支援医療制度」や，交通費などの優遇措置が受けられる「精神保健福祉手帳」，経済的負担を軽減する「障害年金制度」などがあります。社会資源では，日中を過ごせるリハビリの場として医療機関や保健センターのデイケア，生活支援センター，障害者就労移行支援事業所や障害者就労継続支援事業所などがあります。

　このような制度は一般的にあまり知られていないことが多く，家族がそのような情報を知ることで本人に勧めることができます。

4 将来への不安について

　筆者の所属する医療機関には，家族を対象に病気への理解や情報提供を目的として行う家族会がありますが，そこでよく耳にするのが「自分たち（両親）が亡くなったら患者本人（子ども）はひとりで生きていけるのだろうか」という不安です。もちろん病気から回復して自立した生活を過ごす方も多いですが，慢性の経過をたどり，社会的・経済的にも十分とはいえず，一生病気と闘わざるを得ない方も多くいます。そのために生活保護制度や成年後見人制度の活用や，世話人がいてある程度面倒をみてくれるグループホーム（共同住居）などの情報を提供できるとよいでしょう。

　しかし，家族が精神保健の専門家に最も期待していることは，「家族としてとても苦労し，苦悩し，時には傷つきながら，それでも頑張っていることをまずは認め理解してほしい」こと，それから「病気や患者に対応していくための正確な知識や情報がほしい」ことではないでしょうか。それらのニーズに応えられるように，私たちは家族の悩みや訴えに真摯に耳を傾け，その苦労を理解し，時にねぎらい，時に励ましながら家族と共に歩んで行くこと，そして（臨床心理士という立場であっても）精神障害や福祉制度についての知識や情報を蓄積し，家族をサポートするためのスキルを身につけていく必要があると思います。

（岩井昌也）

参考文献
GAP（編）　仙波恒雄（監訳）　篠木満ほか（訳）1994　家族の聞きたいこと——精神障害者をもつ家族のさまざまな質問に答える　星和書店

XVII 心理臨床の実践の場

9 臨床心理実践での連携

　心理臨床実践は，司法，教育，医療，保健，福祉，産業などの領域で行われます。それぞれの領域では，教員，医師，看護師，保健師，助産師，社会福祉士，保育士などの専門家が，それぞれの専門性を有して活動し，独自の雰囲気，文化をもっています。異なった背景を専門とする集団のなかで独自の役割を発揮するためには，他領域との相互理解が欠かせません。

1 異なる職種との連携

　他職種と同じ職場で仕事をする場合，それぞれの役割の独自性や共通点は何かを，お互いに把握する必要があります。そのためには，臨床心理実践の特徴や有用性を，連携のなかで理解してもらう必要があります。心理臨床を専門とする者は，こころや身体，対人関係の発達を見通し，特徴を理解し，どのように関わるかを見立てます。また，周りから困った人，わからない人とされる人をその人として尊重し，わかりにくい状況や表現を整理し，理解していく手助けをします。

　総合病院での事例をあげましょう。「難病の診断から，ステロイド治療副作用の抑うつをおさえる目的で精神科にコンサルトされ，医師が投薬をした。難病や社会的な保障の説明をした社会福祉士から，就労が継続できないのは身体要因だけではないようだと心理士へ心理テストと面接の依頼があった。心理士は，テスト結果から回避的な人格特性や自信のなさ，人との関係で被害的になりやすい傾向，その背景の，知能がボーダーラインであることなどを見立て，社会福祉士に適切な就労目標の設定を，主治医や精神科医には，対人関係の難しさをフィードバックし，支持的な面接を継続した。社会福祉士は就労訓練機関を紹介し，精神科医は家族もまじえて生活や就労について話し合った」。

2 他機関との連携

　いくつかの機関の連携が必要な事例として，虐待を例にあげましょう。虐待などの不適切な養育と抑うつの関係は強く，特に出産後は抑うつになりやすい時期です。まず，妊婦健診時に，産科や保健所で母親の抑うつや胎児への感情，家庭環境といった，虐待のリスク要因に関するスクリーニングを行い，地域の保健師へ訪問を依頼したり，本人へ精神科や心療内科の受診をすすめることができます。産後は子どもの健診が定期的にあるので，その機会に育児の心配事

の相談を受け，赤ちゃんとのかかわりを観察し，抑うつのチェックをすることができます。育児へのサポートが必要であれば，地域の子育て支援センターや児童館のグループ，などの資源を紹介します。

虐待の発見は，事実を確認するまで見守る過程での連携も可能です。家族には，小児科などの医療機関，子育て支援センター，幼稚園，保健所，学校に加えて，保健所・保健センター，児童館，学童保育，福祉事務所，児童相談所，教育相談所，民生委員などの多様な専門職が関わっています（図188）。これらの機関それぞれがもっている情報から事情が詳しくわかり，見守る方法も多重に分担することができます。たとえば，福祉事務所で生活保護などの支給を受け取るときに，生活上困っていることを丁寧に聞く，学校では，担任が夫婦のどちらかと面接をして，子どもの教育相談所利用を勧める。保健師は，きょうだいの歯科検診のおりに声をかけるなど，家族を囲む社会資源がそろって見守り，声をかけ，時間をとり，その結果を評価することができます。このような取り組みを継続していく中で家族や子どもが成長し，危機状況をのりこえることができます。家族が引っ越すときは，引っ越し先の地域への連絡と連携が必須になります。

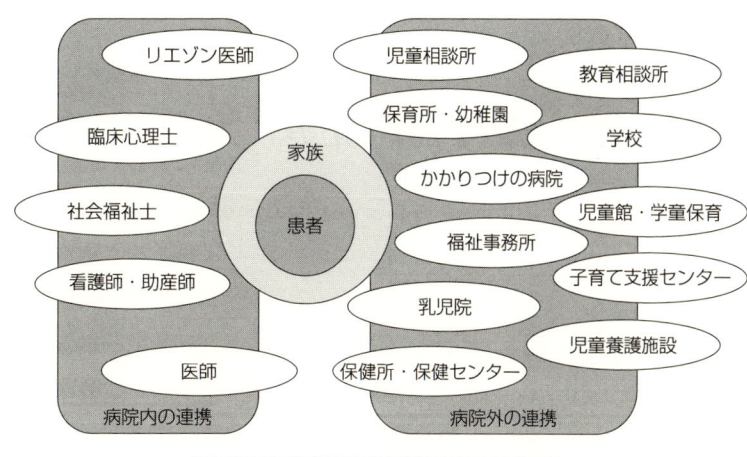

図188　患者・家族支援をめぐる連携

3　効果的な連携のために

連携先とは，ある程度顔を見知りあって，それぞれのことがわかるという経験が必要です。そのおりの話し合いやフィードバックで，他職種についての理解が深まり，良好な連携関係につながります。特に虐待など対応が困難と感じられることには，関係機関が一同に会して会合をもつことが必要です。そして，具体的な対応や役割分担とタイムリミットを決めます。チームで対応するので，役割を担った人の精神的な巻き込まれや負担をケアすることも可能です。また，相談に来た人は，話した内容を他の人には内緒にしてほしいということがあります。伝えてほしくないのはなぜかということを吟味する必要がありますが，連携している人と相談しながら対応していることを伝えることが必要な場合もあります。特に虐待やDVなどに関しては，相談者との間の守秘義務を上回る通報の義務があります。それだけに，会議での資料の厳重な管理や，守秘などのプライバシーへの配慮が重要になります。

（安藤智子）

XVII 心理臨床の実践の場

10 心理教育的アプローチを活かす

1 心理教育的アプローチとは

　人々が抱えるさまざまな心理的問題や行動上の問題，あるいは人間関係の問題に対して，これまでにさまざまな心理療法による治療的援助が行われてきました。近年では，そうしたさまざまな問題を抱えている人が急激に増加し，必要とされる援助も多岐にわたっています。そのなかで，心理教育的アプローチは，そうした問題を抱えている人やその関係者（家族など），あるいは現在問題を抱えていないもののよりよく生きたいと願っている人々に対する，予防的あるいは治療的アプローチであり，社会的サポートです。主として教育領域と医療領域で盛んに行われてきましたが，最近ではあらゆる領域で取り入れられ，さまざまな問題に適用されています。

　心理教育的アプローチは，1）同じような問題を抱えた人や関心をもっている人から成るグループを対象とする，2）対象となる人や扱われる問題，実施機関に合わせた構造的なプログラムを基に実施される，3）問題やその背後にある要因などに関する何らかの専門的な知識を，わかりやすい形で提供する，4）問題の理解や解決につながるようなグループワークや，参加者同士の話し合いによる参加型の体験学習が重視される（図189），5）参加者は実施者から学ぶだけでなく，他の参加者からも多くを学び，支え合うことに大きな意味がある，といった特徴があります。心理療法が，どちらかといえば治すという治療的意味合いが強いのに対して，心理教育的アプローチにもそのような側面はあるものの，むしろ成長する，自分の課題に自分で対処できるようになる，エンパワーメントといったことが重視されます。

2 エンパワーメント（empowerment）

　エンパワーメントとは，参加者がプログラムに参加しさまざまな学びを通して気持ちが楽になり，自分（たち）がもっていた力に気づいたり，自分（たち）なりのこれまでの努力や苦労を認められるようになることです。それによって，抱えている問題に対する漠然とした不安から解放され，将来に対する悲観的な予測が軽減し，問題があっても何とかやっていける自信がもてるようになったり，具体的に何がどうできるかを考えられるようになります。つまり，専門家が問題を解決するのではなく，知識を提供されたり他の参加者と交流するなか

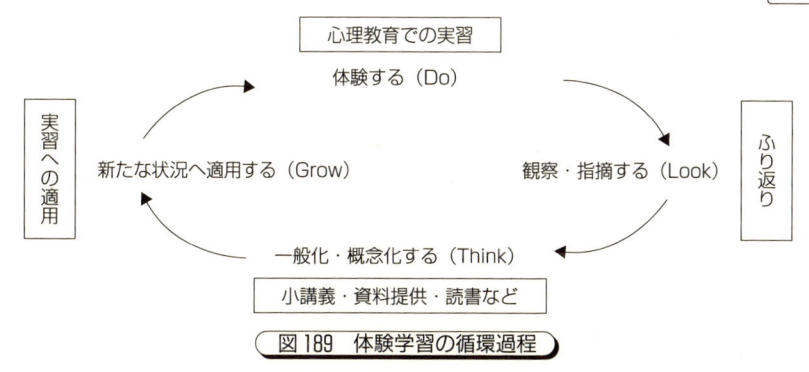

```
        心理教育での実習
           体験する（Do）
実習          ↗        ↘           ふ
へ   新たな状況へ適用する      観察・指摘する       り
の    （Grow）              （Look）         返
適          ↖        ↙              り
用        一般化・概念化する（Think）
        小講義・資料提供・読書など
```

図189　体験学習の循環過程

で，参加者自身が自分のなかにあった力を実感していくことであり，主体的能動的に問題に取り組んでいけるようになることといえるでしょう。

❸ 心理教育的アプローチはどのような現場で活用されているか

では，心理教育的アプローチはどのような現場で実施され，どのような問題に対して有効なのでしょうか。精神医学の領域では，統合失調症患者の再発と家族のコミュニケーションとの関連が明らかにされて以来，家族教室という形で普及してきました。最近では，うつ病や摂食障害についても，心理教育的アプローチは適用されるようになっています。教育領域では，小学生から高校生の人間関係づくり，アサーション（自己表現）などが盛んに行われるようになり，近年では保護者を対象として実施されることも増え始めました。今後は，子どもたちが自分自身の怒りをどのようにコントロールし適切な方法で表現するか，ということに焦点を当てたプログラムが広がっていくことが予測されます。また，大学生のなかにも人間関係に悩んでいる人は多く，自己理解や他者理解，あるいは対人関係の改善を目的としたプログラムが授業に取り入れられたり，カウンセリングセンター主催のワークショップとして開催されたりしています。

しかし，現在最もこの方法が必要とされているのは，子育て支援の領域でしょう。子育て中の親が子育てに関する知識を得ることはもちろんのこと，ともすると子どもとの関係に埋没し孤独に陥りがちな現代の状況のなかで，親同士が支え合い親としての自信を高めていく上で，このアプローチの果たす役割は非常に大きいといえます。現在は，一般的な子育ての問題を扱うプログラムのほかに，発達障害や虐待など，近年増加傾向にある特定の問題に焦点を当てた親支援プログラムも広がりをみせています。しかし残念なことに，その対象はほとんどの場合母親であり，今後は父親や夫婦を対象とした心理教育的プログラムが広がることが必要でしょう。ちなみに欧米諸国では，結婚前あるいは再婚前のカップルを対象としたプログラムも展開されており，結婚後の夫婦関係や子育てにプラスの影響を及ぼすことがわかっており，わが国でも早急な導入が望まれます。

（野末武義）

参考文献
平木典子　2007　心理教育というアプローチの発展と動向　日本家族心理学会（編）　家族心理学年報25　家族支援の心理教育──その考え方と方法　金子書房　pp. 2-14.

XVII 心理臨床の実践の場

11 臨床心理学の研究と実践

1 臨床心理学の研究の独自性

　一般に，心理学も含めた科学研究は，普遍的な法則を見つけることが目的です。したがって，データをとるときは客観性が重視されます。なぜなら，いつでも誰でも，同じ方法を行えば同じ結果が得られることが，普遍的法則の条件だからです。そのため個々の研究対象によって関わり方を変えてはいけません。

　しかし，臨床場面においてはそうはいきません。カウンセラーはクライアントに共感もしますし，クライアントによって関わり方も変わります。臨床心理の実践活動は客観的にはなりえないし，いつも同じ方法で関わるわけにはいかないのです。その意味で，普遍的法則を得ることを目的とした科学研究は，臨床場面にはそぐわないのです。

▶1　下山晴彦　2001　臨床心理学研究の多様性と可能性　下山晴彦・丹野義彦（編）　講座臨床心理学 2　臨床心理学研究　東京大学出版会　pp.3-24.

　このような臨床心理学における特徴を踏まえて，下山[1]は，研究活動＝実践活動であり，臨床場面でのカウンセラーとクライアントとの関係の場においてデータ収集を行うことに臨床心理学研究の独自性があると述べています。このような研究では，臨床場面で生じていることを記述し，臨床場面を理解するためのモデルを構成することが大きな目的となります。普遍的法則の発見が第一目的ではありません。これを下山[1]は「臨床的記述研究」と呼んでいます。例えば，カウンセリングの事例を複数記述して，そのカウンセリングにおける共通要素を探り，カウンセリングのモデルを作成することなどです。

2 臨床心理学研究の循環

　下山[1]によれば，臨床心理学の研究には，「臨床的記述研究」のほかに，「心理臨床活動の評価研究」と「因果関係を探る科学的研究」があるといいます。「心理臨床活動の評価研究」とは，心理臨床の実践活動を評価する研究です。このような評価は，「臨床的記述研究」で得られたモデルを検討する行為となります。例えば，カウンセリングのモデルを作成した結果，カウンセリングの本質的特徴は「共感」だったとします。この場合に，「共感」を示すカウンセリングを行う群と，「共感」を特に示さないカウンセリング（例えば指示的なカウンセリング）を行う群を作り，カウンセリングの効果を比較するのが評価研究となります。

　「臨床的記述研究」は，実践の場で行われる研究なので「実践を通しての研

図190 臨床心理学研究の構図

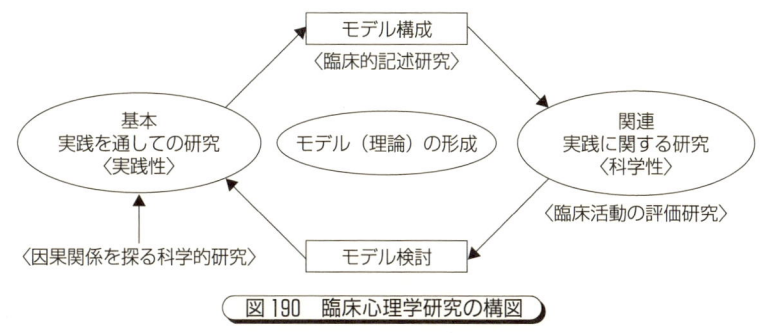

出所：下山 2001

究」となります。一方，「心理臨床活動の評価研究」は，実践の場を評価対象として行われる研究なので「実践に関する研究」となります。「臨床的記述研究」でモデルを構成し，「心理臨床活動の評価研究」でモデルを検討する。このような循環を示したのが図190です。このように，モデルの構成と検討の循環が行われるのが臨床心理学研究なのです。

さらに，「因果関係を探る科学的研究」があります。これは，人間行動に関する基礎研究であり，臨床心理の実践活動を行う際の基礎資料となり，実践活動を支える研究となります。つまり，臨床心理学の日々の実践の背後には，心理学一般の基礎知識がなければいけないということです。

このように，実践の場は研究の場にもなり，研究対象にもなります。また，研究は実践をよりよくするための基礎知識を提供しています。

3 研究活動は，実践活動に活かされる

遠藤は，臨床心理学研究は，次の3点において，臨床家個人の技能向上に役立つとしています。

a）モニタリング能力の向上——自分の臨床経験を論文にする作業によって，臨床家に欠かせないモニタリング能力が育ちます。モニタリングとは，自分自身をみつめることです。論文にするということは，クライアントとの関係を第三者の立場からみつめなおす行為でもあります。

b）混沌とした臨床現場の現象を整理するための座標軸の形成——遠藤は，失敗事例の研究をすることによって，自分の面接がうまくいっているかどうか点検しやすくなったと述べています。

c）新しい出会いに恵まれる——論文を出したり，学会で発表したりすることによって，大勢の専門家の目に留まり，いろいろなコメントをもらえます。

実践活動に専念していると，自分自身が行っている行為の意味が見出せなくなったり，自分の拠って立つ考えが定まらなくなったりします。研究活動は，日頃行っている実践活動を振り返り，日頃の実践を理論化するために欠かせない行為です。

(種市康太郎)

▶2 遠藤裕乃 2004 臨床心理学研究の面白さ 津川律子・遠藤裕乃 初心者のための臨床心理学研究実践マニュアル 金剛出版 pp. 167-171.

さくいん

ABC 理論　290
ADHD　312
BDI　277
CMC　160
DESC　297
DSM-IV-TR　306
DSM-5　306
EAT　277
EPPS　277
FMRI（機能的磁気共鳴影像法）　70
IP　292
KABC-II　282
KR　56
LGBT　172
MMORPG　159
MMPI　277
MRI（機能的磁気共鳴影像法）　49, 277
MST 野　32
MT 野　32
M機能　128
PET（ポジトロン断層撮影法）　70
PET（陽電子放射撮影法）　49
PISA　202
PM 型　189
PM 理論　129
PTSD　315
P機能　128
SCID-5　307
SCT　279
SDS　277
S−O−R図式　7
S−R連合理論　5, 7, 50
SSRI　213
SST（生活技能訓練）　274, 317
TEACCH プログラム　311
TEG　277
TIMSS　202
WAIS　10, 277
WISC　10, 277, 282
WPPSI　277
YG（矢田部−ギルフォード検査）　247, 277, 279

あ

アーガイル, M.　117
アイコンタクト　114, 116
愛着　108, 109, 164, 285
アイデンティティ　176
愛の三角理論　106
秋田喜代美　187
アクスライン　300
アサーション・トレーニング（AT）　296
アスペルガー, H.　310
アスペルガー症候群　311
アセイ, T.P.　223
アセスメント　267, 270, 272, 276, 304
遊び　300
アタッチメント　164
アダムス, J.S.　119
アダムス, R.B.　217
アッシュ, S.E.　82
アトキンソン, J.W.　242
アドレナリン　213
アノクレシア・ネルヴォーザ　324
アマト, P.R.　148
アリック, M.D.　100
アルゴリズム　72, 73
アルトマン, I.　116
アロン, A.P.　99
アロンソン　93
アンダーソン, H.　295
アンダーソン, S.　97
アンダーマイニング　228, 230
暗黙裡の人格観　84
威嚇　113
怒り　221
閾下刺激　96
育児　336
移行　194
イザード, C.E.　204
意識　284
いじめ　198
依存性パーソナリティ障害　322

一貫性　280
一般感覚　22
一般互酬関係　139
一般システム理論　292
一方的友達　171
稲垣佳世子　169
イノベーション　153
イブレー, N.　90
意味記憶　40
意味ネットワークモデル　41
意味変容仮説　82
意味論　64
岩川直樹　187
岩田紀　148
因果関係　18
因子分析　80
印象形成　82, 96
陰性症状　316
インターネット　160
　　──パラドックス　161
　　──利用　161
インテーク面接　272
インヘルダー, B.　90
ヴァンーボーヴェン, L.　91
ウィーゼル, T.　28
ヴィゴツキー　184
ウィットマー, L.　264, 266
ウィマー, H.　90
ウィリアムス, D.　159
ウィリアムス, K.D.　125
ウィルズ, T.A.　120
ウィンチ, R.F.　103
ウェイソン, P.C.　75
ウェーバー, E.H.　23
　　──の法則　23
ウェクスラー・ベルビュー法　10
ウェクスラー式知能検査　277
ウェルトハイマー, M.　4, 5, 10
ウェルビーイング　179
ウォーカー, W.R.　219
ウォルスター, E.　105, 119
内田クレペリン作業検査　277
うつ病　213, 318

さくいん

うわさ 152
ヴント，W. 2, 4, 50, 264
運動技能学習 56
運動残効 33
運動視差 30
運動の知覚 32
運動野 12
栄光浴 255
エイプリル，J.R. 221
エーレンフェルス，C. 4
エクマン，P. 98, 204, 216
エクルズ，J.S. 195
エス 9, 285
エディプス・コンプレックス 285
榎本博明 110
エピソード記憶 40
エピネフリン実験 98
エビングハウス 44
エリクソン，E.H. 176, 178
エリス，A. 290
エンカウンターグループ 302
演技性パーソナリティ障害 322
援助 268
援助行動 149
エンパワメント 344
老い 179
大きさの恒常性 31
オーズベル，D. 67
奥行き手がかり 30
音 26
　　——の知覚 34
　　——の定位 34
オペラント条件づけ 52
オペレーター 72
親子関係 221
　　——の発達 337
親としての成長 337
親面接 301
親役割 337
オルタナティブ・ストーリー 295
オルポート，F.H. 246
オルポート，G.W. 152
オンラインロールプレイングゲーム 159

か

カーター，B. 182
ガーデンパス現象 65
ガードナー，H. 11
カーネマン，D. 76, 78
ガーブナー，G. 159
カールスミス，J.M. 92
外化 294
絵画的奥行き手がかり 30
絵画欲求不満テスト（P-Fスタディ） 277
快感原則 285
介護 180
外向 286
回顧的記憶 46
外集団 85, 150
外的統制性 240
概日性リズム 33
介入 267
概念発達 168
海馬 207
外発的動機づけ 228
回避性パーソナリティ障害 322
回復力 315
解法事例による学習 192
快楽原則 9
カウンセラー 268, 305
カウンセリング 222, 268, 305
科学者―実践家モデル（ボウルダーモデル） 265
科学的概念 184
科学的思考 185
拡散的思考 80
学習 58, 186
　　——曲線 56
　　——指導 186
　　——障害 196
　　——スタイル 193
　　——性無力感 234
　　——目標 237
確証期待バイアス 86
確証的カテゴリー化 83
確証バイアス 75
カクテルパーティ現象 36
確率誤差 15
確率的推論 78
学力 193, 196, 202
　　——低下 202
　　——テスト 202
仮現運動 5, 32
過剰一般化 77
過食症 325

柏木惠子 209
家族画 277
家族会 340
家族支援 339, 340
家族システム論 294
家族心理学 267
家族のライフサイクル 182
　　——の発達段階理論 182
家族への心理教育 319
家族面接 340
家族療法 265, 292, 293
課題達成機能 189
カタルシス 273
学級集団 188
学級の人間関係 188, 190
学級のルール 188
学級風土 190
学級満足度尺度 189
学校危機 198
学校教育 184
学校恐怖症 200
学校臨床心理士 328
活性化 62
家庭教室 355
家庭裁判所 334
　　——調査官 335
カテゴリー 168
　　——依存型処理 85
　　——化 143
カナー，L. 310
ガニエ，E.D. 55
構え 81
カラウ，S.J. 125
カリキュラム 203
加齢 233
ガレノス 244
河村茂雄 189
感覚 22
　　——器 22
　　——記憶 38
関係関与性 118
関係不安 109
関係満足感 118
観察学習理論 158
観察法 271, 278
観衆効果 122
感情 204, 216
　　——一致記憶 218
　　——状態依存記憶 218

349

さくいん

――制御 208
――の三次元説 3
――の心理進化説 204
――の抑制 214
――表出 221
桿体細胞 24
緘黙 301
キー・コンピテンシー 202
キーワード法 20
記憶 38
――表象 66
危機介入 304, 329
利き手 71
危機の経験 177
擬似相関 19
気質 166
擬似無相関 19
基準関連妥当性 281
期待価値理論 125, 236, 243
議題設定効果 157
北山忍 99, 147
吃音 301
機能的固着 81
帰納的推論 74, 76
規範的影響 130
気分障害 318
基本感情 204, 216
基本情動 98
虐待 314, 342
――の連鎖 315
逆行性健忘 48
キャリア・カウンセリング 333
ギャンブラーの錯誤 78
強化 53
境界性パーソナリティ障害 322
境界線 339
強化子 53
共感 222
共行為効果 122
教師―生徒関係 195
教室の秩序 186
教師に必要な力量 188
凝集性 125
共通特性 246
協同作業 143
強迫性パーソナリティ障害 322
共変因果関係の錯誤 77
局所論 284
ギルフォード, J.P. 80

クーパー, J. 93
クーン, D. 185
クライエント 273
クライエント中心療法 265, 273, 288
クライシス・マネジメント 199
クラウト, R. 161
クラウリー, A. 221
グラスマン, N.S. 97
グラノヴェッター, M. 155
グリーシャン, H. 295
グリーンバーグ, J. 151
グリノ, J.G. 76
グルタミン酸仮説 316
グレソン, T.R. 171
グレッサー, A.C. 67
クレッチャー, E. 244
グローバリゼーション 150
グローブ, C.S. 192
クロンバック, I.J. 192
群衆心理 140
経験論 2
警察 334
傾聴 273
系統誤差 15
軽度の障害 339
系列位置効果 39
ケーラー, W. 4, 5, 51
ゲシュタルト心理学 3, 4, 29
ゲシュタルト性質 4
ゲシュタルト法則 35
血液型 262
結果期待 238
結果の知識（KR） 56
ゲルマン, S.A. 168
原因帰属 237, 239, 240
原因の位置 240
嫌悪療法 52
限局性恐怖症 320
元型尺度 14
言語的報酬 229
言語の産出 68
言語の理解 68
顕在記憶 42
検索 38
検査法 271, 274, 276
現実原則 9, 285
健忘症 42
小泉英二 200

好意的感情 220
合意的妥当性 102
好意の自尊理論 105
高機能広汎性発達障害 196
攻撃行動 158
攻撃性 167
攻撃的自己表現 296
高原現象 56
構成概念妥当性 281
構成主義 4
構造化臨床面接 307
行動観察法 275
行動主義 3, 7, 246
行動生態学的視点 216
行動的な方略 208
行動的夫婦療法 291
後頭葉 12
行動療法 6, 265, 290, 310
広汎性発達障害 311
衡平モデル 118, 119
交絡 17
合理的な信念 291
効力期待 238
合理論 2
高齢者 180
――の虐待 180
――の人間関係 180
コーエン, S. 120
コーエン, Y. 37
コーピング 215, 305
心の科学 2
心の構造 284
心の理論 211
個人差 10
個人主義 147
――文化 94
誤信念課題 90
コスト 118
個性化の過程 287
子育て支援 336
コットレル, N.B. 123
古典的条件づけ 52
孤独感 111
コフカ, K. 4
個別特性 246
コミットメント 106
コミュニケーションの直接性 114
コミュニケーション派 293

コミュニティ心理学　267
語用論　64
コルチゾール　214
混合感情　205
コンサルテーション　269, 329
コントロール幻想　100
コンピテンス　226
コンピュータを媒介したコミュニケーション　160

さ

サーストン, L. J.　11
サーニ, C.　206
ザイアンス, R. B.　98, 122
再確認傾向　104
再カテゴリー化　83
猜疑性（妄想性）パーソナリティ障害　322
再帰属訓練　235
再検査法　281
再構成　45
サイコエデュケーション　305
最小可読閾　23
最小集団パラダイム　138
最適距離　117
再テスト法　280
再認　42
サイバネティックス　292, 294
催眠　284
サイモン, H. A.　72, 76
作業検査　277
錯誤相関　88
作文　69
査定　304
佐藤学　187
サブリミナル効果　96
サブリミナル刺激（閾下刺激）　96
差別　142
　　──的衰退モデル　95
サリヴァン, H. S.　273
3次元的広がり　30
サンダース, G. S.　123
三段論法　74
サンドストーム, E.　116
ザンバーレン, M.　221
参与観察法　273, 274
シェイバー, P. R.　108
シェリー, J.　158
ジェンダー　172

　　──・アイデンティティ　172
支援的実践　305
自我　9, 285
視覚　22
　　──環境　30
　　──システム　24, 28
　　──皮質　24
　　──野　12, 32
時間の知覚　33
時間見本法　275
刺激　7
　　──過剰負荷　148
　　──の呈示間隔　33
資源　304
自己愛性パーソナリティ障害　322
自己一貫性理論　93
試行錯誤　72
思考様式　187
自己開示　110
自己概念　289
自己基準モデル　93
自己決定感　230
自己決定理論　231
自己効果感（セルフ・エフィカシー）　236, 238
自己肯定化理論　93
自己実現の欲求　236
自己主張　209
自己スキーム　243
自己制御　166, 209
自己宣伝　113
自己中心性　90
自己調整学習　239
自己呈示　112
自己抑制　209
支持的技法　323
思春期　172, 190, 195
　　──やせ症　324
視床下部　213
事象見本法　275
システム論的な視点　265
自然観察法　275
シゾイド（スキゾイド）パーソナリティ障害　322
自尊感情　254
自尊心　104
実験群　17
実験心理学　2

実験法　16, 275
失語症　70
実際運動　32
実践的知識　187
実践の共同体　51
質的データ　20
失敗回避動機　242
疾病　266
質問紙法　276, 279
自伝的記憶　44, 219
児童自立支援施設　331, 334
児童相談所　331, 334
示範　113
シブタニ, T.　152
自閉症　310
　　──スペクトラム　311
シモン, T.　10
社会関係資本（ソーシャルキャピタル）　155
社会構成主義　294
社会的アイデンティティ理論　138, 142
社会的移動　143
社会的学習　58
社会的競争　143
社会的現実　135
社会的交換理論　118
社会的参照　162, 210
社会的情報処理　167
社会的ジレンマ　144
社会的随伴性　162
社会的創造　143
社会的促進　122
社会的手がかり　160
社会的手抜き　125
社会的認知　83, 166
社会的ネットワーク　171
社会的抑制　122
シャクター, S.　98, 213
尺度　14
社交不安症（社交不安障害）　320
ジャニス, I. L.　126
シャファー, H. R.　165
シャルコー, J. M.　284
シャンク, D. H.　239
集合的努力モデル　125
自由再生　39
囚人のジレンマ　144
収束的思考　80

351

さくいん

従属変数 16
集団維持 128
集団維持機能 189
集団エゴイズム 136, 137
集団間葛藤 136
集団葛藤実験 136
集団規範 132
集団極性化 160
集団主義 147
　　——文化 94
集団浅慮 126, 131
集団知能検査 11
集団としての学習 188
集中練習 57
自由のCDOモデル 94
周波数 34
重要他者効果 97
主観的成功確立 242
授業 186, 188
熟練教師 187
主題化効果 75
主題統覚検査（TAT） 277
シュルツ, W. 94
シュワルツワード, J. 195
循環気質 245
障害者就労移行支援事業所 317, 341
障害者就労継続支援事業所 317, 341
障害年金制度 341
障害の受容 339
生涯発達 178
　　——心理学 181
小学校 194, 200
状況的学習 51
状況モデル 66
状況理論 129
条件刺激 52
条件づけ 6
条件反射 52
状態空間分析 72
状態自尊心 104
情緒障害 310
情緒障害児短期治療施設 331
情緒的サポート 121, 154
衝動性 312
情動調整 167
情動伝染 210
情動の静穏化 208

情動の生物学的基盤 98
情動の二要因説 99
情動反応 222
情動理解 210
情熱 106
少年院 334
少年鑑別所 334
情報処理的アプローチ 83
情報処理モデル 51
情報的影響 130
情報的報酬 227
剰余変数 16, 17
症例要旨法 280
ショートステイ 338
ジョーンズ, E. E. 112
初期状態 72
職場のメンタルヘルス 332
初頭効果 39, 82
ショブラー, E. 311
処理水準の効果 43
ジョンソン, M. K. 67
ジョンソン-レアード, P. N. 76
調べ学習 185
自立支援医療制度 341
自律性の欲求 195
自律的動機づけ 231
シルベイラ, J. 73
事例研究 20
人格（パーソナリティ） 322
　　——障害 322
　　——特性論 276
新強力効果論 156
親近効果 39, 82
シンクロニー 115
神経科クリニック 326
神経質 298
神経心理学 48
神経性大食症（神経性過食症）（ブリミア・ネルヴォーザ）324
神経性やせ症（神経性無食欲症）（アノクレシア・ネルヴォーザ）324
神経伝達物質 256
神経症 258
神経文化説 216
新行動主義 7
人工物の機能 169
新生児模倣 162

身体的虐待 314
診断面接 272
心的辞書 62
心的表象 168
信念バイアス 75
新版K式発達検査 277
人物画 277
親密さ 111, 114, 116, 175
親密性 106
　　——回避 109
　　——の欲求 195
信頼感 145
信頼性 14, 280
心理アセスメント 269, 270
心理カウンセリング 289
心理学実験 16
心理教育（サイコエデュケーション）305
　　——的アプローチ 344
　　——的サポート 317
心理ケア 305
心理検査 276, 280
心理査定 270
心理社会的危機 176, 178
心理的援助 272
心理的虐待 314
心理の不応期 37
心理的リアクタンス理論 94
心理物理学的測定 23
心理量 14, 23
心理臨床活動の評価研究 346
心理臨床実践 342
推敲課程 69
遂行目標 237
錐体細胞 24
随伴性 234
数量的データ 20
スカーダマリア, M. 69
スキナー, B. F. 7, 52
スクールカウンセラー（学校臨床心理士） 200, 328
スクリプト 67
スコヴィル 48
鈴木ビネー知能検査 10, 265
スタンバーグ, R. J. 11, 106
スタンフォード・ビネー法 10
スティーブンス, S. S. 23
スティーブンスのベキ法則 23
スティグマ 142

さくいん

ステイン，N.L. 211
ステレオタイプ 85, 86
　　──脅威 87
　　──内容モデル 85
ストーン，J. 93
ストットランド，E. 222
ストループ効果 63
ストレス 120, 214
　　──・マネジメント教育 305
　　──反応 214, 238, 305
　　──マネジメント 329
　　──免疫訓練 290
ストレッサー 214
スピアマン，C.E. 11
スピッツァー，R. 280
スペリー，R.W. 13
スミス，J. 214
スリーパー効果 95
スワン，W.B. 230
性格 166, 244, 246
　　──タイプ 287
生活支援センター 317, 341
生活的概念 184
生活テンポ 149
生気論 169
性行動 173
成功動機 242
青少年に対するメディアの影響 158
精神医学 266
　　──的診断 270
精神運動検査 277
精神科デイケア 317
精神遅滞 308
精神的健康（度） 111, 149
精神年齢 282
成人の愛着理論 108
精神薄弱 308
成人発達 179
精神物理学的測定 23
精神分析 3, 8, 284, 316
精神分裂病 →統合失調症
精神保健福祉手帳 341
生態学的妥当性 16, 18
精緻化見込みモデル 95
性的虐待 314
性的指向 172
性的嗜好 173
性的マイノリティ 173

生徒指導 186
青年期 174
性の受容 173
正の転移 60
性役割 172
生理的欲求 224
生理―認知仮説 99
セクシュアリティ 172
セクシュアルヘルス 173
積極的関与 177
セックス 172
摂食障害 324
絶対閾 23
絶対臥褥期 298
折半法 280
セラピスト 273
セリエ，H. 214
セリグマン，M.E. 234
セロトニン 213
セルフ＝モニタリング 274
セルフ・エフィカシー 238
セルフエスティーム 338
セルフコントロール 291
セルフ・ハンディキャップ 255
セルフモニタリング 291
前意識 284
宣言的記憶 40
宣言的知識 54
先行オーガナイザ 67
前向性健忘 48
先行知識 192
全国一斉学力テスト 202
潜在記憶 42
選択的注意 36
前頭葉 12
全般不安症（全般性不安障害） 321
相関関係 18
早期完了 177
双極性障害 318
相互依存的自己観 147
相互活性化モデル 62
相互関係 170
想像上の友達 171
創造性 80
創造的思考 80
相談の面接法 272
層別相関 19
ソーシャル・エージェント 171

ソーシャルキャピタル 155
ソーシャルサポート 120, 154
ソーシャルスキルトレーニング（SST） 274
ソーシャルネットワーク 154
測定 14
側頭葉 12, 49
側頭連合野 25
即興性 187
素朴概念 184
素朴理論 168
ソマー，R. 116
ソマティック・マーカー（仮説） 206, 207
存在脅威管理理論 151
存在論 168
ソンディテスト 277

た

ダーウィン，C. 204
ターナー，J.C. 142
ターマン，L.M. 10
ダーリー，J.M. 86
対象化 294
対人恐怖症 258
対処行動 305
対処法 238
対人関係スキル 201
対人行動 220
対人ストレス 120
対人的な感情 220
対人認知 220
対人魅力 102
体性感覚野 12
第2次相互主観性 170
大脳半球 12, 25
大脳皮質 27
代表性ヒューマリスティクス 77, 78
代理強化 59
代理の体験 239
多因子説 11
タキストスコープ 13
滝の運動錯視 33
タジフェル，H. 142
多重知能理論 11
多重貯蔵庫モデル 38
多世代家族療法 293
達成動機（づけ） 236, 242
ダットン，D.G. 99

さくいん

タテ社会　146
多動性　312
妥当性　14,280
田中ビネー法　10
ダブルブラインド検査　17
多変量解析　19
ダマシオ, A. R.　206
単眼性の奥行き手がかり　30
短期記憶　38
単語認知モデル　62
断層ネットワーク構造　85
チェス, S.　166
チェン, M.　86
知覚的な構え　36
逐語記録　21
知識のネットワーク　55
チック　301
知的関心の欲求　195
知的好奇心　227
知的障害（知的能力障害）　308
知的能力のモデル　80
知能検査　10,276,277,282,283
知能指数　282
知能の三本柱理論　11
注意　36
注意欠陥／多動性障害　196,312
注意減退仮説　82
注意のスポットライト　36
注意の分割　37
中央実行系　37
中学生（校）　194,200
注視時間法　163
中年の危機　178
聴覚系　26,34
聴覚的グルーピング　35
聴覚野　12
長期記憶　39,40,48
長期欠席　201
調査的面接法　272
調査法　18
超自我　9,285
潮汐波理論　206
調節　31
貯蔵　38
チョドロウ, N.　177
治療　268
　——関係　223
　——教育的介入　199
　——構造　272

——面接　272
沈黙のらせん　157
罪の文化　146
津守式発達検査　277
吊り橋実験　99
ディーン, J.　117
デイケア　341
定言的三段論法　74
ディビス, M. H.　222
ディメンション診断（多元的診断）システム　306
テイラー, S. E.　101
データ　14
デカルト, R.　2
適応指導教室　201
適刺激　23
テキストベース　66
適性処遇交互作用　192
デシ, E. L.　228,231
テストバッテリー　279
テスト不安　239
テッサー　255
手続き的記憶　40
手続き的知識　54
テレビゲーム　158
転移　60
電気生理学的実験　28
展望の記憶　46
ド・シャーム, R.　230
土井健郎　99
投影法　277,279
ドウェック, C. S.　235
トヴェルスキー, A.　78
等感曲線　34
動機づけ　193,224
道具的サポート　121,154
統計的研究　20
統計論　64
統合失調型パーソナリティ障害　322
統合失調症　213,316
統語解析　65
洞察　5
投資モデル　118
統制群　17
統制の位置　240
同席面接法　280
同調行動　130
頭頂葉　12

頭頂連合野　25
トゥベルスキー, A.　76
同類性原理　154
ドゥンカー, K.　81
ドーパミン（仮説）　213,316
トーマス, A.　166
トールマン, E. C.　7
特殊感覚　22
特性自尊心　104
特性論　246
特徴検出器　28
独立的自己観　147
独立変数　16
トップダウン処理　67
トップダウン方式　29
徒弟制　51
トムキンス, S. S.　204
友達関係　170
トラヴァーセン, C.　170
トリアンディス, H. C.　147
取り入れ　112
トリプレット　122

な

内因性のうつ病　318
内集団ひいき　138
内観法　3
内観療法　265,298
内向　286
内在化　294
内集団　150
内的統制性　240
内発的動機づけ　225,226
内容の妥当性　281
中根千枝　146
並木博　193
ナラティブ（・セラピー）　294
2因子説　11
二次障害　197,313
二次性徴　172
ニューウェル, A.　72
乳児（の有能さ）　162,208
ニューラルネットワークモデル　28
人間主義的理論　288
認識論　2
認知カウンセリング　21
認知件数　198
認知行動療法　265,290,305,317,319,321,323

認知心理学　7, 51
認知スタイル　193
認知的再体制化　291
認知的新連合理論　158
認知的な負荷　33
認知的な方略　209
認知的評価モデル　214
認知的不協和理論　92
認知療法　265, 290
認知論　51
ネガティブ感情　215
ネグレクト　314
ネットワーク　145
ネルソン，D.　102
粘着気質　245
ノイマン，N.　157
脳機能（障害）　70, 310
脳の働き　212
脳梁　12, 13
ノルアドレナリン　213
ノンバーバル・コミュニケーション　114

は

バーガー，P. L.　294
バーコヴィッツ，L.　158
パーソナリティ　322
　——検査　270, 276, 278
　——障害　322
パーソナルスペース　116
ハータップ，W.　170
ハーロウ，H. F.　225
バーン，D.　102
培養理論　159
バウアー，G. H.　218
ハヴィランド，J.　210
バウムテスト　277
パヴロフ　52
バゲルスキー，R.　150
ハザン，C.　108
恥の文化　146
パターン認識モデル　29
波多野誼余夫　169
パッケージ治療法　291
発想思考法　69
発達検査　276
発達障害　200, 312, 338
　——をもつ人　338
発達段階—環境適合理論　195
抜毛　301

パニック症（パニック障害）　320
母と子の愛情　164
ハミルトン，D. L.　88
ハリス，P. L.　211
ハル，C. L.　7
バルカン理論　206
バルテス，P. B.　178
反社会性パーソナリティ障害　322
バンデューラ，A.　58, 158, 238
反応　7
反応禁止説　57
反応時間　37
反応性　166
ピアカウンセリング　338
ピアジェ，J.　90
ピースミール依存型処理　83
比較器　32
比較過程　255
引きこもり　259
非現実的楽観主義　101
非合理的思い込み　296
非合理的信念　290
非行臨床　334
非指示的療法　288, 301
非主張的自己表現　296
ヒステリー　284, 298
悲嘆の作業　318
ビッグファイブ　248, 260
ビッグファイブテスト　277
ピットマン，T. S.　112, 230
非定型自閉症　311
否定の感情　220
否定的情動性　166
否定的ステレオタイプ　87
ビネー，A.　10
　——式知能検査　10, 277, 282
批判的思考　80
ヒポクラテス　244
ヒューベル，D.　28
ヒューリスティクス　72, 73
病院臨床　276
評価懸念　123
病識　317
表象　66
表情　216
表層の表象　66
病態水準　272
表面尺度　14

病理経験としての病　266
広場恐怖　320
ファシリテーター　302
不安症（不安障害）　320
ファンツ，R. L.　162
フィードバック　56
フィクス，S. T.　85
風景構成法　277
ブーメラン効果　94
フェスティンガー，L.　92, 255
フェヒナー，G.　23
　——の法則　23
フォーダー，J. A.　68
フォルクマン，S.　214
フォン　34
孵化期　81
孵化効果　73
部活動　195
ブキャナン，T. W.　214
普及過程　153
福祉援助　330
輻輳　30
符号化　38
藤江康彦　191
不適刺激　23
不登校　200, 201, 301
負の転移　60
部分強化　53
部分報告法　38
プライミング（効果）　41, 63, 86
フラストレーション　151
プラセボ　17
フラッシュバブル記憶　219
フラワー，L. S.　69
ブランスフォード，J. D.　67
ブラントシュテッター，J.　179
プランニング　69
ブリーフセラピー　293
フリッドルンド，A. J.　216
プリミア・ネルヴォーザ　324
プルチック，R.　204
ふれあい恐怖　259
プレイルーム　301
フレーミング　160
フレディクソン，B. L.　207, 215
フロイト，S.　8, 264, 284, 286
ブロンヘンブレナー　252
文化規範　209
文化と感情　99

355

さくいん

分散練習　57
文章完成法（SCT）　277
文脈　40
分離情動理論　205
分離脳　13
分離モデル　95
分裂気質　245
平均以上効果　100
平行テスト法　280
ヘイズ，J.R.　69
ベイズの定義　79
併存的妥当性　281
並列分散処理モデル　7
ベーシック・エンカウンターグループ　302
ベック，A.T.　257, 290
ヘックハウゼン，J.　233
ベネディクト，R.　146
ベライター，C.　69
ベルナー，J.　90
偏見　142
扁桃体　207
ペンフィールド　49
弁別閾　23
防衛機制　285
妨害―葛藤理論　123
報酬　118
ボウルヴィ，J.　108, 164
ボウルダーモデル　265
ホーニク，R.　221
ボーンスタイン，R.F.　97
保護観察所　334
ポジティブ・イルージョン　100
ポジティブ感情　215
補償作用　287
ポストマン，L.　152
ポズナー，M.I.　36, 37
母性愛　164
没個性化　141
ボディーイメージ　324
ボトムアップ処理　66, 67
ボトムアップ方式　29
ホフマン，M.L.　222
ホメオスタティック・システム　294
ホロコースト　250
ホワイト，R.W.　226, 295

ま

マーカス，H.R.　147
マーシャ，J.E.　177
マイケンバウム，D.　290
マイノリティ・インフルエンス　134
マインド・リーディング　90
マガーク効果　35
マクゴールドリック，M.　182
マクレランド，J.L.　62
マスメディア　156
　――限定効果論　156
　――の培養理論　156
マスロー，A.　236
マレー，H.A.　236, 295
見かけの情動　211
三隅二不二　128, 189
3つの山　90
身振り　114
ミラー，N.E.　150
魅力の相補性　102
魅力の類似性　102
ミルグラム，S.　148
無意識　284
無意味つづり　44, 122
無条件刺激　52
無条件反射　52
メイアー，S.F.　234
迷信行動　88
命題　55, 64
　――のネットワーク　55
メタ分析　158
メディア　152
メルツォフ，A.N.　162
面接法　271, 272, 274, 278
盲点　25
網膜　24
モートン，J.　62
目標　224, 232
　――状態　72
　――達成　128
　――の階層構造　232
モジュール性　62
モダリティ効果　43
モデル　58
元良勇治郎　3
モニター　68
モニタリング　69
　――能力の向上　347
物語文法　67

模倣　210, 217
　――学習　58
モラトリアム　176
モラール　129
森田正馬　298
森田療法　265, 298
問題解決　72
　――学習　61
問題行動　195

や

薬物療法　266, 319, 321
役割取得　222
遊戯療法　300
友人関係　174
優生学　250
有能感　226
指しゃぶり　208
夢分析　9
ユング，C.G.　286
要求　236
養護施設　331
陽性症状　316
抑圧　285
抑うつ　213, 215, 256, 318
　――障害　318
　――神経症　318
吉本伊信　298
予測的妥当性　281
欲求　224
予防的カウンセリング　329
弱い紐帯の強さ　155
四体液―気質説　244
4枚カード問題　75

ら

ラザルス，R.S.　214
ラター，M.　310
ラタネ，B.　124
楽観幻想　100
ラテラリティ（側性化）　71
ラブスタイル　107
ラメハート，D.E.　62
ランガー，E.　100
ランバート，M.J.　223
リー，J.A.　107
リーダーシップ　188
　――PM論　128
リーダーの個人特性　128
リエゾン機能　269
力動的精神療法　323

さくいん

リスク・マネジメント　198
利他的利己主義　145
リテラシー　202
リハーサル　39
リビドー　9
リフレーミング　293
リャン，R. M.　231
流言　152
流行　152
利用可能性ヒューリステックス　77
両眼視差　30
両眼性の奥行き手がかり　30
臨床心理学　264, 266, 346
臨床心理士　265, 326
臨床心理地域援助　269
臨床心理面接　268
臨床的記述研究　346

リンダーマン，H.　203
リントン，M.　44
類型論　244
ルックマン，T.　294
レヴァイン，L. J.　211
レヴィン，K.　4
レベンソン，R. W.　215
恋愛の色彩理論　107
レンクル，A.　192
連携　342
連言錯誤　77
連合　7
連合野　13
連続強化　53
連続体モデル　83
ロウェンスタイン，G.　91
老年期　233
ローカス　オブ　コントロール　240

ロールシャッハテスト　277, 279
ロゴジェンモデル　62
ロジャース，C.　223, 273, 265, 288
ロジャーズ，E. M.　153
ロスバート，M.　89, 166
ロッター，J. B.　240
論理情動療法　290

わ

ワーキングプア　150
ワイナー，B.　240
ワインシュタイン，N. D.　101
ワグナー，R. V.　103
ワトソン，J. B.　6, 50, 290
ワラス，G.　81

執筆者紹介 （氏名／よみがな／生年／現職／主著／心理学を学ぶ読者へのメッセージ）　　＊執筆担当は本文末に明記

無藤　隆（むとう　たかし／1946年生まれ） 
白梅学園大学名誉教授
『現場と学問のふれあうところ』（単著・新曜社）『質的心理学講座第1巻』（共編著・東京大学出版会）
心理学は実に広大な領域にわたり，人間に関わることなら何でも扱っています。人に好奇心を感じ，その追求を科学的にやってみたいと思う人に最適の学問です。

森　敏昭（もり　としあき／1949年生まれ） 
広島大学名誉教授
『教育心理学キーワード』（共編著・有斐閣）心理学のポイント・シリーズ『心理学概論』（編著・学文社）
心理学は「ハートとマインドのサイエンス」です。本書でそのことを，できるだけ多くの読者に正しく認識していただくことを願っています。

池上知子（いけがみ　ともこ／1956年生まれ） 
甲南大学文学部特任教授
『格差と序列の心理学──平等主義のパラドクス──』（単著・ミネルヴァ書房）『社会的認知の心理学──社会を描く心のはたらき──』（共著・ナカニシヤ出版）
人の心の機微，人生の綾，社会のからくりなど，これまで見えなかったものが，見えるようになる，それが心理学を学ぶ意義かもしれません。

福丸由佳（ふくまる　ゆか／1968年生まれ） 
白梅学園大学子ども学部教授
『乳幼児を持つ父母における仕事と家庭の多重役割』（単著・風間書房）『保育ライブラリ─子どもを知る　臨床心理学』（共編著・北大路書房）
身近な「？」が心理学と結びつき，さらに体験を通じてなるほど！と腑に落ちる。これが心理学の魅力の1つです。

安藤智子（あんどう　さとこ／1965年生まれ） 
筑波大学人間系教授
『子育て支援の心理学』（共編著・有斐閣）『保育の実践・原理・内容』（共著・ミネルヴァ書房）
心理学を学んだら，実際に人と関わる中で理解し，生活や研究・臨床でどう生かすかを考えてみてください。

池田智子（いけだ　さとこ／1955年生まれ） 
安田女子大学心理学部現代心理学科教授
『パースペクティブ学習心理学』1999年（共著・北大路書房）『授業が変わる　認知心理学と教育実践が手を結ぶとき』1997年（共訳本・北大路書房）
大学教員としてのいろいろな仕事の中で，授業が一番心踊る仕事です。自分の学生の顔を思い浮かべながら書かせていただきました。

石毛みどり（いしげ　みどり／1948年生まれ） 
元日本女子大学人間社会学部教育学科特任教授
『子育て支援の心理学』（共著・有斐閣）『発達心理学』（共著・学文社）
「なぜ？」と考えながらさまざまなものを見たり，聞いたり，読んだりするとあなたの知的世界は更に広がるでしょう。

岩井昌也（いわい　まさや／1969年生まれ） 
医療法人社団草思会錦糸町クボタクリニック臨床心理士・精神保健福祉士
『心理アセスメントと心理的援助』精神保健福祉士養成セミナー第14巻「心理学」（共著・へるす出版）『司法心理療法（原題：Forensic Psychotherapy）』（共訳・星和書店）
文章が分かりにくかったらごめんなさい。医療心理臨床現場に興味を持っていただけたらうれしいです。

執筆者紹介 （氏名／よみがな／生年／現職／主著／心理学を学ぶ読者へのメッセージ）

＊執筆担当は本文末に明記

鵜木惠子（うのき　けいこ／1968年生まれ） 
帝京平成大学健康メディカル学部教授
『最新教育キーワード137』（共著・時事通信社）『情緒発達と看護の基本』（共著・メディカ出版）
心理学の魅力は、「自分がいまここに生きていることが、より豊かに感じられるようになること」だと思っています。

江上園子（えがみ　そのこ／1976年生まれ） 
白梅学園大学子ども学部准教授
『原著で学ぶ社会性の発達』（共著・ナカニシヤ出版）『よくわかる情動発達』（共著・ミネルヴァ書房）
驚くべき発見ができること、当たり前だと思っていることをきちんと証明してみせること、この二つの面白さを両方実感できるのが、心理学の醍醐味だと考えています。

王　翠（おう　すい）
北海道大学学生相談総合センター留学生相談室カウンセラー

小保方晶子（おぼかた　あきこ／1978年生まれ） 
ハイデルベルク大学心理学研究所 Visiting Professor
『発達心理学——人の生涯を展望する』（共著・培風館）
感情の働きについて知ることは、他人を理解し関わっていく上で、そして自分を理解しつきあっていく上で、役に立つと思います。

加藤邦子（かとう　くにこ／1955年生まれ） 
浦和大学社会学部特任教授
『実践・発達心理学』（共編著・みらい）『両親のペアレンティングが未就園児の社会的行動に及ぼす影響』（単著・風間書房）
幼児期の子どもとその親にかかわる現場で仕事をしていると、学ぶことの重要性を痛感します。役立てて下さい。

金政祐司（かねまさ　ゆうじ／1973年生まれ） 
追手門学院大学心理学部教授
『わたしから社会へ広がる心理学』（共編著・北樹出版）『男と女の対人心理学』（共著・北大路書房）
「個体」や「個性」の絶対性という罠に陥らないように。人は系統発生的に共生の波を泳いできたのですから。

上瀬由美子（かみせ　ゆみこ）
立正大学心理学部教授
『ステレオタイプの社会心理学』（単著・サイエンス社）『社会と人間関係の心理学』（共著・岩波書店）
心理学的にものごとを分析する視点の獲得は、社会の出来事を多面的に理解することにつがります。

川上善郎（かわかみ　よしろう／1946年生まれ） 
元・成城大学文芸学部教授
『うわさが走る』（単著・サイエンス社）『情報行動の社会心理学』（編著・北大路書房）『おしゃべりで世界が変わる』（単著・北大路書房）
本書をよむことで、社会と人とのダイナミックな関係を理解してもらいたいと思います。

川西千弘（かわにし　ちひろ／1958年生まれ） 
京都光華女子大学健康科学部教授
『印象形成における対人情報統合過程』（単著・風間書房）『ひと・社会・未来〜ライフサイクルの人間科学』（共著・ナカニシヤ出版）
1人でも多くの方が心理学に興味をもち、学び、自分や他者について考える習慣を身につけて下さればうれしいです。

河原純一郎（かわはら　じゅんいちろう／1970年生まれ） 
北海道大学大学院文学研究院教授
『注意の時間的特性　感覚知覚ハンドブック増補版』（共編著・誠信書房）
感覚・知覚メカニズムが驚嘆に値するカラクリで働くようすを伝えるために第2章を書きました。

執筆者紹介 （氏名／よみがな／生年／現職／主著／心理学を学ぶ読者へのメッセージ）　　＊執筆担当は本文末に明記

岸野麻衣（きしの　まい/1979年生まれ） 
福井大学大学院連合教職開発研究科（連合教職大学院）教授
『子育て支援の心理学』（共著・有斐閣）『心理学概論』（第1巻）『発達心理学』（第2巻）（心理学のポイントシリーズ・共著・学文社）
教育現場で研究を進めながら実践の改善や教師教育に携わっています。その面白さが少しでも伝われば幸いです。

北島歩美（きたじま　あゆみ/1964年生まれ） 
日本女子大学カウンセリングセンター専任研究員（教授待遇）
『アタッチメントの実践と応用』（共著・誠信書房）『児童虐待における公認心理師の活動』（共著・金剛出版）
心理学は、様々な人間関係や、コミュニティをとらえる上でとても有効な視点だと思います。関心をもっていただけると嬉しいです。

佐伯素子（さえき　もとこ） 
聖徳大学心理・福祉学部心理学科教授
感情は厄介で面白いものです。たまに自分の感情を振り返ってみてください。新しい自分に気がつくかもしれませんよ。

坂田桐子（さかた　きりこ/1964年生まれ） 
広島大学大学院総合科学研究科准教授
『リーダーシップ過程における性差発現機序に関する研究』（単著・北大路書房）『社会心理学におけるリーダーシップ研究のパースペクティブI』（共著・ナカニシヤ出版）
心理学の世界へようこそ！　心理学的な知識と考え方は、きっとあなたの役に立つことでしょう。

塩﨑尚美（しおざき　なおみ/1963年生まれ） 
日本女子大学人間社会学部心理学科教授
『乳幼児・児童の心理臨床』（編著・放送大学教育振興会）『実践に役立つ臨床心理学』（編著・北樹出版）
心理学は幅広く奥深い学問です。興味を持ったことから気軽に足を踏み込んでください。

柴内康文（しばない　やすふみ/1970年生まれ） 
東京経済大学コミュニケーション学部教授
『情報行動の社会心理学』（共著・北大路書房）『孤独なボウリング』（訳・柏書房）
こころの問題と社会がいったいどのような形で結びつくのか、ということにも好奇心を向けてみてください。

角谷詩織（すみや　しおり/1974年生まれ） 
上越教育大学准教授
『Applied Developmental Psychology: Theory, Practice, And Research From Japan』（共著・Information Age Publishing: Greenwich）『理科大好き！の子どもを育てる—心理学・脳科学者からの提言』（共著・北大路書房）
身の周りには心理学のテーマ、研究成果が溢れています。探して見つけてみてください。

谷口　篤（たにぐち　あつし/1955年生まれ） 
名古屋学院大学スポーツ健康学部教授
『文章の理解と記憶を促進する具体化情報』（単著・風間書房）『スーパーエッセンス心理学』（編著・北大路書房）
人の心は本当に奥が深く、知れば知るほど、もっと知りたくなります。本書があなたの心の世界探究のきっかけになればと思います。

谷口淳一（たにぐち　じゅんいち/1975年生まれ） 
帝塚山大学心理学部心理学科教授
『エピソードでわかる社会心理学』（編著・北樹出版）『対人社会心理学の研究レシピ』（編著・北大路書房）
本書が、自分自身、そしてまわりの人たちのことを「考える」きっかけになればいいなあと思います。

種市康太郎（たねいち　こうたろう/1971年生まれ） 
桜美林大学心理教育学系教授
『ストレス心理学』（共著・川島書店）『ペットと生きる—ペットと人の心理学』（共訳・北大路書房）
心理学は一生楽しめる学問です。同じ事柄でも、10年前と今とでは、深みや広がりが違って見えます。

執筆者紹介 （氏名／よみがな／生年／現職／主著／心理学を学ぶ読者へのメッセージ）　　＊執筆担当は本文末に明記

中島由佳（なかじま ゆか）

大手前大学現代社会学部教授
身近なできごとや私たちの行動，気持ちに心理学は寄り添っていることを感じていただければ幸いです。

本多　綾（ほんだ あや）

スクールカウンセラー

難波　愛（なんば あい／1970年生まれ）

神戸学院大学心理学部准教授
『現場に生きるスクールカウンセリング』（共著・金剛出版）
生きた人間の心をどう受け取りどう理解するのか。あなたに合った切り口を探して下さい。

松岡　努（まつおか つとむ／1968年生まれ）

駒沢女子大学人間総合学群心理学類教授
誰しも持っているはずの「こころ」について，いろいろと考えをめぐらすきっかけになれば幸いです。

野坂祐子（のさか さちこ／1974年生まれ）

大阪大学大学院人間科学研究科教授
『トラウマインフォームドケア—"問題行動"を捉えなおす援助の視点』（単著・日本評論社）『あなたに伝えたいこと—性的虐待・性被害からの回復のために—』（共訳・誠信書房）
自分の感情や体験に目を向けることが，他者への共感や社会へのまなざしにつながります。感性を大切に。

三林真弓（みつばやし まゆみ／1967年生まれ）

龍谷大学心理学部心理学科教授
『心理臨床家アイデンティティの育成』（共著・創元社）『改訂第3版誠心保健福祉養成セミナー』（共著・へるす出版）
心理学の世界へようこそ。この本を読んで知識を蓄えながら，ぜひ実生活でも応用できるところは応用してください。

野末武義（のすえ たけよし／1964年生まれ）

明治学院大学心理学部教授
『家族心理学—家族システムの発達と臨床的援助—』（共著・有斐閣）『アサーショントレーニング』（共著・至文堂）
臨床心理学を学べば学ぶほど，人の心は簡単には理解できないものだということが分かってくると思います。

湯汲英史（ゆくみ えいし／1953年生まれ）

（社）発達協会常務理事・早稲田大学教育学部非常勤講師
『子どもが伸びる関わりことば26』（単著・すずき出版）『感情をうまく伝えられない子への切りかえことば22』（単著・すずき出版）
発達障害では，自分が年を取り経験を積む中で見えてくるものがあります。若い人にも発達の姿を見てほしいと思います。

藤田博康（ふじた ひろやす／1965年生まれ）

駒澤大学文学部心理学科教授
『非行・子ども・家族との心理臨床—援助的な臨床実践を目指して—』（単著・誠信書房）『キーワードコレクション カウンセリング心理学』（共編・新曜社）
心理臨床の現場は若い人たちの力を求めています。

若本純子（わかもと じゅんこ／1963年生まれ）

山梨大学教育学部教授
『よくわかる発達心理学』（共著・ミネルヴァ書房）『子育て支援の心理学』（共著・有斐閣）
成人から中年へ，中年から老年へ。おとなの発達心理学は，おとなが一生飽きずに取り組めるテーマです。

やわらかアカデミズム・〈わかる〉シリーズ
よくわかる心理学

| 2009年2月20日　初版第1刷発行 | 〈検印省略〉 |
| 2024年1月20日　初版第10刷発行 | 定価はカバーに表示しています |

編　者
無　藤　　　隆
森　　　敏　昭
池　上　知　子
福　丸　由　佳

発 行 者　杉　田　啓　三
印 刷 者　田　中　雅　博

発行所　株式会社　ミネルヴァ書房
〒607-8494 京都市山科区日ノ岡堤谷町1
電話代表　(075) 581-5191
振替口座　01020-0-8076

©無藤, 森, 池上, 福丸他, 2009　創栄図書印刷・新生製本

ISBN978-4-623-05250-9
Printed in Japan

やわらかアカデミズム・〈わかる〉シリーズ

教育・保育

よくわかる学びの技法
田中共子編　本体　2200円

よくわかる卒論の書き方
白井利明・高橋一郎著　本体　2500円

よくわかる教育評価
田中耕治編　本体　2800円

よくわかる授業論
田中耕治編　本体　2600円

よくわかる教育課程
田中耕治編　本体　2600円

よくわかる教育原理
汐見稔幸・伊東 毅・髙田文子
東　宏行・増田修治編著　本体　2800円

よくわかる教育学原論
安彦忠彦・児島邦宏・藤井千春・田中博之編著　本体　2600円

よくわかる生徒指導・キャリア教育
小泉令三編著　本体　2400円

よくわかる教育相談
春日井敏之・伊藤美奈子編　本体　2400円

よくわかる障害児教育
石部元雄・上田征三・髙橋 実・柳本雄次編　本体　2400円

よくわかる特別支援教育
湯浅恭正編　本体　2500円

よくわかるインクルーシブ教育
湯浅恭正・新井英靖・吉田茂孝編著　本体　2500円

よくわかる肢体不自由教育
安藤隆男・藤田継道編著　本体　2500円

よくわかる障害児保育
尾崎康子・小林 真・水内豊和・阿部美穂子編　本体　2500円

よくわかる保育原理
子どもと保育総合研究所
森上史朗・大豆生田啓友編　本体　2200円

よくわかる家庭支援論
橋本真紀・山縣文治編　本体　2400円

よくわかる子育て支援・家庭支援論
大豆生田啓友・太田光洋・森上史朗編　本体　2400円

よくわかる社会的養護
山縣文治・林 浩康編　本体　2500円

よくわかる社会的養護内容
小木曽宏・宮本秀樹・鈴木崇之編　本体　2400円

よくわかる小児栄養
大谷貴美子編　本体　2400円

よくわかる子どもの保健
竹内義博・大矢紀昭編　本体　2600円

よくわかる発達障害
小野次朗・上野一彦・藤田継道編　本体　2200円

よくわかる子どもの精神保健
本城秀次編　本体　2400円

よくわかる環境教育
水山光春編著　本体　2800円

福祉

よくわかる社会保障
坂口正之・岡田忠克編　本体　2500円

よくわかる社会福祉
山縣文治・岡田忠克編　本体　2500円

よくわかる社会福祉運営管理
小松理佐子編　本体　2500円

よくわかる社会福祉と法
西村健一郎・品田充儀編著　本体　2600円

よくわかる社会福祉の歴史
清水教惠・朴 光駿編著　本体　2600円

新版　よくわかる子ども家庭福祉
吉田幸恵・山縣文治編著　本体　2400円

新版　よくわかる地域福祉
上野谷加代子・松端克文・永田祐編著　本体　2400円

よくわかる家族福祉
畠中宗一編　本体　2200円

よくわかるスクールソーシャルワーク
山野則子・野田正人・半羽利美佳編著　本体　2800円

よくわかる高齢者福祉
直井道子・中野いく子編　本体　2500円

よくわかる障害者福祉
小澤 温編　本体　2200円

よくわかる医療福祉
小西加保留・田中千枝子編　本体　2500円

よくわかる司法福祉
村尾泰弘・廣井亮一編　本体　2500円

よくわかるリハビリテーション
江藤文夫編　本体　2500円

よくわかる障害学
小川喜道・杉野昭博編著　本体　2400円

心理

よくわかる心理学実験実習
村上香奈・山崎浩一編著　本体　2400円

よくわかる心理学
無藤 隆・森 敏昭・池上知子・福丸由佳編　本体　3000円

よくわかる心理統計
山田剛史・村井潤一郎著　本体　2800円

よくわかる保育心理学
鯨岡 峻・鯨岡和子著　本体　2400円

よくわかる臨床心理学　改訂新版
下山晴彦編　本体　3000円

よくわかる臨床発達心理学
麻生 武・浜田寿美男編　本体　2800円

よくわかるコミュニティ心理学
植村勝彦・高畠克子・箕口雅博
原 裕視・久田 満編　本体　2500円

よくわかる発達心理学
無藤 隆・岡本祐子・大坪治彦編　本体　2500円

よくわかる乳幼児心理学
内田伸子編　本体　2400円

よくわかる青年心理学
白井利明編　本体　2500円

よくわかる高齢者心理学
佐藤眞一・権藤恭之編著　本体　2500円

よくわかる教育心理学
中澤 潤編　本体　2500円

よくわかる学校教育心理学
森 敏昭・青木多寿子・淵上克義編　本体　2600円

よくわかる学校心理学
水野治久・石隈利紀・田村節子
田村修一・飯田順子編著　本体　2400円

よくわかる社会心理学
山田一成・北村英哉・結城雅樹編著　本体　2500円

よくわかる家族心理学
柏木惠子編著　本体　2600円

よくわかる言語発達　改訂新版
岩立志津夫・小椋たみ子編　本体　2400円

よくわかる認知科学
乾 敏郎・吉川左紀子・川口 潤編　本体　2500円

よくわかる認知発達とその支援
子安増生編　本体　2400円

よくわかる情動発達
遠藤利彦・石井佑可子・佐久間路子編著　本体　2500円

よくわかるスポーツ心理学
中込四郎・伊藤豊彦・山本裕二編著　本体　2400円

よくわかる健康心理学
森 和代・石川利江・茂木俊彦編　本体　2400円

―― ミネルヴァ書房 ――
https://www.minervashobo.co.jp/